Two Spanish Songbooks

Hispanic Studies TRAC
(Textual Research and Criticism)
PUBLICATIONS INSTITUTED BY THE *BULLETIN OF HISPANIC STUDIES*

Textual Research and Criticism (TRAC) publishes Spanish, Portuguese and Latin-American texts of literary, linguistic or historical interest not otherwise available in modern editions. The texts are accompanied by a substantial introductory monograph and full apparatus of critical footnotes. The series, which also publishes literary and critical studies, is aimed at a scholarly readership.

Scholars are invited to apply to the Editors for further information and to submit a brief summary of their projected book. Contributions will be assessed by eminent Hispanists in the appropriate areas, and should not exceed 400 pages of typescript.

Hispanic Studies TRAC (Textual Research and Criticism) Volume 11

Two Spanish Songbooks

The *Cancionero Capitular de la Colombina* (SV2) and the *Cancionero de Egerton* (LB3)

ed. DOROTHY SHERMAN SEVERIN

Editorial Assistant: FIONA MAGUIRE

Liverpool University Press
Institución Colombina

First published 2000 by
Liverpool University Press
4 Cambridge Street
Liverpool, L69 7ZU, UK
and
Institución Colombina, Seville

British Library Cataloguing-in-Publication Data
A British Library CIP Record is available.

ISBN 0-85323–650–X cased
      0-85323–109–5 paper

Text set in Monophoto Sabon by
Wilmaset Limited, Birkenhead, Wirral

Printed and bound by
Creative Print and Design Ltd, Ebbw Vale

Contents

For FRANCISCO MÁRQUEZ VILLANUEVA

I. Introduction

1. The *Cancionero Capitular* of the Colombina, II, Seville, MS [83–6–10], Dutton SV2[1]

A. DESCRIPTION

Manuscript 83–6–10 of the Biblioteca Colombina (in fact a manuscript of the Cabildo Library) measures 290 x 210 mm. It is a folio volume, bound in new vellum with the original title 'Poetas Varios Antiguos, M.S.'. The dimensions of the cover are 300 x 225 mm. The volume was restored and bound with new end papers in Madrid in 1985. Unfortunately the original bindings were not preserved. The volume contains two distinct manuscripts with separate foliation. The first is in a different hand on vellum and paper: *Aqui comienza el libro del santo agostin que diga de vida christiana*, on 30 folios and three quires of 10. The watermarks are a hand with a four-pointed flower (no exact Briquet[2] equivalent) and a cart (no Briquet equivalent). The condition is poor. The second work is the *cancionero* edited here.[3] The quires are of disparate lengths and there are four watermarks:

1. a crown on a stand, (no Briquet equivalent).
2. a hand with a long index finger (glove end slightly longer), and a five-pointed flower, (no exact Briquet equivalent, but cf. no. 11155 [1477]).
3. a hand with a short index finger and five-pointed flower, (no exact Briquet equivalent, but cf. no. 11162 [1487]).
4. a two wheel cart, (no Briquet equivalent, but virtually identical to the St. Augustine cart mentioned above).

---

1 Dutton MS signatures and text ID numbers have been adopted throughout; see Brian Dutton, *Catálogo-índice de la poesía cancioneril del siglo XV* (Madison: Hispanic Seminary of Medieval Studies, 1982) and *ibid.*, *El cancionero del siglo XV, c.1360–1520*, VII (Salamanca: Biblioteca Española del Siglo XV, 1990).

2 C. M. Briquet, *Les Filigranes*, ed. Allan Stevenson, 4 vols. (Paris, 1907, Leipzig, 1923, revised 1952 and 1968). (The Briquet Album, Hilversum: Paper Publications Society; The New Briquet, Amsterdam).

3 SV2 has been selectively edited by Brian Dutton in *El cancionero del siglo XV*, II, 301–14.

The quires and watermarks are as follows:

fols	*watermarks*
1–12, 13–22, 23–34, 35–46	1,2,3 crown and hands
47–57, 58–69, 70–75, 76–87,	2,3 hands
88–95, 96–107	
108–117	2,3 hands, 4 cart on 114
118–126, 127–138, 139–150, 151–161	2,3 hands

The *cancionero* is by two distinct main hands, (with the brief appearance of a third later hand on one verso, fol. 117v), but the second hand intervenes only briefly in the Santillana gloss. They are both characteristic late Gothic Spanish hands of the final quarter of the fifteenth century. There is one folio missing in the Santillana *Proverbios*, and possibly two more folios missing from Mena's *Laberinto de fortuna*, at the end of the manuscript. The intervention of the second hand caused some confusion at the binding stage. I suspect that this is a professionally produced manuscript ordered 'off the peg' by a buyer, and that two scribes were working on the Santillana glosses. When the volume was bound, two quires by scribe two were used in scribe one's manuscript and a mis-binding resulted (see fig. 1). Specifically, scribe one made an error at folio 18, then wrote a new centrefold for 18–19 which was misbound at 23–24, around the first quire produced by hand two. There is still a half-word non-sequitur due to scribal error. In scribe two's first quire, the two centrefolds have been misbound and should be reversed; fols 27–30 should be the centrefold and 28–29 should be underneath. (I have kept the numeration but I rearrange the folios for the edition).

The numeration of the volume also produces a variety of problems. In the first place, the original Gothic numbering on the title page bears no resemblance to any of the numbering systems visible on the manuscript. In the second place, the original Gothic numbering of the folios themselves (which, like the later numbering, is in the upper right-hand corner section of the right-hand page) has been cut, eroded and occasionally eaten by worms. I have followed the later (Arabic) numeration and retrieved as much of the original Gothic numbering as possible, but this rapidly gets out of sequence because of a missing folio at 48 and a misnumbering at 88–90. Finally, there is a system of numbering the quires in the lower left-hand margins which I note where it is legible. The MS has also been numbered recently in Arabic in the lower central margin of each right-hand page, sequentially from the beginning of the St. Augustine treatise to the end of the *cancionero*. I ignore this numbering.

The misnumbered index may be another indication that this was an 'off the peg' production. I speculate that our buyer chose a *cancionero* consisting chiefly of the Santillana *Proverbios* with Pero Díaz de Toledo's glosses, then asked for three extra selections, (a short poem,

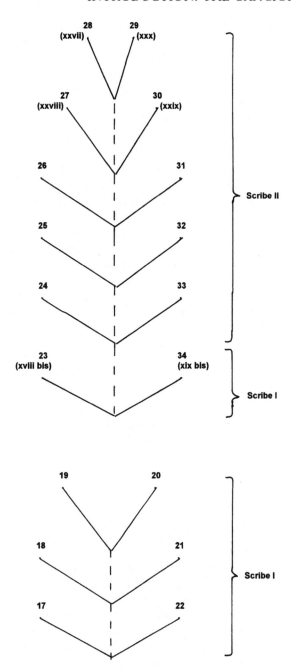

Figure 1   SV2: Misbindings

Saint Bernard's letter, and a catechism) to be added at the beginning, which would explain how the numbering got out of sequence. These extra items have been listed at the end of the table of contents but are in fact at the beginning of the *cancionero*. The buyer might also have purchased the Saint Augustine and had it bound in before the *cancionero*. Alternately, the Augustine could have been bound with the *cancionero* some time in the sixteenth century. (And some of the errors in binding the *cancionero* could have occurred at this point). It is, however, roughly contemporary with similar paper and watermarks.

The original Gothic numbering is correct to folio 17. After fol. 18, where the scribe made a mistake and then wrote another centrefold to replace it (which was misplaced around the next quire), the numbering goes off. Fol. 23r is (correctly) numbered fol. xviii in the original hand. The second scribe's first quire starts with xxv in the Gothic hand (24 in the Arabic). Fol. 34r (hand one) is (correctly) numbered xix in the original Gothic. The Gothic numbering coincides with the Arabic again after fol. 35r (hand two again). The first hand then reappears halfway down fol. 37r, which does indicate collaboration at this stage by the two scribes working on one manuscript rather than confusion of two sets of quires of the same work being produced side by side. Scribe one will complete the manuscript with no further intervention from scribe two.

The correct sequence of the *Proverbios* is therefore: folios 17, 23 (18r repeats 34r), 34, 18v, 19, 20, 21, 22, 24, 25, 26, 28, 27, 30, 29 (the 2 central double folios of scribe two have also been bound wrongly so that 28/29 is in the centre instead of 27/30), 31, 32, 33, 35, etc. There is a contextual lacuna between 23v and 34r; presumably this material should have been on 18r which instead contains a repetition of the 'Asuero' stanza as part of the folding of this quire with the 'Marques' gloss.

There is another problem of sequence at fols 47v–48r, where the numbering of fol. 48 clearly reads xlx (49). The gloss at 47v ('O que bien murio caton') ends in a lacuna. There seems to be a single cut folio missing here which would have contained the verses 'Ca fijo si mucho amaras' and 'Aborresçe mal beuir' with their glosses. There is in fact one cut folio at 46v–47r, the other half of the last page of the quire, fol. 57, and fol. 47r is the beginning of a quire. The Gothic numbering now continues out of sequence. Somewhere between 85r and 90r the Gothic numbering adds another lost folio 90r = cxcii, but the sequence of stanzas of the Fernán Pérez poem *Virtudes y viçios* is not stable. A comparison with the almost identical sequence in 'sister' *cancionero* LB3 reveals no lacuna.

Between fols 120–21 there is a cut page (the other half of this is fol. 123), part of the folding of the quire. However, in Mena's *Laberinto*, the scribe errs at 153v 'estas tres coplas van erradas y demasiadas' where stanzas 243–46 follow stanza 236. The scribe rewrote this page again on a cut half folio but again the binders have erred and tipped the cut side in between 154v and 155v and the folio at 157r (it should have gone between 154–55; in other words, it should have been reversed). I have kept these pages in their *cancionero* order rather than reordering them. There are also misplaced stanzas in the *Laberinto*: stanzas 41–56 follow stanza 120 at 131v–134r, but the error is scribal or in the source book and the non-sequiturs occur in the middle of the page. At the end of the *Laberinto*, there are 7 (+3) stanzas missing, or 2 folios. This could have been a double fold at the end, or possibly 2 cut folios tipped in between 150 and 151. There may be another lacuna at 120–21 where there is a cut page and we jump from stanza 20 to stanza 40 of the *Laberinto*. However, this would indicate a loss of three folios, which would be difficult since the centrefold is 121–22. They could, however, have been cut pages. There is also scribal confusion in *De cómo al omne es necesario amar*, fol. 64v, and a false start is made, then corrected.

Finally, there is a third, later hand (early sixteenth century cursive Gothic) at fol.117v which filled in a blank page with three short poems by Guevara, Montoro and Juan Álvarez Gato. The two courtly poems are out of keeping with the rest of the *cancionero* which is devotional, moralistic and humorous, with the sole exception of the poem following the index, which is unique, anonymous, courtly and probably dedicatory. The added poems are inserted between the two Mena poems, *Pecados mortales* and *Laberinto*.

The condition of this manuscript is poor, but restoration was done in 1985 in Madrid, where the pages were washed and bound between silk. This has stoppped further degeneration and means that almost all of the readings can now be retrieved if the manuscript itself is used (microfilm alone is of limited utility). The *cancionero* itself is badly degenerated after fol. 135, and a number of the Mena stanzas between folios 136 and 149 have been almost destroyed by the ink. The glosses, however, have survived intact. We have reconstructed these as faithfully as possible, using editions by Blecua, Cummins, Foulché-Delbosc, Pérez Priego and Vasvari Fainberg.[4] My thanks to Maxim Kerkhof for letting me use Florence Street's unpublished manuscript notes and microfilm copy; the MS was in better condition when she used it.

The manuscript is described in the earliest Cabildo catalogue (n.d., early eighteenth century?) as follows:

---

4 Editions of Juan de Mena, *Laberinto de fortuna*: J. M. Blecua (Madrid: Espasa-Calpe, 1951, etc.); John G. Cummins (Madrid: Cátedra, 1979); R. Foulché-Delbosc, I, N.B.A.E., 19 (Madrid: Bailly-Baillière, 1912); Miguel Ángel Pérez Priego (Madrid: Editorial Nacional, 1976), (Madrid: Espasa-Calpe, 1989) and *Juan de Mena, Obras completas* (Barcelona: Planeta, 1989); Louise Vasvari Fainberg (Madrid: Alhambra, 1976 etc.). Also see Maxim Kerkhof, Nueva Biblioteca de Erudición y Crítica 9 (Madrid: Castalia, 1995), as well as his Clásicos Castalia edition, which both appeared during the many years that the present edition was at press.

Poetas varios antiguos: Este es un codice que contiene mas de lo que el titulo significa, pues debiendo ser solamente de Poesia, se halla en el varios opusculos de San Bernardo y San Agustin que con los demas se ponen aqui para el perfecto conocimiento de este MS y es como sigue:

Libro de la vida xtiana por San Agustin.
Los Proverbios del Marques de Santillana Don Inigo Lopez de Mendoza glossados por Pero Diaz de Toledo.
Seneca Remedios contra fortuna traducido al castellano por del dicho Pero Diaz antes de lo qual esta
Carta de San Bernardo a Reymundo sobre el Regimiento de la casa.
Carta que embio Gomez Manrrique a Diego Arias de Avila contador mayor del Rey sobre que no le quiso librar los cuentos que tenia en los libros del Rey.
Fernan Perez de Guzman. Diversas virtudes e vicios, ipnos rimados a llores divinos embiados al mui bueno e discreto Alvar Garcia de Santa Maria.
Anton de Montoro Coplas.
Las 300 de Juan de Mena estan, falta V y la ultima que se halla en este codice comienza: Entonces veredes obscure la fama.

Todo esta en castellano, y es M.S. coetano a estos Poetas.

B. CONTENTS, SV2

One of the most interesting features of the production of this *cancionero* is its relationship to the *Cancionero de Egerton* (LB3).[5] Both contain poetry by Montoro not found in other *cancioneros*, and in the same order. SV2 contains only one *pregunta* and *respuesta*, ID 2727 and 2728, not found in *Egerton* which is within the run of Montoro poetry, although their authorship is uncertain. The Panadera verses, ID1793, 'Señor non pecho nin medro', which are added to SV2 by the later scribe are the last Montoro poems in *Egerton*. This indicates that both *cancioneros* were using descendants of the same exemplar containing the Montoro poetry. LB3 looks less like a bookshop job than SV2 but the personal letters at the beginning of this *cancionero* could conceivably have been included for copying at the beginning of the selection of other bookshop poetry. Other poetry which coincides between the two begins with Fernán Pérez's *Virtudes y viçios*, incomplete and in the same order,[6] and ends with Mena's *Pecados mortales*. At the end of the Mena *Pecados*, the exemplar seems to have ended, as SV2 notes 'el libro es acabado dios sea loado amen', although the manuscript then continues with the *Laberinto*, in the same hand, and on the same paper. Some of the erroneous variant

5 See Henry R. Lang, 'Communications from the Spanish *Cancioneros*: The *Cancionero de la Colombina* at Seville', in *Transactions of the Connecticut Academy of Arts and Sciences*, XV (1909), 87–108.
6 See Fiona Maguire and Dorothy S. Severin, 'Fernán Pérez de Guzmán's "Loores de santos": texts and traditions' in *Saints and their Authors: Studies in Honour of John K. Walsh*, eds. Jane E. Connolly, Alan Deyermond, Brian Dutton (Madison: Hispanic Seminary of Medieval Studies, 1990), 151–68.

readings are similar or identical, indicating the use of similar exemplars. Alternately, LB3 could be the work of a private scribe in the employ of a major household (as the personal letters seem to indicate, the de Foix household) who used an exemplar including the Montoro poetry which was related to the one used by the SV2 bookshop. However, LB3 must be somewhat later, since it contains Jorge Manrique's *Coplas* and Fray Íñigo de Mendoza's *Vita Christi*. The watermark (hand and star) is ca. 1480 (similar to Briquet no. 11158).

Besides its obvious relationship to the contemporary LB3, SV2 has two descendants in the form of partial copies in the BN, Madrid. These are of eighteenth-century vintage when the original was in much better condition, and some of the difficult readings can be restored with reference to:

1. MS 2249 (MN2) 'Librería del Exmo. S. D. AG. Durán. Adquerida para el gobierno en 1863.' Bound in green card with marbleized cover, nineteenth-century end papers, eighteenth-century hand and paper. 26 folios written of 27 numbered on same paper. Fols 28–36 an index in nineteenth-century hand on ruled paper, followed by an index of Montoro poetry in the *Cancionero general* (alphabetical order). Title:

> Esta el original en la Biblioteca de la Santa Iglesia Patriarcal de Sevilla. Este Poeta de el Siglo XV, nombrado Anton de Montoro, segun lo que se deduce de las varias Piezas aqui insertadas, tenia su residencia en Cordova, aunque no podemos inferir de ellas si era Natural de la misma Ciudad o de la Villa de Montoro de quien pudo tomar el sobrenombre. El fue casado y seguia las jornadas de la Guerra contra los Moros. Fue contemporaneo de el celebre D. Inigo Lopez de Mendoza, Marques de Santillana, y Juan de Mena, senalados Poetas de aquel siglo. Vivia antes de el Medio de el, pues tenemos aqui un Poema dirigido a el Corregidor de Cordova en el ano de 1447. No hace mencion de Anton de Montoro ningun Escritor nuestro; ni hay mas noticia de el, que el ver estampado su nombre a la frente de estas Poesias. Son coetaneos el Papel y caracteres a el medio siglo XV.

Poetry of Antón de Montoro only.

2. MS 13042, (MN37). An eighteenth-century volume of papal bulls and briefs; at end of those in same hand, fol. 122:

> Poesias de Anton de Montoro Cordobes contemporaneo de Juan de Mena. 123
> Continuacion de Gomez Manrique de la Invocacion Catolica de Juan de Mena. 147
> Tratado de D. Alfonso el Tostado de como al omne es necesario amar. 153
> Carta de Gomes Manrique a Diego Arias de Avila contador mayor del Rey, sobre que no le quiso librar los marav que tenia en los Libros del Rey. 165

The Manrique poems follow on 166–70, and the Guevara and Álvarez Gato poems are on 152v. The Montoro poetry includes at the end the Panadera verses which appear along with the Guevara and Gato poems in SV2.

On the other hand, SV2 seems related to neither of the other early surviving manuscript versions of the Pero Díaz de Toledo glosses to Santillana's *Proverbios*. These are MN25 (Madrid, Nacional, MS 8567), and SA8 (Salamanca, MS 2655). ML3, MS 657 in the Lázaro Galdiano library, proved to contain only the introduction, not the glosses, and MN8 (Madrid, Nacional, MS 3677) is a late copy, probably of an edition. MN25, paper probably Italian ca. 1440 (identical to Briquet nos. 11652 and 11663, monts), and SA8, paper French or Italian ca. 1455, (cart, similar to Briquet no. 3533), are both closely related in variants although MN25 is the more defective version, with numerous unique transposed pairs of words. SA8 and SV2 are more faithful to the archetype, but SV2 is unique in its use of conjunctives, has a number of scribal lacunae when the scribe's eye slipped from a word in one line to the same word in another (or his copy text was defective), and is unique in containing Santillana's original glosses as well as Pero Díaz's. It is therefore more like the late fifteenth-century and sixteenth-century printed versions of the text, including its use of headings 'el doctor' and 'el marques'.

As to the other prose pieces in SV2, these too are something of a mystery. The pseudo-St. Bernard *Regimiento* is related to Escorial S–II–14, fols 61r–63v (paper, ca. 1480, Briquet nos. 691 and 692, ring with star, Italian or French). This is in a volume of Seneca, *Contra la yra y la saña*, but in a different hand from the Seneca. There are at least ten other Spanish translations of this text, represented by Madrid, Nacional, MS 9247, fols 117v–119v; the *Cancionero de Ixar*[7] version, MS 2882, fols 297r–299v, Dutton MN6; and the *Floresta de philosophos* (MS 4515), MS 10712, MS 4402, Seville Colombina MS i–77–y, and an early printing, Burgos: Fadrique de Basilea, 1495.[8]

The catechism following the pseudo-Bernard is a mystery (as is the first poem which follows the contents page), but the pseudo-Seneca, *Libro de los remedios contra la fortuna*, is easily located in several of the volumes of Alfonso de Cartagena's translations of the *Cinco libros*. The surviving versions of this text are as follows:

D	Madrid, BN 6765, July 1454	(public)
F	Madrid, BN 8188	(private)
H	Madrid, BN 8830, 1454	(public)
I	Madrid, BN 9180, July 1454	(private)
K	Madrid, BN 10155	(private)

---

7 See ed. José María Azáceta, *El cancionero de Juan Fernández de Ixar* (Madrid: Consejo Superior de Investigaciones Científicas, 1956), II, 681–85.

8 ed. Raymond Foulché-Delbosc, '*Floresta de philosophos*, MS Madrid, BN 4515', *Revue Hispanique*, XI (1904), 85–88. My thanks to Barry Taylor of the British Library for this information. See also Solá-Solé, Josep M., 'Las versiones castellanas y catalanas de la *Epistola de gubernatione rei familiaris*, atribuída a San Bernardo' in *Diakonia: Studies in Honor of Robert T. Meyer*, ed. Thomas Halton and Joseph P. Williman (Washington: Catholic University of America Press, 1988), 261–78.

O	Madrid, BN 17803	(private)
S	Escorial, N II 6, 1476	(public)
T	Escorial, T III 4	(public)
W	Escorial, T III 7, July, 1454	(private)
X	Salamanca, 11201, 1436?	(public)
BB	Santander, Menéndez y Pelayo, 38	(private)
	July, 1454	
CC	Sevilla, Colombina, 83–6–10	
FF	Valladolid, Santa Cruz, 338	(private)

The manuscript descriptions and designations are from K. A. Blüher's *Seneca in Spanien* (Munich: Francke Verlag, 1969). According to Nicholas Round, who is in the process of studying the Cartagena Senecas, the SV2 version is one of the 'private' versions of the Cartagena translation which may have been orally dictated and later reworked for the 'public' version of the translation. SV2 is an abbreviated version, and omits the speakers 'Razon' and 'Sentido' in the exchanges.

The final prose piece in SV2 is the pseudo-Tostado, *De cómo al omne es necesario amar*. Pedro Cátedra has edited this work in *Del Tostado sobre el amor* (Barcelona: Stelle dell'Orsa, 1986), using the four surviving fifteenth-century manuscripts (SV2 and its copy, Madrid, Nacional, MS 13042, fols 153r–64v; Madrid, Nacional, MS 12672, fols 241r–251r; Santander, Menéndez Pelayo, MS M–53; Salamanca, Cátedra's own library). He concludes that his own version is the oldest, that it is related to SV2 and Santander, and that the Madrid MS is the most defective.

The SV2 version of the *Laberinto* with marginal glosses is, according to Julian Weiss, related to glossed versions in ML2 (Madrid, Lázaro Galdiano MS 208), MM1 (Madrid, Bartolomé March, MS 20/5/6), PN7 (Paris, Nationale, Esp 229) and BC3 (Barcelona, Catalunya, MS 1967).[9]

---

9 See Julian Weiss, 'Political Commentary: Hernán Núñez's "Glosa a Las trescientas" ' in *Letters and Society in Fifteenth-Century Spain. Studies Presented to P. E. Russell on his Eightieth Birthday*, eds. Alan Deyermond and Jeremy Lawrance (Llangrannog: Dolphin Book Co., 1993), 205–16.

C. INDEX OF CONTENTS, *SV2*

1. [ID7824] SV2–1 (1v–2r) (6x9), Anonymous, 'Aues brutos y saluajes'.

2. [ID0204] SV2–2 (2r–4r) (Prose), San Bernardo, *Regimiento de la casa*, '[E*]l grasçioso & bienaventurado cauallero Reymundo...'.

3. [No ID] SV2–2a (4v–6v) (Prose), Anonymous, '[T*]odo fiel christianos [sic] conviene que aya en sy dos cosas...'.

4. [ID3411 P 0050] SV2–3 (6v–7v) (Prose), Pero Díaz de Toledo, Introduction to Santillana, *Proverbios*, '[P*]laton aquel grande maestro del escuela de los filosofos...'.

5. [ID0091 P 0050] SV2–4 (7v–10v) (Prose), Marqués de Santillana, Introduction, *Proverbios*, '[M*]uy ylustre & esclaresçido señor...'.

6. [ID0050] SV2–5 (10v–64v) (100x8), Marqués de Santillana, *Proverbios*, 'Fijo mio muy amado'.

7. [No ID] SV2–5a (64v–65r) (Prose), Pseudo-Tostado, *De cómo al omne es necesario amar* (fragment), 'Es grande avnque sea mançebo. E sy yo por alguna causa...'.

8. [No ID] SV2–5a (65r–73r) (Prose), Pseudo-Tostado, *De cómo al omne es necesario ama"*, [O] hermano rreprendiesteme porque amor...'.

9. [No ID] SV2–5b (73r–76r) (Prose), Pseudo-Seneca, *Libro de los remedios contra la fortuna*, 'Maguer tengas el Regaço lleno & esclaresçido de todos poetas...'.

10. [ID0093 P 0094] SV2-6 (76r–77r) (Prose), Gómez Manrique, Introduction to *Coplas a Diegarias*, 'Como a la nocticia mia...'.

11. [ID0094] SV2-7 (77r–80r) (47x9), Gómez Manrique, *Coplas a Diegarias*, 'De los mas el mas perfecto'.

12. [ID0072] SV2-8 (80r–95v) (256x8), Fernán Pérez de Guzmán, *Vicios y virtudes*, 'Amigo mio sabio discreto'.

13. [ID2720] SV2-9 (96r–97v) (26x8,4), Antón de Montoro, 'Muy digna potençia de mas prosperar'.

14. [ID1907] SV2–10 (97v) (1x8), Antón de Montoro, 'Bachiller andaes muy floxo'.

15. [ID2721] SV2–11 (97v) (1x10,4), Antón de Montoro, 'Se que vuestra señoria'.

16. [ID1899] SV2–12 (97v–98r) (1x8), Antón de Montoro, 'Alta rreyna de Castilla'.

17. [ID2722 R 1899] SV2–13 (98r) (1x8), Juan Poeta, 'Onbre de poca familia'.

18. [ID2723 R 2722] SV2–14 (98r) (8,9,8), Antón de Montoro, 'Aca non se de que villa'.

19. [ID2724] SV2–15 (98v) (1x9), Antón de Montoro, 'Eterna gloria que dura'.

20. [ID2725] SV2–16 (98v) (7x8,5), Antón de Montoro, 'Tenplo de rrica familia'.

21. [ID0169] SV2–17 (98v–99r) (10x9), Antón de Montoro, El amo noble sufriente'.

22. [ID0182] SV2–18 (99r–100v) (21x8,4), Antón de Montoro, 'Vos al muy grand rrey anexo'.

23. [ID2726] SV2–19 (101r) (5x10), Antón de Montoro, 'Asaye de memorar'.

24. [ID2727] SV2–20 (101v) (6x8), Untitled, *Pregunta*, 'Vn escudero andaua'.

25. [ID2728 R 2727] SV2–21 (101v–102r) (6x8), Untitled, *Respuesta*, 'El fidalgo que syglaua'.

26. [ID1902] SV2–22 (102r) (1x9), Antón de Montoro, 'Como quando cortan arbol'.

27. [ID0174] SV2–23 (102v) (2x10), Antón de Montoro, 'Como ladron que desea'.

28. [ID0180] SV2–24 (102v) (2x8,4), Antón de Montoro, 'Juan de Luna me lo dio'.

29. [ID1791] SV2–25 (102v) (1x8), Antón de Montoro, 'Que fazes buen cauallero'.

30. [ID1908] SV2–26 (102v) (1x8), Antón de Montoro, 'Yo pense señor Jouera'.

31. [ID1900] SV2–27 (102v) (1x8), Antón de Montoro, 'Discreto y muy polido'.

32. [ID2729] SV2–28 (103r) (1x9), Year 1447, Antón de Montoro, 'Buen amigo Juan Habis'.

33. [ID2730] SV2–29 (103r) (1x12), Alfonso de Velasco, 'Como los rrycos tesoros'.

34. [ID2731 R 2730] SV2–30 (103r) (1x12), Antón de Montoro, *Respuesta*, 'Segund plan[n]eron sus lloros'.

35. [ID2731 F 2731] SV2–31 (103r) (1x4), Antón de Montoro, 'Dizen que amanesçe dios'.

36. [ID0174 F 0174] SV2–32 (103r) (1x4), Antón de Montoro, 'Lexos de mal entreualo'.

37. [ID0175] SV2–33 (103r) (1x8,4), Antón de Montoro, 'Que obra tan descusar'.

38. [ID2732] SV2–34 (103r–v) (1x9), Antón de Montoro, 'Vn vinagron como fierro'.

39. [ID0176 Y 2732] SV2–35 (103v) (1x8), Antón de Montoro, 'La viña muda su foja'.

40. [ID2733] SV2–36 (103v) (1x10), Antón de Montoro, 'Pese a vos porçel y anina'.

41. [ID1906] SV2–37 (103v) (1x9), Antón de Montoro, 'Vos en quien todo bien cabe'.

42. [ID0177] SV2–38 (103v) (1x10), Antón de Montoro, 'Suena de vos vna fama'.

43. [ID0283] SV2–39 (103v) (1x9), Antón de Montoro, 'Dezid amigo soys flor'.

44. [ID2734] SV2–40 (103v–104r) (1x8,4), Antón de Montoro, 'En todas distrezas mas biuo que brasa'.

45. [ID0170] SV2–41 (104r) (1x8), Antón de Montoro, 'A vuestros mandos y rruegos'.

46. [ID2735] SV2–42 (104r) (1x8), Antón de Montoro, 'Persona muy syngular'.

47. [ID2736] SV2–43 (104r) (1x9), Antón de Montoro, 'Nunca vi tal en mi vida'.

48. [ID2737] SV2–44 (104r) (1x9), Antón de Montoro, 'Sy como el vltimo dia'.

49. [ID2738] SV2–45 (104r–v) (1x8,9), Antón de Montoro, 'Vos en quien todas se agozen'.

50. [ID0179] SV2–46 (104v) (1x8), Antón de Montoro, 'Non vos vengo con querrellas'.

51. [ID2739] SV2–47 (104v) (1x7), Antón de Montoro, 'A vos bien querey y amar'.

52. [ID2740] SV2–48 (104v) (1x8), Antón de Montoro, 'Escape de Moratilla'.

53. [ID2741] SV2–49 (104v) (1x10), Antón de Montoro, 'Lleno de prosperidades'.

54. [ID1905] SV2–50 (104v–105r) (2x10,4, erased), Antón de Montoro, 'Como fazen los noviçios'.

55. [ID1782] SV2–51 (105r) (1x8), Untitled [Antón de Montoro], 'Seneca folgaras ya'.

56. [ID1911] SV2–52 (105r) (3x8), Untitled [Antón de Montoro], 'Es verdad que sy lo vno'.

57. [ID2742] SV2–53 (105r) (1x8), Antón de Montoro, 'Onbre de rrica familla'.

58. [ID2743] SV2–54 (105r) (1x8,5), Antón de Montoro, 'Discreto y muy polido'.

59. [ID2744] SV2–55 (105v) (1x8), Antón de Montoro, 'Quando dexan al can sola'.

60. [ID1789] SV2–56 (105v) (1x8), Antón de Montoro, 'Como los canes con yra'.

61. [ID0100] SV2–57 (105v–111r) (106x8), Juan de Mena, *Coplas de los pecados mortales*, 'Canta tu christiana musa'.

62. [ID0101 A 0100] SV2–58 (111r–117r) (131x8), Gómez Manrique, Continuation of Mena, *Pecados mortales*, 'Pues este negro morir'.

63. [ID0876 F 0876] SV2–58a (117v) (1x11), Guevara, 'Si fuesedes vos serrana'.

64. [ID1793] SV2–58b (117v) (1x8), Antón de Montoro, 'Señor no pecho ni medro'.

65. [ID2745] SV2–58c (117v) (1x9), Juan Álvarez Gato, 'Al presente que me distes'.

66. [ID0092] SV2–59 (118r–161v...) (264x8...), Juan de Mena, *Laberinto de fortuna* (*Las trescientas*) 'Al muy propotente don juan el segundo'.

2. The *Cancionero* of Egerton, London, BL, MS [Egerton 939], Dutton LB3[10]

A. DESCRIPTION

We have no clues to the identity of the compiler of the *Cancionero de Egerton* (London, BL, MS Egerton 939, Dutton LB3). Neither do we know for whom it was compiled. But we can state that it is a pro-Isabeline *cancionero* from the early 1480s. The character of its poetry and prose is strong anti-Henry IV, since it contains a version of the *Mingo Revulgo* and a *Vita Christi* by Fray Íñigo de Mendoza in one of its early manuscript versions with the attacks on the grandees and Henry IV which were omitted in the printed version of 1483. Furthermore, it contains Gómez Manrique's *Regimiento de príncipes*, prepared for Ferdinand and Isabel, and Jorge Manrique's *Coplas*, giving us a terminus a quo of 1479.

The *cancionero* contains a variety of unknown works in prose: four letters, a wisdom book, and a version of Epictetus and the Emperor Hadrian (el infante Epitus) published by Suchier[11] in his huge study of this topic. As for the poetry, we have an unknown cycle of Passion poems, one for each devotional hour. In spite of its moralistic and religious content, with, for example, Gómez Manrique's well-known *Coplas a Diegarias*, the extremely popular *Coplas sobre diversos virtudes y viçios* by Fernán Pérez de Guzmán, and Mena's *Coplas contra los pecados mortales*, completed by Gómez Manrique, the *cancionero* surprises us with an extensive body of Antón de Montoro's poetry, a corpus related to his poems in the Colombina *cancionero* (Dutton SV2).

The letters at the beginning of the *cancionero* suggest a possible provenance. They are two letters of consolation, the first written by a nephew to an uncle who has lost his son, the second to a man who has lost a female relative who is a countess, although it is not clear whether this is

---

10 LB3 has been selectively edited by Brian Dutton in *El cancionero del siglo XV*, I, 359–72. For catalogue descriptions of LB3 see Don Pascual de Gayangos, *Catalogue of the Manuscripts in the Spanish Language in the British Museum*, I (London: Trustees of the British Museum, 1875), 11–14 and Brian Dutton, *El catálogo-índice de la poesía cancioneril*, 24–26.

11 W. Suchier, *L'Enfant Sage (das Gespräch des Kaisers Hadrian mit dem klugen Kinde Epitus)*, (Dresden: Niemeyer, 1910), 351–694. Also see his other books on the subject: *Das mittellateinische Gespräch Adrian und Epictetus nebstverwandten Texten (Joca Monachorum)* (Tübingen: Niemeyer, 1955) and Lloyd William Daly and Walter Suchier, *Altercatio Hadrian Augusti et Epicteti Philosophici* (Urbana: Univ. of Illinois Press, 1939); Hugo O. Bizzarri, ed., *Diálogo de Epícteto y el emperador Adriano (Derivaciones de un texto escolar en el siglo XIII)* (Frankfurt: Vervuert-Iberoamericana, 1995).

his wife, mother or sister. In the latter the recent loss of a 'señor Don Gaston' is mentioned, as well as the nobility of the deceased countess, 'muy çercana a los ilustrisimos señores y reyes de Aragon, Castilla, Napoles y aun Françia, asi como vos, señor de muy çerca los soys'. The name Gaston only seems to exist in two noble Spanish families, the Medinaceli (de la Cerda) and their relatives the de Foix, a Franco-Hispanic family related to the Spanish Royal house. In the de la Cerda family the last Gaston to die in the fifteenth century was Gaston II in the year 1454. But the de Foix family lost the heir to the title in 1470 when Gaston, Prince of Viana, died in a tournament, and the count himself, Gaston IV, died in 1472. His wife Doña Leonor, Infanta of Navarra, died in 1479, only 21 days after her father Don Juan II of Aragon. Ferdinand of Aragon, the Catholic Monarch is Leonor's brother and Juan II of Aragon's son. It seems likely that the letters are related to this family, and I would suggest Gaston IV de Foix as the possible recipient of the first letter referring to the loss of the Prince of Viana. The second letter is more difficult, but the deceased might be the Prince's mother, Leonor. As for the recipient, it could be any male relative, including her brother Ferdinand the Catholic. From the personal, albeit formal, character of these letters, they may well belong to the family which commissioned the *cancionero*.

As for the quality of this collection, it might be a first draft or a copy of a better one. It is on quarto paper with watermarks of a hand and a hand with a star in the centrefold of the paper. The date of the watermark on French or Italian paper is late 1470s or early 1480s. It measures 145 x 190 mm. and is in a cursive Gothic with one main hand, although at one point a second hand intervenes. There is a two folio lacuna between Manrique's *Coplas* and the *Epitus* and it is missing the final folios (Mena's *Coplas* are incomplete). Fernán Pérez's *Coplas* are also incomplete. The *cancionero* was acquired in 1842 in a Fletcher's sale; its previous owner, H. Bohn, acquired it in 1829 from Mayans for 7 guineas, lot 593. The binding is the Museum's, green leather with the shield of Charles Long, Lord Farnborough. The first page is entitled 'Cancionero del Siglo XV' in a later hand and paper. Farnborough, the cousin of Henry Egerton, left 2872 pounds to the museum on his death in 1838 for the purchase of manuscripts. The title page is a later addition with 'Cancionero del Siglo XV' in a factitious Gothic style. There is a red shield stamped on the first and last folios. Two empty folios have been bound in after folios 44 and 46 in different paper. There are various later scribbles on the manuscript indicated in the manuscript footnotes.

There are two different numerations of the folios, neither original. The numeration in the lower right margin is in pen and is consecutive. The numeration in pencil in the upper margin takes account of the missing folios at 19–20, where the end of Jorge Manrique's *Coplas* is missing, and has been filled in by a later hand in the lower margin; I have followed this numeration. The beginning of the *Epitus* is also missing. On fol. 73r a later hand has added the last stanza and on 77v the last stanza has been marked by a later hand. The watermark, a hand, is difficult to discern because of the fold in the paper. Most gatherings are of twelve.

B. CONTENTS, LB3

1–2. Dutton ID 2747–2748. Two anonymous and unique letters of consolation which may have belonged to the de Foix family (see above). My thanks to Angus Mackay and D. Joaquín González Moreno for their help in this identification.

3. Dutton ID 1872. Gómez Manrique's *Cancionero* was edited by Antonio Paz y Melia, Colección de Escritores Castellanos, 36, 39 (Madrid: Pérez Dubrull, 1885) and by R. Foulché-Delbosc, *Cancionero castellano del siglo XV*, 2 vols., NBAE, 19, 22 (Madrid: Bailly Ballière, 1912, 1915): II, no. 403, 111–22. See Kenneth R. Scholberg, *Introducción a la poesía de Gómez Manrique* (Madison: Hispanic Seminary of Medieval Studies, 1984).

4. Dutton ID 0277. The last half of the last stanza of Jorge Manrique's *Coplas* is missing. The critical edition is *Coplas que hizo Jorge Manrique a la muerte de su padre*, ed. Vicente Beltrán, Filológica II (Barcelona: Promociones y Publicaciones Universitarias, 1991), and Biblioteca Clásica 15 (Barcelona: Crítica, 1993).

5. Dutton ID 2749. This is one of three extant Castilian versions of the *Yfante Epitus*, a famous medieval wisdom book. This version is incomplete and lacks the first folio. It was published by Walter Suchier in *L'enfant sage*, 351–694. Also see my ' "El yfante Epitus": The Earliest Complete Castilian Version of the Dialogue of "Epictetus and the Emperor Hadrian" ', BHS, LXII (1985), 25–29 and J. M. Millás Vallicrosa, *Las traducciones orientales en los manuscritos de la Biblioteca Catedral de Toledo* (Madrid: C.S.I.C.-Instituto Arias Montano, 1942), 341–48, MS 98-2 (10011 of the Biblioteca Nacional, Madrid). Suchier wrote two other books on the topic; see the bibliography for the recent Hugo Bizzarri edition.

6–7. Dutton ID 2750 T 2751 and 2752 T 2753, two contrafacta by Juan Álvarez Gato, also found in MH2, nos. 79, 74. They are found in ed. Jenaro Artíles Rodríguez, *Obras de Juan Álvarez Gato* (Madrid: Blass, 1928) and in R. Foulché-Delbosc, *Cancionero castellano del siglo XV*, I, nos. 116, 111, at pp. 254–55, 252. Also see Francisco Márquez Villanueva, *Investigaciones sobre Juan Álvarez Gato* (Madrid: BRAE, Anejo 4, l960).

8–15. Dutton ID 2754–61. An anonymous and unique cycle of passion poems on the canonical hours.

16–17. Dutton ID 2762–63. Two unique and anonymous letters to nuns, possibly by the same author to the same nun. In the first letter Saints Augustin, Bernard, Anselm, Ambrose and Jerome are mentioned, while in the second only the Gospels are mentioned.

18. Dutton ID 2764. Another anonymous and unique religious composition.

19. Dutton ID 2024. See Marcella Ciceri's edition, based on LB3, of the *Coplas de Mingo Revulgo*, in *Cultura Neolatina*, XXXVII (1977), 75–149, 187–266, with glossary. Also see Harriet Brodey, *Las coplas de Mingo Revulgo* (Madison: HSMS, 1986). The identification of the author as Fray Íñigo de Mendoza seems almost certain.

20. Dutton ID 2765. Another wisdom book, unknown. This might have been a personal collection belonging to the compiler. Some of the sayings are found in *Bocados de Oro*, ed. Mechthild Crombach (Bonn: Romanisches Seminar der Universität, 1971). At fol. 48v: Sed I, *BO*, p.2, no.20; Sed II, *BO*, p.2, no.11; Ypocras, *BO*, p.30, no.1; Diogenis, *BO*, p.40, no.18; Socrates I, *BO*, p.50, no.21; Socrates II, *BO*, p.54, no.57. At fol. 50r: Hermes I, *BO* p.9, no.27; Alixandre II, *BO*, p.133, no.1; Alixandre III, *BO*, p.136, no.27. The Seneca is not from the pseudo-Senecan proverbs, nor from any other widely-circulated fifteenth-century collection. My thanks to Barry Taylor for his help with these identifications.

21–22. Dutton ID 0093–94. Gómez Manrique, prose introduction and *Coplas a Diego Arias de Ávila*; R. Foulché-Delbosc, *Cancionero castellano*, II, no. 377, at pp. 85–91.

23. Dutton ID 0269. For this version of Fray Íñigo de Mendoza's *Vita Christi*, see Julio Rodríguez Puértolas, *Fray Íñigo de Mendoza y sus 'Coplas de Vita Christi'* (Madrid: Gredos, 1968). This version contains some of the material which was excised from the printed versions (the attack on the grandees). Also see J. Rodríguez Puértolas' edition, *Fray Íñigo de Mendoza, Cancionero*, Clásicos Castellanos, 163 (Madrid: Espasa-Calpe, 1968).

24. Dutton ID 0072. The exemplar material also found in SV2 starts here. Shorter version of Fernán Pérez de Guzmán's *Coplas de vicios y virtudes*, in R. Foulché-Delbosc's *Cancionero castellano*, I, no. 268, at pp. 575–626. Also see the article by Maguire and Severin cited above and in the bibliography.

25–69. Montoro's poetry; see index of LB3 for full sequence of ID numbers. There is a possible change of hand on folios 104v–106v. No. 37 (ID 0174) is the coda of no. 36 (ID 1902). No. 47 is listed as 2732 and 0176 in Dutton. No. 63 (Dutton ID 1782) is in Cotarelo as part of no. 62. The first stanza was cut out as blasphemous, with poem no. 68 on the verso (ID 1789). No. 69, ID 1793, is not in SV2. Besides the early edition by E. Cotarelo y Mori (Madrid: J. Perales y Martínez, 1900), there are three recent editions of Montoro's verses: eds. F. Cantera Burgos and C. Carrete Parrondo, *Antón de Montoro, Cancionero* (Madrid: Nacional, 1984), ed. Marithelma Costa, *Antón de Montoro, Poesía completa* (Cleveland: Cleveland State Univ., 1990) and ed. Marcella Ciceri, introd. by J. Rodríguez Puértolas, *Antón de Montoro, Poesía completa* (Salamanca: BES XV, 1990).

70–71. Dutton ID 0100, 0101. Mena's *Coplas contra los pecados mortales* or *Coplas de la Razón contra la Voluntad*, with the continuation after Mena's death by Gómez Manrique. Incomplete and truncated. R. Foulché-Delbosc, *Cancionero castellano*, I, no. 13, at pp. 120–52. See the modern edition by ed. Gladys M. Rivera, *Juan de Mena, 'Coplas de los siete pecados mortales' and First Continuation*, Vol. I (Madrid: Porrúa Turanzas, 1982).

C. INDEX OF CONTENTS, LB3

29. [ID2722 R 1899] LB3–29 (107r), Juan Poeta, 'Onbre de poca familia'.

30. [ID2723 R 2722] LB3–30 (107r), Montoro, 'Aca non se de que villa'.

31. [ID2724] LB3–31 (107r), Montoro, 'Eterna gloria que dura'.

32. [ID2725] LB3–32 (107r–108r), Montoro, 'Tenplo de rica familia'.

33. [ID0169] LB3–33 (108r–v), Montoro, 'El amo noble, sufriente'.

34. [ID0182] LB3–34 (108r–110v), Montoro, 'Vos al muy grand rrey anexo'.

35. [ID2726] LB3–35 (110v–111r), Montoro, 'Asaye de memorar'.

36. [ID1902] LB3–36 (111r), Montoro, 'Como quando cortan arbol'.

37. [ID0174] LB3–37 (111v), Montoro, 'Como ladron que desea'.

38. [ID0175] LB3–38 (111v), Montoro, 'Que obra tan descusar'.

39. [ID0180] LB3–39 (111v–112r), Montoro, 'Juan de Luna me lo dio'.

40. [ID1791] LB3–40 (112r), Montoro, 'Que fazes, buen cauallero'.

41. [ID1908] LB3–41 (112r), Montoro, 'Yo pense, señor Jouera'.

42. [ID1900] LB3–42 (112r), Montoro, 'Discreto y muy polido'.

43. [ID2729] LB3–43 (112r–v), Montoro, 'Buen amigo Juan Abiz'.

44. [ID2730] LB3–44 (112v), Alfonso de Velasco, 'Como los rricos tesoros'.

45. [ID2731 R 2730] LB3–45 (112v), Montoro, 'Segund plañeron sus lloros'.

46. [ID0174 F 0174] LB3–46 (112v), Montoro, 'Lexos de mal entreualo'.

47. [ID2732] LB3–47 (112v–113r), Montoro, 'Vn vinagron como fierro'.

48. [ID0176 Y 2732] LB3–47bis (113r), Montoro, 'La viña muda su foja'.

49. [ID2733] LB3–48 (113r), Montoro, 'Pese a vos Porçel y ayna'.

50. [ID1906] LB3–49 (113r), Montoro, 'Vos en quien todo bien cabe'.

51. [ID0177] LB3–50 (113r), Montoro, 'Suena de vos una fama'.

52. [ID0283] LB3–51 (113v), Montoro, 'Dezid amigo, soys flor'.

53. [ID2734] LB3–52 (113v), Montoro, 'En todas distrezas mas biuo que brasa'.

54. [ID0170] LB3–53 (113v), Montoro, 'A vuestros mandos y rruegos'.

55. [ID2735] LB3–54 (114r), Montoro, 'Persona muy singular'.

56. [ID2736] LB3–55 (114r), Montoro, 'Nunca vi tal en mi vida'.

57. [ID2737] LB3–56 (114r), Montoro, 'Si como el vltimo dia'.

58. [ID2738] LB3–57 (114r), Montoro, 'Vos en quien todas se agozen'.

59. [ID0179] LB3–58 (114v), Montoro, 'Non vos vengo con querellas'.

60. [ID2739] LB3–59 (114v), Montoro, 'A vos bien querer y amar'.

61. [ID2740] LB3–60 (114v), Montoro, 'Escape de Moratilla'.

62. [ID2741] LB3–61 (114v), Montoro, 'Lleno de prosperidad'.

63. [ID1905] LB3–62 (114v), Montoro, 'Como fazen los nouiçios'.

64. [ID1782] LB3–63 (115r), untitled [Montoro], 'Seneca folgaras ya'.

65. [ID1911] LB3–64 (115r), untitled [Montoro], 'Es verdad que si lo vno'.

66. [ID2742] LB3–65 (115r), Montoro, 'Onbre de rrica familia'.

67. [ID2743] LB3–66 (115v), Montoro, 'Discreto y muy polido'.

68. [ID2744] LB3–67 (115v), Montoro, 'Quando dexan al can sola'.

69. [ID1789] LB3–68 (115v), Montoro, to Pedro de Córdoba, *Otra a él*. Poem cut out.

70. [ID1793] LB3–69 (115v), Montoro, 'Señor, non pecho nin medro'.

71. [ID0100] LB3–70 (116r–120v), Juan de Mena, *Coplas de los pecados mortales*, 'Canta tu, christiana musa'.

72. [ID0101 A 0100] LB3–71 (120v–122v...), Gómez Manrique, Continuation to Mena, *Pecados mortales*, 'Pues este negro morir'.

3. The Relationship SV2 / LB3

The area where related exemplars or booklets[12] were copied comprises fols 83r–122v in LB3 and 80v–117r in SV2. This starts with Fernán Pérez de Guzmán, *Virtudes y vicios*, followed by the Antón de Montoro poetry and then by Mena's *Pecados mortales*, which is incomplete in LB3; the *cancionero* breaks off here. SV2 on the other hand is completed with a version of Mena's *Trescientas*, which comes after 'El libro es acabado / Dios sea loado / Amen' (fol. 117r). More problematic is the coincidence of the Gómez Manrique *Coplas a Diegarias* in both manuscripts, directly before the Fernán Pérez in SV2 but before the intervening Fray Íñigo de Mendoza *Vita Christi* in LB3. A comparison of significant variants suggest a somewhat higher occurence than we find elsewhere; it is not possible to say definitely whether the scribe of LB3 had intercalated a version of the *Vita Christi* in his copying out of a notebook which began with the Gómez Manrique poem, but it seems more likely that the Manrique poem was copied from a different source.

There are few variants to be found and even some of those coincide substantially if compared to other stemma of the poems under consideration. For example, stanza two of Pérez de Guzmán's *Virtudes* has the classically impenetrable line (2e), 'yo faziendo Vrves y Clos' (LB3) or 'Vrbes y Clos' (SV2), while Foulché's *Cancionero* reading from a different stemma proffers 'Hubert lo Clos', and the readings range from 'Ubert e Clos' (GB1, PN5, PN9, 06P0) to 'abierto y clos' (PN6). LB3 at times corrects the reading in SV2, but at times the opposite occurs. The first stanza of *Virtudes* is a case in point: 1a, 'Amigo mio sabio, discreto' (SV2) drops the 'mio' in LB3, perhaps correcting the metre; 1e, 'mas claro omne y mas neto' (SV2) drops the 'omne' (LB3), leaving the line short, and 1h, 'vos judgo por muy discreto' (SV2) becomes 'mi decreto' (LB3 and other texts, an inferior reading.) Occasionally there is transposition of stanzas (*Virtudes*, 48 in SV2 is before 43 in LB3) or omission in LB3 (Montoro ID 0175 'Que obra tan descusar'); ID 1789 in SV2 'Como los canes con yra' is cut out of LB3 on 115v with a sacriligious stanza from ID 1905 on 115r. LB3 on the other hand contains Montoro ID 1793 'Senor, non pecho nin

---

12 The booklet as collected exemplar source for multiple copying in fifteenth century *cancionero* MS production has been studied by Fiona Maguire in 'Cancionero MS Production and Textual Diffusion at the XVc Neapolitan Aragonese Court', paper read to III XVc. Colloquium, Westfield College, London, June, 1991 (unpublished), amended paper also read to the *Cancionero* Conference, Univ. of Georgetown, Washington, D.C., Feb. 1993 (unpublished), 'The Booklet and *Cancionero* MS Production', paper read to Manuscript Studies Conference, King's College, London, May, 1993 (unpublished) and in her Ph.D. thesis, in progress (Queen Mary & Westfield College, London).

medro' as the last poem of the series. Perhaps the major omission comes in Mena's *Pecados*; aside from the truncated Gómez Manrique ending, presumably a victim of historical circumstance, the Mena section is also much abbreviated by the omission of stanzas 36 through to 84, perhaps by the loss of folios. And the *Virtudes* is missing two stanzas from LB3 which appear in SV2 at 75 and 76 ('Al que Dios' and 'Yo concluyo'). Finally it might be noted that a common related source is indicated by missing lines: for example in the Gómez Manrique ending to the *Pecados*, the last two lines of stanza 6 are missing in LB3 and were added at a later stage to SV2 by a corrector; in Fernán Pérez' *Vicios y virtudes* a missing final line in stanza 96 is supplied later in SV2, possibly by the original scribe.

Marcella Ciceri has written an article comparing the two *cancioneros*: 'Correzioni genealogiche (Il *Canzoniere Colombino* e l'*Egerton 939*)', in *Studi Medievali e Romanzi in Memoria di Alberto Limentani* (Rome: Jouvence, 1989), 43–50. She looks at the Montoro poetry for errors in common, for correct readings in LB3 where SV2 is incorrect, and incorrect readings in LB3 where SV2 is correct. She concludes that LB3 corrects faulty SV2 readings in a number of cases. She also believes that there is a common exemplar source for both; a possibility, although related exemplars is a somewhat more probable theory, particularly in view of the different rubrics for the Montoro poetry in the two versions.

I print below a chart of significant variants for the poems of the booklet. If one of the two versions is obviously the correct reading, it is italicized. Of note is the one obvious fact which results from this comparison: the scribes of SV2 make a serious attempt to correct the poetry, and to substitute some better readings, while LB3 seems to be more faithful to the original exemplar, warts and all.

Fernán Pérez de Guzmán, *Vicios y virtudes*

SV2	LB3
1a Amigo mio	Amigo
e *claro omne*	claro
7h tiba	*tibia*
14h *su prometimiento*	blank, page repaired
16h remanesce	remana (blotted)
19e non osaras	non usaras
26g faz bono	fac bono
27d concluyo	concluyen
27e *trescientos*	tres cuentos
33h mangares	manjares
35 (rubric)	(rubric)
Ver y leer	De ver y leer
d ver y leer	ver leer
39g *discrecion*	diserscion
42 (rubric)	(rubric)
Dobles yeruas	Dobles yeruas,
	st.48 between 41,42.
43h he leydo	es leydo
48 Dobles yeruas,	
(rubric struck out)	
h sera	seyra
50g *penitencia*	maldicion
maldicion	penitencia
54d ynvierno	*ynfierno*
e gesto alegre	alegre gesto
67e la tercera cosa es	line missing
h *quarta*	quarte
68c encogidos	encongidos
69g de lo que desechan	g *de lo que desechan estos*
estos desean	
h ser abondados	h *desean ser abondados*
73 (rubric)	(rubric)
Con verguenca se	De como con verguenca
sufre el miedo	se sufre el miedo
75,76	omitted from LB3
77g conciencia underlined	presencia, but this too is a
as erroneous, la	correction of something beneath
presencia substituted	
by scribe;	
extra la remains	
78c excesyuo	exerciuo
79g a Salamon	omits a
85h (toda↑) alboguera	alboguera
86e la esforcara;	le despertara
corrects something beneath	
h alli la;	buen rey la
buen crossed out; rey	
scraped off?	
94e querer	creer

altered from creer?	
e fizoles nuestra fe ver	
struck out between e,f	
g fe ver	fe creer
h (en+) nuestro	nuestra
95b aborresce	aborrescen
c rrecresce	rrecrecen
f *clausura*	clausula
96h omitted;	omitted
light scribal hand adds	
q/ten atentos los oydos	
106c syenpre inclina	se ynclina
109g otonada	atonada
116a Tengamos	Vengamos
g o de onesto	y de onesto
119f & en fe	en fe
121c honze	de honze; in margin
129d non han	non ha
133g la natura	la criatura
141h nido	nilo
142h martuano	martiliano
144f *calogo*	cologo
145 (rubric)	(rubric)
suaues...graues;	graues...graues
	first graues altered to suaues
152e tenprada	tenptanca
f e vn lecho	so un lecho
155 (rubric)	(rubric)
ocio vicioso	ocio vicio
f alma & persona	alma persona
161d el deleyte	al deleyte
169a minifiesto	*manifiesto*
177b & sy	o si
187e *a vezes*	a vezezes
192f prefundidad	*profundidad*
194 (rubric)	(rubric)
De las grandes rriquezas	De grandes rriquezas
195 (rubric)	(rubric)
Quien deue rregir o	Quien deue rregir o quien deue seruir
quien seruir	
198e pero vna es	vna es
199f sy yo venco la quistion	line missing
200e ha (ser+)	ya ser
203h avaro; corrected from	auerio
avario	
208b & quiere	quiere
209g nin la escriptura	y la escriptura
218d *Lucio Silla*	Lucio Ciba
h vmano	vano
219 (rubric)	(rubric)
temiendo la cayda;	esperando la cayda
something corrected	
c elemencia	*clemencia*

Anton de Montoro

SV2	LB3
ID2720 (rubric)	
al duque	Al duque de Sevilla
10a rreynan	rreyna
d do (altered from de?)	de
13g que en otra	en otra
h en arca	en casa
14f loco puso	lo conpuso
16b rrepresento	yo rrepresento
d fue(se+) (later hand?)	fue
18c gran rrenouando	rrenouando
d synto	siente
h aquello	a qual lo
20c,d,e, misplaced end words	
22f i ganar (started to write judgar judgar?)	
24b angustias	anguastias
26e carpidas	curpidas
27a y lo al (started to write vidal vital?)	
c *nos*	non
d.(y+) con	con que
ID1907 (rubric)	
por que non queria	por que non hizo
fazer lo que le rrogaua	lo que le dezian
de parte de Diagarias	de parte de Diegarias contador
d Diego Arias	Diegarias
e ya sabes	pues sabed
ID1899 (rubric)	
El dicho Anton	Anton
f y tal ...enpescie (io altered to ie)	tal que...enpesce
ID2723R (rubric)	
de Montoro	de Anton
ID2724 (rubric)	
El dicho Anton	Montoro
ID2725 (rubric)	
El dicho Anton...al cabildo de los abades de Cordoba	Montoro...al cabildo
ID0169 (rubric)	
El dicho Anton	El dicho Montoro
5c que por flaco	que flaco
ID0182 (rubric)	
avia enpenado	enpeno

1d vos de lexos	vos de vos
2c ha oy bien (ha in left margin)	asi bien
6f ya mas llenas	*y ancas llenas*
13h tusana	*tusona*
16c vine	vime
d la puerta	las puertas
19d fustos	fustes
ID2726	
(rubric)	
Alfonso de Velasco	Otras suyas a Alfonso de Velasco
que queria mercar vna mula	que le queria conprar vna mula
que tenia el dicho Anton	
3e sabe	*sale*
5g como	*come*
ID2727, ID2728 R 2727	
	omitted from LB3
ID1902	
(rubric)	
Anton de Montoro	Otras suyas a Martin
ID0174	
(rubric)	
Al senor Ynigo Lopez	Montoro al senor Ynigo Lopez
Marquez de Santillana que	que le mando le fiziese algo
le mando que fiziese algo	
b mate	maten
ID0175	
occurs later in SV2	occurs here in LB3
for variants to both MSS,	
see below ID 2731	
ID0180	
(rubric)	
que le fizo tomar fingiendo	que le mando tomar
ID1908	
(rubric)	
a vn escudero que llamauan	a Jouera
Jouera	
ID1900	
(rubric)	
demandandole...vna su fija	que le demando ayuda...fija
ID2729	
(rubric)	
canbiador del ca[]	canbiador de trezientos maravedis
ID2730	
(rubric)	
Alfondo Velas Anton	El senor Alonso de Velasco a Anton de Montoro
d someros	sonoros
ID2731	
(rubric)	
dicho Anton	dicho Montoro
d caridas	*cadiras*
ID0175	
(rubric)	

Otras suyas al dicho Marques	Otra suya al (dicho↑) señor marques
c y pensar...mar	y con...Duero
d con...Duero	pensar...mar
ID2732	
(rubric)	
Montoro a	Otra suya a
ID2733	
(rubric)	
Otra a vn despensero que se	Otra suya a vn despensero (Porcel↑) que
llamaua Porcel por vn poco	su amo le mando que le diese cecina
de tozina que le avia de dar	
a y anina	*y ayna*
f gelo	gela
ID1906	
(rubric)	
al dicho Anton	a Mont(oro),trimmed
b trasaunta	trasunta
ID0177	
(rubric)	
El dicho Anton a Juan Muniz	Otra suya a Juan Muniz
e maxama	muxama
h que traes en conclusyon	que traes en el vn beco la yes(ca)
i en el vn beco la yesca	en el otro el eslabon
ID0283	
(rubric)	
Otra suya avn...rropa	Montoro avn...vna rropa
ID2734	
(rubric)	
Otra suya a Rruy...porque	A Rruy...por [sic] le mando dar
le mando dar posada quando	huespedes yendo a la guerra
el rrey yua a la guerra	
de los moros	
f y ahuelo	de aguelo (h changed to g)
h corona	*carona*
ID0170	
(rubric)	
a monte & esperase a vn	a monte
puerco	
ID2735	
(rubric)	
Luys...	Otra suya a Luys...
b pero (some correction)	
para	
c sopiere	sopiera
ID2736	
f soys	*fuys*
ID2737	
(rubric)	
Otra suya a don Pedro	Al dicho don Pedro quando
ID2738	
(rubric)	

A don Pedro quando fue ver
al senor principe
d enexen
ID0179
(rubric)
le non fizo carcelero de vn
su amigo
ID2739
(rubric)
Otra al dicho don Pedro
porque le mostro yra sobre
esto
e ascua
ID2740
(rubric)
Otra suya a don Pedro
d ya veys
h a la Diana
ID2741
(rubric)
le tomo vn dedal
a prosperidades
j quereys
ID1905
(rubric)
El dicho Anton a Iohun de
Mena
a Dixo asy Dios
ID1782
omitted lines in both versions between ab and ef
f eliso
ID1911
2a puradas
ID2742
(rubric)
Otra suya a Goncalo de Hoces
diziendole que le trocase
vn machon famoso que tenia
a vna haca mucho flaca del
dicho Anton
b discretos
c machon
ID2743
(rubric)
Otra suya a Juan Abiz
canbiador
ID1789

ID1793
omitted by scribe from SV2;
inserted by later 16c? hand
at fol. 117v

Al dicho senor don Pedro quando
fizo rreuerencia al senor principe
enojen

no le dio vn su amigo encarcelado
& lo leuaron a la carcel

A don Pedro porque le mostro enojo sobre
esto

agua

A don Pedro
veys
al aduana

lo tomo vn dedal con que cosia
prosperidad; (es) deleted
quiere yr

A Juan de Mena, Montoro

Dixo Dios por nonbre

elijo

apurada(s); trimmed

A Gonzalo de Hoces rrogandole que
le trocase vn machon famoso a vna haca
flaca de Montoro

destrezas
macho

Montoro a Juan Habiz canbiador

Only rubric survives; MS mutilated

Juan de Mena, *Coplas contra los Pecados Mortales*

SV2	LB3
ID0100	
1 (rubric) & ynovacion	*Ynuocacion*
2 (rubric) Dios pide	*Despide de*
12f *enconada*	encoruada
17g yncidentes	acidentes
18a que yncline	que se yncline
	Stanza 16 repeated between 18–19 then
	crossed out. Stanzas 36–84 omitted.
85 (rubric) Rresponde la	Rubric omitted
Luxuria contra la Rrazon	
89c mar y fierro	mar fierro
92b nin gran	y grand
98 (rubric) Prosygue el estoria	Prosigue el actor
ID0101	
(rubric) Por el fallescimiento	Por fallescimiento...Iohan de Mena
...Juan de Mena	
2f omne tanto	onbre tan
4b (a↑)costunbradas	costunbradas
5b qui(en↑)	que
6g,h added later by same scribe	omitted
8c sea; final s scraped off	seas
11 (rubric) Ihesu	
e el que concluyendo	aqui concluyendo
28c tetando	rremando

4. Norms of Transcription

A. SV2

The transcription is complicated by the presence of three distinct correcting hands. The first is usually fairly obviously scribal, although there are some equivocal cases of light corrections, the second is the second scribe who seems to have copyread the entire work and filled in some gaps (although a third professional may have been working with him for some of the gaps), and the third is a slightly later correcting hand working with a thick nib and grainy ink (sometimes light) correcting mistakes (sometimes wrongly), usually working on top of the script. The Arabic numbering hand has also intervened with red ink to alter the table of contents and to contribute a pointing hand. This may well be Gallardo's handwriting; he saw the *cancionero* in 1809 and signed his last name and date in red ink on fol. 117v, the folio with the later courtly poetry in a new hand. Madrid MS 13042 (MN37) says, perhaps rather optimistically since it was acquired by the Cabildo after his death in 1539, that Hernando Colón himself corrected the manuscript and specifies the Gómez Manrique *Coplas a Diegarias*, especially the stanza 'Pues non gastes tu beuir', (fol. 78v).The hand does not in fact resemble Colón's, which can be seen in his surviving registers.[13] I have noted the interventions of various hands and adopted the following set of symbols :

Symbol	Definition of symbol
[ ]	a lacuna in the MS. If it has been filled in by the later, third corrector, this is in the notes.
[*]	a missing piece of manuscript, usually eroded by ink. These gaps have been filled wherever possible by reference to critical editions where they exist, or to Foulché-Delbosc where they do not.
(↑)	a superscript (not indicated if they are part of an abbreviation).
( )	an erasure or a struck-out piece of text. These are placed in the notes unless they are in fact struck out in error.

Corrections are indicated in the notes and by a combination of these symbols. I have also given variants to LB3 when this sheds light on a difficult reading. A large S is also used as z, which is transcribed as z. At times, this occupies the final position in a word and is virtually impossible to distinguish from s. Long i is not indicated, and the rest of the alphabet

---

13 See the *Catalogue of the Library of Ferdinand Columbus [Registrum]* (New York: Archer M. Huntington, 1902) and T. Marín, *Obras y libros de Hernando Colón* (Madrid, 1970).

is standard. There has been no attempt to supply accentuation. The text has been supplied with a few essential capital letters, full-stops, commas, semi-colons, queries, exclamations and dashes for facility of reading. In doing this, I have respected the position of any original breathing signs in so far as possible. Other incidentals like the use of red ink and size of scripts have been indicated in the notes. The marginal glosses of the *Laberinto* follow their stanza. The original pagination where visible is transcribed in the notes. There has been an attempt to sort out the proper page order in the Santillana, *Proverbios* glosses, but I have left the *Laberinto* stand as in the manuscript, despite the confusions: some of these are scribal and some are the binder's.

B. LB3

The LB3 transcription is more straightforward, with one main scribe, although a second scribe may intervene at one point (fols 104v–106r, and the first four lines of 106v). The symbols used are as for SV2, and I have used the same minimal punctuation. I respect the earlier numbering which takes account of the missing folios. The footnoting norms are as for SV2. Finally for both *cancioneros* Dutton ID numbers have been inserted for the benefit of the reader.

Finally, the intention of the editor is to give a diplomatic, readable version of the two texts and not a critical edition with extensive critical apparatus. This edition is part of a larger project funded by the Leverhulme Foundation and undertaken by myself and Fiona Maguire, to make a corpus of hitherto unedited texts of *cancioneros* available to students and scholars. Part of this larger project is available on the *ADMYTE* CD-ROM, disc 0, eds. C. Faulhaber and F. Marcos Marín (Madrid: Micronet, 1993, 1999) Thanks are due to the British Library for permission to use the text of LB3.

5. Bibliography of Useful Editions and Related Work

ADMYTE, CD-ROM, disc 0, eds C. Faulhaber and F. Marcos Marín (Madrid: Micronet, 1993, 1999).

Álvarez Gato, Juan, *Obras de Juan Álvarez Gato,* ed. Jenaro Artíles Rodríguez, (Madrid: Blass, 1928).

—, ed. R. Foulché-Delbosc, *Cancionero castellano del siglo XV,* I, NBAE, 19 (Madrid: Baily-Ballière, 1912), 252, 254–55. See also Márquez Villanueva, Francisco.

Bizzarri, Hugo Oscar, ed., *Diálogo de Epícteto y el emperador Adriano (Derivaciones de un texto escolar en el siglo XIII).* (Frankfurt: Vervuert Iberoamericana, 1995).

Blüher, K.A., *Seneca en España* (Madrid: Gredos, 1983).

—, *Seneca in Spanien* (Munich: Francke Verlag, 1969) .

Bocados de oro, ed. Mechthild Crombach (Bonn: Romanisches Seminar der Universität, 1971).

Briquet, C.M., *Les Filigranes,* ed. Allan Stevenson, 4 vols. (Paris, 1907, Leipzig, 1923, revised 1952 and 1968). (*The Briquet Album,* Hilversum: Paper Publications Society; *The New Briquet,* Amsterdam).

Cancionero de Juan Fernández de Ixar, el, ed. José María Azáceta, (Madrid: Consejo Superior de Investigaciones Científicas, 1956), 2 vols.

Cátedra, Pedro, *Del Tostado sobre el amor* (Barcelona: Stelle dell'Orsa, 1986).

Ciceri, Marcella, 'Correzioni genealogiche (Il *Canzoniere Colombino* e l'*Egerton 939*)', in *Studi Medievali e Romanzi in Memoria di Alberto Limentani* (Rome: Jouvence, 1989), 43–50.

Colón, Hemando, *Catalogue of the Library of Ferdinand Columbus [Regestrum]* (New York: Archer M. Huntington, 1902); see also Marín, T.

Columbus, Ferdinand; see Colón, Hernando.

Coplas de Mingo Revulgo, ed. Marcella Ciceri, 'Le *Coplas de Mingo Revulgo*', *Cultura Neolatina,* XXXVII (1977), 75–149, 187–266, with glossary.

—, ed. Harriet Brodey, *Las coplas de Mingo Revulgo* (Madison: Hispanic Seminary of Medieval Studies, 1986).

Díez Garretas, María Jesús, 'Notas al "Prólogo" de *Diuersas virtudes y viçios* de Fernán Pérez de Guzmán' in *Ex Libris: homenaje al Profesor José Fradejas Lebrero,* ed. José Romera Castillo etc. (Madrid: UNED, 1993), I, 107–18.

—, y María Wenceslada de Diego Lobejón, 'Sobre *Diversas virtudes y viçios* de Fernán Pérez de Guzmán' in *Actas do IV congresso da AHLM (Lisbon, 1-5 octubro 1991)* ed. Airas A. Nacimento etc. (Lisbon: Cosmos, 1993), 65–73.

Dutton, Brian, *Catálogo-índice de la poesía cancioneril del siglo XV* (Madison: Hispanic Seminary of Medieval Studies, 1982).

—, *El cancionero del siglo XV, c.1360–1520,* 7 vols. (Salamanca: Biblioteca Española del Siglo XV, 1990).

Epitus, el infante; see Millás Vallicrosa, J. M.; Suchier, Walter; Severin, Dorothy S.; Bizzarri, Hugo.

Floresta de philósophos, ed. Foulché-Delbosc, R., '*Floresta de philósophos,* MS Madrid, BN 4515', *Revue Hispanique,* XI (1904), 85–88.

Gayangos, Don Pascual de, *Catalogue of the Manuscripts in the Spanish Language in the British Museum,* I (London: Trustees of the British Museum, 1875).

Íñigo de Mendoza, Fray, *Fray Íñigo de Mendoza, Cancionero,* ed. J. Rodríguez Puértolas, Clásicos Castellanos, 163 (Madrid: Espasa-Calpe, 1968).

—, J. Rodríguez Puértolas, *Fray Íñigo de Mendoza y sus 'Coplas de Vita Christi'* (Madrid: Gredos, 1968).

Íñigo de Mendoza, Marqués de Santillana; see Santillana.

Kerkhof, Maxim P. A. M., 'Hacia una nueva edición crítica del *Laberinto de fortuna* de Juan de Mena', *Journal of Hispanic Philology,*VII (1983), 179–89.

Lang, Henry R., 'Communications from Spanish *Cancioneros:* The *Cancionero de la Colombina* at Seville', in *Transactions of the Connecticut Academy of Arts and Sciences,* XV (1909), 87–108.

Maguire, Fiona and Dorothy S. Severin, 'Fernán Pérez de Guzmán's "Loores de santos": texts and traditions' in *Saints and their Authors: Studies in Honour of John K. Walsh,* eds Jane E. Connolly, Alan Deyermond, Brian Dutton (Madison: Hispanic Seminary of Medieval Studies, 1990), 151–68.

Manrique, Gómez, *Cancionero,* ed. Antonio Paz y Melia, Colección de Escritores Castellanos, 36, 39 (Madrid: Pérez Dubrull, 1885. Reproducción facsimile, Palencia: Diputación Provincial, Departamento de Cultura, 1991).

—, Prose introduction and *Coplas a Diego Arias de Ávila,* ed. R. Foulché-Delbosc, *Cancionero castellano del siglo XV,* II, NBAE, 22 (Madrid: Bailly-Ballière, 1915), 85–91.

—, Continuation of Mena's *Pecados mortales,* ed. R. Foulché-Delbosc, *Cancionero castellano del siglo XV,* II, NBAE, 22 (Madrid: Bailly-Ballière, 1915), 111–22.

—, Juan de Mena, *'Coplas de los siete pecados mortales' and First Continuation,* ed. Gladys M. Rivera, Vol. I (Madrid: Porrúa Turanzas, 1982); see also Scholberg, Kenneth.

—, *Regimiento de príncipes,* facsimile ed. Arthur Lee-Francis Askins (Madrid: Crotalón, 1984).

Manrique, Jorge, *Coplas que hizo Jorge Manrique a la muerte de su padre,* ed. Vicente Beltrán, *Filológica,* II (Barcelona: Promociones y Publicaciones Universitarias, 1991)

Manrique, Jorge, *Poesía,* ed. Vicente Beltrán, Biblioteca Clásica 15 (Barcelona: Crítica, 1993).

Marín, T., *Obras y libros de Hernando Colón* (Madrid. 1970).

Márquez Villanueva, Francisco, *Investigaciones sobre Juan Álvarez Gato,* BRAE, 4 (Madrid: RAE, 1960).

Mena, Juan de, *El laberinto de fortuna,* ed. J.M. Blecua (Madrid: Espasa-Calpe, 1951, etc.).

—, *Laberinto de fortuna,* ed. John G. Cummins (Salamanca: Biblioteca Anaya, 1968) and (Madrid: Cátedra, 1979).

—, *Laberinto de fortuna,* ed. R. Foulché-Delbosc, *Cancionero castillano del siglo XV,* I, NBAE., 19 (Madrid: Bailly-Baillière, 1912).

—, *Laberinto de fortuna,* ed. Maxim Kerkhof, Clásicos Castalia X, 223 (Madrid: Castalia, 1997, 2nd ed.).

—, *Laberinto de fortuna,* ed. Maxim Kerkhof, Nueva Biblioteca de Erudición y Crítica 9 (Madrid: Castalia, 1995).

—, *Laberinto de fortuna,* ed. Miguel Ángel Pérez Priego (Madrid: Editorial Nacional, 1976).

—, *Laberinto de fortuna,* ed. Miguel Ángel Pérez Priego (Madrid: Espasa-Calpe, 1989).

—, *Laberinto de fortuna,* ed. Louise Vasvari Fainberg (Madrid: Alhambra, 1976, etc.).

—, *Obras completas,* ed. Miguel Ángel Pérez Priego (Barcelona: Planeta, 1989); see also Street, Florence; Kerkhof, Maxim P .A. M. ; Weiss, Julian.

—, *Pecados mortales,* ed. R. Foulché-Delbosc, *Cancionero castellano del siglo XV,* I, NBAE, 19 (Madrid: Bailly-Ballière, 1912), 120–52; see also Manrique, Gómez.

—, *'Coplas de los siete pecados mortales' and First Continuation,* ed. Gladys M. Rivera, Vol. 1 (Madrid: Porrúa Turanzas, 1982); see also Manrique, Gómez.

Millás Vallicrosa, J .M. , *Las traducciones orientales en los manuscritos de la Biblioteca Catedral de Toledo* (Madrid: CSIC Instituto Arias Montano, 1942), 341–48.

Montoro, Antón de, *Cancionero de Antón de Montoro (El Ropero de Córdoba)*, *poeta del siglo XV*, ed. Emilio Cotarelo y Mori (Madrid: J. Perales y Martínez, 1900).

—, *Antón de Montoro, Cancionero*, eds. F. Cantera Burgos and C. Carrete Parondo, (Madrid: Nacional, 1984).

—, *Antón de Montoro, Poesía completa*, ed. Marithelma Costa, (Cleveland: Cleveland State Univ., 1990).

—, *Antón de Montoro, Cancionero*, ed. Marcella Ciceri, introd. by J. Rodríguez Puértolas, BES XV (Salamanca, Uuniversidad, 1990) .

Pérez de Guzmán, Fernán, *Coplas de vicios y virtudes*, ed. R. Foulché-Delbosc, *Cancionero castellano del siglo XV*, I, NBAE, 19 (Madrid: Bailly-Ballière, 1912); see also Maguire, Fiona.

Scholberg, Kenneth R., *Introducción a la poesía de Gómez Manrique* (Madison: Hispanic Seminary of Medieval Studies, 1984).

Santillana, Marqués de, *Marqués de Santillana, Poesías completas, II* (Madrid: Castalia, 1982).

—, *Poesías completas*, ed. Miguel Ángel Pérez Priego, Clásicos Alhambra, 2 vols. (Madrid: Alhambra, 1991).

Íñigo López de Mendoza, Marqués de Santillana, *Obras completas*, eds. Ángel Gómez Moreno and Maxim P.A.M. Kerkhof (Barcelona: Planeta, 1988).

Severin, Dorothy S., 'Cancionero, un género mal-nombrado', *Cultura Neolatina*, LIV (1994), 95–105.

—, ' "El yfante Epitus": The Earliest Complete Castilian Version of the Dialogue of "Epictetus and the Emperor Hadrian" ', *Bulletin of Hispanic Studies*, LXII (1985), 25–29.

—, 'Two Letters of Devotional Advice to Nuns in the *Cancionero de Egerton* (Dutton LB3)', in *Spain and its Literature: Essays in Memory of E. Allison Peers*, ed. Ann L. Mackenzie (Liverpool: LUP/MHRA, 1997), 65–76.

Solá-Solá, Josep M., 'Las versiones castellanas y catalanas de la *Epistola de gubernatione rei familiaris*, atribuída a San Bernardo' in *Diakonia: Studies in Honor of Robert T. Meyer*, eds. Thomas Halton and Joseph P. Williman (Washington: Catholic University of America Press, 1988), 261–78.

Street, Florence, 'The Text of Mena's *Laberinto* in the *Cancionero de Ixar* and its Relationship to some other Fifteenth-Century MSS', *Bulletin of Hispanic Studies*, XXXV (1958), 63–71.

Suchier, Walter, *L'Enfant Sage (das Gespräch des Kaisers Hadrian mit dem klugen Kinde Epitus)* (Dresden: Niemeyer, 1910).

—, *Das mittellateinische Gespräch Adrian und Epictetus nebstverwandten Texten (Joca Monachorum)* (Tübingen: Niemeyer, 1955).

—, and Lloyd William Daly, *Altercatio Hadriani Augusti et Epicteti Philosophici* (Urbana: Univ. of Illinois Press, 1939).

Tato, Cleofé, 'Poetas cancioneriles de apellido Montoro', *Revista de Literatura medieval*, X (1998), 169–81.

Toro Pascua, Ma Isabel, 'Algunas notas para la edición de la poesía de Guevara', in *Medioevo y Literatura. Actas del V Congreso de la AHLM*, ed. Juan Paredes (Granada: Universidad, 1995), 389–403.

Tostado, Pseudo, *De cómo al omne es necesario amar; see Cátedra, Pedro.*

Weiss, Julian, 'Political Commentary: Hernán Núñez's "Glosa a Las trescientas" ' in *Letters and Society in Fifteenth-Century Spain. Studies Presented to P.E. Russell on his Eightieth Birthday*, eds Alan Deyermond and Jeremy Lawrance (Llangrannog: Dolphin Book Co., 1993).

II. Texts
1. SV2

[fol.1r][1]

Aqui comienca [sic] los Proueruios del Marques de Santillana glosados por el Doctor[2] Pero Diaz & comiençan despues de los proanbulos que amos fizieron por los capitulos syguientes:[3]

De amor & temor, a vi.[4]
De prudençia & sabiduria, a xvii.[5]
De justiçia, a xxv.[6]
De paçiençia & honesta correbçion, a xxvi.[7]
De sobriedad, a xxix.[8]
De castidad, ha xxx.[9]
De fortaleza, a xxxviii.[10]
De libertad & franqueza, a xli.[11]
De verdad, a xliii.[12]
De continençia çerca de cobdiçia, a xliiii.[13]
De enbidia, a xlvii.[14]
De gratitud, a xlviii.[15]
De amiçiçia, a xlix.[16]
De paternal rreuerençia, a l.[17]
De senetud, a lii.[18]
De la muerte, a liii.[19]

Vn tratado que fizo el Tostado de Como es nesçesario a ome amar. E el que verdaderamente ama es nesçesario que se turbe, a lv (=65).[20]

Vn tractado de Seneca de Rremedios contra fortuna, a lxiiii.(=73)[21]

Vna carta que enbio Gomes Manrrique a Diego Arias de Avila, contador mayor del rrey, sobre que non le quisso librar los maravedis que tenia en los [fol.1v] libros del rrey, a lxvii (=76).[22]

Viçios & virtudes de Ferrnand Perez de Guzman, a lxxi (=80).[23]

Coplas de Anton de Montoro, a xc (=96).[24]

Ynuocaçion Catolica que fizo Juan de Mena que comiença 'Canta tu christiana musa', a xcix (=105).[25]

Tra[*s es]ta foja esta escrita vna Epistola de Sant Bern[*ar]do que enbio a Rreymundo sobre el Rregimiento de la casa.[26]

Y luego tras esto la Ffe Catolica.

[ID7824] SV2–1 (1v–2r) (6x9)

1. Aues brutos y saluajes
todos arded a mi rruego.
Tantos vmanos linajes
non se escusan deste fuego,
y aquien non rresiste muro
de saber nin discreçion,
non dexa adarue seguro
nil contrasta fierro duro
en que non faga o prisyon.

2. Natural inclinaçion
pienso cobdiçia a la vida,
mas dionos a la rrazon
por anparo y por guarida,
ella quanto mas escoje
virtud y conformidad,
tanto causa que despoje
donde quiera que se acoge
bien querer a libertad

3. Pues amar a vos, Señora
toda vertud lo rrequiere,
pues que soes meresçedora
del mejor que vos quisyere.
Quiere rrazon que vos quiera
quien vos conosçe donzella,
ca çierto vos escogera
la virtud sy bien quisyera
aviendo de querer bella.

4. Pues sy discreta entendida,
syn punto de vanagloria,
vos fuerades escogida
para ganar esta gloria,
que quanto mas diligente
contenplo vuestra doctrina,
tanto me fallo inçiente
que non se que bienes cuente
syn temor de disçiplina.

5. Poner sylençio a mi mano
fallo por mayor rremedio,
pues ningu[n]d juyzio vmano
vos puede loar lo medio;
asy que yo temeroso
de oluidar vuestros loores
[fol.2r]
tengo descanso y rreposo
en pensar como non oso
nin osarian otros mayores.

6. Tanto vuestro como mio
pues rrazon me manda ser,
yo vos do mi senorio
vos dadme vuestro poder.
Porque media la virtud
que junte nuestro deseo,
vuestra sea mi salud
y de vuestra jouentud
goze el querer que poseo.

[ID0204] SV2–2 (2r–4r) (Prose)

Epistola de Sant Bernaldo la qual enbia a Rreymundo para doctri[*na] e rregimiento de la²⁷ casa.²⁸

[A]l²⁹ grasçioso & bienaventurado cauallero Reymundo, señor del Castillo Anbrosio &pgh. Bernaldo venido a grand vejez, salud. Pedistenos que te enbiasemos el modo & manera mas aprouechoso para saber todas las cosas que pertenesçen al rregimiento de tu casa & de tu conpaña. A lo qual te rrespondo que maguer asy sea quel estado & la fin de todas las cosas mundanales trabajen & sean en ventura, nin por tanto el modo & la rregla del beuir non deue ser dexado syn cura. &pgh. E por ende oye & para mientes que sy en tu casa las rreçebtas & las despensas non fueren yguales, quando te non catares, caeras. E puedes destroyr el tu estado & non podras poner a ello rremedio.

E [fol.2v] por ende tu rrenta syenpre sea mayor que tu gasto.[30]

En el estado del ome negligente que non para mientes por su fazienda non es al synon casa para caer.

Que cosa es negligençia de gouernar vna cosa.[31] Es fuego fuerte açendido que non çesa de la destruyr.

Ora[32] & para bien mientes. E la diligençia de aquellos que son tus seruidores como son diligentes.

Menos verguença es aquel que va cayendo en pobreza fazer abstinençia en despender & de las sus cosas ser escaso que caer de todo en todo en pobreza.

Grand prudençia & sabiduria es parar mientes a menudo & ver aquellas cosas que tuyas son en que modo & en que manera estan.

Consydera de las tus animalias el su comer & beuer por que non lo pueden nin saben pedir.

Las bodas de grand costa traen daño syn honrra.

La despensa fecha por la caualleria es cosa de grand honrra.

Honrrada & rrazonable cosa es entre los omes entendidos la despensa que es fecha por ayuda [*de] los amigos.

Segund nos enseñan los letrados & sabidores perdid[*a] [*es] la despensa que se faze en ayudar a los prodigos & desgastadores.

Sy quisyeres bien manten[*er] tu casa & tu estado fartaras tu conpaña de vianda gruesa.

Aquel q[*ue] es goloso pue[*st]o es en tal cos[tun]bre qu[*e] [*l]o non puede dexar sy non por muerte aborresçible.

La golosyna [*de]l omne [*v]il & [*neg]lig[*e]n[*te] perd[*imiento es d]e su cuer[*po].

La golosia del omne deligente [*& so]li[*cito en] sus [*obras] a to[*da]s las gent[*e]s [*es solaz].

[*En] l[*o]s dias honrrados de las fiestas da de comer a tu conpaña abondosamente & non manjares delicados.

La garganta con la bolsa faras pelear & cuyda bien de qual dellas has de ser abogado & qual sentençia entre amas has de dar.

La garganta prueua por sus afecçiones & malos deseos & testimonios non jurados & la bolsa prueua claramente por que ella & el arca muy toste son vazias.

Contra la garganta non puedes dar buena sentençia quando el avariçia faze llegar a la bolsa mas de lo que cunple.

Por çierto el avariçia entre la garganta y la bolsa (deue) judgar justamente.

Que cosa es avariçia, con vileza ser omeçida de sy mesmo.

Que cosa es avariçia, tener rriqueza biuiendo syenpre en pobreza. Derechamente biue el escaso avariento rreteniendo en sy las rriquezas guardandolas non sabiendo para quien.

Mejor es las rriquezas para los otros ser guardadas & escondidas que por el escaso avariento ser del todo perdidas.

Sy tu has abundança de trigo non ames carestia porque aquel [fol.3r] que carestia ama, cobdiça ser omeçida de los pobres & de los menguados.

Vende el tu trigo quando valiere mucho mas non quando por el pobre non puede ser conprado.

A los vezinos & a los amigos vende mas rrahes tu trigo por que non syenbre por cuchillo mas muchas vezes con benefiço se vençe el enemigo.

Sabes que tienes enemigo.

Non ayas conversaçion con omne que non conosçes.

Nunca[33] çeses de pensar los caminos de tu enemigo que sabes que te quiere mal.

La franqueza de tu enemigo non entiendas que es paz mas tregua que se faz non sabes por quanto tienpo.

Sy te seguras non catas de tu enemigo, tu te pones en peligro de muerte.

En los seruidores de quien ovieres sospecha.

Demandales synplemente lo que fazen & non les declares que lo entiendes.

Despues que de la tu propia muger supieres que te faze pecado & maldad jamas por ningund fisyco puedes ser curado.

El rrencor & dolor que ovieres de la tal muger entonçes sera amansado quando oyeres que las mugeres de los otros son culpadas deste pecado.

La muger mala mejor la castigaras con rriso que non con vara.

La muger vieja & puta sy la ley lo consyntiese biua meresçe ser soterrada.

La vestidura presçiosa & rrica es señal de poco seso.

La vestidura muy aparente muy ayna pare enojo.

Estudia por plazer en bondades & mes[*uras] & non cures de plazer por vestiduras fermosas.

La muger que vestiduras tiene y otras demanda señal es que tiene poca firmeza en su coraçon.

De los amigos ten por mas fiel el que de lo suyo te da que aquel que por palabra se te ofresçe syn obra.

De amigos de palabras & de viento mucho es la copia syn tiento.

Por ende te digo & consejo que non judgues por amigo el que te alaba en tu presençia.

Sy dieres consejo al tu amigo en fecho de su casa consejandole dile lo que te paresçe mas non le digas que ansy lo faga.

Porque de la fin del consejo malo es omne mas ayna rreprehendido.

Que de la fin del tu buen consejo es presçiado & loado.

Para mientes que te non vesyten juglares.

Ca non biuen sy non por engaños & maliçias.

Omne que tiene juglares avra çedo muger cuyo nonbre es pobreza.

Mas quien seria su fijo escarnio[34] & tristeza pla[fol.3v]zente las palabras del burlador juglar finge que la non oyes & que otra cosa cuydas.

El que rrihe & ha plazer de las palabras del juglar ya le dio prenda & non se puede del escusar.

Los juglares que maldigan & vituperian a alguno en sus dezires meresçedores son de muerte.

El juglar que dize vituperios & mal de quien non esta presente consigo trae alma de omeçida.

Los estormentos del juglar burlador nunca pluguieron a Dios.

El seruidor del altiuo coraçon lançalo de ti como tu enemigo mortal.

Lança de ti otrosy el syruiente que con sus falagos te falaga suaue & blandamente.

Sey çierto quel serviente que en tu presençia te loa que en su coraçon piensa que te ha de engañar.

Al syruiente que ha verguença de ligera cosa, amalo[35] como a tu fijo, e tomaras por tu conpañero.

Sy quieres hedificar casa non te mueva voluntad mas pura nesçesydad.

Ca la cobdiçia de edificar edificando non se quita mas antes se acresçienta.

La grande & desordenada cobdiçia de edificar acarrea que los edifiçios acabados se vendan en breue tienpo.

La torre conplida el arca vazia de su tesoro faze al omne artero & sabidor mas avisose tarde.

Guardate que non vendas parte de tu heredad a omne mas poderoso que tu antes la vende a menor por menospresçio.

El techo puedes bien vender aquel que mas te diere.

Mejor es padesçer fanbre que vender el patrimonio que te quedo de tu padre.

Enpero mejor es vender el techo que sojudgarte a vsuras.

Que cosa es vsura; ponçoña del patrimonio con destruyçion, porque es ladron leal que furta syn temor.

Quando conprares alguna cosa por aver conpra de persona menos poderosa que tu.

Paçientemente sostiene el tu pequeño conpañero & non te aconpañes con el mas fuerte que tu que sea despues tu heredero.

Aquel que en la bundançia de demasiados vinos es sabio & tenplado al omne como este es dios eternal entre todos deue ser honrrado.

La beudes non faze cosa mas derecha synon quando omne cae & se echa en el lodo.

Sy te syntieres del vino enbargado fuye & demanda el Sueño & non fables con otros mas echate a dormir & aquel que [fol.4r] beudo esta & por palabra se escusa abiertamente acusa su beudes.

[*Non] esta bien a omne mançebo conosçer de muchos vinos qual dellos es mejor.

Fuye del fisyco maguer sea sabidor sy tu sabes çierto ques beudo perdido.

Guardate del fisico que en ti quiere prouar primeramente como los otros semejantes enfermedades ha de curar.

Blanchetes & xorginos dexalos para las rreynas & para los clerigos mas los canes guardadores son mas prouechosos.

Los canes caçadores te faran mas honrra que prouecho.

Tienes fijo heredero de tus bienes non le fagas tu despensero.

Mas diras sy la fortuna te contraria que aprouecha la rregla & la dotrina de beuir.

Para mientes que yo vi sandios que non curauan de las cosas continentes como omne de mal rrecabdo mas dezian & creyan que todo su estado era so poder de fortuna.

Pocas vezes aconpan[n]aras al ynfortunado con diligençia & buen cuydado.

Mas claramente separaras & partiras la pereza del tu fortuno malaventurado.

El perezoso tiene esperança que dios le ha de ayudar el qual en este mundo nos mando que biuiesemos por nuestro trabajo.

Vela & piensa con diligençia que lo mas liuianamente que podieres espiendas tu aver la vejez se allega & non sabes quanto has[36] de beuir; yo te consejo que tu mandes primeramente pagar a tus seruidores.

Non encomiendes tu alma a aquellos que te aman mas encomiendala aquellos que aman sus almas.

Ffaz tu testamento antes que seas enfermo. Ca muchas vezes es el omne fecho syeruo de la enfermedad & el syeruo non puede fazer testamento segund dios & verdad, pues faz tu testamento antes que seas fecho syeruo de la enfermedad de los fijos.

Para mientes que sy su padre muriere cada vno leuara su parte.

Los fijos sy son pobres mejor es su esparzimiento que partir la heredad & beuir en pobreza.

Sy trabajadores[37] fueren, fagan lo que quisyeren.

Sy mercadores son, mejor es la partiçion que la heredad ser comun por que la desaventura non venga en daño de todos.

La madre por ventura quiere ser casada otra vez con omne mançebo; faz muy grand sandez porque ella es ya vieja & el non casa con ella saluo por los sus dineros.

E el aver despendido beuera el caliz de dolor & de amargura con aquel que deseo. [fol.4v]

[NO ID] SV2–2a (4v–6v) (Prose)

Aqui comiença la Ffe catolica.[38]

[T]odo[39] fiel christianos [sic] conviene que aya en sy dos cosas para conosçer a dios & guiar el su amor & la vida perdurable.

La primera es que aya çiençia verdadera de la fe catolica.

La segunda es que rresçiba con ffe & mucha devoçion los sagramentos de la Santa Madre Yglesia.

Ca asy como el alma & cuerpo es omne conplido & como Ihesu Christo es Dios & omne asy el que cree los articulos de la ffe & rresçiben los sacramentos de la Santa Madre Yglesia ha el nonbre de Ihesu Christo & es christiano acabado & conplido. Onde de la dicha fe dize el doctor Atanasio: Qualquier que quisyere ser saluo ante de todas las cosas es menester que tenga & crea la ffe catolica, la qual sy alguno fielmente & firmemente non la creyere syn duda sera perdido para

syenpre. E por tanto conviene a saber que los articulos de la ffe son catorze &
destos los syete pertenesçen a la diuinidad & son estos que se syguen:

El primero es que Dios es en esençia & sustançia.

El segundo es que en esta vna esençia el Padre es Dios.

El tres es quel Fijo es Dios & engendrado del Padre & del Fijo.

E asy en esta vna esençia e sustançia de Dios son tres personas departidas entre sy
& ayuntadas en la esençia de la diui(ni)dad.

El çinco es que este Dios vno en trinidad es criador de todas las cosas vesybles &
non vesyb[*l]es.

El vi es que Dios justifica & perdona a los omnes los pecados faziendoles graçia.

El vii es que dios da a los omnes gualardon & la gloria perdurable.

**Los otros syete articulos pertenesçen a la vmanidad de Nuestro Señor Ihesu
Christo & son estos etc:**[40]

El primero es quel Fijo de Dios Nuestro Señor Ihesu Christo fue conçebido en el
vientre de la bienaventurada Virgen Santa Maria por Spiritu Santo syn obra de
varon.

El segundo es que nasçio della seyendo ella virgen antes del parto & en el parto &
despues del parto.

El iii es quel mesmo Nuestro Saluador Ihesu Christo rresçibio por nos pasyon &
fue cruçificado & muerto & soterrado.

El iiii es quel alma de Ihesu Christo Nuestro Señor con la diui[ni]dad desçendio a
los infierrnos [fol.5r][41] por sacar los santos padres que ay estauan fincando el
cuerpo en el sepulcro.

Otrosy con la diui[ni]dad.

El v es que rresuçito al terçero dia ayuntandose al alma con el cuerpo.

El vi es que subio a los çielos en cuerpo & en anima a los quarenta dias despues
de la rresureçion & esta asentado a la diestra de Dios Padre.

El vii es que en fin del mundo verna a judgar los biuos & los muertos & dara
gualardon a cada vno segun los sus meresçimientos.

Syguense los mandamientos de la Santa Madre Yglesia que son siete:

El primero el bautismo.

El segundo confirmaçion.

El terçero potençia.

El quarto comunion.

El v orden.

El vi matrimonio.

El vii postrimero vnçion.

E destos syete conviene en todas guisas que todo christiano rresçiba los çinco dellos podiendolos aver conviene saber: bautismo & la confirmaçion & la penitençia & la comunion & la postrimera vnçion que fazen a los enfermos.

Los otros dos son voluntad. Ca non deue ser ninguno apremiado que los rresçiba sy non quisyere:

El vno es la horden que rresçiben los clerigos.
El otro es matrimonio que se faze entre los casados.

Onde todo fiel christiano deue creer que en los dichos syete sacramentos se saluan los christianos o quien non lo creyese o negase es contado por ereje. La rrazon por que los dichos sacramentos son syete segund lo departen los padres santos es que dixeron que del pecado que fizo Adan nasçieron dos males a los omnes: el vno fue de culpa & el otro de pena. El mal de la culpa partese en tres rramos que son pecado original & mortal & venial:

El pecado original se tuelle & se alinpia por el bautismo.
El pecado mortal se faze despues del bautismo purgase por la penitençia.
El pecado venial alinpiase con la postremera vnçion.

Otrosy el dicho segundo mal de la pena partese en iiii partes & rramos:

El primero es pena ynorançia & de non saber & contra esto fue establesçido el sacramento de la horden de la clerezia a do se da poderio de absoluer & ligar & carrera para que los clerigos [fol.5v] sean sabios & entendidos en la ley por donde puedan bien beuir e enseñar & rregir a todos los otros.
El segundo es pena de flaqueza de la voluntad que non pueden los omnes contrariar a las tentaçiones que les enduze el diablo a pecar & poner dubda en la ffe. E contra esta flaqueza es dado el sacramento de la confirmaçion que confirma el christiano[42] en la fe & le da esfuerço para guardarse de pecar.
El iii es pena de cobdiçia de la tentaçion de la carne & contra esto fue establesçido el matrimonio para los flacos que non pueden gua[*r]dar castidad.
El iiii rramo es pena de mucha maliçia que ha en los omnes naturalmente para querer ante fazer mal que non bien. E por esto se fazen syeruos del pecado. &pgh. E contra esta maliçia es dado el sacramento del cuerpo de Nuestro Señor Ihesu Christo, ca el que lo rresçibe como deue & confirmalo en fazer bien & dale esfuerço de non errar nin pecar.

E por estas dichas rrazones los dichos sacramentos son syete & non pueden ser mas nin menos los quales nos dio el Nuestro Señor Ihesu Christo como verdadero fisyco para melezina de verdadera salud para guaresçer las enfermedades de las nuestras almas & perdon de los nuestro[s] pecados & rremisyon de las nuestras culpas.

Syguense los mandamientos de Dios & de la Santa Madre Iglesia:

El primero es onrrar a vn solo Dios & adorarlo & amarlo sobre todas las cosas.
El dos es non juraras el nonbre de Dios en vano.
El iii es guardaras los domingos & todas las fiestas que son establesçidas de guardar por la Santa Yglesia.
El iiii es honrraras a tu padre & a tu madre & biuiras luengamente sobre la tierra.
El çinco es non mataras a ninguno.
El vi [sic] es non fornicaras.[43]
El viii es non diras falso testimonio.
El nueve es non cobdiçiaras[44] muger agena nin la muger de omne ageno.
El diez mandamiento non cobdiçiaras las cosas de tu proximo.

Aquestos dichos mandamientos son la ley de Dios la qual todo omne del mundo es obligado a guardar so pena de pecado mortal & obligaçion de la pena perdurable del infierrno. &pgh. E pues en esto va el caer o leuantar de perder omne la su anima o la saluar el que seso ha muchas vezes deue en ello pensar [fol.6r] e poner estudio en lo guardar.

Syguese las siete virtudes cardinales.

Destas syete virtudes las iiii son ayuda al mantener al omne en buenas virtudes & costunbres & llamanlas cardinales a cardine que quiere dezir quiçial porque asy como la puerta se buelue en el quiçial asy la vida del omne bien ordenada se ha de boluer en estas iiii virtudes que son las que se syguen:

La primera es sabiduria & discriçion & cordura con la qual deue el omne escoger derechamente quales cosas ha de fazer o quales non & pensar bien en ellas ante que las faga por que non yerre.
La ii es justiçia la qual pertenesçe dar a cada vno lo suyo & querer para los otros lo que queria el omne para sy mesmo.
La iii es tenprança a este pertenesçe tenprar el omne las cobdiçias desordenadas señaladamente la tentaçion de la carne & los apetitos de la gula.
La iiii es fortaleza a esta pertenesçe el omne estar firme en la ffe catolica & en las cosas rrazonables & non las dexar por fuerça nin por miedo.

Syguese las otras syete virtudes que son dichas teologales e dizen las asy porque derechamente ordenan al omne en Dios.[45]

La primera es fe por la qual creel omne en Dios.
La ii es esperança por la qual espera omne en Dios como en su verdadero bien. Del qual espera omne aver perdon de sus pecados & la vida perdurable.
La iii es caridad por la qual ama omne a Dios sobre todas las cosas & a su proximo como a sy mesmo por lo de Dios.

Los syete pecados mortales:

El primero es soberuia.
El segundo avariçia.
El terçero luxuria.
El quarto yra.
El quinto es gula.
El sesto enbidia.
El seteno acçidia que quiere dezir pereza o negligençia de fazer el omne lo que es tenudo.

E estos dichos syete pecados mortales han syete virtudes contrarias con las quales pueden ser vençidos [fol.6v] e derribados:

La primera es vmildades que es contra la soberuia.
La Segunda es largueza que es contra el avariçia.
La terçera es castidad que es contra la luxuria.
La quarta es paçiençia que es contra la yra.
La quinta es mesura & atenplamiento que es contra la gula.
La sesta es beniuolençia que quiere dezir bien querençia & buena voluntad eres [sic] contra la enbidia.
La setima es diligençia & acuçia que es contra la pereza.

Sygue las obras de misericordia:

La primera es dar de comer al fanbriento.
La segunda es dar de beuer al sediento.
La terçera es ospedar al que ha menester posada.
La quarta es cobrir al desnudo.
La quinta es visytar los enfermos.
La sesta es rredemir & sacar los catiuos.
La setima es enterrar los muertos.

Las obras de misericordia spirituales:

La primera es mostrar al que no (sabe↑).
La segunda es consejar al que dubda & ha menester consejo.
La terçera es castigar al que peco & ha heredado.

[ID3411 P 0050] SV2–3 (6v–7v) (Prose)

Introduçion por el Doctor Pero Diaz de Toledo al muy ylustre & esclaresçido señor su syngular señor el Prinçipe Don Enrrique, primogenito en los rreynos de Castilla & de Leon.[46]

[P]laton,[47] aquel grande maestro del escuela de los filosofos llamados estoycos, con grand rrazon escriuio en aquel libro suyo que se yntitula De la Rrepublica: La cosa publica deuese dezir bienaventurada sy aquella rriegiese o gouernase prinçipe sabio o prinçipe que se trabajase en entender & saber. De qu[*a]l prinçipe o gouernador mas que de vuestra preclara magestad muy ylustre & esclareçido prinçipe señor en aquesta nuestra hedad se puede el dicho nuestro Platon dezir con verdad[48] çiertamente de ninguno o quien ha seydo en nuestros tienpos de casa rreal que asy en tan tierna hedad aya ynsudado nin trabajado en las sçiençias & liberales artes. E sy todo prinçipe deue ser conpuesto de virtudes morales, segund dize Aristotiles en el segundo de las Politicas, quien mas nin[49] tanto se trabajo en ellas & las consyguio & alcanço que vuestra señoria eçelente. [fol.7r] A vos muy virtuoso & poderoso señor los rreyes acatan, los nobles temen, los pueblos trimen & toda criatura en quien aya parte discriçion & rrazon asy como en vna syngular lumanaria enbiada del çielo honrrada & con grande culto de rreuerençia miran en vuestra ylustre magestad como en linpio espejo todos los subditos & naturales de aquestos rregnos. Mas & mayores virtudes acatan que en otra priuada persona alguna. Lo qual Seneca dize en la nona Tragedia en la qual fabla que avia con el enperador Nero sobre el rrepudio de Otauia(no↑),[50] que deue tener todo (el↑)[51] bueno & virtuoso rrey o prinçipe la generosa symiente. Syenpre rretorna en su origen o mas çimiento,[52] segund que dize Vlixes por Astionas, fijo de Ector como introduze Seneca en la sesta Tragedia. Con rrazon pues de tan sabio & virtuoso fijo prinçipe la natura deuio produzir.

[M]uy[53] ylustre prinçipe & esclareçido señor, por mandado del muy alto & muy poderoso señor nuestro señor, vuestro padre, traduxe en el lenguaje castellano los Prouerbios de Seneca, a los quales fize glosa & declaraçion por que mejor se entendiesen & por ser como son asy rregla & dotrina de todo nuestro beuir & por la nouedad suya non estauan ansy claros que a todo omne podiese ser familiares. Lo qual tal qual mente[54] por nuestro señor acabado & rremitido a la santa magestad suya su alta & ylustre mando a mi que entre los otros trabajos enprendiese aqueste, que glosase[55] los Proberuios que en nuestro vulgar caste-llano conpuso en metro rrimado asaz conpendiosa sotil & sabiamente el genero(so↑) cauallero, vuestro subdito & vasallo, Don Yñigo[56] Lopez de Mendoça, Marques de Santillana, Conde del Rreal. Los quales el ovo rremetido con algunas ystorias en los margenes a la ylustre señoria vuestra, segund paresçe por su yntroduçion. E asy glosadas por que mejor se ynprimiesen que la esclareçida memoria vuestra los rremitiese a vuestra señoria eççelente por se aver defendido por tan diuersas & estrañas partes que subçedio aquella epistola & escritura moral quel sabio filosofo Aristotiles [fol.7v] escriuio & rremitio al grand Alixandre, donde esplico la rregla & modo que deuia tener en su beuir quanto a su rreal persona & quanto aquellos con quien comunicaua & trabtaua. Puedese bien dezir de aqueste docto & sabio cauallero lo que Seneca escriuio a Sant Pablo en vna de sus Epistolas, quel enperador Nero avia dicho por el que era de marauillar omne non doctrinado en letras que syntiese & escriuiese tan bien &

tan moral & virtuosamente. E tanto mas quanto este docto cavallero de los que veemos en esta nuestra hedad sea de los exerçitados en todo ofiçio belicoso & de caualleria.

[ID0091 P 0050] SV2–4 (7v–10v) (Prose)

[M]uy[57] ylustre & esclaresçido señor, como pienso en mi de querer aplicar la mano a tentar de conplir el mandamiento rreal por la alteza del rrey nuestro señor, vuestro glorioso padre, a mi fecho rreçelo queriendo obedesçer & conplir su mandado. Paresçe menos digno de lo que de mi se piensa & mi poco saber a todos non conosçidos publicare por mi escritura. Mas quanto me teresçe la poquedad de mi entender, tanto me esfuerça & consuela la begnidad de vuestra alta sen[n]oria de cuya ylustre & rreal persona que otra cosa proçede synon clemençia & piedad & liberalidad, que segund escriue Platon en el dicho libro De Rrepublica, verdadero rrey & verdadero prinçipe es aquel que es estudioso de filosofia & de toda virtud & que aquellas çiençias honrren sobre todo todas quales es para conseguir conosçimiento de Dios. El qual aborresçe toda mentira & abraça la virtud, de la qual ninguna cosa ay mas digna en la tierra. E que anteponga el cuydado del anima al cuydado del cuerpo & que sea asy tenprada a natura. E que en la cobdiçia de ninguna avariçia sea trauado, mas, que se muestre en todas cosas liberal, misericorde & piadoso. El qual non solo las cosas vmanas mas sobre todo desee saber las diuinas. E que tanto confie en la grandeza de su coraçon que se de tanto a especulaçion que non tenga [fol.8r] en grand presçio la vida & menospresçie como varon la muerte. Ca non se que a la verdadera filosofia ningund temor se puede juntar. El qual ansy mesmo biue entre los omnes comunicable & manso & justo que sea presto para aprender & pueda con rrazon ser loado de perfecta memoria. De la qual docte ninguna cosa en el rrey o prinçipe mas clara ninguna mas alta. El qual asy mesmo estudia de confirmar su rrepublica, a enxenplo de la rrepublica diuinal. El qual tal fue como es dicho, dize Platon, aqueste se puede bien dezir verdadero & perfecto prinçipe & digno de prinçipado & rreyno. Muy glorioso & esclaresçido señor, por tal prinçipe qual es dicho vos conosçen & pedrican & loan todos los subditos & naturales vuestros de aquestos rreynos & en las partes & rregnos estraños por tal vos publican & faman. E por que mi rrudo & indocto fablar fallesçeria & cansaria sy tentase de querer esplicadamente desygnar & escreuir los ylustres & rreales virtudes vuestras & avn paresçeria omitir & posponer el proposyto prinçipal. E por que, segund dize Aristotiles en el primero de las Eticas, aquello que es fuera del proposyto abreuiare & acordare la fabla en aquesta yntroduçion indocta & gruesa. E fablando çerca de la materia pri[*nçip]al [*era] de ver aqui que cosa es proberuios, de quantas maneras los antiguos f[*iz]ieron proberuios, & como se torna proberuio en nuestro proposyto de lo qual yo fize algu[n]d discurso & fablo en la introduçion de la glosa de los Proberuios de Seneca, a la qual por non alargarme rremito. Vuestra sabia ylustre sen[n]oria, rresçibe con alegre & sereno vulto aquesta rruda & breue escriptura; mande corregir & enmendar & conporte sabia & vmanamente lo que menos prudentemente sera escrito.

[S][*ere]nisymo[58] & bienaventurado prinçipe, dize el maestro de aquellos que saben en el su libro primero capitulo de las Eticas, toda arte dotrina & deliberaçion es a fin de alguna cosa. El qual testo pense traer a la vuestra noble memoria por mostrar & noctificar a la vuestra alteza las presentes mo[-][59] [fol.8v] moralidades & versos de doctrina dirigidos edificados. E aquella non syn causa aya seydo como algunas vezes por el muy ylustre, poderoso, magnifico & virtuoso señor rrey Don Juan segundo, padre vuestro, me fue mandado los acabase & de parte suya a vuestra exçelençia los presentase. E avn esto non es negado por ellos, como todavia su doctrina o castigos sea asy como fablando padre con fijo, & de averlo asy fecho Salamon manifiesto paresçe en el su libro de los Proberuios, la entençion del qual me plogo seguir. E quise[60] que asy fuese por quanto sy los buenos consejos o amonestamientos se deue comunicar a los proximos, mas & mas a los fijos & asy mesmo por quel fijo antes deue rresçebir el consejo del padre que de ninguno otro. E por quanto esta pequeñuela obra me cuydo contenga en sy algunos prouechosos metros aconpañados de buenos enxenplos, de los quales non dubdo que la vuestra exçelençia & a lo menos[61] engenio non caresca, pero dubdando que por ventura algunos dellos vos fuesen ynotos como sean escriptos en muchos & diuersos libros & la terneza de vuestra hedad non aya dado tanto lugar al(os↑)[62] estudios de aquellos, pense de fazer algunas breues glosas o come[n]tos, señalandovos los dichos libros & avn capitulos. Por que asy como dixo Leonardo de Areçio en vna epistola suya al muy magnifico ya dicho señor rrey, en la qual le rrecuenta los muy altos & grandes & altos fechos de los enperadores de Rroma, naturales de la vuestra España, diziendogelos traya a memoria porque, sy a la su alteza eran conosçidos, lo querian conplazer, e sy ynotos de aquellos & por enxenplo dellos, a alteza de virtud & a deseo de muy grandes cosas lo amonestasen. Por ventura, ylustre & bienaventurado prinçipe, algunos podrian ser ante la vuestra exçelençia a la proposyçion de aquestos versos, que podiesen dezir o dixiesen que baste solamente al prinçipe o al cauallero entender en gouernar o rregir bien sus tierras, e quando el caso verna, defenderlas, o por gloria suya conquerir o ganar otras, e ser las tales [fol.9r] cosas superfluas & vanas. A los quales Salamon ha rrespondido en el libro antes dicho de los sus Proberuios, onde de dize: La çiençia & la dotrina los locos la menospresçiaron. Pero mas abondamiento digo que como puede rregir a otro aquel que a sy mesmo non rrige, nin como se rregira nin gouernara aquel que non sabe nin ha visto las gouernaçiones & rregimientos de los bien rregidos & gouernados. Ca para qualquier platica mucho es nesçesaria la rretolica & para la theorica la platica. E por çierto, de los tienpos avn cuydo yo que sea el peor despendido aquel en que se buscan o ynquieren las vidas & muertes de los virtuosos varones, asy como de los Cantos,[63] de los çipiones & de los christianos, los godos, los Doze Pares, de los ebreos, los macabeos. E avn, sy a vuestra exçelençia plaze que tanto non nos alexemos de las vuestras rregiones &

tierras, del çid Rruy Dias, del conde Ferrand Gonçales, o de la vuestra clara
progenia el rrey don Alfonso el Magno, el rrey Don Ferrnando, el qual gano toda
la mayor parte del Andaluzia; nin cale que oluidemos el rrey de gloriosa memoria
don Enrrique, vuestro quarto ahuelo, como las ymagines de aquellos o de las
tales, asy [*como dize] Seneca en vna epistola suya a Lucio, syenpre deuen ser
ante vuestros ojos. Ca çiertamente, bienaventurado prinçipe, asy como yo este
otro dia escriui a vn amigo mio, la sçiençia non enbota el fierro de la lança, nin
faze floxa la espada en la mano del cauallero, nin, sy queremos pasar por la
Segunda Decada de Titu Libio, fallaremos que An[*ibal] dexose la pasada de
[*l]os Alpes que son entre las Galias & en Exonia, nin la del Rruedano, que es el
Rros, nin despues las çercas de Capua⁶⁴ & de Taranto & de Nola, nin el sytio de
los paulares de Rroma, a do se falla aver perdido el vn ojo por fuyr & apartarse
de los trabajos corporales. Tanpoco de las lluuias, nieues & vientos como
Caton⁶⁵ de fallar las trabajosas Syrtes de Libia que se llama Etiopya, o mar
arenoso, por los grandes colores ençendidos & desmoderados fuegos, nin por
temor de los ponçoñosos aspios nonbrados esepes,⁶⁶ paroras, çeroscas, nin todos
los otros linajes de [fol.9v] de ponçonosas syrpientes. Lo qual todo contrastaua &
rresistia la su pasada en Vtica malas rrocas⁶⁷ & soberuiosas ondas del mar yrado,
pernocticaçiones vistas, asy de la garça bolar el alto como de la corneja pasearse
presurosamente por el arena. Nin despues de las señales que eran vistas en la
luna, las quales todas eran amonestaçiones del pobrezillo barquero, ynpidieron la
pasada del çesar Antonio, nin al mesmo çesar enpacharon el paso las fuertes
abenidas del rrio Rrubicon, nin fizo a Ypomendo⁶⁸ la fondura del rrio Ysopo
contra Tebas. Mas antes creeria, bienaventurado prinçipe, que las tales cosas
prouoque a los omnes a toda virtud, esfuerço & fortaleza a judgar qual dolor non
sea soberano mal, nin el deleyte el mayor bien, asy como Tulio lo dize en el
prologo del su primero libro De Ofiçis. Mas todas estas cosas creeria, e determino
ser asy, como vn estimulo o espuelas atrayentes & preuocantes a los omnes a
toda virtud. Bienaventurado prinçipe, podria ser que algunos, los quales por
aventura se fallan mas prestos a las rreprehensyones & a (rre↑)darguyr que a
fazer nin hordenar, [*dixe]sen yo aver tomado toda o la mayor [*par]te destos
proberuios de las doctrinas & amonestamientos de otros, asy como de Platon &
Aristotiles, de Socrates, de Vergilio, de Ovidio, de Terençio & de otros filosofos
& poetas, lo qual yo non contradiria, antes me plaze que asy se crea & sea
entendido. Pero esto que dicho he, [*de] otros lo tomaron & los otros de otros, e
los otros de aquellos que por luenga vida & sotil ynquisyçion alcançaron las
espirençias & causas de las cosas. E asy mesmo podria dezir aver en esta obra
algunos non sonantes rrepitidos, asy como sy pesase por falta de poco conosçimiento o inardurençia, los quales creeria non aver leydo las rreglas del Trobar,
escriptas & hordenadas por Rremon Vidal de Besabia, omne asaz entendido en
las artes liberales & grand trobador, nin la continuaçion del trobar [fol.10r] fecha
por Justo de Foxa, monje negro, nin del mallorque llamado Berenguel de Noya,
nin creo que ayan vistas las leyes del Consistorio de la gaya dotrina por que
luengos tienpos se torno en el Colegio de Tolosa, por actoridad & promisyon del

rrey de Françia. Lo qual todo non costriñe nin apremia a ningund doctador nin conponedor que en rremito estilo despues de veynte coplas dexe rrepitiçion de consonantes ally. E en los lugares onde bien le viene o el caso o la rrazon lo nesçeçitare, como ya lo tal pueda ser ya mas dicho libro o tractado que dezir, nin cançion, balada, [*rrondel], nin varolay, guardando el cue[*n]to de las sylabas & las vltimas & pelmultimas [sic] & en algunos lugares las antepelmultimas [sic], los yerros de los ticongos & las vocales en aquellos lugares donde se pertenesçen. Pues, bienaventurado prinçipe, tornando al nuestro proposy[*to, çipion] Africano, el qual ovo este nonbre por quanto co[*nqu]isto la mayor parte de Africa, solian dezir, ansy como Tulio lo testifica en el dicho libro De Ofiçios, que nunca era [*me]nos ocçioso que quando estaua ocçioso nin menos solo que quando estaua solo. La qual rrazon demuestra que en el ocçio pensaua en los negoçios & en la soledad se informaua de las cosas pasadas, ansy de las malas para las aborresçer & foyr dellas buenas por se aplicar a ellas o las fazer asy familiares. De çesar se falla que todas las cosas que en el dia pasaua que de notar fuesen, las escriuia de noche metroficadas en alto & eleuado estilo que despues de su vida apenas los muy entendidos las entendian. Pues Dauid & Salamon, rreyes de Ysrrael, quanta fue la su exçelençia & sabiduria bien es noctorio & non poco manifiesto, & asy, diuiniendo & los rreyes presentes qual seria tan alta sentençia de Claudiano, de Quintiliano de Tulio, de Seneca, que esconderse podiese a los senerisimos [sic] prinçipes & de ynmortal & muy gloriosa fama, el señor rrey, padre vuestro, la señora rreyna, vuestra madre, el señor rrey de Aragon, vuestro tio, en los quales mirando & acatando asy como en vn claro espejo & difiano verile en los convenientes tienpos la vuestra exçelençia deue entender & darse a oyr & leer las buenas doctrina [sic] & los prouechosos enxenplos [fol.10v] e vtiles narraçiones. E en conclusyon,bienaventurado prinçipe, con quanta deuoçion yo puedo, suplico a vuestra exçelençia que las corrupçiones & defectos de la presente ynfima & pequenuela obra, lo qual asy como mandado de aquel que mandarme puede, es a saber el señor rrey, progenitor vuestro, & como subdito suyo & fiel vasallo, de parte de aquel vos presento, quiera tolerar; & sy digo yo fallesco, de lo qual non dubdo, lo quiera suplicar & conportar. Cuya magnifica persona & rreal estado con vno con los bienaventurados prinçipes & señores, el señor rrey, padre vuestro, & la señora rreyna, vuestra madre, la Santa Trenidad por luengos tienpos propios & bienaventurados dexe beuir, prinçipiar, & despues de luenga & gloriosa vida suya, rregnar & inperar. Asy como el amor paternal de aquellos lo desea, & la vuestra magnifiçençia lo meresçe.

[ID0050] SV2–5 (10v–65r) (100x8)

De amor & [*te]mor.[69]
1. Fijo mio muy amado,
para mientes;
non contrastes las gentes

mal su grado;
ama & seras amado
& faras
lo que fazer non podras,
desamado.

El Marques.[70]

Segu[n]d doctrina de Tulio en la Rretolica Nueua, todo sabio orador deue prinçipalmente consyderar en la fabla (que↑) ha de fazer tres cosas. Conviene saber: fazer a los que oyeren su fabla o leyeren su escriptura beniuolos doçiles & atentos. Faze el orador a los oyentes beniuolos quando procura de conseguir graçia & bienquerençia de aquellos que oyen. Ca ninguno oye de buena voluntad a quel quiere mal nin al que non quiere bien. Faze doçiles a los que oyen quando profiere la materia que ha de fablar diziendo que sera vtile & prouechosa. Fazelos atentos quando espierta a los que oyen por algunas buenas yndusyones o maneras por que esten prestos para oyr & non traspongan sus memorias a pensar en otras cosas. [fol.11r] Syguiendo aquesta dotrina aqueste sabio cauallero guardo todas estas tres cosas en todo el discurso que faze. En espeçial en este primero proberuio, guardo lo primero en fazer al que lo leyese o oyese beniuolo & procuro amor & bienquerençia del llamandole & nonbrandole fijo & amado. Que segund dize la ley çeuil, por ninguna palabra mas dulçe podemos nonbrar a ninguna persona que por nonbre de fijo fijo. Fizole doçil en le proferir & enseñar la doctrina que avia de tener en su beuir con la gente, fizole atento en la palabra que dixo: Para mientes; en la sentençia de aqueste proberuio es la grasçiosa duçe manera que los omnes de qualquier estado deuen tener en contratar con las gentes. E sy lo asy fazen los omnes de mas guisa & estado, los de menor lo deuen fazer. Onde Seneca en la fabla que avia con el enperador Nero, segund que yntroduze Seneca en la nona Tragedia, por quel enperador se procuraua de gouernar por temor mas que por amor. E mandaua fazer algunas cosas por fuerça & desaguisadamente[71] por quel pueblo le temiese. E [*porq]ue Seneca[72] gelo increpaua & mal tractaua, dixo el e[*n]perador que lo quel fazia era lo que se deuia fazer, de rrazon quel fierro era el que defendia el prinçipe. Rrespondio Seneca, que mejor lo defendia la fee. Rrespondio el enperador, que convenia quel çesar fuese tem[*i]d[*o]. Rrespondio Seneca, que mas convenia que fuese amado. Rrespondio el enperador: El espada desnuda les fara fazer lo que yo quiero. Rrespondio Seneca: Guardate de cometer tal error. Rrespondio el enperador: Cunple quel pueblo tema. Rrespondio Seneca: A[73] lo quel pueblo es conpelido & forçado fazer mal su grado, grauemente lo conporta. Asy que a ninguna persona como es dicho, en espeçial a los buenos & justos señores, non conviene fazer cosa contra su grado & voluntad de las gentes & menos a las priuadas personas en la comunicaçion & trabtos que en vnos omnes han con otros. E como dize Seneca en la terçera Epistola donde yntroduze la deliberaçion que avemos de aver para procurar amigos & conseruarlos, sy quieres ser amado, ama asy, como dize el proberuio, (y↑) podras fazer lo que non faras desamado, que non ay cosa que por amor el prinçipe quiera de sus subditos, el señor de sus vasallos, el amigo de su conpañero, que sy con amor & dulçor lo procura que non lo acabe. Que segund [fol.11v] dize Vergilio en la Bucolica: E todas las cosas vençe el amor. E el apostol escriue que por el grande amor que Dios ovo en el linaje vmanal, enbio a su Fijo que tomase carne & padesçiese por nos & por nuestras culpas & enfermedades; como dize Ysayas: El las leuase & nuestros dolores El los sofriese. Pues sy el amor faze a Dios aplicarse a contratar con nos & fazer lo que a nosotros bien cunple, seyendo ynfinido & perfetisymo & nos finidos & cosa ynperfecta, mas lo fazia en la comunicaçion & trabto que vnos omnes han con otros, onde Valerio en el terçero libro en el titulo De Amor & Delecçion yntroduze Quedames & Pinas del escuela de Pitagoras. E ansi el amor touieron entre sy, que como Dionisyo çesacusano [sic] quisyese matar a vno dellos, el qual le pidiese que pues asy era que auia de morir, que le diese tienpo & espaçio para poder yr a su casa & desponer de sus cosas antes que muriese & que le daria fiador de tornar a su poder el plazo & tienpo que mandase. E pensando Dionisyo que ninguno podia ser tan fiel amigo a otro que en tal caso [*le] quisyese fiar & se pusyese a peligro de su vida & persona, rr[*es]pondio que le plazia de le dar tienpo para poder (yr) a su casa a disponer de sus cosas, que le diese el fiador que le prometia. El qual le dio por fiador[74] el otro amigo suyo, e como se llegase el p[*ostri]mero dia en que la absente deuia venir & rresçebir la muerte que le estaua determinada, todos avian por loco a omne que en tal caso avia fiado,[75] e por ninguno por mucha amistad que con el oviese se avia quedado disponer a peligro de muerte. E el amigo fiador non desconfiaua de la venida de su amigo, nin le desplazia de le aver fiado. E dize que avino asy que en el postrimero dia e en la postrimera ora el absente vino, de lo qual fue mucho maravillado Dionisyo. E por la grand fieldad de amor que entrellos vido, Dionisyo perdono la muerte del condenado. E rrogo a estos dos amigos que lo quisyesen rresçebir por terçero en su amistança, segund lo qual paresçe claramente quel amor es de tanta fuerça que trae & fuerça a los omnes a que vn amigo se quiera disponer voluntariosamente a la muerte por su amigo. E discretamente dize el proberuio: Ama & seras amado. [fol.12r] Ca segund dize Seneca en la terçera Epistola, ningund [*]mal[76] mal tiene mayor el omne ocupado & inpedido en su entendimiento con los bienes corporales que posee, que pensar que[77] los otros le seran buenos amigos (a↑) quien el non lo es. Mas maneras ay de amistança, & como ay vnos que son amigos de otros por el prouecho que esperan de aquellos, & otros por el deleyte & plazer que han con ellos, & otros por la virtud & onestad ques junto a vno ser amigo de otro. E que diferençia aya entre amor & amistança, por non fazer largo proçeso, sobreseo aqui de fablar dello, de lo qual faze largo discurso Aristotiles en el otauo & nono libro de las Eticas, & Tulio en el libro que conpuso De Amiçiçia. E Seneca en la nona Epistola asy mesmo era de trabtar que maneras devemos tener para fallar amigos & por fallados para conseruar (los↑) & non los perder, trabtalo Seneca en la terçera Epistola, adonde me rremito por non alargar.

2. Quien rreseruara al temido
de temer,
sy discreçion & saber
non ha perdido;
sy querras ser querido
ca temor
es vna mortal dolor
al sentido.

El Doctor.

En aqueste proberuio entiende el Marques prouar por rrazon natural lo que ha
dicho en el proberuio de suso, conuiene saber como los omnes deuen ser[78]
amorosos en su trabto & non deuen fazer cosa por temor (mas↑) por amor. E
pone el conveniente que se sygue, del que quiere mas ser temido que amado,[79] <
diziendo: Quien rreseruara al temido de temer etc. E asy el que teme [*no] ha
perdido discriçion & saber, deue temer aquel que a el teme, que deue creer quel
temeroso procura de se deliberar del miedo del temido. Ca el temor, segund dize
Aristotiles, en el segundo de las Eticas, es vna esperança de aver mal segund lo
qual los que temen a otros syenpre esperan rresçebir mal de aquellos a quien
temen. [fol.12v] E p[*o]r se escusar del mal que esperan de aver, piensa como se
anteçiparan[80] a fazer mal a aquel de quien lo esperan rresçebir. E por tanto entre
las otras rrazones que Tiestes, fijo del rrey Pelope, dezia a Felistenes, su fijo, el
qual le dezia & rrogaua que dexase el destierro en que estaua & viniese a rregnar
en vno con Auro, su hermano, segund yntroduze Seneca en la segunda Tragedia,
dando causa & rrazon por que a el era mejor estar en baxo estado & non ser
omne poderoso, dixo: En tanto que fuy en estado & señorio, jamas çese de temer
aquellos que a mi temian. E muchas vezes rreçele que con el fierro que tenia
çenido a mi lado me avian a matar. E syguiose que grande bien es non ser temido
de alguno & dormir en tierra & comer en seguridad el manjar que ha de comer,
quel venino en otro se beue. Quiere dezir que nunca se da ponçona nin venino al
labrador que beue en tierra o en madero, mas a los grandes omes que beuen en
oro & dargelo aquellos que a el temen & a quien el deue temer. Onde Tulio en el
libro De Amiçiçia dize que en la vida de los tiranos, que son aquellos que
señorean por fuerça & por temor mas que por amor, ninguna fe ay, ningund
amor, ninguna estable amistança. Con el tirano todas las cosas son sospechosas.
Todas las cosas traen solitud & cuydado. E syguese: Quien amara a aquel a quien
teme nin aquel de quien cree que es temido. Con lo qual concuerda lo que Boeçio
en el terçero De Consolaçion dize, que los que se çercan de gente de armas temen
a aquellos que con las armas espantan. Segund lo qual, bien dize el proberuio,
quel temor es vna mortal dolor al sentido. Lo qual deue ser asy en la persona del
[*temi]do.[81] Onde Dionisyo çeracusano se lee, segu[n]d que introduze Boeçio en
el terçero De Consolaçion, que fue vn grand tirano & omne que por tirania &

crueldad sojudgo muchas tierras & fizo muchos males & daños. E que como vn grand amigo suyo le viniese a visytar, el qual le dixiese que se devia tener por feliz & bienaventurado por aver alcançado tanto señorio & poder como alcançara, que Dionisyo non le rrespondio cosa mas dize que le conbido a comer. E[82] [fol.13r][83] [*E] sobre la sylla [*o]nde el conbidado se avia a sentar fizo colgar vna espada de vn delgado filo por manera que, asentado el conbidado en la sylleta, estouiese el espada en derecho de su cabeça & sy el filo se quebrase entrase el espada por la cabeça, & fizo asy asentar el conbidado en la sylleta a comer, el qual estuuo to[*do] el comer con tan grand temor & rreçelo, temiendo quel filo [*s]e quebraria & caeria el espada & se le meteria por la cabeça, e asy moriria. E Dionisyo fizo dar a comer al conbidado de muy buenos & presçiosos manjares & muy bien guissados. E acabado el comer, pregunto Dionisyo al conbidado que sy avia avido alegre comer. El qual rrespondio que como avia el podido auer alegre comer teniendo el espada colgada sobre la cabeça con filo tan delgado & temiendo & rreçelando el mal & daño que se le podria seguir sy el filo se quebrara. E Dionisyo le dixo: çiertamente tal es la vida del tirano. El qual, [*p]or los males & tiranias que ha fecho & por el temor que l[*e] h[*aui]an aquellos a quien el ha ofendido & fecho daño, syenpre esta e[*n cont]inuo temor & miedo. E syenpre espera padesçer muer[*te &] males & daños, çerca de lo qual yo fize mas larg[*o discurso] en las glosas de los Proberuios de Seneca, en el proberuio que [*co]miença: El que syenpre teme, cada dia es condepnado, adonde por non alargarme rremito. Pues bien [*concluy]e el Marques en este proberuio onde dize: Sy querras [*seras] querido; quiere dezir, en tu mano esta de estar temido o ser amado, quel temor es vna mortal dolor al sentido para procurar de se deliberar del miedo quando [sic] mas presto podra. [fol.13v]

3. Çesar, segu[n]d es leydo,
padesçio,
& de todos se fallo
deçebido.
Quien se piensa tan ardido
pueda ser
que solo baste fazer
grand sonido.

El Marques.

Çesar, bienaventurado prinçipe, este del qual aqui se faze minçion, fue llamado Jullio, avnque en otras partes [*Gay]o, aquel que paso [*las ag]uas Rrubiconas contra Ponpeo, segund que Lucano escriue en el libro De Vello çeuil, en el qual despues de la muerte de Ponpeo & de Caton, trivnfando gloriosamente en la çibdad [*de Rroma], [*a]viendo ya asy mesmo rronpido las puertas de Tarpea & apoderandose de los thesoros suyos, asy soberuiosa desmoderadamente se avia contra los çibdadanos, & non lo podiendo sofrir, como ya la su altiuez fuese yntolerable, acordaron de lo [*m]atar, lo qual non tardaron de poner en o[*b]ra. Los prinçipes [*desta] conjuraçion o monopodio fueron Bruto & Casio, segund que mas largamente es rrecontado por Eneropio en el [*li]bro que fizo de los Enperadores de Rroma. E asy mes[*mo lo p]one Valerio Maximo en el su libro & Ju[*a]n Bocaçio, poeta moderno, en el Libro de las Dueñas, fablando de las fortalezas de las mugeres, loando a P[o]rçia, fija de Caton, muger deste mesmo Bruto.

El D[*octo]r.

En aqueste proberuio mu[*e]stra el Marques por enxenplo familiar lo que en el proberuio de suso quiso mostrar por rrazon natural, por que segu[n]d dize Aristotiles en el segundo de los Rretoricos en los actos & obras de los omnes: Pero comunmente los fechos por venir son semejantes a los pasados. E por tanto es de comun costunbre de los actores por que mejor se ynprima lo que se dize, & para lo mostrar mas verdad introduze enxenplo de cosas que en semejante [fol.14r]⁸⁴ caso ayan pasado. Por lo qual el Marques yntroduze aqui en este proberuio lo que acaesçio en persona de Jullio çesar de la estoria de lo qual faze largo discurso Lucano en el libro que conpuso de las Batallas çibdadanas. El qual Jullio çesar por fuerça & tirania non pertenesçiendole el sen[n]orio de Rroma procuro de sojudgar a Rroma & de perseguir a Ponpeo & a los suyos que pugnauan & procurauan por la libertad de Rroma, en prosecuçion de la qual demanda el çesar mato a muchos & a otros desterro & a otros injurio & deseredo. E por defender el señorio tiranico que tenia⁸⁵ fuele por fuerça de procurar como fuese temido, e por que ninguno se leuantase contra el. E non pudo tanto proueer que dos caualleros çibdadanos Romanos que se llamaron por nonbre el vno Bruto & el otro Casyo non se leuantasen contra (el↑),⁸⁶ & avino asy que yendo el çesar vn dia al Senado descuydado & syn rreçelo, salieron a el Bruto & Casio & leese que le (d)yeron veynte & quatro feridas de las quales luego murio. E por tanto dize el proberuio que çesar, se[*gu]nd es leydo & lo escriue el Lucano, padesçio & caso que fue[*se] grand señor & touiese grandes conpañas de gentes al tienpo que lo ofendieron Bruto & a Casio, dize el proberuio que de todos los suyos se fallo deçebido, & sygue⁸⁷ se que ninguno se deue pensar que solo basto fazer grand sonido. Quiere dezir que por grande poder que vn omne tenga caso que sea grand señor de muchas tierras & conpañas, al fin vn omne es & por su persona propia non puede fazer mas de por vn omne. Verdad es segund se escriue quel segundo Libro de los Rreyes quel rrey es contado en la hueste & dize que vale tanto como diez mill omnes & mas; quiere dezir que tanto como trae a la hueste paresçe el prinçipe o cabdillo della como paresçiese de la gente grande conpaña. E aquesto es por la dignidad del prinçipe o cabdillo. Mas segund dize Sant Jeronimo en vna epistola, caso que en el hordenar de la batalla se consydera la dignidad del rrey o cabdillo, [fol.14v]⁸⁸ en el pelear solamente se considera non la dignidad mas la virtud; quiere dezir que en la rrotura de la pelea todo omne se salua por su braço & segund peleare. E por esto dize que non solamente se consydera que sea rrey o enperador sy non pelea como deue, & por mucho ardid & virtuoso que sea por ser sola vna persona non puede fazer grande sonido segu[n]d dize el proberuio.

4. Quantos vi ser aumentados
por amor,
e muchos mas por temor
abaxados.
Ca los buenos sojudgados
non tardaron
de buscar como libraron
sus estados.

El Doctor.

Para prueua & confirmaçion de lo sobredicho el Marques introduze el aver visto en su tienpo muchos aumentos & acreçentados por amor, & muchos aver pedido [sic] sus estados por ser temido, lo qual prueua de aver visto el asy. Por espirençia es mas çierta & mas eficaz que otra ninguna, & mas ligero nos engañaremos por las es[*cri]turas antiguas, o erramos en nuestro entendimiento por rraz[*o]n natural; que non fallaremos del desconosçimiento de la verdad de lo que espirençia es madre & maestra de las cosas. E segund dize Aristotiles en el primero de los Fisycos, sy algunos sabios yerran en las opiniones que tienen en la çiençia pueden ser rreuocados & rreduzidos el conosçimiento de la verdad por rrazones naturales. Mas dize que contra el que niega, lo que por el ojo se vee & por el oreja se oye & se conosçe por ysperençia por los otros sentidos que non deuemos disputar, que dize quel que niega el sentido caresçe & fallesçe de sentido. E por tanto la prueua por espirençia es mas eficaz çierta. E dize el Marques que en su tienpo vio muchos acresçentados por amor. El amor trae vnion & paz & concordia; el temor causa desamor segund de suso se dize Tulio en el libro de Amiçiçia: Quanta [fol.15r]⁸⁹ Quanta sea la fuerça de la amistança & la concordia, bien se puede entender de los daños que vienen de las disençiones & discordias. Lo qual muestra bien Nuestro Saluador en el Evangelio onde dize que todo rreyno desacordado se asolaria & destruyria. E los rreynos que son en paz & concordia, las pequeñas cosas cresçieron & se fizieron grandes. Por la discordia las grandes cosas cayeron. E dize que los buenos sojudgados non tardaron de buscar como librasen sus estados; a todo omne segund ley natural esta cosa liçita & permisa de defender su vida & defender su fazienda & defender su honrra por quantas vias & maneras mejor podran, con çiertas modificaçiones que los [*derech]os ponen en tal manera, que sy alguno me quiere matar defendiendo mi vida syn pena alguna yo bien puedo matar a el. E non ha de aguardar, segund dizen los juristas,que me ofendan & acuchillen primero aquellos que me quieren matar para que yo le mate syn pena. Que basta que yo aya sufiçiente temor del que me quiere matar, & sy non lo mato que me matara. E tanto fue opinion de algunos doctores, [*qu]e sy [*yo] he temor de algund poderoso omne que me ofendera & matara sy me falla, & non me puedo ygualar con el & andar ansy acon[*p]añado como el, & el temor non es vano ca yo non he de ag[*u]ardar aquel que me quiere ofender & matar en la mejor via & manera que pudiere. Dizen asy mesmo algunos doctores que sy yo soy detenido en alguna carçel injustamente & temo que me sera fecha injuria a mi persona, que syn pena puedo quebrantar la carçel. E que sy algund juez injustamente me condepna a padesçer en mi persona alguna lisyon o daño & quisyere soj[*u]dgar^{90} en mi persona la sentençia, que syn pena alguna [*mis] parientes & amigos me puedan ayudar a rregistir al juez & buscar manera como yo libre mi persona & estado. Asy mesmo puedo ofender a otro defendiendo mi fazienda & defendiendo mi honor. Que segund dizen los doctores, sy yo esto en algu[n]d lugar & se que mi^{91} enemigo me viene a ofender & me sera mengua & injuria de me absentar de aquel lugar, que yo non deuo absentar & puedo bien aguardar sy otro me quiere acometer & lo mato, [fol.15v] que es syn pena. E la rrazon de todo aquesto es que por el justo temor que yo he esta liçito & permiso a mi en que mejor manera libre mi persona & honor & estado. E esto es lo que dize el proberuio que los buenos sojudgados etc. E por tanto se dize los buenos por que non tanto se injuria el omne rrahez & de poca opinion & estado & malo & peruerso como el que es bueno & virtuoso, & caso que aqueste por su virtud quiera algo conportar, mas seyendo injustamente injuriado & mal tractado & atemorado, non tarda de buscar como libre su estado, como dize el proberuio.

5. O fijo sey amoroso
non esquiuo,
que Dios desama al altiuo
desdeñoso,
del ynico & maliçioso
non aprendas,
que sus obras son contiendas
syn rreposo.

El Doctor.

En aqueste proberuio entiende el Marques de estar & ynterpetrar la esquiuez & elecçion & soberuia, & pone el desamor que ha nuestro al que es altiuo & con soberuia & d[*esd]eñoso. Onde Dau[*i]d en el Salmo dize que D[*i]os rresiste a los soberuios & a los vmilldes da graçia. E Salamon dize en los Proberuios: Al soberuio luego lo sygue la vmilldad & el que es vmillde de espiritu rresçibe gloria. E esto es lo que dize el proberuio, que todo omne deue ser amoroso, quiere dezir vmillde en su fablar & non esquiuo, & que non sea altiuo nin desdeñoso. Onde en vn libro de los Loores de çesar se escriue del que jamas dixo a sus caualleros: Ydvos, mas venid[*vos] & estad. E en el primero libro de las Fazañas de los

Filosofos [*se e]scriue que pasando el çesar por donde estaua vn jues judgando, que acusauan a vn cauallero ançiano que avia andado con el en la guerra en su conpañia. El qual cauallero como vido al çesar, rrogole que deçendiese del[92] cauallo & ayudase en aquel negoçio por manera que fuese[93] libre de aquella acusaçion que le fazian. E el çesar rrogo a vn buen abogado que por amor suyo le ayudase, al qual el cauallero dixo çesar quando en la guerra ansiana vn dia estauas tu en peligro conbatiendo con los enemigos, [fol.16r] non b[*us]que yo abogado que te ayudase, mas con grande peligro de mi persona pelee yo por te defender, onde rresçebi aquestas llagas que traygo, las quales descubrio luego. Lo qual como el çesar oyo amorosamente non con esquiuez nin desden, deçendio del cauallo & por su persona mesma abogo por el & le defendio de la acusaçion que le fazian, que ouo verguença el çesar que en non fazer lo que fazia non solo paresçiese vergonçoso mas desagradesçido. E por los que estauan presentes se marauillaron de tan grasçioso & vmillde fecho del[94] çesar, el les dixo: Amigos, el enperador & caudillo que non trabaja por ser amado de sus caualleros non sabe amar a sus caualleros. Segund lo qual se muestra bien lo quel proberuio dize: Quanto prouecho trae ser amoroso & non esquiuo. E como Dios desama al altiuo desdeñoso que es el soberuio, del qual desplaze mucho a Nuestro Señor, segund de suso es dicho. E dize Seneca en la Primera Tragedia: A los soberuios Dios victorioso syenpre les va en alcançe & les sygue. E dize el proberuio: Del ynico & [*mal]içioso non aprendas, por que dize que sus obras son contie[*nda]s syn rreposo. Non ay cosa que mas turbe la comunicaçion & trabtar vnos omnes (con otros) que ser omne rriñoso & contençioso, nin ay cosa que mas llegue a los omnes en buena comunicaçion & trabto que ser omne grasçioso & manso. E por tanto Chilo Ladeçemonio, que fue vno de los Syete Sabios de Atenas, pregunto que qual deuia ser el omne contençioso & rreboluedor o manso & rreposado. Rrespondio que manso & rreposado, por que [*l]os proximos & vezinos & amigos mas le honrren & teman. Pues dize el proberuio que nos deuemos apartar del omne que sus obras son contiendas syn rreposo. [fol.16v]

6. E sea la tu rrespuesta
muy grasçiosa,
non terca nin soberuiosa,
mas onesta.
O fijo quand poco cuesta
bien fablar,
& sobrado amenazar
poco presta.

El Doctor.

En aqueste proberuio muestra el Marques la manera que los omnes deuen tener en rresponder a la fabla que les fuere fecha por qualquier via que sea. Ca ser omne grasçioso & bien fablado es vno de los prinçipales dones que los omnes pueden tener de Nuestro Señor, segund dize Dauid en vn salmo: Derramada es graçia en tu boca. E por tanto te bendixo Dios. E caso que alguno quiera contender & rrenir [sic] contigo sy tu rrespondes grasçiosa & mansamente & non terca nin soberuiosamente, escusaras grand parte de la rriña, segund dize Salamon en los Proberuios, que la palabra muelle quebranta el hueso & la fabla dulçe a[*ma]nsa la yra. Onde Seneca en el primero capitulo que conp[*uso] De Yra, fablando como deuen ser grasçiosos los prinçipes e[*n su] rresponder & mansos, yntroduze al rrey Antigono. El qual avia fecho caminar a su hueste desordenadamente vn dia & como asento rreal & asy syn dar rreposo, casy syn dar rreposo a los caualleros, mando que se cargasen de çiertas bastidas & las llegasen çerca de vn muro de vna çibdad que queria conbatir. E como los caualleros fuesen cargados yuan blasfemando & diziendo mal del rrey por que les avia fecho caminar tan largo camino & despues los mandase yr cargados syn rreposar. Lo qual como el rrey Antigono syntio, demudo su abito & aconpañolos a leuar la carga. E como los caualleros se syntieron mas aliuiados de la carga con la conpania preguntaron (que↑) quien era aquel que se avia aconpañado con ellos & les ayudaua a leuar la carga. E como non conosçieron al rrey Antigono por que yua demudado el abito & le aquexauan [fol.17r]⁹⁵ que cada dia dixiese quien era, dixo: Fasta agora avedes dicho mal & rretratado del rrey Antigono por cuya causa aqueste dia & aquesta noche auedes padesçido tanto trabajo, dezid agora bien del & bendezidle que vos ha aconpañado & ayudado a vos ayudar & aliuiar de la carga que leuades. La qual grasçiosa rrespuesta & fabla fizo en mucho mas grado amado al rrey Antigono de los suyos que primero era rretratado. Pues bien dize el proberuio que la rrepuesta deue ser onesta pues poco cuesta el bien fablar & escusa pelea & rriña & avnquel otro lo quiere trauar. Onde en la Coronica de la Fazaña de los Filosofos se lee que como vno que se llamaua⁹⁶ Artico, el qual era de vna çibdad muy honrrada, quisyese rreñir con vn omne virtuoso que se llamaua Anartasis, el qual era de vna tierra que se llama Sçincha, la qual tierra era muy despreçiada. E por la amenguar & injuriar Artico dixiese Anartasio, burlando del que era mala tierra çincha. Anartasis le rrespondio mansamente & en son de rriso & burla: Mi tierra es injuria a mi & tu eres injuria a tu tierra. E dize el proberuio quel sobrado amenazar poco presta que es el que hamenaza & ha voluntad de se vengar, sy hamenaza sera [*tenido e]n rre[*p]utaçion de omne vano & parlero sy ha voluntad de se vengar. El amenazar faze perder el logar de veng[*an]ça, con lo qual por que Medea amenazaua demasiadamente a Jason por que auia tomado otra muger & a ella avia desechado,la nutriz la corregio & castigo, segund que yntroduze Seneca en la setena Tragedia. Diziendole: Medea, yo te rruego que calles & las querrellas las encomiendes al secreto dolor. Que qualquier que con egual coraçon puede sofrir con paçiençia las grandes llagas & males, este se pudo vengar, que la enemistança encubierta aquella es la que daña & las malquerençias descubiertas pierden lugar de vengança. Asy que bien dize el proberuio quel sobrado [*a]menazar poco presta, agora quiera esecutar el que amenaza el mal que dize que fara o non. [fol.17v]⁹⁷

7. Non te plegan altiuez [sic]
indeuidas,
como sean abatidas
muchas vezes.
Nin digo que te arrahezes
por tal via,
que seas en conpañia
de suhezes.

El Doctor.

En aqueste proberuio muestra el Marques la graçiosa & onesta manera que deuemos tener en el contractar con los omnes. Ca dize que non deuemos tener & ser muy arrogantes nin altiuos nin desdeñosos con los que tratamos nin ansy mesmo nos deuemos abaxar, en tanto grado que seamos auidos en conpañia de sohezes & baxos omes. E entre las otras virtudes & viçios que Aristotiles pone en el quarto de las Eticas, pone la virtud de la magnanidad, que es ponerse omne en aquel estado & honrra que es digno segund su virtud, e guardar omne que la dignidad suya non se envileza. E esto es lo que dize el profecta: Mi honrra & gloria non la dare a otro. Desta virtud ay dos estremos & viçios. El vno dize Aristotiles que se llama en griego thay[*montes], que quiere dezir omne ventoso altiuo & des[*d]e[*ñ]oso. El qual es el que quiere vsurpar para sy mas lugar & honrra que de derecho le [*perte]nesçe. En el otro estremo & viçio dize que pecan todos los omnes que con poco coraçon se tienen por menospresçiados & desechados, e que caso que le pertenesca honrra & estado non lo rresçiben con poquedad de coraçon. E de aquesta virtud & estremos faze mençion el Marques en este proberuio, onde dize non te plegan altiuez [sic] yndeuidas, que a los que esto plazen, son ventosos & vanos, como dize Aristotiles & pone el enconui-niente que se sygue de querer omne vsurpar para sy mas honrra que le pertenesçe, diziendo que las tales altiuezes son abatidas muchas vezes. Ca sy el omne se pone en mas honrrado lugar que le pertenesçe, con grand rrazon le echaron del estos omes altiuos & vanos. Dezia Job: El varon vano se leuanta en soberuia & piensa [fol.23r]⁹⁸ que nasçio libre & syn yugo de sojubçion alguna, asy como sy fuese fijo de asno canpes. E dize adelante: Nin digo que te arrahezes por tal via que seas en conpania de sohezes. Ca esto non seria vmilldad mas poco coraçon. E esto es lo que rreprueua Aristotiles en la actoridad de suso allegada. E el apostol dezia que en tanto que era apostol de las gentes el queria honrrar su dignidad & misterio, nin por esto dexo punto de ser vmilde, que la vmildad non se leuanta de poquedad de coraçon mas de grand virtud. E lo quel Marques aqui rreprueua es lo que fazen rrahezes & sohezes con poquedad de coraçon. E de aquesta manera de contratar que los omnes avian de tener vnos con otros, dize segund Socrates en el libro de las Exortaçiones: A los que son çerca de ti non seras altiuo nin desdeñoso, que avn los syeruos apenas pueden sofrir los señores altiuos

desdeñosos el tenprado tractar & fablar. Todos los conportan alegremente & el
tenprado tractar es en ser omne altiuo nin rrahez, & ha de fazer por tal manera
que por su tracto non se vea en conpaña de suhe[*z]es.

8. [*Rrefu]ye los no[*u]eleros
dezidores
como a lobos dañadores
[*los] corderos.
Ca sus liñas & senderos
non atraen
synon lazos en que cahen
los groseros.

El Doctor.

En los preçedentes proberuios el Marques mostro la manera que los omes devian
tener en fablar. E en aqueste proberuio & en los syguientes muestra la manera
que deuen tener en oyr, que como la lengua ha de tener freno en fablar, asy la
oreja ha de tener modestia & tenprança en oyr. Que los prudentes & virtuosos
non deuen aplicar sus orejas a oyr qualquier cosa mas solamente las buenas &
onestas. Ca como dize Salamon en los Proberuios, el prinçipe que da orejas a
palabras de mentira fa[*ra] que todos los sus seruidores sean malos. Quiere dezir
que veyendo los otros seruidores que plaze [fol.23v] al[99] Señor, algund seruidor
que es nouelero & chismero & rretratador de los bienes de los otros da causa que
todos los otros seruidores se fagan chismeros & nonoveleros[100] & mentirosos.
Onde Sant Grigorio en el iiii Libro de los Morales dize que los que se deleytan en
oyr destruyçiones & crimines agenos. Estos se dizen comer las carnes de los omes
segund dize que escrive Salamon: Non quieras ser en el conbite de los pecadores,
nin comas con los que se juntan a comer carnes. Dize Sant Gregorio que juntarse
a comer carnes es juntarse a dezir mal de su proximo. E esto es lo que quiere dezir
aqueste proberuio, que fuyamos los dezidores noueleros como a lobos que dañan
los corderos. Quel que viene ha de traer & a dezir mal de su proximo viene en
vestidura de oueja. E es lobo dañador que su entençion es de dañar & ynfecçionar
la voluntad de aquel que oye contra aquel (de↑) qu(y↑)en[101] dize mal. Onde Valerio
escriue de la manera que los omes deuen tener en rrefuyr los noveleros dezidores
& profeçadores de otros, & yntroduze que d[*os] seyendo mucho ami[*gos] vn
terçero ouo enbidia de la amista[*nça] de aquellos [*pensando senbrar] sysaña &
discordia entre los dos amigos. E dixole: Como tienes tu a fulano por amigo, que
yo le oy que dezia mal de ty. E el otro rrespondio: çiertamente yo non lo creo que
es amigo & non diria mal ninguno [*de m]i. E como el profaçador afirmase con
grand ynstançia que era verdad quel otro avia dicho mal & el porfiase que lo non
creya. E por que mas fuese creydo el profaçador & afirmase con juramento que
era verdad lo quel dezia. Rrespondio mansamente aquel a quien el profaçador
dezia: El mal agora creo que dizes verdad que mi amigo dixo mal de mi. Mas

quiero que sepas que esto se bien, que syntio que cunplia a mi que dixiese mal de mi. Con la qual rrespuesta el chismero fue confuso & por entendido & sabio aquel a quien el chismero fablaua. Las liñas & senderos del chismero non fueron lazos en que se enrredase, mas son lazos a los groseros como dize el proberuio.[102] [fol.18r][103]

Esta plana va toda errada.

9. Asuero,[104] sy non oyera,
non vsara
justamente de la vara
& cayera
en error que non quisyera
en continente,
& desfecho el ynocente
padesçiera.

El Marques.

Asuero tanto fue poderoso entre los gentiles que casy por monarca[105] fue avido. E asy como se cuenta en el libro de Ester, Haman, priuado suyo, indinado contra los judios que eran so su señorio deste Asuero, prouocolo a grand saña contra ellos, en espeçial al Mordocheo en manera que lo mandaua enforcar. E como Asuero oviese por costunbre de fazer leer ante sy algunas vezes vn libro el qual contenia los seruiçios que los sus naturales & otros de qualquier naçion rregion o otros que fuesen le avian fecho, fallo en aquel libro como este Mordocheo le oviese seruido mucho, la calidad del qual seruiçio dexo aqui de contar como non sea cosa pequeña nin esquisyta a todas gentes, mayormente a aquellos que han visto las ystorias de la Briuia. Lo qual visto por el rrey asy mesmo, a suplicaçion de la rreyna Ester mando Asuero que Aman fuese enforcado en la mesma forca que avia mandado fazer para Mordocheo. E asy cayo en la foya que fizo, segund el dicho de Dauid. Confirmose en este caso Asuero con aquello que dize: Solo que la rrepublica anda sobre dos pies & diese el su pie derecho rregraçiar los seruiçios o bien fechos a aquella, e el pie ysquierdo punir & castigar & non dexar syn pena los malefiçios. Concluyendo que qualquier de aquestos que fallesçe o qualquier de aquellos que rrigen & tienen la vara, la rrepublica ua coxa. E asy las coronicas algunas & non pocas vezes deuen ser traydas & leydas ante los prinçipes & las partes syenpre deuen ser oydas. Esta plana errada va & la detras va buena. [fol.34r][106]

9. Asuero, sy non oyera,
non vsara
justamente de la vara
& cayera
en error que non quisyera

en continente,
& de fecho el ynoçente
padesçiera.

El Marques.

Asuero tanto fue poderoso entre los gentiles que casy por monarca fue auido. E asy como se cuenta en el libro de Ester, Haman, priuado suyo, yndinado contra los judios que eran so su sen[n]orio deste Asuero, prouocolo a gran saña contra ellos, en espeçial Mordocheo, en manera que lo mandaua enforcar. E como Asuero ouiese por costunbre fazer leer ante sy algunas vezes vn libro el qual contenia los seruiçios que los sus naturales & otros de qualquier naçion rregion & otras que fuesen le auia fecho, fallo en aquel libro como este Mordocheo le oviese seruido mucho, la calidad del qual seruiçio dexo aqui de contar como non sea cosa pequeña nin esquisyta a todas gentes mayormente a aquellos que han visto las ystorias de la Briuia. Lo qual visto por el rreyno asy mesmo, a suplicaçion de la rreyna Ester, mando Asuero que Haman fuese enforcado en la mesma forca que auia mandado fazer para Mordocheo. E asy cayo en la foya que fizo segund el dicho de Dauid. Conformose en este caso Asuero con aquello que dize Solo, que la rrepublica anda sobre dos pies & diese el su pie derecho rregraçiar los seruiçios o bienfechos a aquella & el pie ysquierdo punir & castigar & non dexar syn pena los malefiçios, concluyendo que qualquier de aquestos que fallesçe o qualquier de aquellos que rrigen & tienen la vara, la rrepublica ua coxa. Ca sy las coronicas algunas & non pocas vezes deuen ser traydas & leydas ante los prinçipes & las partes syenpre deuen ser oydas. [fol.34v]

El Doctor

En aqueste proberuio muestra el Marques por ysperençia la doctrina que dio en el proberuio de suso, para lo qual yntroduze la estoria del rrey Asuero del qual se escriue largamente en el libro de Ester que es vno de los libros canon de la Sacra Escriptura & por sumaria ynformaçion de lo contenido en este proberuio. Es a saber que Asuero fue vno de los mayores prinçipes & señores que ouo en todo el mundo que fue señor segund dize el testo de çiento & veynte prouinçias. El qual tomo por muger a Ester, judia del linaje de los judios, & çelebro con ella matrimonio, a la qual amo el rrey cordialmente. Aquesta rreyna tenia vn tio que la avia criado el qual llamauan Mordocheo. Aqueste Mordocheo todos los dias yva a palaçio del rrey por saber como suçedia a la rreyna su sobrina. E segund cuenta la estoria la rreyna, porque Mordocheo gelo auia ansy aconsejado, non avia descubierto de que tierra nin de que pueblo era, nin se sabia que Mordocheo fuese su tio. Aqueste rrey Asuero tenia vn priuado mucho açebto a el que se llamaua Aman, el qual gouernaua toda la casa del rrey. E como todos los grandes & pequeños de la casa del rrey adorasen a Haman & le fiziesen rreuerençia por

quanto asy lo avia mandado el rrey, solo Mordocheo non lo adoraua nin fazia
rreuerençia. E caso que por muchas vezes los seruidores del rrey yncrepasen a
Mordocheo porquel non adoraua a Haman nin fincaua las rrodillas antel como
todos los otros fazian & el rrey lo avia mandado, e porque Mordocheo lo non
quisso fazer los seruidores de la casa del rrey, dixeronlo a Haman. E como el
mirase en ello & por espirençia lo conosçiese que Mordocheo non le fazia
rreuerençia, ovo grand enojo del. E por su odio & malquerençia delibro de
tractar & delibrar como todos los judios & Mordocheo con ellos fuesen perdidos
& destruydos. El qual dixo al rrey que por todos los lugares de sus prouinçias de
su rreyno avia vn pueblo disperso & derra[*mado][107] [fol.18v] que vsaua de
nuevas leyes & çirimonias & menospresçiaua las leyes & mandamientos del rrey,
lo qual era cosa desaguisada que tal pueblo biuiese en su rreyno que diese lugar &
consyntiese que este pueblo peresçiesçe & fuese destruydo & quel daria al rrey
çiertos millares de marcos de plata. El qual rrey rrespondio: La plata que
prometes sea para ty de aqueste pueblo fuese destruydo. E con grand diligençia
Haman fizo escreuir cartas a todas las prouinçias &â'ades del rreyno para que
todos se aparejasen de matar a los judios en vn dia señalado & les rrobasen lo
suyo por manera que omne dellos non quedase a vida. Lo qual como sopo
Mordocheo ovo grand sentimiento & dolor dello & fizo lo saber a la rreyna
Ester, e exortola & amonestola que entrase al rrey & le pidiese misicordia [sic]
por su pueblo que non peresçiese. E como ella rrecusase de lo fazer por vna ley
que era en el rreyno que ninguno podia entrar en la camara del rrey syn espeçial
mandado suyo syn yncurrir en pena de muerte saluo sy el rrey le tendiese en señal
de clemençia la verga de oro que tenia en la mano, al fin por exortaçion &
instançia de Mordocheo despues que ella & todos los judios que estauan en
aquella çibdad ouieron ayunado tres dias & tres noches vino a la camara del rrey.
A la qual como el rrey vido en señal de clemençia tendio la verga de oro. E dixole
la rreyna Ester: Que petiçion traes, que sy la meytad del rreyno quisyeres te sera
dada. La qual suplico al rrey que fuese[108] con ella a comer, e asymesmo que
Haman comiese con el en el conbite. & fecho el primero conbite el rrey la
rrequerio que dixiese lo que demandaua que todo le seria otorgado. La qual
suplico al rrey que viniese a comer con ella otro dia, e asymesmo Aman, e que en
aquel conbite declararia su petiçion. E como el rrey acabase de comer en el
segundo conbite, (dixo asy la meytad) de su rreyno demandaua que luego le seria
otorgada. La rreyna rrespondio: Rrey, sy yo fallo graçia en tus ojos, fazme
donaçion de mi anima & de mi pueblo, que sepas que yo & mi pueblo somos
traydos para que seamos degollados [fol.19r][109] e perescamos. E sy por syeruos &
syeruas oviesemos de ser vendidos seria mal tolerable & gimiendo callaria. Lo
qual como el rrey oyese fue turbado. E dixo: Quien es aqueste o que poderio tiene
el que tal osa fazer. Al qual rrespondio la rreyna: El enemigo malo nuestro
aqueste Haman, questa presente. Lo qual como Haman lo oyo fue turbado
mucho. E como el rey con grand enojo se entrase a vn vergel a paseharse &
Haman se allegase a la cama donde la rreyna estaua por le suplicar que oviese
misericordia del, por quanto el avia ya entendido quel rrey disponia de esecutar

en el la pena, e como saliese el rrey del vergel donde estaua & fallase a Haman sobre la cama de la rreyna, presumio el rrey que avia querido dormir con la rreyna & ovo grand enojo del. E algunos seruidores que estauan çerca del rrey le dixeron como Haman tenia fecha vna forca para Mordocheo, en la qual el rrey mando enforcar a Haman & a sus fijos. Lo qual asy breuemente prosupuesto esta clara la sentençia deste proberuio, que sy Asuero non oyera a la rreyna Ester como syn causa & contra toda rrazon & justiçia Haman queria destruyr el pueblo de los judios,çierto es que non vsara justamente de la vara de la justiçia. De que asy como rrey justiçiero era obligado a vsar de continente, oviera de caer en error que non quisyera. E asy el ynoçiente padesçiera, lo qual es grand pecado. Ca como dize vna ley çeuil, mas santa cosa es dexar por penar el pecado del culpado que penar al ynoçente.

10. Que muy tarde al absente
fallan justo,
y por consyguiente injusto
al presente.
Oye & de continente
jamas libres,
pero guarda que delibres
sabiamente.

El Doctor.

En aqueste proberuio muestra el Marques por rrazon natural lo que en el preçedente proberuio dixo que se prue[fol.19v] prueua por enxenplo. E la rrazon por que al absente non fallan justo nin injusto al presente es por que el que dize mal del absente justifica su causa quanto mas puede & inclina & induze el que coraçon del que oye a que de fe a sus palabras. E como non esta quien rresponda por el, presumiose que es culpado el absente en aquello que del se dize. De lo qual se sygue lo otro que dizen, que non fallan injusto al presente, por quanto niega todo lo que contra el es dicho. E lo qual aduersario ponia por çierto en negarlo, faze lo dubdoso. E como dize Tulio en la Rretolica Nueva: Quando alguno es culpado de algunas causas & Rrazones o crimen, sy lo non fizo negar lo ha del todo & sy lo fizo, dara justas causas & rrazones por quel lo pudo & deuio fazer, e asy desechado, sy el crimen que le es inpuesto. E por tanto el prinçipal fundamento en las leyes es que toda cosa que en juyzio es fecha contra el absente non continuas que es ninguna de derecho, e el mayor defecto & nulidad que a qualquier proçeso se puede poner sy es que la parte non fue açitada. E por tanto quando Adan[110] peco & Dios lo ovo de condeñar por su desobediençia & menospresçio, dize el testo que Dios lo çito & llamo para que diese rrazon de sy. Quando dixo: Adan, donde estas, que Dios bien sabia el lugar donde estaua, mas por que non se podiese dezir que Dios auia proçedido contra el syn le oyr & llamar seyendo el absente & non contumas? Dios le quiso llamar & oyr. E por que non touo rrazon sufiçiente por sy, lo condepno avnquel quiso adelgazar su crimen quanto mas pudo quando dixo: La muger me dio a comer & comi. E en aquesta rrazon & fundamento fundo Medea segund que yntroduze Seneca en la setena Tragedia en la fabla que auia con el enperador Creon, suegro de Jason, quando la queria desterrar de su rreyno, que le dixo ella que le dixiese por que rrazon o por que culpa la desterraua de su rreyno, que non proçediese contra ella syn [fol.20r]¹¹¹ la oyr & que ella estaua presta demostrar su ynoçençia & ser libre de culpa. E por quel rrey Creon le dixo burlando della: La muger ynoçente demanda por que causa la destierran, queria dezir que tan mala & tan culpante era que a todos era noctorio que non devia ser llamada, pues notoriamente era avida por culpante. Rrespondio Medea: Sy tu seyendo rrey rrepresentas persona de juez, conviene que me oyas. Sy rrepresentas persona de tirano & ynjusto omne, bien me puedes matar syn cavsa. E por quel rrey Creon todavia porfio en desterrarla & en mandarle que saliese del rreyno, concluyo Medea, e notablemente qualquier que manda alguna cosa syn oyr la parte, caso que lo que manda sea justo, es en lo mandar injusto. E la rrazon de aqueste notable dicho de Medea es lo que de suso es dicho, que segund dicho natural & diuino & vmano ningu[n]d juez deue proçeder contra otro syn le oyr, & dize el proberuio que caso que oyas la parte, non libres fasta que delibres sabiamente. Por quanto conviene aver ynformaçion & rresçebir prueua, sy tiene alguna verdad lo que por la otra parte es alegado, e despues aver maduro & deliberado consejo, presupuesta la prueua & ynformaçion ques lo que de derecho se deue fazer. E vna de las mayores nulidades que ponen lo[s] juristas que se puede fazer contra qualquier proçeso, sy es que fue fecho açeleradamente & syn deliberaçion, & esto es lo que dize el proberuio que delibres sabiamente.

11. Ca de fecho deliberado
non se atiende,
que segunda vez se emiende
por errado.
Faz que seas inclinado
a consejo,
e non escludas¹¹² al viejo
de tu lado.

El Doctor.

En aqueste proberuio el Marques quiere concluyr dos cosas: la primera el efecto que se sygue quando el fecho es bien delibrado & se ha avido maduro consejo sobrello; la segunda con quien se deue aver este consejo. Quanto a lo primero, dize Salamon en los [fol.20v] Proberuios: Non ha buen efecto los pensamientos donde non ay consejo & donde concurren muchos consejeros los pensamientos se confirman. E Seneca dize: Todas las cosas faz con consejo & despues de fechas non te arrepentiras. Ca non aviendo deliberaçion & consejo sobre lo que se ha de fazer, non puede omne conosçer[113] los errores en que vernan & como. E como vienen en ellos por defecto de consejo, conviene que se arrepienta & que diga que non penso que aquel error se syguiria. E segund dize Valerio que dezia Sçipion el africano: Que torpe & fea cosa es en las cosas, en espeçial que tocan a la caualleria, dezir non pense, ca lo que con fierro se ha de despedir & fazer conviene que primero se piense & delibre quel error que en la guerra se comete, dezia Sçipion, non rresçibe emienda. E segund dize Vegeçio en el libro que conpuso de la Sçiençia de la Caualleria, non se falla otra rrazon por quel pueblo rromano oviese sojudgado todo el mundo & aya auido victoria del, synon por aver fecho todas sus cosas con maduro & deliberado consejo, por aver aprendido el exerçiçio de las armas & el vso de la caualleria. Ca dize, que aprouecharan la poquedad de los rromanos contra la multitud de los françeses, que podiera fazer la breuedad & pequen[n]ez de los rromanos contra la altura de los germanos. E çierta cosa es que los españoles eran mas en numero & mas fuertes en cuerpo que los Rromanos, e que los rromanos syenpre fueron desyguales a los africanos en rriquezas & en saber engaños. E ninguno dubda de los griegos ser mas prudentes & mas sabios que los rromanos. Contra todos dize que preualesçio el cauallero tan sabio & espierto & exerçitado cada dia en el vso de las armas, ca non podia acaesçer cosa alguna en la batalla que primero de largo tienpo antes non la oviese esperimentado en el canpo. E esto es lo que dize el proberuio, que de fecho deliberado non se atiende que segunda vez se emiende por errado. E por esso deue omne inclinarse a consejo, e que deste consejo non se deue apartar nin escludir el viejo. Que segund dize Aristotiles en el primero [fol.21r][114] de las Eticas: El moço por la poca espirençia que ha avido non puede conosçer mucho de los fechos. E por tanto non puede bien aconsejar. E segund el dize en el segundo de los Rretoricos, en los fechos de los omes pro comunmente semejante cosa son las cosas pasadas, non puede bien judgar de las cosas por venir. E por tanto los viejos son mejores consejeros que los mançebos & por seguir el consejo de los mançebos & escludir & apartar de su lado a los viejos meresçio Rroboan, fijo de Salamon rrey, perder de doze partes del rreyno las diez, segund que adelante se fara mas largamente mençion dello, e caso que los mançebos para pelear sean mas Rrebustos & fuertes que los viejos. Mas segund dize Tulio en el libro de Senetud, las cosas grandes non se acaban por fuerça nin por ligereza del cuerpo, mas por consejo & actoridad & sentençia & de las prinçipales cosas que leen por que Alixandre fue syenpre victorioso es porque syenpre touo en[115] su conpañia viejos consejeros. Porque segund dize [ ][116] Ponpeo en el vndeçimo libro suyo, quando Alixandre auia de entrar en algund peligro non tomaua consejo nin rresçebia en su secreto & conpañia dos mançebos rrebustos & fuertes, ma(s) los[117] viejos espiertos & sabios que avian continuado las guerras con su padre & con su tio a los quales non tenia tanto por caualleros como por maestros. E dize que non metia en la batalla omes sy non de sesenta años, por que ninguno dellos pensase tanto en fuyr como en vençer, nin pensase tanto que eran ligeros de pies para fuyr & dexar el canpo como fuertes de braços por conseguir victoria. E por que vnos caualleros viejos (de↑)[118] su conpañia le suplicaron que les diese liçençia para se yr rreposar e que en su lugar viniesen a seruir sus fijos, dize que les rrespondio Alixandre: Yo mas quiero la grauedad enseñada de los [fol.21v] viejos que la ligereza syn deliberaçion de los moços. Ca sy Alixandre syenpre açerto en sus fechos & fue victorioso por non escludir el viejo de su lado como dize el proberuio.

12. Tanto tienpo los rromanos
prosperaron,
quanto creyeron & honrraron
los ançianos.
Mas despues que a los tiranos
consyguieron,
muy pocos pueblos vinieron
a sus manos.

El Doctor.

En aqueste proberuio el Marques muestra & prueua por enxenplo & espirençia de lo que de suso ha dicho, que todo el tienpo que los rromanos syguieron el consejo de los viejos, prosperaron. E como aquesto çeso, que çeso su ynperio, que al tienpo que ellos gouernaron la rrepublica suya rregiase por çiertos omnes que llamauan los senadores, el qual nonbre & palabra viene de vna palabra latina que dize senex, que quiere dezir viejo. E en aquesta palabra se dize los señadores que quiere dezir los viejos. E como los rromanos ayan prosperado e por qual causa, dizelo Judas Macabeo en el primero libro de los Macabeos, donde dize los rromanos por su consejo & prudençia prosperaron & poseyeron todo lugar que era lueñe de aquellos. Ca los rreyes que contra ellos se leuantaron fizieron grand plaga & a toda Gallizia & España poseyeron so su tributo & a philosopfo, rrey de los prysos, & anchaco, rrey de Asia, que tenia çiento & treynta elefantes, & a las çibdades & tierras de aquestos poseyeron so su tributo, & judgaron los rreyes çircanos & los que estauan lueñe a todos los que yuan. Oyan su nonbre, los tema, lo qual dize que causaua la prudençia suya & la fe que tenian a la cosa de la rrepublica. Trezientos & treynta eran los que la gouernavan, [fol.22r] e dauan a vno soberano poder en cada vn año. E entrellos non auia enbidia n[i]n zelo, por lo qual dise Judas Macabeo que puso su amistança con ellos. Asy que todo el estudio & soliçitud de aquellos era en el entender en el pro comun & bien de la cosa publica, e non cur[*ar] de ynterese priuado. E s[*egund dize Tulio] en el primero libro De los Ofiçios, que dos cosas avian de fazer los que avian de aprouechar e la cosa publica, la primera qu[e], [*oluidando] el ynterese particular & priuado, todas las cosas que fiziesen las rreferiesen al bien de la cosa publica, la segunda que curasen todo el cuerpo de la cosa publica & que non menospresçiase de curar parte & dexar parte. E quanto los Romanos guardaron este consejo, tanto la cosa publica suya de pequeña la fizieron grande, segund que dixo Caton, cuyas palabras pone Sant Agostin en el seteno libro de la çibdad de Dios en el nono capitulo. Non querrades pensar, dixo Caton, que nuestros mayores por armas fizieron su cosa publica de pequeña grande, que sy asy fuese mayor multitud. Tenemos de conpañeros & cibdadanos que aquellos touieron mayor copia de caualleros & armas, mas otras cosas fueron que nuestros mayores fizieron grandes, de las quales ninguna tenemos nosotros. Ca estando en casa touieron industria en el canpo justo ynperio El coracon de aquellos estaua libre & derecho en consejar & non estaua enbuelto en luxuria nin en pecados. E por aquestas cosas nosotros tenemos la luxuria & la avariçia, la cosa publica esta pobre, la familiar nuestra rrica, los gualardones que se avian de dar por virtud, vendense por dinero por quel tesoro de la cosa publica fuese rrico, las faziendas aquellos eran pobres. Agora corrubtas nuestras costunbres, acaesçe el contrario, quel tesoro de la cosa publica esta pobre & nuestras faziendas rrycas, lo qual es cosa desaguisada & corrubta de toda salud. En el qual dicho se concluye & verifica todo lo contenido en este [fol.22v] prouerbio, que despues que los rromanos consyguieron a los tiranos que son aquellos que procuraron mas el ynterese priuado quel publico, non solo pocos pueblos vinieron a sus manos, mas perdieron los que avian avido.

Capitulo ii de prudençia e sabiduria.

13. Inquiere (con↑)[119]
grand cuidado
la çiençia,
con estudio & diligençia
rreposado.
Non cobdiçies ser letrado
por loor,
mas çiente rreprehensor[120]
de pecado.

El Doctor.

En aqueste proberuio muestra el Marques con quanta soliçitud & diligençia devemos ynquerir & buscar la çiençia para que fin la deuemos ynquerir & buscar. E segund dize Aristotiles en el libro que conpuso Del Anima: Nuestra anima al tienpo de su criamiento es asy como vna talla rrusa [sic][121] en que non esta pintada cosa alguna & esta desnuda [122] ynperfecta & presta para aver perfecçion & sçiençia & costunbres. E pues que ansy es que la perfecçion del anima es la çiençia, bien exorta & amonesta & demuestra aqui el Marques que la ynqueramos con grand cuydado que segund dize Caton aprende alguna cosa, que como la fortuna se parte prestamente la sçiençia queda, & jamas dexa el omne desaconpañado. Donde en el sesto libro de Policrato se lee[123] quel enperador Otauiano caso que fuese enperador & monarca, asy mando instituyr & dotrinar a sus fijos & fijas, que asy la fortuna les ffalesçiese, supiesen en sçiençia por donde se mantouiesen. Onde a los fijos fizo aprender[124] [fol.24r][125] el arte de lacaualleria, e que exerçitasen a correr y saltar & nadar & lançar dardos & piedras con la mano & confondas, & a sus fijas fizo dotrinar en todos los ofiçios de lino & lana por que si por caso de fortuna viniesen en estado de pobreza por arte & çiençia que sabian pudiesen sostener la vida. E dize el prouerbio que no deue omne codiçiar ser letrado por loor, mas çiente rreprensor de pecado, que los fines de los que aprenden son en diuersas maneras. Que vnos aprenden mas por ser[126] conoçidos por sabios & los publiquen & loen por tales que non por fin de aprouechar. A otros con la çiençia que saben & el fin daquellos es vanidad. Otros aprenden solo por saber caso que no aprueche con lo que saben nin les loen dello. El fin da(de↑)quellos [sic][127] es curiosidad bentosa. Otros aprenden por alcançar por la çiençia rriquezas & onrras. El fin daquestos es codiçia. Otros aprenden por edeficar & aprouechar los proximos. El fin daquestos[128] es caridad. Otros aprenden por que sean edefficados & instrutos. El fin daquestos (es↑) prudençia. Estos dos postrimeros son los que no codiçian ser letrados por loor mas çientes rreprensores de pecado.

14. Ca por ella fallaras
quanto dios
a fecho & faze por nos,
& demas,
por que modo lo amaras
oluidado
el su[e]ño que açelerado
dexaras.

El Dotor.[129]

En aqueste prouerbio muestra el Marques el prouecho que trae el ssaber & dize que por la çiençia fallaremos quanto Dios a fecho & faze por nos, la çiençia por do auemos deconoçer[130] a Dios & lo que Dios a fecho por nos es todo el Viejo e Nueuo Testamento en el qual contenplando ffallaras omne como Dios es criador de todo el vniuersso & de como lo crio por sola la su bondad & clemençia & como nos dio mandamientos por donde lo siruiesemos & obedeçiesemos. E como casso que vn omne sea justo por largo tienpo sy ofende a Dios & ante que faga contriçion & penitençia, muere en aquel pecado mortal que Dios [fol.24v] jamas a memoria de los bi(e↑)nes[131] & justiçias que fizo, & si omne ha seydo luengo tienpo pecador & se arrepiente & torna a Dios & muere en verdadera penitençia, que Dios jamas ha memoria de los pecados que fizo, segunt dize el profeta Ezechiel por la boca de Dios. Por la Santa Escriptura asimesmo ssabemos como todo el linaje vmanal por el pecado del primero Padre estaua condenado a muerte eternal & como Dios con gran amor que auia del linaje vmanal enbio a su Fijo que tomase carne & padeçiese por nos saluar & pagase el por nuestros errores &

enfermedades, segund dize Ysayas. & por la Santa Escriptura conoçemos todos los otros benefiçios & cosas que Nuestro Señor ha fecho por nosotros, otrosi la Ssanta Escriptura nos muestra como deuemos amar a Dios con todo coraçon & con toda nuestra voluntad & con todas nuestras fuerças & como auemos ante padesçer gloriosa muerte que no beuir fea vida en ssu seruiçio. E esto es lo que dize oluidado el ssueño, que açelerado dexaras que nuestra vida es conparada a sueño & dexamosla quando non catamos, segund dize Ynoçençio en el libro que conpuso De la Vileza de la Condiçion Vmana: Que te aprouecha, hermano, los deleytes; que te aprouechara la gloria; que te aprouechan los plazeres; que estas cosas no libran a omne de la muerte nin le defienden del gusano, que antes estaua glorioso en el palaçio ya es agora muerto en el sepulcro, e el que vsaua deleytes en la camara es comido de gusanos en la tunba. Por que te ensobeueçes gusano & çeniza, para que allegas las rriquezas que sean de destribuyr a los pobres. Como diga el profeta: Durmieron su sueño & los que touieron las rriquezas non fallaron cosa en sus manos. En conoçimiento de aquesto, mas nos faze venir la verdadera sabiduria & conoçimiento de Dios & saber de la Santa Escriptura, & por aqui conoçe el omne en que manera amaras a Dios non curando de la vida tenporal que pasa como ssueño. [fol.25r][132]

15. A los libres perteneçe
aprender,
donde se muestra el saber
& floreçe;
çiertamente bien mereçe
preminençia,
quien de dotrina & prudençia
se guarneçe.

El Dotor.

En aqueste prouerbio muestra el Marques de qual estado de omnes deue trabajar a procurar de aprender & saber, para entendimiento de lo qual es (de↑)[133] presuponer que artes mecanicas se llaman aquellas en que trabajan los omnes de baxa condiçion, como çapateros & carpinteros & aluarderos & todos los otros que se trabajan en ofiçios manuales & llamanse mecanicas, de vna palabra latina que dizen mecus, que quiere dezir fornicador o adulterino. E asi artes mecanicas quieren dezir como artes adulterinas o fornicadoras.E nonbranse asi por rrespecto de las libertales [sic] artes; artes liberales se dizen aquellas çiençias a que los omnes onrrados se acostunbran dar en que acostunbran trabajar, como las siete artes liberales, & por tanto se dizen libres los omnes que se trabajan en aquestas çiençias por que non son de vil condiçion & estado nin pareçen estar subgebtos & catiuos a vil ofiçio. E por tanto antiguamente solamente acostun-brauan aprender aquestas artes liberales los fijos de los[134] nobles & generossos omnes & non los otros de baxa condiçion & estado, & aquestos dize el

prouerbio a los libres pertençe aprender, quiere dezir a los que son generosos &
nobles & de onesto estado & condiçion, & segun dize scriue en el Policrato en el
libro ssesto, Trajano, que fue natural de la nuestra España, enperador de los
rromanos, en vna carta que dize falla que escriuio a vn rrey de Françia exortole &
amonestole [fol.25v]¹³⁵ e amonestole que faga dotrinar a sus fijos de las liberales
artes liberales [sic], que el rrey ssin letras es como asno coronado, & por tanto los
antiguos enperadores & rreyes procurauan de dar ssus fijos a sabios maestros
como Trajano touo a Policrato, el enperador Nero touo a Seneca & Alijandre
touo Aristotiles, el qual segund dize Policrato en el antedicho libro, como naçio
Alixandre el rrey Felipo su padre escriuio vna epistola en el tenor siguiente: El
rrey Felipo manda saludes Aristotiles filosofo. He sabido que me es naçido vn fijo
por el qual fago graçias a los dioses no tanto por que naçio mas por que acaeçio
naçer en tu tienpo. Yo espero que casi sera enseñado & dotrinado por ti que sera
dino de sser suçebsor en nuestras tierras e rreyno. E dize el prouerbio que bien
mereçe premine[n]çia quien de dotrina & prudençia sse guarneçe. çiertamente
quanta diferençia ay de perfeto a ynperfeto & de tinibras a luz, tanta diferençia
ay del saber a non saber. E porque conoçiesemos quanta premine[n]çia mereçe el
que de dotrina & priminençia es guarneçido, escriuelo Daniel en el fin de la
sagrada vision suya, & alegalo San Geronimo en el proemio de la Biblia,¹³⁶ donde
dize: Los engeñados & sabios rresplandeçeran assi como el rresplandor del
firmamiento. E los que enseñaren a muchos justiçia, seran como estrellas en
perpetua eternidad. Segund lo qual de grand priminençia es guarneçido el que de
dotrina & prudençia es instituydo. [fol.26r]¹³⁷

16. El comienço de salud
es el ssaber
destingir & conosçer
qual es virtud;
quien comiença en jouentud
a bien obrar,
señal (es↑) de no errar
en senitud.

El Dotor.

En aqueste prouerbio pone el Marques vno de los prinçipales efeutos [sic] que
causan el saber & que segund dize Salamon en los Prouerbios: El comienço de
salud es el temor de Dios & la çiençia & la deçeplina los locos la aborreçen. Ca
por eso dize que mejor es el saber que armas de g[u]erra mejor que pi[e]dras
preçiosas & que oro fino, porque por el saber distingimos & conoçemos el bien
del mal & los viçios de las virtudes. E para lo qual, dexadas las dotrinas &
rreglas, que la Santa Escriptura nos muestra por donde fuyamos los viçios &
pecados & abraçemos las virtudes. E Aristotiles conpuso desto tres libros; en el
vno puso rreglas & dotrinas de como se deue gouernar el rreyno & la çibdad;

este libro sse llama las Politicas & fizo otro libro de como el omne deue gouernar su casa & su muger & fijos; este se llama Yconica.[138] E fizo otro libro de como se deue omne gouernar a ssi mismo. En este trae difusamente rreglas & dotrinas por las quales conoçera omne las virtudes & las distingira & coartara de los viçios. En espeçial pone en este libro como todas las virtudes sse ganan[139] por costunbre & vsando los omnes por largo tienpo bien & virtuosamente se abitua omne a la virtud & se faze virtuoso. E caso que naturalmente vn omne ssea ynclinado a vicios [fol.26v][140] a viçios, & vsando bien perderan aquella ynclinaçion & sera virtuoso. E esto es lo que dize el prouerbio, que quien comiença en juventud a bien obrar,[141] señal es de non errar en senetud. E non dira comienço por solo vn acto virtuoso que faga, que segund dize Aristotiles en el primero de las Eticas, que asi como vna golondrina no faze verano, ni solamente vn acto virtuoso fara presumir que es virtuoso vn omne. La mayor presunçion por do podemos conjuturar, segund dize Aristotiles en el segundo de las Eticas, si vn omne sera virtuoso o non, si es en la delectaçion o estreza que toma a obrar virtuosamente, que si se alegra & deleyta en las obras que faze de virtud, señal es que no errara en senetud, o sera virtuoso; & si se contriste en las fazer & non las faze alegremente, señal es que non perseuerara en el bien obrar. E por ende como dize el sabi(o↑),[142] de sus estudios es conoçido el moço; quiere dezir de como vsa triste o alegremente en jouentud, avremos señal de como se avra en la senetud.

17. Salamon sabiduria
procuro,
con la qual administro
la señoria
del mundo & la monarchia
vniversal,
sin contienda nin ygual
conpañia.

El Marques.[143]

Segund se escriue en el terçero libro de los Rreyes, muerto el rrey Dauid, fue alçado su fijo Salamon en su lugar; & de las primeras cosas que fizo por poner buen comienço en sus fechos & fue a vna alta[144] [fol. 28r][145] montaña de vn lugar que se llama Galaor por ofreçer ostias & sacrefiçio a Dios. E en aquella noche apareçiole Nuestro Señor en sueños & dixole que demandase lo que oviese voluntad, que tal le sera otorgado. E Salamon dixo a Dios: Señor, tu feziste gra[n]d misericordia con tu sieruo Dauid, mi padre, que le diste fijo que se asentase en su silla & le suçediese en su rreyno. E agora, Señor Dios mio, tu feziste rreynar a mi en lugar de Dauid, mi padre, & yo soy moço & pequeño & non se entrada nin salida en las cossas. E este pueblo que me diste en gouernaçion es tanta moltitud que no se pude contar, dame sabio coraçon porque yo sepa juzgar este pueblo tan grande & sepa diçerner entre el bien & el mal. E plogo esta petiçion de Salamon ante Dios, al qual Nuestro Señor dixo: Porque pediste saber & no pediste rriquezas nin las animas de tus enemigos, yo te do coraçon sabio para que entiendas tanto que ninguno ante ti no fue mas sabio ni sera despues de ti. Esta estoria toca aqui este prouerbio en que concluye como Salamon procuro saber, por lo qual sin contienda nin ygual conpañia de otros que lo aconsejasen, gouerno la señoria & rreyno suyo.

18. Ssi fueres gran eloquente
bien sera,
pero mas te conuerna
ser prudente;
quel prudente es obidiente
todavia
a moral filosofia
& siruiente.

El Marqu[e]s.[146]

En este prouerbio muestra el Marques qual es la cosa en que mas prinçipalmente los omnes deuen entender. E dize que [fol.28v][147] caso que sea prouechoso que el omne sea eloquente, pero que mas le conuerna ser prudente. La eloquençia es vna conpuesta manera de fablar para ynduzir & atraer los omnes a lo que omne quiere, de lo qual pone rreglas & modos Tulio en su Rretorica. E si esta eloquençia es justa con prudençia & con saber[148] es gran bien, e si el oloquente no tiene prudençia, sera vano parlero. E por esto dezia Tulio que mejor es el saber disierto & desaconpañado de la eloquençia que la boca[149] parleria. La prudençia entre las otras virtudes morales que Aristotiles pone en sus Eticas es la mas prinçipal virtud; antes dize que es toda virtud. E quiere dezir que todas las virtudes estan encandenadas en ella. E por esso dizen comunmente los filosofos que el que tiene vna virtud, conuiene que tenga prudençia conplidamente. E quien tiene la prudençia conplidamente terna toda virtud. E sigese[150] que quien tiene la prudençia terna todas las virtudes. E la prudençia segunt dizen los filosofos tiene tres partes: la vna memoria de las cosas pasadas, la segunda conoçimiento de las cosas presentes, la segunda [sic] prouidençia de las cosas por venir. El que estas tres partes touiere se podra dezir prudente & obidiente a moral filosufia & siruiente, que segund es dicho de suso, la prudençia contiene en si toda moral virtud. E segu[n]d dize Aristotiles, cosa ynposible seria ser omne prudente & no ser bueno. Esto es lo que dize el prudente todavia es obediente a moral filosofia & ssiruiente. [fol.27r][151]

19. Rroboan no consigiendo
tales obras,
mas en todas las çoçobras

ynprimiendo,
molestando & (o)fendiendo
torpemente,
fue menguado de su gente
no sintiendo.

El Marques.

Rroboan, fijo de Salamon & Rrey de ysrrael, despues de la vida de su padre; el
qual ynprimio & molesto tanto el pueblo que con toda rrazon fue priuado de la
mayor parte de su señorio & rreynado.

El Dotor.

Para prouar los males & daños en que yncurre el que no es prudente, yntroduze el
Marques la ystoria de Rroboan, fijo del rrey Salamon, del qual se escriue en el
terçero de los Rreyes que como el rrey Salamon fuese muerto, quisieron dar
horden en las cosas aduenideras, notificaronle a Rroboan su fijo los del pueblo de
Ysrrael & dixeron que el rrey Sal[a]mon su padre los auia tratado duramente,
suplicandole que el los quisiese aliuiar daquel duro seruiçio que todos estauan
prestos de le seruir. El qual les dixo que boluiesen dende a terçer dia & que les
rresponderie. E acordo de tomar consejo con[152] los viejos que auian seydo del
consejo de su padre, los quales dexeron que el deuia condesçender a las petiçiones
del pueblo & fablarles blandamente & que el pueblo le seruiria todo sienpre. El
qual dexo el consejo de los viejos & pregunto a los mançebos que con el se auian
criado lo que les pareçia que el deuia rresponder al pueblo, los quales le dixeron
que les rrespondiese que el menor dedo suyo era mas pesado que el cuerpo de
todo su padre. E que si el rrey Salamon su padre les auia puesto seruiçio duro &
grande, que el gelo entendia poner mayor; por lo qual indinados los dies tribos, se
partieron de su obedençia. [fol.27v][153] E tomaron por rrey a Geroboan, de lo qual
se concluye que Rroboan por no ser prudente, non parando mientes en proueer lo
porvenir, ofendiendo torpemente en la yndiscreta rrespuesta suya, fue menguado
de su gente como dize el prouerbio.

20. Fyjo sey a Dios si(r↑)uiente,[154]
ca su yra
rrebuelue trastorna & gira
yncontinente;
faze pobre de potente
y acreçienta
bienes onores & rrenta
al temiente.

El Dotor.

En este prouerbio muestra el Marques la vtilidad & prouechos que se sigen de temer a Dios & lo seruir & los dan[n]os que vienen de le ofender, segund canta la yglesia todos los dias, el soberano poder de Dios es desponer & quitar el poderosso de la silla, que es el que incurre en la yra de Dios, & ensalçar al vmilde, que es el que teme a Dios, que segu[n]d dize Dauid en el Salmo, Dios a vno abaxa & a otro ensalça, quel vaso en la mano de Dios esta & de los que sirven & temen a Dios, dize, non vi justo desmanparado nin que a ssu linaje falleçia de comer & de los que ofenden & yncurren en la yra de Dios, dize, vi al malo eleuado & ensalçado asi como el çedro del libano, & pase dende a poco & ya era pereçido. Pues bien dize el prouerbio que Dios faze pobre al potente, el qual ofendio a Dios & yncurrio a su yra, & acreçienta bienes & onrra al temiente. E sobre esto esta casi fundada la Santa Escriptura, que Dios promete gloria perpetua & sufiçençia de bienes tenporales al que le siruiere, & al que le ofendiere & yncurriere en su yra pena perpetua, e desstruyçion de su vida & fazienda.[155] [fol.30r][156]

21. Al tienpo y a la ssazon
sey conforme,
ca lo contrario es enorme
perdiçion;
aborreçe presunçion
ques aduersaria
de la clara luminaria
con[d]içion.

El Marqu[e]s.[157]

Del rrey Dauid se lee que por temor del rrey Saul que non le tomase, auia fuydo a vn rreyno comarcano onde lo con(o↑)çieron[158] que era vngido por rrey sobre Ysrrael de aquel rregno que se llamaua Aquis. Por que non lo detouiese nin se congraçiase con el rrey Sa(u↑)l, fingose bouo & rretorçia la boca como endemoniado & echaua espumajos por la boca, lo qual fue contado a Dauid por gra[n]d saber & discriçion, porque se conformo al tienpo & a la sazon & lo contrario faziendo se perdiera. E ca tanto dize grand prudençia es fengir & simular locura en algund lugar. E conviene que en algunos lugares faga onbre brauo & fuerte quando el tienpo & la rrazon lo demandadere [sic]. Segund que escruio Aristotiles en el terçero de las Eticas donde fabla de la fortaleza. E a tienpo podra ser que se faga vmilde & se muestre temeroso. E segund escriuio Aristotiles en el sobredicho libro: E esto mesmo es en la virtud de la tenprança de la liberalidad & de todas las otras virtudes, e en conoçer estas çircustançias esta prinçipalmente la prudençia. E dize el prouerbio que el omne deue aborreçer presunçion que es aduersaria & contraria de la cogniçion clara luminaria. Onde segund dize San Geronimo en vna epistola, entre las otras cosas que los rromanos prudentemente ordenaron, instituyeron que quando algund capitan boluiese vitorioso a Rroma, que por presunçion & vanagloria por la vitoria que avia auido & por las onrras que le [fol.30v] que le fazian no le fiziesen claro & soberuio & le troxesen en perdiçion. Acordaron de le onrrar en tres maneras por la vitoria que auia auido en[159] aquel mesmo dia, por que se acordasen quien era & perdiese toda presunçion & soberuia. Fazienle tres ynjurias & la onrra que le fazian en tres maneras: era la primera que todo el pueblo le salian a rreçebir con grandes alegrias, la segunda que todos los catiuos que traya yuan en pos del carro, en el qual yuan atadas las manos atras, la terçera que vestian al vitorioso vna camisa del Dios Jupiter & le asentauan en vn carro de oro el qual trayan quatro cauallos blancos; asi lo levavan fasta el Capitolio con grandes clamores & loores del pueblo, & con aquellas tres maneras de onrras le fazian tres ynjurias en aquel dia por que perdiese toda presunçion & soberuia. La primera que se asentaua en par del en el carro vn omne de çeuil condiçion; & esto fazian los rromanos para mostrar que todo omne caso que fuese de vmil & de baxo linaje & estado por virtud podia venir en aquella onrra. La segunda enjuria que le fazian era que aquel sieruo lo abofeteaua por que no presumiese ni se ensoberueçiese de tanta honrra & dezianle como le dauan la bofetada: Para mientes & acuerdate que eres ome mortal. La terçera injuria que le fazian era que en aquel dia todo omne podia dezir injurias & menguas en el vitorioso sin pena alguna. E todo esto los rromanos fazian como dicho es por que el vitorioso aborreçiesse presunçion que es aduersaria de la clara luminaria cogniçion. [fol.29r][160]

22. Ca tienpo faze las cosas
& desfaze,
& quando a fortuna plaze,
las dañosas
se nos tornan prouechosas
& plazientes,[161]
& las vtiles nuzientes
contrariosas.

El Dotor.

Esta es la prinçipal diferençia entre las cosas perpetuas & tenporales, que las cosas perpetuas duran por sienpre, las cosas tenporales como se fazen en tienpo asi se desfazen en tienpo. E por quanto en el prouerbio de suso nos auia el Marques exortado que fuesemos conformes al tienpo & a la sazon, dize que aquesto deuemos fazer porque sy en vn tienpo se faze la cosa, en otro sse desfaze, como dize Salamon en el Eclesiastes, que tienpo es de naçer & tienpo de morir & tienpo de destruyr lo hedificado, & dize el prouerbio que non nos deuemos (guariscar↑),[162] porque alguna cosa se faga non auran guisa que plaziendo a fortuna las cosas que pareçen ser contrarias rrecudan en prouecho. Para entendimiento de aquesto es de ver que synyfica esta palabra fortuna. E desta palabra siente diuersos en diuersa manera. Ca alguno de los gentiles, como dize Boeçio en el primero libro De Consolaçion, quisieron que la ffortuna fuese vna dehesa & señora so cuyo mando & señorio estauan todas las rriquezas & bienes tenporales, & dezian que todos los omnes del mundo traya puestos en vna rrueda & que su condiçion y naturalessa era non estar sienpre en vn [fol.29v] tenor. Antes de los onbres grandes & altos fazian baxos & pobres de los baxos¹⁶³ pobres fazian altos & grandes, boluiendo la rrueda de lo baxo¹⁶⁴ a lo alto a lo baxo. E en aquesta manera rreboluie todas las cosas mundanas. Aristotiles touo esta manera de fablar en vn libro que se yntitula De Bona Fortuna, donde pone que muchos touieron diuersa manera de fablar çerca de la fortuna, las quales maneras de fablar son agenas de nuestra fe, que segunt escriue Boeçio en el libro quinto De Consolaçion, e San Agostin en el quarto libro de la çibdat de Dios, fortuna & fado non ser cosa apartada de la prouidençia, segunt lo qual fablando catolicamente lo que dize aqui el prouerbio, quando a fortuna¹⁶⁵ plaze querra dezir quando plaze a la prouidençia de Dios, las cosas dañosas se nos tornan prouechosas & las vtiles nuzientes contrariosas. De lo qual se puede poner enxenplo en la Santa Escriptura en el segundo libro de la ley, donde se escriue como los del patriaraca Jacob & por enbidia que ouieron de Josep su hermano, lo echaron en vn pozo & despues lo vendieron a vnos mercadores, los quales le vendieron a vn sseruidor del rrey Faraon. E aquel por maldad que la señora le auia leuantado le touo preso en la carçel çierto tienpo, de donde fue llamado para en casa del rrey Faraon & le ynterpetro su sueño de los males & esteriles años que auian de venir. E¹⁶⁶ [fol.31r]¹⁶⁷ fue mucho priuado del rrey Faraon, lo qual fue causa que el patriarca Jacob & toda su casa deçendiese en Egipto & viniesen onrrados & no pereçiesen de fanbre. E asi plogo a la fortuna que es Dios que las cosas dañosas que fue la prision de Josepe & todos los otros daños & males que ouo se tornasen prouechosos & plazientes a el & a su padre & ermanos; & [sic] e asi mesmo las que pareçian vtiles prouechosas se tornan nuzientes & contrariosas. Ca tener dinero prouechosa cosa es, mas muchas vezes acaesçe degollar alguno por el dinero que levaua. E asi lo vtile tornarsele contrarioso.

23. Fijo sige al entendido
y a su ley,
& no blasfames de tu rrey
en escondido;
fuyan tu lengua & sentido
tales rredes,
que en tal casso¹⁶⁸ las paredes
han oydo.

El Dotor.

En aqueste prouerbio muestra el Marques que si el omne por si mesmo non basta para rregir & administrar sus fechos, que inquiera & busque algu[n]d prudente & entendido a quien semeje en sus fechos, segund escriue Seneca a Luçilo en vna epistola[169] de las prinçipales dotrinas que el pudo dar para que virtuosamente fiziese sus fechos, que pensase que ante si tenia algu[n]d varon bueno[170] de aquestos, siquiera fuese Caro siquiera fuese Lelio, por [fol.31v] que cada vno de aquestos fueron muy vertuosos & entendidos & conpusiese sus pensamientos & obras & las endereçase segund[171] la vida & vertud de aquellos, & asi non erraria. Esto es lo que dize aqui el prouerbio: Sige al entendido & su ley; la ley del entendido es su dicriçion [sic]. Ca, como dize Aristotiles, el justo & vertuoso asi mesmo es ley que el modera los tienpos, e dispone las cosas segund el tienpo & la rrazon lo demanda, & dize mas el prouerbio: No blesfames del rrey en escondido E otrosi, segund dotrina del apostol San Pedro, a Dios deuemos temer & al rrey somos obligados de onrrar & deuemos seruir al Rrey como a señor natural, & ofendemos a Dios en desobedeçer al rrey, que quieren tener algunos dotores juristas que el que non conplia mandamiento del rrey que pecaua mortalmente, & segu[n]d aquello que se escriue en el segundo libro de los rreyes, quien no obedeçe al prinçipe, muera por ello. Por tanto como seria cosa sacrilleja & mala blasfemar de Dios, asi es cosa dañada & proniçiosa blasfemar del rrey & dezir males del. E contra los que el contrario fazen son penas estatuydas asi por leyes de los enperadores como por las leyes & fueros dEspaña. E dize el Marques que non solo aquesto non deuemos fazer en publico donde lo oyen muchos & lo puedan traer a notiçia del rrey, mas avn secreto non lo deuemos fazer, ca ssegunt dize Salamon en los prouerbios, de tu rrey no rretrates [fol.32r][172] nin digas mal, que sepas que las aues del çielo lo descubriran. E las aues del çielo, como quieren dezir algunos dotores, son los diablos, segunt lo declara Nuestro Saluador en el Euangelio[173] en la palabra que pone en el Santo Euangelio de la simiente que cayo de cerca del camino & las aues del çielo la leuauan. E las aues del çielo, dize Nuestro Saluador asimesmo, que son los diablos que quitan del coraçon del omne la palabra de Dios. E en esta manera se entiende[174] la auctoridad alegada que las aues del çielo lo descubriran, conuiene saber los diablos que rreuelaran el secreto que dixiste. Esto es lo que dize que en tal caso las paredes han oydo.

Capitulo iii de justiçia.

24. No discrepes del ofiçio
de justiçia
por temores, amiçiçia,
nin seruiçio;
non gradescas benefiçio
en çesar
de punir & castigar
malefiçio.

El Marques.[175]

Segunt dize Aristotiles en el quinto de las Eticas, la mas clara virtud de todas es la justiçia; ni el luzero, ni la estrella que se llama esperes rresplandeçiente tanto como ella; & por tanto dize que la justiçia es toda virtud que, segund dize San Agostin en el quarto libro De la çiebdad [sic] de Dios, quitada la justiçia & los rreynos, no son otra cosa sino vna grant conpaña de ladrones. En la conpaña de ladrones, non son otra cosa sinon pequeños rreynos. E por eso dize el sabio en el Eclesiastico: Amad la justiçia todos los que judgades la tierra. El que es juez a de sser balança & peso en [fol.32v] todos los fechos. E por temor de ameçiçia ni de otra cosa alguna no ha de çesar de castigar la justiçia. Onde Valerio cuenta en el sesto libro, que como vn juez discrepase del ofiçio de justiçia, por amor que auia aquel que antel acusauan, el rrey Canbises fizo deshollar aquel cuerpo & fuese puesto en la silla donde el juzgaua, & mando que su fijo se asentase a juzgar & di(e↑)ze[176] que aquella sentençia que el padre auia de dar. E por donde adelante todo omne rreçelase de discrepar del ofiçio de justiçia por temor nin por amor. E asi lo mando en la ley. E judgaras al grande asi como al pequeño & non sera çerca de ti açebçion de personas. E no acaesca lo que dixo vno de los Siete Sabios de Atenas, e segund se escriue en el setimo libro de las Fazañas de los Filo[so]fos, que pareçian las leyes quando no auia buenos juzes [sic] & esecutores a las telas de las arañas que inpiden & enbargan el paso a los flacos animales que son las moscas. E non lo detienen ni enbargan a los fuertes animales. E quando bien se ha de fazer segund es susudicho, no ha de auer açebçion de personas, & mas asi puniran & castigaran el malefiçio del grande como el malefiçio del pequeño.

25. Ca esta es lina & rreta
que nos guia,
& muestra la justa via
& perfeta;
esta fue por Dios eleta
& del çielo,
confirma que ffue su buelo
el profeta.

El Dotor.[177]

Yntroduze el Marques quanta sea la exelençia de la justiçia, segund escriue Tulio en el Sueño de çipion, a los que gouiernan [fol.33r][178] bien la cosa ublica & la judgan justa & derechamente les esta predestinadas & aparejadas mas altas sillas en la gloria que[179] a otros algunos por el trabajo que tomaron en el bien de la cosa publicas [sic]. E segund dize Aristotiles en el quinto de las Eticas, la justiçia es ageno bien & es dar a cada vno lo que es suyo. Muchos son que en las cosas propias saben bien vsar & en las cosas que tocan a otros, & por eso la justiçia es muy exelente virtud & es linea & es camino derecho que nos guia al çielo. E segund dize el profeta, la justiçia que es de Dios sienpre mira & cata del çielo para dar a cada vno lo que mereçe. E a los que obraren bien, dales gloria & a los que obraren mal, dales pena pedurable, e quando los omnes sean obligados de la guardar. Escriue Ellimandron en la Ystoria de los rromanos que Trajano enperador yendo en Vste[180] con grande armada contra sus enemigos, salio vna biuda a el con grandes lloros & quexas trauo de su pie & pidiole que le fiziese justiçia de vnos que le auian muerto a su fijo. E Trajano le rrespondio: Quando bue[l]ua del viaje que fago, yo te fare justiçia. E la biuda rrespondio: Que se fara si tu no boluieres. Trajano le rrespondio: Mi suçebsor te fara justiçia. E la biuda rrespondio: Que aprouecha a ti que tu suçebsor faga bien, si tu as de rreçebir gualardon segunt tus meritos. Me estas obligado a fazer justiçia, e tu suçebsor estara obligado a los que padeçeran daño en su tienpo. A ti non librara la justiçia agena. E por las quales palabras, mouido el enperador, deçendio del cauallo & no se partio dende fasta que cunplidamente fizo justiçia a la biuda, por [fol.33v] lo qual a perpetua memoria fue puesta vna estatua de Trajano en Rroma porque mostro la justiçia via & perfeta que fue por Dios electa.

26. Pues que me diras de Lento
senador,
que pospuesto todo temor
& sentimiento
con el fijo fue contento
sin pecado
cruelmente ser pasado
por tormento.

El Ma[r]ques.

Lento,[181] asi como Valerio narra en el sesto libro, senador fue de Rroma, la qual çibdad fortificada fue por el de onestas & buenas leyes, entre las quales ordeno que qualquier que fallado fuese en adulterio, de la vista lo priuasen. Onde auino que vn ffijo suyo el pecado cometio. E como el padre, obseruando las leyes por el decretadas, quisiese en aquel esecutar las fuerças de la justiçia, no punto moderando nin menos absoluiendo. La çibdad comouida a piedad & ynçitada del adoleçiente le suplicaron con eficaçes rruegos instantes preçes el su yerro perdonar quisiese. A las quales vençido, porque la culpa inpunida no quedase, primeramente saco a si mesmo el vno de sus ojos & a su fijo fizo sacar el otro. El qual non poco enxenplo es o deue ser a todos aquellos que de la vara de la justiçia han cargo.

7. Frondinodio por [ob]seruar
lo cordeno [sic],
prestamente se peno
sin dilatar;

pues deuemos nos forçar
a bienfazer,
si queremos rreprender
o castigar.[182]

[fol.35r][183]

El Marques.

Frondinodio de Valerio cuenta en el sesto libro & Juan Galensi en vn conpendio
que fizo De las Quatro Virtudes Cardinales, vistas algunas disençiones &
escandalos rrazonamientos que los çibdadanos de Rroma algunas vezes entre si
auian ordenado, que qualquiera que vini[e]se con armas al Capitulio fuese
muerto. El qual, oluidada la ley estableçida, como vn dia viniese del canpo,
entro en el Capitolio con la espada, donde[184] por vno de los çercustantes fue
rretraydo, rredargullendo que la ley por el estatuyda ouiese traspasado. A lo qual
rrespondio: Yo confirmare la ley que fize, & supito diose con la mesma espada
por el cuerpo, podiendo foyr la pena & defenderla con alguna color que
rrazonable pareçiese.

28. No seas açelerado
furioso,
mas corrije con rreposo
al culpado;
el castigo moderado
es onesto,
quando sobra es denuesto
rreprouado.

Capitulo iiii de paçiençia & honesta correpçion.[185]

En este prouerbio el Marques muestra la manera que omne deue tener en
corregir. E dize que quando corrigeremos el malfecho & crimen & delito de
alguno, que non lo deuemos corregir furiosa y açeleradamente, mas con
moderaçon & deçeplina. De lo qual pone Valerio algunos enxenplos
nota[b]les; en espeçial escriue en el quarto libro, de Archiaca Tarentino era
omne de grand eredamiento. E estouo grand tienpo absente de su tierra estando
en la dotrina de Pitagoras. E quando boluio en su tierra, fue a uer su fazienda &
fallola mal rreparada. E dixo al mayordomo que en ella auia dexado: Yo te
penare por la nigligençia tuya, segund tus meritos lo demandan, si non
[fol.35v][186] fuese yrado contra ti. En tanto que mas quiso Archiaca dexar por
punir la negligençia del mal rrecado del fazedor suyo que ser açelerado furioso
castigador & çeder con yra en la pena. Cuenta asi mesmo Valerio en el dicho
libro que este mesmo Archiaca, indignado de vn sieruo suyo por mal rrecabdo

que auia fecho, que el non lo quiso castigar mas que cometio punicion a Espensipo, amigo suyo, porque aquel que non estaua yrado ternia tenprança en el castigar. E Seneca escriue deste Archiaca Tarentino en el libro terçero De Yra, que como este ouiese enojo de vn sieruo suyo que le mando desnudar para açotar, & como le quisiese açotar, detouo la mano & non lo firio. E entro vn amigo suyo & preguntole que que fazia; el rrespondiole: Por que no me conosco, que esto yrado, non pienso que es cosa segura estando la yra punir ningund omne que aya errado. & esto es lo que dize el prouerbio, que el castigo moderado es honesto. E quando el castigo sobra, que es denuesto rreprouado.

29. Non rrefuses rreçebir
al contrito,
nin te plega al aflito
afleguir [sic];
que franqueza es no[187] segir
al que fuye,
& animo al que[188] destruye
rresistir.[189]

En aqueste prouerbio muestra el Marques lo que los omnes deuen fazer contra los que se conoçen auer errado, que segund dize el profeta, Dios no quiere la muerte del pecador, mas que se conuierta & biua de las prinçipales cosas. Segund que yntroduze Vergilio en el ssesto de los Ynoydos,[190] que Anchises, padre de Eneas, enxorto & amonesto a Eneas, su fijo, si fue, quando le dixo: Esta es la dotrina que guardaras: [fol.36r][191] traer todas las cosas a paz quanto mas pudieres; perdonar a los contritos & a los vmildes, & gerrear los soberuios. & seria grand (yn↑)vmanidat aflegir al aflito, & no es proeza perseguir al que fuye & ser fuerte contra lo flaco. E esto es lo que dezia Job a Dios contra la foja que menea el viento muestras tu poderio & la paja seca persiges. Queria dezir que non era omipotençia en Dios por ser todo poderoso perseguir a cosa tan flaca como a el. E dize el prouerbio que es animo rregistir al que destruye, segund dize Anchises & Eneas en la abtoridad alegada, gerrear a los soberuios & non les dar lugar que fagan mal. Como dize vna ley çeuil a la rreligion & ofiçio del adelantado, de qualquier prouinçia perteneçe proueer, que los poderosos omes no trabajen con injurias a los omildes & baxos, nin calupniar[192] a los que quisieren[193] defensar & guardarlos. Esto es lo que dize, que es animo & veril coraçon destruyr al que quiere destruyr.

30. Ca de la manifiçençia
es perdonar,
& sofrir & tolerar
con paçiençia;
la mesurada clemençia
es vertud,
rreparo, vida & salud
de fallençia.

Entre las otras virtudes que Aristotiles pone en el quarto de las Eticas, si es la
virtud de la manifiçençia & de magnanidad & lo prinçipal que pone[194] de
aquestas virtudes, que no les pu[e]de ser fecha injuria ninguna. Ca puesto que
alguno gela quiera fazer, el que es mag(na↑)nimo & manifico no lo rreçibe
[fol.36v][195] por injuria, antes desdeña al injuriador[196] como a cosa vil &
despreçiada. Onde segund dize Tulio en vn libro que conpuso de los lo[o]res
de çesar, que tan magnanimo era el çesar & de tan alto coraçon, que de todas las
cosas tenia memoria saluo de las injurias. E Sant Agostin dize que el que es
magnanimo & de alto & virtuoso coraçon, non solo (no↑) ha memoria de la
inguria que le fue fecha, mas niega auerla rreçebido. E Seneca en vna epistola dize
que el magnanimo & virtuoso si fue injuriado & maltratado, que es lo que deue
fazer. E dize que fara lo que fizo aquel grant filosofo Platon, que, como le ouiese
ferido en su boca, nin demando la enmienda ni rremitio la injuria mas nego auerle
seydo ynjuria. E por eso dize que la mesurada clemençia es virtud, rreparo, vida
& salud de fallençia. Onde Seneca en el libro De Yra dize que al rrey Felipo
vinieron vnos legados de Atenieses. El qual, oydo su legaçia & enbaxada, dixo a
los legados que qual era la cosa que el podia fazer que fuese grata & çebtable a
los de Atenas. E vno dellos llamado Democrito rrespondio que lo mas agradable
que seria a los de Atenas que el rrey Felipo fiziera si era que se enforcase. E como
todos fuesen indignados contra este Democrito, que quisiesen poner las manos en
el. El rrey non
consintio que le fuese fecho daño. E dixo a los otros enbaxadores: Dezid a los de
Atenas que muchas mas soberuias son los que estas cosas dizen que non los que
las oyen pena. E esto non lo causa otra cosa sino la mesurada clemençia & virtud.
[fol.37r][197]

31. Qual es en vmanidat
tan pecador
que judgando con amor
& caridad
se falle la su maldat
intolerable,
ca las armas del culpable
son piedat.

Dize Sant Yssidro en la Sinonimia: Justiçia es non perdonar a la flaqueza
vmana. E sigese: No ames condepnar, mas enmendar & corregir; guarda el
rrigor en la discusion de la justiçia & ten la misericordia en la difiniçion[198] de la
sentençia. E San Ysidro dize en el Pastoral: La justiçia mucho esta desmanpa-
rada sin la misericordia & [sic] E la misericordia sin la justiçia. E por tanto caso
que alguno aya dilinquido & errado, e si no es Proterbo & Portinas &
incorregible, judgado con amor & carydat la maldat suya se falla (&↑) se
fallara tolerable, & mezclado el rrigor de la justiçia con la piedad, dara lugar al
pecador que se enmiende.

32. Ssienpre me plogo loar
al que perdona,
como sea gran corona
sin dudar;
no menos rreprouar
pena de fierro,
ca si pasa non es yerro
de enmendar.

Para[199] que los omes perdonen & ayan misericordia de los culpados, ynçitanos la ley natural, ynduzenos la escriptura & lo exorta & amonesta la graçia. Ynçitanos la ley natural a ser misericordes, segund dize Seneca en el primero libro De Clemençia E avemos de aquesto enxenplo natural en el rrey de las abejas, que la natura lo fizo syn aguijon & su yra dexola syn armas, porque ayan los omes enxenplo de aprender costunbres de los pequeños animales. Ynduzenos aquesto la Escriptura. Segund aquello que dize Santiago en su Canonica: Juyzio sera fecho syn misericordia. E aquel que non ha misericordia [fol.37v] exortanos a[200] esto la graçia, segund aquello que dize Nuestro Saluador en el Sermon que fizo en el monte de las Bienaventuranças: Bienaventurados son los que perdonan & han misericordia dellos. E dize que es de rreprouar la pena de fierro, que sy pasa non es yerro de emendar. Onde Salustrio dize en el Catalinario que todas las cosas son de tentar primero quel fierro. E esta es la doctrina de los medicos & lo que los çesares deuen fazer. Que sy en otra manera se puede castigar el delicto syn que muera el mal fechor, deuese fazer. Que dada vna vez por pena de fierro, jamas se puede rreparar el tal fierro sy en otra manera se puede punar [sic] el delicto.

33. Non se entiende perdonar
los torpes fechos,
nin las leyes & derechos
vsurpar;
ca non es de tolerar
al que mato,
sy de lexos contrario
dabnificar.

Aqueste proberuio limita & destinge los proberuios sobredichos. Ca los que han de perdonar o son personas priuadas o personas que tienen jurediçion, sy son personas priuadas, son obligados a rremitir el rrencor que tiene contra aquel que les ofendio, mas non a perdonar la injuria bien ante juez syn pecado, mas, sy lo fiziesen, avrian merito por ello. Segund aquello que Nuestro Saluador dize en el Evangelio: Perdonad & sera perdonado a vosotros. E los enxenplos que son puestos de suso en los proberuios antes deste, sy son personas que tienen jurediçion, non pueden perdonar la injuria quel malfechor fizo a la cosa publica, (ni↑) la injuria que fue fecha al proximo, mas pueden moderar los fechos & las circustanças dellos el que erro sy era syeruo o libre, sy era omne puesto en dignidad o plebleo [sic], sy dilinquio o era[201] sobre[202] palabra o consejo avido o sobre cosa que viniese syn pensar exarruto, sy mato con venino o con cuchillo, & en tal caso los juezes & los gouernadores de las comunidades suelen aver mucha [fol.38r][203] consyderaçion. Ca el que mato con venino o a trayçion o aleue o a muerte segura, mas torpemente mato quel que mato en otra manera. E por tanto, segu[n]d leyes de Castilla, sy el Rrey, por algunas causas que a ello le mueuen, perdona a alguno que mato su justiçia, saca & açebta aquestas cosas porque non es de tolerar el que mato & dagnifico en algunas cosas de las susodichas.E esto es lo que dize el proberuio.

34. Ca seria crueldad
el tal perdon
& contrario a la rrazon
de vmanidad;
nin se nonbra piedad
mal permitir,
mas dañar & deseruir
actoridad.[204]

En aqueste proberuio esta declarado en el proberuio de suso que grand crueldad seria & contrario de toda vmanidad perdonar el que mato aleue o a trayçion o muerte segura, que seria dañar & destruyr toda la abtoridad de la justiçia. Ca, segu[n]d dize Sant Agostin en el libro de la çibdad de Dios, de tanta exçelençia es la virtud de la justiçia que avn los malos non puedan beuir syn ella, quanto mas comunidad de buenos. E como de suso se dezia, que dezia Sant Agostin que quitada la justiçia, los rreynos non son otra cosa synon vna grand conpaña de ladrones. E por tanto esta disputado de derecho, que sy en alguna prouinçia & tierra (ay↑) muchos malfechores & toman a alguno de aquellos, caso que aquel non meresca pena de muerte para que los otros teman & çesen (de↑)[205] fazer mal syn pecar nin encurrir en pena alguna, el juez le puede dar pena de muerte, & faziendo lo contrario non se nonbraria piedad, mas permitir & destruyr actoridad de la comunidad.

Capitulo v de sobriedad.[206] [fol.38v][207]

35. Quanto es bueno el comer
por medida,
que sostiene nuestra vida
de caer,
tanto es de aborresçer
el gloton
que cuyda ser perfecçion
tal plazer.

En algunos proberuios con algunos syguientes muestra el Marques la horden que (el↑) omne deue tener en comer & en beuer, como sean dos cosas muy sustançiales a nuestro beuir, çerca de las quales dos cosas esta la mayor dificultad que omne ha de tener para beuir mesurada & tenpradamente. Que segund dize Aristotiles en el segundo de las Eticas: Dos cosas sustentan nuestra vida & causan en nosotros prinçipalmente delectaçion con nosotros desde que nasçimos. E çerca destas dos cosas es mucho difiçil & graue cosa rregestir. E los que eçeden de la mesurada medida dello son aquellos, de quien dize Aristotiles en el primero de las Eticas, que biuen bestialmente & (e↑)ligen vida de bestias. Como escriue Aristotiles en las Eticas de vno mucho gloton que se llamaua Filozeno, que asy ponia su bienaventurança en la delectaçion del comer & del beuer que la²⁰⁸ mayor plegaria que a los dioses fazia era que le fiziese su cuello tamaño como de grulla, porque mientras mas cuello touiese, mayor deleyte avria en la glotonia del comer & beuer suyo porque cuydaua ser perfecçion el tal plazer.

36. Mucho es digna de honor
sobriedad,
como sea vna bondad
de grand loor;
ca mitiga la furor
con honestad,
& rregiste en moçedad
al loco amor.

En grandes errores leemos aver caydo muchos, mas por glotonia & exçeso en comer & en beuer que non por otro pecado alguno. E sy queremos tomar del primero padre Adan por glotonia del comer, traxo asy & a todo su linaje en perdiçion. Lod, hermano de Abraham, por aver [fol.39r]²⁰⁹ beuido demasiadamente, segund se cuenta en el primero libro de la Ley, durmio con amas a dos sus fijas. E por tanto es mucho digna de honor la sobriedad que es vna bondad de grand loor; que segu[n]d se lee en la Coronica de los tiranos rromanos, las virgines que escapan estauan dyputadas a seruiçio de los diosses sobrias & tenpradas, non comian mas de tres vezes en la semana. E Valerio escriue en el primero que los rromanos, por que no viniesen en desonestad alguna nin cayesen en mengua nin error, non beuian vino. E tan sobrio & tenprado fue el rrey Alixandre, segund dize Vegeçio en el quarto libro De Rre Militare, e tan poco cuydado se daua de estudiar en comer & en beuer que nunca acostunbraua comer synon andando camino. E asy mesmo se lee que çerca del rrey Anibal avia vn mançano cargado de mançanas. E tanto fue la sobriedad & tenprança de los de su hueste quel mançano se quedo cargado de mançanas quando se leuanto el rreal ansy mesmo como se asento, que avian a luxuria & a desordenança estando en el rreal comer manjar ninguno que fuese delicado. E de Julio çesar se lee que su comer era comun & vulgar: peçes pequenos, queso²¹⁰ de bufano & figos verdes, & comia en qualquier tienpo & lugar que fuese que oviese voluntad de comer.

Con esta modestia & tenprança menguaua la furor & desorden que del mucho comer & mucho beuer se sygue, quel vientre lleno de manjares & vino ligeramente viene en furor de luxuria & en menguamiento de seso. E por eso dize Salamon en los Proberuios, que non es de dar vino a los rreyes, que donde rreyna la beudez non ay secreto ningu[n]o. E por tanto la sobriedad rregiste en moçedad al loco amor, que de poco & tenprado comer non ay prouocaçion de luxuria nin mal alguno. E Sant Agostin dezia: Yo non biuo por comer mas como por beuir. E aquesta es la sobriedad que es digna de honor que dize el proberuio. [fol.39v][211]

37. Muy atarde vi pobreza
conosçida
en persona bien rregida
nin turpeza;
mas la gula & la pereza
do asentaron,
poco fallo que miraron
a nobleza.

San Bernaldo en la epistola que escriuo del Rregimiento de la Casa a Rreymundo cauallero, entre las otras cosas que le exorta & amonesta es que pare mientes la rrenta que tiene & el gasto que faze, por manera que la rrenta sea mas quel gasto; que sy el gasto es mas, la pobreza esta çerca; sy el gasto & la rrenta son yguales, al primero caso que venga syn pensar destruyra toda la casa. E por esso dize quel que es discreto ha de fazer que la gula pelee con la bolsa, & pare mientes de quien sera abogado, que la gula la prueua su entinçion por el deleyte que ha de presente, la bolsa prueua conosçidamente por el dañopresente & por venir. E que mejor es antes que vengas en menester proueer bien tu fazienda que non despues de aver venido en menester. E esto es lo que dize, que non se vio pobreza conosçida en persona bien rregida. E que la gula & la pereza d[*o] asentaron, nunca miraron a nobleza. E segund dize Sant Bernaldo en la dicha epistola, la negligençia & pereza del que gouierna la casa es fuego rrezio ençendido en ella. E ansy non puede mucho mirar a nobleza, segund dize el proberuio.

38. Tienpo se deue otorgar
al aprender,
que non se adquiere saber
syn trabajar;
asy deues hordenar
el tu beuir,
que pospongas mal dormir
por bien velar.

Exorta & amonesta Salamon al perezoso que vaya a la formiga & considere sus vias & caminos & aprenda saber, la qual como non tenga capitan nin maestro, dispone & apareja en el estio su manjar. E allega en el tienpo de la mies que coma en el invierno. E dize que sy omne poco durmiere, verna su mies ansy como fuente & la pobreza [fol.40r]²¹² lueñe yra del. E esto es lo que dize el proberuio, que pospongas mal dormir por bien velar. Que nin aprender se gana syn trabajar & todos los omes non han la sçiençia por ynfusyon de Spiritu²¹³ Santo. E el que quisyere saber conviene que trabaje. E el que quisyere tener hordenado beuir, conviene que posponga mal dormir por bien velar.

Capitulo vi de castidad.²¹⁴

39. Solo por aumentaçion
de vmanidad,
ve contra virginidad ·
con discreçion;
que la tal delectaçion
fizo caer
del altisymo saber
a Salamon.

Salamon, Rrey de Ysrrael, quanto fue sabio, ansy de juyzio natural como de derecho positiuo, manifiesto es & sera en todos siglos. El qual casy en el postrimero tienpo de sus dias, enfeminado o sometido al poderio de la muger, pospuesta toda sçiençia & buena doctrina, que (y↑)dolatrizo, segund mas largamente es rrecontado en el Libro de los Rreyes. Despues de aver trabajado el Marques en los proberuios de suso de los grandes errores & ynconvinientes que yncurren los omnes por glotonia & demasiado comer, demuestra en este proberuio & en algunos syguientes los ynconvinientes & daños que se syguen de la luxuria. Por quanto, los omnes non pudieron ser perpetuos nin eternos por perpetuydad de vniuerso. Esta por ley comun que vnos nascan & otros mueran & por que esto es nesçesario, segund natura, que los omnes ayan allegamiento a las mugeres. E asy se corronpe la verginidad. E esto ha de ser tenprado, segund dize el proberuio. Que dormir omne con muger que non es suya, avnque sea por gouernaçion, es pecado mortal, mayormente quando non es por generaçion synon por delectaçion bestial, e espeçial sy es muger velada que sea casada o monja consagrada. E avnque duerma omne con su muger propia, sy por apetito de luxuria, peca en ello; mas solamente ha de aver omne allegamiento a su muger a fin de aver gouernaçion, segund dizen los doctores, o sy non se puede contener o rrefrenar, menos pecado es aver allegamiento a su muger que non sy fuese a [fol.40v]²¹⁵ otra. E los que aquesto non fazen yncurren en la delectaçion que fizo caer del altisimo saber a Salamon, de lo qual el Marques pone su adiçion en la margen.

40. Por este mesmo pecado
fue Dauid
en estrecha & fiera lid

molestado;
& punido & desterrado
como yndigno,
el soberuio(so↑) Tarquino
no domado.

El Marques.

Dauid, santisimo profeta, rrey fue de Iherusalem, despues de Saul, varon de grandes fechos & de grand sabiduria. Loo mucho a Dios en el su libro del Salterio. Pero en el pecado de la luxuria mucho se fallase oviese corrubtamente (errado↑),[216] ya sea que todavia tornaua a Dios con grand arrepentimiento & (con↑)[217] grande dolor lloraua las sus culpas. Este peco con la muger de Vrias, que fue madre de Salamon, del qual peca(do↑)[218] Nuestro Señor fue[219] mas yndignado que de ninguno otro, lo qual en la su vida se fallara mas largamente rrecontado.

Tarquino[220] Sesto fijo fue del rrey Tarquino, asy como Titu Libio cuenta en la primera de sus Decadas & asy lo afirma Sant Agostin en el libro de çiuitate Dey & Valerio Maximo & otros muchos autenticos autores. Mas que non menos fue Lucreçia virtuosa que Tarquino viçioso, de lo qual se fallara en la quinquesyma quarta copla de aqueste tratado, onde se falla mençion de Lucreçia plaziendome. Enpero como Juan Galen se ha fablado en este fecho en vna cup(y↑)laçion suya que fizo de las Quatro Virtudes Cardinales, delibre de contar su fecho en aquella manera que de su libro lo saque de lengua toscana en el nuestro moderno vulgar, segund la justa escripta letra lo rrepresenta por tales palabras. Bien es digna de rrecordaçion ynmortal aquella muy noble dama Lucreçia, la qual, non queriendo mas beuir, purgo las maculas de la voluntad & forçada pudiçiçia o castidad con la muerte de su cuerpo. De aquesta cuenta Sant Agostin en el libro de çiuitate Dey. E dize en como Sesto Tarquino vino con Colatino, marido de Lucreçia, a vn castillo llamado Collaçio, en el qual fallaron a Lucreçia que se estaua deportando & solazando con sus donzellas & seruidoras. Ca la fama & loor del gasajado & solas de las fenbras todo era en aquel tienpo de Lucreçia; & estando [fol.41r][221] en el palaçio, subito el peruerso amor & maluada concupiçençia priso al fijo de Tarquino, rrey de los rromanos, en deseo de Lucreçia, por manera que despues por espaçio de algunos dias, non lo sabiendo Colatino, Sesto Tarquino se fue con vn solo conpañero al ya nonbrado castillo, en el qual fue benignamente rresçebido de Lucreçia, la qual le fizo aparejar muy noblemente de çenar & fizolo aluergar en la camara, creyendo Lucreçia que tenia en su casa huesped y non enemigo. Estando Sesto Tarquino en la camara, ardia todo inflamado. E despues que syntio que ya todos los del palaçio dormian, leuantose prestamente de la cama con el espada en la mano & fuese a la camara de Lucreçia, la qual dormia. E como llego a ella pusole la mano en los pechos & dixole: Calla, Lucreçia; yo so Sesto Tarquino. Sy gritas, yo te matare. Estonçes la dueña, con grand pauor, desperto del sueño & non vido çerca de sy socorro nin adjutorio alguno çerca de la sobrevenida muerte.

E Tarquino le començo a manifestar su carnal amor & rrogarla & de consuno con rruegos amenazarla, trabajandose por las mejores maneras quel podia por convertir el animo femenil a la su voluntad. Mas despues que la el [sic] vido costante en el amor de castidad & que por pauor de la muerte la non podia atraer nin mouer a aquel pecado, ymagino & fallo consygo vna nueua maliçia & dixole: Sabes yo que fare. Matare a ty & despues matare el syeruo mio &, desque muerto, ponerlo e a tu lado a fin que tu seas ynfamada & culpada deste & vituperioso adulterio. E con este tal temor, vençio Tarquino la firme castidad &, vituperada la bondad femenil, partiose dende. E Lucreçia, con virtud en desygual tristeza por el ynorme fecho, enbio luego en punto a su padre & a su marido, que estauan en Rroma, a que yncontinente ellos & sus amigos & parientes deviesen venir a ella; los quales desque fueron venidos, Lucreçia estaua muy triste & yazia en su cama muy dolorosa. E en la venida de los parientes começo de llorar & muy agramente. Ellos la saludaron, a las quales saludes Lucreçia rrespondio, diziendo: que salud puede ser dada a fenbra desque ha perdido su castidad. Desque aquesto asy [fol.41v] dixo, llamo al marido & dixole: O colatino, las pysadas[222] de ageno omne son en tu lecho. Mas en verdad solo el cuerpo es maculado. Ca el anima[223] del todo es syn culpa & de aquesto la muerte sera testimonio. Por tanto vos rruego que esforçedes los vuestros braços, por manera que aqueste adulterio non quede ynpunido. Sesto Tarquino fue aquel. El qual yo rresçebi non como a enemigo mas como amigo que venia de fuera parte. El qual en la pasada noche priuo a mi & a vosotros de toda alegria. E a estas palabras todos dieron plenaria fe. E començaron de la consolar & convertir la falta en la operaçion del pecado, diziendo que por la costreñida muerte el cuerpo non pecaua, e que, donde non fue deliberaçion, non fue culpa. Entonçe dixo Lucreçia: Consyderad, vosotros, lo que a vos conviene. Ca yo de mi pecado me asueluo, mas de la pena non me libro, a fin que alguna non casta fenbra non biua por enxenplo de Lucreçia. Lanço por sus pechos la espada que traya escondida[224] baxo de sus vestiduras, de la qual ferida yncontinente cayo muerta. Entonçes su marido & su padre Bruto començaron muy sentible planto & sacaron de la ferida la espada, la qual era toda tinta en sangre. E teniendola Bruto en la mano, juro de la vengar su injuria & la muerte de su fija & de matar al rrey Tarquino & a su muger & a sus fijos, por fuego o por fierro o por qualquier otra fuerça, & de non sostener que jamas persona de su gente & linaje rreynase en Rroma. E despues dio la espada a Colatino & en consyguiente a los otros conpan[n]eros. E del planto convertido en yra para matar a Tarquino todos syguieron a Bruto. E tomando el cuerpo de Lucreçia fue leuado a Rroma & puesto en la plaça a fin que por el nueuo malefiçio el pueblo de Rroma se mouiese a la vengança. Por la qual cosa todos armados syguieron a Bruto & lançaron de Rroma a Sexto[225] Tarquino, el qual fue muerto en prisyon. [fol.42r][226]

41.Non menos fue çipion
la grand bondad
que mostro de castidad

en perfecçion;
que la veril narraçion
del rrecontada,
de la qual muy loada[227]
es[228] su naçion.

Sçipion Cornelio, segund que Valerio en el terçero libro escriue, como oviese presa por sytio a Cartago, çertificando que algunos caualleros suyos entre los otros prisyoneros oviesen tomado vna donzella fermosa & de grand linaje desposada con vn cauallero noble, mando que yncontinente fuese trayda antel & asy mesmo el esposo de aquella & los parientes del; al qual yncorrubta & syn ofensa alguna la mando rrestituyr. E la grand suma de oro & de auer que para su deliberaçion & rrescate le fue presentada touo por bien que fuese dote al propio esposo.

42. Fuye de la occçiosidad
con exerçicios
onestos, por que los viçios
potestad
non ayan, nin facultad
de te prender,
que non es poco vençer[229]
vmanidad.

Dize Sant Agostin & da por consejo a vn amigo suyo: Syenpre te trabaja en alguna cosa por quel diablo te falle ocupado. E la rrazon de aquesto es por que la occçiosidad es rrayz & fundamento, como el dize el proberuio, de todo pecado, en espeçial del pecado de la luxuria, que viene mas por desordenado pensamiento que non otro pecado alguno. Onde Seneca en la quarta Tragedia yntroduze a la nutriz que rretrata a Fedra del amor que avia a Ypolito su antenado, la qual Fedra dezia que non era en sy pecado ninguno, pues Cupido, Dios de amor la avia ferido con su saeta & asy era la culpa & el cargo de Dios & non della. E dize el nutriz que los locos omnes por dar titulo & color a sus torpes fechos e por que mas libremente podiesen vsar de luxuria, fingie[fol.42v][230] gieron vanamente deydad en el amor. E dixeron que avia Dios de amor, el qual, dixeron, que se apoderaua de los omnes & de los diosses. E dize la nutriz que esto non es verdad, que qualquier que se alegra en bienes de fortuna & tiene de todas las cosas abasto & esta (en↑) occçiosidad syn trabajo, comiendo manjares demasiados & aviendo menos deleytes, a tal como este rrequiere el amor. E dize sy non pregunta por que doña Venus biue santa en las pequeñas casas donde nunca les fallesçe trabajo. Por quel vulgo, que es la gente comun & labradora, non se enloquesçe amando; non ay otra rrazon sy non esta, por que, segund dizen los teologos: Beuir en la carne & fuera de la carne mas es obra diuina que vmana. Esto non se puede fazer sy non con exerçiçios & trabajos onestos. E por esso dize que non es poco vençer vmanidad que es vençer omne a sy mesmo. E de aqui viene que los que hordenaron las rreligiones, de las prinçipales cosas en que dieron orden fue que los rreligiosos syenpre estoviesen ocupados & non oviesen ocçioso tienpo en que pensar, saluo aquel que para rreposo de la flaqueza vmana se oviese de dar. E esto es lo que dize: Fuye la ocçiosidad (a↑) exerçiçios onestos.

43. Ca non solo del errar
es de fuyr,
mas avn del presumir
nin lo pensar;
quanto se deue esquiuar
mal pensamiento,
como aquel sea çimiento
del obrar.

Los errores[231] son en vna de dos maneras: o que se fagan a caso, o syn pensar. Estos non causan pecado, Saluo sy omne diese causa a la ynorançia o a la ynaduertençia o que se fagan a sabiendas. Estos non pueden venir syn pensamientos, & los pensamientos son en vna de dos maneras, segund[232] dizen los doctores que ha omne para pecar. E esto por que non es en nuestro poderio por ser como somos ynclinados a pecar mortalmente, non causan pecado. Mas sy nos deleytamos en pensar mal & en tanto nos tardamos en nuestro pensar & quel mal pensamiento porniamos en e[fol.43r][233] en exerçicios, sy facultad o tienpo oviesemos. E mal pensamiento tanto pecado causa como sy la obra se fiziera. Segu[n]d que Nuestro Saluador dize en el Euangelio: Quien (la↑) muger (vio↑) & la cobdiçio, ya la fornico en su coraçon. Asy quel mal pensamiento fue çimiento de causar pecado mortal & fuera causa de la obra, sy el tienpo lo diera. E por tanto Seneca en la quarta Tragedia, yntroduziendo a la nutris que rretrataua a Fedra el mal pensamiento que auia cobdiçiado de fornicar con Ypolito, su antenado. E dize: Claro linaje de Jupiter, muger de Teseo, el nefando & maluado pensamiento apartalo prestamente de tu casto pecho. Amata las llagas; non te fagas ofiçial de mala & dañada esperança, que qualquier que rresystio el amor loco, aqueste pudo ser seguro & vençedor, & el que crio el dulçe mal que es el mal pensamiento delectandose en el, tarde rrecuso de sofrir el yugo a que vna vez se sometio. E esto es lo que dize el proberuio a que, non solamente es de fuyr el errar de fecho, mas avn el pensar errar, que de mal pensamiento ningu[n]d buen çimiento se puede venir, segund es dicho.

44. Grand corona del varon
es la muger
quando quiere obedesçer
a la rrazon;
non consygas opinion
en casamiento,
mas elige con gran tiento
discreçion.

Dize Salamon en los Proberuios quel marido de la buena muger es bienaventurado
& quel cuento de sus años sera doblado. Quiere dezir que beuira dos tanto de lo
que ha de beuir. E en otro lugar dize que ninguna mejor suerte ay que la buena
muger. E esto es lo que dize, que la muger es corona del varon quando quiere
obedesçer a la rrazon. Esta obidençia ha de ser que, como dize el apostol, el
marido ha de ser cabeça de su muger. E como la cabeça tiene nobleza &
prinçipado sobre los otros mienbros, asy el marido ha de tener sobre la muger.
La qual, como dize Aristotiles en el libro del rregimiento de la casa que se [fol.43v]
llama la Yconica, non ha de ser tratada del marido como de syerua, mas como
conpañera. El marido, segund doctrina del apostol, la ha de tratar bien & amarla
& ella lo ha de obedesçer & tener. El temor, segund dize Aristotiles en el dicho
libro, es en vna de dos maneras: vno que se llama seruil, & otro que se llama filial.
El temor seruil es el que se faze por miedo de la pena, e non con amor alguno. E
este es el temor quel syeruo ha del señor que syrue contra la libertad natural & por
fuerça, mas con temor que con amor. El temor filial es el amor mesclado con
temor. E este es temor quel fijo ha & deue aver al padre & el temor que ha & deue
auer la muger al marido. Ca sy la muger teme al marido & faze lo que le manda,
non lo ha de fazer por rreçelo de la pena que sofreria sy non lo fiziese, mas por non
lo ofender nin enojar a su marido, & por que aya plazer el marido de como ella
faze lo que le manda. E esto es lo que dize el proberuio, que la muger sera corona
del varon quando querra obedesçer a la rrazon. E quiere dezir, quando amara &
temera a su marido, quando guardara su honestad & linpieza, quando porna
cobro en las cosas que fueren de dentro de su casa, segund que Aristotiles pone por
largo discurso en el dicho libro de Yconica, e Salamon en fin de los Proberuios, lo
qual por non alargar çeso de esplicar. E dize el proberuio, que en el casamiento
non consyga omne opinion. Esto sera en dos cosas: lo primero que tome muger de
bueno & honesto & casto linaje, segund que rrespondio vn filosofo a vno que le
pregunto que qual muger deuia tomar, e rrespondio el filosofo: Aquella tomaras
por muger cuya madre & ahuela sabras que fueron castas, que tal pienso que sera
la fija como consçi la madre. E asy mesmo, el que casa ha de procurar que tome
muger de su estado & guisa & avnque rresponda a su hedad. que segund dize
Ovidio en vn verso: Mal vienen al arado los desyguales bueyes. E esto es lo que
dize: Mas elige con grand tiento discreçion. [fol.44r][234]

45. Ca los que buscan fazienda
non curando
de virtudes, van buscando
su contienda;
syn rrreparo nin emienda
es tal daño;
fijo, guarda tal engaño
non te prenda.

Comun dotrina es de los filosofos que los bienes se parten en dos maneras: en los bienes vtiles & prouechosos, & en bienes honestos. E que, donde concurre de vna parte lo onesto & de otra lo prouechoso, que deuemos anteponer

El bien honesto.[235]

el bien honesto por lo prouechoso. E dize que las virtudes se encluyen so bienes honestos los bienes tenporales son vtiles & prouechosos & el que dexa de buscar muger virtuosa syn fazienda & busca con la muger fazienda, non curando de virtudes, yerra contra rrazon & busca su contienda & daño syn rreparo nin emienda, que se perderan las rriquezas & quedara la muger loca en casa. Que, como dize el sabio en los Proberuios: La muger cuerda & virtuosa edificara & conporna su casa e la muger loca la destruyra. Ca perdera las rriquezas que consygo traxo & avn las que de nueuo se ganaren; nin asy mesmo ha de tomar & mucho rrico, nin de mas linaje quel que casa, saluo muger virtuosa & de egual linaje & estado. Que segu[n]d se escriue en la Coronica de los Filosofos, Cleouolo, que fue de los Syete Sabios de Atenas, dezia que la muger deue ser de yguales parientes quel marido, que sy de mayores parientes fuere, ternas a tus cuñados por señores. Por esso dize el proberuio: Fijo, guarda tal engaño non te prenda.

46. La beldad & fermosura
loaria,
sy la viese en conpañia
de cordura;
mas a tarde o por ventura
se acordaron,
nin muy lueñe se fallaron
de soltura.

Muchos bienes çierta cosa es que mejores son que vno. E sy viniese la cosa asy, que la muger fuese buena fermosa & cuerda, mas bien era que non cuerda & fea. Mas por que a tarde [fol.44v] se acordaron nin leyes se fallaron de soltura. Apenas se falla muger mucho fermosa que sea mucho cuerda. Que, segund dize Ovidio en vn libro que dize De Fastis: Naturalmente es anexo fausto & elaçio a las fermosas, la soberuia conpañera es de la fermosura. E en aquesto se declara aquello que fabulosamente escriuen los poetas & pone Seneca en la setena Tragedia, que la deesa Venus, por cometer adulterio con Vulcano, se avia ençerrado en vna camara muy escura & quel sol se metio por vnos agujeros & socarrerias[236] & entro la casa & la alunbro & vido el malefiçio que se fazia. E dize que la deesa Venus, yndinada del Sol porque avia seydo descubierta por el, lo maldixo, que todas las mugeres de su linaje fuesen malas mugeres. Las mugeres que son del linaje del Sol son las fermosas. E porque apenas se falla muger fermosa que non sea loca & suelta mas que la rrazon le manda, dize que los conprehende la maldiçion de la deesa Venus. E esta es la declaracion de aquella fabula que Salamon dize en los Proberuios, que sortija de oro en nariz de puerco es ansy como la fermosura en la muger loca. E esto es porque a tarde se acordaron fermosura & cordura nin a lexos se fallaron de soltura.

47. Non te digo que el estado
femenil
sea por tanto ynvtil
& menguado;
ca por muchos fue loado
altamente
& con pluma deligente
memorado.

Pitagoras & sus deçiplos dezia que avia dos prinçipios, vno de bienes & otro de males, & ponian todas las cosas que dependian de cada vno destos. E dezian que del Dios de los bienes venia la luz & todas las cosas perfectas entre las quales ponian la muger. E non es duda que la muger por rrazon del varon que es cosa ynperfecta, mas non tanto ynperfecta que segu[n]d su manera non tenga perfecçion & ser prouechosa. Que segund dize Aristotiles en la Yconica, e dize que fueron palabras de Esyodo, que para toda casa [fol.45r]²³⁷ que para toda casa ser perfecta, son nesçesario varon & fenbra & buey que are. Este nonbre de buey pone por qualquier estrumento que sea de seruiçio de casa. E dize que yndustriosa & sagazmente se ovo la natura en quel omne fuese mas fuerte que la muger. Por quel ome ha de mandar & la muger ha de obedesçer. E quel omne fuese mas entendido que la muger porquel omne ha de rregir & la muger ha de gouernar la casa. E quel omne sea mas ligero & desenbuelto que la muger porquel omne hande de fuera de casa a ganar & la muger este de dentro de casa a guardar lo ganado. E por esso dize quel estado femenil non es ynvtil nin menguado, nin ansy mesmo es de dezir que porque algunas mugeres ayan seydo erradas que por esso condenemos el estado todo de las mugeres. Que segund dixo la nutriz a Ypolito, como yntroduze Seneca en la quarta Tragedia, porque Ypolito dixo que sy otra muger mala non oviera synon Medea, la muger de Ageo, aquesta abastaua para fazer aboresçible el linaje de las mugeres. Rrespondio la nutriz que grand synrrazon era que pecado de pocas fuese culpa de muchas. E por eso dize el prouerbio que, dexadas menguadas de algunas, por muchos fue loado el estado femenil altamente & con pluma deligente memorado.

48. Ca dexando aquella rrosa
que proçede,
& bien como rrayo eçede
vigurosa,
fija de Dios & su esposa
verdadera,
de la vmanidad lunbrera
rradiosa.

49. Muchas buenas honorables
son fermosas,
castas & muy virtuosas
& notables;
de las santas venerables
fallaras
asaz en este conpaz
muy loables.

50. Que dire de Caterina[238]
ynoçente,
de las virgines oliente
clauellina;
bien es de memoria digna
su beldad,
y non menos con verdad
su dotrina.

[fol.45v]. Caterina[239] virgen fue santa & martir; entre todas las otras santas avia
por muy ynsygne, la vida & muerte de la qual, como sea muy vulgar, Rremito al
libro de Flor Santorum.

51. Non se falla de belleza
caresçer
nin de fermosura Ester
& nobleza;
de Judit tanbien se rreza
ser fermosa,
mas veril & virtuosa
syn turpeza.

Ester rreyna, muger de Asuero, & del fecho suyo non conviene fablar largo, por
quanto en la glosa del proberuio de Asuero en el comienço del libro es ya
mençionado. Pero todavia aprueuo ser muger santa & vmil syerua de Dios, lo
qual muestra la honesta vida suya & asy mesmo las[240] plegarias que ella fazia a
Nuestro Señor.

Judic,[241] segund el su libro lo testifica, el qual es vno de los veynte & quatro de la
Briuia, cuya fue entre los judios por muger de muy syngularisymo engenio & de
muy onesta & rreligiosa vida. E de como ella matase al prinçipe Oliferne. El qual
con grande exerçiçio era venido por mandado del rrey Nabucordonosor & tenia
sytiada la çibdad de Iherusalem el su libro lo narra & rrecuenta asaz estensamente.
E asy mesmo como sabia & cabtelosamente asy muerto Oliferne, leuo la su cabeça
pasando entre todas las guardas del rreal a la çibdad de Iherusalem. Esta sola
causa, bienaventurado prinçipe, puso tan grand espanto & asy atemorizo los

enemigos que presta & muy desordenadamente & con grand daño suyo se leuañtaron del sytio, asy que non poco la escriptura loa su fermosura & non menos el alteza & vtilidad del su grand animo.

52. La gentil naçion notable
non consyento,
sea fuera deste cuento
rrecordable;
ca bien es ynstimable
su valor
& digna de grand loor
memorable.[242]

[fol.46r][243]

La gentil naçion.[244]

53. Atenesas & tebanas
muchas son
desta mesma condiçion
& troyanas;
elenesas argianas
& sabinas,[245]
rromanas laurentinas[246]
& greçianas.[247]

54. Fermosas & con gran sentido
fueron Vagnes,
Diana, Lucreçia, Danes,
Ana & Dido,
nin se pase por oluido
Virginea,
como su grand fecho sea
conosçido.

Vagnes, asy como dize Estaçio en el libro de la Tebayda en el qual rrecuenta la guerra de Tebas & de Agaros, e asy mesmo lo verifica Armenio Bolones en el libro De la Florita, muger fue de Tideo, el buen cauallero & fija de Adastro, rrey de Argos, la qual asy fue prinçipalmente avida entre las Argianas que fueron a Creonte a le suplicar les quisyese dar los cuerpos de sus maridos & de los otros parientes suyos que fueron muertos en la batalla de Tebas contra Etiodes, rrey fijo de Edipo & nieto de Layon del linaje de Cadino, para los sepultar. E como la tal petiçion le fuese negada, ella con todas las otras fue en Atenas a Teseo, que a la sazon era duque, & con toda ynstançia & el amor rreconto & quexo el su fecho, que antes que Teseo entrase en su çibdad, veniendo de la guerra de las amazonas & asy como Juan Bocaçio, poeta florentino, abondosamente lo rrecuenta en el su libro De Teseo, propuso & fizo voto de yr con todo exerçiçio contra Creonte, ya sea que ante de todas cosas por sus mensajeros le rrequerio que le pluyese condesçender a la honesta & liçita petiçion de las dueñas argianas, & como fuese denegado, el lo conbatio & lo mato, asy que los nobles omes de Argos, mediante la deligençia de la virtuosa Vagnes, ovieron honrrados sepulcros. E en esta batalla fue muerto Creon a manos de Teseo es comienço del libro de Archita & Polimon, syruientes & grandes enamorados de Emilia, hermano de Ypolito, del qual dexo de fablar asy por quanto seria difusa & larga [fol.46v] narraçion como porque la tal ystoria non faze al caso presente.

Diana[248] deesa fue de castidad & de todo punto el venatico vso o exerçiçio o deleyte de caça muy voluntariosamente dada.[249]

Lucreçia[250] entre las loables rromanas es contado & muy altamente escripto su fecho, asy por Titu Libio & Valerio en sus libros como por Sant Agostin, a quien mayor fee deue seer otorgada en el libro De çiuitate Dey, & por Juan Vocaçio en los sus libros De Casybus e en el Plecabibus. E de como ella, seyendo muger de Colatino, fue violentamente forçada & por Sesto Tarquino, por la qual causa con vn cuchillo o espada se mato, diziendo: Yo soy quitada de la culpa, mas non sera de la pena; lo qual discriuio breuemente por quanto parte deste caso ya mas largamente es rrecontado ante desto, ally do se fabla del dicho Sesto Tarquino.

Danes[251] fija fue de Pineo & dada al seruiçio de Diana, deesa de castidad &, segund Ovidio lo pone en el su libro, mayor amada de Febo & de Apolo. La qual non consyntiendo en el loco amor, segund poetica ficçion, non podiendo rregistir a la fuerça del ardiente enamorado, rrecomendose a los diosses, & en espeçial a Diana a quien ella seruia. Por la qual causa fue tornada en laurel, arbol de perpetua verdor odifero[252] & de plaziente sonbra. E la moralidad que sobre esta rrazon fazen los actores, asy Frey Tomas de Capoa en los morales deste mesmo libro Metamorfoseos como Juan Vocaçio en la Genolosia de los diosses gentiles. Dexome agora della por quanto la escriptura seria larga & difusa, mas solamente baste que entre las gentiles fue avida por muy fermosa & de noble fama.

Ana[253] madre fue de la Virgen Maria, muger de Joachim, santisima muger & muy honesta vida. Otra Ana ovo hermana de la rreyna Dido, muger loable entre los tiranos. Qualquiera dellas asy la vna del linaje de los ebreos como la otra de los[254] [fol.47r][255] gentiles fueron dignas de perpetua memoria.

Dido,[256] segund se rrecuenta en su verdadera estoria, fija fue del rrey Belo & hermana de Pigmaleon & muger de Açerba de Sychion. La qual, despues de la muerte de aquel, fizo voto de castidad & partiose de la tierra dende su marido le fuera muerto por el maluado hermano Pigmaleon & vino en africa & fundo[257] la grand çibdad de Cartago. E como ella viniese en aquella çibdad en proposyto & acto de honesta pudiçiçia, fue demandada por el rrey Juba al segundo matrimonio, lo qual, como ella den[*egasse], el la guerreo poderosa & muy asperamente en tanto grado que, viendo non poder rregistir las fuerças de aquel, por non venir en manos suyas & fuyr el corronpimiento de castidad quiso antes morir casta que beuir violada. E ansy se lanço en biua llama, de que murio & fenesçio sus dias. E desta estoria avnque Vergilio por otra manera faze mençion, non es de rreprouar, por quanto de liçiçia poeta es permiso.

Virginea[258] como & quando fue con grand afincamiento rrequerida por Apio Claudio de yliçito amor ya por Titu Libio se rrecuenta en la terçera Decada, & asy mesmo Juan Vocaçio lo rreçita en el libro De Casibus Virurum? Yllustrum. E non menos con quanta costançia la continente donzella perseuerase la su virginidad.

Capitulo vii de fortaleza.[259]

55. Ante por [sic] la libertad
batallarosa
a servitud vergoñosa;
que maldad
es ser en catiuedad
por fuyr
el glorioso morir
por bondad.

Los antiguos filosofos posyeron que todas las virtudes se rreduzian a quatro, las quales llamaran cardinales. E de las prinçipales dellas pusyeron la fortaleza, la qual, como dize Aristotiles en el terçero de las Eticas, tanto es mas exçelente gloriosa su virtud quanto el ogebto. E aquello çerca de que es, es graue & difiçil, que la fortaleza ha por ogebto a la muerte que es lo postrimero de las cosas espiri[fol.47v]tuales, como dize Aristotiles, & ha por ogebto los peligros grandes agros & difiçiles. E por la dificultad del ogebto son pocos los que pueden alcançar esta virtud. E segund dize vna ley çeuil, los que por seruiçio de la cosa publica murieron, para syenpre son dichos beuir. Pues mas vale morir libres en batalla por bien comun que beuir fuyendo vergoñosamente. E como dize aqui el proberuio & son palabras de Aristotiles en el terçero de las Eticas, anteponer el glorioso morir al desonrrado beuir, lo qual muestra bien el Marques por los enxenplos syguientes.

56. O quan bien murio Caton
sy permitiese
nuestra ley & consyntiese
tal rrazon.
E non menos la opinion
loo de Nuçio,
del qual faze Libro [sic][260] & Luçio
grand minçion.

Caton,[261] despues que Ponpeo fue vençido del çessar en la batalla de Vmançia[262] en los Canpos Felipos & se rretraya a la ysla de Lesbo, donde estaua Cornelia, su muger, & dende paso en Egipto, donde fue muerto a manos de Potino & de Archilla, por mandamiento del rrey Tolomeo, criado & seruidor suyo, veyendo que los fechos de los çesares & partesanos de Ponpeo, de Alemaña en tanto grado que por ynposible era avido el su rreparo, fuyo a la çibda de Vtica donde, rreçelando que por aventura por algund engaño ouiese de venir en las manos del çesar, capital enemigo suyo, con su mesma espada se fizo tal llaga de que murio.

Nuçio Esçeuola,[263] magnanimo entre los rromanos, como el Porçena touiese sytiada la çibdad suya, con alteza de grand coraçon asayo (de↑)[264] la deçercar. Lo qual poniendo asy en obra, salio fuera de la çibdad al sytio, con proposyto de matar a Porçena. E como vn secretario del rrey touiese vna vestidura tal como la del rrey & lo fallase antes, pensando que fuese el rrey, le dio de la espada por el cuerpo, en tal manera que prestamente ovo del la vida. E como por las guardas del rreal & los otros çircustantes fuese preso & leuado antel Rrey & el le demandase, que qual osadia loca lo o...[265] [fol.48r][266] E a los que dexaron la hueste & fuyeron la batalla mandalos las leyes matar & son avidos por ynfamis en vida & en muerte. E su desmenguada & desonrrada vida le es peor & mas pena que non ninguna muerte en espeçial sy fuese muerte gloriosa. E esto es lo que dize el proberuio: Aborresçe mal beuir con denuesto & que se falle omne presto a bien morir.[267] Que segund dize Tulio en el terçero de las Felipicas, los omnes son nasçidos a honrra & libertad & dize que esto deuemos procurar & tener morir con dignidad. Quiere dezir que deuemos procurar & tener morir con dignidad & beuir honrrada vida & morir gloriosa muerte. E dize el proberuio que non se puede adquerir vida prestada. Que segund dize Job, Dios ansy como constituyo terminos a la vida vmana que non se pueden pensar. E por tanto ninguno puede rrefuyr la ora limitada por Dios. E esto es lo que fabulosamente dize [sic] los poetas de las tres fadas, que la vna trae la rrueda que llaman Cloto, la otra que llaman Lanchesys turçe el fuso, la terçera que llaman Antropes corta el filado. E segund dize Seneca en la primera Tragedia, estas tres fadas son muy duras que jamas fue visto quel filado que vna vez cogen que lo tornen a descoger. E estas fadas son el tienpo de nuestro beuir. E jamas es visto quel dia pasado que es el filado que esta cogido que se desbuelua. Quiere dezir que se aya por non pasado. E por esto dize Seneca que estas deessas vienen por çierta horden. E a ninguno çesar de lo que esta ya hordenado. E ninguno podra prorrogar vn dia nin momento mas de lo que esta fadado. Segund lo qual, todo omne deue procurar bien morir pues non esta en su mano la ora limitada rrefuyr.

59. Codro quiso mas vençer
que non beuir,
& non rrecuso morir
& padescer.
Por ganar o non perder
noble conpaña,
bien morir es por fazaña
de fazer.

Codro,[268] rrey de Atenas, seyendo guerreado, asy como dize Sant Agostin en el primero libro de la çibdad de Dios e asy mesmo Valerio en el quarto de su rreportorio aprueua ser rrey de Atenas, el qual como se oviese de conbatir con Pelo[fol.48v]pine, duque de los laçedemonios, sacrificando a los sus ydolos, demandoles lo que auia de ser en aquella batalla qual vençeria al otro. El qual, anteponiendo el bien publico a la vida suya, se vistio vn pobre abito & firio en la mayor fuerça de los enemigos, donde luego fue muerto, del qual, dize Vergilio, Codro quiso antes morir vençiendo que beuir vençido.

60. Non te plega ser loado
en presençia,
como sea de prudençia
rreprouado;
pues sy fueres demostado [sic]
por oyr,
non seras por lo dezir
alabado.

So la virtud de la fortaleza se ençierra & yncluye fazer omne de buenas & grandes cosas, & non querer por merito & rremuneraçion de aquello ser loado de su buen fecho, en espeçial de presençia por dos rrazones: la primera, por que la gloria del loor non es perfecta rremuneraçion de la virtud, segund dize Boeçio que dezia el tragedio, que non era otra cosa loor de gloria en millares de omnes que vn grand ynclinamiento de orejas; la otra rrazon, por que loan en presençia mas paresçe adular & lisonjar que non loar. E dize que asy es, que alguno es denostado por oyr, que non sera por lo dezir alabado. Quiere dezir que ninguno de grand coraçon deue dezir el denuesto que le fue fecho, antes sera avido por virtuoso en lo desymular & non curar dello. Segund que dize en el libro terçero de las Fazañas de los Filosofos, que como vno denostase & dixiese mal a vn filosofo que se llamaua Penoso.[269] Rrespondio Penoso: Tu aprendiste maldezir & yo aprendi menospres-çiar lo mal dicho. E mas sera alabado este por sofrir el denuesto que por lo dezir.

61. Porque la mesma loor
en tu boca
non ensalça mas apoca
su valor;
pues (quien↑)[270] buscar la desonor
por ser honrrado,
ya paresçe averiguado
ser error.

[fol.49r][271] Dize Salamon en los Proberuios: Loete estraño non tu boca. E Caton: Non te conloes & non te culparas. Asy que la loor en tu propia boca se ynsiste. E los que se loan como dize Tulio en la Rretorica vieja, por que lo parescan fazer con soberuia procuran odio & malquerençia. E el apostol dize que aquel que se enmienda & lo [ ]. Segund lo qual, sy alguno pensase loar su fecho por ser honrrado e por aquello lo touiesen por ome de poco seso & ome vano, ya paresçeria averiguado su error, como dize el proberuio.

62. Los casos de admiraçion
non los cuentes,
que non saben todas gentes
como son;
ca non es la perfecçion
mucho fablar,
mas obrando denegar
luenga sermon.

Los casos de admiraçion son los que acaesçen pocas vezes. E caso que omne los aya visto, como el pueblo non crea sy non lo que comunmente vee, non sera dada oreja a su vano fablar del que lo contare & sera avido por vano & parlero. E sy nesçesidad non lo trae fablar, deue[272] callar. Que segund dize Socrates: De aver fablado me arrepenti, de callar nunca. E la perfecçion de todo omne mas esta que sea conosçido por sus obras que non por sus palabras. Segund que escriue Sant Lucas en el comienço de los Actos de los Apostoles de Nuestro Saluador, donde dize: Començo Ihesu Christo fazer & enseñar. Primero dixo que fizo que non enseño. Esto es lo que dize, que non es la perfecçion mucho fablar mas obrando denegar luengo sermon.

Capitulo viii de libertad & franqueza.[273]

63. Vsa de l[*ibera]lidad
y da presto,
que del dar lo mas onesto
es breuedad;
mesura la calidad
de aquel que daras,
y vista non erraras
en cantedad.[274]

[fol.49v] Segu[n]d dize Seneca en el libro De Benefiçio: Nosotros somos nasçidos non solamente para prouecho de nosotros, mas prouecho de los parientes & de los amigos & de los vezinos, asy queremos dezir de todos los omnes, como entre todos los omnes, segund dize vna ley çeuil, la natura aya causado vna consygnidad de debdo. E por tanto somos obligados de lo que nos sobra & podemos aver bien escusado de fazer liberalidad & graçia & donaçion a los otros avnque, segund dizen los doctores, esto ha de ser por horden & grados que primero deue fazer liberalidad a los padres; asy a ellos, ante que a los fijos, ponlo por quistion los doctores juristas, despues a los parientes, despues a los amigos, e asy subçesiua-

mente por sus grados. E sy ay algunos parientes que son catolicos & otros que non
son catolicos en la fe, ante que a los otros, sy todo? non se podiere fazer. E aquesta
virtud de liberalidad tiene sus çircustançias, segund que escriue Aristotiles en el
quarto de las Eticas. Quel que ha de consyderar lo que da, que non sea de lo mas
desechado de su fazienda, como dezia Cayn que ofresçia a Dios lo peor de su
ganado. E por que Abel ofresçia lo mejor que tenia, el sacrefiçio de Abel fue
açebtado, e el de Cayn rreprouado. E asy mesmo ha de considerar a quien lo da,
que dar al que tiene & non al que lo ha de menester es perder lo que se da, asy
mesmo ha de ver sy aquel a quien da puede trabajar & buscar de comer por su
trabajo & yndustria. Que darlo a tal como este seria quitarlo a otro que non
podiese trabajar nin touiese yndustria para ello . E segund dizen los juristas: Sy
alguno fuese de bueno & honesto linaje & segund los parientes de que depende le
seria grand confusyon & verguença disponerse a ofiçio vil para trabajar, caso que
sea en hedad para trabajar, justamente le pueda ser fecha limosna porque es
ygualado al que non ha yndustria nin puede trabajar, pues onestamente lo non
puede fazer. Hase asy mesmo de consyderar la fin & rrespecto aqueste faze la
liberalidad que no se ha de fazer por jatançia ni vana[fol.50r]gloria, segund que
dize el Evangelio que, estando Nuestro Saluador vn dia en el tenplo, vinieron a
ofresçer vn rrico vanaglorioso & vna biuda vmilde & pobre. El rrico ofresçio
grandes dones, la biuda ofresço vn dinero. Preguntaron a Nuestro Señor Ihesu
Christo que qual auia ofresçido mas, & determino que la biuda & pobre, por quel
buen fin & rrespecto que ouo en lo que dio que solamente ouo rrespecto al seruiçio
de Dios & non a jatançia nin vanagloria como el rrico [*auia] fecho. E a se de dar
asy mesmo lo que diere alegremente, segund que dize el apostol, que Dios ama al
que da alegremente. E lo que oviere de dar que lo de presto, que dos vezes (da↑) el
que da presto, como se suele dezir comunmente. E Salamon dize en los Proberuios:
Non digas a tu amigo anda & buelue & ven cras, pues luego puedes dar. E non
esta la liberalidad en dar grandes & muchas cosas, segund dize Aristotiles en el
quarto de las Eticas, mas en el abito del que da. Quiere dezir en la voluntad alegre
del que da de qualquier cosa que sea. E todas estas cosas son breues palabras,
conprehende aqui el Marques: v[*sa] de liberalidad.

64. Alixandre con franqueza
conquisto
la tierra & sojudgo
su rrendondeza;
pues de Tito[275] su largueza
valerosa
le da fama gloriosa
de nobleza.

Alixandre, rrey de los maçedonios & vno de los tres monarchias vniuersales,
prinçipe fue de muy grand liberalidad & franqueza, del qual Seneca testifica en el
su libro (De↑) Benefeçis, que asy como vn pequeño menestril le fuese demandado
vn dinero, le dio vna çibdad. E diziendo aquel que a el non convenia tan grand

don, el dicho Alixandre rrespondio, diziendo que non acataua aquello que tal omne deuia rresçebir, mas aquello que enperador auia de dar. [fol.50v]

Tito[276] enperador fue de los rromanos, omne magnifico & de grand liberalidad, onde en su estoria se rrecuenta por Eutropio & avn por otros autenticos actores que, aviendo instituydo que qualquiera que antel viniese a le demandar graçia le fuese otorgada, al qual rredarguyendo algunos seruidores le preguntaron que por que lo fazia, como aquello fuese causa de f[*all]imento lo que prometia. A los quales rrespondio que no era deçente nin le convenia que ninguno triste nin enojado se partiese delante la ynperial magestad & faz del prinçipe. E avn se dize que como vn dia se rrecordase a la çena que en aquel dia non auia dado cosa alguna, asy como quexandose dixo: O amigos yo he perdido este dia, asy como afirmase que solamente ganan los enperadores & rreyes los tienpos en que vsan de liberalidad.

65. Ca los tesoros de Mida
rreprouados
son, y non punto loados,
nin su vida;
la rrepuesta non deuida
de Antigono
vergueña faze al su trono
conosçida.

Mida, segund que Ovidio rrecuenta en el su libro de Metamorfoseos, rrey fue de los griegos. El qual magnifica & opulentamente ospedo & rresçibio a los dioses Jupiter & Mercurio en su casa vn dia que por ally se acaesçieron; los quales diosses por le rregrasçiar su entençion, ospedaje & buena voluntad, le dixeron que les demandase qualquier don que mas plaziente le fuese. E como aquel fuese omne de estraña cobdiçia dominado & mucho avariento, les demando que en todas las cosas que tocase o le tocasen fuesen tornadas oro, lo qual le fue asy otorgado. E aquello venido en abto, abundo en muchas rriquezas. Pero al fin las viandas que avia de comer tanto que las tocaua se convertian en oro, en tal manera que se dize aver seydo muerto de fanbre. La moralidad desta fabla dexola por quanto por mucho & grandes filosofos & poetas es tocada. Pero todavia muestra & denota el grand detraymiento de la ynonesta cobdiçia & torpe avariçia avariçia. [fol.51r][277]

Antigono[278] rrey yncrepado es de Seneca, en el libro De Benefeçis, de animo baxo & de yliçitas cadilaçiones. Del qual dixe que como vn pobre le damandase grand cantidad de oro, le rrespondio que le demandaua mas de aquello que a el conuenia. E como el pobre omne le tornase a demandar vn dinero, rrespondio que aquello era tan poco que rrey non lo deuia de dar. E asy, non mirando quanto ennegreçe & ynturbia a la fama de los grandes omnes, mayormente de los prinçipes, la desonesta cupididad & aborresçedora avariçia, Antigono dio tales rrespuestas al miserable que digno fue de ser escripto asy como çoçobra & oposyto de los virtuosos Alixandre & Tiro [sic].[279]

66. El prodigo non me plaze
que s[*e] ala[*b]e,
nin punto se menoscabe
quien bien faze;
verdad es que me desplaze
la pobreza,
& mucho mas escaseza
donde yaze.

Prodigo es dicho, segund dize Aristotiles en el quarto de las Eticas, el que gasta mas de lo que es menester & donde non es menester. E como vee el pobre quel libre que es el virtuoso que gasta lo que cunple & donde cunple, e loase el & tienese por franco & por virtuoso & dize que vsa bien del dinero, lo qual es viçio rreprouado, que el medio de estos dos estremos es la virtud de la liberalidad, conviene saber entre el que mucho gasta mas de rrazon & entre el que gasta menos de rrazon. E verdad es, segu[n]d dize Aristotiles, que destos dos estremos menos malo es ser prodigo que ser avaro. Por quel prodigo prouecha aquellos a quien avnque faze daño a sy mesmo. El avariento nin aprouecha a sy nin a otros. Asy mesmo el que es prodigo mas ayna verna a ser virtuoso & liberal que non el avariento por dos rrazones: vna, porque aviendo muchas vezes menester dinero conosçera quanto daño trae mucho gastar, e algund tienpo acordara a guardar & a rretener; la otra, por quanto mientra mas anda mas se faze viejo. E los viejos naturalmente son mas avarietos que los moços porque non esperan [fol.51v] ansy ganar como los mançebos. El avariento non puede ser rremediado nin venido en virtud por ningunas destas rrazones, antes como mas cresçe la hedad mas creçe la avariçia. Segund lo qual, caso que a omne desplega de alguno que por ser prodigo fue pobre, mas le deue desplazer sy por ser escaso es rrico. Que segu[n]d dize Salustrio en el Catalinario, la avariçia. introduxo a la soberuia a la crueldad & fazer que Dios sea menospresçiado; faze que todas las cosas sean vendidas por presçio; la avariçia syenpre es ynfinita, nunca se farta nin por basto nin por mengua. E por tanto, avnque la pobreza del prodigo desplaze mucho, mas fara la escaseza del varon donde yaze.

67. Mas presto fue destruydo
el rrey Dario
del poderoso aduersario
& vençido,
que Fabriçio comovido
a cobdiçia
nin a la torpe avariçia
sometido.

Fabriçio,[280] despues de otras muchas notables fazañas & insines proezas por el fechas, syngularmente en la virtud de la liberalidad, segund cuenta Valerio en el nono de sus libros. Dize que como le fuesen enbiadas del comun de Benauento

grandes dones & rricos presentes, el mando que fuese todo tornado a los
Venauentanos como aquel que se deleyta en el benefiçio de su conçiençia & le
paresçia ser con pocas facultades muy rrico. Por tanto el dezia ser la rriqueza non
en el mucho poseer, mas en el poco desear.

68. Socorrer al miserable
es ofiçio,
& non lo fazer es viçio
detestable;
ca del animo notable
non se piensa
nin espera tal ofensa
rretratable.

Dize Dauid en el Salmo: Bienauenturado es el omne que entiende sobre el
menguado. E el pobre en el dia malo lo librara Dios. E Salamon en los Proberuios
dize que el que ha misericordia del pobre & lo socorre, da a vsura a Dios & el
gelo [fol.52r]²⁸¹ pagara con ganaçia. E esto es lo que dize, que socorrer al
miserable es ofiçio. Aqui se toma ofiçio por obra piadosa, segund que dize Seneca
en el libro De Ofiçis. E dize que non socorrer al miserable que es viçio detestable
que, segund dize Salamon en los Proberuios, quien çierra su oreja el clamor del
pobre el clamara & non sera oydo. E por esso del anima notable non se piensa
que sy viere algund menesteroso, que non faga aquello que dize Ysayas: Parte al
fanbriento tu pan & a los miserables & pobres traeras a tu casa. Sy vieres algund
desnudo, cubrelo & tu carne non la despresçies. Salamon dize en los Proberuios,
el que la misericordia da (al↑)²⁸² pobre sera bienauenturado. E esto es lo que dize,
del anima notable non se piensa nin espera tal ofensa rretratable.

Capitulo ix de verdat.²⁸³

69. Ama & honrra la verdad
non desuiando,
mas aquella confirmando
tu amistad;
fija es de santidad
& fiel hermana
de la virtud soberana
honestad.

La verdad es de tanta dignidad & esçelençia que Dios se llamo Verdad, segund
dize el Evangelio. E la verdad tiene dos estremos: vno que se llama jatançia, que
es dezir los omnes de si mas de lo que es; otro se llama yronia, que es dezir los
omes de sy menos de lo que es. E los omnes han de amar & honrrar la verdad en
vna de dos maneras: la vna en quanto toca a ellos mesmos, e en esta han de
guardar nin pensar mas de rrazon nin menguar mas de rrazon; la otra quanto

toca a tercero & en esto amar la verdad, tanto quiere dezir como guardar la fe que se pone, la qual se deue guardar a amigos & a nemigos, segund dize vna ley çeuil, que non ay cosa que los omnes mas deuen vnos a otros que guardar la fe & la verdad que entre sy ponen, la qual sy non se guarda non puede aver çierto trato nin comunion de vnos omnes con otros. E esto es lo que dize el proberuio: Ama & honrra la verdad non desuiando. E dize que deuemos conformar nuestra amistad a la verdad. [fol.52v] La amistança, segund dize Aristotiles en el otauo de las Eticas, es en vna de tres maneras: por prouecho & por deleyte & por onesto. La amistança por deleyte[284] dura quanto dura el deleyte & plazer. E como mudandose la hedad se mudan las cosas que deleytan. E los donayres que aplazen vn tienpo non plazen a otro. E por tanto esta amistança non dura largo tienpo. Amistança por prouecho, segund dize Seneca, es amistança de mercaduria. E esta non es de mas eficaçia quel prouecho nin dura mas de quanto dura el prouecho, amistança por prouecho. Amistança por onesto es amistança por la verdad & por la virtud. E como la virtud & la verdad onestad [sic] sean cosas perpetuas & ynvariable, la[285] amistad por estas cosas es duradera para syenpre. Aquesta amistança esta en tienpo de prosperidad & dura & permanesçe en tienpo de ynfortunio. E por esso dize que es fijo de santidad & que la honestad es hermana de virtud soberana. La honestdad como dezia Platon, segund que yntroduze Tulio en el libro De los Ofiçios, al comienço tanto es en sy fermosa que sy con ojos corporales se podiese mirar maravillosos amores esportaria de sy. E por ser estable, çierta, santa, perpetua & permanesçiente, dizese fiel hermana de la virtud soberana.

70. Marco Actilio non dudando
que muriese,
sy a Cartajena boluiese,
obseruando
la verdad, non dilatando
se boluio,
donde luego padesçio
rretornando.

Marco Actilio,[286] asy como rreçita Agostino en el primero libro de la çibdad de Dios & Tulio afirma en el su libro De Ofiçis, como en poder de los cartagineses fue preso e por aquellos fue enbiado a Rroma por fazer troque de algunos prisyoneros, el qual, llegando a la çibdad & propuesta la causa de su yda & enbaxada, le fue demandado consejo por la rrepublica de aquello que a el pertenesçia. El qual, visto como el & todos los mas de los prisyoneros rromanos eran viejos, [fol.53r][287] por luenga hedad venidos en estrema flaqueza, e los cartagineses mançebos & valientes conbatidores, consejo que non se deuia fazer. E como algunos parientes & amigos suyos visto quel consejo suyo açebtauan e lo quisyesen rretener, el les rrespondio como auia dado su ffe & verdad a los cartigineses de la tornar por su propia persona rrespuesta. E asy que no obstante quel avia por determinado que la su tornada fuese peligrosa en poder de crueles enemigos, que todavia delibraua de tornar a ellos, lo qual puso en obra, donde padesçio cruel muerte aconpañada de grandisimas penas.

De continençia çerca de cobdiçia.[288]

71. De los bienes de fortuna
tantos toma
que conserues de carcoma
tu coluna;
tal torpiedad rrepuna,
ca de fecho
non ser tolerable fecho
so la luna.

Dize Salamon en los Proberuios que lo que todo omne deue rrogar a Dios es, conuiene saber: Nin pobrezas, nin rriquezas non me des, solamente me da lo que es nesçesario a mi manteniento [sic], por que, abastado de muchas rriquezas, non me mueua a negar o dezir quien es Dios e, conpulso & forçado con pobreza, fuerçe & perjure el nonbre de Dios mio. Aquesta abtoridad de Salamon casy es glosa deste proberuio. E segund dize Aristotiles en el terçero de las Eticas que poseer rriquezas moderadas, estos son los que fazen las cosas segund cunple. E Seneca escriue en vn libro que fizo De la Tranquilidad & rreposo del animo, donde pregunta que quanta parte deue omne tomar de los bienes de fortuna, e qual es la tenprada manera de rriquezas que omne deue cobdiçiar & tomar, la que non cae en pobreza nin avn esta lexos della. E aquesta es la que conserua de carcoma la colupna que es la conçiençia e faze rreposo que omne deue tomar consygo. Ca lo otro di[fol.53v]ze que non es tolerable prouecho so la luna.

72. Que quanto mas adquieres,
mas querras;
pues piensa que vale mas,
sy bien syntieres,
poseer grandes averes
con tormento
que pocos, ledo & contento,
syn[289] aferes.

Las rriquezas tenporales son de las prinçipales cosas que son con todas [sic][290] entre bienes de fortuna, los quales creçen & diminuyen, segu[n]d dize Boeçio en persona de la fortuna. Que las seruidoras que son los bienes tenporales syguen a la señora que [*es] la fo[*rtuna] la qual veniendo, vienen con ella & partiendose, partese con ella. E por esso dize Boeçio, la fortuna todo el mundo trae en vna rrueda mudable & de lo alto faze baxo & de lo baxo alto & de los rricos pobres & de los pobres rricos. E por tanto exorta & amonesta el Marques en el proberuio, que pongamos todo nuestro trabajo en buscar los bienes morales que son las virtudes, las quales son perfecçion del anima, segund que dize Aristotiles en el libro Del Animo, e estas dize que[291] son muros fuertes & seguros ynmortales, quiere dezir que estas jamas se parten del omne. Segund que yntroduze Tulio en las Paradoxas, f. [sic] Bias filosofo, vno de los Syete Sabios de Atenas, en vna çibdad como vn tirano ouiese ocupado que los vezinos & moradores de aquella fuyesen & cada vno sacaua de lo suyo lo que podia. Mas non saco cosa alguna. E como vno le preguntase que por que non avia sacado de sus bienes como los otros fazian, dixo: Sy fago que todo lo mio comigo lo traygo, non aviendo por suyos synon los bienes morales que son las virtudes del anima, e aviendo por agenos los bienes tenporales. E esto es lo que dize el proberuio, que deuemos buscar los bienes morales que son muros fuertes & seguros & ynmortales. [fol.54r]

74. En maluada tirania
non entiendas,
mas de sus obras & sendas
te desuia;
elige la mediania
de la gente,
la qual es vida plaziente
syn porfia.

Tirano[292] es llamado aquel, segund dize Aristotiles en el seteno de las Poleticas, el que procura señorio por fuerça o por engaño, lo qual non dura mas de quanto puede durar la fuerça. Segund que Medea dixo al rrey Creon, como yntroduze Seneca en la setena Tragedia, los señores malos & tiranos non duran por syenpre; & Agamenon dixo a Piro en la fabla que avia en vno con el enperador sobre la muerte de Poliçena que los senorios por fuerça non duran largo tienpo, los tenprados son los que duran. E por tanto dize el proberuio, en maluada tirania non entiendas & deues te desuiar de sus obras & sendas, & que deuemos elegir la mediania de la gente que es vida plaziente syn porfia, la qual es la que en el proberuio de suso se dezia, que dezia Seneca en la epistola, lo fablo que ninguno es digno & açebto a Dios synon el que menospresçia las rriquezas.

75. Ca non pienses quel estado
& açesyon
aumenta la perfecçiuon
en mayor grado;
mas acresçienta cuydado
ansia & pena,
al libre pone cadena
de su grado.

Nin[*gu]nos[293] bienes tenporales, en especi[*al] senorio tiranico, pueden traer perfecçion nin rreposo alguno, antes traen consygo anexos miedos & peligro & solitud & cuydado. E como dize Boeçio, los tiranos que andan aconpan[n]ados de gentes de armas por terreçer & espantar a otros, ellos han miedo a aquellos a quien espantan. E Tulio dize en el libro De Amiçiçia que en la vida del tirano, ninguna fe ay, ningund amor & bienquerençia durable. Todas las cosas son sospechosas, todas las cosas le traen solitud & cuydado. Que dize: Quien amara a aquel a quien teme, nin aquel a quien sabe que es temido. E [fol.54v] E esto es lo que dize el proberuio, que el estado & acçesyon del tirano non aumenta perfecçion en mas grado & que acresçienta cuydado & ansia & pena. De lo qual, segund escriue Boeçio en el terçero libro De Consolaçion de Dionisyo çeracusano, el qual de pequeño omne fue puesto en grand estado por tirania. E como vn su amigo le viniese (a ver↑),²⁹⁴ loaua mucho el estado que tenia. E dixo que lo tenia por mucho bienaventurado por el poder & honrra que auia alcançado, Dionisyo conbidolo a comer & mandole muy bien guisar de comer. E fizole colgar sobre su cabeça vn cuchillo mucho agudo. El qual, con el temor & miedo que ouo que el cuchillo cayese, ouo mala comida & estouo en grand ansia & pena todo el tienpo del comer. E Dionisyo, acabado de comer, le dixo que sy avia avido alegre comer. E su amigo le dixo que antes lo avia avido muy penado & cuydoso por el temor que avia avido non cayese el espada sobre su cabeça. E Dionisio le dixo: Sabete çiertamente que tal es la vida del tirano como el comer que tu has avido, que su estado acresçienta ansia & pena & al libre pone cadena de su grado, de lo qual se fablo de suso mas largo en el segundo proberuio.

76. Quiere aquell[*o que pu]di[*e]res
& non mas,
que veemos de oy a cras
sy lo atendieres,
grandes triunfos (&↑)²⁹⁵ poderes
derribados
e los muy desconsolados
ver plazeres.

Dize Boeçio en el segundo libro De Consolaçion: La natura de pocas & muy pocas cosas se contenta. E sy la quisyeres enllenar de superfluas cosas, lo que de mas pornas o enpeçera o traera daño o non sera alegre. E por tanto dize el proberuio que aquello que buena & onestamente podremos trabajar, deuemos procurar & non mas. E sy lo queremos parar mientes, segund dize Boecio en el primero libro De Consolaçion, en vna mesma ora (lo↑)²⁹⁶ veremos vn omne puesto en grand triunfo & alto & en esa mesma ora lo veremos caydo. E en la mesma que veremos otro caydo, veremos que esta leuantado & consolado, que es²⁹⁷ [fol.55r]²⁹⁸ el plazer & pesar a vezes viene, segund dize Seneca en la segunda Tragedia. E esto es lo que dize, que veemos grandes tr[i]unfos & poderes derribados & los muy desconsolados ver plazeres.

77. Non confies en açenso
syn medida,
mas espera su cayda

& mal ynmenso;
non te pienses que non pienso
quel maluado
permanesca afortunado
syn deçenso.

Dize Salamon en los Proberuios: La sustançia que presurosamente es ganada prestamente[299] se perdera, asy quel açenso syn medida & prestamente tiene su cayda & mal ynmenso. Que, segund dize Dauid en el Salmo: Non quieras aver enbidia del malo que prospera en sus fechos & del omne que faze ynjustiçia, por quanto los tales seran desrraygados. E los que fielmente creen en Dios, ellos heredaran la tierra. E vi el malo tan alto como el çedro del Libano, e dende a poco non fue fallado su lugar. E esto es lo que dize: Non pienses que non pienso quel maluado permanesca afortunado syn deçenso.

78. Sy quisyeres ser abondado,
sey contento
solo de tu testamento
m[*e]s[*ur]ado;
non se omne trabajado
por beuir,
mas vi muchos por sobir
en estado.

Dize Seneca en vna epistola que non es pobre el que tiene p[*oco], mas el que cobdiçia mucho. Que grandes rriquezas son, segund ley de natura, la pobreza alegre & conpuesta. Poca cosa es lo que la natura desea, que la natura poco desea la opinion nunca se farta. E por esto dize el proberuio, que por procurar los omnes lo que es nesçesario por beuir, no vi tantos trabajosos,[300] quantos vi (con↑)vio[301] muchas ansias & cuydados por solo beuir en estado. [fol.55v]

79. Pues fablemos la verdad,
sy has o tienes
mas grand copia destos bienes
de maldad,
qual es la seguridad
que te segura
que non veas por ventura
pobredad.

Dize Tulio en las Felipicas: Lo mal ganado mal se perdera. E por tanto non ay seguridad que segure a ninguno, que mill casos de fortuna pueden venir por donde de rrico sea fecho algund pobre. E por eso dezia Seneca que deuemos poseer las rriquezas syn temor para que sy ser podiere non nos congoxemos por ellas como por bienes propios, mas como por bienes enprestados. E por el tienpo que los avemos tenido, dize Boeçio en el primero De Consolaçion, que deuemos de fazer gr[a]çias porque nos aprouechamos dellos como de bienes agenos. E non tenemos justa rrazon de querrella. E esto es lo que dize el proberuio, que non ay seguridad que te segure que non veas por ventura pobredad.

80. Quantos rricos son venidos
en pobreza,
e de soberana alteza
deçendidos,
quantos fueron escarnidos
confiando
deste loco & poco mando
& perdidos.

Sabiamente dize Dauid en el Salmo que sy las rriquezas vienen abasto, non queramos poner a ellas el coraçon porque sy viniere caso que se puedan perder, non nos con[*tur]bemos nin congoxemos por ellas, mas digamos lo que dixo Job: Dios lo dio, Dios lo quito; sea el su nonbre bendito. E con esto ninguno sera escarnido por lo que perdera nin perdido.

81. Por tanto sy bien arguyo
con maneras,
non sotilizes nin quieras
lo non tuyo;
pues sy preguntares cuyo
es, dire
de fortuna & callare,
pues concluyo.

[fol.56r]. Los bienes sson en vna de dos maneras: vnos dizen esteriores & otros ynteriores. E los esteriores son todos los bienes de fortuna. E estos non son bienes nuestros propios como de suso se dezia que dixo Braute, vno de los Syete Sabios de Atenas, mas los bienes propios nuestros son ynteriores que son las virtudes intelectuales & morales, las quales non estan sujebtas a caso de fortuna ninguna. Por que caso que las cosas de fortuna todas se vayan, la çiençia & las virtudes quedan & jamas dexan la vida del ome desaconpañada, como dize Caton en su filosofia. Lo qual, sy es verdad, non deuemos tesorizar en querer lo que non es nuestro pues que se [*p]uede perder por muchas maneras syn nuestro querer. E [*p]or t[*ant]o nos amonesta Nuestro Saluador que fagamos tesoro en el çielo donde non ay polilla nin gusano que coma el tesoro,[302] nin ladrones, nin forçadores que lo tomen & rroben. El qual es tesoro de las cosas tenporales. E por tanto es sujeto a todos los casos fortuytos que pueden venir.

Capitulo xi de enbidia.[303]

82. Los [*p]as[*os] del enbidioso
non consigas,

nin sus vias enemigas
a rreposo;
ca non es del virtuoso
tal error,
nin acto de gentil cor
valeroso.

La cobdiçia, segund dize Aristotiles en el segundo de los rretoricos, es vna tristeza que los omes han de dever bienes [*&] honrras en semejantes [*q]ue ellos. E es vna de las grandes maliçias que en qualquier omne puede caber. E muchas vezes el enbidioso, syn causa, alguna vez se torna enemigo de aquel que ha enbidia, segu[n]d dize Sant Gregorio en el Pastoral, que el enbidioso como non puede apartar de su coraçon el venino que trae congelado, bueluese a fazer descubiertas obras de maldad. E esto es lo que dize Nuestro Saluador en el Euangelio, que non ay profecta syn honrra synon en su tierra. Porque los parientes & los semejantes quel por el desplazer [fol.56v] que han del honor suyo, procuran de le fazer menguas & de le abatir quanto pueden, lo qual non es obra virtuosa nin acto de gentil cor valeroso. Ca del virtuoso & generoso coraçon es fazer lo que fizo el santo Muysen, que como vno, mouido por enbidia & por atraer a Muysen a yndinaçion & mal zelo, le viniese dezir que dos omes del pueblo profetizauan en su tienda. Rrespondio Muysen muy s[*an]tamente: Plu(gu↑)yese a Dios que todo el pueblo de Dios fuesen profectas, lo qual fizo Muysen por ser virtuoso & tener gentil cor valeroso.

83. Enbidia jamas procura
synon daños,
muertes, liuores, engaños
& rrotura;
prueuase por escriptura
que la fin
basteçio Abel & Cayn
syn ventura.

[A]bel Cayn[304] hermanos fueron, asy como Muysen rrecuenta en el primero libro de los çinco libros, & de la malaventurada muerte deste Abel fecha por Cayn. E la causa porquel mesmo libro [*lo] manifiesta & asy paresçe ser superfluo grande come[n]ta çerca dello, pero todavia la enbidia fue prinçipio asy como rrayz[305] de todos males de aquel nefando & destable caso.

Capitulo xii de gratitud.[306]

84. Syenpre te sea delante
el bien fecho,
& quando fallares trecho
su senblante,

pagalo con buen talante
deliberando,[307]
muy plaziente non pensando
lo rrestante.

Dize Seneca en vna epistola a Luçilo que desagradesçido es aquel que rretorna el bien fecho syn vsura, segund lo qual non solo es de rretornar el benefiçio a quien lo fizo, mas tornar aquello & dar mas en rreconosçimiento de la graçia que rresçibio. Que, segu[n]d dize Valerio en el libro quinto: El que se aparta de rreferir [fol.57r] e rretornar graçia al que bien lo meresçe, aqueste qui[*t]a [*el t]rato de dar & de rresçebir benefiçio, syn el q[*ua]l la vida de los omnes es muerte. E esto es lo que dize el proberuio: Syenpre te sea delante el bien fecho.

85. O quanto fue[308] rreprouado
Tolomeo
por la muerte de Ponpeo
& menguado;
por yngrato fue penado
Ezechias,
quando Dios tento sus dias
yndinado.

Tolomeo[309] rrey fue de Egibto del qual, asy como Lu[*can]o escriue en la su ystoria o libro De Batallas, seruidor fue de Ponpeo, enperador rromano, a cuyas manos el rresçibio el rrey[*no]. E como las guerras çibdadanas se estendiesen entre los dos enperadores çesar & Ponpeo, despues de la batalla tesalica Ponpeo fuyese de los Felipos Canpos a la parte de Lesbe donde, por mandamiento suyo, estaua la enperatriz Cornelia, muger suya; non guardandose de las gentes de [*aquella] ysla, [*paso] por [*mar] en Egibto & pusola en poder de[*s]te rrey [*Tho]lom[*e]o. El qual, [*aconsej]ado de dos malos omes conuiene saber Pontino & Achila, consyntio en muerte & fizo presente al çesar de la ynperial cabeça donde se dize que el çesar, non podiendo detener las lagrimas, lloro. Onde sobre este caso Miçer Françisco Patriarca [sic] en vn soneto suyo ha dicho: Asy. çesare por quel traditor de Egipto /le feçi el dono de la onorata testa, /çelando el alegraça manifiesta /pranje colioche fuori sy come escripto/; lo qual en el nuestro vulgar dize: çesar, despues que el traydor de Egipto le fizo el don de la honrrada cabeça, çelando el alegria manifiesta, lloro con los ojos fuera, como es escripto. De la rreprehensyon deste Tolomeo las estorias son llenas. E por quanto he dicho Lucano rreçita mas por estenso este caso, non se conviene aqui mas dilaçion como este libro non sea punto esquisyto nin de peregrina ystoria. [fol.57v]

[*Eze]chias,[310] del tribu de Juda, rrey fue de Iherusalem, syeruo & mucho amado de Dios. E como Sancheri, rrey de los Asirios, le sytiase la çibdad, enbio a Rrabsaque por su mandadero al rrey Ezechias & a todo el pueblo, rrequeriendo-les & amonestandoles que se le diesen & que el los rresçeberia, a donde non que generalmente l[*os] pornia a espada, mostrandoles que nin el su Dios, nin otro alguno, los podria saluar, segund les era manifiesto por otros muchos rregnos & tierras que el avia sometido a su señoria. E como Ezechias temiese el grand exerçiçio & poderio de Caheri [sic] rrey, mostro el tenplo de Iherusalem a Rrusque [sic] con todos sus vasallos & nobles ornamentos & todas las joyas de su mesma camara, las quales los rreyes de su li[*naje] avian tesorizado. E como Nuestro Señor conosçiese flaqueza en el coraçon de Ezechias & que asy era en proposyto de se dar a obedesçer a este çaheri o por mandado suyo a Rr[*ab]saque, yndinado enbiole a Ysayas profecta, çertificandole que muy presto seria su muerte. El qual lloro tan tristemente & con tanto dolor que la sentençia fue rreuocada.

Capitulo xiii de amiçia.[311]

86. A quien puedes corregir
& consejar,
o te pueda amonestar,
deues seguir;
piensa mucho en elegir
tal amistad,
que te rrecuerde a o[*n]estad[312]
a bien beuir.

La amistança, segund dize Aristotiles en el otauo de las Eticas, se dezia suso en vn proberuio es en vna de tres maneras: por delyete, por prouecho, por onesto. Por delyete es como la amistad destos que vulgarmente se dizen aluardanes & donosos. E esta dura poco & dura solamente quanto agradan & deleytan aquellos donayres. E como non agradan en todo tienpo, nin en toda hedad, non dura aquesta amistança, es de mercaderia. Segund dize Seneca, que non dura mas la amistança de quanto dura el prouecho. E los que[313] [fol.58r] que syguen esta amistança, mas lo fazen por el prouecho del deleyte que por la persona, segund dize Seneca: Las moscas syguen la miel, los lobos los cuerpos muertos; aquesta gente mas sygue la prea & el rrobo que non al omne. Fabla Seneca aqui de los amigos por prouecho que sygue mas la prea & despojo que esperan aver que non al omne. Ay otra amistança por honesto & esta tiene fundamento en virtud & esta es ygual en todo tienpo en tienpo de aversidad & en tienpo de prosperidad, aquesta es la verdadera amistança de la qual fabla el proberuio que deues seguir. E esta es de la que dize Aristotiles, que faze de los amigos vn coraçon & vna voluntad & es vn querer. E el tal amigo que es por lo onesto es el que corrige bien & non es lisonjero nin consyente que faga yniquidad nin mal alguno & conseja syn pasyon & a buen fin & exorta & amonesta a buen beuir & todos los actos de los que son amigos desta amistad han fundamento en buen beuir segund dize el proberuio.

87. Al amigo te rrequiero
& castigo

que lo guardes como amigo
verdadero;
non te digo al lisonjero
que en dulçura
da presentes de amargura
falaguero.

En aqueste proberuio se faze minçion de la diuisyon de la amistança de suso
puesta. E muestra como la amistança por prouecho, que es la amistança con
lisonja,[314] non es amistança verdadera, mas aquella que ha fundamento en
honestad & virtud. E tal amigo como este es de guardar, del qual dize Aristotiles
que quien con amigo desea beuir, caso que todos los otros bienes[315] tenga por que
para la vida çeuil, ha menester omne con quien fielmente comunique sus fechos;
non ay con quien tan osadamente fable como con su amigo. Que segund dize
Seneca en la Espistola a Luçilo, onde en la Coronica de los Filosofos se lee que,
preguntando Aristotiles que cosa era amigo, [fol.58v] rrespondio, vn anima &
dos cuerpos, & deste verdadero amigo fabla aqui el proberuio.

88. Sy touieres tu secreto
escondido,
piensa que seras auido
por discreto;
yo me soy visto sujebto
por fablar,
y nunca por callar
fuy correbto.

Dize Caton en su Filosofia Moral que la primera prinçipal virtud que todo omne
deue tener sy es que tenga rrefrenado & moderada su lengua que çercano es a
Dios. Que el que sabe callar quando rrazon demanda. Socrates en las exortaçiones
dize que en dos cosas solamente el fablar se profiere. E antepone el callar, la vna en
dezir lo que publicamente sabes, la otra en fablar lo que nesçesario es de fablar. En
todas las otras cosas dize que al callar se profiere. E antepone el fablar en espeçial
se deue entender en guardar & rrazonar omne su secreto. Que, segund dize Seneca,
sy tu non touiste secreto a ti mesmo, como esperas que otro lo tenga a ty. E esto es
lo que dize, que seras auido por discreto sy touieres tu secreto. E que se faze omne
sujebto por fablar & nunca es correbto por callar.

89. Pero non pienses que te digo
que te çeles,
nin te guardes nin (te↑) veles
de tu amigo;
ca seria tal castigo
desonesto,
& tornarlo pronto & presto
enemigo.

Seneca en la terçera Epistola pone doctrina de como los omnes deuen buscar amigos & la manera que en ello deven tener. E dize a Luçilo: Piensa por largo tienpo sy alguno deue ser rresçebido en tu amistança; quando ya deliberares que deues tener a alguno por amigo, cometete a el con todo pecho & tan osadamente fabla con el como contigo con el amigo, dize Seneca, todos tus cuydados todos tus pensamientos comunica. E sy qui[fol.59r]³¹⁶ quisieres fazerlo as a ti fiel. E sy sospechas & rreguardas algo del, dasle causa de pecar. Que muchos mostraron engañar rresçelando ser engañados. E esto es lo que dize, que lo torna pronto & presto enemigo.

90. Mas en tales cosas piensa
que mostrar
las puedas & rreuelar
syn ofensa
de tu fama & difensa
en sentido
de querer lo non deuido
que te ofensa.

Dize Seneca en la dicha Epistola que sy alguno tiene amigo de quien non fie tanto como de sy mesmo, grauemente yerra & non conosçe bien la fuerça del amistança. Mas dize: Tu, en tal manera biue que non cometas a ty sy non lo que a tu amigo podras cometer. Quiere dezir que el omne en su pensamiento non piense cosas feas, nin desonestas, saluo aquellas que, puesto que su amigo las sepa, non le traygan ofensa alguna.

Capitulo xiiii de paternal rreuerençia.³¹⁷

91. A los padres es deuido
rreuerençia
filial & obidençia
conosçida;
del Señor es prometida
çiertamente
al fijo que es obidiente
luenga vida.

Por solo instinto natural dexada toda ley deuina & vmana se mueven los om[e]s a honrrar, amar & temer a sus padres & non los ofender por el benefiçio de natura que dellos rresçibieron, segund dize vna ley çeuil. E por tanto Nuestro Señor en los Dies Mandamientos por conplir segund el mandamiento prometio alongamiento de dias. Salmo: Por aquel que dixo, honrraras a tu padre & a tu madre & beuiras muchos dias sobre la tierra. Onde en el Eclesiastico se escriue que el que honrrara a su padre, alegrarse a con sus fijos & beuira luenga vida. E que la bendiçion de la madre las [fol.59v] las desrraygara de fundamento. E esto es lo

que dize, que del Señor es prometida çiertamente al fijo que es obidiente luenga
vida.

92. Las plegarias de Venturia
amansaron
al rromano & apagaron
la su furia;
mas la nefanda luxuria
del tirano
muerte le traxo de llano
con injuria.

Venturia[318] Curiola matrona & noble fue entre las rromanas & madre de
Curiolano Magnanimo & varon de alto consejo, al qual por los sus grandes
meritos non poco temida le era la cosa publica. Pero como non sea cosa nueua en
la vmanidad la yngratitud yndeuida, ynicamente por los rromanos fue desterrado, las causas & como non cale de las espresar. E la enbidia non busca rrazon,
nin la mala voluntad justiçia, tornando al nuestro proposyto, Curiolano se fue a
los boloscos, los quales a la sazon fazian guerra a los rromanos. E como la virtud
en todas partes sea estimada en grand presçio de aquellos benigna, grasçiosamente fue rresçebido & por los meritos suyos non tardo que prestamente por su
enperador lo eligieron, asy como Valerio lo rrecuenta en el su libro, & asy como
lo el dize acaesçio. Que aquel que los çibdadanos de Rroma non quisyeron por
vtil & prouechoso & vezino, lo oviesen en contra por capital enemigo & sytiador
de los sus muros. E como Rroma syntiese los dan[n]os del sytio, los quales
mucho[319] son mas graues a las populosas çibdades & poblaçiones que a las flacas
& pobres abitaçiones, costrenidos & forçados enbiaron sus mensajeros a
Curiolano, suplicandole benignamente se quisyese leuantar de sobre la su
çibdad. E como aquellos proconsules & de los grandes del pueblo & avn del
Capitolio non fuesen grasçiosamente rresçebidos, oydos, nin rrespondidos,
tornaron a las mesmas suplicaçiones, enbiandole los saçerdotes & clerigos
rreuestidos con los hornamentos saçerdotales, a los [fol.60r] quales eso mesmo
furiosamente & con poca rreuerençia rrespondio, llorando los omnes & las
mugeres vista la furiosa rrepuesta, avnque non yndiuida, por ver tanto çercana &
vezina de sy la destruyçion. E como Venturia, madre de Curiolano, con sus fijos
& se fuesen a la hueste & rreal de los boloscos & de lexos el las conosçiese,
mouio fasta ellas con grande & noble conpaña, avnque non poco turbado
aviendo por dicho como ellas non viniesen synon por le suplicar & pedir
merçed que leuantase de ally su hueste. E como ya les fuese çerca, apeose del
cavallo & fue por abraçar a la madre Venturia. E aquella, poniendole la mano en
los pechos, le dixo las syguientes palabras: Antes que tu llegues a mi & rresçiba
los tus abraçados, sabre sy soy venida a fijo o a enemigo, e sy entrare en las tus
tiendas, entrare por madre o por catiua. O cuytada, en que punto es venida la mi
vejez malaventurada, como yo te aya primeramente visto desterrado & lançado
fuera de la nuestra çibdad e agora te vea rrobador & enemigo de aquesta tierra

que te crio. Como ha podido ser que comoquiera que tu vinieses con animo ayrado & ençendido. Que, entrando en esta tierra & comarca, non te sea fuyda & te aya dexado la yra & non ayan çesado tus grandes amenazas. E como viste a Rroma & te fue delante, non dexiste contra ty. Dentro de aquestos muros son las mis moradas & las mis casas secretas. E ally son mi madre & mi muger & fijos. Yo so bien çierta sy te non oviera engendrado, que Rroma non fuera de ti guerreada; sy yo non oviera parido, franca muriera & en patria libre. E esto yo non lo digo porque pueda sofrir alguna cosa tanto miserable que a ty non sea mas vituperable, nin por que yo pueda luengamente sustentar esta catiuedad por rrazon de la mi vejez, mas para mientes estos que te son presentes, es a saber tu muger & fijos. E como Venturia ovo dicho aquestas palabras, Curiolano, abraçandola asy como con boz llorosa, le dixo: O madre mia, vençida & sojudgada es la mi yra. E a sydo a las tus plegarias esta patria & tierra a mi tanto odiosa & vituperable. E non se tardo Curiolano, mando leuantar las sus hu[fol.60v]estes & ligiones de en torno de la rromana çibdad. Onde Valerio dize en el verso deste capitulo: El coraçon que era lleno de dolor por los dan[n]os que avia rresçebido & avia verdadera esperança de victoria, por contenplaçion de la madre & por la virtud de la piedad fue mudada la cruel guerra en paz de grand salud. E asy quanto sean tenidos los buenos fijos a la paternal & maternal rreuerençia largo & difuso seria de escreuir. Pues Nero, del qual en este mesmo capitulo se toca ally donde dize: La nefanda que es aborresçedora luxuria del tirano, qual & quanta fue la su ynobidençia a la madre, en su ystoria se rrecuenta & lo podran ver aquellos que le leyeren. E asy me dexo & fago conclusyon al comienço deste proberuio & moralidad. Pero todavia afirmando que la rreuerençia sea muy deuida a los padres. Por lo qual Nuestro Señor en el quarto de sus Mandamientos otorga luenga vida al omne sobre la faz de la tierra. E bien me podria acorrer de otros muchos testigos, asy filosofos como santos patriarcas & profectas. Pero quanto se suele dezir: longa soleni espernos & breuietate moderne, que en la nuestra lengua dize: las cosas lenguas [sic][320] aborresçen los modernos & alegranse de la breuedad. E asy baste a los letores[321] aquello, que yo me cuydo ser asaz para la declaraçion del presente proberuio & moralidad.

93. Non conviene que oluidemos
Absalon,
mas su loca perdiçion
rrecordemos;
nunca vimos, nin veremos,
quel yngrato
a Dios sea punto grato
pues notemos.

Absalon[322] fijo fue del rrey Dauid, varon muy fermoso & de muy fermosa & de muy apuesta cabelladura, al qual tovo manera que a manos de çiertos seruientes suyos muriese Amon, su hermano. Por quanto adultero con Tamar, su hermana, & despues de corronpida, la echo desonestamente fuera de su casa, & yndinado fue Dauid[323] [fol.61r] de aquella muerte. Pero al tienpo ansy como piadoso padre, por yndustria & suplicaçion de Jonabdeb(do)[324] [sic], espeçial amigo Absalon, perdonolo. E otra sea que Absalon non fallase aquella cara, rresçibo & acogimiento que el quisyera[325] en el padre, o que se moviese por ynduzimiento & persecuçion de algunos malos seruientes, o consejeros, o que su propia voluntad se ynçitase a tal liçençia del padre, & fuese en ebreos & tañendo las bozinas llamo las gentes de Ysrrael & fizose rrey, menospreçiando la rreuerençia paternal, & presumio de priuar del çeptro rreal a su padre & apoderarse en el su dominio. E con este proposyto acabdillo & traxo a su opinion & querer grand numero de gentes de los tribus de Ysrrael. E, en efecto, se leuanto contra el padre en asez & batalla ordenada. E Dios, a quien non es punto en grado la desobidençia de sus fijos & a sus progenitores çiego, enloquesçio & peruirtio su consejo, fuerças & poder de Absalon, por tal modo que la batalla mesclada de amas partes en la qual murieron veynte mill omnes. El mesmo Absalon, discurriendo por las asuadras [sic], vino a pasar so vn rrobre & tenia las rramas estensas en grand espesura, las quales le prendieron de los cabellos, en guisa que vn mulo en que yua paso delante & Absalon quedo colgado de sus propios cabellos. E ally onde pendia, fue muerto por Joab & por çiertos seruidores suyos, asy quel padre rrey Dauid consyguio victoria del desobidiente fijo & paresçio aueriguado Dios ser aquel que pugnaua en puniçion del. Segund que de aquesto mas copiosamente se rrecuenta en el libro terçero de los Rreyes & quise(le)[326] aqui mençionar sumariamente. E creo ser muy desplazible a Dios la ynobidiençia filial.

Capitulo xv de senetud.

94. Non te desplega la hedad
postrimera,
como sea la carrera
de bondad;
o modesta vejadad [sic],
la qual rresfria
los viçios de mançebia
& moçedad.

[fol.61v] Dize el apostol que en tanto que biuimos, estamos peregrinos de Nuestro Señor. Quiere dezir que la tierra propia de nuestra naturaleza es aquella de que dize Dauid en el Salmo: Espero ver los bienes del anima en la tierra de los biuos, la tierra de los biuos es la gloria del parayso. Donde aquellos que ende[327] estan biuen ya syn rreçelo, que la muerte se enseñoreara dellos, segund dize el apostol, en tanto que somos llamados & dichos peregrinos, quiere dezir que asy como el peregrino anda (fuera↑) de su tierra, asy nosotros andamos fuera de aquella nuestra tierra en tanto que beuimos. E porque por la senetud o vejez nos açercamos a venir en nuestra tierra que es a morir. Por la qual muerte, segund dize Platon en el Fedron: El anima nuestra se delibra & suelta de la carçel del cuerpo & va aver vida syn pesar, plazer syn congoxa, rreposo syn turbaçion. Segund lo qual, non nos deue desplazer de la hedad postrimera, por quanto aquella es la carrera de la bondad, quiere dezir que es camino para salir de trabajo & yr a rreposo. E aquesto se entiende de la modesta & tenprada vejez, que aquesta es la que rresfria los viçios de la mançebia & moçedad. Que vejez ay, segund que dize Aristotiles en el primero de las Eticas, que sy non es guarnesçida de buenas virtudes & costunbres, es ygual de niñez que ninguna diferençia ay. Dize Aristotiles de ser alguno moço por hedad o por costunbres, asy que la vejez que non ha desplazer, ha de ser la modesta & bien acostunbrada de la buena criança & exerçiçios loables de la jouentud. E aquesta es la que rresfria los viçios de la mançebia & moçedad. Aquesta dezia el Salmo: Quando verna la mansedun-bre, seremos castigados. La mansedunbre es hedad de sesenta o setenta años, la qual hedad non consyente que omne sea orgulloso, nin soberuio, mas vmillde & manso & virtuoso, & desta dize que rresfria los viçios de la mançebia & moçedad. [fol.62r]³²⁸

95. Esta faze actoridad
al buen varon;
cunplelo de perfecçion
& de onestad;
quien se piensa en poca hedad
pueda elegir
el politico biuir
en ygualdad.

Mandamiento³²⁹ es de la ley de Dios que quando vieremos algu[n]d viejo cano que nos leuantemos a el.³³⁰ E la ley çeuil dize que en la çibdad de Rroma syenpre acostunbrauan de avenerar & honrrar la vejez & que los antiguos, aquella mesma loor que dauan a los juezes & magistradores, aquella mesma acostun-brauan dar a los viejos. E esto es por la actoridad que faze la senetud & vejez. Que ningu[n]d mançebo, por mucho agudo & sotil que sea, non puede por sentido alcançar tanto quanto el viejo conosçe por espirençia. Que segund dize Aritotiles en el primero & sesto de las Eticas, la multitud del tienpo faze la espirençia. E por tanto dize que el mançebo non puede ser buen juez de las cosas porque non ha pasado por el la esperençia de los fechos. E caso que en la sçiençia natural & en las artes liberales non sea menester synon buen entendimiento, que lo que toca a la filosofia natural que es la sçiençia que trata del politico beuir, non solo basta buen entendimiento mas es nesçesario aver espirençia de tienpo. E lo que fazen los omnes en hedad syenpre se presume que lo fazen con maduro & deliberado consejo, lo que non es asy en los mançebos. E por tanto con grand rrazon Nuestro Saluador, perfecto Dios & perfecto omne, puesto que del y[*nstante]³³¹ en que fue conçebido fuese perfecto en todo saber & esp(e↑)ryençia & por subçesyon de tienpo non alcanço nuevo saber, non quiso publicar su dotrina en pequeña hedad saluo en hedad perfecta. E la yglesia non rresçibe por

cosa çierta & verdadera saluo aquellos actos & cosas que se lee que fizo Nuestro
Saluador desde que fue en hedad entera. E todos los otros libros que se fallan
escriptos de las cosas que Nuestro Saluador fizo en [fol.62v][332] en niñez & en
jouentud, la yglesia ha apocrifos & non los rresçibe en la no [sic][333] de la Sacra
Escriptura. E aquesto es por non dar actoridad a las cosas que se fazen en poca
hedad, pues Nuestro Saluador non quiso la publicaçion de su doctrina fuese
synon en perfecta hedad.

96. Esta fizo a los Catones
sapientes,
militantes & valientes
los çipiones;
esta rrige las ligiones
con distreza,
& judga con sabieza
las rregiones.

Segund de suso es dicho, ninguno puede ser sabio nin espierto en los actos &
fechos de los omes, sy non por multitud de tienpo. E por tanto dize Aristotiles en
el sesto de las Eticas que los mançebos han de tener syenpre consygo viejos que
los aconsejen, a los quales han de creer en todas las cosas que dixieren. E por
tanto la senetud es mucho de preçiar, que esta faze a los omnes sabios açebtos
para judgar, diestros para rregir, segund dize el proberuio. Onde Trogeo Ponpeo
en el libro De Vndeçimo escriue que, quando Alixandre auia de fazer algund
conbate peligroso o ponerse en hueste con alguno onde dubdase mucho del fin de
la batalla, non tenia çerca de sy mançebos rrebustos & fuertes, mas viejos de
grand consejo, los quales se avian acaescido en las guerras con su padre &
ahuelo, por que non touiese çerca de sy solamente caualleros, mas maestros. Que
dize que los caualleros viejos que le aconpanauan le pidieron que le pluguiese que
ellos fuesen a rreposar & que vernian sus fijos a seruir en su lugar. E que
Alixandre rrespondio: Mas quiero yo la graueza & actoridad de los viejos docta
& sabia que la ligereza & fortitud syn saber, nin esperençia, de los mançebos, asy
que senetud faze a los omnes sabios & rreuerendos. E a ninguno es de desplazer
con ella, pu[es] es fin de todo ome deseada. E segund dize Tulio en el libro De
Senetud: Como la fruta non es de comer nin es de sazon fasta que sea [fol.63r][334]
viejo, que entonçes se dize estar en la madura hedad, caso que este çerca de su
correcçion como la fruta despues que madura. Pues entonçe judga con distreza &
judga con sabieza, segu[n]d dize el proberuio.

Capitulo xv [sic] de la muerte.[335]

97. Sy dixieres por ventura
que la vmana
muerte te sera çercana,

grand locura
es que piense la criatura
ser nasçida
para syenpre en esta vida
de amargura.

Dize Seneca en la segunda Tragedia que ninguno touo tan fauorables[336] los diosses que se pueda prometer el dia de cras. Segund lo qual, caso que sea çierto que avemos de morir, non es çierta la ora en tienpo que avemos de morir, antes segu[n]d los grandes peligros a que esta la vida vmana sojudgada. Ninguna ora, nin momento, ay en que non deuemos esperar que deuemos de morir. E aquesta es la exortaçion que nos faze Nuestro Saluador, que velemos & oremos por que non sabemos el dia nin la ora. Segund lo qual grand locura es, como dize el proberuio, quien cree que la muerte non esta syenpre çercana. E el que cree pues nasçio non ha de morir. Que segund dize el apostol: Ley es dada sobre todos los omnes que muera vna vez. Onde Valerio en el quarto libro dize que como fuese dicho Anaxagoras, filosofo, que vn fijo suyo era muerto, rrespondio al que gelo dezia: Amigo, non me dizes cosa nueva, ni cosa que non aya esperado, que yo bien sabia que todo lo que es nasçido de mi es mortal. E que es dada ley que todo aquel que rresçebio spiritu de vida que lo rrestituya. E bien sabia yo que asy como alguno muere que primero non aya beuido & asy ninguno biue que non aya de morir. Segu[n]d lo qual, bien dize el proberuio que locura seria pensar la criatura ser nasçida para syenpre en esta vida de amargura. [fol.63v][337]

98. E sy fuese en tal manera,
non seria
esperada el alegria
que se espera,
nin la gloria verdadera
del Señor
Ihesu Nuestro Rredentor
tan entera.[338]

Despues[339] que el primero padre peco, nuestra vida del todo se fizo mortal & llena de muchas miserias & trabajos E por el pecado del primero padre todos somos nasçidos, como di(ze↑) el apostol, fijos de yra, & nunca nos fallesçeran ansias & trabajos en tanto que beuimos fasta que nuestra anima sea suelta & libre de la carçel del cuerpo. E esto es lo que dezia el apostol, querria ser desatado & ser con Ihesu Christo por que el apostol, padesçiendo muchas ansias & penas & trabajos en esta vida, deseaua la muerte por rreposo de los trabajos. E Sant Juan el Apocalipsy dize asy: Bienaventurados son los que mueren en el Señor; de aqui adelante diga el espiritu que rrepose de sus trabajos. Asy que por gloriosa muerte se espera la gloria verdadera (vida↑) del Señor Ihesu Christo verdadera.

99. Pues di por que temeremos
esta muerte,

como sea buena suerte,
sy creemos
que, pasandola, seremos
en rreposo
en el tenplo glorioso
que atendemos.

La muerte,[340] segund dize Aristotiles en el terçero de las Eticas, es lo postrimero de las cosas espantables. [Mas][341] por ser cosa natural, dize Tulio en las Tuscolanas quistiones, que non deuemos pensar que es cosa mala aquello que la natura determino a los omnes. E Seneca dize en vna epistola a Luçilo: La vida es dada a nos con esperança de la muerte, camino çierto tenemos a ella & bien morir es de voluntad morir. Segund lo qual, la muerte non es de temer a los buenos & virtuosos. Que de los malos dize el Salmo que la muerte de los pecadores es mala, la de los buenos [fol.64r][342] es vida porque salen de muerte & van a vida, segu[n]d que Nuestro Saluador dixo al ladron: Oy seras comigo en Parayso. E aquesto porque creo que, pasando la, seria en rreposo en el tenplo glorioso que atendia.

Cabo.[343]

100. Concluyendo, en fin te digo,
que el rremedio
de todos viçios es medio
ser contigo;
sy tomares tal amigo,
vida ynmensa
beuiras & syn ofensa,
nin castigo.

Dize Aristotiles en el segundo de las Eticas que sy toda sçiençia faze su obra perfecta mirando al medio, non poniendo mas de lo que es rrazon, dando a entender que la demasia & el efecto corronpe la cosa & el medio la salua. E los buenos maest(r↑)os paran mientes aquesto, como toda virtud sea mas çierta & mejor que ningu[n]d arte, & su obra & actos sean conformes a los actos de natura. Es syn rrazon que la virtud inquiera & busque el medio como las otras artes. E dize que la virtud moral es [*a]sy çerca de las pasyones como çerca de las operaçiones, que en todas las cosas ay estremo de demasia & estremo de efecto & medio. Pone enxenplo como en temer & en osar & en cobidiçiar o enseñarse & en aver misericordia, & generalmente en todas las cosas en que ay deleyte & tristeza. En todas aquestas cosas, dize Aristotiles, que el medio es loable & los estremos traen vituperio & mengua. E como acaesçe asy que para fazerse perfecta alguna cosa, conv[*ie]ne que ocurren muchas cosas. E [*para] fallesçer de ser la cosa perfecta, abasta que alguna de aquestas cosas fallesca. Asy es que para alcançar, abasta que fallesca qualquier cosa de las que son nesçesarias. Pone vn enxenplo familiar Aristotiles de los que juegan la ballesta, [*que] es muy graue tocar la señal & non lo faze synon el buen vallestero. E non tocarla es ligera cosa que cada vno lo podra fazer. Asy que dize que tener el medio & fallarlo, non lo puede fazer sy non el bueno & virtuoso & qualquier omne se puede [fol.64v] apartar del & por esso son mas los malos que los buenos. E non es ansy verdad, dize Aristotiles, que todas las cosas syenpre el medio sea bueno. Que cosas son que luego como se nonbran son mezcladas con maliçia & pone enxenplo, como alegrarse omne de mal ageno, non aver verguença del mal que fizo, aver enbidia de bienes agenos, adulterar, matar, furtar omne syn causa. De aquestas cosas & de otras semejantes non ay medio que tenga virtud, que comoquier que se fagan, traen consygo maliçia & pecado. En las otras cosas que se pueden bien fazer mal fazer en aquellas ay estremos & ay medios. E destas se entiende el proberuio que dize que el rremedio de todos viçios es medio, e que sy toma omne tal amigo. Quiere dezir que sy en su beuir se abraça omne con la virtud que es el medio, beuira[344] vida ynmensa syn ofensa, nin castigo, en que manera deuemos inquerir para lo abraçar. Pone Aristotiles en fin del segundo de las Eticas adonde, por non alargarme, rremito.

Deo graçias.[345]

[NO ID] SV2–5a (64v–65r) (Prose)

Esto todo va errado fasta otra plana.[346]

Es grande avnque sea mançebo. E sy yo por alguna cavsa so ynduzido a escreuir, grand rrazon he de presentar a ti mi escriptura, pues eres amigo solo conpañero en onesta & luengamente prouada amistad, & se que eso diuulgaras, que de loar eres digno & lo al secretamente corregiras, que como dize Aristotiles: Al amigo conviene encobrir las cosas feas de su amigo & loar las que son loables.

Sigue la primera conclusyon en que se prueua[347] ser nesçesario los omes amar a las mugeres.

Ya sea que los omes cobidçian a lo qual la natura los obliga, segund que espirençia & rrazon nos enseña; & non syn causa que comoquier [fol.65r][348] que algunos ynconvinientes son por la cobdiçia acaesçidos, deuese creer que syn ella el linaje de los omnes paresçeria. E las maneras desta son diuersas. Mas non curando de las espirituales que del anima rraçional proçeden, por que caresçe de nuestro proposyto, trabtare de la cobdiçia o amar de la sensualidad vmana, onde deuemos saber que comoquier que mas & diuersas cosas son delectables a nuestra vista la soberana cosa que nuestra cobdiçia ençiende & con anxioso deseo demanda es la muger agena. E por çierto este trae çiertas causas & natural horden que, como el omne en las vmanales cosas lo primero que ama es a sy mesmo, despues tanto mas ama la cosa quanto del es mas çercana. E despues non ay cosa que tan çercana le sea como la muger que es parte del, syguese que non ay cosa a que despues de sy mas deua amar. E quieres aver actoridad & sufiçiente prueua para esto, lee en el Genesis primero libro & capitulo de Muysen & onde Adan, nuestro padre, por la muger dixo: Ahe, carne de mi carne, huesso de mi huesso, a esta llamaran varona porque de varon es tomada. E por mas declarar que otra cosa non nos era tan çercana, dixo adelante: Por esta dexara el omne el padre suyo & la madre suya etc. E non puede Adan dezir que menguadamente conplimos su doctrina que non...

Lo erado es fasta aqui, desde vn rrenglon que dize: esto todo va erado.

[NO ID] SV2–5a (65r–73r) (Prose)

Tractado que fizo el muy exçelente & eleuado maestro[349] en santa teologia & en artes don Alfonso, obispo que fue de Avila que llamauan el Tostado, estando en el estudio, por el qual se prueua por la Santa Escriptura como el omne es nesçesario[350] amar & el que verdaderamente ama es nesçesario que se turbe. [fol.65v]

[O][351] hermano,[352] rreprendisteme porque amor de muger me turbo, o poco menos desterro de los terminos de la rrazon, de que te maravillas como de nueua cosa. Porque la quexa por amor causada era entonçes mi prisyonera, non oue libertad para te satisfazer con digna rrespuesta, mas agora que aya quanto me desanparo non el amor mas la pasyon, quiero apartar de mi la culpa de que me acusas, contradiziendo tu rreprehensyon porque diste a oluido aquello de que eres estudioso. E por que creas que en amar fize cosa deuida & amando non erre en me turbar, pongo & fundare dos conclusyones: primera que es nesçesario al que propiamente ama que algunas vezes se turbe. E sy alguno por aventura dixiese que menester faze tan larga rrelaçion a quien segund su hedad basta synple palabra, rresponderia que comoquiera que tu hedad es tierrna, la discreçion & prudençia que en ti rresplandeçen aprueuan tu abilidad. E por çierto, non deue ser avido en menospresçio. el mançebo sy ha seso & sapiençia de viejo. Dize Boeçio en el segundo De Consolaçion que sus fijos, comoquier que eran mançebos, paresçian en el engenio, asy mato su ahuelo que era varon antiguo & sabidor. Dize Tulio en el libro De Senetute: En los moços dotados de buenas costunbres los sabidores viejos se deleytan. E dize Salamon: Mas vale moço pobre sabio que rrey viejo & nesçio. Dize el grand filosofo Ermes: Pequeño es el nesçio maguer sea viejo & el sabio es[353] grande avnque sea mançebo. E sy yo por alguna causa so[354] ynduz[*ido a escrivir], grand rrzon he de presentar a t[*i mi] escriptura; eres [*ami]go solo conpañero en onesta & luengamente prouada amistad. E se que eso diuvlg[*ar]as, que de loar eres digno & lo al secretamente co[*rr]egiras. Que, como dize Aristotiles: A[*l] amigo conviene encobrir las cosas feas de su amigo & loarlas las que son loables.

Syguese la primera conclusyon en que se prueva ser nesçesario los omnes amar a las mugeres.[355] [fol.66r][356]

[Y]a[357] sea que los omnes cobdiçian a lo qual la natura los obliga, segund que espirençia & rrazon nos enseña, & non syn causa, que comoquier que algunos ynconvinientes son por la cobdiçia acaesçidos, deuese creer que syn ella el linaje de los omnes peresçeria. E las maneras destas son diuersas, mas non curando de las espirituales que del animal rrasçional proçeden, por que caresçe de nuesto proposito, trabtare de la cobdiçia o amar de la sensualidad vmana, onde deuemos saber que comoquier que mas & diuersas cosas son delectables a nuestra vista, la soberana cosa que nuestra cobdiçia ençiende & con anxioso deseo demanda es la muger agena. E por çierto este trae çiertas causas & natural horden, que, como el omne en las vmanales cosas lo primero que ama es a sy mesmo, despues tanto mas ama la cosa quanto del es mas çercana. E despues non ay cosa que tan çercana le sea como la muger que es parte del, syguese que non ay cosa a que despues de sy mas deua amar. E quieres aver actoridad & sufiçiente prueua para esto, lee en el Genesis, en el primero libro & capitulo de Muysen, onde Adan, nuestro padre, por la muger dixo: Ahe, carne de mi carne & hueso de mi hueso, a esta llamaran varona porque de varon es tomada. E por mas declarar que otra cosa non nos era tan çercana, dixo adelante: Por esta dexara el omne el padre suyo & la madre suya etc. E non puede Adan dezir que menguadamente conplimos su doctrina, que non[358] solamente lo que el nos amonesta fazemos, mas allende por la muger a nos mesmos muchas vezes menospresçiamos, posponiendo de nuestro propio interese & poniendo en ligero caso de aventura nuestra vida. Por esta nos son dulçes los trabajos & el temor non avemos por estoruo, el deseo della nos trae a grand priesa de largas carreras & por cobdiçia desta oluidamos la honrra del estado. Como fizo Dauid, que por amor que ovo de Vigayl, non curando de lo que a su estado rreal convenia, ouola por muger, suçediendo en lugar de Nabal Carmelita, omne de baxa & vil condiçion. Por çierto, con discreta diberaçion [sic] Saul prometio su fija al que matase al filesteo Golias, [fol.66v][359] entendiendo quel amor de la ynfante forçaria a alguno a poner en esecuçion su deseo. E otra vez quando por enbidia fue fecho enemigo a Dauid, queriendo que por mano de los filesteos muriese, dixo que le daria a Merab fija suya por muger, con condiçion que las arras fuesen çient cabeças de filesteos. E con quanta voluntad Dauid açebto este peligroso afan por amor de la fija del rrey, en esto lo veras que con el ayuda diuinal fizo tal guerra quel numero de las filesteas cabeças troxo doblado. Escripto es en el libro de los Juezes que, aviendo los fijos de Ysrrael çercada vna çibdad llamada Dabid & en otra manera Ebron Calep, fijo de Yefane, prometio al que prendiese la çibdad su fija Acça por muger, Yacoui el su sobrino que la dicha Acça, su prima, su amada era, esforçose en la batalla & con soberano afan gano la çibdad. Que dire de aquel malo & nozible consejo que Balan, profecta, dio al rrey Balaque en que determino non aver cosa al querer del omne mas çercana que la muger & fizo poner en encuentro del pueblo de Ysrrael moças boabitanas en la carrera por do pasauan, por cuya cobdiçia çiegos pecaron, de que syguio entre ellos general pestelençia. E por esto dixo Salamon: Por la fermosura de la muger muchos peresçieron & la cobdiçia della asy arde como fuego. Leese de Paris que como fuese elegido por juez para determinar la quistion que era entre las tres duen[n]as o deesas, es a saber Juno & Palas & Venus, sobre la mançana de oro que la deessa de discordia entrellas echo en el conbite del rrey Tantalo, escriptas de letras de oro que dezia: Ayala la mas fermosa. E como por Juno le fuese prometido, sy adjudicase a ella la mançana, abundançia de rriquezas, & por Pala[s], que era deesa de batallas, victoria & syngular ayuda en qualquier guerra, e por Venus, muger qual ella quisyese escoger, Paris, por cobdiçia de la muger, non curando de las graçias de las otras deesas, jugdo pertenesçer la mançana a Venus. Veras a quanto afan Jacob se puso por amor de Rra[c]hel, que se fizo syervo de Laban catorze años. E dize el testo Genesis, capitulo veynte & ocho, que le paresçieron aquellos[360] años tienpo muy breue por que amaua mucho a Rrachel de se quien es escripto en este libro menos que tanto amo a Dina, [fol.67r][361] fija de Jacob, que como despues de la ver forçado, le fuese dicho por Symeon & Leui, hermanos della, & çircunçidandose el & toda su gente le seria dada por matrimonial ayuntamiento el menospresçiando el dolor de la llaga & contra la costunbre de su tierra, fizolo asy.

Bien paresçe, segu[n]d esto, quel amor non consuente en el arbitrio vmano mas nesçesidad nos apremia amar a la muger. E asy paresçe averlo dicho vn filosofo llamado Diogenis avnque en este dicho se ovo contrario a la feminal naçion, onde dixo: La muger es mal que non se puede escusar de la amar. E Salamon dize en el libro de la Sabiduria, ninguno puede ser casto, es a saber desta cobdiçia o amor, sy non por espeçial don de Dios. E çiertamente para sustentaçion del vmanal linaje, este amor es nesçesario, por esto que dire. çierto es quel mundo peresçeria sy ayuntamiento entre el omne & la muger non oviese. E pues este ayuntamiento non puede aver efecto sy non amor de amos syguese, que nesçesario es que amen. E por esto puso Dios en el omne coraçon cobdiçioso & quiso que deste amor saliese delectaçion, por que voluntariosamente cunpliese aquel mandamiento escripto en el primero libro Genesis: Creçed & multiplicad & fenchid la tierra, & en esto podemos ver la nesçesidad que Nuestro Señor en este mandamiento puso, que non solamente dio esta ley a los omnes que por el benefiçio de la rrazon los mandamientos suyos obedesçen, mas vniversalmente la dio a toda cosa animada. E los otros mandamientos que non son nesçesarios para sustentaçion de la vida vmana, comoquier que son muy convenibles, son guardados por pocos omnes & tibiamente. Mas este que trae premia de nesçesidad egualmente es guardado asy por los buenos como por los malos.

Contenplaçio[n] que se sigue[362] de la dicha conclusyon.[363]

Del dicho mantenimiento se sygue que non solamente Dios, Nuestro Señor, consyente en este amor, mas avn le plaze quando vsan del hordenadamente. E paresçe en aquello que dixo quando quiso fa[fol.67v] quando quiso fazer a la muger, non es bien que el omne sea solo. E dize Salamon: Tres cosas plazen al mi espiritu & son prouados ante Dios: acuerdo entre los hermanos & amor entre los vezinos & marido & muger, que se consyenten & se amen. E por çierto muy convenible cosa es que el omne ame a la muger, pues que es ayuda del & asy lo fallaras en el libro Genesis, que fizo Dios a la muger para ayuda del omne. E dize Salamon en el Eclesiastico crio Dios al omne (&↑)del mesmo ayuda semejante de sy.

Segunda conclusyon muestra que es nesçesario al que ama que alguna vez se turbe.[364]

Vengo a la segunda conclusyon por fundamento de la qual tomo aquella actoridad escripta en el libro de los Cantares, capitulo vltimo, onde dize: Tan fuerte es el amor como la muerte. E esto sabes como lo entiendo, que asy como la muerte quita el poder por priuaçion de la vida, asy faze el amor al amante seyendo biuo. E muchas vezes el amor engendra peligrosas enfermedades, como se lee de Amon[365] en el segundo de los Rreyes, onde dize, sera como atormentado de dolençias por amor de Tamar, hermana suya. E avn desta enfermedad algunas vezes se sygue muerte, como dize Ypocras: El amor es cobdiçia que se faze en el coraçon, por causa de la qual ynterviene algunos acçidentes de que por ventura muere el enanamorado [sic]. O quantos fueron por amor vençidos difiçile cosa seria de contar. Pero pues la materia lo consyente de algunos escriuieren.

Abctoridad de Sanson.[366]

Sanson fue vençido & turbado por amor quando a su muger rreuelo en que era la virtud de su fuerça, avnque claro era de ver que dende se syguiria el ynconviniente que despues le vino.

E porque el amor çego la lunbre y[*n]telec[*tiua] de Santson, non dexan de le consyderar lo que rrecresçer podria de dar a su muger poder sobre el, se syguio que le çegaron la lunbre corporal quebrandole los ojos. E por esto dixo Salamon: Non des poder a tu muger sobre ti, que te cohondera.

Contenplaçion.

[fol.68r][367] Veras aquel santo varon Dauid como fue por amor vençido quando se ennamoro de Bersabe por sola vista, que comoquier que fue çertificado ser enagenado por matrimonio, non çesso de poner por obra el deseo de su voluntad. E allende desto por la ver libremente a su querer, fue consentidor en la muerte de Vrias, su marido. Gra[*n]d actoridad es esta para auer conosçimiento de la potençia quel amor en nos tiene, que como Dauid fuese en todo el linaje vmanal escogido por su justedad & avn sabiduria por la graçia diuinal a el dada, que asy paresçe en lo que dixo [*e]n e[*l] Salmo çinquenta & vno: El secreto de la sabiduria me diste a entender, asy se apodero en el amor que non solamente le fizo negar su buena & casta condiçion, mas fizole ofender a su criador, a quien el syenpre ouo en grand rreuerençia, & traspaso dos mandamientos suyos escriptos en el segundo? quarto? libros de Muysen: vno, que fue omeçida matador & consyntiendo en la muerte de Vrias, segundo, que cobdiçio & cometio adulterio con la muger de su proximo. E por esto dize en el libro del Eclesiastico: De la muger nasçe la maldad del varon.

[*A]mon.

Amon fue fijo Dauid [sic]; se ennamoro de Tamar, hermana suya, del qual amor, turbado & preso contra la costunbre de Ysrrael & contra ley & rrazon, esecuto la loca cobdiçia de sus amores.

En este paresçe quan graue fuera Amon fazer tan feo acto, sy libre fuera para aver verdadero conosçimiento, que quando el amor del fue partido, veyendose culpado de tan orrible pecado, fue ençendido en grand yra & aborresçio a Tamar & queriendo ser della absente, fizo la desonesta echar fuera de su camara. E dize el testo que fue mayor el aborresçimiento que la aborresçio que non el amor que la amo, que comoquier que ella fue syn culpa, enpero su fermosura fue causa del crimen, onde su hermano, Salamon, dize: Non cates a la donzella, non seras vençido de su fermosura.

[*S]al[*a]mon.

Leese adelante del terçero de los Rreyes de Salamon que, çiego por amor contra el diuinal defendimiento, tomo para sy mugeres gentiles. E non esto solo fizo. Ca ofendio a su verdadero Dios, adorando [fol.68v] los diosses dellas. Piensas que fue ligera premia la que amor puso en Salamon; por çierto yo creo que non deue ser negado, que non ay ome acto para amar a quien el amor non vença, pues a Salamon vençio. Ca este sobra de seso & sabiduria a los nasçidos antes & despues del. Como es escripto en el nonbrado libro, onde Nuestro Señor le dixo: Ahe, que he dado a ty coraçon sabio & entendido, que otro
tal como tu non ha seydo ante que tu & despues de ty non se leuantara.

Contenplaçion.

O quand vigurosa fuerça amor tiene, que aquel por su mucha sabiduria & linpieza fue meresçedor de edificar el tenplo santo, despues amor le f[*izo] hedificar tenplo para que amos ydolos de Moab & Parameleque, ydolo de Amon & aquel que escriuio mill & çinco libros de çiençia & fablo tres mill proberuios para ensenamiento de los fijos del omne, amor le fizo ser a ordenança & administraçion de las yndiscretas mugeres moabitas & demitas, & aquel por sabiduria grande ouo conosçimiento de las propiedades de todas las plantas & de todo animal de la tierra & del mar, non pudo conosçer la vmanidad de los ydolos, nin el femenil engaño. E finalmente aquel, so cuyo poderio eran sometidos grandes prinçipes & a quien seruian los rregnos de sus enemigos, amor le puso (so↑) el poderio de las flacas mugeres. Onde Jesufira, fablando del, dize: Entornaste tus lomos a mugeres & disteles poder & sobre tu cuerpo; diste manzilla en tu gloria & feziste caer en saña al poderoso. Bien faze a este proposyto lo que vn filosofo llamado Este segundo dixo: La muger es cohondimiento del honbre. E esto deuese entender que, puesto que la muger es causa, enpero el amor es el cohondimiento. E esto claro es que por este enmalesçieron a Salamon sus mugeres por que las amaua. Ca non amando, non consyntiera en su rruego. E por çierto, mas dañosa te sera vna muger que ames que mi[*ll de quien non cure]s. B[*er]sabe cohondimiento fue de Dauid. Mas sy propiamente queremos fablar, non lo fizo la maldad della, mas el amor que della ovo. E piensas que las mugeres fueran sufiçientes para engañar a Aristotiles & Virgilio non lo creas, ca el amor los engaño. [fol.69r]³⁶⁸

[*T]ereo.³⁶⁹

A Tere[*o], Rrey de Françia,³⁷⁰ cuenta Ovidio que, seyendo casado con pobre fija del rrey Pandion & estando en Atenas, rreyno de su suegro, fue ençendido en amor de Filumena & cuñada suya. E queriendo rretornar en su rreyno, onde era pobre, demandando con grand ynstançia liçençia para que la ynfan[*ta] Filumena fuese con el a ver su hermana, la qual por Pandion, avnque non de todo grado, le fue otorgado. & al tienpo de la partida fue tomado a Tereo fuerte juramento en los diosses por su suegro que Filumena asy como padre guardaria. E partiendo de Atenas, entraron en el mar onde ovieron buen viaje. E arribados en tierra, Tereo con Filumena se aparto de la gente suya a vna espantable & abiltada selua de fieras bestias saluajes onde, çiego & grauemente apremiado del amor, forço a su cuñada, corronpiendo su virginidad.

Contenplaçion.

Non consyento el amor a Tereo guardar los juramentos, que quando los fizo su proposito era de los non guardar, mas ligera cosa le fue ser perjuro a fin de aver lugar de conplir su deseo. E por esto dixo Seneca: El que ama mala vez, syenpre pena en jurar.

Actoridad de Oliferne.³⁷¹

Leese de Oliferne que, turbado por amor de la profetiza Judic, asy oluido la guarda de sy mesmo, teniendo çercada a [ ]³⁷² & por se confiar en ella, perdio la vida por ferida de las femeniles manos.

Contenplaçion.

El amor fizo a este oluidar a Judic, que era enemiga suya, & su conpañia le era peligrosa; como dize este segundo: La muger es peligro syn mesura del omne por que, encantado de la afecçion, non se guarda della.

T[*ie]s[*t]es.

Vn prinçipe llamado Tiestes [*fue] vençido por amor que ovo a la muger de Atreu, su hermano, asy que, propuesta la lealtad deuida a su hermano & oluidada la honestad de su rreal estado, cometio adulterio con su cuñada. [fol.69v]

Contenplaçion.

Çiertamente el amor non consyente los [*mo]uibles pensamientos, nin da lugar a la lealtad. Ca difiçile cosa es guardar lealtad a la muger de su amigo sy la ama, como dize vn filosofo llamado Aurelio, pocas vezes guarda omne lealtad quando le es encomendado la guarda de alguna muger, & avn deste mesmo se lee que se ennamoro de su fija Polopa & ouola a su querer.

Archiles.

Famoso cauallero fue Archiles, el qual, apremiado del amor de Poliçena, nego el ayuda a sus parientes & naturales subditos los mermidones, estando en conpañia de los griegos en la tierra de Troya. E despues, çiego del dicho amor, fue al tenplo de Apolo en la troyana çibdad de sus enemigos, onde fue ferido & por la mano de Paris murio.

Contenplacion.

Sy este tomara la doctrina de Alixandre, non fuera ans[*y] vençido. E como le fuese consejado que por estender de generaçion oviese muchas mugeres, rrespondio: Non conviene al que vençio los omnes, que lo vençan las mugeres, comoquier que Alixandre muy fuerte & avn sabidor temor ovo de ser vençido por amor. E por esto quiso escusar la causa, es a saber, la conversaçion de las mugeres. E por çierto bien podemos dezir de Archiles que vençio los omnes, que la çibdad de Troya entonçes fue vençida quando fueron muertos el fuerte Ector & sus hermanos Troylos & Difibus, los quales murieron por feridas de[373] las manos del dicho Archiles & despues fue vençido & traydo a la muerte por amor.

Egisto.

Leese de Egisto, fijo de Nestor, [*que amo] a Clitemesta, muger de Agamenon, su primo. Por el qual amor çiego, non tan solamente cometio adulterio, mas, venido Agamenon victorioso de la guerra de Troya, Egisto en vno con Cletymesta trabtaron la muerte a Agamenon. E el, seyendo desnudo para entrar en el[374] [fol.70r] lecho que estaua escondido,[375] salio & matolo.

Contenplacion.

Çiegos[376] fueron estos en el arrebatado & syn deliberaçion malefiçio, ca se non sopieron guardar del caso avenidero. E por esto dize Seneca, pocas vezes otorga Dios al omne que ame & sea sabidor, como sy dixiese, el amor non dexa saber, nin pensar, el amante lo que se puede seguir de lo que faze. E sy quieres saber lo que avino por la muerte de Agamenon, yo te lo dire; Orestes, fijo de Agamenon, puso a Egisto en la forca & a Clitemesta dio muerte desonrrada.

Piramo.

Quanta premia puso amor en vn mançebo de Bauilonia llamado Piramo el qual, com[*o] [*a]mase a vna donzella (que↑)[377] se llamaua Tisbe, de consentimiento de amos Tisbe fue a esperar a Piram[*o], çerca de vna sepoltura del Rrey Niño, cabo vna fuente, onde vn leon vino a beuer, de cuyo miedo Tisbe desanparo el manto de su Cobertura; fuyendo, metiose en vna cueua. Pues el leon, que tornaua a la selua donde salio, vido el manto & tomolo con la boca, & con las vn[n]as despedaçolo. Piramo, veyendo el manto despedaçado, temiendo que Trisbe [sic] seria muerta por alguna bestia saluaje, syn [*a]ver deliberaçion matose a sy mesmo. E la dicha Tisbe, veniendo al señalado lugar onde vido a Piramo muerto, tan grande dolor ovo que con el cuchillo sangriento de la llaga del su amado dio fin a su vida.

Contenplaçion.

Non podieron estos sostener el dolor que les apremio a se matar, que como dize Ovidio: Amor & poder non pueden ser ayuntados en vn ser. Quiere dezir que el que ama non puede el amor en los açidentes del rresystir. [fol.70v]

Del [sic]. de las mugeres. Çila.

Creo que los enxenplos rrecontados bastan para la prueua desta conclusyon. Pero este caso de Trisbe [sic] mueue mi voluntad escreuir de algunas mugeres a quien amor vençio. E en primero rreçitare de la ynfante çila por que enxenplo es syngular para nuestra entençion, el qual desta[378] manera acaesçio. Minus, rrey de

Creta, vino a conquerir la tierra del rrey Niso,[379] padre de Çila &, teniendolo
çercado en vna çibdad llamada Alechacon,[380] çila fue ennamorada de Minus,
veyendolo desde el adarue de la çibdad, caso que, por ganar con el graçia &
averlo a su querer, entro en la camara de su padre seyendo durmiendo & con loca
osadia & abobinable [sic] esfuerço cortole la cabeça & leuola al rrey Minus.

Contenplaçion.

O que ynormidad & cruel osadia de vna flaca d[*on]zella matar vn rrey, su padre,
por amor de otro rrey estraño. E donde naçio esta audaçia que, como dize vn
filosofo llamado Nestero, las fenbras son naturalmente medrosas porque son
frias, mas el amor ansy ençiende al amante, que al flaco faze fuerte & al medroso
esforçado.

Medea.

Leese de Medea que por amor que ovo a Jason le dio consejo para rrobar o tomar
el tesoro del rrey Ortes, su padre, que estaua en la ysla de Colcos encantando, que
segu[n]d poetica ficçion era vn carnero que tenia la lana de oro, & partiendose
con Jason, desanparo el rreyno que por fin de su padre le pertenesçia &,
temiendose que su padre yria en pos della por la rretornar, quitandola de
Jason, mato a vn hermano suyo que leuaua & partiolo en pedaços, derramando-
los por la carrera porque su padre, ocupandose en coger los mienbros de su fijo,
diese lugar a la fuyda de Medea. [fol.71r][381]

Contenplaçion.

Non creo que fizo esto la maldad de Medea, mas la turbaçion del amor, como
dize Seneca en la setima Tragedia, fingiendo que lo dize Medea: Todo quanto he
fecho, fize por yra, nin por saña, nin furor, synon por el amor de Jason.

Fedra.

Fedra, muger de Teseo, amo a Ypolito su ennamorado, fijo de Ypolita, rreyna de
las amazonas. El qual, por que non quiso consentir en el yerro de la madrastra
suya, fue por ella acusado ante su padre Teseo, culpandole su pecado. E por esto
Ypolito, ynoçente, fue por ello desterrado, el qual destierro, yendo en vn carro,
los cauallos que lo leuan, espantados de vna bestia marina, derrocaron el carro
entre las pen[n]as rriberas del mar, onde Ypolito murio. Fedra, que avn non lo
amava, sabiendo el desastrado caso, tanto se dolio por el amor que le avia que se
mato.

Contenplaçion.

[*Avn]que Ypolito non amaua a Fedra, non podia ella çessar de amar que, como dize Seneca: El amor non se puede quitar, mas puedese desfazer poco a poco.

Ylaçia.

Entre todas las otras non oluidare a la noble rreyna Ylaçia, muger del rrey Ferro que, como por Apolo fuese dicho que Ferro morria sy alguna persona non muriese por el, la dicha rreyna que lo amaua ofresçiose a la muerte por librar della a su marido.

Contenplaçion.

Por esto dize Seneca: Non ay cosa que non sufra el que perfectamente ama. E de creer es que esta dueña todas las cosas sufriera por su marido, pues sufrio la postrimera & mas graue.

Daymira.

Tanbien demostro Daaymira [sic] que amaua a Hercoles, su marido, [fol.71v] que como el se ennamoro de [*Tr]roylos, fija de Emitola, por amiga dixo a Daymira a Hercoles a su amor enbiole vna camisa teñida de la sangre del çentauro que Hercoles avia ferido con saetas ervoladas, la qual el dicho çentauro, deseoso de la muerte de Hercoles, le dio, diziendo que sy en algund tienpo Ercoles fuese alongado de la amar que, vistiendo aquella camisa, tornaria en su amor. E Ercoles, como la vistiese, fue ferido de la ponçona del venino en tanto que su carne se aparto de los huesos & el, syntiendo el tormento de aquella pestelençia, lançose en vn grande fuego en la selua Ochanta & ende murio; pues Daymira, ynoçente, desque sopo la muerte del que tanto amaua, non consyntio que su vida fuese mas larga que la de su marido avnque Hercoles la (a↑)via³⁸² desanparado, non podia ella tirar de su coraçon el amor. E por esto dize Seneca: El coraçon non da fin al amor.

Fin d[*e] las estorias.

Por çierto tan g[*ra]nde es la fuerça del amor que [*non ouo] quien para la conparar fallase sufiçiente rremedio, avnque algunos çerca desto escriuieron, ansy como Salamon da consejo para escusar de amar diziendo: Non cates a la muger fermosa, non seas vençido en su fermosura, & Ovidio amonesta al que ama & se quiere apartar de amar que ame a dos personas & mas sy podiere por que partida la voluntad en partes el amor non terna tanta fuerça, da otro rremedio que es fuyr del ocçio, ocupandose en algunas obras. E avn dize que para escusar de oyr & ver algunas cosas que le rretornen en el amor, que se deue partir de la tierra donde esta su [*am]ada. Seneca d[*a] casy este rremedio, diziendo que el quiere echar de sy el amor, escriue de sy el amor qualquier loa o rrecordaçion de la cosa que ama & fuya los ojos & las orejas de aquellas cosas que quiere dexar, ca la afecçion que amorio ayna rreuelan contra aquello que quiere la rrazon. E por esto aquel poeta Petrarca nos conbida con dulçes amonestamientos a la vida solitaria, entendiendo que non solamente este amor de que [fol.72r]³⁸³ fablamos, mas cobdiçia de otras mas ligeras & baxas que nos vençe & desuia de las carreras de la virtud. Piensas sy es digno de creer, segund las cosas alegadas, quel amor puede vençer al omne & le turbar. Non te sea graue desanparar la dubda, ca esto naturalmente acaesçe. E asy lo determina el grand filosofo & medi[c]o Ypocras, onde dize, quando es muy fuerte el amor, creçe el cuydado & el velar & entonçe se quema la sangre & se torna en malenconia, dan[n]andose el pensamiento & viene la torpedad, o mengua el seso & sospecha lo que non puede ser & cobdiçia lo que non ha de cobdiçiar, fasta que lo (a↑)trae al dañamiento çiertamente, asy como el vyno vençe & derriba el beudo. Puesto que sea muy sabidor, asy faze el amor al ennamorado. E en este grado lo eguala Salamon, segund paresçe en aquella actoridad escripta en el Eclesyastico onde dize: El vyno & el amor de las mugeres fazen rrenegar a los sabios & derribar a los segundos.

Rrelalacion [sic] de la causa del amor.

Ca pues he conplido lo que prometi, consyenteme, yo te rruego, que alabe la causa de mis amores. Ca dignamente lo puedo fazer, que por çierto non fue vna la causa que me fizo amar, mas muchas, & por çierto non me condeño por que amase yndiscretamente, nin a quien non deuia. Ca ame donzella linpia cuyo talamo & fin de onesto matrimonio desee³⁸⁴ & que sea quien se que me querrie & deseo ser marido de quien piensa que devria ser señor & non por fermosura, nin a muy fermosa, por aquello que dize vn filosofo llamado Rrabun: Non conuiene al sesudo que case con fermosa muger, por que se ennamoran muchos della. E por esto despresçiara a su marido. E dize el profeta Jouenal que la muerte se procura el que busca muger fermosa por que todo omne la cobdiçia. Dize Seneca: Con muy grand peligro guardaras lo que muchos desean. E por esto que digo non creo que ame muger fea o desagradesçida. Ca lo que estos sabios dixeron es de entender por [fol.72v]³⁸⁵ por la soberana o espeçial fermosura de que el pueblo se marauilla, mas la grasçiosidad o comunal fermosura loables en la buena. Como dize Salamon: La graçia de la muger segura delectara a su marido & engozara los huesos del. E piensas que ame por rriquezas non lo creas, nin tanpoco por los rresplandesçientes arreos, ca mas me agrada el arreo de su discreçion virtuosa que non el de las rricas joyas. E yo he por loco al que por cobdiçia de bienes de fortuna non cata el prescio de la muger que por conpañia perpetua toma, dize Seneca en el libro De Rremedios contra Fortuna, fingiendo que alguno se querrella: Perdi buena muger. Tu en ella non cates fermosura, nin luengos ahuelos, nin patrimonio; ave la bien enseñada & non de los viçios de la madre enconada, non de cuyas amas orejas los patrimonios decuelgan, non a las que las perlas afogan, non a las que menos tienen de dote que basten. E por qual cosa deue ser dexada aquella por quien Salamon dize: La muger castig[*a]da & [*vergonçosa] es graçia & sobregraçia, non ay peso que lo vala de cosa alguna. E por quien dize la muger cuerda heredamiento sera a su marido. E quantas rriquezas son sufiçientes a conplir las menguas de aquella, por quien el mesmo dize la maldad de la muger fizo mudar su faz & muestra la cara alta en medio de los vezinos & miro el marido & en oyendo la sospiro. E dize adelante a tal es la muger lenguada al omne manso como la sobida arenosa a los pies del viejo. Piensas que en poco grado posyeron los sabidores aver buena muger. Veras que dize Salamon en el Eclesiastico: Bienaventurado es el varon marido de la buena muger[386] & doble es el cuento de sus años. E dize en otro lugar: Bienaventurado es el que mora con muger sesuda. Dize Fulgentio en el libro De las Naturas de los Diosses quel mas soberano bien mundanal es aver buena muger & benigna. E en todo tienpo da alegria a su marido. Dize Boeçio, en el segundo De Consolaçion, que non se deue quexar por los bienes que perdio, pues le queda buena muger & casta que es la cosa mejor [fol.73r][387] de su bien andança. E por çierto non me pesa por que ame, avnque dende non me vino bien, synon que me çertifique de cosa que me era dubdosa. E acreçente en saber por verdadera espirençia. E por esto me pena en mayor grado el amor que es a mi nueva su disçiplina comun. Acaesçe a los que son criados libres & delicadamente. E despues viene a seruidunbre. Por esto puedo dezir aquello que Ovidio dize en vna epistola que finjo ser enbiada por la ynfante Fedra a Ypolito: Quanto mas tarde conosçe el amor, tanto me es mas graue el tormento del.

[ID....] SV2–5b (73r–76r) (Prose)

Vn tractado que fizo Seneca que enbio a su amigo que fabla de los rremedios.[388]

Maguer tengas el rregaço lleno & esclaresçido de todos poetas en pro delibre de te enbiar esta obra para rremedio de los acaesçimientos. Por ende en qual cosa te paresçe que deuemos començar a fablar, paresçeme que en la muerte. Por quanto esta es la cosa mas postrimera & mayor. E por esta teme & ha miedo el linaje vmanal & con rrazon, ca todos los otros temores tienen en sy alguna alegria. E todas las otras cosas non atormentan, mas la muerte todas las cosas traga & esta pone fin a todas las cosas que tememos. E los que non temen otra cosa temen la muerte. Ca qualquier cosa que pensares tienen en sy rremedio & consolaçion, saluo la muerte, por ende en tal manera te enforma, que sy alguno te amenazare, [fol.73v] con la muerte non ayas miedo de sus espantamientos.

Moriras.[389]

Esta es cosa natural del omne & non pena.

Moriras.

La vida del omne peregrinaçion es; despues que mucho andouieres, al fin has de tornar onde saliste.

Moriras

Pensaua que me dezias alguna cosa nueua para esto que viene al mundo luego quando nasçi la natura me puso este termino.

Moriras[390]

Locura es temer lo que non puedes escusar. Ca esto non puedes fuyr, avnque se aluengue.

Moriras.

Nin sere el primero, nin el postrimero; muchos fueron ya primero, que yo & todos los otros me seguiran & yran en pos de mi.

Moriras.

A lo menos esta es vna cosa con que otro mortal non me puede amenazar.

Moriras.

Este es el fin del ofiçio vmano; por do pasa todo el mundo pasare yo.

Moriras[391]

Todas las cosas son engendradas so esta condiçion; la que comiença a ser, algund tienpo dexara de ser.

Moriras en tierra estraña.[392]

Todo es vn camino para el otro mundo por doquier quel ome va.

En tierra estraña moriras.

Non ay tierra que sea agena al muerto.

Mançebo moriras.

Muy buena cosa es morir ante que desear la muerte.

Mançebo moriras.

Esta es vna cosa por donde ha de pasar tanbien el moço como el viejo & esa mesma nesçesidad del fado lieua a los mançebos que a los viejos. [fol.74r][393]

Mançebo moriras.

Qualquier que llega al termino de su fado, viejo muere; non es de curar quanto sea la hedad del omne, mas quanto termino tenga de vida.

Mançebo moriras.

Por ventura la fortuna me libra de algund mal o a lo menos, avnque non me libre de otro mal, librame de la vejez.

Mançebo moriras.

Sy mas non puedo beuir esta es mi vejez.

Desterrado moriras.

Poca perdida es de la sepoltura; sy non syento alguna cosa, non me curo quel cuerpo esta desterrado; sy syento algo, toda sepoltura es tormento.

Desterrado moriras.

Para que dubdas en la cosa muy segura esta lugar allende del termino de todas las otras penas, es en tal manera que a la vida deuemos muchas cosas, a la muerte non ninguna; sepoltura non por rrazon de los muertos, mas por rrazon de los biuos se faze, porque los cuerpos feos en vista & fedientes fuesen quitados delante de los ojos de los biuos.

Enfermo esto.

Bino tienpo que prouase para quanto so, non solamente en el amar o en la batalla se paresçe el varon fuerte, mas avn en el lecho se demuestra la virtud.

Maldizen de ti los omes.

Desplazer a los malos alabança es, non tiene de actoridad alguna lo que fablan los que meresçen ser condenados.

Maldizen de ti los omnes.

Non saben bien dezir saluo lo que suelen, non lo que meresço como fazen algunos perros, que tienen por costunbre de ladrar a menudo, non aviendo causa por que ladren.

Desterrado seras.[394]

Verras que por mucho que fagan, non me pueden lançar fuera de nuestra tierra, que a qualquier tierra que llegue, es un tierra & non ay tierra alguna que sea destierro; la tierra de cada vno es onde bien esta.[395] E aquello porque ome bien esta dispuesto, en el omne esta, non en el logar. E por tanto en poderio de omne esta en quanto tañe [fol.74v] a la aduersidad del destierro ca, sy sabidor es, entiende que se anda peragrinando & espaçiando por diuersos lugares; sy loco es, tienese por desterrado.

Muchos lo aconpanan.[396]

En pos de la miel se van las moscas & los lobos en pos de la carne muerta & las formigas en pos del trigo; esta gente al dinero aconpanan que non al omne.

Dinero he perdido.

Non sabes que te podiera perder el dinero a ty.

Perdi dinero.

Ternas menos vn peligro.

Dinero perdi.

Bienaventurado eres sy con el dinero perdiste el avariçia; mas sy contigo tienes el avariçia, eres desaventurado.

Perdi dinero.

Agora estas mas libre & mas seguro en el camino & en casa non temeras heredero.

Perdi los ojos.

La boz tiene sus deleytes; goza(r↑)te deues por que tienes quitada la ocasyon de muchas cobdiçias; non veras a muchos omnes que non quisyeras ver &, por non los ver, fuera bueno sacarlos; non entiendas que parte de ynoçençia es la çeguedad; los ojos veen el mundo & las cosas que son del mundo, de la vna parte muestran el adulterio, de la otra parte la casa, lo qual cobdiçia de la otra parte muestra la çibdad, asy que son acarreadores de pecados & guiadores de males.

Perdi mis fijos.[397]

Loco eres en llorar la cayda de las cosas mortales; quan pocas cosas estan syn esta cayda; llamaremos arbol desaventurado porque, quedando el en pie, se le caen las mançanas; non ay alguno que sea puesto fuera del golpe de la llaga; de las casas de los çiudadanos salen los cuerpos muertos ante de su tienpo & tanbien salen de la casa rreal; non guarda el fado la horden de la hedad, que el que primero muera que cosa acontesçio contra lo que espe[fol.75r][398]rauas, peresçieron los que avian de peresçer.

Peresçieron mis fijos.

Mas avian de ser de otros, que non tuyos contigo; morauan enprestados; la fortuna te los enbio que gelos criases &, por tanto, non te los quito, mas rresçibio lo suyo.

Fuy rrobado.

Vno viene a caer en mano de engañadores & otro en mano de ladrones; lleno esta el camino de asechanças; non te quites porque te rroban, mas gozate porque escapaste.

Enemigos tengo.

Como buscarias defendimiento contra las bestias & contra las serpientes, asy contra los enemigos busca ayudas, con las quales los arriedes de ti que los abaxes. E lo que mejor es, que les fagas plazer.

Perdi amigo.

Busca otro & buscalo do lo puedas fallar; buscalo entre las artes liberales, entre los ofiçios & virtudes onestas; buscalo en los trabajos; non se busca esta cosa a la mesa; busca algund buenos.

Perdi amigo.

Ten fuerte coraçon, sy perdiste vno de muchos que tenias & ave verguença, sy perdiste vno & non tenias mas.

Buena muger perdi.

O la avias fallado buena, o la avrias fecho buena; sy la avias fecho buena, entiende que otra vez la podras fallar buena.

Buena muger perdi.[399]

Que es lo que alabauas en ella; castidad; muchas guardaron castidad grand tienpo & despues la perdieron; o alabauas la onestidad; muchas eran onestas & contadas entre las honrradas & despues dexaron de ser tales; entendias que eran firme & leal; muchas fueron muy buenas primero & vimos ser tornadas despues muy malas, o de primero eran onestas & despues ser disolutas & de primero eran liberales & muy guardadas, ser despues [fol.75v] tornadas rrobadores & malas. El coraçon de todas los non sabidores mouibles & mucho mas el coraçon de las mugeres. E por tanto, maguer oviste buena muger, non podiste firmemente dezir que syenpre permanesçiera en aquel proposyto; non ay cosa tan mouible, nin tan vaga & ynçierta, como la voluntad de las mugeres; ya vimos casamientos viejos ser partidos por barajas feas; muchas mugeres aborresçieron en la vejez a los maridos que amaron en la mançebia; quantas vegadas nos rreymos, veyendo a algunas casadas partirse ante del año conplido.

Esta muger fue buena & fuera syenpre sy biuiera.

La muerte fizo que lo podieses dezir syn rreçelo nin peligro.
Buena muger perdi.[400]

Fallarla has sy non buscas otra cosa, synon buena muger; tu non pares mientes a la fermosura, nin a los linajes, nin a la fazienda. Ca mas ligeramente rregiras el coraçon de la muger que non tiene alguna vanidad de las tales cosas porque se non ensoberuesca; en poco esta de menospreçiar a su marido la que mucho se presçia por tanto con la muger de buenas costunbres & non tenga padre de malas costunbres, nin sea tal que trayga en las orejas colgados los bienes de su patrimonio & que ande cargadas de piedras presçiosas & que valgan mas sus vestiduras que su dote, en tal quel pueblo la aya visto muchas vezes; toma tal muger que puedas ynclinar a tu voluntad & aquella ynclinaras ligeramente a tus costunbres, la qual non sea corronpida de pueblos corrubtos.

Buena muger perdi.[401]

La buena hermano non se puede cobrar porque la muger bienauenediso es & muchos te puedo dezir que llorauan muger,⁴⁰² [fol.76r]⁴⁰³ e fallaronla despues mejor.

Muerte, destierro, lloro, dolor non son tormentos, mas tributos de beuir; non ay ninguno a quien los fados non toquen; bienaventurado es, non el que paresçe a los otros bienaventurado, mas el que se tiene por bienaventurado. E ved en quand pocas cosas se falla esta bienaventurança.

[ID0093 P 0094] SV2–6 (76r–77r) (Prose)

Gomez Manrique.

Al señor Diego Arias de Avila, contador mayor del rrey, nuestro señor, & del su consejo.⁴⁰⁴

Como a la noctiçia mia las continuas rrepuestas por vos, señor, dadas al que mi librança procuran ayan llegado, hanme⁴⁰⁵ muchos & diuersos pensamientos hatraydo. Ca en dezir que me digan yo faga otras trobas, paresçe aver fecho algunas o tanto molestas, o torpes, que vos plazeria las contradixiese, o sy buenas & agradables, que vos agradarian les diese conpaneras. E fablando la verdad, nin para fazer las primeras me rreputo tan ynoto del todo de graçia & discreçion menguado, nin çiertamente tan abondado en estas para que euitase hordenar las postrimeras, que syn duda yo me fallo ansy tan instruto en este ofiçio que sy de aquel, solo de la merçed & rraçion que tengo en los [fol.76v] libros del muy poderoso rrey, nuestro soberano señor, me oviese a mantener, entiendo⁴⁰⁶ por çierto que seria muy mal mantenido, segund yo trobo & vos señor me librays. Pero non curando de ynquerir el fin a que por vos a ello se da & avn costrenido de aquella mesma nesçesydad que a las brauas aves faze yr al descontubrado señuelo, a satisfazer el efecto de vuestras palabras me dispuse, & cunpliendo aquellas esta rruda obra que vos sera por el rreportador presentada hordene, cuyo grueso estilo vos fara manifiesta la ynorançia del su fazedor, en el fundamento & horden de la qual mas de lo que dezia Gayo Mario por los nobles de Rroma, es a saber, que eran omes rreuestidos, pues ante querian ser maestros que deçiplos, que non del enxenplo que Nuestro Saluador nos dio, diziendo que venia a fazer & a enseñar. Pues yo primero que obre, enseño, mas esto causa quel dezir a los que saben, por poco que sepan es façil & el fazer bien a los que non han acostunbrado, es difiçil; por tanto, tomadvos, señor, lo que digo sy bueno es & non lo que fago & sy mis escripturas & fablas en algo mas agras o menos dulçes vos paresçeran, que la calidad del tienpo rrequierelo⁴⁰⁷ estar, yo, como dize Salustrio en su prologo de Catalinario, libre de esperança & de miedo que segund a mi ha s[*e]ydo & es fauorable la fortuna, nin ya espero ganar, nin temo perder, que acabado de me non librar eso poco que tengo en los libros del muy exçelente rrey, nuestro señor, en cuyo seruiçio gaste la mayor parte de mi niñez, e sy Dios lo premitiera & mi ventura non lo estoruara, quisyere gastar todas las otras hedades, non me rresta que perder synon la vida, la qual, por aplazible que sea, todo bueno deue tener en poco, que como dize Tulio en el su libro De Senetude: Yo non se lo que es lo que esta misera vida tiene de prouecho, que mas & mucho mas non tenga de trabajo. Ca en verdad, los otros bienes que de fortuna poseo, avnque mayores quanto a Dios que mis meritos meresçen, mejores serian de perder que de fallar & de oy, mas sy non vos pluguiere librarme mejor que fasta aqui, buscad otra rrepuesta que dedes a mi factor, pues a esta bien o mal, como mejor he sabido, vos he satisfecho. E porque toda fabla o escriptura prolixa puesto sea buena es enojosa avn a los occçiosos, ved que fara la non tal a los que de todo oc [fol.77r][408] çio como vos caresçes, quiero poner[409] fin a laresente, pi(di↑)endovos por merçed que non eleuado estilo, non la gentil eloquençia non el dulçe polido de consonar non las adulaçiones desta obra de todas estas careçientes,[410] rresçibaes mas voluntad y claridad de animo con que a vuestra rrequesta se fizo & plegavos señor contentar con ella, pues la demandastes a quien mas non sabia tenga, nuestro señor, vuestra honrrada persona & casa en su protecçion.

[ID0094] SV2–7 (77r–80r) (47x9)

Ynvo(ca)çion.[411]

1. De los[412] mas el mas perfecto,
en los grandes el mayor,
ynfinito sabidor
de mi rrudo trobador,
torna sotil & discreto,
que senti prosa nin rrimo
fenidada [sic],
nin se puede fazer nada
johanis primo.

2. Tu, que das lenguas a mudos,
fazes los baxos sobir
y a los altos desçendir;
tu, que fazes convertir
los muy torpes en agudos,
convierte a mi grand rrudeza
& ynorançia
en vna grand abundançia
de sabieza.

3. Por que fable la verdad
con este que fablar quiero,
en estilo non grosero,
non agro, nin lisonjero,

nin de grand prolixidad,
y non sea mi fablar
desonesto,
enojoso, nin molesto
descuchar

Yntroduçion.[413]

4. O tu buen señor a quien
el presente va tratado,
non polido, nin limado,
a tu rrequesta enbiado,
notalo, notalo bien,
non consyderando, no,
en mis defectos,
mas en los consejos rrectos
sy te do.

5. Non mires a mis pasyones
y grandes viçios que sygo,
tu, señor y grand amigo,
mas nota bien lo que digo,
pospuestas adulaçiones,
por lo qual mis atauios
valen menos,

que non tengo cofres llenos
nin vazios.

6. Por non te ser enojoso[414]
fuyre las dilacçiones,
pues que tus negoçiaçiones
y grandes ocupaçiones
te dexan poco rreposo,
[fol.77v]
avn para lo nesçesario
al beuir,
quanto mas para seguir
lo voluntario.

7. Poniendo fin al proemio,
seguire lo proferido,
mas sy fuere desabrido
el quemante fuego pido,
sea su deuido premio
o rroto con los rronpidos
libramientos;
desde agora ten atentos
los oydos.

Prinçipia la fabla.[415]

8. O[416] tu en amor hermano,
nasçido para morir,
pues lo non puedes fuyr
el tienpo de tu beuir,
non lo despidas en vano,
que viçios, bienes, honores
que procuras,
pasasen como frescuras
de las flores.

9. En esta mar alterada
por do todos navegamos,
los deportes que pasamos,
sy bien los consyderamos,
duran como rroçiada;
pues omne mortal,
mira, mira
la rrueda, quand presto gira
mundanal.

10. Sy desto quieres enxenplos,
mira la grand Bauilonia,
Tebas y Ladecymonia,
cuyas moradas y tenplos
son en grandes valladares
trasformados,
y sus triunfos tornados
en despoblados[417]
solares.

11. Pues sy pasas las ystorias
de los varones rromanos,
de los griegos y troyanos,
de los godos y cristianos,
dignos de grandes memorias
non fallares al presente,
sy non, fama
transytoria como llama
de agua ardiente.

12. Sy quieres que mas açerca
fable de nuestras rregiones,
mira las persecuçiones
que fizieron a montones
en la su fermosa çerca,
en la qual avn fallaras
grandes mellas,
quiera Dios çerrando aquellas
no dar mas.

13. Que tu mesmo viste muchos,
en estos tienpos pasados,
de grandisimos estados
façilmente derrocados
con pequen[n]os aguaduchos,
quel ventoso poderio
tenporal
[fol.78r][418]
es vn feble metal
de vedrio.

14. Pues tu non te fies ya
en la mundana priuança,
en rriquezas, nin puança,[419]
que con pequeña mudança
todo te fallesçera;

y los tus grandes amigos
con fauor
te seran con disfauor
enemigos.

15. Que los bienes de fortuna
non son turables de fecho;
los amigos de prouecho
fallesçen en el estrecho
como agua de laguna,
que sy la causa o rrespecto
desfallesçe,
en ese punto paresçe
el efecto.

16. De los que ves por las calles
en torno todo çerrado,
con çerimonias tratado,
non sepas, mas aguardado
de quanto tengas quedalles, [420]
que los que por yntereses
te seguian,
en punto te dexarian
sy cayeses.

17. Bien ansy como dexaron
el pujante condestable
en la senda variable
esta fortuna mudable,
muchos le desanpararon;
pues fazer deues con mando
tales obras,
que non temas las çoçobras
non mandando.

18. El allcalde cadañero,
atendiendo ser judgado,
despues del año pasado
en el judgar es tenplado,
ca teme lo venidero;
pues sy este tu poder
non es de juro,
nunca duermas non seguro
de caer.

19. En el tienpo que prestado
aqueste poder touieres,

tan baia quanto podieres
en aquello que deuieres
por ser de todos amado,
que fallaras ser partido
peligroso
avn al mucho poderoso
ser temido.

20. El varco que muchos rreman
a muchos ha de traer,
asy bien ha de tener
el que con su grand poder
faze que muchos le teman;
pues procura ser querido
de los buenos,
& por non ser a lo menos
aborrido.

21. Para lo qual los mayores
han de ser muy acatados,
[fol.78v]
los medianos bien tratados,
de los pobres escuchados
con paçiençia sus clamores;
que sy fatigas te syguen
del ofiçio,
los librantes non con viçio
te persyguen.

22. A los que has de librar,
libralos de continente;
los que non grasçiosamente
syn yra, syn açidente,
los deues desenpachar,
& non fagan los portales
tus porteros
a bestias y caualleros
ser yguales.

23. Que tu seyendo ynorante
de lo tal como lo creo,
segund lo que de ti veo,
algunos te fazen rreo
& rreputan por culpante;
mas yo dubdo de tu seso
que mandase

que bien & mal se pasase
con vn peso.

24. E castiga los cohechos
que fazen arrendadores
a los tristes labradores;
que sabras que son mayores
que' sus tributos & pechos,
& a ti todas las gentes
bendiran,
a lo menos non diran
que lo consyentes.

25. Desta forma cobraras
mundana beniuolençia,
mas con mayor deligençia
de la diuinal esençia
aquella procuraras,
que en rrespecto del çeleste
consystorio
en vn sueño transytorio
lo terreste.

26. Que los mas mas soblimados
& temidos son temientes,
y los en fuerça valientes
& rriquezas poseyentes
ya fueron dellas menguados,
que todas son enprestadas
estas cosas,
que non duran mas que rrosas
con eladas.

27. Alixandre fue señor
de toda la rredondeza,
Hercoles de fortaleza,
Mida de tanta rriqueza,
que non pudo ser mayor;
pero todos se murieron
y dexaron
esto (tras↑)[421] que trabajaron
y corrieron.

28. Pues non gastes tu beuir
en los mundanos seruiçios,
nin en deleytes & viçios,
que de tales exerçiçios

te podras arrepentir;
mas (e↑)chanlos todos atras[422]
estos pensamientos tales[423]
con temor de los tormentos
ynfernales.[424]

[fol.79r][425]

29. En seruir a Dios trabaja,
echa cobdiçias atras,
que quando te partiras
del mundo, non lleuaras
synon sola la mortaja;
pues nunca pierdes el sueño
por cobrar
lo que tiene de fincar
con su dueño.

30. Este dueño que te digo
de los tenporales bienes,
tras los quales vas & vienes,
es el mundo, con quien tienes
y[426] tiene guerra contigo;
al qual, sy sygues, averes
te dara,
pero tirartelos ha
quando partieres.

31. Desta trabajosa vida
de miserias toda llena
en que rreposo syn pena,
nin jamas vna ora[427] buena,
tu puedes aver conplida,
non es al synon deseo
su çimiento,
su fin arrepentimiento
y devaneo.

32. Pues sy son peresçederos
y tan caducos y vanos
los tales bienes mundanos,
procura los soberanos
para syenpre duraderos,
que so los grandes estados
& rriquezas

fartas fallaras tristezas
& cuydados.

33. Que las vestiduras netas
& rricamente bordadas
sabe que son enforadas
de congoxas estremadas
y de pasyones secretas,
y con las taças febridas
de bestiones
amargas tribulaçiones
son beuidas.[428]

34. Mira los enperadores,
los rreyes & padres santos,
so los rrequisymos mantos
trabajos tienen a tantos
como los cultiuadores;
pues non fies en los onbres
que paresçen,
y con sus vidas peresçen
sus rrenonbres.

35. Que quanto mayores tierras
tienen & mas señorias,
mas ynmensas agonias
sostienen noches y dias
con libranças & con guerras;
por lo qual con la corona
cabtamente
el que dixo lo syguiente
se rrazona.

[fol.79v]

36. O joya de grand valia,
quien te bien considerase
y tus trabajos pensase,
avnque en tierra te fallase,
nunca te leuantaria;
syguese que los ynperios
y rreynados
non son no desaforrados
de lazerios.

37. Pues mira los cardenales,
arçob[is]pos y perlados,
non mas bienaventurados
son, nin[429] menos angustiados,
que los synples menistrales,
que sobre sus mantonadas
mucho largas
portan grandisymas cargas
y pesadas.

38. Los varones melitantes,
duques, condes & marqueses,
so los febridos arneses
mas agros visten envezes
que los pobres mendigantes;
ca, por procurar honores
y faziendas
ynmensas, tienen contiendas
y temores.

39. Los fauoridos priuados
destos prinçipes potentes,
a los quales van las gentes
con seruiçios y presentes
como piedras a tablados,
en las sauanas de holanda
mas sospiran
que los rremantes que tiran
en la vanda.

40. Que los bienes y fauores
que los tales syenpre han
non los lieuan syn afan,
pues el blanco come pan
con angustias y dolores,
que priuança & señoria
non quisyeron
egualdad, nin consyntieron
conpañia.

41. Pues los rricos ofiçiales
de las casas de los rreyes,
avnque grandes teneys greyes,
non syn dubda destas leyes
soes agenos mas parçiales,
prouar lo quiero contigo,

que seras,
sy la verdad me diras,
buen testigo.

42. Que fartos te vienen dias
de congoxas tan sobradas,
que las tus rricas moradas
por las choças o rramadas
de los pobres trocarias;
que so los techos polidos
y dorados
se dan los buelcos mesclados
con gemidos.

[fol.80r]⁴³⁰

43. Sy miras los mercadores
que rricos tractan brocados,
non son menos descuydados
que de joyas abastados
ellos & sus fazedores,
pues non pueden rreposar
noche ninguna,
rreçelando la fortuna
de la mar.

44. Basta que ningu[n]d estado
fallaras tanto seguro
que non sea como muro,
el qual, por conbate duro,
finca medio derribado;
de los mundanos entienden
tras los quales

la vida de los mortales
se despienden.

45. Myentra son nauegadores
por el mar tenpestuoso
deste syglo trabajoso,
jamas biuen en rreposo
chicos y grandes señores,
que con esta son nasçidos
condiçion
y ningunos dellos son
desto (exemi↑)dos.

46. Pues tu, non pongas amor
con tales personas mortales,
nin con bienes tenporales,
que mas presto que rrosales
pierden la fresca verdor,
y non son sus creçimientos
synon juego
menos turable que fuego
de sarmientos.

Ffyn.⁴³¹

47. E non fundes tu morada
sobre tal feble çimiento,
mas elige con grand tiento
otro firme fundamento
de mas eterna durada;
que este mundo falaguero
es syn duda,
porque mas presto se muda
que febrero.

[ID0072] SV2–8 (80r–95v) (256x8)[432]

Ferrand Peres de Gusman[433]

Diuersas virtudes y viçios, ypnos rrimados a loores diuinos,enbiados al muy bueno & discreto Aluar Garçia de Santa Maria del consejo del rrey nuestro señor[434]

Prologo[435]

[fol.80v]

1. Amigo mio, sabio, discreto,
pues la buena condiçion
preçede a la discreçion,
en publico y en secreto,
mas claro omne y mas neto
es bueno que s[*a]bid[*or],
del qual muy meresçedor[436]
vos judgo por muy discreto.

2. Avn que bueno solo dios
es dicho por exçelençia,
y segund esta sentençia
ninguno es bueno entre nos;
yo faziendo Vrbes & Clos[437]
llamo a Dios suma bondad
y quanto a la vmanidad
osso dezir bueno a vos.

3. Es asy naturalmente
el coraçon hordenado,
que baldio & sosegado
estar nunca se consyente;
nesçesario es con lo tiente
o de virtud o de viçio
tal [*a]cto que o b[*en]efiçio
o grand pena le acresçiente.

4. Avido tal prosupuesto
es asy mi buen amigo
como el Señor me es testigo
que yo en afliçion puesto;
porque turbado & molesto
non yncurra en algund viçio,
o[*c]upo el tienpo en ofiçio
non famoso mas [*hon]esto.

5. En esta arte mas graçiosa
que vtil nin onorable,
mas gentil & amorosa
que virtuosa & notable,
busco que diga & fable
sono materia profunda,
por que la entençion munda
non es a Dios poco agradable.

6. A vezes como tentando
de las virtudes disputo,
arguyo trato & discuto,[438]
non pero determinando,
pasome despues rrimando
a los diuinos loores,
a la rrosa entre las flores
con toda afecçion loando.

7. E por que syn conpañia
non ay alegre posesyon,
pense comunicaçion
aver en esta obra mia
conbusco de quien confia
mi coraçon non engan[n]ado,
que sere çertificado
sy es tiba [sic] caliente o fria.

8. Ca sy yo non ando errado,
grand fruto de la amistad
y non poca vtilidad
es ser onbre avisado
sy es digno lo que ha obrado
de loor o rreprehensyon,
por que la propia afiççion
tiene el juyzio turbado.

[fol.81r][439]

9. Rresçebid, pues, muy buen onbre,
las coplas que vos presento
& açebtad el rrenonbre
del qual bien digno vos syento;
sy vedes que açoto el viento
con bozes desacordadas,
luego sean condepnadas
al fuego por escarm[*i]ento.

Virtudes defectuosas[440]

10. Discreçion syn osadia
es virtud defectuosa,
el que syn discreçion osa
es muy loca valentia,
gentil mescla & conpañia
donde el seso es rregidor
& el esfuerço esecutor,
de tal casa Dios es guia.

De saber ynvtil[441]

11. El saber que esta ençerrado
syn jamas frutificar
podemos conparar
al[442] tesoro soterrado;
el seso no platicado
teorica syn obrar,
sy non yerra mi pensar
cuerpo syn alma es llamado.

De costançia indiscreta

12. La costançia quand presçiosa
joya es asaz paresçe,
pues de aquel a quien fallesçe
toda amistad es dubdosa;
non sea asy porfiosa,
que rrazon non la someta,
que la virtud indiscreta
rreputada es por viçiosa.

De la eloquencia[443]

13. La florida eloquençia
quanto vale verlo as,
quanto entre el omne faras
y a las bestias difyrencia;
mas [*guarda con dilige]nçia,
que deuen bien consonar
las obras con el fablar
y el seso con la çiençia.

De la verdad

14. La verdad ser fundamento
de las virtudes y dama,
pues Ihesus verdad se llama
que cale otro argumento;
con esto non consyento
en Erodes que mato
a Sant Juan y asy guardo
con el su prometimiento.

De verguença

15. La verguença nos rr[*etiene]
de los viçios y es virtud
que a la suelta jouentud
muy propiamente conv[*i]ene,
mas guardese quien la tiene
non pase justa medida,
que la virtud encogida
de poco coraçon viene.

[fol.81v]

De la fidalguia, o gentileza

16. De la sangre su nobleza,
segund que al dante plaze,
en buenas costunbres yaze
con amenguada rriqueza;
otra opinion se rreza
mas estrecha & mas aguda,
que do la virtud se muda
non rremanesçe gentileza.

De franqueza

17. Es la liberalidad
magnifica & muy grasçiosa
y entre las flores rrosa
del vergel de vmanidad;
fija es de caridad
pero sea asy trabtada,
que non pueda ser llamada
loca prodigalidad.

18. Sufro la desordenança
del gastar demasiado,
porque avn de lo asy gastado
a pobres su parte alcança,
tacho la destenprança,
sy non sabe mesurar
p[*e]rs[*o]nas tienpo y lugar,
torçida va la balança.

De guarda de la enbidia

19. Preguntas como podras
de la enbidia guardarte,
digo que non se otro arte
sy non este que aqui oyras;
de virtud non osaras,
seras pobre y de mal gesto;
Dios mediante, con aquesto
de la enbidia escaparas.

De luxuria

20. La luxuria faze escura
la clara y fresca niñez,
de la onorable vejez
non es viçio mas locura;
manzilla la fermosura
de la jouentud grasçiosa,
deturba la gloriosa
hedad perfecta & madura.

De grasçioso & liberal don

21. El mas dulçe & mas graçioso
benefiçio es el que es dado
antes que sea demandado
por el pobre & vergoñoso;
o triste don enojoso
& por lagrimas conprado,
el que antes que sea dado
faze el gesto doloroso.

22. Nunca de franqueza vera
proçede aquel duro don

cuya luenga dilaçion
atormenta al que lo espera;
yo digo que mas valiera
en demandando negar
que otorgando penar
al pobre por tal carrera.

[fol.82r]⁴⁴⁴

Virtudes en perfecçion

Perfecta dilaçion

23. Sy yo amo a quien me am[*a]
es vna debda que pago,
vedes como satisfago
amando a [*quie]n me desama;
o flor, que en la santa rrama
de Jese feziste el nido,
plegate que en mi sentido
el rrencor non faga cama.

Rregestir a los viçios

24. Sy el bien a que me inclina
mi natural condiçion
yo fago non es perfecçion,
mas la virtud [*vera] & fina
es, sy la carne mesquina
me punje naturalmente,
que rresiste al aççidente
con la cruz santa & deuina.

Perfecta penitençia

25. Plañir & rreyterar
las culpas muchas vegadas
es como manos lauadas
que se tornan a ensuziar;
caer, despues leuantar,
bispera es de la virtud,
mas de fiesta de salud
sygno es non rrecadiar.

Perfecta virtud

26. Yerra quien seguro anda
por solo non fazer mal,
non basta la obra tal
a quien perfecçion demanda;
canta el salmista & manda
con suaue & dulçe tono:
declina a malo & faz bono,
esta es preçiosa guirlanda.

27. Los diuinos mandamientos
miralos & fallaras
que nin faras o n[*o]n faras⁴⁴⁵
concluyo sus documentos;
avnque en syete & tresçientos
se distingan & departan,
a dos puntos se coartan
mandos & defendimientos.

28. Non se lee que rrobo
el rrico deliçioso
que se vestia presçioso
& dulçemente comio,
mas porque su pan non dio
a Lazaro, el plagado,
por juyzio condenado
al ynfierrno desçendio.

29. Pues sy por non dar lo tuyo
ha a Dios tanto yndinado,
por tomar a otro lo suyo
guarda sy lo avras pagado;
ser liberal hordenado
de la tu propia sustançia,
& de peruersa ganançia
sey abstinente & guardado.

Ygualdad de viçios⁴⁴⁶

[fol.82v]

30. Yo me rreputo por vn par
error & parejo viçio
negar omne el benefiçio
al que bien puede ayudar,
o lo ageno tomar

con arte o fuerça violenta;
todo se torna a vna cuenta:
dexar morir o matar.

Paçiençia en las aduersidades

31. Grand virtud es dar loores
onbre en su prosperidad
a Dios, cuya caridad
mantiene los pecadores;
mas las rrosas & las flores
que son mas suaue olor,
son las graçias al Señor
con paçiençia en los dolores.

Vera paz & justa graçia

32. Aver paz con toda gente,
guerrea con todos los viçios,
son aquestos sacrefiçios
a Dios loor muy plaziente;
dar, con el viso rriente,
limosna es dulçe vocablo,
Dios amo, segund Sant Pablo,
el que da alegremente.

De tres libertales espeçiales

33. Quien es libre de tres cargas
alegre pasa su vida,
sufre pasyones amargas
quien las porta syn medida;
la conçiençia con pecados
y con debda la fazienda,
mangares demasiados
dan al cuerpo grand contienda.

[*G]anar o conseruar

34. Por casos muchas vegadas
se alcançan los e[*s]tados,
nin por sabios y avisados,
nin por virtudes loadas,
pero de que ya alcançadas,

segund es mi opinion,
syn industria & discreçion
non pueden ser obseruadas.

Ver y leer

35. Quien non sabe lo pasado
çiego va en lo presente,
de synple faze avisado
ver y leer çiertamente;
pocas cosas pueden ser
que non se vieron pasar,
pero mucho es menester
saberlas bien concordar.

Vera fortaleza

36. De los omnes el mas fuerte
creo el que vençe su saña;
entre la vmana conpaña,
es el de mas flaca suerte
el que su propio secreto
en sy non puede tener;
deue el tal tenido ser
por flaco & yndiscreto.

[fol.83r]⁴⁴⁷

De la que bien manda & del que bien obedesçe. Del bueno & del que ama a los buenos⁴⁴⁸

37. El mayor grado meresçe
el que bien sabe mandar,
tiene el segundo lugar
luego el que bien obedesçe;
sy el bueno rresplandesçe
por virtudes como flama,
asy al que los buenos ama
luego despues del fallesçe.

Del que da & del que lo dado gradeçe

38. El que da vn don ganado
y faze grand benefiçio,
o el que con buen seruiçio
gradeçe lo que es dado,
qual deue ser mas loado;
mas lo quiero preguntar
que difiniendo judgar,
en pleito non disputado.

Deloquençia & discreçion

39. çiençia syn eloquençia
padesçe defecto & mengua,
syn saber, diserta lengua
non es falta mas demencia;
Sant Ysidro por sentençia
faze tal difiniçion,
la verbosa discreçion
ser dañosa syn prudençia.

De nesçios callados

40. Muchos se fazen callando
sabios & vsan de arte,
tal non fabla, nin departe,
que seria torpe fablando;
callando & bosezando,
son por discretos avidos,
alla sacan sus partidos
los neçios jugajugando.

41. Yo non tacho nin afeo,
antes digo que es virtud
aquella soliçitud
que en las sus mesas veo;
permiso es el tal deseo
conseruar omne su vida,
ser tal obra defendida
nin lo oygo nin lo veo.

Dobles yeruas[449]

42. La salua de los manjares
da[450] lengua del escurpion,
yo non niego que amos son
dos rremedios syngulares;
sy a otros particulares
proueen estas conseruas,
veamos sy entran las yeruas
sy non por los paladares.

43. De algunas bien he leydo
que murieron por la boca,
mas es la cantidad poca
de los que ansy han fallesçido;
mas morir & aver caydo
por consejos veninosos,
de onbres escandalosos
infenitos he leydo.[451]

[fol.83v]

44. Vna lengua vale & presta
quando suda en la tabla,
otra mata quando fabla,
sy en el oreja es puesta;
nobles prinçipes, sy esta
rregla vos plaze mirar,
mas que la boca guardar
las orejas amonesta.

Discreçion enpachada por vicios

45. Los mayores enemigos
que tiene la discreçion
viçios naturales son
que non rresçiben castigos;
& sus mas dulçes amigos
son los bienes que natura
enxirio en la criatura,
asaz ay desto testigos.

46. Muy difiçil digo yo,
diga ynposible quien osa,
vençer la muy poderosa
natura que Dios le dio;

& a qualquier que alcanço
vigor a tal rregistençia,
rregraçie la grand clemençia
del Señor que lo esforço.

47. De aqui es que los discretos
non son todos virtuosos;
de aqui es que son viçiosos
muchos en saber perfectos;
de aqui es que los discretos
que la discreçion ordena,
apenas conclusyon buena
han por los viçios secretos.

48. Vmillmente suplicando[452]
a los rreyes por perdon
de mi loca presunçion,
que los cuydo yr avisando,
pero pues espira quando
el spiritu & doquiere,
por ventura quien me oyere,
non sera de mi alabando.

De buena o contraria muger

49. La muger sy buena fuere
es gozo continuado,
sy al contrario saliere
dolor es perpetuado;
el patrimonio heredado
de nuestros padres lo avemos,
sy buena muger tenemos
de Dios nos es otorgado.

50. A tomar rrica o fermosa
basta nuestra discreçion,
de buena & virtuosa
non es nuestra la elecçion;
la buena es prouisyon
de la diuina clemençia;
la mala es penitençia
de culpas & maldiçion.

51. Sy bien es esaminada,
bien pesada & bien medida,
toda joya es conosçida

antes que sea prouada;
la muger quando es prouada,
ya la ley ha dicho a nos:
[fol.84r]⁴⁵³
la junta que fizo Dios
por omne non sea apartada.

De honor & conçiencia

52. La honor & la conçiençia
asy son entre sy varias,
tan diformes & contrarias
por valor & por clemençia
que conviene a la prudençia
para que bien las disçerna,
que con muy clara luçerna
mire la su diferençia.

53. Non digo de rreligiosos,
nin de rrustica naçion,
entre quien jamas quistion
se faze de actos famosos;
fablo de los deseosos
de fama & rrenonbre aver,
pero de a Dios ofender
syenpre biuen temerosos.

54. La honor nunca consyente
vn punto contra su fama,
nin cura de aquella flama
del ynvierno muy ardiente;
con gesto alegre & plaziente
la conçiençia & rrostro ofresçe
al golpe, que asy paresçe
que del primero non syente.

55. La honor muy alto clama
ninguno a mi non se atreua,
quien la fizo que la beua
como fuerte leon brama;
la conçiençia ansy derrama
sus lagrimas & clamores,
por los sus perseguidores
como por los que mas ama.

56. La primera es criada
del çessar, & la segunda
de la casa pobre & munda
de Sant Françisco dotada;
biue vida trabajada
el cuerpo, que cada dia
es la tal contrauersia
discutida & disputada.

De lenguas & creencias

57. Las mayores diferençias
& prinçipal confusyon,
las diuersidades son
de lenguajes & creençias;
dignos son de penitençias
Mahomad que heretizo,
Menbroc que tiranizo,
deseando preminençia.

De muy fermosa o fea muger

58. Lo que es de muchos amado
difiçile es de guardar,
lo de muchos desechado
poseerlo es penar;
puedese esto apropiar
a muy fermosa o muy fea
muger de que (se↑) provea⁴⁵⁴
el que se quiere casar.

[fol.84v]

De graçia infusa & libre aluedrio⁴⁵⁵

59. La graçia de Dios preuiene,
ved aqui el creer mio,
pero de libre aluedrio
rresçebida ser conviene;
el Señor que nos mantiene
plazele que merescamos
porque meresçiendo ayamos
parte en los gozos que tiene.

60. Que la graçia anteçeda
al arbitrio es cosa çierta,
non solo que le presçeda,
mas que lo mueue & despierta;
mas dexa asy puerta abierta
tal arbitrio, que podra
elegir qual mas querra:
via dubdosa o çierta.

61. Preuino el angel grasçioso
diziendo: Aue, graçia plena;
la virgen dulçe & serena,
con franco arbitrio amoroso,
rrespondio muy vmilldoso:
Ecçe Domini ançila,⁴⁵⁶
tui conçeptus⁴⁵⁷ fuit in yla,
el Fijo de Dios presçioso.

62. Sy graçia non es nesçesaria
por que rrogamos a Dios;
sy arbitrio non es en nos
como virtud voluntaria,
es de merito plenaria;
por graçia nos leuantamos,
con arbitrio lo abraçamos,
esta es conclusyon sumaria.

63. La graçia preuiniente
yo non dubdo que rrepara
al arbitrio & lo prepara,
por que mas presto consyente;
esto sea vmilmente
dicho sola obidençia
de aquella sacra çiençia
que de Dios muy rrato [sic] syente.

De senblantes diformes

64. Los onbre malfacçionados,
diformes & malconpuestos,
sy mirays los mas de aquestos
veres malcondiçionados;
asy como son priuados
de la comun proposyçion,
asy son en condicion
de la virtud apartados.⁴⁵⁸

65. Non digo de omnes feos,
ca destos tan virtuosos
he visto & menos rreos
como de los muy fermosos;
vnos casy mostruosos
son los que yo fablo aqui,
de los quales syenpre vi
la mayor parte viçiosos.⁴⁵⁹

[fol.85r]⁴⁶⁰

Tres domiçilios de virtudes

66. La cabeça⁴⁶¹ es morada
del seso & discreçion,
el estomago posada
de salud & abitaçion,
proçede del coraçon
el vigor & la virtud;
seso, esfuerço & salud,
en estas tres cosas son.

Quatro muestras prinçi[pa]les del omne⁴⁶²

67. La primera muestra es
del omne gentil presençia;
la grasçiosa eloquençia
luego por segunda avres;
la terçera cosa es⁴⁶³
la muy noble discreçion;
mas la buena condiçion
por quarta & mejor ternes.

Misterios de Nuestro Señor

68. O secretos escondidos
de Dios mas justificados,
quantos estan encogidos
virtuosos, maltratados
por ser pobres & menguados,
& quantos defectuosos
por ser rricos son famosos,
non⁴⁶⁴ loables, mas loados.

69. Quantos malcondiçionados
& de poca discreçion,
syn fe & syn deuoçion
biuen bienafortunados;
quantos sabios & tenplados,
deuotos, nobles, onestos,
de lo que desechan estos desean [sic][465]
ser abondados.

70. Es quistion muy antiguada
fecha por claros varones:
con grandes esclamaçiones
del Santo Job querrellada,
& despues continuada
por Boeçio & Geremias,
Dauid en su Salmodias
non se la dexo oluidada.

71. Quedo syn ser rrespondida
esta quistion fasta nos,
a los[466] secretos de Dios
& misterios rremitida;
pues por el es consentida,
por justa & ynterpetrada,
pero muy marauillada
de muchos & muy plañida.

72. O opinion comuna,
bien digna de escarnesçer,
que atribuyes el poder
desta a fado & fortuna;
nin fortuna aya alguna:
burlas son ventura, & fados
juyzios son ençelados
del Dios de la alta tribuna.

Con verguença se sufre el miedo

[fol.85v]

73. Al miedo en la pelea
verguença le cubre & çierra,
busca voluntaria guerra
quien fama & honor desea;
verguença vençe al temor
& la guerra voluntaria

nin justa, nin nesçesaria,
buscam [sic][467] la fama & honor

Virtudes syn potençia[468]

74. Al que quiere & non puede,
¿que le aprouecha el querer?
Sy mill vezes se denuede,
¿que vale su cometer?
Saber querer, syn poder,
poco vale mal pecado,
pues que dezir & fazer
a pocos omes es dado.[469]

75. Al que Dios tiene tirado
el poder es mi creençia,
que sy el querer le es dado
esto es por penitençia;
çiençia, nin diligençia,
syn potençia poco obra,
ca segund vna sentençia:
muerta es la fe syn obra.

76. Yo concluyo que al que quiere,
sy el poder le es negado,
su propia virtud le fiere
& le trae atormentado,
avisado, nin osado,
menguado de poderio,
de vanas graçias dotado
es, segund el cuydar mio.

De tachar & loar demasiado

77. De traer & dezir mal
de proximo es grand pecado,
es rregla euangelical:
quien judga sera judgado;
deue omne ser tenprado
en loar mucho en absençia,
contradize la (conçiençia) la presençia[470]
al loor demasiado.

78. Mas porque de dos estremos
syenpre el vno es mayor,
al exçesyuo loor

antes nos atreueremos;
con tanto que nos guardemos
de loar al que es presente,
porque vil & torpemente
de lisonja non vsemos.

De valentia corporal & alteza de engenio

79. Cuerpo muy aventajado,
ingenio claro & sotil,
apenas vno entre mill
fue de amos dones dotado;
nunca fue muy alabado
de mucho saber Sanson,
de grand fuerça a Salamon
nunca le vy muy loado.

80. Dezir que non fue alguno,
estremo sera lo tal,
pero entre muchos, vno
non es rregla general;
a la fuerça corporal
graçia la llama todo onbre,
[fol.86r]⁴⁷¹
de la prudençia su nonbre
propio es virtud cardinal.

De trabajo con vso & amor

81. Ca el trabajo con amor
& continuo exerçiçio
fazen al omne en su ofiçio
maestro & sabidor;
faze al flaco sofridor
de trabajos el prouecho;
grand esfuerço da el derecho
& la culpa grand temor.

De vida breue & virtuosa⁴⁷²

82. Asaz biue el que biue
poca vida bien obrando,
avnque de beuir lo priue

la muerte lo arrebatando;
ca la vida non se escriue
dias nin años contando,
jamas⁴⁷³ porque viçios esquiue
de las virtudes vsando.·

83. Otros llaman mal logrado
al que muere en jouentud,
& yo al que syn virtud
es a grand vejes llegado;
en espaçio abreuiado
muchos tienpos conprehendiendo,
aquel que poco biuiendo
dexando nonbre loado.

84. Mucho biuio el notable
Tito, que murio tenprano,
& poco el abominable
Dionisyo, el ançiano;
el nuestro rrey castellano,
don Sancho, el deseado,
por dias moço es llamado,
pero por virtudes cano.

De buen rrey & buena ley

85. Buen rrey mas que buena ley
es nesçesario al rreynado,
ca por⁴⁷⁴ enxenplo del rrey
es todo el rreyno rreglado;
proberuio es asaz grosero,
pero su sentençia es vera,
que en la casa del alboguero
la gente es (toda↑) alboguera.

86. La⁴⁷⁵ ley, sy non es despertada,
ella syenpre dormira,
& sy no es esecutada,⁴⁷⁶
poco frutificara;
buen rrey la esforçara⁴⁷⁷
& do ella fuere escura,
a la parte mas segura
alli⁴⁷⁸ la ynterpetrara.

87. Los casos, mas que las leyes,
ser desto quien dubdara,

proueen discretos rreyes
do nueuo caso verna;
sabio rrey dispensara,
las çircustançias catando,
a vezes rrigor tenprando,
a vezes lo ençendera.

88. La ley loada sera,
temido sera el buen rrey,
avra efecto la ley
[fol.86v]
do buen rrey mano porna;
puedense mudar las leyes
sy el tienpo adebdara,
discreçion de sabios rreyes
en toda sazon valdra.

89. Por buena açuela que sea,
sano quedara el madero,
sy non la manda & menea
el braço del carpintero;
buena digo ser la ley
& grand bien se sygue della,
mas ella es obra del rrey
y no[479] el rrey obra de aquella.

90. De justa ley vsaran
sus ministros falsamente,
del rrey sabio & diligente
sus rreglas se conseruaran;
muchas glosas sofriran
las leyes & los decretos,
que los prinçipes discretos
bien las esaminaran.

91. Yo do esta exçelençia
al rrey sobre los derechos,
sy el rrey por notables fechos
meresçe tal preminençia,
non por syngular potençia,
nin por sangre generosa,
menos por aver fermosa,
grasçiosa, gentil presençia.

92. La mi rrazon se dirige
a la rreal presydençia
que manda gouierna & rrige

con discreçion & prudençia;
& con justiçia & clemençia,
queriendo consejo aver,
& que sepa asy escoger
que en el que(de↑) la sentencia.

De çiençia syn buena vida[480]

93. Sçiençia syn buena vida santa
dubdo que su pedricar
pueda bien frutificar,
nin flores lleuar su planta;
Lucas[481] en los actos canta
que Ihesus primero obro,
& despues nos enseño
vsar su doctrina tanta.

De fe & esperança

94. Do non ay mengua de fe,
ally ay çierta esperança,
syn dubda esperare
sy de fe tengo abundançia;
el que nos mando querer,[482]
aquel nos mando esperar,
fizonos nuestra fe ver
injuria (en↑)[483] nuestro dubdar.

De personas vagamundas & baldias

95. La mi pobre discreçion
dos errores aborresçe,
porque de amos rrecresçe
al mundo grand confusyon;
omne seglar syn ofiçio
[fol.87r][484]
e syn clausura rreligiosa,
mas paresçe mostruoso
este que natural viçio.

**Por tres rrazones difiere & aluenga
Nuestro Señor su misericordia a los
tribulados**

96. Sy lagrimas & gemidos
sospiros & oraçiçiones [sic]
tan presto non son oydos
en nuestras tribulaçiones
del Señor, nin rrespondidos
somos a las petyçiones,[485]
esto es por tres rrazones,
ten[486] atentos los oydos.

97. Por que la graçia alcançada
con grand trabajo & pena,
sea auida por mas buena,
mas clara & mas presçiada;
otra, por que sea prouada
la firme fe & esperança,
ca la grand perseuerança
nunca de graçia es priuada.

98. Terçia, por que la paçiençia
en las grandes afliçiones
de culpa faze ynoçençia
& penas torna en perdones;
quanto es mas la sufrençia,
mas creçen las rremisyones;
grande parte de penitençia
es sofrir persecuçiones.

Dos rremedios o medios a las muertes o perdidas

99. Dos perdidas prinçipales
ay en dones de fortuna:
perder parientes la vna,
otra, bienes tenporales;
contra los dolores tales
yo cuydo dar rremedios,
sy non llenos, sera medios
que mitigan grandes males.

100. Vno es sy se provee
onbre por que descuydado
non le venga ynopinado
el daño, nin le saltee;
lo qual sera sy el cree[487]
que todo biuo es mortal

& a todo bien tenporal
la fortuna lo posee.

101. Vale mucho esta cuenta,
por quel omne aperçebido
es medio acometido,
& el mal que asobrevienta
viene, mucho desatienta;
sy omne lo que perdio
nunca perder lo creyo,
conviene que grand pena syenta.[488]

[fol.87v]

102. Sy ome su diligençia
faze por lo conseruar,
por que non le puedan dar
grand cargo de negligençia,
escusalo su potençia;
pues en perder & en morir,
ynposible es rresistir
a la diuina sentençia.

103. Este rremedio segundo
o medio es aliuiamiento
a los males deste mundo;
pues no por su fallimiento,
mas por el hordenamiento
del Señor justo & fuerte
viene perdida o muerte,
ved aqui mi sentimiento.

104. Es verdad quel tienpo faze
los pesares oluidar,
mas esso non satisfaze
para el omne escusar,
nin de virtud le loar;
ca non ay dolor que non canse,
& quel tienpo non lo amanse,
& non lo faga çessar.

Dos syngulares maneras de penitençia[489]

105. Muchas son & muy diuersas
las vias de penitençia,

que de las[490] culpas peruersas
nos procuran yndulgençia;
sera graue dar sentençia,
& non chica presunçion,
quales son en perfecçion
las de mayor preminençia.

106. Digo mi ymaginaçion[491]
non como quien determina,
mas como quien syenpre inclina
su juyzio a correbçion,
plenaria rrestituçion
de los daños rresçebidos,
perdonados, rremitidos
syn falsa symulaçion.

107. Esto me muevo a dezir
porque es grand dificultad
a la flaca vmanidad
en perfecçion las conplir;
graues son [*de] rresistir
todos viçios syn dubdar,
mas pagar & perdonar
son juegos de rreyr.

De non judgar los moços en la nueua hedad

108. Yerra quien cuyda apresçiar
por las flores los frutales,
creyendo que seran tales
al coger & desfrutar;
que el que bien quiere estimar[492]
[fol.88r][493]
de frutas & trigo & mosto,
fasta setienbre & agosto
non se deue arrebatar.

109. Vnas flores quema el yelo,
otras el viento derrama,
sy mucho se ençiende el çielo
el sol las arde & ynflama;
espiga, sarmiento & rrama
quien las loa en primavera,
sy a la otoñada[494] espera,
por otro nonbre las llama.

Conparacion

110. A mi ver, asy va errado
& lexos de la verdad
el que en la tierrna hedad
quiere el moço aver judgado;
el qual propio es conparado
a la nave por la mar,
& el ave, que en el bolar
ningund rrastro ha dexado.

111. Tantas son las mutaçiones
de la hedad & yncostantes,
nin solo en los senblantes,
nin tanbien en las conplisyones,
mas avn en las condiçiones
faze actos tan diuersos
la hedad, que de peruersos
rresultan nobles varones.

112. E vimos de virtuosos
prinçipes en nueua hedad,
con la grand prosperidad
conseguir fines viçiosos;
non quisyeron ser mintrosos
nuestros versyficadores,
que honores nunca mores
dizen en versos grasçiosos.

113. Qual fue en alguna naçion
mas virtuoso vmano
quel muy claro çipion,
por sobrenonbre africano;
pero Valerio rromano
cuenta, en su libro sesto,
que fue moço malconpuesto
& disoluto liuiano.

114. Seneca, en su Clemençia,
alaba la jouentud
ordenada de gran virtud
de Nero por exçelençia;
mas de concorde sentencia,
de todos los ditadores,
de malos & de peores,
a el dan la preminençia.

115. En el viçio ynfantil
me plaze aver esperança,
& consyento aver mudanca [sic]
en error de hedad pueril,
& sufro vno entre mill
que sea en la adolençia,
mas no quiero aver paçiençia
del que ha xxx años & es vil.

[fol.88v]⁴⁹⁵

116. Tengamos estrecho freno
& sylençio en el judgar,
por mal prinçipio nin bueno
non luengo determinar;
tanto quisyeron dubdar
los filosofos sobre esto,
que de torpe o de onesto
la muerte ha de sentençiar.

De los sueños

117. Entre muchas abusyones,
diuersos yerros & varios,
a la fe asaz contrarios
por falsas opiniones
que turban los coraçones,
es vna, la que dire,
quien da a los sueños fe
como a las rreuelaçiones.

118. Como sea conosçido
que por la grand demasia
del beuer del mesmo dia
sueña de que es adormido,
desuarios, & avn sabido
es que lo quel omne trato,
aquel dia lo soño,
asy le quedo ynpremido.

119. Viene avn este error vano
por astuçia del antigo
aduersario enemigo
de todo el pueblo christiano;
sy falla seso liuiano

& en fe non bien formado,
non dubdo que lo soñado
fue mas devino que vmano.
no⁴⁹⁶

120. E porque su falsedad
non vaya sola & desnuda,
fauoresçela & ayuda
con enxenplo de verdad;
onbres de grand santidad
dize el aver soñado,
el qual son[n]ar rreuelado
fue por la diui(ni↑)dad.

121. Josep non fue engañado,
quando soño que seria
honze hermanos que avia
con rreuerençia adorado;
pues menos se fallo errado,
quando el sueño ynterpetro
de los presos que judgo
vno suelto, otro enforcado.

122. Los tres rreyes de Oriente,
en sueños amonestados
fueron para ser librados
del rrey cruo & diligente;
& lo que es mas exçelente,
Job, otro santo padre,
por sueño al niño & madre
guardo del tirano ardiente.

123. Serie superflua cura
mas estorias alegar,
porque para lo prouar
llena es la escriptura;
[fol.89r]⁴⁹⁷
basta quedo ay locura
& poca fe, la maldad
junta con la actoridad
faze vna falsa mistura.

124. Pero al que Dios acorre
con fe & con deuoçion,
& non se mueue, nin corre,
syn pesada discreçion,
faze muy grand distinçion

de los santos que soñaron
a los beudos que bosaron
el vino con la visyon.

125. Consydera el bien beuir
& las obras que trabtaron,
quales actos platicaron
tal fue sueño & dormir;
nin el diablo su enxerir,
durmiendo en los que despiertos
jamas pueden sus enxertos
la verdad suelen seguir.

126. Mira los marauillosos
misterios que se syguieron
de aquellos que en sueños vieron
secretos maravillosos;
mira, de los maliçiosos
omes & mal hordenados,
los frutos que rresultados
son de sus sueños viçiosos.

127. Para fazer diferençia
entre tales dos estremos,
nesçesario es que vsemos
de discreçion & prudençia,
ca infusyon & ynfluençia
de la çiençia diuina
a la santidad se ynclina,
non a dañada conçiençia.

128. Non a quien mora, nin es
    aposentado,
como por los onbres se suele dezir,
mas so esta tunba esta sepultado
aquel cuyo nonbre non es de escreuir,
porque non fue onbre, mas mostruoso
    enconado,
& contra natura en su mal rregir
non biuo, nin muerto, mas mortificado,
syn fama & rrenonbre, nin del bien
    sentir.

129. Como sera escripto, tal dia murio,
tal mes & tal era, año & nasçimiento,
aquel que sabemos que nunca biuio,
ca muerte syn vida non han

fundamento;
aquel que jamas de virtud vso,
la qual es de omne prueua &
    argumento,
como diremos, quel tal nasçio,
nin que de la muerte ovo sentimiento.

130. Non puede alguno aver allegado
non poder en oçio algund bien obrar,
puede aver concordias & pasos
    trabtado
avisado[498] al synple, al triste alegrar;
dize que non puede este aver obrado,
podra buenas cosas & onestas ditar,
& avn sy mintiendo aquesto ha negado,
aya buen deseo & onesto pensar.

[fol.89v][499]

131. Nunca fallesçio jamas buenas
    artes
el varon discreto & estudioso,
sy mira en torno de si a todas partes
fallara exerçiçio fuerte & viguroso,
o sea ocupado, o sea en rreposo,
en fechos o actos de guerra,
por que la virtud jamas puerta çierra,
saluo al que della non es deseoso.

**Que algunas vezes natura sygue a la
ymaginaçion**

132. Vna abtoridad se canta
en la fisica & se rreza
de que mi gruesa[500] rrudeza
poco menos que se espanta;
sy la confiança es tanta
del enfermo en el doctor,
mas en breue & mejor
convaleçe & se leuanta.

133. Aquel fisico mas curas
faze & en mas perfecçion
en quien han las criaturas
mas fe & mas devoçion;
non pequeña admiraçion,

nin palabra poco escura,
obedesçe la natura
a la ymaginaçion.

Que por las obras vesibles ha omne conosçimiento de las ynvesibles obras de Dios

134. Yo tomo por fundamento
de aquesta proposyçion
lo que vaso de eleçion
da por rregla & documento;
puede aver conosçimiento
el omne de lo inuesyble
por la obra aca vesible
armo sobre aqueste çimiento.

135. Sy el çielo esmaltado,
las estrellas argentadas
de la luna yluminadas,
sy el sol claro & dorado
tanto nos ha agradado
con su paresçer fermoso,
quanto seran mas grasçioso
el que todo lo ha criado.

136. Sy la virtud & potençia
de los quatro elementos,
agua & tierra, fuego & vientos,
se rreguarda con emençia,
paresçera la exçelençia,
que de todos quatro tiene,
quien los fizo & los sostiene
en concordia & abenençia.

137. Sy los prados purpurados
con muy diuersos colores,
de variaçion de flores
en la primavera hornados,
sy cantos armonizados,
melifluos & suaues,
que en las florestas las aves
cantan, son de nos amados.

[fol.90r]⁵⁰¹

138. Sy tanto es dulçe & amable⁵⁰²
la vmana fermosura,
& nos es tan delectable
su linda & gentil figura,
consydera & mesura,
discreto & sabio lector,
que tal sera el Criador
que crio tal criatura.

139. Sy los mançebos & sanos
han en sy grand fortaleza,
sy tanta es la sotileza
de los ingenios vmanos,
pensemos por Dios, hermanos,
quanta mas sabieza avra,
& mas valiente sera
quien las obro por sus manos.

140. Tu Señor, me delectaste
en las tus obras muy bellas,⁵⁰³
porque tu potençia en ellas
& bondad me declaraste;
a ti mismo me mostraste,
dixo el salmista & cantor,
quando en las obras, Señor,
de tus manos me alegraste.

Como non esta el seso en mucho fablar nin en mucho callar

141. Sy el seso estouiese en mucho
    fablar,
los tordos serian discretos llamados,
nin avn esta digo en bien rrazonar
que muchos liuianos vi bien
    rrazonados;
pues a lo que plaze al seso fablar,
non curen de flores, nin versos⁵⁰⁴
    hornados,
miren a las obras, dexen el chillar
a los papagayos del nido criados.

142. Non dixo el apostol: Sed bien
    fabladores,

seguid la Rretorica de Quintiliano,
mas dixo: Carisymi estos factores
non ymitatores, que es acto liuiano,
mejor es ser Cato que Virgiliano;
la vida del vno nos edifico,
mas el delectable que frutifico
el fermoso estilo del grand martuano
   [sic].

**De quatro man[er]as de amor liçitas &
onestas**

143. Quatro maneras de amor
son de seguir & obseruar:
diligira al fazedor;
a los proximos[505] amar;
la propia fama & honor
con virtudes ensalçar;
la fazienda syn error
multiplicar & avançar.

144. Preçebtos son diuinales
el segundo & el primero,
el quarto con el tercero
son deseos naturales;
los que son de otros metales
nin el Calogo los fabla,
[fol.90v][506]
nin son puestos en la tabla
de los doctores morales.

**Que las virtudes son graues de nonbrar
& graues de platicar**

145.Las virtudes son graçiosas
& muy dulçes de nonbrar,
pero son de platicar
asperas & trabajosas;
non quiere camas de rrosas
con muy suaues olores,
nin mesas llenas de flores
con viandas muy presçiosas.

146. Verdes prados, nin vergeles,
nin cantos de rruyseñores,

nin sonbra de los laureles,
nin cançiones de amores,
nin acordes, nin tenores,
nin contras, nin fabordon,
menos la disoluçion
de motes[507] de trufadores.

147. Non vsan rricos brocados,
nin rropas de fina seda,
nin grand suma de moneda,
nin joyles muy preçiados,
non palaçios arreados,
nin baxillas esmaltadas,
nin loar ennamoradas
en versos metreficados.

148. La virtuosa honestad
forma trae de rreligion;
en la rrenuçiaçion
de la propia voluntad,
ama la aduersydad,
sabiendo que la salud
& perfecçion de virtud
non esta en la feliçidad.

149. Non se muestra la paçiençia
synon en grand tribulaçion,
nin la osada rresystençia
synon en fuerte tentaçion;
lealtad en perfecçion,
quien la vio synon en pobreza,
nin se falla fortaleza
synon en grand persecuçion.

150. El varon muy esforçado
que la fortuna conbate,
oy vn xaque cras vn mate
como piedras al tablado,
firme esta, avnque demudado,
turbado, mas non vençido,
meneado & sacudido,
pero nunca derribado.

151. En el forrno rresplandesçe
el oro puro & çendrado;
el grano linpio paresçe
del trigo quando es trillado;

el sueño que es quebrantado
por fuerça de la tronpeta,
nin por flauta, nin nuzeta,
aquel deue ser loado.

[fol.91r]⁵⁰⁸

152. Virtud & delectaçion
nunca entraron so vn techo;
poca partiçipaçion
han onestad & prouecho;
tenprada & anbiçion
nunca entraron en vn lecho;
la voluntad & rrazon
non caben en poco trecho.

153. El braço que el golpe erro
& despues ardio en la flama,
dexando loable fama
la su çibdad desçerco;⁵⁰⁹
la sangre que derramo
la mano muy delicada,
serie a Rroma desçercada⁵¹⁰
& la castidad honrro.

154. Por muchas tribulaçiones,
dize el apostol, que entramos
en el rreyno que esperamos,
non dixo delectaçiones;
suma en fin de rrazones,
estrecha via es aquella
& pocos entran por ella,
do se dan los rricos dones.

De oçio viçio & virtuoso

155. Yo loo el occio & abraço el
    rreposo
& la discreçion de actos mundanos,
& prinçipalmente de los cortesanos
cuyo exerçiçio es muy peligroso;
cuydando que fablo verdad, dezir oso
que alma & persona, fazienda & fama,
todo peligra en tal fuego & llama,
por ende, absentarse es muy
    prouechoso.

156. Pero algunas vezes ha ya
    contesçido,
queriendo⁵¹¹ omne fuyr vn grand daño,
va caer otro mayor o tamaño,
vn sotil poeta asy lo ha escrevido;
por ende, a quien ha el occio elegido
por aver rreposo & vida quieta,
pues es auisado de aqueste poeta,
de bien se ordenar, sera aperçebido.

157. La buena materia de la forma
    errada
valer mucho menos, quien dubdara
    desto;⁵¹²
pues, que vale el oçio, sy non es onesto,
nin vida quieta & mal ordenada;
fuyr de la corte confusa & turbada,
vsando de oçio laçiuo & viçioso,
luxuria & gula & sueño tal rreposo
por vida politica non es açebtada.

158. Aquellos que todo su solo
    exerçiçio
es delectaçion & plazer carnal,
& seruir al vientre es todo su ofiçio,
aquel adorando por Dios tenporal,
syn se dar a otro virtuoso ofiçio,
de paz o de guerra o de espiritual,
sobre su puerta & mas alto quiçio
deue ser escripto vn titulo tal.

De limosna & rrestituçion; de
abstinençia & contenençia

[fol.91v]⁵¹³

159. Grand bien es limosna dar
alegre & liberalmente,
mejor las debdas pagar
& trabajos del seruiente;
bueno es ser abstinente
de çibos demasiados,
mas de viçios & pecados,
mas vale ser continente.

Por tres maneras se dañan las costunbres

160. Dexando las demasias,
por las quales son dañadas
las costunbres & maluadas,
yo las rrestriño a tres vias:
por tierra muy deliçiosa,
& por vida ocçiosa,
& por malas conpañias.

161. La primera aprueuo yo
con Anibal africano,
cuyas fuerças quebranto
el deleyte capuano;
los deleytes & dulçor
vençieron al vençedor
del grand ynperio rromano.

162. Sy Lucano no me miente,
delante de mis ojos veo
trabajando al grand Ponpeo
conquistar lo mas de Oriente;
vilo despues rreposado,
perezoso & maltratado
de aquel çesar muy ardiente.

163. Prueuase el terçero canto
por estos syguientes versos:
con los santos seras santo,
& peruerso con los peruersos;
non cale enxenpleficar
sus casas [sic] en esplicar,
tantos son & tan diuersos.

De dos prinçipales maneras de seruidunbre

164. Entre diuersas maneras
& modos de seruidunbre
de que ay grand muchedunbre,
yo nonbro dos primeras;
non digo que son señeras
el que es syeruo del pecado,
& el torpe del avisado
abramos mas las carreras.

165. De la primera non cale
arguyr nin disputar,
ca San Pablo basta & vale
para lo actorizar;
syeruo es, non ay que dubdar,
del pecado el que lo faze,
pues pasemos, sy vos plaze,
a la segunda prouar.

[fol.92r]⁵¹⁴

166. Nin mas justo señorio
non le ay, nin mas perfecto,
que sobre el torpe el discreto
& el sabio sobre el sandio,
nin mas falso poderio,
mas ynmenso & mas tirano,
que el nesçio que al pueblo vmano
gouierna por su aluedrio.

167. Avn salua paz, cuydo yo,
de la Escriptura Santa,
que ally, do ella canta
que Dios al omne otorgo
poder & lo constituyo
sobre brutos animales,
que a los omnes bestiales
Taçite ally los metio.

168. A los omnes saluara,
& a las bestias el Señor,
Dauid, el santo cantor,
asy lo quiso ditar;
cuydo yo ynterpetrar
salua paz de los doctores,
que por torpes labradores
aqui se puede tomar.

169. Como sea minifiesto [sic]
que de las bestias non condepnan
Dios, nin da gloria, nin pena,
yo fablo quanto al testo;
digo mi culpa & protesto
de çesar desta porfia,
sy es a la teologia
mi dezir graue & molesto.

170. La prinçipal diferençia
del onbre al bruto animal
es quel vno es rraçional,
con discreçion & eloquençia,
la bestia de espirençia
& de çiençia caresçe;
a qual destos pertenesçe
el torpe pido sentençia.

De quatro elecçiones en el matrimonio

171. En el matrimonio son
quatro cosas de escoger:
la primera deue ser
la noble generaçion;
la segunda, grand rriqueza;
fermosura & gentileza
es luego el terçero don.

172. La quarta elecçion rresta,
syn la qual las tres contadas
non deuen ser açebtadas,
nin dellas fecha grand fiesta:
la muger casta & onesta;
esta, syn las otras, basta,
& todas tres non syn esta.

De tres cosas nesçesarias al omne estudioso

173. Al omne muy deseoso
& amador del saber
nin le basta asaz leer,
nin ser mucho estudioso;
mas sea ansy[515] engeñoso,
[fol.92v]
que entienda lo que leyere,
grand memoria se rrequiere
para estudio fortuoso.

174. La terçera que en la lecçion
es de mayor exçelençia,
que aya en la çiençia
clara & pura discreçion;
estas tres dan perfecçion

en toda çiençia & arte;
al que le falta la vna parte,
de todas ha defecçion.

175. Puedese de aqui prouar
que el saber donde Dios es,
ca la vna, o todas tres,
Dios solo las puede dar
de entender & memorar
& de discreta çiençia;
quien aver quiere influençia,
a Dios la ha de mandar.

De cobdiçia & de avariçia

176. Asy tiene la cobdiçia
sus diferençias & grados,
nin mas & menos maliçia
como los otros pecados;
vnos son della tocados
por sola honor & gloria,
por que sea su memoria
en syglos perpetuados.

177. A este fin solo tienden
sy conquistan & sy ganan,
quanto fablan tanto espienden,
tanto esparzen quanto apanan;
asy como la mar manan
dando a sus valedores,
solamente ser señores
esto desean & aman.

178. Sy Quinto no Curçio non
miente,[516]
Alixandre el maçedonio
destos fue & soy su Entonio
de Jullio çesar bien syente;
el primero en Oriente
en Occidente el segundo,
rreportaron deste mundo
honor & fama exçelente.

179. La segunda avariçia
otros son asy plagados,
que su gozo & su letiçia

es aver multiplicados
los tesoros ençerrados,
& syn esperança alguna
de jamas ver sol, nin luna,
temiendoles ser tirados.

180. Del Euangelio tomamos
tal rregla & actoridad,
que amigos nos fagamos
de Mamona de maldad;
mal es, a dezir verdad,
rrobar para despender,
mas tomar para esconder
es estrema yniquidad.

181. Esta misma orden tiene
el ynfierrno obseruada,
[fol.93r]^517
rresçibe quanto le viene,
non consente salir nada;
o persona maculada
de viles & suzios^518 viçios,
cuyos vnbrales & quiçios
syn salir tienen entrada.

182. De aquesta vil hermandad
fue Craso tragador de oro,
& Mida, que en grand tesoro
puso su feliçidad;
non es la presente hedad
de tales fijos menguada,
nin es pena bien purgada
de aquesta suziedad.

De franqueza graçiosa & forçada

183. El que da con triste cara
pierde las graçias del don;
aquel lieua el gualardon
que da con serena cara;
el que niega non teniendo,
consyento su triste gesto,
ca de coraçon onesto
sale el don que va gimiendo.

De estrema avariçia

184. Aquel que quanto mas ha,
menos se syente pagado,
& quanto mas Dios le da,
mas avariento es tornado;
que pena avra tal maliçia
de Sant Pablo lo sabres,
pues de los ydolos es
seruidora el avariçia.

Desimular & fengir

185. Symular por maestria
es avido & por arte,
mas yo espeçie & parte
de falsedad lo diria;
sy ll[*amo ypocre]sia
non do fuera del terrero,
non me llame conpanero,
ni quiero su conpania.

186. Sy la tacho en todo omne
por arte defectuosa,
en grand señor le do nonbre
de obra vil & viçiosa;
la virtud de la potençia
clara va [*& sy]n çelada,
arte seruil es llamada
la fecçion que non prudençia.

Rremedio a la fresca yra & saña

187. La fresca yra & saña
non es luego de amonestar;
dexala vn poco amansar,
despues con buen tiento & maña,
a vezes con el sañoso
[fol.93v]
otorgando & consyntiendo,
a vezes contradiziendo,
le fara aver rreposo.

188. El que en sy non tiene tiento
con la nueva turbaçion
de la [*t]u ynsultaçion

avra doble sentimiento;
dexa pasar el furor
sy el peligro non es çercano;
despues con manso dulçor
del enfermo faras sano.

De çinco abusiones

189. El moço que es avariento,
el rrico mal pagador,
el couarde syn sabor,
el viejo de poco tiento,
vieja que faz casamiento
non esperando engendrar,
qual ley consyente pasar
tal burla syn escarmiento.

De quatro vtiles peteçiones

190. Pide buenos tenporales
el pueblo, s[*alud &] p[*a]z
syn dubda son asaz
vtiles a los mortales;
yo pongo entre estos tales
el quarto por delantero,
rrey discreto & justiçiero
como oro entre metales.

De la fisica & de los fisycos

191. Yo non niego la virtud
del arte de medeçina,
antes digo que salud
nos conserua su dotrina;
quien la cuyda aver tachada
contradize a Salamon
& va contra la rrazon
por espirençia prouada.

192. Yo loo & prueuo a ella
mas tacho sus ofiçiales,
que los mas dellos son tales
de quien muchos han querrella;
digo que algunos son buenos,

mas por la prefundidad
della o por la torpedad
dellos, los sabios son menos.

193. En esta çiençia & arte
dos cosas son menester,
con las quales su saber
creçe en grandisima parte:
platica & discreçion,
las quales alcançan pocos
fisycos nuevos & locos,
es terrible confusyon.

De las grandes rr[i]quezas

194. Las rryquezas son avidas
con trabajo & con pecado,
con temor son poseydas
& ynportable cuydado;
son con grand dolor perdidas
& muchas con desonores,
[fol.94r]⁵¹⁹
e con ellas sus señores
& a bueltas pierden las vidas.

Quien deue rregir o quien seruir

195. Aquel rreyno es bien rreglado
en que los discretos mandan
& los yndiscretos andan
seruiendo en lo que es mandado;
mas, do los viles hordenan
& syruen los sabidores,
ally los muy nobles penan
& los syeruos son señores.

De padesçer & aver conpasyon

196. Padesçiendo con paçiençia
& aviendo conpasyon
de agena tribulaçion
con caridad & clemençia,
atienprase la sentençia
de la justiçia diuina;

atales actos se ynclina
la edifica potençia.

197. Suben[520] por tales escalas
las almas al parayso;
buelan con senblantes alas
ante el trino indiuiso;
la presçiosa flor de liso
por tales sabe rrogar
e para estos ynpetrar
la gloria con gozo & rriso.

De peligrosas & vanas porfias

198. Muchas son las ocasyones
que causan enemistades
& turban las ygualdades
entre los nobles varones;
pero vna es las porfias,
non digo sobre grand peso,
mas lo que es menguado seso
sobre quistiones baldias.

199. Qual fue mejor cauallero,
Archiles o Ector troyano,
ved que primo o que hermano
sobre que porfio[521] & muero,
que pro o que honor espero
sy yo venço la quistion,
que fue mejor çipion
que Anibal & mas guerrero.

200. Sy fue mas fermosa Elena,
que Lucreçia mas honesta,
sy mas lynda Poliçena,
sy Cornelia mas modesta,
paresçervos ha (ser↑) esta
obra liuiana & baldia,
yo vi sobre tal porfia
a las vezes grand rrequesta.

201. En la mala cabeça cabe
buen seso alguna sazon
[fol.94v]
& açierta en buena rrazon
a vezes quien poca sabe;

sobre grand pro o grand honor
digo que es buen porfiar,
mas sobre poco valor
digo que es desuariar.

202. Virtud tan dulçe & presçiada,
& de tanta vtilidad
como la buena amistad,[522]
mucho[523] deue ser guardada,
con diligençia euitada
toda causa & ocasyon,
que puede dar dyuisyon
en la vnion vinclada.

De buen tiento en buena fortuna

203. Buen seso & buena fortuna
a pocos es otorgado,
poca tenprança o ninguna
tiene el bienafortunado;
poderio muy tenprado,
quien lo vio ese lo alabe,
en pocas lugares cabe
avaro[524] muy tentado.

De grand prosperidad syn aduersidad

204. De la grand prosperidad
asy es continuada,
que jamas de aduersidad
la persona non es tocada;
sygno es de ser dañada,
por quanto dos paraysos
non son oydos, ni[525] visos,
cuydo que es rrazon prouada.

De fiar secretos peligrosos

205. Asy, fia de tu amigo
secreto que pensaras
que podria bien ser cras
se te tornar enemigo;
quiebranse las amistades
por diuersas ocasyones,

mudanse los coraçones,
canbianse las voluntades.

Virtud de la oraçion

206. Contra toda aduersidad,
angustia & tribulaçion,
grand vigor ha la oraçion
atenta con vmilldad;
la clemençia & piedad
de Nuestra Santa [*Seño]ra
fauoresçe al que ora
con devota voluntad.

207. Aquella oraçion alcança
efecto del que la ofresçe,
cuya entençion caresce [sic]
de rrencor & de vengança,
quiere fe, quiere esperança,
quiere pura contryçion,
quiere continuaçion,
quiere mas perseuerança.

208. Non quiere tentaçion loca
& quiere tal contryçion,
que lo que dize la boca,
asy tenga el coraçon;
guardese de presençion
por la qual, non fue rreçebta
[fol.95r]526
la farisea & conçebta,
la publicana oraçion.

Deseo de fama

209. La ynclinaçion natural
es desear qualquier omne
buen fijo en quien su nonbre
quede en la vida mortal;
quien ha el deseo tal,
non diforme de natura
en la ley nin la escriptura
lo rreprueua nin ha por mal.

210. Pero sy queda mejor
el nonbre en actos famosos,

digo actos virtuosos
syn tirano & mal rrigor,
tales que a Nuestro Señor
pluyeron & el mundo amo,
quales Godrofe obro
& Carlos enperador.

211. Actos del grande Constantino,
& de Teodosyo yspano,
por Sant Gregorio me inclino
a loar el grand trajano,
el rrey que, con fuerte mano
& con deuota porfia,
conquisto el Andaluzia,
vençiendo el pueblo pagano.

212. Yo fablo de fuertes actos
mesclado con gentileza,
vmanidad & nobleza
& linpios de malos tractos;
de vil avariçia intractos
syn ficçion & syn vengança,
con la fe que nunca trança
conuenençias & pactos.

213. Sea çesar perdonado
sea Felipo Maria
amando liberal via
& cobdiçia desenchando,
non Craso oro tragando,
nin çiro sangre beuiendo,
tal nonbre dura beuiendo,
non muchos fijos dexando.

De consejo ynvtil & ynfructuoso

214. El que de la agricultura
buen maestro quiere ser,
de las plantas escoger
& symientes ha grand cura;
mas, sy esterile natura
la tierra es, mucho lo espanta,
porque lo que syenbra & planta
nin prende, nin da verdura.

215. Oye la conparaçion,
tu que quieres consejar,
ca non te basta fablar
bien, nin con buena entençion;
sy al malo consejaste,
pierdes tu proposyçion;
sy al viejo castigaste,
espulgas tu çamaron.

[fol.95v]

De vana & errada opinion del pueblo

216. La⁵²⁷ vana opinion vulgar,
o del pueblo por mas claro,
pocas vezes & muy rraro
sabe derecho judgar;
non me alegra su loor,
nin me enoja su denuesto;
lo quel pueblo ha por mejor,
he yo por mas desonesto.

217. Ama yndiscretamente
& syn rrazon aborresçe,;
lo que le daña consyente;
busca lo que le enpeçe;
syenpre mira el presente,
nunca el fin consyderando;
mata non deliberando,
& syn tienpo se arrepiente.

218. Desterro con grand furor,
a çipion africano,
obedesçio con temor
a Luçio Silla, el tirano;
quien al vulgo fue vmano,
sealo por caridad;
non aya por que lealtad
espere de pueblo vmano.

**Como deue ome vsar de la buena
fortuna temiendo⁵²⁸ la cayda**

219. Discreta p[r]eparaçion
es tenprar la grand potençia,
syn crueza & con elemençia [sic],⁵²⁹

syn orgullo & anbiçion;
muy prudente avisaçion
es pensar en la salida,
pues non ay en esta vida
perpetua administraçion.

220. El desçender non se escusa
al que muy alto subio;
la fortuna syenpre vsa
tomar lo que nos presto;
quien de lo prestado vso,
dulçemente conversando,
& las gentes bien tractando,⁵³⁰
desçiende, mas non cayo.⁵³¹

[fol.96r]⁵³²

[ID2720] SV2–9 (96r–97v) (26x8,4)

**Anton de Montoro al duque,
memorando la perdiçion de Vrdiales
quando era dubdosa**

1. Muy digna potençia de mas
    prosperar,
duque elegido por obra fulgente,
sereys vos seruido de algund memorar
de aquel que fezistes de nada valiente;
quiera Dios Padre y asy se contente
que de la sospecha que presto ynqueri,
que vayan las gentes a bozes tras mi
diziendo: quedaldo, quedaldo, que
    miente.

2. E duque muy alto, busquemos
    agora,
ansy en los defuntos como en los que
    biuen,
al[*g]una rrauiosa que perdida llora
de fijos que en muerte sus vidas
    peresçriuen,
y desta que noto y mis manos
    escriuen⁵³³
su llaga mostrada que muestra
    ysperençia,
rresçiban las tristes alguna

pasçiençia⁵³⁴
por donde pesares desy los esquiuen.

3. O tu, rreyna Ecuba, doquiera que
    yases,⁵³⁵
leuanta y despierta del sueño
    ynbiuiente,
alegra y esconbra y adona tus fazes
y bueluete al mundo contenta &
    plaziente;
esparze tus ojos y mira la gente,
veras vna madre quel mal todo es suyo,
veras vn quebranto que sobra del tuyo,
veras con que seas del todo paçiente.

4. Y no te desplega sy fago rrespecto
contigo de dueña de no tus altores,
que quando me veas venir al efecto
veras que los daños son bien açesores;
non te consyentas alçar a mayores
quexando con dueña que non te
    conparen,
que rreynas y dueñas amargas que
    paren
yguales se pueden llamar en dolores.

5. Pesares y llagas, angustias abondo
te fueron çercanas por muchas
    maneras,
mas quando guiauas el bayle rredondo
tus dueñas gimiendo, llorando tus
    nueras;
ençima de todo final quando vieras
al fijo del grande enemigo mortal
tener el espada en el cuello rreal,
por do fuste syerua de gran rreyna
    quieras.

6. Mas quando tocauas por lyndas
    guirlandas
aquella corona de velo muy prieto,
y quando la madre cubrio con sus
    faldas
el fijo del tuyo tu muy caro nieto,
rrobado por manos de aquel mas
    discreto

Vlixes, mesclado con grand violençia,
al qual ynclinado pedia liçençia
con que llore al fijo del padre muy
    neto.

7. Mas puesto⁵³⁶ que, rreyna, tus
    grandes quebrantos
han seydo corona de todos los males,
nunca se lee que tales, nin tantos,
oviese vna rreyna de cuerpos mortales;
de noble marido, de fijos muy tales,
por donde sostienes dolor y tamaño,
los tuyos son muchos mas daño por
    daño
(fi↑)gura⁵³⁷ en la muerte del triste
    Vrdiales.

[fol.96v]

8. Aquel que la vida le fue cabtelosa,
con cuyos pesares la fabla rrenueuo,
el que yva ganando guirlanda espinosa
con plumas⁵³⁸ que syenpre lançauan
    rrenuevo;
con su postrimero viçio lo prueuo,
fuyendo sus fechos⁵³⁹ del caso de aleue,
veras por quand poca de vida tan breue
fizieron sus obras linaje de nuevo.

9. La causa de toda su perdida braua
rreduxo la muerte de aquel defensor,
tu fijo don Ector, el que sustentaua
la tierra troyana con fuerça & vigor,
& sy muerte ovo de aquel agresor
Archiles, que syenpre busco su
    venguijo,
ya sabes la casa do mora tu fijo
y esta non sabe del mas del dolor.

10. Asy mesmo rreynan los fuegos que
    viste
syn freno que ardy(an↑)⁵⁴⁰ en el muro
    fermoso,
las flamas ardientes ya tu las pariste,
finchen do [sic]⁵⁴¹ tu sueño tan
    ynpectuoso;

y la madre amarga de aquel doloroso,
a quien atribuyo contigo en tu suerte,
sy non le salteara tan presto la muerte,
auia parido descanso y rreposo.

11. Avia pospuesto de sy vanagloria,
dandose a todos con alma y talante,
jamas non çesaua buscando vitoria
al rrey, con sus obras de claro
    senblante;
ansy se mostraua fundado y costante,
que nunca sus mentes jamas se
    boluieron,
que aquellos que nunca por nunca lo
    vieron
tienen su llaga doblada delante.

12. Quiça diran muchos a quien non se
    ofresçen
a tantos pesares de su fenesçer,
los rreyes y duques y condes fenesçen
vsando la muerte de su grand poder;
aquellos que dexan el mundo en tal ser
que vieron açensos en sus
    preminençias,
vinieron de vnos en otros herençias
y este cobrola con seso y saber.

13. Avnque sy el miralle de las
    jouentudes
las graçias estremas a tantas tenia
de quien le manauan tan rre(c↑)tas⁵⁴²
    virtudes
herede sus dias con grand mejoria,
de aquel duque osado que le daua
    osadia
por donde la fama perpetua le quede
que en otra manera la lynpia que
    p[*u]ede
mostrar sus virtudes en arca vazia.

14. Del qual mientra quiso seguir sus
    pisadas,
asy le pujaua granada potençia,
como sy el mesmo fadara sus fadas
al tienpo quel alma le puso influençia;

despues que le plogo negar obidençia
de quien loco puso de syeruo a señor,
bien que demostraua sobrado vigor
mas non tan vestido de tanta
    clemençia.

15. Que asy lo acataua por vida &
    rreparo
que de amas sus vidas fazia consuno,
segund mira madre a fijo muy caro
ya quando la muerte non le dexa mas
    duno;
despues fue vençido de pienso
    ynfortuno
de ser acatado por sy y conosçido,
sy dizen que esto lo fizo perdido
lo que Dios permite non sabe ninguno.

[fol.97r]⁵⁴³

16. Nin menos yo firmo que muerte le
    dio
la desobedençia que aqui rrepresento,
ni dubdo tanpoco que sy se perdio
que non fue(se↑) causa de su
    perdimiento;
por que su custodia de vida contento,
asy se le mostraua rreliquia de plata,
que como la leche que esta so la nata
asy lo guardaua del toque del viento.

17. Pues como se vido señor ynperfeto
asy prosperado a jornadas contadas,
quisyera el amargo fazer de secreto
algunas proezas que fueran sonadas;
mas como las vidas tengamos
    prestadas
a tienpo en la nota del mas alto çielo,
asy como quiso prender algu[n]d buelo
mas presto se vido las alas trançadas.

18. Por donde su madre, la triste
    Rremira,
torçiendo sus manos con rrauia quand
    grande,

gran rrenouando syenpre gemidos
    sospira,
non sabe do busque, nin syento do
    ande;
nin sabe mandar nin ay quien la mande
tan rretrasportada quel mundo nol
    cabe,
soluiendo los vientos la triste non sabe
de quatro elementos aquello demande.

19. O tierra, diziendo, sy tu me lo
    tienes,
non mas lo descubras de quanto lo vea
y toma este cuerpo mortal en rrehenes
a este que presto daras tu librea;
y tu, el elemento que al fuego saltea,
y tu, salteado del grand Promoteo,
y tu, sey con ellos conplir mi deseo,
aquel que las fojas canpales menea.

20. Agora troyana rresçibe conorte
y males dolores de ti los descarga;
y doquier que seas non oluides de [sic]
porte, y haz a pesares el anima [sic]
larga; asy te lo encargo que tomes tal
    carga [sic],⁵⁴⁴
seras en la gloria, sy gloria quisyeres,
y en tanto, señora, que paren mugeres,
ya nunca ninguna se alabe de amarga.

21. Y aquellos que somos del mas
    comarcanos,
magnanimo duque, deuemos loar
a Dios que non quiso ferir con dos
    manos
aquel que esperamos su multiplicar;
por que sy en el tienpo de aquel biuo
    amar
asy lo partieran delante sus ojos,
bien era posible de solos enojos
dexar esta vida por yr lo a buscar.

22. Que yo por mi juro que quanto le
    llega
su llaga y le pesa de aquel ynoçente,
que tanto se goze y se grade y le plega

a Dios con mi vida que es Padre
    potente;
mas⁵⁴⁵ comun el absençia jamas non
    consyente
i [sic] ganar⁵⁴⁶ coraçones nin bienes tan
    menos,
algunos seruiçios quiça non tan buenos
lo que era presençia fizieron absente.

23. Y vos, noble alcayde, que estas en
    el valle
escuro do mora la gente omeçida,
por que non se fabla, nin mal ora se
    calle,
por⁵⁴⁷ lenguas y plumas la vuestra
    cayda;
en breue nos muestra Dios la vuestra
    venida,
en son que nos pueda prestar vuestra
    lança,
[fol.97v]
y non vos trasmude la poca esperança,
que muchos rremedios produze la vida.

24. Que vida catiua vos es libertad,
angustias cobrando, perdiendo
    temores,
que, buen cauallero, do biue bondad,
non puede la muerte buscar sus
    vigores;
pues muere la fama de aquellos actores
ya dichos con vuestra brauor de
    misterio,
que los que vos tienen en mal catiuerio,
non seyendo vos libre, son ellos
    señores.

25. E tu, su querida, por horden
    honesta,
en quien se concurre la llaga doblada,
di donde te estuuo tan perdida presta
enanates que vieses su gloria cobrada;
fiere tus pechos tu cara rrasgada,
manando tus ojos, llamandote triste,

a Dios rreclamando de como te viste
biuda primero, que non maridada.

26. E vos, el Rrey Santo, pues tal
    sacrefiçio
de sy mesmo fizo las faltas rremotas,
non se vos parta delante el seruiçio
de aquel que non fueron sus obras
    ynotas;
pues fueron sus carnes carpidas y
    rrotas,
o puesto en los labrios del brauo
    elemento,
pues non biue el cuerpo, gran rrey sed
    contento,
que biuan sus bienes alla en vuestras
    notas.

Fin

O duque, la graçia y lo al⁵⁴⁸ vos
    adiestre
del son que vuestra alma tan digna lo
    pide,
y quiera⁵⁴⁹ Dios Padre que nos vos
    demuestre
mayores angustias (y↑)⁵⁵⁰ con esta se
    oluide.

[ID1907] SV2–10 (97v) (1x8)

**Anton de Montoro al alcalde de
Andujar⁵⁵¹ porque non queria fazer lo
que le rrogaua de parte de Diagarias**

1. Bachiller, andaes muy floxo
a mis rruegas y plegarias,
y por contentar al coxo,
enojaes a Diego Arias;
ya sabes que vale tanto,
quanto mas con omezillo
que en vn soplo al Padre Santo,
puede tornar monazillo.

[ID2721] SV2–11 (1x10,4)

**Al Conde de Cabra por que le
demando y non le dio nada**

1. Se que vuestra señoria
sabe con animos claros
franquear syn couardia,
mas la grand desdicha mia
faze de francos avaros;
ca, segund soy desdichado,
sy lo que agora suplico
vos oviera suplicado,
tanto ovierades guardado
que mucho fuerades rryco.

Cabo

Pues non cresçe mas cavdal
el trobar, nin da mas puja,
adoramoste dedal,
graçias fagamos aguja.

[ID1899] SV2–12 (97v–98r) (1x8)

**El dicho Anton de Montoro a Juan
Poeta por vna cançion que le furto &
la dio a la Rreyna⁵⁵²**

[fol.98r]

1. Alta rreyna de Castilla,
pinpollo de noble vid,
esconded vuestra baxilla
de Juan de Valladolid;
por que es vn fuerte motiuo
y tal que a todos enpesçie,⁵⁵³
que quien furta lo ynuesible,
rrobara lo que paresçe.

[ID2722 R 1899] SV2–13 (98r) (1x8)

Rrespuesta de Juan Poeta

1. Onbre de poca familia,
de linaje de Dauid,
rropero de obra senzilla,

mas non Rroldan en la lid,
por que soes mi catiuo
en la sçiençia que se ofresçe,
que de viejo rroto esquiuo
fazes cosa que floresçe.

[ID2723 R 2722] SV2–14 (98r) (8,9,8)

Rreplicato de Anton

1. Aca non se de que villa
viene tras vos vn ardid,
que furtastes vna silla,
por Dios, amigo, fuyd;
que tenemos vn rrey biuo
que de punir non caresçe,
y a quien faze lo que escriuo,
pena de muerte meresçe.

2. Mal trobador ynportuno,
desauido y desgrasçiado,
auies de mi publicado
lo que non sabe ninguno;
pues la muerte vos desmalle
en fuego de biua brasa;
al que açotan en la calle,
que gelo digan en casa,
non paresçe desonrralle.

3. A mi non me pesa por que
vos pongays en altos presçios;
he pesar de algunos nesçios
que vos oye y dan fee;
se que la noble discreta
Rreyna señora de nos
sy vos da por lo de Dios,
que non por mucho poeta.

[ID2724] SV2–15 (98v) (1x9)

**El dicho Anton a vno que le pregunto
por que non fuya de la pestelençia**

1. Eterna gloria que dura,
en quales montes y valles,
en qual soberana altura,

en qual secreta fondura
me porne do non me falles;
por tu santa santidad
non mirando mis çoçobras,
sy non te vençen mis obras,
vençate tu piedad.

[ID2725] SV2–16 (98v) (7x8,5)

**El dicho Anton al dicho Juan Poeta por
que pedio dineros al cabildo de los
abades de Cordoua**

1. Tenplo de rrica familia,
bordado con honestad,
a quien perfecçion se vmilla
mayor que prosperidad,
quien tiene bien corregida
[fol.98v]
la patria con su beuir,
quien por gozar desta vida
non dexa la por venir.

2. Aquella muerte que lidia
muy presto lidie comigo,
sy lo digo por enbidia,
nin por que el soy enemigo,
mas he sentido mortal
por que soys de noble ardid,
que quereys fazer caudal
de Juan de Valladolid.

3. Diziendo que es rreliquiarrio
de las ynvençiones buenas,
pues sabed que es sermonario
de las fabricas agenas;
de arte de çiego juglar
que canta viejas fazañas,
que con vn solo cantar
cala todas las Españas.

4. Es la causa donde peno
muriendo syn entreualo,
quien tanto sabe de bueno
aver por bueno lo malo;
para niños que non han

mas saber que dezir tayta,
es oyr los que se van
tras los coros de la gayta.

5. Pues sabeys quien es su padre,
vn verdugo y pregonero,
y quereys rreyr su madre,
criada de vn mesonero;
sy miento desto que fablo,
do mi anima al demoño,[554]
que a las puertas del establo
nunca da paja syn coño.

6. Su padre de pie y de pierna,
syn camisa y desbrochado,
es su cama la tauerna,
su lonja el mal cozinado,
su mayor proeza y fe
es a daca mi terrazo,
sy pagases,[555] non pague
traque danle buen jarrazo.

7. Colegio muy syngular,
mostrando onde venis,
diz que le mandastes dar
trezientos maravedis;
esto digo que es vn cargo
contra Dios, y la conçiençia
en los quales pongo enbargo,
que me viene por herençia.

Cabo[556]

O mandadlo aqui traer
ante la merçed de vos,
do le fagan entender
que gelos distes por Dios,
pero non por su saber.

[ID0169] SV2–17 (98v–99r) (10x9)

**El dicho Anton por vn cauallo que se le
murio yendo a la guerra de moros**

1. El amo noble, sufriente,
paçifico, dadiuoso,

[fol.99r]
cria moço ynobidiente,
soberuio, rrudo, ponposo;
y a tienpo luengo pasado
quando le syente el error,
querielo aver castigado,
piensa fallarlo mandado,
fallalo ser mandador.

2. Asy fizo el virtuoso
señor nuestro rrey muy alto,
por dar a muchos rreposo
dio a sy grand sobresalto;
fizo de syeruos señores
con leda cara de amor,
fizo de grandes mayores,
fi(e↑)les rricos dadores,
y a sy mismo pedidor.

3. Ya no mas vos çertifica
mi rrudeza el construyr,
quel prinçipio comunica
quanto se deue seguir;
dad al sentir auditor
defensores de la tierra,
a mi quebrado clamor
fuy a ser guerreador,
& a mi mismo[557] fize guerra.

4. Ved sy fue triste mi nonbre
fadado desde la cuna,
yo muy muerto por ser onbre
y non plaze a la fortuna,
yo con zelo de guerrero
por creçer la defensyon,
que non se como non muero,
yo me parti cauallero,
do bolui flaco peon.

5. Pues quiça querres creer,
colegio de fe conplida,
que por flaco su comer
dexo tan presto la vida;
asy Dios tire cuydados
a mis grandisymos males,
a los primeros bocados

todos los cresçidos prados
convertia en arenales.

6. Sy a mi Dios me lo demande,
sy de fecho de çeuada,
tres almudes de lo grande
desde lexos arrojada;
esto con puro temor
de su tragar tan ynmenso,
que con la rrauia mejor
trauaua del pensador
que con la fanbre del pienso.

7. Pues de los mas abreuados
brutos en toda la hueste,
en arroyos y por vados
non fue vno segund este;
que asy Dios me de plazer,
o me mate quier que peco;
rrios en todo cresçer
a su no medio beuer,
me vy pasallos en seco.

[fol.99v]

8. Pues a su mayor andar,
espuelas quiere de mano,
que eso le faze llegar
nochezillo que tenprano;
y quando fazen rrebato
ved sy pone sobrevientas,
que enguarde abiuar vn rrato,
señores quando non me cato
de los yermos faze ventas.

9. Nunca Dios mi mal[558] rrelaxe,
menos mejore mis fados,
sy mas leguas non le traxe
quel[559] a mi pasos contados,
con las plagas que me dio
non se quien non se desgarre,
que bestia nunca nasçio
tan plazentera del xo,
nin tan pesante del harre.

Cabo

10. Do sepa vuestra merçed
quiso tomar por ofiçio,
poniendo pies en pared,
fizo de sy sacrefiçio;
syn los ver, nin conbidar,
en su rrezia conplisyon,
syn los traer, nin llamar,
a los lobos de Allacar
fizo rrica colaçion.

[ID0182] SV2–18 (99r–100v) (21x8,4)

**Quexos de vna mula que avia
enpeñado[560] Juan Muniz de Cordoua a
don Pedro y despues gela desenpeño**

1. Vos al muy grand rrey anexo,
la mula de Juan Muniz,
encoruada mi çeruiz
ante vos de lexos me quexo,
como Dios es trenidad
vos causastes mi lazerio,
pues por darme libertad,
doblastes mi catiuerio.

2. Dios me vista de pasçiençia
a tan yncurables daños,
ha[561] oy bien xxii años
que soy suya por herençia;
follando poluos y lodos,
tanto la fiel se me quiere,
sy por estos tienpos todos
dare señas del pesebre.

3. Toue mi llaga secreta
como muy desuenturada,
deseosa y bien mandada,
muy rregida y con dieta;
syn dubda bien oluidada
la braueza y presunçion,
non con sobra de çeuada,
tentada del toroçon.[562]

4. La hanbre continuada
ved como busco rrebuelta,

tan queda estaua yo suelta
como otra muy amarrada;
como la gente rreposa
de noche todas vaganços,
bien como syerpe rraviosa
yva buscar mis percanços.

[fol.100r]

5. Ved, señor, aquellos muros
de sus muy viejas paredes,
yo gelas pare qual vedes
con estos dientes muy duros;
quanto mas, señor, trauaua,
tanto muy mas hanbre lo avia,
sy nadie non me miraua,
por grand pienso lo tenia.

6. Sobre penas tanto graues
ved sy le catare omezillos,
rrebuscando los granillos
que lançauan a sus aues;
quando quiere fazer lardos
mis pechos yamas llenas,⁵⁶³
la pesquisa de los cardos
quel sobrauan de las çenas.

7. Otros males que es espanto
de que me daua grand parte,
nunca Dios mi hanbre farte
sy señor gelo leuanto;
en verano noche y dia
vnas fojuelas de parras,
en que su moço traya⁵⁶⁴
enbueltas las alcaparas.

8. Sobre hanbre tan amarga
el coraçon se me aprieta;
grand señor, ved qual carreta
puede conportar su carga;
las brutales han por vso
leuar su cargo agradable,
mas de sus rrodillas ayuso
ay vn onbre rrazonable.

9. Quando ssus talones dan
en mis muy rrotas yjadas,
suenan sus carcañaladas
como maços de batan;
como yo non se cautelas
de agudezas, nin las vy,
menos syento las espuelas
quellas me syenten a mi.

10. Agora yo non lo rriebto
nin rretrato de mi lengua,
que la grand sobra de mengua
faze del libre sojebto;
como non tiene majuelos
muy brutados demugrones,⁵⁶⁵
enpeñome en vnos suelos
de muy turbios agriones.

11. Segund los sabios non callan
quando sus menguas disponen,
onde sacan y non ponen,
el cabo presto le fallan;
duelan vos mis tristes canas
de mi vejez ofendida,
en menos de tres semanas
sali la triste beuida.

12. Por mi lazeria non poca
y mis dolores bien llenos,
non tenia mas, nin menos,
sy non pienso a que quieres boca;
non mas premia, nin doctrina,
nin menos espuela, nin palo,
do sacaua la mesquina
las mis tripas de año malo.

[fol.100v]

13. Dando graçias y loança
a quien me dio bien tan largo,
mi mayor afan y cargo
era sostener mi pança;
de como primero era
de hanbre lerda y harona,
yo me vy que sy quisyera
me vendiera por tusana.

14. Yo muy leda & bien pagada,
pelechada y plazentera,
grand señor como sy fuera
con el nasçida y criada,
enbiastesme llamar,
tal mi coraçon deslate,
quel grand señor de Aguilar
piensa de vuestro rrescate.

15. Con todo mi desplazer
en oyr nonbrar a vos,
alçe mis ojos a Dios;
dixe: Dios me viene a ver,
pues vn tal me fauoriza,
anparare syn cargazon
entre su caualleriza
do saldre puerco çeuon.

16. Saluo mi pienso contrario,
quando pense vuestra ser,
mesquina vine traer
contra la puerta del fonsario;
segund el perro pagano,
quando de grand caualgada
mete el muy fiel christiano
por las puertas de Granada.

17. Quando por su puerta entraua,
sabe Dios que mas quisyera
que en sus onbros me traxiera
Martin Perez a la caua;
feme dentro en la grand foya,
vime del todo perdida,
desonbrada como Troya,
rrezien rrobada y ardida.

18. Que rreparo y que consejo
por la paja y los grançiones,
ay vnos arigamazones
del muro del tienpo viejo;
pues para el agua del pozo,
quando hanbre y sed me ahoga,
perros vean de mi gozo,
sy non me como la soga.

19. Sobre tan gentiles pastos
non aueys de mi manzilla,

non mirays quand linda sylla
traygo los fustos por bastos;
pues por çinchas muy fermosas
y gentiles latigueras,
dos soguillas muy nudosas
que me causan pechugueras.

20. Mas con quanto mal sostengo
de mi hanbre y mala vida,
non le sere desconosçida
que avn este cargo le tengo;
desde quel es mi señor,
y yo su syerua cuytada,
nunca por buen ferrador,
nin malo, fuy enclauada.

[fol.101r]

21. Vos, en quien virtudes moran,
vos, de quien graçias dependen,
honores ay que ofenden
y vituperios que onoran,
es mi mal tan prolixo
que nonbrarlo es clueldad [sic],
ya sabeys por que se dixo
la libre catiuedad.

Cabo[566]

22. Duelavos la pena cruda
que vos pronunçia mi letra,
quel clamor de la rres muda
los nueue çielos penetra.

[ID2726] SV2–19 (101r) (5x10)

**Alfonso de Velasco que queria mercar
vna mula que tenia el dicho Anton**

1. Asaye de memorar
vuestras virtudes, señor,
y falle que mi loar
es gota de agua en la mar
en vuestro grand loor,
por que graçias tan consunas

vos çin[n]en tan prosperadas,
vençedoras de fortuna,
que por memorar la vnas,
son las mas muy oluidadas.

2. A señor, tengo vna mula,
qual nunca pascua vos entre,
que toda hanbre con gula
rremanesçe de su vientre;
otra tiene gentileza
que la faze mas loada,
sy se escondiere pereza,
por non ver al agudeza
en sus quartos de lerdeza,
la fallares mejorada.

3. Sy le tocan del espuela
con grand priesa y turbaçion,
guarde salir syn cautela,
da los dientes al açion,
nunca sabe de vn conpas
rredondo, todo contrario,
sy oy parte, anda cras,
afincadle vn poco mas,
muy ligera fazia tras,
mas anda que vn dromedario.

4. Otro estilo mucho bueno
tiene, que syenpre le dura
que menos sabe del freno
que conosçe que es fartura;
vna de las muy mas mancas,
donde mancas estouieren,
pies y manos como trancas
para andar çient leguas francas,
mandadle boluer las ancas
de cara donde partiere [sic].

5. Agora, noble varon,
yo la tengo non muy gruesa
en vna casa meson,
do me ponen farta priesa,
pero tengo vna ventaja
tal, que dobla mi querrella
ella como sobretaja,
ved sy tengo linda alfaja

[fol.101v]
solamente por la paja,
non se contentan con ella.

[ID2727] SV2–20 (101v) (6x8)

Pregunta sobre dos donzellas

1. Vn escudero andaua
por el grand ocçeano,
y pasado el verano
contra norte nauegaua;
el susodicho leuaua
en su guarda dos donzellas,
el yendo ansy con ellas,
tormenta los afincaua

2. Destas donzellas la vna
amaua al escudero,
de amor bien verdadero,
muy mas firme que colupna;
el, mas que cosa alguna,
a la segunda queria,
y por ella padesçia
grandes penas y fortuna.

3. La tormenta non çesaua,
nin los sus vientos contrarios,
antes andauan tan varios
que a muerte los allegaua,
que las ondas arrancaua,
y las arenas boluia,
y la vela les rronpia,
el entena ya quebraua.

4. Non quedo el papa figo,
nin quedaron las bonetas,
muy mas rrezias que saetas
las leuo el viento consygo;
ya non tenia abrigo
de la fusta que trayan,
& de coraçon dezian:
Señor, libranos contigo.

5. En esta presecuçion
y tormenta peligrosa,
vna boz muy pauorosa

oyeron a la sazon,
como en rreuelaçion,
que dixo: Conviene lancar [sic]
vna destas a la mar,
sy quieres consolaçion.

Cabo

6. Señor, pues, vos he contado
toda la mi yntençion,
de vuestra grand discreçion
sea esto declarado;
este tal ennamorado,
segund rrazon y derecho,
qual deue lançar de fecho
para conplir lo mandado.

[ID2728 R 2727] SV2–21 (101v–102r)
(6x8)

Rrespuesta

1. El fidalgo que synglaua
de peligro bien çercano,
al Dios grand soberano
deuotamente llamaua
quando pauor lo espantaua,
con sus esquiuas çentellas,
el vigor de las estrellas
muy poco los conortaua.

2. Dezis que la tribuna
en que yua el marinero
[fol.102r]
con el mastel todo entero
andaua bien como cuna,
y dos, mas claras que luna,
donzellas de grand valia
yuan en su conpañia,
syn otra persona alguna.

3. Y demientra que enduraua
los tienpos tan aduersarios,
que todos los gouernarios
fortuna los desordenaua,
vna dellas lo amaua,

syn error nin villania,
el a la otra seruia
& lealmente adoraua.

4. Deste argumento antigo,
selegismo de poetas,
por dos rrazones discretas
deuemos tomar castigo;
que tened, señor y amigo,
que muchos lo contendian,
pero non lo distingian,
çiertamente vos lo digo.

5. Entendida la quistion,
syn fazer mas luenga prosa,
a la donzella fermosa,
quel amaua en perfecçion,
aquella deue guardar;
y la otra condepnar
a qualquier tribulaçion.

Cabo

6. Mas quanto al seso dado
non vale esta conclusyon,
que Dios ama con rrazon
aquel de quien es amado,
y quien lo tiene oluidado
con entendimiento estrecho,
non le quita su despecho,
nin le perdona el pecado.[567]

[ID1902] SV2–22 (102r) (1x9)

**Anton de Montoro a Martin
Ferrandes, alcayde de los Donzeles
quando vyno de la frontera[568]**

1. Como quando cortan arbol
que defiende sol sobejo,
iten quando quitan marmol
que sostiene tenplo viejo,
como nao syn aparejo
quando va de mar en fuera,
asy queda la frontera

syn vuestro sano consejo,
syn vuestra mano guerrera.

[ID0174] SV2–23 (102v) (2x10)

Al señor Ynigo Lopes, Marques de Santillana, que le mando que fiziese algo

1. Como ladron que desea,
syn quel mate, nin que mate,
furtar villa a gente rrea,
& la mira, y la rrodea,
y non le falla[569] conbate;
y despues de bien mirada,
fallala tan torreada
que, por non ser omeçida,
alça mano de la entrada,
rreçelando la salida.

2. Asy, varon que floresçe
en saber que valentia,
[fol.102v]
ante quien preualesçe,
mill vegadas me contesçe
con vuestra grand señoria
querer mostrar ynorançia
por ante vuestra sustançia,
y fallo que es mas saber
aventurar la ganançia
por lo que puedo perder.[570]

[ID0180] SV2–24 (102v) (2x8,4)

A Gomez Dauila, corregidor, por vn puñal que le fizo tomar fingiendo

1. Juan de Luna me lo dio,
vos, señor, me lo tomastes;
sy en esto algo ganastes,
en mis sayos pierda yo,
que sy non fuera por rruegos
de aquellos nobles y gordos,
antes nos vieran los çiegos
y nos oyeran los sordos.

2. Por quel linaje que es visto
de grand fuerça y de valor,
que pudo con Ihesu Christo,
podrie con corregidor;
yo, fablando como do vengo
por que non me diga loco,
y por guardar lo que tengo,
non paro mientes al moco.

3. Nunca yo en yerros cayga
avnque soy todo de vos,
por que Nuestro Señor Dios
a vuestras manos me trayga.

[ID1791] SV2–25 (102v) (1x8)

Otra suya al dicho corrigidor por que le mando que jugase a las cañas

1. Que fazes, buen cauallero,
dias ha que non jugue
y quereys saber por que;
por que soy muy lastimero
todo lo qr [sic][571] tengo y non feo,
que non me falta pedaço,
saluo cauallo y arreo,
piernas, coraçon y braço.

[ID1908] SV2–26 (102v) (1x8)

Otra suya a vn escudero que llamauan Jouera por que le mando algo & non gelo dio

1. Yo pense, señor Jouera,
que erades oro de ffe,
y non medio vos toque
quando vos falle fuzlera;
basta que non mas alterco
por non salir de conpas,
nunca de rrabo de puerco,
y non quiero dezir mas.

[ID1900] SV2–27 (102v) (1x8)

Otra suya al corregidor, demandandole[572] **ayuda para casar vna su fija**

1. Discreto y muy polido,
para el mundo y para Dios,
a mi fija do marido
con sola fiuzia de vos;
sy vuestro buen rremediar
non viene con manos llenas,
avra de yr aconpañar
a las que Dios faga buenas.

[ID2729] SV2–28 (103r) (1x9). Date: Jan 25, 1447[573]

Mandole el corrygidor que fiziese vn aluala para Juan (Abiz),[574] **canbiador del ca[ ]**[575]

[fol.103r]

1. Buen amigo Juan Habis,
fe de mi poco tesoro,
dares Anton de Montoro
trezientos maravedis,
y con esta soy contento
de lo que aqui se promete;
fecha en amor verdadero
a veynte & çinco de enero,
año de quarenta & syete.

[ID2730] SV2–29 (103r) (1x12)

Alfonso Velas Anton

1. Como los rrycos tesoros
puestos so la rruda tierra,
non labrada son perdidos,
y los cantos muy someros
con que la serena atierra
poco oydos,
asy vuestro muy polido
estilo de consonar
todo entero

es en vos como perdido,
por vos non querer dexar
de ser rropero.

[ID2731 R 2730] SV2–30 (103r) (1x12)

Rrespuesta del dicho Anton

1. Segund plan[n]eron sus lloros,
los que por la cruda guerra
de Greçia fueron vençidos,
se fallan caridas coros
por vos quien jamas (non) yerra
ynividos;
non quesistes dar a oluido
mi solo y propasar
medianero,
y preterito sentido
con el vuestro mençionar
pollenero.

[ID2731 F 2731] SV2–31 (103r) (1x4)

1. Dizen que amanesçe Dios
para todos desde el çielo,
mas en discriçion y suelo,
amanesçe para vos.

[ID0174 F 0174] SV2–32 (103r) (1x4)

Cabo

1. Lexos de mal entreualo,
çerca de bien que teneys,
hanme dicho que sabeys
desencantar fado malo.

[ID0175] SV2–33 (103r) (1x8,4)

Otras suyas al dicho Marques

1. Que obra tan descusar
vender miel al colmenero;
y pensar creçer el mar
con las gotillas de Duero;
y con blanca flor de lis

cotejar symientes prietas;
y antel son de las tronpetas,
tañer tronpa de Paris.

2. Y a blanca lisa pared
cobrilla con negro lecho;
y ante la vuestra merçed
asayar ningund buen fecho.

[ID2732] SV2–34 (103r–v) (1x9)

Montoro a vna muger beuda

1. Vn vinagron como fierro
beueys por olio de vique,
y las fojuelas del puerro
juraes que son alfenique;
al echar y leuantaros,
[fol.103v]
puta vieja, beuda y loca,
que fazeys los vinos caros,
eso me da besaruos
en el culo que en la boca.

[ID0176] SV2–35 (103v) (1x8)

1. La viña muda su foja,
y la col nabo y lechuga,
y la tierra que se moja,
otro dia se enxuga;
y vos, todo el año entero
por tirame alla esa paja,
a la noche soes vn cuero,
y en la mañana tinaja.

[ID2733] SV2–36 (103v) (1x10)

**Otra a vn despensero que se llamaua
Porçel por vn poco de tozina que le
avia de dar & gela comieron los
perros**[576]

1. Pese a vos, Porçel, y anina [sic][577]
con vuestros ynormes yerros,
por foder a Catalina,
distes lugar a los perros

que comiesen la çeçina,
bien gelo vistes lleuar;
nos pese por que me quexe,
y al tienpo del acabar,
con gozo del desgranar
non podistes dezir: Exe.

[ID1906] SV2–37 (103v) (1x9)

**A Toledo rrey de armas por que quiso
motejar al dicho Anton**

1. Vos, en quien todo bien cabe,
do la discreçion trasaunta [sic],
non vos pese mi pregunta,
que quien mas anda mas sabe;
declarame por conpas
vna dubda que non se,
qual querriades vos mas:
que se perdiese la fe,
o la planta de Noe.

[ID0177] SV2–38 (103v) (1x10)

El dicho Anton a Juan Munis

1. Suena de vos vna fama,
en poblado y por camino,
que vos tirasen el vino
con hebrillas de toçino,
y rrajuelas de maxama;
otra se dize mas fresca,
deste se faze mençion,
que traes en conclusyon
en el vn beço la yesca,
en el otro el eslauon.

[ID0283] SV2–39 (103v) (1x9)

**Otra suya a vn escudero que traya
rropa de muchas colores**

1. Dezid, amigo, soys flor,
o obra morisca desparto,
o carbanque, o rruyseñor,
gayo, o martin pescador,

o mariposa, o lagarto,
o tanboril, o tronpeta,
o menestril, o faurate,
o tañedor de burleta,
o cantador de cosaute.

[ID2734] SV2–40 (103v–104r) (1x8,4)

**Otra suya a Rruy Dias de Mendoça
por que le mando dar posada quando
el rrey yua a la guerra de los moros**

1. En todas distrezas mas biuo que
   brasa,
quien viçios y menguas y males
   rrepuna,
[fol.104r]
primero se fizo la tala en mi casa
que se prinçipiase la guerra moruna;
pues sy le tocan de las maldiçiones,
echadas por boca de padre y ahuelo,
al triste que tiene dolor de rrinones,
mandalle que duerma corona [sic]⁵⁷⁸
   del suelo.

2. Y mas que las guerras que fueron
   pasadas,
las quales nos ponen los miedos
   presentes,
quedaron mis fijas arrechas calientes,
agora rreçelo non quede paradas.

[ID0170] SV2–41 (104r) (1x8)

**Otra a don Pedro de Aguilar que le
mando que fuese con el a monte &
esperase a vn puerco**

1. A vuestros mandos y rruegos
presumir de ser montero,
agora,⁵⁷⁹ buen cauallero,
yo ardo entre dos fuegos;
que sy non le do, pensares
que so couarde y mendigo,
y sy le mato, dires
que mate a mi enemigo.

[ID2735] SV2–42 (104r) (1x8)

Luys de Cordoua

1. Persona muy syngular
pero dezir y⁵⁸⁰ fazer,
quien non sopiere cozer,⁵⁸¹
confiando en vuestro dar;
ay vnos nublos vazios
que paresçen muy cargados,
que fuyen de los senbrados
y llueuen [*en] l[*os] baldios.

[ID2736] SV2–43 (104r) (1x9)

**Quando vyno don Pedro a Cordoua de
ganar a Ortexicar, y entro muy
secretos**

1. Nunca vi tal en mi vida
otros & quiça fingido
fazen con vn grand sonido
bispera de su venida,
y vos, digno de onorosa
fama soys⁵⁸² tal deleyte;
mas despues pienso otra cosa:
que para dama fermosa,
que nesçesario es afeyte.

[ID2737] SV2–44 (104r) (1x9)

**Otra suya a don Pedro quando el rrey
enbio por todos los caualleros a
Cordoua & se les fazia de mal**

1. Sy, como el vltimo dia
de la temida tormenta,
llama la grand señoria
rreal con mas osadia
a pedir y tomar cuenta,
tanto quanto los yndinos
de loor yo creo y tengo
syntieren cortos caminos,
sentires vos de muy luengo.

[ID2738] SV2–45 (104r–v) (1x8,9)

A don Pedro quando fue ver al señor prinçipe

1. Vos, en quien todas se agozen
las virtudes con arreo,
non creades que non creo
que mis coplas vos enexen;[583]
mas como sodes miralle
en quien discorden concorden,
vuestras obras me dan horden
como nunca jamas calle.

[fol.104v]

2. Las discordias, que paresçe[n]
de las ondas tenporales,
han causado tantos males
que los quistos se aborresçen;
y sy mira por antojos
el grand rrey dando temor,
nuestro prinçipe y señor
quisyera ser todo ojos,
por vos ver mucho mejor.

[ID0179] SV2–46 (104v) (1x8)

Otra suya a don Pedro por que le non fizo carçelero de vn su amigo

1. Non vos vengo con querrellas,
nin las rresçibays de mi,
mas las graçias que vos di,
grand señor, vengo por ellas;
agora, buen cauallero,
quando tal fuerça pasase,
fuese yo del carçelero
y vuestro quien se pagase.

[ID2739] SV2–47 (104v) (1x7)

Otra al dicho don Pedro por que le mostro yra sobre esto

1. A vos bien querey y amar
y vida vos desear
non me lleuara ninguno,
pues quando veys mi color
como ascua[584] de lantisco,
por que, muy noble señor,
vos paresco vajarisco.

[ID2740] SV2–48 (104v) (1x8)

Otra suya a don Pedro por que le tomaron çierto pescado descaminado

1. Escape de Moratilla
ojo de mar ocçeana,
y sali de la Cabrilla,
ya veys qual otra su hermana,
y pase la tabla llana
del brauo Guadelquiuir,
y final viene morir
a pie enxoto a la Diana.

[ID2741] SV2–49 (104v) (1x10)

Otra a don Pedro porque le tomo vn dedal

1. Lleno de prosperidades,
ya sabeys que dize asy
la diuina Trinidad:
lo que quieres para ty,
quiere a la proximidad;
pues costantes y mundançia,
digno de mas prosperar,
senteriades folgança,
sy vos tomasen la lança
quando quereys pelear.

[ID1905] SV2–50 (104v–105r) (2x10,4,erased)

El dicho Anton a Iohun [sic] de Mena

1. Como fazen los noviçios
en los estudios muy diestros
que, en no ver a sus maestros,

vsan de jouenes viçios,
bien asy que por los destierros
que la muerte & su brauor
vos puso, Mena señor,
mostraran todos sus yerros,
syn verguença, nin temor,
de vos, su rreprehensor.

2. Dixo a s[*y Dios por] nonbre,[585]
segund lectura da fe,
arrepientome porque
[fol.105r]
fize la forma del onbre;
pero quando se vera
los que vuestra mengua dize,
quier bonança tenporize,
so bien çierto que dira:
Pesame por que desfize
lo que mejor en parte fize.

Cabo

3. Pues vea que ha fecho Dios,
que quando las m[*anos] del,
fago vno como vos,
faga otro como el.

[ID1782] SV2–51 (105r) Untitled
(1x8)[586]

1. Seneca folgaras ya,
goza de gloria syn pena,
fuelga, pues tienes alla
tu primogenito Mena;
jura Cordoua tu madre
que sobre nobles eliso,
que la perdida del padre
fue ganar con la del fijo.

[ID1911] SV2–52 (105r) (3x8). No
rubric.

1. Es verdad que sy lo vno
es asy como lo al,
que puede ser oportuno

lo que tienpos non fue tal;
avnque non se del secreto
suelo de hondo barranco,
sy quieren que con lo prieto
paresca prieto lo blanco.

2. Quier las dubdas puradas
vençeme la suspiçion,
como son burlas pesadas
las del gato y del rraton;
entrepongo mas pensar
vuestra discreçion emiende,
sy pronuçian el cantar,
de pasar paso por ende.

3. Avnque sobre cuerpos sanos
açidentan los entecos,
y prados frescos loçanos
mas son verdes que secos,
y los arboles de syerra,
quando los crian y faxan,
con los viçios de la tierra
de muy altos se abaxan.

[ID2742] SV2–53 (105r) (1x8)

**Otra suya a Gonçalo de Hoçes
diziendole que le trocase vn machon
famoso que tenia a vna haca mucho
flaca del dicho Anton**

1. Onbre de rrica familla,
en discretas non muy pachon,
quereys trocar ese machon
a mi haca la murzilla;
yo la tengo en grande estima,
mas por seruiçio de Dios,
sy non dierdes nada ençima,
non lo perdere con vos.

[ID2743] SV2–54 (105r) (1x8,5)

Otra suya a Juan Habis, canbiador

1. Discreto y muy polido,
en cuyas obras non dubdo,

señor, nasçistes desnudo
y virtud vos ha vestido;
ya sabeys, bueno de buenos
[fol.105v]
y de muy noble conpas,
que fizo Dios a los mas
por rreparo de los menos.

2. Señor de quien yo presumo
ser mis pascuas mejoradas,
de cosillas oluidadas,
puestas de tienpos al humo
mi hanbre les porna çumo.

[ID2744] SV2–55 (105v) (1x8)

A don Pedro

1. Quando dexan al can sola
su saña por que la pierda,
callando tiende la cola
por que le pisen y muerda;
pues todo fijo de madre
a quien tal visyon castiga,
nin le fuya, nin le syga,
nin le de tienpo que ladre.

[ID1789] SV2–56 (105v) (1x8)

Otra a el[587]

1. Como los canes con yra
syguen al brauo leon,
y el, con muy grand coraçon,
nin los fuye, nin los mira,
ellos fingiendo sus quexos,
syn mostrar liçito caso,
asy vos laten de lexos
y vos fazen canpo rraso.

[ID0100] SV2–57 (105v–111r) (106x8)

**Argumento breue de toda la obra &
ynvocaçion catolica**[588]

1. Canta tu, christiana musa,
mas que la çeuil batalla,
que entre voluntad se falla
y rrazon que nos escusa;
tu, graçia de Dios ynfusa,

rrecuenta de la tal vitoria
quien deue lleuar la gloria,
pues el canpo non se escusa.

**Dios pide las musas gentiles, pues ha
ynuocado la christiana**

2. Fuyd o callad, serenas,
que en la mi hedad pasada
tal dulçura enpoçoñada
derramastes por mis venas;
mis entrañas que eran llenas
de peruerso fundamento,
quiera el diuinal aliento
de malas fazer ya buenas.

**Proymisa & por los yndiçios de la
muerte dispone la correçion de la
vida**

3. Venid lisonjeras canas
que tardaes demasiado
tirad presunçiones vanas
al tienpo tan malgastado
faga mi nueuo cuydado
a mi que biuo en entender
ynçierto de bien fazer
y del mal çertificado.

Conpara & aplica

4. Como casa envegeçida
cuyo çimiento se acuesta,
que amenaza y amonesta
con señales su cayda,
[fol.106r]
sy asy la nuestra vida
es continuo amenazada,
por que sera salteada
de muerte tan comedida.

Continua

5. Estas canas que me niegas,
estas rrugas syn virtud,
el mal que con la salud
a menudo ha grandes bregas,
las vistas[589] turuias y çiegas,
descarnadas las enzias,
joyas son que nos enbias
tu, muerte, quando te llegas.

6. La pasada vida es parte
de la muerte aduenidera;
es pasada por esta arte
lo que por venir se espera;
quien non muere antes que muera,
ca la muerte non es morir,
pues consyste en el beuir,
mas es fin de la carrera.

Castiga el tienpo malgastado

7. Non se gaste mas pauilo
en saber quien fue Pegaso,
las dos cunbres de Pernaso,
los syete braços de Nilo;
pues nos llegamos al filo
y sabemos que de nos
judgando rresçibe Dios
mas la obra que el estilo.

Rretrata las obras vanas fasta aqui fechas

8. De fuerte alabo a Tideo,
a Lucreçia de muy casta,
a los biuos non me basta
que a los muertos lisonjeo;
digo males de Tereo,
a Egisto rreprehendo,
mis grandes viçios defiendo
y los agenos[590] afeo.

Continua

9. A Dido con otras gentes
ynfamo muchas vegadas;
loo mal en las pasadas
por que yerran los presentes;
tiro los ynconvinientes
con enxenplos de maldades;
las honestas voluntades
de sanas fago dolientes.

Arguye de dos semejancas

10. Amarillo faze el oro
al que sygue su minero,
y tenblador del tesoro
del azogue al del venero;[591]
pues sy del bien verdadero
tenemos alguna brisna,
fuygamos lo que nos tizna,
como la fragua al ferrero.

11. Çese nuestra fabla falsa
de dulçe rrazon cubierta,
que es asy como la salsa
que el apetito despierta;
luxuria non nos convierta
en bestial ynclinaçion;
[fol.106v]
lo que guia el aficçion
las menos vezes açierta.

Rredarguye las poesias

12. Avnque muestre yngratitud
a las dulçes poesias,
las sus tales niñerias
vayan con la jouentud;
rremedio de tal salud,
enconada por el viçio,
es darnos en sacrefiçio
nos mesmos[592] a la virtud.

Limita lo que dixo de las poesias

13. Mas por eso non se entienda,
que non quiero ser vezino
de las que al santo camino
nos guian por justa senda;
cunplenos en tal fazienda
vsar de sabia cautela,
a vnas dar del espuela,
a otras tener la rryenda.

14. Vsemos de los poemas,
tomando dellos lo bueno,
mas fuyera de nuestro seno
las sus fabulosas temas,
sus ficçiones y problemas
desechemos como espinas,
por aver las cosas dignas
rronpamos todas sus nemas.[593]

Conparaçion de la vieja ley

15. Primero seyendo cortadas
las vñas[594] y los cabellos,
podian casar entrellos
sus catiuas ahorradas,
los judios y linpiadas
fazer las ysrraylitas
puras, linpias y benditas
a la su ley consagradas.

Aplicaçion a la poesia

16. Del esclaua poesia
lo superfluo asy tirado,
lo dañoso desechado,
seguire su conpañia
a la catolica via,
rreduziendola por modo
que valga mas que su todo
la parte que fago mia.

17. Pero con sermon honesto
quiere la pura yntençion,
el que mira el coraçon
injudga por el gesto;
sy verdad es todo esto,
en ello parando mientes,
dexemos los ynçidentes,
boluamos a lo propuesto.

Despedida del proemio da forma a la obra

18. A qualquier viçio que yncline
la voluntad y lo syga,
la rrazon lo contradiga,
la prudençia determine;
pues de aqui se vos asygne
por vuestro juez prudençia,
[fol.107r]
por que por la su sentençia
nuestra vida se encamine.

Figura la forma de la Voluntad

19. Con muy diforme figura
la Voluntad aparesçe,
adesora mengua y cresçe
la su forma y estatura,
penetra con catadura
de syete caras y bocas,[595]
todas feas sy non en pocas
desonesta catadura.

Figura la primera cara de la Soberuia

20. Muy altiua y desdeñosa
vi la su primera cara,
inflamada, turbia, non clara,
syn causa syenpre sañosa,
oras triste y ponposa
con turbio gesto mostrando,
a las vezes declarando
potestad presentuosa.

Figura la segunda cara de la Avariçia

21. S[596] Sotil y magra fanbrienta
mostro la cara segunda,

menguada de quanto abunda
de bien ageno sedienta,
espia sotil esenta
de la ganançia escondida,
lo que a otras da la vida,
a esta sola atormenta.

Figura la terçera cara de la Luxuria

22. Mostro la cara syguiente
pintada de fermosura,
de ponçoñada pintura,[597]
como cuero de serpiente,
de fuera toda la frente
inflamada como fuego,
los ojos en mal sosyego,
la boca por consyguiente.

Figura la quarta cara de la Yra

23. Con los dientes rregan[n]ados
demostro su quarto gesto,
a todo daño dispuesto
sus açidentes alterados,
los sus ojos derramados,
procurando la vengança,
desechando la tenprança,
y sus actos oluidados.

Figura la quinta cara de la Gula

24. Con goloso paladar
a los carrillos rrellenos,
nunca se nos quiso menos
la quinta cara mostrar;
desque la vy deleytar
en el apetito puro,
avnque quisiera &picuro,[598]
non la podiera oluidar.

Figura la sesta cara de la Enbidia

25. Muerta con agena vida
la sesta cara matiza,

de color de la çeniza
traspasada y carcomida,
de sus ojos conbatida,
[fol.107v]
de bien ajeno doliente,
& mal de buen açidente,
sana y dentro podrida.

Figura la setima & postrimera cara de la Pereza

26. Soñolienta & desgreñada
vi su cara postrimera,
nigligente, mal grangera,
non bruñida, nin afeytada,
diforme, muy maltractada,
fecha asy mesma enojosa,
buscando la vida occiosa
syn trabajos trabajada.

Admiraçion del abtor

27. Turbado de la figura
de tan diforme chimera,
en mi non touo mesura
la firmeza que quisyera;
alterome de manera
la su diforme visyon,
que mi grand alteraçion
qualquiera la conosçiera.

Conparaçion

28. Como el vando quebrantado
en esfuerço mas se esmera,
quando asoma la vandera
del socorro deseado,
asy fuy yo consolado,
quando vy muy derrendon,
las señas de la Rrazon
asomar por el collado.

Conparaçion

29. Como el sol claro rrelunbra
quando las nuues desecha,
atal la rrazon acunbra
contra nos a manderecha,
voluntad luego se estrecha,
vista la su fortaleza,
do mengua la firmeza,
temor creçe la sospecha.

Conparaçion

30. Fizo tal alteraçion
con los sus falsos visajes,
qual fazen los personajes
quando les fallesçe el son;
la su medrosa intençion
por sus caras destribuye,
quanto mas ella rrefuye,
mas se açerca la Rrazon.

Declara mas la propiedad de la Rrazon

31. La su rrelunbrante cara
y su gesto cristalino
departe lunbre muy clara
por todo el ayre vezino,
tanto, que pierde su tino
la voluntad y lo quiebra,
como quien de la tiniebla
a nueua lunbre se vyno.

32. La Rrazon desque llegada,
rremirando las fechuras
de aquellas syete figuras
fue mucho maravillada;
y como viese yndinada[599]
[fol.108r][600]
la Soberuia en presumir,
començole de dezir,
con fabla muy sosegada.

Fabla la Rrazon contra la Soberuia

33. O mayor mal de los males,[601]
o enferma vmanidad,
o vmana enfermedad,
yerro comun de mortales,
Soberuia, que sobresales
con tu presunçion altiua
y vanagloria catiua,
dañas mucho y poco vales.

Continua

34. Soberuia,[602] por qual rrazon
detienes a los vmanos
con tus apetitos vanos
en tu loca alteraçion;
guiaslos a perdiçion
por tus caminos aviesos,
pues para tantos eçesos
quien te da la sugebçion.

Rresponde la Soberuia señalando çinco causas donde ella viene

35. El saber me da inflaçion,
la belleza, esquiuedad,
la rriqueza, altiuidad,
el linaje, presunçion;
pobreza con rreligion,
tocada de gloria vana,
me faze mostrar syn gana
grand desden al afliçion.

Rresponde la Rrazon a la primera causa (de↑) saber[603]

36. A grand locura te cuento,
sy por ser, tu, grand letrado,
has de[604] andar todo finchado,
como odre lleno de viento;
sea el tu fundamento
en saber te moderar,

quel saber non ha de tirar,
mas poner muy mejor tiento.

Continua

37. Antes el tal desuario
del saber es muy ageno,
ca por te mostrar mas lleno
te judgan por mas vazio;
pues sy sabes doma el brio,
por que con tu saber quepas,
sy non sabes por que sepas
tenplar caliente con frio.

**Rresponde la Rrazon a la segunda
causa**

38. Dizes que belleza pueda
dar de ti desden atal;
sy piensas que eres mortal,
desfaras luego la Rueda;
prouidençia nunca queda
que nos fizo de terruño,
tal que nos funde y da cuño
de nueuo como moneda.

Continua

39. Lo sujebto a correbçion
y a casos de fortuna
deue ser, syn dubda alguna,
muy quito de presunçion;
pues la fermosa facçion
que por ty tan presto pasa,
nunca tu de su vil masa
te fagas mucha minçion.

Continua[605]

40. Breue don es fermosura
por poco tienpo prestado,
en momento arrebatado
se fuye toda figura;
non es ora tan segura,

nin dia tan syn enojo,
que non rrobe algund despojo
de tu fermosa[606] fechura.

Continua

41. Fue tu forma condenada
por quitar tu presumir,
de la ora por venir
es peor que la pasada;
fuese tu graçia callada,
la mala como la buena,
por trabajo nin por pena,
non se te descuenta nada.

**Rresponde la Rrazon a la terçera causa
de las rriquezas**

42. Sy dizes que eres altiuo,
por que en rriquezas abundas;
digote que tu te fundas
sobre caso muy catiuo;
consyntiesete el motiuo
que altiuo te fiziesen,
sy en este mundo pudiesen,
por syenpre fazerte biuo.

Continua[607]

43. Antes digo que se pueden
llamar obras mucho vanas
ocupaçiones vmanas
que toda cobdiçian [sic] mueuen;
[fol.108v]
pues por qual rrazon se atreuen[608]
a dañar tu voluntad,
con su loca altiuedad,
por do todos te rreprueuen.

Rresponde a la quarta causa del linaje

44. Dizes que eres generoso,
que non te falta costado,
pues que faze en el estado

ser altiuo y desdeñoso;
sy tu fueses virtuoso
y de noble fidalguia,
tu fundamento seria
mansedunbre con rreposo.

tanto mas seras[609] amado;
por que ansy,[610] en grand estado
vmilldad da fermosura,
como la gentil llanura
en la cunbre del collado.

Continua

45. De muy grand tiniebra ofusca
las leyes de gentileza;
quien non faze la nobleza
y en sus pasados la busca;
quien de sangre muy corrusca
se socorre y faze falla,
como quien vuas non falla,
anda cogendo rrebusca.

Determina & prueua por conparaçion

49. Soberuia cae syn mina,
los mansos tienen la cunbre,
derriba la mansedunbre
lo que la soberuia enpina;
el vmilde que se ynclina
es planta que se traspone,
quanto mas fondo se pone,
tanto creçe mas ayna.

Continua

46. Quieres saber el prouecho
quien de que [sic] de nobleza se siga;
es contrato que te obliga
a ser bueno de derechero;
sy non rresponde tu fecho,
nin tus fechos tu non domas,
lo que tu por honrra tomas,
se convierte en tu despecho.

Rresponde la Rrazon a la quinta causa de la rreligion presentuosa

50. Dizes que de rreligioso
te fuelgas con vanagloria,
& publicas grand estoria
del tu beuir virtuoso,
desdeñas lo criminoso,
lo mundano menospresçias,
& solamente te presçias
de ser santo desdeñoso.

Prosygue

47. Ca non solamente basta
que vengas de noble gente,
la bondad de la symiente
tu soberuia te la gasta,
& la virtud se contrasta,
que por linaje cobras,
sy non rresponden tus obras
a la tu tan buena casta.

Prosygue

51. Que las malas obras crescan
qualquier pecado lo faze,
mas a la soberuia plaze
que las bienfechas perescan;
pues conviene que padescan,
sy vanagloria quisyeron,
que lo que aqui meresçieron,
aculla non lo merescan.

Continua

48. Quando tu mas ensalçado
te fallas, sy bien te catas,
quando mas llano te tratas,

52. O vil triste yproquesia,
o doble cara dañosa,
rred de sonbra rreligiosa,
encubierta t(ru↑)hania,[611]

del ypocrita diria
ser momo de falsa cara
que la encubre y la declara,
so synple filusumia.

Continua

53. Deste tal se me figura
lo que del[612] etico syento,
quando avria buena cura
no[613] ha del mal conosçimiento;
pues finge por fundamento,
non quiere nada no dalle,
su rremedio era curalle
con su mismo rregimiento.

Prosygue

[fol.109r]

54. O cautela syngular,
buscada por nueuos modos,
por fazer engaño a todos,
tu te dexas engañar;[614]
ayunas por non ayunar,
por subir alto te vmillas,
non pidiendo grandes sillas,
las demanda tu callar.

Continua

55. Avnque con la catadura
mansa tu (me↑)[615] contradizes,
de falso buey de perdizes
has yproquita figura;
pues tu piel y cobertura
y çençerro symulado,
al punto dauer caçado,
se convierte en su natura.

Continua

56. Qual gloria vana mas çierta
que la que cobra[616] costunbre,

de (la↑)[617] soberuia cubierta,
su velo de mansedunbre;
quien busca la seruidunbre[618]
de soberuiosa vmilldad,
non busca la claridad,
mas quiere fuscar la lunbre.

Fabla la Rrazon contra el Avariçia

57. Auaro, que non sosyegas,
buscando sotiles modos,
lo que tu rrobas a todos,
dime para quien lo llegas;
tus rriquezas tanto çiegas,
allegadas por mal arte
a quien pueden fazer parte,
pues a ti mismo las niegas.[619]

Responde el Avariçia señalando çinco fines por que allega

58. Claramente te confieso
si que allego toda vez,
por ser en mi vejes
lo guardo mejor por eso;
ca este mundo trauieso,
por quien non se faga cura,
buelue su buena ventura
a las vezes del avieso.

59. Y avn allego por que so
por lo que tengo preçiado;
allego por ser vengado
de los que mal quiero yo;
allego por que donde esto,
soy franco quando conviene,
ca sy se que bien me viene
algunas vegadas do.

Rresponde la Rrazon a la primera fyn de la vejez

60. Locura grand syn falla,
sy navegases seria,

creçera la⁶²⁰ bitualla,
fallesçiendote la via;
pues sy desta rrazon mia
rresçibes clara noctiçia,
como cresçes la cobdiçia,⁶²¹
[ ] en la tu postremeria.⁶²²

Responde la rrazon al segundo fin

61. Allegas, tu, por que temes
las bueltas del mundo çiego;
queriendo fuyr su fuego,
te lanças donde te quemes;
non aprietan muchos xemes,
lo que la cobdiçia abarca;
con mucho lastre tu barca
çiara quando la rremes.

Prosygue

62. Muchos fechos faze buenos
la fortuna quando aplaza,
a lo mas, mas amenaza,
es flaca contra lo menos;
tu que de bienes agenos,
por non temerla, te çercas,
por fuyrla te le açercas,
do mas te lança sus truenos.

Prosygue

63. Seguras de su conbate
son las casas pobrezillas,
los palaçios y las sillas
de los rricos mas abate,
ponelos en tal debate,
que non conoscan sosyego,
y quien tiene mejor juego,
rresçibe muy mayor mate.

Rresponde la Rrazon al tercero fin que dixo que allegaua por que era preçiado por lo que tenia

64. Por que tienes con afan,
eres presçiado, me rrezas;
son presçiadas tus rriquezas
que de ti non curaran;
por ellas todos lo han,
que la muerte te rrodean;
por ellas te la desean,
y a las vezes te la dan.

Continua

[fol.109v]

65. Y por que tan ynvmanos
tus fechos syenten con ellas,
todos dan de ti querrellas,
asy fijos como hermanos;
y tus parientes çercanos
desean, de buena guerra,
tener a ty so la tierra,
y lo tuyo entre sus manos.

66. Que faran tus enemigos,
que amigos con tus bienes
nin los fazes, nin los tienes,
moços viejos, nin antiguos;
pero dexas por testigos
de ty muy viles yndiçios;
dexas mas de los tus viçios
muchos pobres por testigos.

Rresponde la Rrazon a la quarta causa

67. Cobdiçias mucho tener
por te vengar a la luenga,
mucho mas presto se venga
quien non tiene que perder;
antes tu catiuo aver
te faze puro couarde,
y lo que non fazes tarde,
non estouiera por fazer.

Rresponde la Rrazon a la quinta causa

68. Con franqueza subrretiçia
non nos çiegues avariento,
ca sy das veynte por çiento,
ya tu dadiua se viçia,
y encubres con maliçia,
de vsurera sotileza,
so especia de largueza
la tu cruel avariçia.

Continua

69. Ca franqueza, avnque quisyese
aquella llamar, non puedo,
que te faze dar el miedo,
o prestar el ynterese;
nin obra que se fiziese
por lisonja o vanagloria
te seria meritoria,
do caridad fallesçiese.

Continua

70. Tomas de franco figura,
pero la forma non has;
pues alquilas lo que das
por boluerlo con vsura;
ca la dadiua muy pura,
con su graçia te aperçibe,
solo a pro del que rresçibe
del tuyo non dan cura.

Continua mas & concluye

71. En verte dar syn aprieto
las cosas que tanto amas,
muchos piensan que derramas
y tu syenbras de secreto;
paresçe blanco lo prieto
con la color de maliçia,
mas largueza y avariçia
non caben en vn sujebto.

La Rrazon contra el Avariçia

72. Cada poeta en su foja
te dio forma de quien rroba,
vno de arpia, otro de loba,
tanto tu beuir enoja,
y de virtud se despoja,
que de ti triste mendiga
conuiene tanbien que diga
aquello que se mantoja.

73. Cocatriz es sola vna
animalia que te toca,
en tener grande la boca
y salida non ninguna;
yo por la vista dalguna
me fundo por espirençia,
que digo que es la dolençia
tuya y desta comuna.

La Rrazon consejando como el que rresçibe deue ser gradesçido

74. Quien bien juega a la pelota,
jamas bote le enbaraça,
antes mejor la rrechaça
quel que juega gela bota;
rresçibe de aquesto nota,
sy bienes has resçebido,
ca por el desagradesçido
el grato a vezes escota.

75. Digo por que sy oviste
grasçiosos alg[un]os bienes,
rrechaçes de los que tienes
muy mejor que rresçebiste;
sy dizes que biues triste
por non poderlo fazer,
digo que non puede ser,
sy virtud en ti consyste.

76. Ca sy te fue denegada
por pobreza facultad,
non niegues tu voluntad,
que es por fecho rreputada,
[fol.110r]

presenta por obligada,
la yntençion pareja
solo el animo apareja,
a quien non se esconde nada.

La Rrazon contra la Luxuria

77. O luxuria, vil foguera,
de sufre mucho fidionda.
en todo tienpo cachonda,
syn rrazon y syn manera,
enemiga lastimera
de la santa castidad,
ofensa de onestidad
y de viçios heredera.

78. O largo rrepentimiento,
triste fin, breue deleyte,
fealdad fondon de afeyte,
pungitiuo pensamiento,
abiltado vençimiento,
acto diforme escondido,
do el vençedor es vençido
y el cobrar es perdimiento.

79. Posponen[623] con tu dolençia
los rreyes su magestad,
santos padres[624] su dinidad,
y los sabios (la↑)[625] su çiençia;
tira la tu pestelençia
virtud a toda persona,
a las virgines corona
& a las castas continençia.

80. Tu te brun[n]es y te aluzias,
tu fazes con los tus males
que las manos mucho suzias
tratan linpios corporales;
muchos lechos meritales [sic]
de agenas pisadas fuellas,
y syenbras grandes querellas
en debdos tan prinçipales.

81. Das a las gentes vltrages,
de muerte non los rreseruas,
tu fallas las tristes yeruas,

tu los crueles potajes;
por ti los linpios linajes
son bastardos y non puros,
de claros fechos escuros
y de varones saluajes.

82. Tu fazes fijos mesquinos
dagena casa herederos,
& pones adulterinos
en lugar de verdaderos;
fazes con tus viles fueros
que, por culpa de las madres,
muchos fijos a sus padres
saludan por estrangeros.

83. La fuerça, tu la destruyes,
los dias, tu los acortas,
quanto mas tu te deportas,
tanto mas tu vida fuyes;
los sentidos diminuyes
& los yngenios ofuscas;
la hedad que tanto buscas
con tu causa la rrefuyes.

84. Que dire de tus maldades,
sy non que, por ty, perdidos
son rreyes y destruidos,[626]
sumidas grandes çibdades,
desfechas comunidades,
el viçio fecho costunbre,
& dadas en seruidunbre
muchas francas libertades.

Rresponde la Luxuria contra la Rrazon

85. Con tus modos contrahechos
no me des tanto baldon;
pues que te llamas rrazon,
ten por medio los derechos;
fallaras en los mis fechos,
sy parar quisyeres mientes,
por pocos (yn↑)convinientes,
causados muchos prouechos.

Prosygue

86. Que como toda criatura
de muerte tome syniestro,
aquel buen Dios y maestro
proueyo por tal figura;
que los daños que natura
de la tal muerte tomase,
luxuria los rreparase
con nueua progenitura.

87. Quando todo lo dispuso,
syn aver mengua, nin sobra,
grand deleyte en la tal obra
a todo linaje puso;
por que por plazer del vso
de la tal generaçion
[fol.110v]
durase la suçesyon,
desde arriba fasta ayuso.

88. Por mi causa generante,
y permisyon diuinal,
todo linaje mortal
dura en el su semejante;
muere lo v[i]uificante,
la su materia non mas,
dexando su fin atras,
toma comienço adelante.

89. Por mi sola se rrepara
quanto destruye dolençia,
mar y fierro y pestilençia
y de aqui quanto desuara;
por mi, la vida muy cara
rresçibe forma en que dura,
y por mi, toda fechura
al su fazedor declara.

90. Non fagas mis fechos llenos
de daños tan criminosos;
sy son algunos dañosos,
otros muchos fago buenos;
coteja con los agenos
mi pecado, y fallaras
quanto es en fama mas,
tanto ser en culpa menos.

91. De cara tan dañadora,
la rrazon ya despedida,
fatigada y perseguida,
mas al cabo vençedora,
boluiendo como señora
el su gesto y continençia,
la Yra, syn rreuerençia,
le sobresale a desora.

Fabla la Yra contra la Rrazon

92. Non fagas dize tardança
tu Rrazon, nin gran arrenga;
Ca non quiere fabla lengua,
nin dilaçion la vengança,
nin disymula esperança,
la injuria o vituperio
esecuçion es misterio,
que[627] syn obra non se alcança.

Continua la Yra sus propiedades

93. Nin espero yo asonadas
de muy dorados paueses,
nin grand penados arneses,
nin crestas mucho pintadas,
bicoquetes, nin çeladas,
con tinbles & mil enpachos,
& muy luzibles penachos
en cabeças engalladas.

Continua

94. Nin me fago yo memoria
de quanto supo fablar
el antigua vanagloria
y la nueua acresentar;[628]
pues que para me vengar
de los vltrajes vmanos,
solo coraçon y manos
me conviene demostrar.

Continua

95. Nin atiendo la liçençia
del rronco son de la tronpa,
o la batalla que rronpa,
por que yndine mi paçiençia;
nin guardo la diferençia
del sol partido por medio,
nin sufro darme rremedio
de tregua, nin convenençia.

96. Yrada seyendo mi mano
tan fuertes armas se falla,
como las faze Mizalla,
o las fiziera Vlcano [sic];
al açidente çercano
de la mi yra soñosa,
armas le son toda cosa
que puede fallar a mano.

Concluye

97. Dexanos, pues, tu, Rrazon;
ca, segu[n]d tu hordenança,
nin mi yra avra vengança,
nin mi mal satisfaçion,
nin la honrra del varon
por rrazon se satisfaze,
sy emienda non se faze
del rresçebido baldon.

Prosygue el estoria

98. Con paçiençia muy prudente
la Rrazon se rrefreno
fasta que Yra gasto
su palabra y açidente;
apartado del presente,
aquel su dañoso fuego,
la Rrazon comiença luego
a dezir muy mansamente.

La Rrazon contra la Yra

[fol.111r]

99. O quand mucho la tenprança
que te fallesçe, te daña,
teniendo dotro la saña,
tomas de ti la vengança;
non rriges por ordenança
los actos locos que fazes;
a quien te mira desplazes,
y aplazes a quien te alança.

100. Dexa, Yra, los juezes,
dexa los rreyes estar,
dexa los que tienen vezes
de rregir y de mandar;
non los quieras alterar;
ca el justo coraçon
afecçiones y pasyon,
todo deue desechar.

101. Aquella Yra se prueua
que ynçita al coraçon,
non que lo lançe, mas mueua
a madura execuçion;
estiendase esta rrazon
en castigo & rregimiento,
que en los otros yo non syento
bien de la su alteraçion.

102. Quanto mas deues dexar
los que rreligion acatan,
o que syguen o tratan
el misterio del altar,
quiera Dios familiar,
apurado[629] en toda cosa,
pues en çelda rreligiosa
paçiençia deue morar.

103. Açebtable sacrefiçio
non es con yra rresçebido;
el que pide no es oydo,
nin mirado[630] su seruiçio;
sy Dios tiene justo ofiçio,
como puede la persona
que su yra non perdona,
ser perdonado su viçio.[631]

[ID0101 A 0100] SV2–58 (111r–117r)
(131x8)

Por el fallesçimiento del famoso poeta Juan de Mena, prosygue Gomez Manrrique esta obra por el començada & faze vn breue proemio

1. Pues este negro morir,
que a ninguno non perdona,
desde rreyes con corona
dispuestos para beuir,
fasta los que de pedir
se sustançian[632] con gran pena,
puso fin a Juan de Mena,
yo pense de proseguir.

2. Esta obra començada,
con aquel mesmo temor
que va tras el corredor
el que teme la çelada,
por que, seyendo prinçipiada
por omne tanto prudente,
de otro mas eloquente
deuiera ser acabada.

3. Segun[633] la grand pobreza
de la mi sabiduria,
non podre seguir la via
de su perfecta sabieza;
como niño que se beza
a mudar tras carreton,
conseguire su sermon,
pero non su polideza.

4. Para lo qual non ynvoco
las çiençias (a↑)costunbradas,
& las musas ynvocadas
por los poetas rreuoco;
tan solamente prouoco
la santa graçia diuina,
que mi obra faga fina,
pues que mi saber es poco.

Fabla la Gula contra la Rrazon

5. La Yra se rretrayendo
como qui(en↑)[634] su mal symula,
luego paresçio la Gula,
los beços se rrelamiendo,
& dize: Yo non entiendo
que puedas de mi dezir,
pues como para beuir,
& biuo syenpre comiendo.

6. El gozo de los vmanos
es comer buenos manjares,
& gozen los paladares
de lo que ganen las manos;
orantes son los mundanos
que se atormentan por fama;
buena mesa, mejor cama,
conseruan los huesos sanos.[635]

[fol.111v] Blank[636]

[fol.112r]

7. Los que loan abstinençia
en el beuer & comer
alaban non despender,
que es vana torpe dolençia;
pocos veo por conçiençia
que dexan de bien minjar,[637]
& fartos por non gastar
vil procuran mantenençia,

8. El que non cura de sy,
comiendo pan de çenteno,
por mucho que sea[638] bueno,
menos curara de ti;
yo, por esto, para mi
cuesteme lo que costare,
& dure lo que durare,
nunca buen comer perdi.

9. Non lo que entra por la boca,
segund dize Sant Mateos,
faze de los justos rreos,
que lo que sale lo troca;
bien se puede llamar loca
la persona ayunando,

mintiendo & disfamando,
cuyda que gloria preuoca.

10. El Fijo de Dios eterno
dixo non de solo pan
los biuientes biuiran
al tentador del ynfierno
por ende buen canpo tierno
pescado fresco de mar
non lo dexes de conprar
por guardar para tu yerno

Ihesu[639]

11. Locura faze quien gasta
en vestir demasiado,
mas en comer bien guisado,
vaya quanto se desgasta;
el que concluyendo basta
que tu quedaras agora
destos otros vençedora,
mas por mi bien se contrasta.

Rresponde la Rrazon contra la Gula

12. O tu, mortal enemiga
de la noble jouentud,
de la torpe senetud
en estremidad amiga;
yo fallo tanto que diga
de tus males, que las sumas
muchas manos con sus plumas
non pornian su fatiga.

13. Para comer por beuir
poco faze menester,
mas tu biues por comer
y comes para morir;
nunca vy monje venir
a quien come pan y agua,
que jamas arde la fragua
syn carbon ynteruenir.

14. Tu me prueuas non dañar
lo que entra por la garganta,
con escriptura (tan↑) santa

que non puedo rreprouar;
pero sy tu quieres dar
el derecho seso suyo,
mucho luene va del tuyo
al sabor del paladar.

15. Nunca Dios lo alabo,
y la su santa escriptura,
aquel que con gula pura
poco, nin mucho, comio;
antes leo que peno
a su pueblo de Ysrrael
por vn poquito de miel
que su capitan comio.

16. Non mas de por vn bocado
que nuestro primero padre,
engañado por la madre,
del arbol comio vedado;
fue con ella condenado
a tenebrosa prisyon,
de do fue por la pasyon
del Fijo de Dios librado.

17. El primero que planto
viña, segund es escripto,
por seguir el apetito
que tarde se contento,
su propia fija forço,
por lo qual fue muy penado,
avnque asaz aver pecado
pena es al que peco.

18. Dizes lo que rrespondio
Nuestro Dios y Rredentor
a Satanas tentador,
que contigo lo tento;[640]
non cuydas dezirle no,
[fol.112v]
por beuir syn golosinas,
mas por palabras diuinas
que con el pan conparo.

19. O sepoltura tenprana
de la hedad juuenil,
que tu viçio tanto vil
sygue comiendo syn gana;

del qual tanto mal emana,
que de los syetes nonbrados
los çinco dares contados
proçeder de tu fontana.

20. Pocos onbres vi fanbrientos,
altiuos & soberuiosos,
nin mucho vanagloriosos,
con grandes fallesçimientos;
mas despues de bien contentos
& rrellenos de potajes,
acresçientan los corajes
& menguan los sentimientos.

21. Non te falta que gastar
en manjares admirables,
mas a pobres miserables
syenpre te falta que dar;
pues sy quisyeres bien mirar,
non menos quedas contento
con vn manjar que con çiento,
acabado de fartar.

22. Tu, maluada Glotonia,
eres rrays y çimiento
de luxuria, perdimiento
de la gentil mançebia
y de la postremeria
de muchos viejos beudos,
que por ynliçitos modos
procuran tacañeria.

23. Sy quiero verdad fablar,
muy pocas o no ningunas
vy personas en ayunas
procurantes el rrifar;
pero despues de çenar,
quando venden por las plaças,
menudeando las taças,
la yra suele rreynar.

24. De pereza causadora
eres tu, segund paresçe,
pues de vianda fallesçe,
ado lieue nunca mora;
mas do mucha se dyuora,
ally vienen sus bostezos

con pesados desperezos,
queriendo dormir syn ora.

25. Este tu vellaco viçio
es a Dios muy desplazible,
y non punto convenible
con su santo sacrefiçio;
pues el militar ofiçio
non rrequiere manjorradas,
que enpachan muchas vegadas
el varonil exerçiçio.

Rreplica la Gula contra la Rrazon

26. Pues te plaze, no comamos,
veamos sy biuiremos
y sy fazerlo podemos
yo quiero que te creamos
mas pues el Dios que adoramos
podiendose sostener
non quiso syn el comer
nosotros non lo querramos

Rreplica la Rrazon

27. Todos los estremos fueron
por los sabios rreprouados,
y los bienaventurados
los medios syenpre (t↑)overon;[641]
non los que quisyeron
beuir como bestiales,
rreprueuo los que costales
de los sus vientres fizieron.

Concluye & conpara dando medios

28. Non te digo que syn rremos
en la fonda mar navegues,
nin que tetando [sic][642] te llegues
a los terrenos estremos;
pero digo, pues podemos
non con mucha facultad
sostener la vmanidad,
y lo superfluo dexemos.

Fabla la Rrazon contra la Enbidia

29. Enbidioso, mal fadado,
que penas con bien ageno,
& syn aver rrato bueno,
syenpre biues tribulado;
tu, syn deleyte pecado,
[fol.113r]
tu viçio luçiferal,
yo non fallo so la qual
sea çimiento fundado.

30. Avnque males en verdad
de los otros viçios todos,
sobre plazenteros modos
es fundada su maldad;
mas de tu enfermedad
de todo plazer que arena,
pues pecado sufre pena,
dime, tu, su calidad.

Rresponde la Enbidia

31. Plazeme de confesar
lo que preguntas, Rrazon;
sabe que mi condiçion
es aver syenpre pesar,
y con mi mal syngular,
y con los agenos bienes;
y, pues, tu por bien lo tienes,
quierote las causas dar.

32. Todos somos de vna masa,
a la qual nos torna(re↑)mos;[643]
pues por qual rrazon seremos
desyguales en la casa,
en ver vno que me pasa
en los bienes tenporales,
con muy agudos puñales
la mi anima traspasa.

33. Pues en ver mal rrepartidos
estos bienes de fortuna,
mi lecho fago laguna
con[644] lagrimas & gemidos;
que los por mi poseydos,

avnque son fartos & buenos,
contra via de los agenos
son por ningunos avidos.

34. Y, dexados los estados
y los bienes de natura,
las honrras que la ventura
suele[645] dar a los osados,
acresçienta mis cuydados
por que no[646] a mi las dio,
desta guisa syenpre so[647]
el mas de los tribulados.

35. Asy prueuo mi posesyon
ser de verdad muy çercana,
pues notorio es que mana
de valiente coraçon;
enbidia del mal çedon,
en los trados sepultado,
dese çesar demorado
fue prinçipal ocasyon.

36. Por esta los africanos,
mas que con justo derecho,
señorearon de fecho
los canpos ytalianos;
y los andaues Romanos,
sy creyera Anibal
consejo de Marcharbal,
lo quedaran sofraganos.

37. Enbidia de los pasados
faze buenos los presentes;
enbidia de los valientes
esfuerça los temorados;
enbidia de los honrrados
faze procurar onores;
enbidia de los[648] labradores
ennoblesçe los collados.

38. Mi querer de lo prouado
non cunple que mas se prueua,
que viçio claro deue
ser virtud rreputado;
pues lo fallaras fundado
sobre pena de nobleza,

por ende de mi tristeza
non deues fazer cuydado.

Rresponde la Rrazon conparando[649]

39. Como letrado famoso
a quien las baxas quistiones,
sabiendo mill conclusyones,
non le sacan de su rreposo,
asy con gesto grasçioso
la rrazon su fin oyo,
y luego le rrespondio
con senblante desdeñoso.

40. Apareja los oydos,
enbidioso, pues dexiste
las causas por que tan triste
con dolores doloridos,
has tus dias despendidos
y las noches mal veladas,
estando muchas vegadas
el mas de los aborridos.

[fol.113v]

41. Que por orden ordenada
yo te quiero rresponder,
y fazerte claro ver
ser tu tristeza maluada,
non digna de ser loada,
mas de grand rreprehensyon,
y tu vellaca pasyon
de todo bien desuiada.

42. Non bastan tus propios males
y particulares penas,
que con las glorias agenas
syentes tormentos mortales;
mira que todos yguales
en este mundo venimos,
y asy mismo morimos,
mas beuimos desyguales.

43. Estos bienes de natura
son partidos por Dios,
cuyos secretos a vos

ynquerir es gran locura;
toda biua criatura
rresçibe don espeçial;
sy vsas del tuyo mal,
non culpes a la ventura.

44. Por ser otro mas famado
en echar bien vna lança,
o seguir mejor la dança,
non deues biuir penado;
nin por que mas afinado
sepa tocar vn laud,
sy mas es en virtud
deues morir de cuydado.

45. La gran fuerça de Sanson,
nin la musica de Horfeo,
la fermosura que leo
tenida por Absalon,
non les dieron perfecçion;
ca esta sola consiste
en virtud sy la seguiste,
procurando saluaçion.

46. Por estos bienes que[650]
sona fortuna sojudgados,
planen los onbres menguados
de perfecta discreçion;
mas el discreto varon
non goza por averlos,
nin sospira por poserlos,
sabiendo su condiçion.

47. Que fortuna que se llama
nunca los parte con orden,
antes con toda desorden
por el mundo los derrama;
que sy miras en la cama
a vnos los da folgando,
y a otros trabajando,
bien va la flor en rrama.

48. Mas que nos faga pongamos
tan rricos como queremos
& que mientra beuiremos
nunca perdida veamos,
dime, tu, quando partamos

desta carçel vmanal,
que faremos del metal
por que tanto sospiramos.

49. Otras[651] nos lieuan a ventajas,
essos que tienen tesoros,
que con muy mayores lloros
los dexan en las tinajas,
y que les dan las mortajas
de lyenços mas apurados
& muy mas apresurados
por rrepartir sus alfajas.

50. Las glorias, segund lo parlas,
agenas te dan tormento,
en tal enbidia consyento
sy te faze procurarlas;
non vienen por desearlas,
nin por rruegos mugeriles,
que con actos varoniles
te conviene de buscarlas.

51. Muchos trabajos buscando
con grandes fallesçimientos,
& fartos desabrimientos
a los tuyos conportando,
muchas nobles trasnochando,
los peligros ynqueriendo,
& las honrras non durmiendo,
se ganan mas trabajando.

52. Los que seyendo viçiosos,
mudando mesas & camas,
con enbidia de las famas
que cobran los virtuosos,
sean sean enbidiosos
de la pena que pasaron,
los que la honrra ganaron
con peligros trabajosos.

[fol.114r]

53. Avnque las honrras mundanas,
fablando verdad contigo,
mas presto pasan amigo
que flores de las mançanas,

todas sson[652] cosas liuianas
por tienpo pereçederas;
pues busca las duraderas,
dexando las glorias vanas.

54. Bien como Sant Agostin
las dexaron & Bernaldo,
cuyas vidas, por que tardo,
dexare por dar ya fin;
asy bien como Martin,
noble cauallero santo,
que con vn su medio manto
eterno conpro jardin.

55. Que los triunfos vmanos
& los [*que] lo alcancaron [sic],
como mieses se segaron
con soles de los veranos,
son comidos de gusanos,
& sus almas donde estan
para syenpre penaran,
syn se valer de las manos.

56. Allegas en tus fauores
las batallas çibdadanas
y las guerras africanas,
culpando sus vençedores;
otros testigos mejores
non quiero buscar estraños,
pues son estos de tus dan[n]os
buenos auctorizadores.

57. Muchas gentes que murieron
rrecuentas por benefiçios,
memorales, edifiçios,
que por fuego peresçieron,
tierras que se destruyeron,
syn fazer memoria dellas,
muchas notables donzellas
que por fuerça non lo fueron.

58. Que por enbidia mato
Cayn Abel su hermano;
que por enbidia la mano
de Saul se trasformo;
por enbidia se furto
la bendiçion paternal;

por enbidia desygual
Ihesu Christo se vendio.

59. Por esta son destruydas
manificas poblaçiones;
por esta las defensiones
son en el mundo venidas;
por esta son ençendidas
en Castilla grandes flamas;
por esta que virtud llamas,
las guerras fueron naçidas.

60. Quiero ya tener la rrienda,
pues non puedo fallar cabo
a este que desalabo,
viçio torpe syn emienda;
quiera Dios que te defienda
deste pielago de males,
lazo de los vmanales,
çimiento de su contienda.

La Pereza contra la Rrazon

61. Dexame, Rrazon, folgar,
que non quiero debatir;
ca mas me plaze dormir
que dezir, nin altercar;
non creas por trabajar
honrras bienes tenporales,
nin las sillas çelestiales
se podiesen alcançar.

62. Por ende, sy te pluguiere,
durmamos bien & folguemos,
pues al diligente veemos
que trabajando se muere;
quien mi consejo syguiere,
nunca se desuelara,
mas folgando comera
aqueso que Dios le diere.

Rresponde la Rrazon a la Pereza

63. De todos bienes esenta,
çercada de torpedad,
cubierta de suziedad,

de ti mesma descontenta,
desgrenada, poluorienta,
acostada de costado,
como velador cansado,
dizes con boz sonolienta.

64. Que non turba tu beuir
quiero yo muy rreposado,
ya soy al cabo llegado
de lo que quieres dezir;
[fol.114v]
nunca querras oyr
por non aver de rreplicar,
nin jamas de desnudar
con pereza del vestir.

65. Y deseas non fablar
por non menear la boca,
tener fazienda non poca
y nunca la trabajar;
dilatas el leuantar
por non boluer a la cama,
querrias muy clara fama
syn trabajos alcançar.

66. El tu querer primero,
contra de toda virtud,
y de tu propia salud
enemigo lastimero,
de tu via carçelero
de vil carçel aborrible,
es el segundo posible
a solo Dios verdadero.

67. El qual puede dar honor
al viçioso folgazan,
los silos finchir de pan
al faragan labrador;
& tornando pecador
justo sy por bien lo tiene,
mas ayudarse conviene
para ser rresçebidor.

68. Por ende, sy tu deseas
el rrenonbre de fabriçio,
conviene que de tu viçio
amigo punto non seas;

& sy muy rricas preseas
aver quieres syn erençia,
oluida la negligençia
de la qual non son rraleas.

69. Pues que quieres ser vezino
en la superna morada,
por la vida non folgada
lleua tu cuerpo mezquino;
mas, vaya por el camino
por do fue tu saluador,
quando por ser rredentor
de los pecadores vino.

70. Que, syn dubda, ser honrrado
& rrico syn avenida,
& con folgazana vida
ser en gloria colocado
syn averlo trabajado,
es difiçil de fazer,
como syn senbrar, coger,
& syn letras, ser letrado.

Rresponde la Pereza

71. Con tu fablar eloquente
algo me dexas turbada,
mas del todo condeñada
non me fallo çiertamente;
pues en el syglo presente,
fartos veras ser honrrados
rricos & muy prosperados
syn orden, por açidente.

72. Y otros que van gimiendo
con sus honrras que peresçen
y faziendas que descreçen
tras ellas syenpre corriendo,
con dolor su pan comiendo
a muchos viendo ganarlas,
a los quales syn buscarlas
los buscan ellos durmiendo.

73. Lo qual prueuo con Trajano,
que de synple labrador
electo fue por señor

del grand ynperio Romano;
pues en nuestro castellano
rreyno, sy bien lo buscase,
creo que tantos fallase
que se turbase mi mano.

74. Pues sy con afan se ganan
estas honrras & faziendas,
en estas mesmas contiendas
fallaras que se desmanan;
que, puesto que muchos[653] sanan
con esto que tu rrazonas,
otros pierden las personas
tanto tras ellas afanan.

75. Pues, sy la sacra rreligion
por trabajos se ganase,
non creas alla morase
el santo que fue ladron,
del qual dize la Pasyon:
Alcançar el rregno Dey
con solo memento mey,
que dixo con contriçion.

[fol.115r]

76. Nin le fueran perdonados,
en vn momento de ora,
a la muger pecadora
sus grauisimos pecados,
nin los rruegos afincados
de persona tan rrea
como fue la Cananea,
fueran por Dios açebtados.

77. Nin otros muchos que fueron
malos y de mala suerte
en la ora de la muerte,
por que sus males syguieron;
la saluaçion meresçieron
los quales muy bien obraron,
pues que del mundo gustaron
& la gloria non perdieron.

Toma la Rrazon contra la Pereza

78. De los vellacos, mansyon,
aluergue de los tacan[n]os,
causa de terribles dan[n]os,
de guerras, confusyon,
camino de perdiçion
para muchos rreligiosos,
ca non quiere perezosos
la perfecta rreligion.

79. En tus viçios desdonados
el mismo fallo deporte,
que tienen en la vil corte
los puercos ençenagados;
por ti fin de los pecados
almas, honrras & faziendas
destruyen los que a sabiendas
fazen pies de los costados.

80. El tienpo todo gastado
en tu delectable sueño,
eres casa, syn su dueño,
y muerto non soterrado,
el lecho syenpre logrado
por qualquier persona sana
es sepoltura tenprana
y tenplo non consagrado.

81. Que los onbres negligentes
& los locos de natura
rremiten a la ventura
los sus negoçios presentes;
mas las personas prudentes
syenpre fazen su deuer,
& rremiten el poder
al fazedor de las gentes.

82. Fablas del enperador
que salio de nuestra tierra
de la segouiana syerra,
por fazer en tu fauor;
non fue, non, por dormidor
por los rromanos electo,
mas por diuino secreto,
seyendo meresçedor.

83. Que sy las honrras podieran
desde las camas ganarse,
non devrian trabajarse
los que ganarlos quisyeran;
que sy tan façiles fueran,
non bastaran coronistas
a rrecontar las conquistas
que los viçiosos fizieran.

84. Anibal nunca pasara
las montan[n]as que paso,
nin el Paular do perdio
el vn ojo de la cara,
sy en su rreyno folgara,
despues que quedo pupilo,
nin Marco Furio Camilo
el Capitolio librara.

85. Sy so la rropa touiera
Sçeuola su braço quedo,
non con el su grand denuedo
su patria libre fiziera;
y sy Rregulo quisyera
folgar en su cama viejo
& por su mesmo consejo,
en catiuo non muriera.

86. El grand Judas Macabeo,
los valientes çipion[e]s,
nin los prudentes Catones,
los çesares, nin Ponpeo,
Alixandre, de quien leo
altos fechos & nonbrados,
non fueran tan memorados
sy syguieran tu deseo.

87. Que los nonbrados varones
presto fueran oluidados,
sy biuiera acostados
en los mollidos colchones;
que con grandes afliçiones
alçan los fuertes onbres
estos perpetuos rrenonbres,
& non oyendo cançiones.

[fol.115v]

88. Pocos onbres dormidores
que viçios grandes quisyesen,
non me rrecuerdo que fuesen
de bienes allegadores,
saluo sy por suçesores
de otros lo(s↑) eredasen,
o por caso lo priuasen
con sus senblantes señores.

89. Ca vi muchos que folgando,
digolo, demasiado,
perdieron lo bien ganado
por sus padres trabajando;
que maguer fortuna quando
le plaze de la rriqueza,
pocas vezes la pereza
la fallara de su vando.

90. Avnque son en calidad
mucho conformes amigos [sic],
ca nunca se dan fatigas [sic]⁶⁵⁴
de graues prolixidad;
que fallaras por verdad,
nunca fortuna contiende
saluo con quien se defiende,
forçando su voluntad.

91. Pues sy non entiendes priuar,
o ser rrico por herençia,
deueste con diligençia
disponer a lo ganar;
de vn enxenplo vulgar
en esto quiero valerme,
que, qualquier que mucho duerme
es çierto nunca medrar.

92. Sy esta vana memoria,
alcançada por proezas,
& las vmanas rriquezas
que son de bienes estoria,
es cosa mucho notoria
que se ganan afanando,
non como tu, folgando,
puedas subir a la gloria.

93. La carrera de la qual,
comoquiera que derecha,
es syn dubda tan estrecha,
que sy el Dios eternal
en el vientre virginal
vmanidad non vistiera,
nunca ninguno supiera
la verdad çelestial.

94. Cuya sagrada Pasyon
por nos miseros tomada,
aquella puerta çerrada
nos abrio de saluaçion;
sy por nuestra confusyon
nosotros non la perdemos,
corriendo como corremos
tras la bestial afecçion.

95. A la qual es ynclinada
esta nuestra vestidura,
bien como de su natura
es ser la piedra pesada;
& por esta nos fue dada
libertad con aluedrio,
que guie nuestro navio
en esta vida turbada.

96. En que, segund lo rrecuenta
el apostol & lo funda
por su epistola segunda,
nos son peligros syn cuenta
& non fazemos esenta
la vida contenplatiua,
que la militar actiua
de syenpre corre tormenta.

97. Jouenes para salir a puerto
y entrar por esta puerta,
que nos fizo ser abierta
el que biue por nos muerto;
con ojo syenpre despierto
te conviene bien velar,
y con deuoçion orar,
segund lo mando en el huerto.

98. E seguir lo que syguio
este grand rrey de los rreyes,

guardando aquellas leyes
quel, obrando, confirmo;
por las quales rreprouo
los viçios demasiados
que son causa de pecados,
contigo lo prueuo yo.

99. Que sabes lo que rrequiere
la grand sobra de manjares,
la cama syn valladares
al sano que la syguiere;
pues dexa, sy te pluguiere,
alcançar feliçidat
de seguir en voluntad,
que non sabe lo que quiere.

[fol.116r]

100. Ca toda graçia diuina
a onbres mucho perfectos,
o por meritos secretos
es dada por melezina;
mas la persona non dina
que por fe syn trabajar
espera de se saluar,
yo fallo que desatina.

101. Que sy Dimas saluo fue
por la fe con que creyo,
non menos por que siruio
con Sant Juan lo prouare;
que, syn las obras, la fe
es como casa syn puerta,
& que sea cosa muerta,
escripto lo mostrare.

102. Sy tu nunca fazes nada
de lo que Dios temando,
confiando pues saluo
a la muger ya nonbrada;
que la tu muerte llegada,
llorando te saluaras,
por ventura lançaras
la soga tras la herrada.⁶⁵⁵

103. Que en la ora⁶⁵⁶ postrimera
aquel trino Dios & vno
a pocos & non ninguno
da contriçion verdadera;
sy por alguna manera
antes non la meresçio,
que quien syenpre mal obro,
es injusto que bien muera.

Finge el actor el demostramiento de la Prudençia

104. Con claro & tan desygual
como la mañana muestra,
por la çelestre finiestra
de la parte oçidental,
çesada la fabla tal
con rreuerenda presençia,
se demostro la prudençia
en forma filosofal.

105. Mas que la luna lunbrosa,
la su antigua figura
& su discreta mesura,
non alegre, nin sañosa,
con rropa tan suntuosa
& syn dubda mas honrrada
que las que nunca bien nada
de la parte vergonosa.

106. Mas tan larga que mostraua
su hedad & sapiençia
ser digna de rreuerençia,
la obra non la negaua,
lo pasado memorada,
ordenando lo presente,
proueyendo sabiamente
lo que por venir estaua.

107. E desde alta carida
de madero de tenprança,
de firmeza syn mudança,
& de verdad syn mentira,
de fortaleza syn yra,
como quien fiesta otea,

las partes desta pelea
con mucho rreposo mira.

108. Yo como de la prudençia
que nos fizo de no nada,⁶⁵⁷
para la parte mejor
disçener [sic] de la peor
donde viere diferençia,
pronu[n]çia por su sentençia,
de la qual es el thenor.

Como da sentençia la Prudençia

109. Vistas por mi las rrazones
por vosotros alegadas,
aviendo por espresadas
todas vuestras conclusyones,
pospuestas las afiççiones
que suelen non pocas vezes
turbar a muchos juezes
sus perfectas discriçiones.

110. Asy mesmo posponiendo
toda pasyon vmanal,
de los quales prinçipal
interese ser entiendo,
tras el qual farto corriendo,
encargando sus conçiençias,
injustas dieron sentençias,
cobdiçia saco rronpiendo.

111. E del todo despojada,
de amor & desamor,
de cobdiçia & de temor,
de yra desordenada,
[fol.116v]
de mi sentençia fundada
sobre la pura verdad,
fallo que la voluntad
deue de ser condenada.

112. Pues que veo que caresçe
de las quatro cardinales,
& de las tres teologales
virtudes non se guarnesçe;
& asy, bien me paresçe,

quien procura lo terren[n]o,
lo qual pasa como sueño
& como sonbra fallesçen [sic].⁶⁵⁸

113. Que quien deleytes procura,
aquellos cuydando ser,
el soberano plazer
publica fizo locura;
que el deporte que mas dura
en esta vida (m↑)esquina,⁶⁵⁹
se podreçe mas ayna
como mançana madura.

114. E pues tu, omne formado
de la terrena materia,
a trabajos & miseria
infinitos condenado,
sy quieres ser deputado
por virtuoso varon,
sygue syenpre la rrazon
que te faze ser parado.

115. De los brutos animales
los quales, en el beuir,
en el comer & sentir
non te fueron desyguales,
mas por non ser rraçionales
todos sujebtos te son,
pues sy sygues afecçion,
ser los fazes tus yguales.

116. E sy bueno ser querras,
aconpaña con los buenos;
avnque desto mucho menos
que de malos fallaras;
por donde fueren los mas
sygue quando caminares,
mas sy virtud procurares,
tras los pequenos yras.

117. Que para ser virtuoso
& de buena fama digno
& cobrar en el diuino
rregno perpetuo rreposo,
non por logar deleytoso,
nin por llanuras & playas,

mas convienete que vayas
por camino trabajoso.

Como la Prouidençia da⁶⁶⁰ da [sic] rremedio contra los syete ya nonbrados⁶⁶¹

118. Quando a ti te fatigare
la tu mayoral enemiga,
voluntad que te fatiga
& mucho te molestare,
sy de soberuia tentare,
mesclada con vanagloria,
vmillda tu memoria,
nunca por nunca desuare.

119. Que los vmilldes seran
a los çielos ensalçados,
los soberuios derribados
a do syenpre penaran;
los ypocritas avran
trabajos en este mundo,
& despues en el profundo
con los malos pasaran.

Rremedio contra el Auariçia⁶⁶²

120. Sy tentare de avariçia,
prouando ser los estados
por el tener prosperados
an[n]adiendote cobdiçia,
rruegote que ayas notiçia
de la virtud de franqueza,
por que con su fortaleza
confondas a tal maliçia.

121. E lo que has de dexar,
avnque te pese despues,
consejote que lo des
en sufiçiente lugar;
ca non tienes de leuar
del mundo mas que troxiste,
pues por que menguado, triste
seras por atesorar.

122. E pues rreyes que rreynastes,
vmanos enperadores
condes, duques & sen[n]ores
que la tierra sojudgastes,
pues los tributos leuastes
con non pequena cobdiçia,
[fol.117r]
tened en paz & en justiçia
los pueblos que despechastes.

123. Amad vuestros caualleros;
honrrad mucho los perlados;
en tienpos acostunbrados
tened francos los porteros;
apartad los lisonjeros;
rrenumerad los seruiçios;
nunca dedes los ofiçios
de justiçia por dineros.

124. Oyd con vuestros oydos
de los pobres sus querrellas,
& mostrando pesar dellas
consolad los afligidos;
sean los malos punidos,
los buenos rremunerados;
asy seres bien amados
de los vuestros & temidos.

125. E vosotros, defensores
que seguis caualleria,
non vses de tirania
como lobos rrobadores;
mas como lindos açores
que ninguno de la vanda,
jamas como quien anda
antes son sus guardadores.

126. Pues guardad con diligençia
los vasallos & amigos;
a los justos enemigos
perseguid con mal querençia;
obseruad la preminençia
de los vuestros soberanos,
dandoles consejos sanos
con toda benyuolençia.⁶⁶³

127. E cunplio sus mandamientos,
digo los que fueren justos;
& poned a los injustos
onestos defendimientos;
nunca fagaes juramentos,
que viene grand daño dellos;
do pusyerdes vuestros sellos
jamas aya mudamientos.

A los labradores

128. Vosotros, cultiuadores,
fuyd rrentas & maliçias;
pagad diezmos & premiçias
de crianças & lauores;
beuid por vuestros sudores,
curando de vuestros bueyes;
dexad las armas & leyes
a fidalgos & doctores.

Amonestamiento general

129. A todos en general,
en fin de mi prosupuesto,
amenazo & amonesto
con el dia judiçial;
quando el juez diuinal
vos llamara con su tronpa,
do se mostrara syn ponpa
lo que fizo cada qual.

130. Ally rresuçitaran rreyes
quantos la muerte leuo,
en la hedad que murio,
aquel juez que vereys
ally cuenta le dareys,
desde el dia en que nasçistes,
& quantos males fezistes,
escriptos los leuareys.

131. Pues deueys menospresçiar
estos mouibles estados,
& tesoros malganados;
ca non los podeys leuar,
bien los podeys rreçerrar,

sy justamente vinieron;
mas sy por caso vinieron,
non vos deueys contrastar.

Pone fin a la obra

132. Amigos, consyderad
en esta tan cruda cuenta
& la carne poluorienta
que de nada se contenta,
de los viçios, desuiad;
de synçera voluntad
amares vn solo Dios;
& como quereys, vos,
ser amados de verdad,
a los proximos amad.

El libro es acabado, Dios sea loado,
amen[664]

[fol.117v][665]

[ID0876 F 0876] SV2–58a (117v) (1x11)

Guiuara a su amiga pasado el puerto con grant fortuna

Si fuesedes vos serrana
en esta sierra fraguosa
la sierra de muy vfana
se tornarie[666] toda llana
y sus rrobles todos rrosas;
las nieues no paresçerian
ante vuestra fermosura
vientos lluuias çesarian
asi que todos podrian
sin temor de su friura
pasar la sierra segura.[667]

[ID1793] SV2–58b (117v) (1x8)

Anton de Montoro al corregidor de Cordoua porque le ençerraron a pedradas en Sant Pedro vnas padaderas [sic][668] a quien deuie dineros por que no gelos pagaua

Señor no pecho ni medro
corred en todas maneras
que me tienen en Sant Pedro
çercado çient panaderas;
sus caras color de yedras
y de otra fea color
dellas cargadas de piedras
diziendo: paga traydor.

[ID2745] SV2–58c (117v) (1x9)

**Juan Aluarez Gato el de Madrit a
Juana amiga de Alonso Carrillo en
rrepuesta de vn presente que le enbio
de ay (vna rredoma de↑) rrosada y vna
paua y alcorça y nuezes en conserua y
carne de menbrillos**

Al presente que me distes
ell agua lagrimas son
la paua mis bozes tristes
ell arcorça el coraçon;
catiuo que me prendistes
las nuezes mas quel rruydo
la carne es la que lo siente
y el vidro ell açidente
que temo de vuestro oluido.

[fol.118r]

[ID0092] SV2–59 (fols.118r–161v...)
  (264x8...)[669]

Coplas[670]

Laurentino Juan de Mena

1. Al muy propotente don Juan el
  segundo
aquel que con Jupiter tuuo tal zelo
que tanta parte le fizo del mundo
quanta a sy mesmo se faze del çielo;
al grand Rey de España al Çesar
  nouelo
al que con fortuna es bien fortunado

aquel en quien cabe virtud & rreynado
a el la rrodilla fincada por suelo.

Argumento

2. Tus casos falazes Fortuna, cantemos
  [sic]
estados de gentes que giras & trocas
tus grandes discordias tus firmezas
  pocas
y los que en tu rrueda quexosos
  fallamos;
fasta que al tienpo de agora vengamos
de fechos pasados cobdiçia mi pluma
y de presentes fazer breue suma
de fin Apolo pues nos començamos.

Ynvocaçion

3. Tu Caliope, me sey fauorable
dandome alas de don virtuoso
por que discurra por donde non osso
conbida mi lengua con algo que fable;
leuante la fama su boz ynefable
por que los fechos que son al presente
vayan de gente sabidos en gente
oluido non priue lo que es memorable.

[fol.118v]

Narraçion

4. Como creo que (no↑) fuesen
  menores
que los de Africano los fechos del Çid
nin que feroçes menos en lid
Entrasen los nuestros que los agenores;
las grandes fazañas de nuestros señores
la mucha costançia de quien los mas
  ama
yaze en tinieblas dormida su fama
dañada de oluido por falta de actores.

Enxenplefica

5. La grand Bauilonia que ouo çercado
la madre de Nino de tierra cozida
si ya[671] por el suelo nos es destroyda
quanto mas presto lo mal fabricado;
y sy los muros que febo ha trauado
argulica fuerça pudo subuerter
que fabrica pueden mis manos fazer
que non faga curso segund lo pasado.

Ynvocacion

6. Ya pues derrama de tus nueuas
    fuertes
puro subsydio ynmortal apolo
aspira en mi boca por do pueda solo
virtudes & viçios narrar de potentes;
a estos mis dichos mostradvos
    presentes
fijas de tispes con vuestro thesoro
con el armonia de aquel dulçe coro
synplis cobdiçiando mis
    ynconvinientes.

[fol.119r]

Disputaçion con la Fortuna

7. Dame liçençia mudable fortuna
Por que yo blasfeme[672] de ty como
    deuo
lo que a los sabios non deue ser nueuo
ynnoto a persona podra ser alguna;
Pues que tu fecho asy contrapuna
faz a tus casos como se concorden
ca todas las cosas rregidas por horden
son amigables de fortuna non vna.

Enxenplefica

8. La horden del çielo enxenplo te sea
guarda la mucha costançia del norte
mira el Trion que ha por deporte
ser yncostante que syenpre rrodea;

y las syete playas que Atlas otea[673]
que juntas paresçen en muy chica suma
syenpre se asconden despues de la
    bruma[674]
cada qual guarda qualquier ley que sea.

Conparaçion

11. Pues como Fortuna rrige todas
    cosas[675]
con ley absuluta syn orden le plaze
tu non faras lo quel çielo faze
y fazen los tienpos las plantas y
    rrosas;[676]
y muestras tus obras ser tanto famosas
prosperas buenas durantes eternas
non nos fatigues por vezes alternas
alegres agora & agora enojosas.[677]

[fol.119v]

Conparaçion

11. Como las naues que van en
    poniente
fallan en Cadiz la mar syn rrepunta
Europa por popa con Libia se junta
Quando Borreas se muestra valiente;
pero sy a esto conmueue ab tridente
corren en contra de como vinieron
las aguas que nunca ternan nin
    tovieron
ally donde digo rreposo paçiente.

Aplicaçion[678]

12. Asy flutuosos, Fortuna aborrida,
tus casos inçiertos semejan y tales
que corren por ondas de bienes y males
faziendo non çierta ninguna corrida;
pues ya por que vea la tu syn medida
la casa me muestra do anda tu rrueda
por que de vista dezir çierto pueda

el modo en que tractas alla nuestra
vida.

Distençion del muro

15. Toda la otra vezina planutura
que (estaua↑)⁶⁷⁹ çercada de muy alto
   muro
y trasparente clarifico puro
que marmol de Faro paresçe en albura;
tanto quel viso de la criatura
por la di(a↑)fana claror de los cantos
pudiera traer ogeptos ogeptos [sic]
   atantos
quantos çelaua so sy la clausura.

[fol.120r]

16. Mas ya por que en otros algunos
   lugares
mi vista bien antes que yo le demande
me faze grand cuerpo de cuerpo non
   grande
quando los medios son especulares;
dixe sy formas tan mucho dispares
bien non rreguardo jamas sere ledo
sy de mas çerca mirar yo non puedo
sus grandes misterios y muy
   syngulares.

Conparacion

17. Como el que tiene el espejo delante
maguer que se mire de derecho en
   derecho
se parte pagado mas non satisfecho
como sy viese su mesmo senblante;
tal me sentia por el semejante
que nunca ansy pude fallarme contento
que non desease mirar mas atento
my vista culpando por non⁶⁸⁰ ser
   bastante.

Prosygue y conpara

18. Estando yo ally con este deseo
abaxa vna nuue muy grande y escura
y el ayre fuscando con mucha presura
me çiega & me çiñe que nada non veo;
e yo me temia fallandome rreo
non me contesçiese como a Polifemo
que desque çiego venido en estremo
ouo lugar el engaño Vlixeo.

[fol.120v]

19. Mas como tenga miseria liçençia
de dar mas aguda la contenplaçion
ya mas y mas en aquellos que son
priuados de toda visyua potençia;
començe ya quanto y con mas
   eloquençia⁶⁸¹
en esta mi cuyta de deste [sic]⁶⁸² logar
al pro & a la contra y a cada lugar
syenpre diuina llamando clemençia

Como la Prouidençia le aparescio en ymajen de donzella

20. Luego rresurgen a nos clarores
que fieren la nuve dexandola enxuta
en partes pequeñas asy rresulta
que toda la fazen bolar en vapores;
y rresta en el medio cubierta de flores
vna donzella tan mucho fermosa
que ante su gesto es loco quien osa
a otras beldades loar de mayores.

Del rremedio que le trae

21. Luego del todo ya rrestituyda
ouieron mis ojos su virtud primera
ca por la venida de tal mensajera
se cobra la parte que estaua perdida;
y puesto que fuese asy descogida
la grauedad de su claro gesto

mas prouocaua al bueno y onesto
que non por amores a ser rrequerida.

[fol.121r]⁶⁸³

40. Vy luego los montes yperboreos
Armenia & Sychias con toda Albania
avnque por quanto prolixo seria
dexo mas a otros rryncones de ebreos;
de los capadoçes y los amorreos
y di Niçena [sic]⁶⁸⁴ do juntada fue
la syno de [sic] santa que libro la fe
de otros peores que los manicheos.

Pregunta el actor a la Prouidençia⁶⁸⁵

57. Avnque la vna que non se mouia
la gente que en ella avia de ser
y la que debaxo esperaua caer
con terbilo velo su mote cubria;
yo de aquesto muy poco sentia
ffiz de mi dubda conplida palabra
a mi guiadora Rogando que abra
esta figura que non entendia.

Responde la Proui[de]nçia declarando las dubdas⁶⁸⁶

58. La qual me rrespuso saber te
     conviene
que de tres hedades que quiero dezir
pasadas presentes y de por venir
ocupa su rrueda cada qual y tiene;
las doss que son quedas la vna contiene
la gente pasada la otra fotura
la que se buelue en el medio procura
es agora aquesta que de presente viene.

[fol.121v]

59. Asy conosçe tu que la terçera
contiene las formas y las symulacras
de muchas personas profanas y sacras

de gente que al mundo sera venidera;
por esso cubierta de tal velo era
su faz avnque forma tu vieses de
onbres
por que sus vidas avn nin sus nonbres
saberse por seso mortal non pudiera

Razon que da la Prouidençia por que los omes non pueden saber lo porvenir

60. El vmano seso se çiega & oprime
en las baxas *artes que le da Minerua*
pues que faria en las que rreserua
aquel que los fuegos corruscos escriue;
por esso ninguno non piense nin estime
prestiginando poder ser çiente
lo conçebido en la diuina mente
por mucho que en ello trasçenda nin
rrime.

marginalia: *Las artes de Minerua* son
las mecanicas & dizeles minerua por
que viene este nonbre minimo por
amenguar & vernes por vernio por
que fazen con el su trabajo
amenguar & enflaquesçer los
neruios.

*Pestigrinar*⁶⁸⁷ es tentar de saber por
mala arte porvenir.

Amonestaçion de la Prouidençia al actor

61. Mas esto dexado ven ven tu comigo
feziste a la rrueda propinco ya quanto
de los pasados sy quieres ver espanto
mas sey bien atento en lo que te digo;
que por⁶⁸⁸ amigo nin por desamigo
nin por amor de tierra nin gloria
nin fingas lo falso nin fuertes estoria
mas dilo que ouiere cada qual consygo.

[fol.122r]

De syete ordenes auia cada vna rrueda consygo

62. A la rrueda fechos ya quantos
çercanos
de orbes setenos vy toda texida
la su rredondeza por orden deuida
mas non por yndustria de mortales
manos;
ca vi que tenia de cuerpos vmanos
cada qual çirculo de aquestos syete
tantos y tales que non podra lete
poner en oluido sus nonbres vfanos.

De los que eran en la primera orden de Diana

63. Pues vimos al fijo de *aquel que sobro*
por arte mañosa mas que por ystinto
los muchos rreueses del grand
laborynto
la buena Ypremesta nos aparesçio;
y al Minotauro a la fin acabo
con bulto mas pio que toda la Greçia
y sobre todas la casta Lucreçia
con este cuchillo que se desculpo.

marginalia: *aquel que sobro*. Este era
Ypolito, fijo de Teses, duque de
Atenas.

Destas otras ystorias aya asaz vulgares.

Como vido a Çeniza, muger de Manseolo & a Penolope, muger de Vlixes

64. A ty muger vimos del grand
Manseolo
tu que con lagrimas nos profetizas
las maritales rregando çenizas
viçio ser biuda de mas de vno solo;
y la conpannera del llena de dolo

tu Penolope la qual en la tela
detarda demientra rresçibe la vela
los vientos negados a el por Colo
[sic].[689]

[fol.122v]

Como vio Argia a Alçides que es Hercoles

65. Tanbien en la rrueda vimos
suleuada
lleno de meritos muchos (a↑) Argia
y vi que la parte derecha v [sic][690] tenia
Alçides casy del todo ocupada;
a fuer de montero[691] con maça clauada
bien como quando libraua en el syglo
los calidones del brauo vestiglo
y la rreal mesa de ser ensuziada.

marginalia: *Alçides se llama Hercoles*
encle de Alcuña de Alcumeda su
madre & seria este nonbre
matrynico en perjuyzio de las rreglas
gramaticales que non quieren que
puedan de la madre nasçer el tal
nonbre al fijo saluo del padre pero
ouo este lugar Hercoles por el padre
le llamaramos Ionides, non
sopieramos por qual de los fijos. Se
entendiese como el touiese muchos.

Como declara la Proui[de]nçia por que eran los castos con los caçadores

66. Yo que veya ser efiçiosos
los ya memorados en virtud diuersa
veyendo la rrueda que en vno los versa
los mis pensamientos non eran
ocçiosos;
miro Prouidençia mas abtos dubdosos
non te maravilles atanto rrespuso
la vida la orden que dios les ynpuso
nin se te fagan tan maravillosos.

67. Dispuso av iniçio la mente superna
que çirculo destos aqui non paresca
syn que la gente de aquel obedesca[692]
las costelaçiones de quien lo gouierna;
pues tu juyzio sy sabe disçerna
que cada qual de las syete planetas
sus operaçiones ynfluye perfectas
a cada qual orbe por gloria yn eterna.

[fol.123r]

68. Asy que la luna que es la primera
del primer terçio inprime su arco
segunda en segundo conserua tal parco
terçera non menos pues con la terçera
y todos y todas por esta manera;
son ynclinados a dispusyçion
de las virtudes y costelaçion
de la materia de cada vna espera.

69. El çerco que tienes por ende ya
   visto
llamele çirculo tu de la luna
oyras asy nonbre pues de cada vna
por[693] que non bueluas al caso tan
   misto;
y agora ya donde dubdauas ynsisto
sy vistas las castas con los caçadores
es por que sy aqui los lectores
desta planeta tal grado bien quisto.

**De la rrueda de en medio que es de los
puntos**

70. Ffazte a la rrueda pues de los
   presentes
por que las veas entramas a dos
y de las dubdosas rrequieras a nos
soluertelas hemos en versos patentes;
y visto el vn çerco de pasadas gentes
veras el otro desta condiçion
de las personas modernas que son
pues abre los ojos & para bien mientes.

[fol.123v]

Como los tres fados traen la rrueda

w71. Atento segund me mandaua
   mirando
vi los *tres fados* C[l]oto[694] el primero,
Latesis segundo, Tropos el terçero,
en vezes alternas la rrueda girando;
& vy sobre todos estar ynperando
en el primero çerco de Diana
vna tal rreyna que toda la vmana
virtud paresçia tener a su mando.

marginalia: *A estos tres fados* llaman
   los poetas[695] Parcas tomando por el
   contrario por que non perdonauan a
   ninguno como algunos que llaman
   Juan Blanco sy es muy negro, &
   llamansele primero Cloto, el
   segundo Latesis, el terçero Trospos;
   estos dizen que el primero fila vida,
   el segundo la texe, el terçero la
   corta.

De lo que vido en ella

72. De candida purpura su vestidura
bien denotaua su grand señorio
non le ponia su fausto mas brio
nin le priuaua virtud fermosura;
vençiase della su rropa en aluura
el rramo de palma su mano sostiene
don que Diana por mas rrico tiene
mas mesurada que toda mesura.

73. Y *vy de la parte* del syniestro lado
al serenisymo rrey su marido
la mesma librea de blanco vestido
non descontento de tan baxo grado;
y vy la parte del diestro costado
vna tal rreyna muy esclaresçida
la qual de virtud de muy rrica vida
tenia lo blanco del manto borlado.

marginalia: *Por* esso lo dize por que en
la virtud de la castidad los onbres
non les desplaze por que los
preçedan & vayan delante sus
mugeres.

[fol.124r]

Conparacion

74. Boluime con ayre de dubdosa cara
a la soluedera de mis ynorançias
como de niño que de sus ynfançias
la madre benigna muy triste separa;
tal Prouidençia se me demostraua
diziendome tanto conosco ya bien
que tu deseo sera saber quien
puede ser esta tal gente asy clara.

75. La que la silla mas alta tenia
non la deuieras aver por estraña
era la inclita rreyna de España
muy virtuosa doña Maria;
la qual allende de su grand valia
allende de rreyna de los castellanos
goza de cama tan rrica de hermanos
Çesares otros en la monarchia.

marginalia: *Goza* por fama de sus
fechos avnque non por vista de sus
vidas.

76. Goza de mucha prudençia &
verdad
goza de don inmortal de justiçia
ha de virtudes aquella noctiçia[696]
que en fenbra demanda la honestidad;
que fuese trocada su humanidad
segund que se lee de la de Çeneo
a muchos faria segund que yo creo
domar los sus viçios con su justedad.

marginalia: *Çeneo* fingen los poetas
aver auido poderio de trocar la
forma agora sea onbre agora muger.

[fol.124v]

Comiença la muy esclaresçida señora rreyna de Aragon

77. La otra que vimos a la mano diestra
era la rreyna de aragoneses
la qual mientra sygue (su↑)[697] Rey los
arneses
rrige su rreyno la rreyna maestra;
asy con la mucha justiçia que muestra
mientra mas rreynos conquiere el
marido
mas ella zela el ya conquerido
guarda que gloria despaña la vuestra.

marginalia: *Dize* por el rey de Aragon.

78. Muy pocas rreynas de Greçia se
falla
que linpios ouiesen g[*uard]ados los
lechos
a sus maridos demientra los fechos
de troyan [sic] non yuan en fin por
batalla;
mas vna sy ouo es otra syn falla
nueua Penolope aquesta por suerte
pues piensa que fama le deue la muerte
quando su gloria la vida non calla.

marginalia: *Penolope*. Esta espero a
Vlixes su marido diez años
guardando vida casta.

De como vido otra dueña de donde los Coroneles ouieron este nonbre

79. Como mas baxas de o[t*]ras
en[*te]ras
la muy casta dueña de manos crueles
digna corona de los Coroneles
que quiso con fuego vençer sus
fogueras;
o *querita Rroma* sy desta sopieras
quando mandauas el grand vniuerso

que gloria que fama que prosa que
 verso
que tenplo vestral a la tal le fizieras.

[fol.125r]

**De como la castidad es mas en las
baxas personas que en las altas**

80. De otras non fablo mas fago
  argumento
cuya virtud maguer que rreclama
sus nonbres escuros es donde la fama
por la baxa sangre de su nasçimiento;
mas non dexare de dezir lo que syento
es a saber en las baxas personas
rroban las mas claras & altas coronas
y tanbien de los viçios menor
  pensamiento.

**Endereşça el abtor el sermon al rrey
nuestro señor**

81. A vos pertenesçe tal horden de dar
rrey exçelente muy grande señor
asy como prinçipe *legis lector*
la vida pulitica syenpre zelar;
por que pudiçiçia se pueda guardar
& tomen las gentes seguros los sueños
punir a los grandes como a los
  pequenos
a quien perdona non le perdonar.

marginalia: *Legislector* se llama
  qualquier prinçipe que puede dar
  leyes.

Conparaçion

82. Como las telas que dan las arañas
las leyes presentes non sean atales
que prendan los flacos viles animales
& muestren en ellas sus languidas[698]
  sañas;
las bestias[699] mayores que son mas
  estrañas

pasan por todas rronpiendo la tela
asy que non cobra vigor la cautela
sy non contra flacas & pobres
  conpañas.

[fol.125v]

Consiliaria

83. Aprendan los grandes beuir
  castamente
non vençan en viçios los brutos
  saluajes
en vilipendio de muchos linajes
viles deleytes non vençen la gente;
mas los que presumen del mundo
  presente
fuygan de donde los daños rrenaçen
sy lindos cobdiçian ser fechos abraçen
la vida mas casta con la continente.

marginalia: *Vilipendio* es injuria de
  menospresçio.

Difiniçion de castidad

84. Es abstinençia de vil llegamiento
la tal castidad despues ya de quando
se va la noctiçia del viçio dexando
rremoto por obras y mal pensamiento;
y non solamente por casto yo cuento
quien contra las flechas de Venus se
  escusa
mas el que de viçio qualquier se
  desnuda
& ha de virtudes non el vestimento.

**Fenesçe la primera orden de Diana.
Comiença la segunda de Mercurio**

85. Vi los que sano consejo tovieron
y los que conponen en guerra las pazes
y vimos[700] a muchos fuera destas azes
que justas ganançias mercando
  quisyeron;

y otros que libres sus tierras fizieron
y los que por causa de evitar mas daños
han rreuelado los grandes engaños
a muchos librando que non se
    perdieron.

[fol.126r]

Virtuosos

86. Nestor el antiguo se nos demostro
& los oradores mejor rresçebidos
del fijo del Efano que non despedidos
y el rrey que su fijo ya muerto merco;
& Capis aquel que syenpre temio
los daños ocultos del Paladion
con el sacro vate del Lacoon
aquel que los dragos de Palas çiño.

Viçiosos

87. Debaxo de aquestos yo vi
    derribados
los que las pazes firmadas ya rronpen
y los que por presçio virtudes
    corronpen
metiendo alimento a los rrenegados;
ally vi grandes falsos perlados
que fazen las cosas sagradas venales
& rreligion rreg[*ida]⁷⁰¹ de males
que das tal doctrina a los mal
    doctrinados.
marginalia: *Clero*.

Viçiosos

88. Pues vimos *a Panderon* el dardo
    sangriento
hermano de aquel buen arquero de
    Rroma
que por maestria la libre paloma
firio donde yva bolando en el viento;
el qual a los nieruios asy del çimiento
contra las doricas gentes ensaña

que toda la tregua firmada les daña
dandoles⁷⁰² canpo de pazes esento.

marginalia: *Panderon*. Este estando en
    tregua los griegos con los troyanos
    lanço vna flecha con que firio vn
    duque de los griegos por lo qual fue
    rrota la tregua.

[fol.126v]

Viçiosos

89. Ally te fallamos, *O Polinestor*,
como Traçides al buen Polidoro
con fanbre maldita del su grand
    thesoro
non te menbrando de fe nin de amor;
yazes açerca tu vil Antenor
triste comienço de los paduanos
ally tu le dauas Eneas las manos
avnque Virgilio te de mas honor.

marginalia: *Polinestor*. Este era rrey de
    Traçia, & Priamo rrey de Troya
    veyendo que le matavan los fijos en
    la guerra pidio a este Pelidoro [sic]
    fijo suyo pequeño al rrey Polinestor
    su vezino para que se criase en su
    casa con grand suma de oro. El qual
    rrey despues que vido muerto &
    destroydo a Priamo mato al moço
    Polidoro por cobdiçia de gozar del
    oro que para su elimentaçion le avia
    enbiado.

Contra los de agora

91. Sy yo buenamente te puedo callar,
Orpas maldito nin a ty Julian,
pues soes en el valle mas fondo dafan
que non se rredime jamas por llorar;
qual ya crueza vos pudo yndignar
a vender (en↑) vn dia las tierras y leyes
d'España las quales pujan de rreyes
en años a tantos non pudo cobrar.

92. A la moderna boluiendo mi rrueda
fondon del çelenico çerco segundo
de viçios senblantes estaua el profundo
tan lleno que non se fablar quien lo
    pueda;
ved sy queredes la gente que queda
darme liçençia que vos la señale
mas al presente fablar non me cale
verdad lo premite temor lo deuieda.

Como por temor de los presentes.[703]

[fol.127r]

Como por temor de los presentes rreprehende los viçios

93. O miedo mundano que tu nos
    conpeles
grandes plazeres fingir por pesares
que muchos Enteles fagamos y *Dares*
y muchos de Dares fagamos Enteles;
fazemos de pocos muy grandes tropeles
buenos nos fazes llamar los viçiosos
notar los crueles por muy piadosos
y los piadosos por muchos crueles.

marginalia: *Dares* & Enteles fueron
    dos onbres el vno mucho covarde &
    el otro mucho esforçado.
    Originalmente Virgilio lo escriue en
    las çinco Eneydas Trasvnytino. San
    Gregorio Geronimo en las Epistolas.

Conparacion

94. Bien como syeruo que por la fe
    nueua
del su patrono se muestra mas biuo
por que le pueda fuyr de captiuo
dize por voca lo quel non aprueua;
senblantes temores la lengua nos lieua
a la mendaçia de la adulaçion
asy que qualquiera fara conclusyon
que diga lo falso mas non lo que deua.

marginalia: Mentir alabando.

Inventiua [sic] a los eclesiasticos

95. Quien asymesmo dezir non podria
de como las cosas sagradas se venden
y los viles vsos en que se despienden
los diezmos ofertos a santa Maria;
con buenas colores de la clerezia
desypan los malos los justos sudores
de synples de pobres & de labradores
çegando la santa catolica via.

[fol.127v]

Enxenplo de vna çibdad que cayo con torromoto

96. Çesarea *se lee* que con torromoto
fuese su muro en tierra caydo
las casas y pueblo todo destroydo
que non quedo lienço que non fuese
    rroto;
mas solo su tenplo fallamos ymoto
y la clerezia con su perlado
saluo seguro fue dentro librado
por el su onesto beuir y deuoto.

marginalia: *Leese* en la traducion que
    fizo sant Geronimo en latyn del libro
    de Eusebio De Tenporibus que fue
    cayda con terromo[to].

Aplicaçion

97. Sy tal terremoto nos sobreviniese
lo que la diuina clemençia non quiera
por lo contrario presumo que fuera
de qualquiera villa donde se fiziese;
& antes presumo que oy se fundiese
la clerezia con todo su tenplo
& que la villa quedase en enxenplo
libre syn daño ninguno que fuese.

Enderesca el actor la fabla al rrey

98. La vuestra sacra y rreal majestad
faga en los subditos tal benefiçio
que cada qual vse asy del ofiçio
queden las leyes en intreguedad;
asy que cobdiçia nin rrapazidad
non nos ofende lo bien hordenado
por que departa de qualquier estado
la vil avariçia su sagaçidad.

[fol.128r]

Difiniçion de la avariçia

99. Es avariçia doquiera que mora
viçio que todos los bienes confonde
de la ganançia doquier que se esconde
vna soliçita ynquisydora;[704]
de rrobos noctorios golosa garganta
que de lo ganado sufre mengua tanta
como de aquello que espera avn agora.

Fenesçe la segunda orden de Mercurio & comiença la terçera de Venus

100. Venidos a Venus vy en grado
    espeçial
los que en el fuego de su juuentud
fazen el viçio ser tanta virtud
por el sacramento matrimonial;
debaxo de aquellos vi grand general
de muchos linajes caydos en mengua
que non sabe como se diga mi lengua
tantas espeçias o formas[705] de mal.

101. Eran adulterios & fornicadores
& otros notados de ynçestriosos
y muchos que juntan tales criminosos
& lleuan por ellos los viles salarios;
y los que en efectos assi[706] voluntarios
su vidan [sic] deleytan en vano pecado
y los maculados del crimen nefado
de justa rrazon y de toda contrarios.

[fol.128v]

102. E vimos vno [sic] viçiosos
    vilmente abraçados
la conpañera de aquel grand *Atrides*
duque de todas las gresçianas lides
tomar en Egipto solazes furtados;
y vimos a *Mirra* con los derribados
hermana ya fecha de quien era madre
y madre del fijo del su mismo padre
y contra de leyes vmanas y grados.

marginalia: Atriges [sic] llamada aqui
Agamenon & llamalo el grand
Atrides por que non entiendan por
su hermana no Menalao & llamase
Atrides por que fueron fijos de
Acreen [sic] & este nonbre es
patrymonio & formase asy atra y
tandoy & la c. faze acri &
anadiendo dos faria Acrides.

Mirra. Este ouo carrnal pula con su
padre Çinaras[707] del qual ovo vn
fijo. Testigo Ovidio en el
Metamorfoseos.

De como vido a Terreo con Filomena su cuñada a Macareo con Canaçe

103. Ally era aquel que la casta *cuñada*
fizo por fuerça non ser mas donzella
comidiendo su fijo en pago daquella
que por dos maneras del fue
    desflorada;
y vimos en forma muy mal abiltada
ser con *Macareo* la triste canasçe
de los quales amos vn tal fijo nasçe
que la vmana vida dexo injuriada.

marginalia: Esta cunada fue Filomena
la qual forço su cuñado Tereo &
dize que fue del por dos maneras
desflorada por que despues que la
forço le corto la lengua. Vulgar es la
estoria.

Macareo ouo llegamiento a esta su
hermana Canaçe; destos salio vn
fijo; vulgar es la estoria.

107. De los *centauros* el padre gigante
ally lo fallamos con muy poca graçia
al qual fizo Juno con la su falaçia
en forma mintrosa conplir su talante;
y vi dios mouidos vn poco adelante
plañir a Pasife sus actos indignos
la qual antepuso el coro a Teminos
nos fizo Çilla troque semejante.

marginalia: *Centauros* el padre dizese
& es que fue Ysyon[708] el qual fue
ennamorado de Junio diesa del ayre
& aquesta diessa por escarnesçer del
formo vn cuerpo fantastigo en el
ayre que a ella paresçiese & Ysyon
ovo allegramiento. Aquel fingio
cuerpo & el anima de aquel cuerpo
trasformado dizen quedase preñada
& pariese despues aquellos çient
animales medio onbres & medio
cauallos & por esso los llama
çentauros de çiento & auro que
dizen en latyn por ayre que ellos
fueron fechos en el ayre.

[fol.129r]

Ffue a maçias con los ennamorados

105. Tanto andouimos al çerco
   mirando
que nos fallamos con nuestro Maçias
vimos que estaua llorrando los dias
con que su vida tomo fin amando;
llegue açerca turbado ya quando
vi ser vn tal omne de nuestra naçion
vi que dezia tal triste cançion
en elegia con verso cantando.

marginalia: *Verso eligiacon* es vn arte
que pertenesce a materia dolorida;
vien de o legis que dize el griego por

llorro. En estos tales versos ordeno
Ovidio el libro que llaman de
Tristez.

Cançion de maçias

105. Amores me dieron corona de
   amores
por que mi nonbre[709] por mas bocas
   ande
estonçes non era mi mal menos grande
quando me dauan plazer sus dolores;
vençen al seso los dulçes errores
mas non duran syenpre segund luego
   plazen
pues me fizieron del mal que vos fazen
sabed el amor desamar amadores.

107. Fuyd vn peligro tan apasyonado,
sabed ser alegres dexad de ser tristes,
sabed deseruid [sic] a quien tanto
   seruistes,
a otro que amores dad vuestro
   cuydado;
los quales sy dizen por ygual grado
sus pocos plazeres segund su dolor
non se quexara ningund amador
nin desesperara ningund desamado.

[fol.129v]

Conparaçion

108. Bien como quando algund mal
   fechor
al tienpo que fazen de otro justiçia
temor de la pena le pone cobdiçia
de ally en adelante beuir ya mejor;
mas desque pasado por el el temor
buelue a sus viçios como de primero
asy me tornaron a do desespero
deseos que quieren que muera amador.

Pregunta el abtor a la Prouidençia

109. Tan grand multitud trabada veyendo
por fuego viçioso de inliçito amor
fable prouidençia ni dime mejor
aquesta mi dubda que [*y]o non entiendo;
estos a tantos discretos syendo
por que se quisyeron amar çiegament[*e]
puclada [sic]710 deuiere tener en la fruente
la pena que anda aqui padesçiendo.

Rresponde la Prouidençia la provinçia [sic]711 mostrando algunas cosas que prouocan a amor por artefiçio

110. Rrespuso rryendo la mi conpañera
nin causan amores nin guardan su tregua
las telas del fijo que pare la *yegua*
nin menos agujas fincadas en çera;
nin filos de alanbre e[*n] el agua primera
del mayo cogida con vaso de yedra
nin fuerças de yeruas nin virtud de piedra
nin vanas palabras del encantadera.

marginalia: *Yegua*, de la yegua que dizen los naturales que como naturalmente todas animalias comen lo que paren que esta bestia acaesçe por el contrario que lo desama asy que luego en pariendo lo querria matar & como vaya a la cabeça por lo morder & matarlo. Sabia naturaleza prouee a este defecto poniendo vna tela o carnosydad en torno de la cabeça de lo que pare obradora de toda virtud que en mordiendo la yegua en ella luego cobra grand amor contra el fijo que

queria matar. Esta tela consejan los matematicos sacar a esta bestia para la dar a beuer a la persona de quien cobdiçia ser amada, asymismo las cosas en esta copla contenidas.

[fol.130r]

Asygna el actor a la Prouidençia ocho causas que prouocan los coraçones a amar naturalmente712

111. Mas otras rrazones mas justas convocan
los coracones y las voluntades
virtudes y vidas en conformidades
y sobre todo beldades prouocan;
y delectaçiones a muchos aduocan
y quando los dones son bien rresçebidos
o por linaje nasçer escogidos
o dulçes palabras ally donde tocan.

La octaua causa

112. Vale asymesmo para ser amado
antiçiparse primero en amar
non es ninguno tan duro en el dar
que algo non de sy mucho ha tomado;
pues mucho deuia ser mas que culpado
aquel coraçon que sy non querer
quiere que quiera queriendo non ser
o por ser querido biua despagado.

Rresponde la Prouidençia a la otra713 dubda que dixo seyendo discretas

113. Estonçe se puede obrar discreçion
sy amor es fito vanninloque es prigo [sic]714
mas el verdadero non teme peligro
nin quiere castigos de buena rrazon;
nin los juyzios de quantos ya son
le estorua la via de como la entiende

quando le ponen mayor defensyon
estonçes peligros mayores atiende.[715]

[fol.130v]

Enderesca el actor la fabla al rrey nuestro señor

114. Por ende monarca, señor valeroso,
el (rregio) çetro de vuestra potençia[716]
(fiera) mezclado rrigor con
    clemençia[717]
por que vos tema qualquier criminoso;
y los viles actos de libidinoso[718]
fuego de Venus del todo se maten
y los vmanos sobre todos caten
el linpio catolico amor virtuoso.

Difine que cosa sea buen amor y malo

115. El qual es tal medio de dos
    coraçones
que la voluntad que estaua conjunta
la su dulçedunbre concuerda y ayunta
faziendoles vna sus dos opiniones;
o dando tal parte de sus afiçiones
a los amadores syn gozo cadena
y a los amados deleyte syn pena
a los menos meritos mas galardones.

Fenesçe la terçera orden de Venus y comiença la quarta de Febo

117. Aqui vy grand turba de santos
    doctores
y contenplatiuos de aquel buen
    saber[719]
que para syenpre nos puede valer
faziendonos libres de nuestros errores;
filosofos grandes y flor de oradores
aqui çitaristas aqui los profectas
astrologos grandes aqui los poetas
aqui coronistas aqui sabidores.

[fol.131r]

Teologos

117. Esta sobre todas grand turba con
    esta [sic]
de claros maestros dotores muy santos
estaua Jeronimo alçando los cantos
Gregorio Agustino velando rrespuesta;
y vimos al *santo doctor cuya fiesta*
el noble buen çesar jamas solepniza
y otros doctores a quien cononiza [sic]
la silla rromana por vida modesta.

marginalia: *Este es santo Tomas* de
    Aquino la qual fiesta el rrey soliniza
    por que en tal dia nasçio, este es el
    rrey don Juan.

Filosofos.

118. Vi los filosofos Crato, Polemo,
el buen Enpedoles [sic][720] y el doto
    Zenon,
Aristotiles çerca del padre Platon
guiandolos con dulçe rremo;
vimos a *Socrates* tal que lo tomo
con la ponçoña mortal que biuia
y vi a *Pitagoras* que defendia
las carnes al mundo comer por
    estremo.

marginalia: *Socrates*. Este que aqui
    dize fue acusado de hereje entre los
    gentiles por que non creya en los sus
    ydolos y preso le fizieron beuer
    ponçoña de que murio.

Eloquentes

119. Vy a Mostens [sic][721] y a Galiano,
y vimos a Tulio con su rrica lengua,
Casio Seuero sufriendo grand mengua
dado en exilio del pueblo rromano;
mostrose Damiçio rrecto africano,
y vimos a Paliçio con Apolidoro,

y vimos la lunbre del claro thesoro
del nuestro rrectorico *Quintiliano* dize
  castellano [sic].

marginalia: *Quintiliano*: por aqueso se
  llamo nuestro por que fue de
  Calahorra. Este touo en Rroma
  escuela publica de la arte de la
  elequençia por que[722] por aquella
  escuela dauan fasta estonçes grand
  rrenta por la auer; & Quintiliano
  fue tan exçelente que le dieron rrenta
  con ella por que la tomase; testigo
  Eusebio.

[fol.131v][723]

Musicos

120. Mostrose Tubal primero inventor
de consonantes bozes y dulçe almonia,
mostrose la farpa que Orfeo tañia
quando del ynfierno lo troxo el amor;
mostrosenos Filiris el tañedor,
maestro de Archiles en çitaristar
aquel que por arte ferir y domar.[724]

Asia la menor[725]

41. En la menor Asia mis ojos tornados
vieron aquella Galaçia do fueron
las gentes que al rrey Vitinio vinieron
dando socorros bien gualardonados;
los canpos de Frigia tanto llorados
Ycaria Ysauria vimos en pronto
Lidia Panfilia y tierra de Ponto
do meso y clemente fueron rreglados.

Europa

42. E vimos aquella que Vropa dixeron
de la que rrobada en la taurija[726] fusta
lanço los hermanos por casa tan justa

en la demanda que fin non pusieron;
y contra Trion luego paresçieron
los montes Exfeos[727] & lagos Motroes
los quales te rruego lector que tu loes
pues que vezinos de Gotica fueron.

[fol.132r]

43. E vi la prouinçia muy generosa
que es dicha Gochia [sic][728] segund
  nuestro vso
ally donde Jupiter al dispuso
quando a prinçipio fundo toda cosa;
saliese de tierra tan mucho famosa
la gotica gente quel mundo bastase
por que la nuestra España gozase
de estirpe de rreyes atan gloriosa.

Alemaña alta & baxa

44. Del agua del Tan[*ais] con[*tr]a
  mediodia
fasta Danubio vi Siçia la baxa
y toda Alemaña que es vna grand caxa
con los pueblos dacos su tierra muy
  fria;
y fasta los Alpes se ya paresçia
Rretia Germania la superior
Mesia Pajonia y Para mejor[729]
todas las partes del rreyno de Vngria.

45. Del Mediterrenio fasta la grand
  mar
de parte del Austro vimos toda Greçia
Catonia Melosta y Lidia Boezia
Epiro y su fuente la muy syngular;
en la qual sy fachas queriendo quemar
muertas metieren se ençienden de
  fuego
sy biuas se meten alabanse luego
ca puedense dar fuegos & fuegos
  rrobar.

[fol.132v]

46. La grande Tesalia non fue
    demostrada
y el Olinfo monte que en ella rreçede
el qual en altura las nuues eçede
Arcadia Corintio teniendo abraçada;
y de los Alpes vi ser leuantada
fasta las lides del grand ocçeano
Ytalia la qual del pueblo rromano
Saturnia fue dicha en la era dorada.

Francia

47. Y vi las tres Galias [*con]viene
    saber
Lu[*d]unia Entania y la de Narbona
que del primer franco que touo corona
en Françia su nonbre del quisso boluer;
aquesta comiença de proçeder
del monte de Jonis que tanto rresalta
y tiende sus fines fasta la mar alta
que con los britanos tiene que fazer.

España

48. Y[730] vi las tres prouinçias de
    España en poniente
y la de Tarragona la de Çeltiberia
la menor Cartago que fue la dEsperia
con los rryncones de toda occidente;
mostrose *Vandalia* la bien paresçiente
y toda la tierra de la Luzitana
la braua Galizia con la Gingitana
donde se cria *foroçe* la gente.

marginalia: *Dizen Vandalia* por el
    Tudela.

Foroçe los gallegos.

[fol.133r]

Africa

49. Vimos allende la mas de Etiopia
y las prouinçias de Africa todas

las fuertes de Amon do son las
    tripodas
con los que confina la tierra de
    Elopia;
marmarida toda donde es la grand
    copia
de gente veroçe de los Trogaditas
los Aforos gentes tan ynperitas
que de casas y fierros padesçe ynopia.

Al monte Cantabo

50. El Cantabo monte fue luego
    patente
la serenica[731] rregion de paganos
y toda la tierra de los Numidianos
ally do Yuguita[732] se fizo valiente;
Pentapolin conosçimos syguiente
Getulia viste con mas de otra tanta
tierra que fuellan los de Agaramanta
desde que Juba les fue perpotente.

marginalia: *Pontapolin* llama a Creta
    por que en ella auia dos çibdades y
    dizense de Çentupolus que dize el
    griego por çibdad. Aquesta ysla se
    llama agora Candia.

Yslas particulares

51. El mar asymesmo se nos
    rrepresenta
con todas las yslas en el descubiertas
tanbien [*en las] aguas biuas como en
    las muertas
donde [*bon]ança non [*tem]e
    tormenta;
las Estegades vy [*nueu]e por cuenta
Rrodas y Creta las Çentibolea
çiclades las quales qualquier que las
    vea
seys vera menos para ver sesenta.

[fol.133v]

52. Saxon la rredonda se quiso mostrar
Colças *Otisia* llamada Delhoz
de la qual Delio se dixo aquel dios
que los poetas suelen ynvocar;
y vimos las yslas Colios estar
Ycaria la qual el naufrago dio
de Ycaro onbre que nunca perdio
el mal gouernado de sabio bolar.

marginalia: *Ortigia* se dixo de
ortigome que dize el griego por
codorniz por que en aquella ysla
paresçieron las primeras, segu[n]d
que Ysydro chimolegia[733] lo
rrecuenta.

53. Mostrose Samos *y las Bolares*
Corçega Bosis y las Caneas,
las Gorgonas yslas de las Meduseas
y otras partidas que son por los mares;
vimos *a Trina* cria con sus tres altares
Peloro Pachino y mas el Edneo
donde los fuegos ynsufla Tifeo
formando gemidos y bozes dispares.

marginalia: *Yslas Bolares* son
Mallorcas & Mevorcas [sic].
Dizense de ballin que dize el griego
por enbiar, por que las gentes de
aquesta tierra fallaron primero las
fondas y mandrones y ballestas y
artellerias que algo de daño enbian
en los enemigos, por ende basira[734]
de valira, quod est mitere.

Trina quiere dezir por Çeçilla, los
altares por oteros, Ageos montes que
tienen aqui dichos en esta copla.

Conparacion

54. Segu[n]d fazen muchos en rreyno
    estrangero
sy alguno viese lo que [*nunca] vido
sy non lo desdeña y esta detenido

los otros rretratan del tal
    conpañer[*o];
ca es rreputado por [*mu]cho grosero
quien faze tal fiesta del nueuo a el
que entiendan los otros que son çerca
    del
que non ouo dello noctiçia primero.

[fol.134r]

Rredarguye la Proui[de]nçia al actor

55. Asy rretratado y rredarguydo
de mi guiadora seria yo quando
el mundo me vydo que andaua
    mirando
con ojos y seso ally enbeueçido;
ca vy que me dixo en son aflegido
dexate desto que non faze al fecho
mas mira veremos alla derecho
algo de aquello por que eras venido.

Discriue tres rruedas de la Fortuna

56. Boluiendo los ojos a do me
    mandaua
vy mas adentro muy grandes tres
    rruedas
las dos eran firmes ymotas y quedas
mas la den medio boltar non çesaua;
y vy que debaxo de todas estaua
cayda por tierra gente ynfinita
que auia en la fruente cada qual
    escripta
el nonbre y la suerte por donde pasaua.

Profetas[735]

121. La conpañia a perfecta Virginea
vimos en abto de vidas tranquilas
el deçimo numero de las Seuillas
que cada qual pudo llamarse profecta;
estaua la Persia con la Diameta
y la Bauilonia grand Eritea

y la Friginea llamada Albumea
vimos estar con la del Figineta.

[fol.134v]

122. *Femonoe* por orden la sesta
estaua la qual en versos sotiles
canto pregonando la guerra çeuiles
de quien ouo çepion la triste
    rrespuesta;
vimos a Lybisan[736] virgen onesta,
esta Betona con el Amatea;
era la dezima aquella cunea
de quien los rromanos [ ].

marginalia: *Femonoe.* Desta descriue
    Seruio en los comertarios [sic] de la
    Enoyda. Los rromanos le fuesen a
    preguntar sy era duradera la
    prosperidad del ynperio de Rroma
    & que esta les dio por rrespuesta
    seys letras escriptas en fojas de
    arboles las quales son estas: i. r. r. f.
    f. f. Seys letras fueron asy
    ynterpetradas: rregudro me rrua
    ferro flama fame, que quiere dezir
    rreyno de Rroma ca era por fierro
    flama y fanbre.

Poetas[737]

123. Vimos Omero traer en las manos
la dulçe *Eliada* con el Odisia,
el aleto Virgilio vi que lo seguia
en vno[738] con otro monton de
    rromanos;
tragicos, liricos, eligianos,
comicos, satiros con eroystas
y los esc[ri]ptores de tantas conquistas
quantas nasçieron entre los vmanos.

marginalia: *Tragicos*, liricos, estos son
    estilos diuersos de poesia.

Eliada, esta de Omero ouo traduzido o
    rromançado para el sen[n]or rrey

donde largamente fabla de su vida.
Por ende pues alla aqui non mas.

**Da rrazon el actor por que non loa nin
rrecuenta los abtores que salieron de
Cordoua**

124. O flor de saber y de caualleria,
Cordoua madre tu fijo perdona,
sy en los cantares que agora pregona
non diulgare tu sabiduria;
de sabios valientes loarte podria
que fueron espejo muy maravilloso
por ser de ty mesma sere sospechoso
diran que los pinto mas bien que deuia.

[fol.135r]

125. Vimos al çerco de nuestros
    presentes
adonde fallamos muy pocos de tales
oy dar la doctrina mayor es de males
que non de virtudes açerca las gentes;
mas entre otros ally prefulgentes
vimos a vno lleno de prudençia[739]
rrespuso ditando los versos syguientes.

126. Aquel que tu ves estar
    contenplando
el mouimiento de tantas estrellas
la obra la fuerça la orden daquellas
que mide los cursos de como y de
    quando;
y ouo noctiçia filosofando
del mouedor y d[*e l]os mouidos
de lunbres y rrayos & son de tronidos
y supo las causas del mundo velando.

127. Aquel claro padre, aquel dulçe
    fuente,
aquel que en el *Castalo* monte
    rresuena,
es don Enrrique Señor de Villena,
honrra d'España y del syglo presente;
o ynclito sabio abtor muy çiente

otra y otra vegada yo lloro[740]
por que Castilla perdio tal tesoro
non conosçido delante la gente.

marginalia: *El Castalo* monte viene de
Castilla que se llama la fuente de
Pernaso que es fuente de sabiduria.

[fol.135v]

128. Perdio los tus libros syn ser
conosçidos
y como en obsequia te fueron ya luego
vnos metidos al auvido[741] fuego
los otros syn orden non bien
rrepartidos;
çierto en Atenas los libros fengidos
que de *Pitagoras* rreprouaron
con çirimonia mayor se quemaron
quando al senado le fueron leydos.

marginalia: *Pitagoras.* Este non es
aquel de que arriba fabla ca este se
llamo Pitagoras el sufista & este fizo
çiertos tratados los quales en Atenas
con grandes deliberaçiones fueron
dañados por el estudio de Atenas
por apocrifos, e quemados por
mandado del Senado. E quando los
ovieron de quemar pusyeron estrado
negro & mostraron
rrepresentaçiones & ynfinios de
dolor por que lo avian de fazer.

129. Fondon destos çercos vi ser
derribados
los que escodriñan las dañadas artes
y la su culpa vi fecha dos partes
de los que[742] las muestran y los
demostrados;
magos *sotilegis* muc[*ho]s dañados
prestiguiantes vy luego [*s]yguiente
y los matematicos que malamente
tientan objectos a nos deuedados.

marginalia: *Sotiligis* son los que por
suertes agorean lo porvenir.

130. Los ojos dolientes al çerco
abaxando
vimos la forma del mago rreteo
con la de Erpeco que al Sesto Ponpeo
dio la rrespuesta su vida fadando;
estaua sus fijos despedaçando
Medea la invtile y nigromantesa
ferida de flecha mortal de diessa
non pudo dar rreparos amando.

[fol.136r]

131. Estauan las fenbras Sabia y
Plubiçia
dando en opobrio de los sus linajes
a su[*s] maridos mortales potajes
mescladas con yeruas lle[*nas de
maliçia];
ca d[*esque] se pierden [*la gra]nd
pudiçia
virtud nesçesaria de ser en la fenbra
tal furio cresçe tal odio se syenbra
que an los maridos en ymiçiçia.

132. Por ende v[*osotros][*algunos
mari]dos
sy [*sois trabajados de aq]uella
sospecha
nunca [*vos sienta la vuestra dere]cha
nin men[*os entiendan que] soes
entendidos;
s[*ean rremedios enante v]enidos
[*que nescesidades vos trayan do]lores
[*a grandes cautelas] cau[*telas]
mayores
mas vale preuenir que ser preuenidos.

133. P[*ara quien te]me la furia del mar
y las ten[*pestad]es reçela de aquella
el [*mejor] rrep[*aro es] non entrar en
ella
perder la cobd[*içia d]el buen navegar;
mas el que de[*ntr]o presume dentrar

syn que pad[*e]s[*c]a miseria ninguna
a la primera señal de fortuna
deue los puertos seguros tomar.

[fol.136v]

Al rrey

134. A vos poderoso grand rrey
    pertenesçe
fazer destruyr los falsos saberes
p[*or don]de los omnes y malas
    mu[*g]eres
rrenueden [sic] vn daño mayor que
    paresçe;[743]
que muy[744] grande gente [*del] que
    paresçe
muerte secreto por arte maluada
y fingen que fuese su muerte causada
del mal que a los malos pensar non
    fallece.

135. Magnifico prinçipe non lo
    demanda
[*la grand honestad de los vuestros
    sig]los
sofrir que se [*crien mortales vestiglos]
que maten [*la gente con poca v]ianda;
la mucha cle[*mencia la ley mucho
    blanda]
del vuestro tien[*po non cause maliçias]
de nueuas M[*ed]eas y [*nueuas
    Publiçias]
baste la otra miseria que anda.

136. Las liçitas artes[745] con vuestra
    clemençia
crescan a bueltas los rrec[*tos]
    [*ofi]çios
y cayga[*n] los an[n]os [*fenescan los
    viçios]
non disymuele mas [*mal] la paçençia;
por que contenpl[*en en] vuestra
    presençia
los an[n]os quietos [*de vuestra] grand
    vida

el arte maluada por vos destruyda
mas rrestaurada la santa prudençia.

[fol.137r]

Difiniçion

137. Es la prudençia çiençia que mata
los torpes des[*eos] de la voluntad
sabia en lo bueno sabia en maldad
mas syenpre en las vias mejores
    acata;[746]
destroça[747] los viçios el mal
    des[*bara]ta
a los que quieren ella se conbida
da buenos [*fi]nes seyendo ynfinida
y para el yngenio mas neto que plata.

**Fenesçe la quarta orden de Febo &
comiença la quinta de Mares do se
trata de guerra justa & non justa**

138. Ally[748] [*rreg]uardaua[*m]os los
    çercos de Mares
d[*o vim]os lo[*s rre]yes y la justa
    guerra
y [*los que quisieron mo]rir por su
    tierra
y [*los enemigos sobra]ron a pares;
y vimos deba[*xo] sufriendo pesares
los [*bel]içiosos en causas yndignas
y los que murieron en guerras marinas
y de otros soberuios muy muchos
    mill[*a]res.

marginalia: *Prolixas* estorias toca;
    todas las trae a los que conseruaron
    la vtilidad de la cosa publica &
    tomaron las armas por lo defender.

139. Los fuertes metellos ally se
    mostrauan
sepulcro rrauioso de cartajeneses
ally rrelunbrauan los claros arneses
de aquellos caualleros que a Françia
    bastauan;

los dos conpañeros acordes estauan
Petreo & Afaneo vedando con saña
la gente de Çesar entrar en España
segund que de lida lo porfiauan.

[fol.137v]

140. Vimos a *Craso* sangrienta el
    espada
de las batallas que fizo en oriente
aquel de quien vido la rr[*omana]
    gente
su muerte plañida mas nunca
    vengada;
y vimos la mano de Nuçio quemada
[*a]l [*qu]al la salud de ffuerte
    guerrero
mas triste lo dexa que non
    [*plaz]en[*te]ro
lo f[*i]zo la vida por el otorgada.

marginalia: *Craso*, este fue aquel que
    dieron a beuer oro rretido diziendole
    de oro venias sediento pues orro
    beuiendo muere.

141. *Beligero* tu sufre que cante
las guerras que vimos de nuestra
    Castilla
los muertos en ellas mucha manzilla
en el tienpo presente m[*as][*m]uestra
    [*delante];
d[*am]e tu Palas [*fa]uor
    [*ministr]an[*te]
a lo que se sygue de[*parte tal orden]
con que mis met[*ros al fecho]
    con[*corden]
y gozo de verdad de memoria
    du[*ran]te.

marginalia: *Beligero* desçiende bela &
    tigero que dizen por orador de
    batallas que es Mares.

Como vido al rrey de Castilla

142. [*A]sy sobre todos fortuna
    pusyera
al muy potente[749] don Juan el segundo
d'España non solo mas de todo el
    mundo
el rrey se mostraua segund la manera;
de armas fragantes la su delantera
guarnida la tierra de lumina espada
ay el tenia sylla tan rryca labrada
como sy *Dedalos* bien la fiziera.

marginalia: *Dedalos* fue el mejor
    geumetrico en planica que otro de
    que se lee. E por ende dize que la
    sylla era labrada asy como sy la
    fiziere Dedalos por el coraçon
    muerto pro so seuil obra.

[fol.138r]

143. El qual rreguardaua con ojos
    damores
como faria en espejo notorio
los çeculos todos del grand abolorio
de los sus ynclitos progenitores;
los quales tenian en rricas lauores
çeñida la silla de ymageneria
tal que senblante su maçoneria
*Yres*con todas sus biuas colores.

marginalia: *Yres* en latyn por que en el
    con larco paresçe; lo emienden los
    poetas en el qual te muestra muy
    grande vaso de colores & por
    ensalçar esta obra desta sylla dira
    que paresçio al arte de Yres.

144. Nunca el es[*cudo] fizo *Vulcano*
en los adne[*gos ar]dientes fornazes
con que [*fazia temor] en las fazes
Archiles [*delante el ca]npo troyano
se falla [*tovyesse pin]tadas de mano[750]

de obr[*as] mayore[*s en] tal[*es]
fy[*gur]as
como en la sylla yo [*vi] que desplano.

marginalia: *Vulcano* fue dios de los
ferreros este; dizen que fizo el
estrado de Archiles en el qual estaua
todo el mundo pintado escolpido la
fragua en que Vsfi;⁷⁵¹ y este estrado
de otro dizen que fue Adna ques
aquella que en Çeçilla se llama
Mongibel, por do syenpre omne so
en la Eliada.

145. Ally vy pintados por o[*rd]en los
fechos
de los Alfonsos con todos [*s]us
mandos
y lo que [*ga]naron los rr[*eyes]
Ferrnandos
fazien[*do m]as larg[*os su]s rreynos
estrechos;
ally la [*ju]stiçia los [*rrectos] derechos
la mucha prudenç[*ia] [*d]e nuestros
Enrriques
por que los tales tu fama publiques
y fagas con otros senblantes
prouechos.

[fol.138v]

146. Escriptas las Navas estan de
Tolosa
triunfo de grand misterio diuino
con la morisca que de Africa vino
prendo por armas la muerte famosa;
estan por memoria tanbien gloriosa
pintadas en vno las dos Algeziras
estan por espada do[*mad]as las yr[*a]s
de Almofaçen que fue mayor c[*o]sa.

147. Creçian los titulos [*frescos] a
bueltas
de aqueste rrey nuestro [*muy
escl]aresçido
los quales avrian [*allende] cresçido

y non rrecresçieran a[*lgunas
rrebu]eltas;
las quales por [*pazes eternas
di]sueltas
presto vos ven[*ga a puerto
t]ran[*quilo]
por [*que Ca]stilla m[*ant]enga en
es[*til]o
toga y oliua no armas que peltas.

marginalia: *Toga* es vn linaje de
vestidura fasta los pies que vestian
los rromanos en tienpo de paz &
oliua asymesmo es en syno de paz.

148. Con dos quarentenas o mas de
millares
los vnos de gentes armadas a punto
syn otro mas [*p]ueblo *ynerme ally
junto*
Entrar por la [*veg]a talando oliuares;
tomando cast[*illo]s ganando
[*lugar]es
faziendo por med[*io de tanta]
m[*e]snada
con toda su tierra [*tenblar] a Granada
tenblar las arenas fondon de las mares.

marginalia: *Ynerme* quiere dezir syn
armas & dizelo por la otra gente que
lieua el fardaje & non va con armas
para pelear. & dechamente fabla
Tulio en leuar el fardaje tal
ynpedimiento ca mucho enpecha el
fardaje a la gente de armas en se
detener por lo guardar.

Mucha morisma

[fol.139r]

149. Mucha morisma vi descabeçada
que mas que [*rr]ecusa detras de su
muro
nin que gozase de tienpo seguro
q[*uiso] la muerte por saña despada;

y [*muc]has mas otras por pieça tajada
[*quier]e su muerte tomarlo mas tarde
[*fuyen]do n[*on] fuye la muerte
    couarde
que mas a los viles es syenpre llegada.

marginalia: Aqui muestra el buen
    morir de los esforçados & la triste
    muerte como fuyendo la mas ayna la
    fallan los cobardes.

150. Como en Çecilla [*rre]suena
    Theseo
y [*las ferrerias de los mi]lanesçe[*s];
y c[*omo guardauan los sus entre]meses
la[*s sacerdotisas del tenplo] *Lieo*
tal [*vi la buelta daqueste] torneo
y [*tant]as de [*vozes prorronpe] l[*a]
    gente
que [*non] entend[*ia sinon
    so]la[*mente]
e[*l nonbre] del [*fi]jo [*del buen
    Zebedeo.

marginalia: *Theseo* fingen los poetas
    que fuese vn grand gigante & dizen
    que se leuanto contra Jupiter & que
    lo quiso lançar del çielo & por esso
    Jupiter & que lo asaete o con
    muchedunbre de rrayos & que le
    puso ençima de vn grand monte el
    qual llaman en Çeçilia Velcal. E que
    aquel fuego que aquel monte lança
    que sale de la boca deste gigante &
    que esta baxo apremiado & muchas
    vezes oyen ally grandes rruydos pero
    la cosa verdadera de aquel fuego &
    rroydo que ally se faze otra es. Arriz
    lo muestra bien en los Metauros.

Lieo el tienpo era del dios Baco.

Zebedeo, este seria Santiago.

151. Vimos la sonbra de aquella figura
donde a des[*or]a se vido criado
de muertos en p[*ieças vn] nueuo
    collad[*o]

[*tan gra]nde q[*ue sobra rrazon su]
    manera;
y [*como] en [*arena do momia se
    es]pera
su[*bito viento leuanta g]rand cunbre
asy del otero de ta[*l mu]chedunbre
sespanta quien [*ante]s ninguno non
    viera.

marginalia: *Collado.* Faze conparaçion
    del monton de los muertos fechos
    ally. E asy subito como los oteros
    que en las syrtes de Libia que sy es
    en Africa en vna tierra desyerta suele
    acaesçer con el viento fazerse
    supitamente otero de arena que de
    antes era llana & asy toma debaxo
    alguna gente cubrela de aquella
    arena & de los cuerpos de aquellos
    se faze lauio Liuia.

[fol.139v]

152. O virtuosa magnifica guerra
e asy las querellas boluerse deuian
en ti do los nuestros muriendo biuian
por gloria en los çielos y fam[*a en la
    t]ierra;
en ti do la lança cruel nunca yer[*ra]
nin teme la sangre verter de
    par[*ientes]
rreuocadas concordes a ty
    [*n]uest[*r]as g[*entes]
de tantas quistiones y tanta desferra.

153. Non convenia por [*obra tan
    luenga]
fazer e[*sta g]ue[*rra mas ser ella
    fech]a
avnque [*quien viene a] la [*via
    derech]a
non viene ta[*rde por tarde que venga];
pues non se [*dilate ya mas nin
    detenga]

ayan e[*n]b[*idia de nuestra vitor]ia
los [*rreynos vezinos y] non [*tomen
    glori]a
de nuestra discordia mayor que
    convenga.

154. Otros entalles [*non tanto
    b]ruñidos
con sus [*pitafios de titulo]s çiertos
vy com[*o eran deletos y] muerto[*s]
vnos [*testados y otros rraydos];
en los que pu[*dieron por mi ser leidos]
las guerras que [*ouo] Aragon
    falla[*ran]
rreal de Hariza y Velalmaçan
do non vençedores falle nin vençidos.

[fol.140r]

155. Vi mas la furia ceuil de Medina
[*vi los] sus mu[*ros non bien
    foradado]s
[*vi despojadores e vi despojad]os
[*fechos acordes en paz muy] ayna;
[*vi que a su rrey cada qual] ynclina
[*yelmo cabeza con el] estandarte
y [*vi dos estre]mos fechos [*vn]a
    [*par]te
[*temiendo] la justa rreal desçiplina.

Conparaçion

156. Bien como quando rrespuso en el
    huerto
el [*sumo maestro de nuestras]
    merçedes
a[*quel mote santo de a q]uien
    queredes
a [*fijos de los que libro del des]yerto;
y [*como aquel pueblo cayo asy]
    muerto
asy e[*n Medina sigu]iendo ta[*l le]y
vista [*la cara de nuestro g]rand [*rrey]
le fue todo [*llano y all]y descubierto.

157. Segu[n]d que se [*fazen e]l viso
    mas fiero
los que entran [*en juego ll]amado
    palestra
en [*quanto son dentro] su saña se
    muestra
m[*as fuera serian co]mo de primero;
a[*sy fazen muchos en lo post]rimero
[*los inclitos] rrey[*es y gr]andes
    señores
b[*uel]uen en gozo s[*us] muchos
    rrigores
y nunca enojo les es duradero.

marginalia: *Palestra* era vn juego que
    jugauan los gentiles. Entre otras[752]
    cosas que en el fazian entraua el
    onbre con falsos visajes armados de
    cueros teniendo que paresçiesen
    verdaderas armas & metianlos en
    vna lica[753] & antes que se llegasen
    fazian con ellos gestos & senblantes
    fieros & amenazas & despues que
    della salian abraçauanse & salian
    amigos.

[fol.140v]

Muerte del conde de Niebla

159. Baxe mis [*ojos] mirando la
    [*gente]
y vi su[*blimadas del trono mavorçio]
dinas de[*l mucho famoso consorçio]
adonde fallamos [*los muy
    prepotentes];
yo que miraua lo[*s tan inoçentes]
en vn [*ca]uallero [*tardanza mas fiz]
del q[*ua]l preguntando por mi [*la
    dotris]
rrespuso ditando los metros syguientes.

marginalia: *Manorçio* quiere dezir
    batallador o otro de los que en
    batalla algo fizieron & deçiende
    mayores manoricos.

Dotriz es guiadora, es a saber
Prouidençia de Dios de que arriba
fabla que lo guia.

160. Aquel que en [*la barca paresçe
asentad]o
vestido de [*engaño de las bravas
ond]as
en aguas [*crueles ya mas que non
fonda]s
con vna [*grand gente en el mar
anegado];
es e[*l valiente non bien fortunado]
muy [*virtu]oso pro[*inclito conde]
de Niebla que tod[*os sabeis bien]
adonde
dio fin al dia del curso fadado.

161. Y los que le çerca[*n por el]
(de)[*rredor]
puesto que fue[*sen magnificos onb]res
los ti[*tu]llos todo[*s de todos sus
nonbre]s
el nonbre los cu[*bre de aquel su
señor];
ca to[*do]s los [*fechos que son de
valor]
para mo[*strarse por] sy ca[*da vno]
quando se juntan [*y v]an de
consu[*no]
pierden su nonbre delantel mayor.

[fol.141r]

Conparaçion

162. Arlança, Pisuerga y avn Carrion
[*gozan] de nonbres de rrios [*enpero]
[*desque juntados llama]mos[*los
Duer]o
[*fazemos] de muchos [*vna relaçion];
oy[*e po]r ende pues la perdiçion
de [*solo el buen]⁷⁵⁴ conde sobre
[*Gibraltar]
s[*u muert]e llorada de dino llorrar
prouoque tus ojos a laumentaçion [sic].

163. En la [*su tr]iste fadada partida
m[*uchas señales que] los [*mari]neros
h[*an por *auspiçios* e malos ag]ueros
fuer[*on mostradas negar su veni]da;
la[*s quales veyendo con boz dolori]da
el cau[*to maestro de toda] su flota
al c[*onde amonesta del]mal que
denota⁷⁵⁵
por que⁷⁵⁶ la via fuese rresistida.

marginalia: *Avspiçios* quiere dezir
adevinança & viene despaçio espias
por que acatando en aves adevinan
algo de lo porvenir.

Señales de agueros⁷⁵⁷

164. Ca he [*visto dize] señor nueuos
yerros
la noc[*he pasada fa]zer las plan[*etas]
con cr[*ines tendido]s arder las
cometas
dar [*nueua lunbre la]s armas y fierros;
grid[*ar syn ferida lo]s canes y perros
p[*or triste presagio] fazer de peleas
las [*aves *notur]nas* y las funereas
por los collados alturas y çerros.

marginalia: *Noturnas* aves noturnas
son las que andan de noche como
lechuzas & buhos & semejantes.

[fol.141v]

165. Vy que las *guminas* gruesas
quebrauan
quando las ancoras quise leuantar,
vi las entenas por medio [*quebrar]
avn[*que] los [* *carbasos* no
desplegavan];
lo[*s masteles fuer]tes en ca[*lma
tembla]uan
los flacos *triques* con la me[*zana]
vi leuantarse de non buena [*gana]

quando los vientos se nos conbidauan.[758]

marginalia: *Guminas* llaman los mareantes a vnas maronias con que leuantan las ancoras.

Carbosos se llama en latyn el velo de la nao.

Los triques son maderos en que la ponen.

Mezana es otra pequeña vela que meten a la proa de la nave para que tome mas viento.

Conparaçion

166. En la partida del rrestro troyano de aquella cartago del [*birseo muro] el voto [*prudente del buen *Palimuro*] toda su [*flota loo de mas sano]; tanto qu[*e quiso el rrey muy humano] quando [*lo vido pasado Acheronte] con Leucanpis [*açerca Oronte] en el Averno [*tocarle la mano].

marginalia: *Brisyo* llaman al muro de Cartago por que virsa quiere dezir cuero de toro fecho lonjas delgadas. E por quanto fue Cartago conprado el canpo de aquel (fue↑) fecho mezcaron [sic] tanto como vn cuero de toro & aquel cuero fue fecho delgadas lonjas, por que tomase mas por ende llamo al muro de Cartago Bresyo.

Palimuro era maestro de la flota de Eneas. E quando Eneas partio de Cartago vido estas señales por que non devia yr adelante & dixolo a Eneas & dexo el.[759] E despues que Eneas vido a este en el aver no que es en el ynfierrno con aquellos otros dos Leuscaspis & Oronte dio Eneas la mano a este Palimuro por que lo

avia bien aconsejado por ende dize aqueste otro al conde que pues Eneas syguiolo lo que le dezia su maestro & dexo el viaje que faga el conde asy.

167. Ya pues sy deue en este grand lago guiarse la flota por dicho [*del sage] vos dexaredes aq[*ueste viaje] fasta ver dia no ta[*n aciago]; las deydades leu[*ar por falago] deuedes veyend[*o señal de tal pl]aga non dedes causa Gi[*braltar que fag]a en sangre de rreyes [*dos vezes estr]ago.

marginalia: Por que more o sobre ella el rrey don Alfonso & por esso dize dos vezes por notar la rreal sangre del conde.

[fol.142r]

168. El conde que nunca [*de las abusiones] creyera nin menos [*de tales señales] di[*xo: Non p]rueuo [*por muy naturales] [*maestro ninguna daquestas rrazones]; [*las que me dizes nin bien perfeçiones] [*nin veras prenosticas son de] verdad [*nin los indiçios de la] tenpestad [*non veemos fuera de] sus opiniones.

marginalia: *Señales* de tenpestad segu[n]d Alberto Magno, Virgilio, Lucano &tc & todos los otros sabios naturales.

Prenosticas[760] llaman aqui a las adeuinanças & quel otro maestro arriba llamo aspiçios este & prenosticas, es a saber lo porvenir & por mala arte es a saber por noctiçia de buen arte & natural sabiduria.

169. [*Avn si yo] viera la *mestira*[sic]
    luna
[*con cuernos] escuros mostrarse
    fuscada
[*muy rubicunda o muy colo]rada
tem[*iera que vientos nos] dieran
    [*fortu]na;
sy [*Febo dexada la delia *c]una*
y[*gneo vieramos o turbulento]
temier[*a yo pluvia con fuerça de
    v]iento
[*en otra manera non se que repu]na.

marginalia: *Mestrua* llama la luna
    mestrua & este nonbre cobran las
    mugeres quando estan con sus
    camysas & llamanse mestruas por
    que les vien[e] cada mes & por que
    la luna acaba cada mes su curso, por
    ende se llama mestruas & vsa con
    ellas deste vaculo.

Delia cuna dizelo[761] por que finge[n]
    los poetas que el sol & la luna
    fueron hermanos & nasçieron en la
    ysla de los Chos que escogia del qual
    arriba dixo & deste nonbre de la
    Chus viene o Diana[762] sy que por
    pulla dizen que Traçio Febo que es
    el sol llaman ama Delia.

170. Nin v[*eo] tanpoco que vientos
    delga[*do]s
m[*ueuan l]os rra[*m]os de nuestra
    montaña
[*nin fieren las on]das con su nueua
    saña
[*la playa con golpe]s mas
    dema[*siados];
nin [*veo delfines de fuera] mostrados
nin [*los *castros* fazer nueuo] truec[*o]
nin [*los *merinos* bola]r a lo seco
dex[*ar las la]gunas por yr a los
    prados.

marginalia: *Causteos* [sic] son aves de
    mar & sy entienden que viene tienpo
    tenpestuoso salen de la mar a lo
    seco.

Los marinos llaman a los cuernos
    marinos & solianse llamar virginos
    & por luengo vso rronpiose el
    vocablo & llaman los marinos &
    dezian los morchinos por que en
    latyn les llaman mergas que viene de
    demergo por se ynclinar & se
    çabuller estas aves.

[fol.142v]

N[*i baten las al]as ya los *alçiones*
[*ni tientan jugan]do de se rroçiar
[*los quales amansa]n la fur[*ia del
    mar]
[*con sus cantares e languidos sones];
[*e dan a sus fijos contrarias sazones]
nido en y[*nvierno con grande pruina]
do puestos açerca [*la costa marina]
en vn *semillunio* [*les dan
    perfecciones]

marginalia: *Alaçiones* son gauiotas las
    quales ponen sus hueuos en meytad
    del ynfierrno junta con la costa de la
    mar & en syete dias que
    son sobre los hueuos & fazen nasçer
    los fijos & en otros syete dias los
    ygualan a ser tan grandes como
    ellos. E sy en estos catorze dias se
    leuanta tenpestad ellas fazen vn tal
    llanto de bozes diuersas con que
    fazen la mar sosegar por que sus
    fijos que son çerca de la mar & sus
    hueuos non se pierdan con fortuna
    sy por las ondas & tenpestad se
    ensoberuesçiese. E a estos catorze
    dias llaman los sabios mereantes &
    las alçides de aquellas aves alçiones
    & avnque sea en el coraçon del

ynvierno en todos estos non temen tenpestad. Testigo sant Agostin en el libro De çiutate Dey & Alberto Magno en el (de↑) propietatibus rerun. E esto es lo que dize esta copla mostrando la propiedat destas aves la qual amonestaçion fazen señales quando la tenpestad ha de venir.

Semillunio es tienpo de media luna que son catorze dias.

172. Nin la *corneja* non anda [*señera] por el arena seca [*paseando] con su cabeça [*el cuerpo bañando] por ocupar el [*agua venidera]; nin b[*uela la garça por alta manera] nin la [*fulica sale de la marina] contra [*los prados ni va ni declina] como en los tienpos aduersos fiziera.

marginalia: *Corneja es muy fria* de conplisyon de que ha de venir pluvia de tenpestad vase ella antes a bañar por que la pluvia que verna non le aya de fazer mas daño de lo que ella se tiene fech[*o].

Fulca es otra ave denusçiadora & dizese de fan los que dize el griego por liebre, por que la su carne mucho paresçe en el sabor a la carne de la liebre.

173. Desplega las velas pues ya [*que tard]amos y los de los bancos l[*eu]ante[*n sus re]mos a bueltas de viento [*mejor que perdem]os non los agueros l[*os fechos sigam]os; pues [v]na enp[*resa tan santa lleu]amos [*que] mas non [*podria ser otra ningu]na presuma de vos y [*de mi la fortuna]

no que nos fuerça m[*as que la força]mos.

Palabras de catolica mananimo

[fol.143r]

174. Tales palabras el conde dezia que obedesçieron su mandami[*ento] y [*diero]n las velas finchadas al viento [*non pa]desçiendo tardança la via; [*segund] la fortuna lo ya desponia [*llega]ron açerca de la fuerte villa e[*l co]nde con toda la rryca quadrilla [*que] por el agua su flota seguia.

175. Con la vandera del conde tendida ya [*por] la tierra su fijo viniera con m[*uc]ha mas [*gente que]l padre le diera bi[*en a cau]all[*o e a pun]to guarnida; [*por que a la ora que fue]se la g[*rid]a [*subitamente en el mes]mo deslate [*por çiertos lugares ov]iese conbate la villa que esta desaperçebida.

176. El conde y los suyos tomaron la tierra que [*era] entre el agua & el borde del muro lu[*gar] con menguante muy seco y seguro ma[*s co]n la cresçiente del todo lo çierra; [*quien l]lega mas tarde presuma que yerra l[*a] p[*aves]ada ya junta sus alas leuantan los [*tro]ços cresçen las escalas cresçen las artes mañosas de guerra.

[fol.143v]

177. Los m[oro*]s syntiendo cresçer los enganios vey[*en]dose tanto çercados por artes

y conbatidos por tantas de p[*arte]s
ally socorryendo yuan mas d[*años];
y con nesçesarios dolores estr[*años]
rregisten su saña con fuerças age[*na]s
botan los cantos desde las almen[*a]s
y lançan los otros que non ta[*mañ]os.

Conparaçion

178. Bien como medico mucho famoso
que tiene el estilo⁷⁶³ por [*manos]
    seguido
en cuerpo de go[*lpes] diuers[*os
    f]erido
luego socorre a lo [*mas peligroso];
asy aquel pu[*eblo maldito sañoso]
syntiendo mas [*daños parte del cond]e
a grandes qua[*drillas juntado
    respond]e
ally do el peligro era mas dañoso.

179. Ally desparauan lonbardas y
    truenos
y los trabucos tirauan ya lueg[*o]
piedras y dardos y flechas de [*fueg]o
con que fazian los nuestros ser
    m[*eno]s;
algunos de moros tenidos por
    [*bueno]s
lançan tenplando las sus aza[*ga]yas
pasando las lindes palenques y rrayas
doblando sus fuerças con miedos
    agenos.

[fol.144r]

180. Myentra morian y mientra
    matauan
de parte del agua y cresçen las ondas
que cubren las mares soberuias y
    fondas
los [*canp]os que ante los muros
    estauan;
tan[*to que] los que de ally peleauan

a los navios se rretrayan
las aguas cresçidas las ya defendian
lleg[*a]r a las fustas que dentro
    dexauan.

181. Con [*pe]ligrosa y vana fatiga
pu[*do vn]a barca tomar su conde
lo [*qu]al lo leuaua seguro sy donde
e[*staua] non le [*fuera bo]ndad
    en[*emiga];
[*pade]sçe tarda[*nça si q]uiere[*s] lo
    [*diga]
[*quant]os qued[*auan &] yr lo veyan
de [*muc]hos que yr con el non podian
pre[*su]me que boz dolorida se sygua.

Palabras de los suyos al conde

182. Entrando tras el por el agua
    dezian:
Ma[*nani]mo con[*de y co]mo nos
    dexas
nuestra[*s fina]les y v[*ltima]s quexas
en tu p[*re]sençia señor nos serian;
las aguas la vida nos ya desafian
Sy tu non nos puedes prestar el beuir
danos rraz[*o]ne[*s] mejor de morir
daremos las manos a mas que devian.

[fol.144v]

183. Y bolu(er↑)emos a ser sometidos
aquellos adarues maguer no deuamos
por que los tuyos muriendo podamos
ser dichos muertos mas nun[*ca
    vencidos];
solo podemos ser rredarguid[*os]
de temeraria ynmensa osadia
mas tal ynfamia mejor nos seria
que non en las aguas morir sepelidos.

184. Fizieron las bozes al conde [*a]
    d[*e]sora
boluer la su barca [*contra] las
    [*saetas]
y contra las armas de las macom[*et]as

ca fue de temor [*piedad] vençe[*dora];
[*avia fort]una [*dispuest]a la ora
que com[*o] los [*suyos co]miença[*n
    entr]ar
la barca con to[*do]s se fue ane[*ga]r
de peso tamaño non sostenedora.

185. Los miseros cuerpos ya non
    rres[*pi]rauan
mas so las aguas [*anda]uan oc[*ulto]s
dando y trayendo [*morta]les
    [*syngul]tos
de ago la ora que mas *anela[*uan]*;
las vidas de todos ansi litigauan
que aguas entra[*uan] do almas salian
la perfida entrada las agua[*s] querian
la dura salida las almas negauan.

marginalia: *Syngultos* son solo
    cos[*]chipo.

Anelauan es lançar el espiritu &
    tornarlo a traer.

[fol.145r]

186. O piedad fuera de medida
o ynclito (conde↑)⁷⁶⁴ quesiste tan fuerte
tomar con los tuyos antes la muerte
que non con tu fijo gozar de la vida;
sy ffe a mis versos es atribuyda
jamas la tu f[*ama] ja[*m]as la tu
    gloria
dauan a los syglos eterna memoria
sera muchas vezes tu muerte plañida.

187. Despues que yo vi [*q]ue mi
    guiadora
au[*ia y]a dado su fi[*n a la historia]
y[*o le s]uplico m[*e faga notor]ia
la [*vi]da de otros [*que alli son
    agora];
la [*qu]al mis p[*legarias oidas
    implo]ra
el d[*ivi]no non[*bre con mas sumo
    gra]do

el qual vmill[*mente por ella inuoca]do
rr[*e]spondeme [*breue] como
    sa[*b]idora.

Muerte del conde de Mayorca

188. Las claras virtudes los fechos
    estremos
la [*biva] vitoria que mares otorga
al [*conde] bendito don Juan de
    Mayorga
rra[*zo]n non lo sufre que nos [*lo
    calle]mos;
alçe [*for]tuna sus perfidos rremos
fam[*a s]us dorados alas leuante
por que la vida de aquesta se cante
jamas por el mundo que nos
    cantaremos.

[fol.145v]

189. Primero su vida muy leda
    cantaremos
su mano ferosçe potente famosa
segundo la su juuentud virtuosa
terçero su muerte tan presta lloremos;
mas con los que tanto sus fechos
    [*a]memos
vso de clemençia la d[*iuin]a mano
dexonos en prenda[*s a] un tal
    hermano
con cuya vida su muerte oluidemos.

Muerte del adelantado Diego de Rribera

190. Aquel que tu [*ve]es con la
    sae[*tada]
que [*nunca mas faze m]udança en
    [*gesto]
mas [*por virtudes m]orir tan
    ho[*nest]o
d[*exa su sangre tan bi]en
    derra[*mad]a;

[*sobre la villa no poco c]antad[*a]
[*el adelantado Diego de] Rribera
[*es el que fizo la vuestra] frontera
[*tender] las sus [*faldas] mas contra
    Granada.

Conparaçion

191. Dentro en Emetia *Ceba* non
    [*pudo]
mostrarse animoso ally dond[*e quiso]
sacar la saeta den medio del [*viso]
quel diera cortino con fierro mu[*y]
    duro [sic];
nin tanto costante aquel non est[*udo]
donde aquel tri[*st]e de aulo creyendo
que la virtud le faltase muriendo
mas le fallase feroçe sañudo.

marginalia: *Ceba*: de aqueste escriue
    Lucano que era vn baxo omne &
    por virtud de bienfazer en armas
    alcanço grandes dignidades con
    Jullio Çesar y el dia de la grand
    batalla de çessar & Ponpeo este fue
    ferido de vna saetada por el ojo que
    le dio vno que se llamava Cortino.
    Este Çeba se sacase la saeta & el ojo
    a bueltas & fizo senblante que
    perdia las fuerças. E entonçe
    llegosele vn enemigo llamado Avlo y
    como lo vido açerca de sy
    arremetiose a el & matolo asy que
    murio este çeba ally faziendo
    grandes batallas y valentias.

[fol.146r]

192. Tu adelantaste virtud con estado
tomando la muerte por la santa ley
tu adelantaste los rreynos al rrey
seyendole syeruo leal y criado;
tu adelantaste tu fama finado
con justa demanda muriendo como
    onbre

pues quien de tal causa adelanta su
    nonbre
ved sy deuia ser adelantado.

Muerte del adelantado Rrodrigo de Perea

193. El que de dias paresçe mayor
po[*r] yra [*tan just]a su gesto
    san[n]udo
y [*preso] y feri[*do dem]uestra que
    pudo
ena[*nte]s matarl[*o pe]sar que dolor;
aque[*l q]ue tu vees [*co]n ta[*n] grand
    honor
el a[*dela]ntado [*es aq]uel que Perea
qu[*e ou]o vitoria [*de tan]ta p[*ele]a
que [*bi]en le pod[*e]mo[*s] llamar
    vençedor.

Conparaçion

194. Asy como *Curio* perdio la
    cobdiçia
de toda su vida veyendo el estra[*g]o
çerca los muros rrotos de Cartago
que fizo en su gente Juba con maliçia;
por que con falso color de justiçia
curio queriendo a Juba grand mal
quisyera tirarle la sylla rreal
quando mandaua ley tribuniçia.

marginalia: *Curio*: aqui lo conpara a
    este Curio por que murio de pesar
    çerca de Cartago. El qual seyendo vn
    año tribuno de Rroma murio en
    Africa vn rrey padre de Juba. E Juba
    muerto su padre vyno a Roma a
    suplicar que le diesen el rregimiento
    de aquel rreyno como lo avia tenido
    su padre. E aquel Curio que era
    estonçes tribuno touo manera como
    non le diesen el rreyno a Juba por lo

qual Juba se fue descontento de
Rroma & alçose con el rreyno & fue
enbiado contra el por capitan a
Curio & ovieron batalla çerca de
Cartago la qual estaua ya destruyda
por Çipion por ende dize la copla
delante los rrotos muros; &
finalmente Curio fue vençido de
Juba & preso & como se vido preso
en poder de sus enemigos de pesar
murio; & Lucano e otros lo dizen. E
esto es lo que dize la copla & por
que dizen que Rrodrigo de Perea
murio de pesar mas que de las dichas
[*feri]das lo conpararon a Curio.

[fol.146v]

195. Pues bien como *Curio* no pudo
  sofrir
el anima contra la falsa fortuna
asy del Perea veyendo la puna
muertos los suyos non quiso beuir;
antes comiença muriendo dezir
sobro a quien fizo sobrar en virtud
pues la vergonçosa non es buena salud
puje la fama el honesto morir.

marginalia: Dezir palabras de
  mananimo.

La muerte de Pedro de Narbaes

196. El otro mançebo de sangre
  fer[*uiente]
que muestra su cuer[*po sin] forma
  n[*ingu]na
para en el animo n[*o en la] fortuna
con las virtu[*de]s d[*el p]adre
  val[*iente];
Narbaez aquel es [*el qual
  ag]ramen[*te]
deprende muriend[*o veng]ar la su
  [*muerte]

la qual ynfortunio d[*e n]o buena
  s[*u]er[*te]
salto con manos de pagana gente.

Conparacion

197. Segund lo fizo su padre Rrodrigo
bien [*l]o podemos fazer semejante
Evandro a su fijo su padre *Apolante*
el qual al comienço fue enemigo;
mas es otorgada sy esto te digo
a el la corona del çielo y la tierra
que ganan los tales en la santa guerra
do fin semejante les es mas amigo.

marginalia: Dizelo por que Rrodrigo
  de Narvaez ouo muchas peleas con
  moros & nunca murio en ninguna, e
  este en la primera en que entro.

Este Apolante fue fijo de Evandro rrey
  de Arcadia. E como fuese mançebo
  fue con Eneas contra Turno rrey de
  los Rrucalos. E la primera vegada
  que fue en batalla fue muerto & su
  padre Evandro que syenpre syguio la
  guerra murio vençido por vejez non
  por batalla. Por ende faze destos
  estas conparaçiones.

[fol.147r]

Muerte de Juan de Merlo

198. Ally Juan de Merlo te vi con
  dolor,
menor vy tu fin que non vy tu medio,
mayor vy tu dan[n]o [*que] non el
  rr[*eme]dio
que dio la tu muerte al tu
  m[*ata]d[*or];
y porfioso y pestifero y [*error]
y fados crueles sob[*eruios] rrauiosos
que syenpre rrobades los mas preciosos
y perdonades la gente peor.

199. B[*ien te creamos que t]u non
  pensaste
s[*enblante fenida] de todo tu bien
q[*uando a don Enrrique ya de]
  Rremeçen
p[*or armas en trançes en] bala
  sobraste;
[*pues m]enos f[*eziste] quando te
  fallaste
e[*n Rras c]on aquel señor de Chani
donde [*co]n tantos honores asy
tu rrey y tus rreynos y manos
  honrraste.

200. Ya de mas gentes diuersas que
  viera
tanto fallaua sus letras de fuertes
que [*fiz q]ue me diesen sus nonbres y
  suertes
aver [*por his]toria la mi conpañera;
la qual ynclinada como plazentera
a las plegarias del muy synple voto
con vna armonia [*destilo d]evoto
rrespuso cantando por esta manera.

[fol.147v]

La muerte de Lorenço de Avalos

201. Aquel que ally ves al çerco
  trauado
que qui[*er]e sobir y se falla en el ayre
mos[*tra]ndo su rr[*ost]ro rrobado
  donayre
por dos *desonestas* feridas llagado;
es el valie[*nte tan] bien fortunado
muy virtuoso [*man]çebo Lorenço
que [*fi]zo vn dia su fin y comienço
aquel es el que era de todos amado.

marginalia: *Desonestas* llamalas por
  que eran en la cara avnque
  propiamente se llaman desonestas
  las que se dan por las espaldas por
  que paresçe que son dadas fuyendo.

202. El mucho querido [*del señor
  infante]
que syenpre le fuer[*a señor como
  padre]
el mucho llo[*rado de la triste madre]
que muerte [*ver pudo] tal fijo
  [*delante];
o [*d]u[*ra] Fortuna [*crue]l
  tribula[*nte]
por ty se le pierden al mundo d[*os]
  co[*s]as
la vida las lagrimas tan pia[*do]sas
que ponen dolores despada tajante.

El llanto de la madre

203. Bien se[765] mostrara ser madre en
  el duelo
que fizo la triste pues que ya vido
el cuerpo en las andas sang[*riento
  ten]dido
de aquel que criara c[*on] tanto
  [*rrecelo];
ofende con dichos crueles al çielo
co[*n nueu]os dolores su flaca salud
y tantas [*angustias] rroban su virtud
que cae la triste por fuerça en el suelo.

marginalia: El auctor yntroduze estas
  endechas y plantos que non lo faze
  sobre otro ninguno. Aquestos traen
  aqueste misterio por que todos los
  otros que arriba han fablado
  murieron en batallas justas con
  moros & en seruiçio del rrey. Este
  murio en injusta guerra & por esso
  su madre faze este planto.

[fol.148r]

204. Y rrasca con vñas crueles su cara,
fiere sus pechos con mesura poca,
besando a su fijo la su fria boca
maldize las manos de quien lo matara;

maldize la guerra do se començara,
busca con yra crueles querrellas,
rreñia a sy mesma rreparo daquellas
y tal como muerta biuiendo se para.

205. Dezia llorrando con lengua
    rrauiosa:
O matador de mi fijo cruel,
ma[*ta]ras a mi dexaras a el,
que f[*uera] enemiga non tan porfiosa;
fuera l[*a m]adre mas digna cosa
para quien matar lleuar menos cargo
y non te mostraras a el tan amargo
nin triste dexaras a mi querrellosa.

206. Sy antes la muerte me fuera ya
    dada
çerca mis ojos con estas mis manos
mi fijo delante los sus hermanos
e yo non muriera mas de vna vegada;
asy morre muchas desaventurada
asy que padesco lauar sus feridas
con lagrimas tristes y no [*gra]desçidas
maguer que llorradas por madre
    cuytada.

[fol.148v]

207. Asy laumentaua a la pia matrona
al fijo querido que muerto tuviste
faziendole ençima senblante de triste
segu[n]d *al que pare* faze la leona;
pues donde podria pensar la presona
los daños que causa la triste demanda
de la discordia del rreyno que anda
donde non gana ninguna corona.⁷⁶⁶

marginalia: *Al que pare* dize & non al
    fijo por que la leona dizen parir
    pedaços de carne & non los
    mienbros de los fijos organizados en
    la proposycion que an de aver, que
    esta bramando sobre ellos tres dias
    fasta que les viene forma.

La muerte del clauero de Padilla

208. Y vi por lo alto venir ya bolando
el anima ffresca del santo clauero
partida del cuerpo del buen cauallero
que por su justiçia murio batallando;
sy ffe meresçieren mis versos
    [*troba]ndo
jamas en los syglos sera mu[*y
    perfe]cto
el onbre famoso de aquel [*bu]en
    electo
que bien yo non puedo loar alabando.

209. Electo de todos por noble guerrero
electo de todos por muy valeroso
electo de todos por muy virtuoso
por mucho costante fiel verdadero;
al qual vn desastre mato postrimero
con piedra que f[*iz]o de fonda
    rreueses
por que m[*al]digo a vos
    *mallorqueses*⁷⁶⁷
vos que las fondas fallastes primero.

marginalia: *Los mallorqueses*⁷⁶⁸ fueron
    los primeros que fizieron fondas &
    las fallaron & mandrones segund
    arriba se declaro mas largamente.

[fol.149r]

210. Vyendo yo gentes ally tan
    apuestas
dixe entre tanto v[*alient]e varon
como no vemos al fuerte *Millon*
que al tenplo lleuaua vn grand toro a
    cuestas;
la mi guiadora con dulçes rrespuestas
respusa la rrueda de mares presenta
los que fuertes y por virtudes y cuenta
de fuerça desnuda no faze ella fiesta.

marginalia: *Millon* era vn grand
    gigante muy rrezio de mienbros
    tanto que a vn tenplo que era en el

monte Olynpio que es de los mas
altos del mundo. Testigo Ovidio
Metamorfoseos. Sobia vn toro
acuestas & asy fazia a todos los
otros toros de que se avia de fazer
sacrefiçio. E por que fasta aqui avia
fablado de los fuertes por virtud por
que los ynorantes non entendiessen
que se entendian de aquellos que
eran forçosos & rrezios de fuerças
mas de sola fortaleza virtuosa,
movio esta demanda a la
Prouidençia la qual lo declara bien
en la letra que se sygue.

211. Q[*u]e fuerça se llama mas non
    fortaleza
la d[*e l]os mienbros o [*g]rand valentia
la [*grand forta]leza en el anima se cria
q[*ue viste lo]s cuerpos [*de rrica
    no]bleza;
de c[*uerda osad]ia de [*grand
    gentileza]
de m[*ucha cos]tançia [*de f]e y
    [*lea]ltad
a tal esfuerça su abtor[*id]ad
que deviles fizo la naturaleza.

Al Rrey

212. Muy claro prinçipe, rrey escogido,
de los que son fuertes por esta manera
vuestra corona magnifica quiera
tener con los tales el rreyno rregido;
que estos mas aman con justo sentido
la rrecta justiçia que non la ganançia
y rrygen y syguen con mucha costançia
y con fortaleza en el tienpo deuido.

[fol.149v]

213. Es fortaleza vn grand denuedo
que sufre l[*a]s p[*ro]speras y las
    molestas

saluo las cosas que son desonestas
otras ningunas non le fazen miedo;
fuye desdeñan departese çedo
de las que diformes por viçio se fazen
las grandes virtudes inmeso se fa[*z]en
plazele el camino firme ser quedo.

Fenesçe la quinta orden de Mares & comiença la sesta de Jupiter

214. Yo vy los que rr[*e]ynan en paz
    glori[*o]sa
y los muy vmanos a su na[*turales]
y muchos [*de aque]llos que syen[*do
    morta]le[*s]
bi[*en çelando la pu]blica cos[*a];
y vi baxo destos [*g]rand turba
    llorr[*o]sa
de los ynvasores y grandes tiranos
que por eçeso mortal de sus manos
dexan la fama cruel[769] mostruosa.

215. Vimos syn armas a Octauiano
que ouo los tienpos asy triunfales
y tanto paçifico el mundo de males
que touo çerradas las puertas *de Jano*;
y vimos la gloria del brauo *Rromano*
guarda fiel de la tarpea torre
aquel que con todas sus fuerças acorre
contra la fanbre del nueuo tirano.

marginalia: *De Jano*: estas puertas eran
    en el tenplo de Jano, dios de las
    batallas, las quales en quanto Rroma
    avia guerra estauan abiertas & en
    tienpo de Octaviano por que ouo el
    inperio syn guerras catorze años
    estouieron estas puertas çerradas.

Este rromano fue llamado Malipro, el
    qual çelando a la
rrepublica de Rroma veyendo entrar a
    Julio Çessar enseñoreando a los
    Rromanos fuese a poner a la puerta
    de aquella torre Tarpea por morir

defendiendo los tesoros de la cosa
publica que ally estauan.

[fol.150r]

216. Y vimos a Codron gozar de la
    gloria
con los costantes y muy claros deçios
los quales tovieron en menores preçios
sus vidas delante la noble victoria;
estaua Torquis con dina memoria
seyendo del fijo cruel matador
maguer que lo vido venir vençedor
por que pasara la ley ya noctoria.

217. Dos *vengadores* de la seruidunbre
muy animosos estauan los *Brutos*
de sangre tirana sus gestos polutos
non permitando mudar su costunbre;
estan los *Catones* ençima la cunbre
el buen vtiçesen con el çesorino
los quales se dieron martirio tardino
por non ver la cuyta de tal
    muchedunbre.

marginalia: *Brutos los* llaman
vengadores de la seruidunbre por
quanto Tarquino el soberuio
postrimero de los Rromanos vno
destos Brutos lo mato por que forço
a Lucreçia & el otro bruto mato a
Julio Çessar primero enperador; &
dizen los vengadores de la
seruidunbre por que los rromanos
gozauan de la libertad lo qual este
çessar & Tarquino como tiranos les
fazian perder.

Catones fueron dos, Caton el grande
& Caton su sobrino. El [*gr]ande se
llamo el Vtiçense & el otro
Cengorino[770] las quales çelauan la
libertad de la cosa pu[b]lica. E
quando Julio [Ce]sar tomo el
ynperio [qu]ebranto las
liber[ta]des.[771] Este Caton el

[gra]nde se mato en Vtica[772] por non
veuir en seruidunbre del Cessori[no].
E ninguno destos non fue el que fizo
el libro que leen los moços escuelas
avnque[773] a el lo apropian. Prueua se
asy en aquel libro dize Lucano:
querran &tc. Que quiere dezir saber
los fechos de Rroma & las batallas
çibdadanas. Que sea Lucano como
podria aquesto dezir ninguno de los
Catones como Lucano non fuese
despues en tienpo de Nero que Jullio
Cessar a Nero pasaron mas de diez
enperadores. Ay otra rrazon en
contrario; Lucano en su libro dize en
vn lugar: santa quasy Catone; & en
otro dizen: nin o yn vana Cator mir,
que quiere dezir: O los nonbres
vanos de los Catones, de los quales
en aquel libro escriue sus muertes.
Es verdad que en vn libro que
yntitulo De los Originales se falla do
ha llegado en otros libros, pero de
Caton del grande, & otro libro que
se yntitula Demuestra Agua Pan
Çedo & Fa[*rina], yntitulada por de
Caton el Çençorino pero por aqueste
libro que los moços leen oviese mas
abctoridad por ventura que lo fizo lo
entitulo a Caton.

218. Estaua la ymagen del pobre
    Fabriçio
aquel que non quiso que los senadores
oro nin plata de los oradores
tomasen nin otro ningund benefiçio;
prouocando que fuese mas abile ofiçio
al pueblo rromano quiera poseer
los que poseyan el ora [sic] y auer
todo su oro con cargo de aviçio.

marginalia: *Fabriçio*: Este fabriçio
tanto çelo la cosa publica que dize
Eusebio morir tan pobre que de

limosnas publicas mercaron la
mortaja.

[fol.150v]

219. O syglo peruerso cruel engañoso
pues das a señores tan grandes señorios
danos entrellos algunos Fabriçios
que fagan el publico bien prouechoso;
y los que presumen con acto grasçioso
de mas animosos que nuestros mayores
fiziesen ser dignos o meresçedores
del noble dalgo que fue virtuoso.

220. Alçamos los ojos ya contra la
gloria
del çerco costante de nuestros
presentes
donde fallamos las ynsygnes gentes
de los que non mueren jamas su
m[*e]moria;
y vimos la fama vulgar y notoria
loor de los rreyes d'España la clara
con la *trebea* rreal y triara
que son los ynsygnes de noble vitoria.

marginalia: *Trebea* es vn linaje de
vestiduras que en otros tienpos
vsauan solamente los reyes & triara
es corona con tres arcos.

221. Al nuestro rrey magno
bienaventurado
vy sobre todos en muy firme silla
digno de rreyno mayor de Castilla
velloso leon a sus pies por estrado;
vestido de *muriçe* ropa destado
burnio çintro mandaua su diestra
e rrica corona la mano syniestra
mas prepolente quel çielo estrellado.

marginalia: *Murice* algunas vezes se
toma por rroquedo escondido en la
mar & otras vezes por vn linaje de
purpura que se solia fazer de vn
vello de vna serpiente & con la

sangre le dauan la color la qual non
la podian traer synon los
enperadores o los rreyes.

tal lo fallaron[774]

[fol.151r]

222. Tal lo fallaron ya los oradores
en la su villa *de fuego çerrada*
quando le vino la grand enbaxada
de barbaros rreyes y grandes señores;
y tal lo dexaron los que con honores
bueluen alegres de donde son estos
don Juan alabando sobre los agustos
por sus facundos intrepetradores.

marginalia: *Esta es Madrid* donde el
rrey rresçibio vna alta enbaxada de
Françia & de Granada & otros a los
quales el rrey dio a la partida
grandes dadiuas.

223. Perder la cobdiçia los pobres
mortales
de aqueste triunfo y de todas sus leyes
do vierdes los grandes señores y rreyes
enbidia nos faga sus grandes caudales;
los quales son vna symiente de males
que deue fuyr qualquier entendido
ya mayormente que bien de sentido
las vuestras rriquezas son mas
naturales.

224. Enbidia mas triste padesçen
aquellos
de bienes diuersos a vosotros dados
que non la cobdiçia que por sus
rreynados
todos los otros podeys auer dellos;
ca todos vosotros queredes ser ellos
solo por vso de la su rriqueza
y ellos vosotros que naturaleza
vos fizo conplidos de dones tan bellos.

[fol.151v]

225. Hanvos enbidia de la fermosura
quando la suya non bien se conforma
anbos enbidia de fermosa forma
y muchas vegadas la desenboltura;
anbos enbidia prudençia y mesura
fuerça coraje y mas la salud
pues ved sy en ellos no toda virtud
nin toda en rriquezas la buena ventura.

226. De mas que fortuna con grandes
     señores
estado tranquilo lo menos escucha
y mas a mano los tienta de lucha
y anda jugando de los sus honores;
y como los rrayos en alturas mayores
fiere enantes que non en las baxuras
asy dan los fados sus desauenturas
mas a los grandes que non a los
     menores.

227. O vida segura la mansa pobreza
dadiua santa desagradesçida
rrica se llama non p[*obre] la vida
del que se contenta beuir syn rriqueza;
la trimola casa omill en baxeza
de Aniclas el pobre muy poco tenia
la mano del çessar quel mundo rregia
maguer que llamase con grand
     fortaleza.

[fol.152r]

228. La grand abiueza de la tirania
biuos venir los al ynfierrno cantro [sic]
de muchos señores estan tan
     (a↑)dentro⁷⁷⁵
que non se que lengua los esplicaria;
vimos entrellos syn ver alegria
los tres Dionisyos syracusanos
con otro linaje cruel de tiranos
que Dios en el mundo por plagas
     enbia.

229. Jonus⁷⁷⁶ primero fallo la moneda
y firio de cun[n]o los mistos metales
al qual yo maldigo pues de tantos
     males
causo en la symiente que nunca va
     queda;
Por esta justiçia se (nos↑) desereda⁷⁷⁷
los rreynos por esta vos escandalizan
por esta los grandes asy⁷⁷⁸ tiranizan
que non ay quien biua seguro nin
     pueda.

Al Rrey

230. Sanad vos los rreynos de aqueste
     rreçelo
o prinçipe bueno & nueuo Agusto⁷⁷⁹
& lunbre dEspaña & rrey mucho justo
pues rrey de la tierra vos fizo el del
     çielo;
y los que vos syruen con maluado⁷⁸⁰
     zelo
con fanbre tirana con no buena ley
fazed que deprendan temer a su rrey
por que justiçia non ande por suelo.

[fol.152v]

231. Justiçia es vn çeptro quel çielo crio
quel grand vniuerso nos faze seguro
abito rrico del animo pura [sic]
introduziendo por publica pro;
que por ygual jamas peso conseruo
todos estados en los sus ofiçios
es mas açepto que purgue los viçios
sygue terrible por sy nin por no.

**Aqui feneșçe la sesta orden de Jupiter
comiença la setena y postrimera de
Saturno**

232. E vimos al vltimo çerco venidos
las grandes personas en sus monarchias
y los que rrigen las señorias

y vimos debaxo los que non punidos;
con moderada justiçia temidos
sufren que pasen los modos y viçios
y los que pilig(r)os [sic]⁷⁸¹ en los sus
    ofiçios
dexan los crimines mal corregidos.

233. O tu Prouidençia declara de nueuo
quien es aquel cauallero que veo
que mucho en el cuerpo paresçe a
    Tideo
y en el consejo Vastor el longueo;
por que yo fable de aquel lo que deuo
sy libre pudiere salir deste valle
non sufras tal ynorançia que calle
lo que notorio por ojos aprueuo.

[fol.153r]

Conparaçion

234. Asy como fazen los ennamorados
quando les fablan⁷⁸² de lo que bien
    quieren
alegren los ojos doquier que estouieren
y cobran senblantes muy mas
    alterados;
non fizo menos alegres estados
la Prouidençia la qual preguntara
y luego rrespuso con alegre cara
pospuestos los otros deuinos cuydados.

235. Este caualga sobre la fortuna
y doma su cuello con asperas rryendas
avnque del tenga tan muchas de
    prendas
ella non osa tocar a ninguna;
miralo, miralo en platica alguna
con ojos vmilldes non tanto feroçes
como indiscreto, y tu non conosçes,,
al conde estable Aluaro de Luna.

236. Agora, rrespuse, conosco mejor
aquel cuyo animo virtud y nonbre
de tantas de partes le faze de onbre

quantas estado le dan de señor;
las quales le fazen ser meresçedor
y fruto de mano de nuestro grand rrey
y clara esperança de su firme ley
y de la Fortuna jamas vençedor.

[fol.153v]

Estas tres coplas van erradas &
    demasiadas.⁷⁸³

243. Espuma de canes que agua
    rreçelan
menbranas de libica syerpe çerasta
çeniza de fenis aquella que basta⁷⁸⁴
y huesos de alas de dragos que buelan;
y otras biuoras serpientes que bolan
dando custodia a las piedras presçiosas
yo otros millares diuersos de cosas
quel nonbre non saben daquellos que
    la çolan.⁷⁸⁵

244. Non fue tal mistura con fuego
    tenplada
segund presunçion de lo que yo arguyo
mas en las aguas que fieruen de suyo
por venas subsiferas que les fazen
    pasada;
la tal decuçion fue deglutinada
asy que qualquiera cuerpo ya muerto
vngido con ella pudiera despierto
dar a los biuos rrespuesta fadada.

246. Ya comiença la ynvocaçion
con triste martirio su disono canto
fingiendo las bozes con aquel espanto
que matan las fieras so su triste son;
otras syluando bien como dragon
o como tierra faziendo estridores
oras aullidos formando mayores
que forman los canes que syn dueño
    son.

Fasta aqui son.⁷⁸⁶

[fol.154r]

237. Avnque la contra creo que syntian
los que quisyeron auer confiança
mas en mal tienpo que en buena
     esperança
quando los rreyes se nos boluian;
digo de algunos que asy lo fazian
en el comienço de aquellas quistiones
quiso [sic] color de çiertas rrazones
al conde estable se le despedian.

238. Fueron mouidos a esto fazer
segu[n]d argumento de lo que presumo
y fama que estonçes se pudo tender
los que çegaron del turvido fumo;⁷⁸⁷
de algunos que muchos quisyeran fazer
por vanas palabras de fenbra mostrada
en çercos & suertos de arte vedada
la parte que auia de proualesçer.

239. Segund la rrepuesta paresçe que
     ovieron
judgaron por menos ally fauorable
el fecho y la via del su condestable
y quiça por esso se le despidieron;
mas sy los fechos segund lo fizieron
vos plaze lectores que vos rrelate
sofrid que mis versos vn poco dilate
por que vengamos en lo que vinieron.

[fol.154v]

240. Por mucho que sabio prudente
     discreto
encubre⁷⁸⁸ por cabo sus fechos y çela
mas sotiles cosas que fama rreuela
que non los que salen çelar el secreto;
estos aviendo medroso rrespecto
con vna persona muy encantadera
touieron secreto lugar y manera
como sus suertes ovieron efecto.

241. Pulmon de bruçeo ally non falleçe
de yena lo menos el mundo mas tuerto

despues que formada despina de
     muerto
& ojos de loba despues que encaneçe;
medula de çieruo que tanto envejeçe
que traga culebra & rreynan venir⁷⁸⁹
& de aquella piedra que sabe adquerir
el aguila quando su nido forneçe.

242. Ally es mesclada grand parte
     dechino
el qual avnque sea vn pequeño pez
muchas vegadas que non vna vez
detiene las fustas que van su camino;
pues non menos basta lo que ymerino
se engendre por yerro de naturaleza
y pieças de aras que por grand alteza
son deididcadas [sic] al culto diuino.

[fol.155r]⁷⁹⁰

249. Tornandose contra el cuerpo
     mesquino
quando su forma vido ser ynmota
con biua culebra le fiere y açota
por quel espiritu trayga el maligno;
el qual quiça teme de entrar avnque
     vyno
en las entrañas eladas syn vida
o sy viene el alma que del fue partida
quiça se tarda mas en el camino.

250. La maga viendo cresçer la
     tardança
por vna aventura que fizo en la tierra;
&cata dixo non te fazen guerra
mas las palabras que mi boca lança;
sy non obedesçes la mi hordenança
la cara sy muestras a los del ynfierrno
fare que demuestres al çielo superno
tu vida dolorida & syn alabança.

251. Y sabes, tu triste Pluton, que fare
abrire las bocas por do te gouiernas
y con mis palabras tus fondas cauernas
de luz supitana te las fartare;
obedesçeme sy non llamare

a Demogorson el qual ynvocado
tiene la tierra y tiene tal fado
que a las Estigias novia me fare.

[fol.155v]

252. Los mienbros ya tienblan del
    cuerpo muy frios
medrosos de oyr Clia con segundo[791]
ya forma bozes el pecho yracundo
temiendo la maga y sus poderios;
la qual se llega con bozes inpios
y faze preguntas por modo callado
al cuerpo ya biuo despues de finado
por que sus actos non queden vazios.

253. Con vna manera de bozes estraña
el cuerpo comiença palabras atales
yrados y mucho son los ynfernales
contra los grandes del rreyno dEspaña;
por que los fazen injuria tamaña
dando las treguas a los ynfieles
ca mientra les fueron mortales crueles
nunca touieron con ninguno saña.

254. Animas muchas fazen que non
    ayan
en fazer pazes con aquella seta
mas ellos ya bueluen por arte secreta
otros lugares por donde les vayan;
y por que las pazes fy(zi↑)yeron[792]
    asayan
senbrar tal discordia entre castellanos
que fe non se guarden hermanos a
    hermanos
por donde los tristes fenescan y cayan.

[fol.156r]

255. Y quedaran destos tales
    dignidades
que sobre partir las tales
    desconcordanças
que por los pueblos rronper muchas
    lanças

vereys y rrebueltas de muchas çibdades;
por ende vosotros essos que mandades
la yra y la saña bolued en los moros
en causas non justas como las hedades
y non (se↑) consuman en sy los
    thesoros.

256. Y del conde estable judgando su
    fecho
asy determino su fado y pregono
sera rretraydo del sublimo trono
y avn a la fin del todo desfecho;
pues sy venia en vn tal estrecho
segund lo que fablo forçado conviene
fincha color el que non lo tiene
y cada qual busque tenprano
    prouecho.

257. Quantas liçençias y
    despedimientos
a buen condestable fueron
    demandadas
quantos fablaron palabras osadas
con varia soberuia de los
    mudamientos;
fortuna que nunca nos tuuo contentos
faze ya mucho partirse dexando
a su señor propio non bien acatando
que fin averian sus meresçimientos.

[fol.156v]

258. Los que se parten por tal nouedad
liçençia por partes muchas pretenden
vnas allegan mas otras entienden
y cubren con falsa color de verdad;
pues ya detenedvos syquiera esperad
por que entre buena rrazon non aduite
causas que ponga ninguno nin quite
quando el señor es en nesçesydad.

Conparacion

259. Al gamaleon que en el ayre se cria
ya semejable y los sus efectos

que tantos ya quantos tocaren de
  ojeptos
de tantas colores se bueluen al dia;
o rrica nobleza a grand fidalguia
o ynclita sangre tu como sostienes
por vna cobdiçia demandanos bienes
tocar los vmanos en vil villania.

260. Fama vos mueua de justo deseo
pues tanto que a çessar syguia
  Lahano[793]
syenpre le dieron el nonbre de
  (Ota↑)viano[794]
fasta que tuuo señor a Ponpeo;
asy los señores segund lo que veo
los que a dos partes asy proueycan
menos los presçian quien mas los
  p(r↑)atycan
danles partido mas non buen arreo.

[fol.157r][795]

243. Espuma de canes que agua
  rresçelan
menbranas de libica syerpe çerasta
çeniza de fenis aquella que basta
y huesos de alas de dragos que buelan;
y otras biuoras serpientes que velan[796]
dando custodia a las piedras presçiosas
y otros millares diuersos de cosas
quel nonbre non saben daquellos que
  la çelan.

244. Non fue tal mistura con fuego
  tenplada
segund presunçion de lo que yo arguyo
mas en las aguas que fieruen de suyo
por venas subsiferas que les fazen
  pasada;
la tal decuçion fue deglutinada
asy que qualquiera cuerpo ya muerto
vngido con ella pudiera despierto
dar a los biuos rrepuesta fadada.

246. Ya comiença la ynvocaçion
con triste martirio su dison(o↑) canto

fingiendo las bozes con aquel espanto
que matan las fieras so su triste son;
otras syluando[797] bien como dragon
o como tierra faziendo estridores
oras auillidos formando mayores
que forman los canes que syn dueño
  son.

[fol.157v]

245. Busca la maga ya fasta que falla
vn cuerpo tan malo que por aventura
le fuera negado de auer sepoltura
por auer muerto non en justa batalla;
y quando de noche la gente mas calla
ponelo esta en medio de vn çerco
y desde ally dentro conjura el huerto
todas las sonbras vltriçes sy falla.

247. Con rrota garganta ya dize,
  Conjuro
Platon a ti triste y a ti Proserpina,
que enbiedes entramos ayna
vn tal espiritu sotil y puro;
que en este mal cuerpo me falle seguro
y de la pregunta que le fuera puesta
me satisfaga de çierta rrepuesta
segund es el caso que tanto procuro.

248. Da la salida, velloso Çeruero
por la tu basta trifauce garganta
pues su tardança non ha de ser tanta
y dale pasaje tu vil marinero;
pues ya que fazes (o↑) a quando
  espero[798]
guardad non me ensañe sy non otra vez
fare desçendervos alla por juez
al que vos traxo ligado primero.

[fol.158r]

267. Por ende, manifico grand
  condestable,
la çiega Fortuna que avia de vos fanbre
farta la dexa la forma de alanbre
daqui adelante vos es fauorable;

pues todos notemos vn caso mirable
y notenlo quantos vinieren de nos
que de vos y della y della y de vos
nunca se parte ya[799] paz amigable.

Distinçion del tienpo

268. El luçedo Febo ya nos demostraua
el don que non pudo negar Aferonte
subiendo la falda de nuestro orizonte
del todo lo [sic] fosca tiniebla priuaua;
sus crines doradas asy deleytaua
que todas las seluas con sus arboledas
adoren yn montes y altas rroquedas
de mas nueua lunbre los yluminaua.

269. Yo que las senas vy del claro dia
pense sy los fechos de lo rrebatado
oviese dormiendo ya fantasiado
o fuese veraçe la tal conpañia;[800]
dispuse comigo que demandaria
por ver mas abierta la ynformaçion
quier fuese vera quier fiera visyon
a la Prouidençia que syenpre me guia.

[fol.158v]

270. Asy que yo propuse por esta
      manera
o grand Prouidençia a quienquier que
      tu seas
con ojos eguales suplico que veas[801]
mi dubda y le presentes rrazon
      verdadera
y pues te demando gentil conpañera
me digas del nuestro grand rrey y fiel
que se dispone en el çielo del
y luego con boca fablo plazentera.

Genologia & linajes de los rreyes d'España

271. Sera rrey de rreyes y rrey de
      señores

sobrando vençe de los titulos todos
y las fazañas de rreyes y godos
y rrica memoria de los sus mayores;
y tan y tan alto sab[*e]r[802] de loores
sus fechos ylustres al tu rrey daran
que en el su claro tienpo del todo seran
con el oluidados sus anteçesores.

272. Sera Gerion con el oluidados
Sera como muerta la fama del Çindo
rrey de los godos magnifico lindo
vno primero de los bateados;
seran adormidos y non rrelatados
los fechos de Banba con el nueuo vso
rrey de Castilla que primero puso
terminos justos a los obispados.

[fol.159r]

273. Sera oluidado lo mas de lo antiguo
veyendo su fama cresçer a tan rrica
seran oluidados los fechos de Egica
visnieto de çindos y fijo de Abrigo;
sera bautizan[803] segund los que digo
morra la memoria segund que su
      dueño
entre los suyos seran como sueño
los fechos mejores del godo Rrodrigo.

274. Este los fechos del pobre Pelayo
rreconosçera maguer que feroçe
tanta ventaja quanta rreconosçe
el triste diziendo al fermoso mayo;
este non miedo porna nin desmayo
a los enemigos a el capitales
antes mas rrezio verna por los tales
que viene la fama desgrima de rrayo.

275. Fabila oluidado sera en aquella
      ora
y los claros fechos de Alfonso el
      primero
aquel que Segouia gano de guerrero
Fragana, Flauia, Ledesma, Çamora;
& a Salamanca vos dio fasta agora
Estorga, Saldaña, Leon y Symancas,

Nava y Aviseo, faziendovos francas
de moros con mano jamas vençedora.

[fol.159v]

276. Conquiso Rrepulueda[804] con lo
     ganado
heredo Portogal y poblolas luego
de gentes de Asturias y mucho gallego
gentio que vi del buelta mesclada;
y de vista ya fue parte poblado
mas quantos tu vees que fizo aquel rrey
mediante del todo la diuina ley
sera con lo deste jamas oluidado.

277. Estonçes Fruela por los sus errores
callara los casos de su triste muerte
aquel que al hermano fue tanto de
     fuerte
que su omeçida le fazen auctores;
sy los fechos buenos ante los mejores
se oluidan y callan por grandes los
     chicos
quanto mas deuen callar los ynicos
ante. fechos de grandes varones.

278. Ante los suyos seran adormidos
los fechos del casto Alfonso el segundo
que fizo en Oviedo por quien fizo el
     mundo
tenplo do fuesen sus santos seruidores
     [sic];
nin menos los fechos eran rrepartidos
del Caluo Layn, e Nuño Rrasuera
antes diran mas abierto carrera
a los que ser deuen por este conplidos.

[fol.160r]

279. Callarse an los fechos del magno
     Ferrando
de Sancho su fijo y Alfonso el terçero
que fuerte Toledo gano de primero
e yran do fueren ante este callando;
la fama que fuere aqueste cobrando

el quarto Alfonso que fue enperador
la yra partiendo y por su valor
al segundo Sancho yran oluidando.

280. Del quinto Alfonso non sera
     menbrança
que las de las Navas vençio de Tolosa
vna batalla tan mucho famosa
do fue mas el fecho que non el
     esperança;
nin sera memoria de la mal andança
del primer Enrrique en adoleçençia
la teja o fortuna mato en Palençia
e sobre todo diuina hordenança.

281. O non tan nonbrado sera don
     Ferrando
en quien se fizieron los rreynos tan
     juntos
rrey & corona de rreyes defuntos
que tanto su mano gano batallando;
este conquiso por fuerça ganando
el rreyno de Murçia con toda su tierra,
este conquiso por fuerça de guerra
allende de quanto dire rrelatando.

[fol.160v]

282. Vbeda, Andujar y mas Montiel,
Vilches y Van[n]os gano con Baeça,
cortando de moros muy mucha cabeça
asy como brauo señor y fiel;
Asnatoraf y Martos con el
y con Saluatierra gano Medellin
sufriendo muy poco criar el Orin
en la su espada tajante cruel.

283. Conquiso las villas de Castro y
     Luçena,
Cordoua, Eçija, Palma y Estepa,
tanto que non senbra do quepa
la su fortaleza con grand dicha buena;
ganovos Ovejo, Trugillo, Marchena,
gano Fornachuelos aquende Montoro,
por tales lugares senbro su thesoro
non cobardando fatiga nin pena.

284. Gano Almodouar y a la Moratilla,
gano a Çuheros y mas Aluedin,
gano a los Gazueles despues de Alafin,
gano sobre todos a la grande Seuilla;
gario [sic] a Xerez con la su quadrilla,
Calix & Arcos, Belez⁸⁰⁵ y Lebrixa,
y por que non sea mi fabla prolixa
callo fazan[n]a de mas marauilla.

[fol.161r]
285. Mas segund aquello esta ya
    dispuesto
del tu claro rrey y de su magestad
ante sus fechos y prosperidad
en poco ternedes lo mucho daquesto;
ternedes en poco los fechos del sesto
Alfonso persona de tanto misterio
que fue d'Alemaña llamado al ynperio
segund que leyendo nos es manifiesto.

286. Maguer que conquiso Hellin &
    Chinchilla,
Las Peñas y Cuenca por fuerça despada
Montanches y Niebla junto con
    Castilla
& fizo rrescate de grand maravilla;
al enperador de Costantinopla,
libro de los turcos mejor que mi copla
lo dize trobando por fabla çençilla
Badajoz y Merida la despoblada.

287. Veredes a Sancho terçero callando
aquel que la fuerte Tarifita⁸⁰⁶ conquiso
yra ya dexando de ver vuestro viso
todos los fechos del terçero Ferrando;
aquel que Alcaudete gano batallando
del que se dize morir enplazado

de los que de Martos ouo despeñado
segund dizen rrusticos deste cantando.

[fol.161v]
288. El seteno Alfonso su rreuisahuelo
querra ser vençido de su rreuisnieto
y por que mas sea famoso perfecho
    [sic]
avra mayor gloria de gozo en el çielo;
non enbargante que puso por suelo
a todos los rreyes de Benamarin
gano mas las Cueuas & Acofin
con muy animoso manifico zelo.

289. A Teba, Can[n]ete gano
    conqueriendo
Errubre & a Priego y a Carcabuey,
faziendo fazañas con fermosa ley
a todos peligros rremedios poniendo;
prolixo fatiga por gloria sufriendo
conquiso de moros la grand Algezira,
conquiso Bençayde tomando con yra
a Benamexir mas a punto seyendo.

290. Estonçes veredes escura la fama
del brauo don Pedro segu[n]d la
    clemençia
que deste se muestra por fe despirençia
seyendo costante jamas a quien ama;
veredes çelada la muy clara fama
de aquel don Enrrique su buen
    visahuelo
veredes con este callar al abuelo
avnque por nonbre senblante se llama.

Tu don.⁸⁰⁷

Paleographic Notes to SV2

1. Scribal hand one begins.
2. Rubric in black capitals with red decoration.
3. Pero Diaz ... syguientes: small, red capitals.
4. vi: fol. 10v. This and all following original numbering is wrong throughout the index.
5. fol. 22v.
6. fol. 32r.
7. fol. 35r.
8. fol. 38r–v.
9. fol. 40r.
10. fol. 47r.
11. fol. 49r.
12. fol. 52r.
13. fol. 53r.
14. fol. 56r.
15. fol. 56v.
16. fol. 57v.
17. fol. 59r.
18. fol. 61r.
19. fol. 63r.
20. (=65): a later hand, the same hand that has inserted the Arabic numbering in red ink on recto folios, at the top right-hand corner, has also inserted in this index the correct extant folio numbering, here and following; Gallardo. The pseudo-Tostado makes a false start on fol. 64v.
21. (=73): later hand; Gallardo.
22. a lxxvii [sic]: a medium correction hand has inserted an extra x. (=76): later hand; Gallardo.
23. (=80): later hand; Gallardo.
24. (=96): later hand; Gallardo.
25. (=105): later hand; Gallardo.
26. A small, red hand is drawn, pointing at this, inserted by the numbering hand in red ink; Gallardo. Bernardo is at fol. 2r.
27. Rubric in black capitals with red decoration.
28. Small, red capitals.
29. [ ]l: space left for large initial A, not completed.
30. gasto: corrected, second scribe?
31. cosa: should be casa.
32. Ora: corrected from O(t)ra, (t) erased.
33. Nunca (P): (P) erased.
34. escarnio escarnio [sic]: repeated, not struck out.
35. amalo: corrected, original illegible; scribal.
36. has: s corrected.
37. trabajadores: corrected from trabado (e)res, e erased.
38. Black capitals for rubrics, unless otherwise indicated. Large lettering here.
39. [ ]odo: tiny t in margin, space left for large initial T.
40. Rubric in small, red capitals.
41. Worm holes in pagination place.
42. christiano(s) [sic]: (s) struck out.
43. The sixth Commandment has been omitted: Thou shalt not steal.
44. cobdiçiaras: r corrected from s; later correcting hand.
45. syguese las otras ... en dios: small lettering in red.
46. Rubric, small capitals in red, not separated from 'obras de misericordia'.
47. [ ]laton: tiny p in margin, space left for large initial letter P, not completed.
48. dezir con verdad: repeated but not struck out.
49. nin: corrected from en by second scribe?
50. (no↑): later correcting hand.
51. (el↑): fine, scribal? or second scribe.
52. o mas çimiento; printed eds.: y nacimiento.
53. [ ]uy: tiny m in margin, space left for large initial letter M.
54. tal qual mente; printed eds.: totalmente.
55. glosa(ra↑)se [sic].
56. yñigo: tilde inserted by later correcting hand or possibly second scribe.
57. [ ]uy: small m in margin, space left for large initial letter M.
58. [S]: small s in margin, space left for large initial letter S.

59. *mo-* [sic]: beginning of next word overleaf; a frequent scribal practice.
60. *quise*: corrected from *qui(en) se*; second scribe?
61. *menos*: *me/nos*, in two margins; later hand or second scribe?
62. (*os*↑): second scribe?
63. *cantos*: tilde on *a* by second scribe?
64. *capua*: later hand corrected *capa* to *capua*.
65. *Caton*: corrected from *tantos* by later correcting hand.
66. *esepes*: initial *e* inserted by later correcting hand or second scribe.
67. *rrocas*: corrected from *rroncas*, (*n*) erased.
68. *Ypomendo*: for *Ypomedon*.
69. Black capitals.
70. Black capitals, intermediate size, for all occurences of the rubrics *El Marques* and *El Doctor*, unless otherwise noted.
71. *desaguisadamente*: corrected from *desaguisadas*, final (*s*) erased.
72. [*porq]ue Seneca porque Seneca*: repeated.
73. *A*: in margin, later correcting hand or second scribe?
74. *por fiador por fiador* [sic]: repeated.
75. *fiado*: erasure under *fia*, filled in by second scribe.
76. [*]*mal*: hole in MS. Salamanca MS has no word between *ningund* and *mal*.
77. *que*: tilde on *q* by second scribe?
78. *ser*: in margin, second scribe.
79. *amado*: corrected from *amando*, (*n*) struck out.
80. *anteçipaçiran anteçiparan* [sic]: corrected and repeated.
81. MSS: *en la persona del que teme como en la persona del temido*.
82. *Sobre la*: bottom of folio.
83. =*x*: in upper right-hand corner, cut.
84. *c* = *x*: in upper right-hand corner.
85. *tenia tenia*: repeated.
86. (*el*↑): later correcting hand or second scribe?
87. *sygue*: *e* added in margin, scribal or second scribe?
88. *ii*: in lower left-hand corner.
89. *x*[*]: in upper right-hand corner.
90. *soj*[*u]*dgar* [sic]: (*so*) struck out by later correcting hand.

91. *que mi* (*camino*): *camino* struck out.
92. *del*: *d* inserted by later correcting hand or second scribe?
93. *fuese*: corrected from *faz*? Second scribe?
94. *del*: *d* inserted by later correcting hand or second scribe.
95. *xvii*: in upper right-hand corner. MS numbering correct to this point.
96. *llamaua* (*Anartasis el qual era de vna tierra que se llamaua*): struck out in red ink; occurs below, at fol. 17r, MS ll.13–14.
97. *xvi*: verso folios not usually numbered.
98. *xviij*: upper right-hand corner.
99. *al*: second scribe?
100. *nonoveleros*: small *o* inserted between *n* and *v*; scribal?
101. (*de*↑) *qu*(*y*↑)*en*: (*de*↑), (*y*↑), second scribe?
102. There is a lacuna here, but no folios seem to be missing at this point; other MSS and editions: 'Onde Tulio en la inuentiua ...'.
103. *x*: in upper left-hand corner, cut off. To folio 23r. Ed. '*Refuye los noueleros ... dezidores*'. This is the miscopied page; from this point the folios are out of sequence. See introduction for discussion of misbinding.
104. *Asuero*: *a* in margin, very small, second scribe.
105. *mon*( )*arca*: ( ), erasure; later correcting hand has written *m* over something else.
106. *xix* [sic]: upper right-hand corner.
107. To folio 18v.
108. *fuese*: corrected from *fiziese*, scribal.
109. *x*[*]: cut off, upper right-hand corner; *xx*?; original numbering goes wrong here.
110. *Adan*(*r*): (*r*) erased.
111. *xx*[*]: *xxi*?; cut off, upper right-hand corner.
112. *escludas*: corrected from *escondas*? Later correcting hand.
113. *conosçer*: blotted.
114. *xxii*[*]: upper right-hand corner, cut off; perhaps should be *xxiij*.
115. *en* (*a*): (*a*) struck out.
116. [*]: blank space left by scribe; ed. and other MSS: *Trogo*.

117. *ma(s↑)los*: corrected from *malos*.
118. *(de↑)*: later correcting hand.
119. *(con↑)*: second scribe?
120. *rreprehensor*: final *r* corrected, scribal.
121. *talla rrusa*: *talla* corrected from *batalla*, *ba* erased; should be *tabla rasa*.
122. *&*: second scribe?
123. *lee*: corrected from *le*, *e* added in margin, second scribe?
124. *El arte*: bottom of folio.
125. *xxv[*]*: upper right-hand corner, cut off. The second scribe takes over at this folio.
126. *por (que) ser*: *(que)* struck out, scribal.
127. *el fin da(de↑)quellos*: *(de↑)* scribal.
128. *fin daquestos*: corrected in margin to *fundamento de aquestos*; scribal.
129. Black capitals underlined in red, also rubric *El Dotor* after stanza 15.
130. *conoçer*: *r* added by scribe.
131. *bi(e↑)nes (de)*: (de) struck out, scribal.
132. *xx[*]*: upper right-hand corner.
133. *(de↑)*: light hand, scribal?
134. *de los de los* [sic]: repeated.
135. *ij*: lower left-hand corner.
136. *biblia*: corrected from *bliblia* [sic], scribal.
137. *xx[*]*: upper right-hand corner.
138. *yconica*: for *economica*.
139. *gananl* [sic]: *l* added by scribal hand, in error?
140. *iiij*: lower left-hand corner.
141. *obrar (en joue)*: *(en joue)* struck out.
142. *sabi(o↑)*: corrected from *sabido*.
143. *(el dotor) el marques*: *(el dotor)* struck out.
144. Another non sequitur to folio 28r.
145. *x*: upper right-hand corner.
146. Should be *El Dotor*.
147. *v?j*: lower left-hand corner.
148. *& con saber & con saber* [sic]: repeated.
149. *boca (l)*: *(l)* struck out.
150. *sigese*: second *s* superimposed over *r*, scribal.
151. *x[*]*: upper right-hand corner.
152. *con con* [sic]: repeated.
153. *v?*: lower left-hand corner.
154. *fyjo*: scribal correction. *Si(r↑)uiente*: *(r↑)* by later correcting hand, or scribal?

155. In edition, the paragraph ends here.
156. *xx*: upper right-hand corner.
157. *El Dotor* in editions.
158. *(o↑)*: later correcting hand, or scribal.
159. *en (el) aquel*: *(el)* struck out, very light.
160. *x[*]*: upper right-hand corner. The two centrefolds are out of order: 28–29 is in the centre, but should be around 27–30.
161. *pla(ze)zientes*: *(ze)* erased.
162. *(guariscar↑)*: scribal insertion?
163. *de los baxos de los baxos* [sic]: repeated.
164. *(baxo)*: struck out by scribe.
165. *fortuna (p)*: *(p)* struck out by scribe.
166. To folio 31r.
167. *xxx*: upper right-hand corner. Continued from folio 29v.
168. *casso*: corrected, scribal?
169. *e(s)pistola*: *(s)* struck out.
170. *bueno (a)*: *(a)* struck out.
171. *(y) segund*: *(y)* struck out, light, scribal.
172. *xx*: upper right-hand corner.
173. *(a) euangelio*: *(a)* struck out.
174. *entie(o)nde*: *(o)* struck out.
175. *El Dotor* in edition.
176. *di(e↑)ze*: *(e↑)* scribal?
177. Black capitals, rubric underlined in red, also rubric *El Marques* after stanza 26.
178. *xxx*: upper right-hand corner.
179. *que*: in margin, scribal.
180. *vste*: should be *oste*.
181. *Lento*: in red.
182. *El (Dotor) Marques*: *(Dotor)* struck out, bottom of folio; ed.: *Marques*.
183. *xxxv*: upper right-hand corner. From folio 33v. Second scribe again.
184. *(E) donde*: *(E)* struck out.
185. Rubric in small, red capitals.
186. *xi*: in lower left-hand corner, not cut.
187. *es no*: something corrected underneath, *per?*; later correcting hand.
188. *al que (se)*: *(se)* struck out.
189. *Rresistir*: first *s* filled in by later correcting hand.
190. *Ynoydos*: ed. *Eneydas*.
191. *xxxv*: upper right-hand corner.
192. *ca(p)lupniar*: *(p)* struck out.
193. *quisieren*: corrected from *quisieres*.

194. *(de) que pone*: *(de)* struck out.
195. *xjj*: lower left-hand corner.
196. *injuriador*: corrected from *injuriado*, later correcting hand.
197. *xxxvj*: upper right-hand corner.
198. *difiniçion*: corrected from *difinçion* by later correcting hand.
199. First scribe reappears.
200. *exortanos a*: *nos a* added by later correcting hand or second scribe.
201. *era*: ed. erro.
202. *sobre*: *s* corrected underneath, *p*?
203. *xxxv*[*]: top right-hand corner.
204. *Proverbios* stanzas decorated in red: 34–44, 55–56, 60, 62, 65, 68–71, 75–76, 79–81, 87–93, 97–98.
205. *(de↑)*: later correcting hand.
206. Rubric in small, red capitals.
207. *o*?: lower left-hand corner.
208. *que (de) la*: *(de)* struck out.
209. *xxx*[*]: upper right-hand corner.
210. *queso(n)*: *(n)* struck out.
211. *xvii*: upper right-hand corner; *v*: lower left-hand corner.
212. *xl*: upper right-hand corner, not cut, numbering correct; *v*: lower left-hand corner.
213. *spiritu*: correcting hand but original illegible.
214. Rubric in small, red capitals.
215. *v*[*]: lower left-hand corner.
216. *(errado↑)*: scribal?
217. *(con↑)*: light, later correcting hand.
218. *peca(do↑)*: corrected from *peco*, scribal?
219. *fue*: scribal?, *e* in margin.
220. *Tarquino*: in red.
221. *x*[*]: upper right-hand corner.
222. *pysadas*: corrected from *posadas*, scribal.
223. *Ca el (camino) anima*: *(camino)* struck out.
224. *escondida*: initial *e* corrected to *a* by scribe or later correcting hand.
225. *Sexto*: small *o* on next line under *x* of *Sexto*.
226. *xl*[*]: upper right-hand corner.
227. *de*: added in margin by second sribe?
228. *es*: in margin, added by second scribe?
229. *vençer*: *v* corrected from *c*?, scribal.
230. *xl*: upper right-hand corner.
231. *errores*: something erased under *rr*.

232. *segund*: tilde over *u* added by later correcting hand.
233. *x*[*]: upper right-hand corner.
234. *xl*[*]: upper right-hand corner.
235. *El bien honesto*: rubric underlined in red.
236. *socarrerias*: *e* scribal?, possibly corrected from *a*.
237. *xl*[*]: upper right-hand corner.
238. *Caterina*: *i* added by later correcting hand.
239. *Caterina*: large lettering, underlined in red.
240. *las (palabras)*: *(palabras)* struck out.
241. *Judic*: large lettering, underlined in red.
242. Red decoration for stanza.
243. *xlvi*; MS numbering out.
244. Rubric underlined and struck out in red.
245. *& sabinas (& laurentinas)*: *(& laurentinas)* erased.
246. *laurentinas*: second scribe?
247. & greçianas: second scribe? Ed. and MSS: 'amazonas *laurentinas / E romanas*'.
248. *Diana*: large lattering, underlined in red.
249. *muy voluntariosamente dada*: second scribe?
250. *Lucreçia*: large lettering, underlined in red.
251. *Danes*: large lattering, underlined in red.
252. *(ofidero) odifero*: *(ofidero)* struck out.
253. *Ana*: large lettering, underlined in red.
254. *gentiles*: bottom of folio.
255. *xlvi*: possibly *xlviij*, upper right-hand corner.
256. *Dido*: large lettering.
257. *fundo*: tilde on *u* added by later correcting hand.
258. *Virginea*: large lettering.
259. Rubric in large lettering.
260. *Libro*: for *Libio*.
261. *Caton*: large lettering, underlined in red.
262. *Vmançia*: tilde added to first *a* by later correcting hand.
263. *Nuçio Esçeuola*: large lettering.
264. *(de↑)*: light correcting hand, possibly scribal?

265. *lo o* ... : ed. continues: '*lo ouiesse traydo en tan estrecho caso*' etc. There is a missing folio here which continued stanza 57–58: '*Ca fijo si mucho amaras*' and '*Aborresçe mal beuir*', with their glosses. See introduction.

266. *xli*[*x*?]: upper right-hand corner.

267. *bien* (*beuir*) *morir*: (*beuir*) struck out.

268. Codro: large lettering.

269. *penoso*; Salamanca MS: *prison*.

270 (*quien*↑): scribal?

271. *L*: upper right-hand corner.

272. *deue* (*s*): (*s*) struck out.

273. Rubric in small, red capitals.

274. *cantedad*: could be *cantidad*, looks more like *cantedad*.

275. *Tito*: looks more like *Tiro*.

276. *Tito*: large lettering, underlined in red.

277. *l*[*]: upper right-hand corner.

278. *Antigono*: large lettering, underlined in red.

279. *Tiro*: for *Tito*.

280. *Fabriçio*: large lettering.

281. *Lii*[*]: upper right-hand corner.

282. (*al*↑): later correcting hand.

283. Rubric in large capitals.

284. *deleyte*(*s*): (*s*) struck out.

285. *ynvariable*(*s*) *la*: *l* has been written over (*s*) scribal.

286. *Marco Actilio*: large capitals, underlined in red.

287. *L*[*]: upper right-hand corner.

288. Rubric in large capitals.

289. *syn*: corrected from *son*, scribal? The gloss of *El Doctor* to stanza 72 has been omitted. Stanza 73, '*Las riquezas tenporales* ...' is also omitted, although the gloss to this stanza is included.

290. *con todas*: for *contadas*.

291. *dize que*: corrected from *dizen*, by later correcting hand.

292. *Tirano*: large capitals.

293. *Nin*[*gu*]*nos*: large capitals.

294. (*a ver*↑): second scribe?

295. (*&*↑): second scribe?

296. (*lo*↑): added by scribe; looks more like *to*, *co* or *ro*.

297. *es*: in margin, second scribe?

298. *lv*[*]: upper right-hand corner.

299. *prestamente* (*es ganada*): (*es ganada*) struck out and also underlined.

300. *trabajosos*: corrected from *trabajos*, *os* added by correcting hand or second scribe?

301. *vi* (*con*↑): scribal correction from *vio*.

302. *tesoro*: *ro* added in margin, scribal.

303. Rubric in large capitals.

304. [*A*]bel Cayn: large lettering.

305. *Ray?z?*: something erased.

306. Rubric in large capitals.

307. *deliberando*: *de* in margin, later correcting hand.

308. *fue* (*que?*): (*que?*) struck out.

309. *Tolomeo*: large capitals, underlined in red.

310. [**Eze*]*chias*: large capitals.

311. Rubric in large capitals.

312. *o*[**n*]*estad*: beside it, very light, *onestad* rewritten, scribal.

313. *Syguen*: bottom of folio.

314. *amistança con lisonja* (*non es amistança con lisonja*): repeated and struck out by scribe.

315. *bienes* (*p?*): (*p?*) started and struck out by scribe.

316. *l*[*]: worm hole.

317. Rubric in large capitals.

318. *Venturia*: large capitals.

319. *mucho*(*s*): (*s*) struck out.

320. *lenguas* [sic]: for *luengas*.

321. (*&*)*letores*: (*&*) erased?

322. *Absalon*: large capitals.

323. *Dauid* (*de aquella*): (*de aquella*) struck out, repetition of beginning of next folio.

324. *deb*(*do*↑): (*do*↑) later correcting hand.

325. *quisyera*: corrected from *quisyere*, possibly scribal.

326. *quise*(*le*↑): corrected from *que se*, scribal.

327. *que* (*es*) *ende*: (*es*) erased.

328. *lxii*[*]: upper right-hand corner.

329. *Mandamiento*: large capitals.

330. *a el*: in margin, second scribe?

331. *yn*[**stante*]: erased; something filled in later in light ink: *tienpo*?

332. *v*: lower left-hand margin.

333. *en la no* [sic]: ed. *en el canon*.

334. *lxi*[*]: upper right-hand corner.

335. *xv*: should be *xvi*. Rubric in large capitals.

336. *fauorables*: *o* added later in margin, later hand?

337. *vj*: lower left-hand margin.

338. (*verdadera*), scraped off underneath. This line filled in later, by second scribe?

339. *Despues*: large capitals.

340. *La muerte*: large capitals.

341. *espantables* (*Mas*): (*Mas*) original struck out.

342. *lxv* [sic]: upper right-hand corner.

343. Rubric in large capitals.

344. *medio v? beuira*: *v?* scribal.

345. *Deo graçias*: in large capitals.

346. This half-folio verso and the next half-folio recto are copied in error by the scribe; his exemplar may have had the first folio reversed. He realised the error and started again on fol. 65r, bottom half.

347. Rubric to here in capitals.

348. *lxvj*: upper right-hand corner.

349. Rubric in capitals to here.

350. *nesçesario* (*que se turbe*): (*que se turbe*) struck out.

351. [O]: blank space left for large initial letter, small *o* in margin.

352. *hermano*: capitals.

353. The repeated material starts here.

354. *so*: corrected from *yo*.

355. Rubric in small capitals.

356. *lxvii*: upper right-hand corner; this numbering is correct, taking account of the missing folio.

357. [Y]*a*: space left for large initial, small *y* in margin.

358. The repeated material ends here.

359. *lxvij*: upper right-hand corner. This, too, is correct, taking into account the missing folio.

360. *aquellos*: *s* very light correction from *aquello*, scribal?

361. *lxvii*[*]: upper right-hand corner.

362. Rubric to here in large capitals.

363. *de la dicha conclusyon*: rubric competed in small, red capitals.

364. Rubric in small, red capitals.

365. *Amon*: corrected from *amor*, (*r*) struck out, tilde added to *o*, scribal.

366. Following rubrics in capitals.

367. *lxjx:* upper right-hand corner.

368. *lxx*: upper right-hand corner.

369. [*T]*ereo*: capitals overlined in red.

370. *Françia*: should be *Traçia*.

371, Rubric in capitals, underlined in red.

372. [ ]: blank; Betulia?

373. *de*: inserted by later correcting hand.

374. lecho: bottom of folio.

375. *escondido* [*e]*scondido* [sic]: repeated.

376. *çiegos*: corrected from *çiego*.

377. (*que↑*): second scribe?

378. ?*desta*: vestige of something erased before *desta*.

379. *Niso*: underlined in red.

380. *Alechacon*: underlined in red.

381. *lxx*[*]: upper right-hand corner.

382. (*a↑*)*via*: (*a↑*) fine, correcting hand, second scribe?

383. *lxx*[*]: upper right-hand corner.

384. *de*(*e*)*see*: (*e*) struck out, scribal.

385. *iii*: lower left margin.

386. *de la buena muger*: repeated.

387. *lx*[*]: upper right-hand corner.

388. Rubric in capitals.

389. Small black capitals for this and the next two rubrics.

390. Large red capitals for this and the next three rubrics.

391. Smallish red capitals for rubrics from here on.

392. '*Sentido*' speaking.

393. *lxxi*: upper right-hand corner.

394. (*maldize*) *Desterrado seras*: (*maldize*) struck out, all in red.

395. *esta*: corrected from *estar*, (*r*) struck out.

396. Medium red capitals for rubrics from here unless otherwise indicated.

397. Large red capitals here and next rubric.

398. *lxxvi*: upper right-hand corner.

399. Small, red capitals here and next rubric.

400. Rubric in large, black capitals.

401. Rubric in small, red capitals.

402. *& fallaronla despues*: bottom of folio.

403. *lxx*[*]: upper right-hand corner.

404. Rubric in small, red capitals.

405. *han*(*r*): (*r*) struck out, later correcting hand?

406. *entiendo* (*que seria*): (*que seria*) struck out.

407. *rrequierelo* (*a*): (*a*) struck out.

408. *lxx*[*]: upper right-hand corner.
409. *poner* (*poner*): repetition struck out.
410. *careçientes*: first *e* corrected.
411. (*ca↑*): second scribe?; rubric in capitals, in light ink.
412. *De los*: capitals.
413. Rubric in capitals, underlined in red.
414. *so*: light, fine, second scribe?
415. Rubric in capitals.
416. *o*: corrected from *so*, (*s*) struck out.
417. *en despoblados / solares*: last two lines of stanza inserted by second scribe?
418. lxxi[*]: upper right-hand corner.
419. *nin puança*: later correcting hand has added tildes.
420. (*que los que por yntereses*): repetition of next line struck out.
421. (*tras↑*): scribal?
422. (*y*) *mas*: (*y*) struck out, (*e↑*) added; *y masclalos todos* overwritten as *mas* (*e↑*)*chanlos todos atras*.
423. [estos] pensamientos [tales]: [estos], [tales], second scribe?
424. The scribe of MN37 attributes the corrections to this stanza and the rest of this poem to Fernando Colón. The hand is not, however, his.
425. *lxxx*: upper right-hand corner.
426. *y*: corrected from *que*, by second scribe?
427. ?*ora*: something scraped before *ora*, possibly *&*.
428. *beuidas*: *b* added by later correcting hand; possibly from *uenidas*.
429. *nin*: corrected, tilde added by later correcting hand or secons scribe?
430. *lxxxi*: upper right-hand corner.
431. Rubric in capitals with red decoration.
432. Stanza sequence corresponds to the Foulché-Delbosc edition stanza sequence: 1–36, 45–48, 41–44, 37–40, 49–57, 59–64, 153–84, 165–96, 113–19, 121–28, 97–112, 129–52, 185–222.
433. Rubric in black capitals, with red decoration for name.
434. Rubric in small red capitals.
435. Rubric in black capitals underlined in red.
436. *del qual muy meresçedor*: scribal insertion.
437. LB3: *Vaves y clos*.
438. *discuto*: corrected, original illegible; possibly scribal or second scribe.
439. *lxxxij*: upper right-hand corner.
440. Rubric in black capitals.
441. Rubric in small, red capitals.
442. *al*: *el* changed to *al* by later correcting hand.
443. Black capitals for rubrics from here unless otherwise indicated.
444. *lxxxiij*: upper right-hand corner.
445. LB3: *que en faras & non faras*.
446. Small red capitals for this rubric.
447. *lxxx*[*]: upper right-hand corner.
448. Rubrics in small, red capitals from this point unless otherwise indicated.
449. LB3 skips to 'V*millmente suplicando* . . .'.
450. *da*: corrected from *la*.
451. *he leydo*; LB3: *es leydo*.
452. (*dobles yeruas*): preceding rubric, struck out. It occurs at this same point in LB3.
453. *lxxxv*: upper right-hand corner. This numbering is correct, taking into account the missing folio.
454. (*Se↑*): very light, superscript, possibly by second scribe.
455. Rubrics in large, black capitals from this point unless otherwise indicated.
456. *ançila*: *ç* cedilla may have been added by second scribe; faint.
457. *conçeptus*: *ç* cedillaaa added by second scribe; see above.
458. *apartados*: *ar* corrected later by scribe or second scribe, space left to be filled in.
459. This line added later by same hand, in lighter ink.
460. *lxxxvj*: upper right-hand corner.
461. *cabeça*: *ç* cedilla added, very faint, second scribe.
462. Rubric in small, red capitals.
463. This line inserted in left margin, second scribe? Cf. LB3: line omitted.
464. *non*: tilde added by second scribe or later correcting hand.
465. *desean*: should be on next line.
466. *los*: *lo(o)s* corrected to *los* by scribe, extra *o* blotted out.
467. *buscam* [sic]; LB3: *buscan*.
468. Rubrics in small, red capitals from this point unless otherwise indicated.

469. The next two stanzas are omitted in LB3.
470. (*conçiença*): not struck out but lines have been drawn over and under it and the scribal hand has written *la presença* next ot it; cf LB3: *presença*.
471. lxxxv[*]: upper right-hand corner.
472. Rubric in large, black capitals.
473. *jamas*: *a mas*, scribal correction to *jamas*, *j* inserted later by correcting scribe; LB3: *mas*.
474. *por*: corrected, original illegible; LB3: *ca al e*.
475. *la*: scribal insertion.
476. *es*: later, correcting hand.
477. *esforçara*: second scribe has corrected original, added *esf*, also added cedilla; LB3: *despertara*.
478. (*buen*) *alli*: (*buen*) struck out, something underneath scraped off; all inserted later by light, scribal hand, second scribe? Cf. LB3: *buen rey*.
479. *y no*: second scribe adds in margin.
480. Rubrics in black capitals again from this point.
481. *Lucas*: followed by a pause mark over an erasure after *Lucas*.
482. *querer*: second scribe? Following line (*fizoles nuestra fe ver*): struck out, a repetition of line h of this stanza.
483. (*en*↑): light, scribal hand.
484. *lxxxv*[*]: upper right-hand corner.
485. *las petyçiones*: corrected from (*la pero?*)*çiones*, scribal.
486. (*que*) *ten*: (*que*) struck out; light scribal hand added this line to an original 1x7 stanza. LB3 and SV2 both omit line g; cf. FDB: *si non faltan mis sentidos*.
487. This line inserted, light scribal hand.
488. Scribe has scraped off something under *pena* & overwritten.
489. Rubric in small, red capitals.
490. *de las*: scribal sorrection over something else.
491. *digo*: *g* blotted.
492. *de frutas*: bottom of folio.
493. Old numbering cut off. The numeration will now indicate another missing folio which should have appeared here at the beginning of the gathering. However, the catchword

sequence is unbroken and the SV2/LB3 stanza sequence is unbroken.
494. *otoñada*: first *o* struck out, (*o*)*toñada*?
495. *j*?: in lower left-hand margin.
496. *no*: scribal, miscopy?
497. The original foliation seems to go wrong at this point and read *xcj* instead of *xc*. However, there is no missing folio detectable.
498. (*trabtado*) *avisado*: (*trabtado*) struck out.
499. *ij*?: in lower left-hand corner.
500. *gruesa*: *sa* corrected, scribal?
501. *xcij*: upper right-hand corner. One folio out of sequence.
502. *nota*: in margin, same hand.
503. *bellas*: corrected from *b*(*u*)*ellas*, (*u*) struck out.
504. *nin versos*: there may be an attempt to correct *nin versos* to or from *nidosos*. LB3: *nin versos*.
505. *proximos*: *s*, insertion.
506. *iij*: lower left-hand corner.
507. *motes*: corrected from *mo?tes*, ? erasure.
508. *xCii*[*]: upper right-hand corner.
509. *desçerco*: *s* inserted by second scribe?
510. *desçercada*: *s* inserted by second scribe?
511. (*tesc*) *queriendo*: (*tesc*) struck out, a repetition of *con*(*tesc*)*ido* from the previous line.
512. *dubdara desto*: corrected from *dubdara*, by second scribe?
513. *iiij*: lower left-hand corner.
514. *xciii*[*]: upper right-hand corner.
515. *ansy*: scribal correction from *casy*.
516. *Quinto no*: thus in the related exemplars used by SV2 and LB3; LB3: *si quinto non curçio*.
517. *xcv*: upper right-hand corner. Still one folio out of sequence.
518. *suzios* (*ofiçios*): (*ofiçios*) erased by scribe.
519. *xcv*[*]: upper right-hand corner.
520. *Suben* (*en*): (*en*) struck out, second scribe?, tilde added to final *e*.
521. *porfio &*: *&* corrected from *o?*, scribal.
522. (*h*)*amistad*: (*h*) struck out, scribal; corrected from *humildad*?
523. (*d*)*mucho*: (*d*) struck out.

524. *avar(i)o*: (*i*) struck out; LB3: *auerío*.
525. *ni*: corrected from *en* by second scribe.
526. *xcv*[*]: upper right-hand corner.
527. *la*: *l* erased; *la vano* [sic]: overwritten; second scribe? LB3: *vano*.
528. *Temiendo*: alters another reading underneath; LB3: *esperando*.
529. *elemençia* [sic]: should be *clemençia*.
530. *tractando*: tilde over *a* very tiny, faint flourish.
531. *anton de montoro*: bottom of folio. The remaining half of column two has been left blenk.
532. *xcv*[*]: upper right-hand corner. Rubric in black capitals.
533. This line, originally written at line *g* then deleted, inserted by scribe between lines *e* and *f*.
534. (*y desta que noto mis manos escriuen*): struck out, scribal.
535. *que* (*tu*) *yases*: (*tu*) struck out.
536. *puesto*: from *puestos*; final *s* corected to *que*, scribal.
537. (*fi↑*)*gura*: scribal correction from (*ser mes(ura*), (*ser mes*) struck out.
538. *plumas*: erasure under *plu*, scribal correction.
539. *fechos*: corrected by second scribe, possible from *fijos*? MN2 (Madrid, BN MS 2249): *fijos*.
540. *ardy(↑an*): scribal correction from *arda*.
541. *finchen do*: corrected.
542. *rre(c↑)tas*: scribal correction from *rraras*.
543. *xcviij*: upper right-hand corner. The rest of the original numbering has been trimmed.
544. Erratic line length, lines *c–e* should read:
y doquier que seas non oluides deporte
y haz a pesares el anima larga
asy te lo encargo que tomes tal carga.
545. *mas c*: blotted or corrected from *tras* by scribe.
546. *ganar*: first a corrected by scribe, original illegible; LB3: *judgar*.
547. (*lle*) *por*: (*lle*) repeated from previous line and struck out.
548. Scribe started to write something else; LB3: *vidal*.

549. *quiera*: *a* corrected from *e* (*quiere*) by scribe.
550. (*y↑*): very small, correcting hand?
551. *Anton ... de Andu*: in large, black capitals; *jar porque non ... Diagarias*: rubric in small red capitals.
552. From here all rubrics are small, in red ink, unless otherwise indicated.
553. *enpesçie*: *enpesçio* changed to *enpesçie* for rhyme; LB3: *enpesçe*.
554. *demoño*: tilde added to *n* by second scribe, *n* blotted.
555. *pagases*: *s* corrected, scribal.
556. Black capitals.
557. *mismo*: scribal correction from *mi(e)smo*, (*e*) erased, *i* inserted.
558. *mal*: later correcting hand or second scribe.
559. *quel*: second scribe changed *que* to *quel*.
560. *enpeñado*: very light tilde on second *n*, in black ink.
561. *ha*: in margin, later correcting hand?
562. *tentada del toroçon*: this missing line inserted by first or second scribe at end of stanza.
563. *yamas*; LB3: *ancas*.
564. *traya* (*enbi*): (*enbi*) struck out, from beginning of next line.
565. *de(b)mugrones*: (*b*) struck out.
566. Rubric in black capitals.
567. This *Pregunta* and *Repuesta*, ID2727 and ID 2728 R 2727, are unique to SV2; although they occur in a sequence of Montoro poems, it is possible that neither work is by Montoro, as the rubrics are not explicit.
568. *de*: *a* in red ink changed to *de* in black ink by scribe.
569. *falla*: *falle* changed to *falla*, scribal.
570. At this point LB3 has 'Que obra tan descusar', ID0175 (Rubric: *Otra suya al señor Marqués*) at fol. 111v.
571. *qr*: definitely a scribal error; it looks like the scribe began to strike it out, then changed his mind.
572. *demandandole*: both tildes added in black, scribal.
573. For the date of this poem see the last two lines of the work.
574. *Juan* (*Aluarez*): (*Aluarez*) struck out, (*abiz↑*) inserted, scribal.

575. *canbiador*: *r* inserted in black ink on red, scribal; *ca*[*bildo*]?: scribal omission; LB3: *de trezientos maravedís*.
576. LB3: *çeçina*.
577. LB3: *y ayna*.
578. LB3 has the correct reading: *carona*.
579. *agora*: *g* corrected from *o*, scribal.
580. *y*: corrected from *o*, scribal.
581. (*cog*) *cozer*: (*cog*) struck out.
582. Should read *foys*; LB3: *fuys*.
583. *enexen* changed to *enegen*, scribal.
584. LB3: *agua*.
585. The following 1x10 stanza is struck out in the MS as heretical; ll.5–10 are also cut out in LB3; ed.: *dixo a sy Dios*; LB3: omits *a sy*.
586. This poem, ID1782, forms part of the previous poem in editions and precedes *Cabo*. It is missing lines at *a–b* and *e–f* in both SV2 and LB3.
587. Only the rubric survives in LB3; the single stanza poem was cut out with ID1905. LB3, however, has ID1789, *Señor non pecho nin medro*.
588. *Juan de Mena*: in left margin, later hand, All rubrics small in red unless otherwise indicated.
589. *vistas*: corrected by second scribe from *vestras*.
590. *y los agenos* (*defiendo*): (*defiendo*) struck out by scribe.
591. *del* (*ag*): (*ag*) struck out.
592. *mesmos*: corrected from *manos*, possibly scribal or second scribe?
593. *nemas*: second scribe has interfered and tried to change *n* to *v* in *nemas*.
594. *vñas*: tilde added by correcting hand.
595. *y bocas*: *y* corrected from *o*, scribal.
596. *S*: false start by scribe, started writing in red.
597. (*se*) *pintura*: (*se*) struck out.
598. *avnque quisiera &picuro*: inserted between line, second scribe? FDB, RIV: *Epicuro*.
599. *la soberuia*: bottom of folio.
600. Treble column from this point until end of poem.
601. *males*: from *mal*(*dad*), (*dad*) struck out.
602. *Soberuia*: initial *S* in red.
603. (*de*↑): later correcting hand or second scribe, in black.

LB3 is lacking stanzas 36–84.
604. *has de* (*b*): (*b*) struck out.
605. Small red capitals with frame.
606. *fermosa*: corrected from *fermos*(*ur*)*a*, (*ur*) struck out.
607. Small red capitals, also red underline.
608. *atreuen*: second scribe adds tilde.
609. *seras*: second scribe inserts *s* before *eras*.
610. *ansy*: scribal correction from *en sy*.
611. *t*(*ru*↑)*hania*: scribal correction from *tirania*.
612. *del*: *l* added by second scribe.
613. *no*: inserted in margin by second scribe.
614. *engañar*: tilde by second scribe.
615. (*me*↑): in light, fine correcting ink, the second scribe writes ?*asa* after the scribal *m*, *de casa*?
616. *que cobra*: *que*, second scribe adds abbreviation mark above a flourish underneath by the correcting hand?
617. (*la*↑): in light ink, second scribe.
618. *seruidunbre*: corrected from *mansedunbre*, *manse*- erased, *serui*- inserted, second scribe?
619. (*llegas*) *niegas*: (*llegas*) struck out, *niegas* written underneath, scribal.
620. *creçera la*: corrected from *creçe a la*, by second scribe?
621. *cresçes la cobdiçia*: -*es* and -*çia* endings are corrections, by second scribe?
622. [ ]: blank, soemthing erased? No textual omission according to FDB, RIV: *en la tu postremería*.
623. *posponen*: second scribe adds abbreviation mark, *n*, to form a plyral ending.
624. *padres*: soemthing erased underneath, by second scribe?
625. (*la*↑): second scribe.
626. *destruidos*: *i* of *destruidos*, inserted by scribe?
627. *que*: *o* changed to *que* by second scribe.
628. *acresentar*: corrected.
629. *apurado*: *d* corrected, tilde added, corrected to *apurando*, by second scribe?
630. *mira*[ ]*do*: [ ] blank, something erased, *n*?

631. *viçio*: *vi* by second scribe over something else.
632. *sustançia*: *su* corrected, second scribe.
633. *Segun*: corrected, new *g*, second scribe?
634. *como qui*(*en*↑): superscript (*en*↑) scribal, or second scribe?
635. *buena mesa* ... / ... *huesos sanos*: lines *g–h* added by second scribe in light ink.
636. Blank folio verso; no stanzas missing, not end of gathering.
637. *minjar*: instead of *manjar*.
638. *sea*: from *sea*(*s*), (*s*) erased.
639. This rubric in black capitals.
640. *tento*: *to*, scribal correction.
641. (*t*↑)*overon*: *oyeron* amended to (*t*↑)*overon*.
642. LB3: *rremando*.
643. *torna*(*re*↑)*mos*: *tornemos* corrected to *torna*(*re*↑)*mos*, *e* changed to *a*; all corrections scribal?
644. (*&*) *con*: (*&*) struck out.
645. *suele*: final *e* corrected from *o*, or blotted.
646. *que no*: inserted by second scribe in blank space.
647. *so*: from *paso*, (*pa*) struck out.
648. *de los* (*b*): (*b*) struck out.
649. Rubric in small red capitals.
650. *que*: corrected or blotted, scribal?
651. *otras*: *o* inserted by second scribe, light ink.
652. *sson*: *con* corrected to *sson*, scribal?
653. *muchos*: erasure after *muchos*.
654. ... *amigos*/ ... *fatigas* [sic]: bad rhyme; FDB, RIV: ... *amigas*/ ... *fatigas*.
655. *herrada*: *b*? changed to *h*, scribal.
656. *ora*: *p* changed to *o*, scribal.
657. 1x7 stanza in MS; FDB, RIV: *aquesta nos fuese dada* (line *c*).
658. *fallesçen* [sic]: bad rhyme.
659. (*m*↑)*esquina*: (*m*↑) faint superscript, by second scribe?
660. *Como* ... *da*: this part of rubric only in black capitals.
661. Rest of rubric in small, red capitals.
662. Rubrics in black capitals from here to fol. 117v. inclusive.
663. *benyuolençia*: *benyu* either corrected or blotted, scribal.

664. *El libro es acabado, Dios sea loado, amen*: bottom of folio, end of gathering. The exemplar used in SV2 and LB3 ends here.
665. A later hand—early XVIc. cursive Gothic—has filled in this blank verso folio 117v.
666. *tornarie*: corrected by later hand to *tornare*.
667. *Gallardo 1809*: written between poems, XIXc. hand, in red ink.
668. *padadereas* [sic]: should be *panaderas*.
669. SV2 MS stanza order of *Las Trescientas*: 1–9; 11–12; 15–21; 40; 57–89; 91–120; 41–56; 121–57; 159–236; 243–44; 246 (repeated later); 237–42; 249–60; 243–44; 246; 245; 247–48; 267–90 ... MS incomplete.
670. All rubrics are in small red ink capitals unless otherwise indicated; all glossed words are underlined in red ink. Abbreviations of editions: JC: J. Cummins; PP: M. A. Pérez Priego; VF: Louise Vaisvari Fainberg; see bibliography for full citation.
671. *ya*: scribal correction, or possibly second scribe.
672. *blasfeme*: *sf* inserted later by second scribe in lighter ink.
673. *Atlas*: corrected by later correcting hand to q(tilde)e—*quelas*.
674. *bruma*: blotted by later correcting hand, attempted correction?
675. *cosas*: *c* blotted by later correcting hand.
676. *y rrosas*: scribe has corrected *e* to *y*.
677. *enojosas*: later correcting hand has lengthened *i*. Stanzas 10–11 are omitted.
678. Marginalia: in left margin, outline of hand with index finger pointing to this rubric; this hand is not in the red ink of the numeration like the other one. Stanzas 13–14 are omitted.
679. (*estaua*↑): scribal, using darker ink.
680. *por* (*qu*) *non*: (*qu*) struck out.
681. *eloquençia*: *n* blotted by later correcting hand.
682. *deste*: blotted by later correcting hand.
683. Another cut page here which corresponds to fol. 123; we jump from

stanza 21 to 40; possible loss of a cut folio with some of the stanzas (23–27; or 28–33; or 34–39).

684. *di Niçena*: eds. JC, PP, VF: de Niçea; (Council of Nicea, A.D. 325).

685. Stanzas 41–56 start on fol. 131v.

686. Scribe repeatedly writes *prouinçia* for *prouidençia*.

687. *pestigrinar*: should be *prestigiar*.

688. *que / Por*: *que* inserted in margin by scribe.

689. *Colo*: looks like *C*; eds. PC, PP, VF: *Eolo*.

690. *v*? or *&*?: not in other versions.

691. *montero*: *m* corrected from soemthing else, scribal?

692. *aquel (paresca) obedesca*: *(paresca)* struck out.

693. *por*: *pues* changed to *por*, scribal.

694. C[l]oto?, Eoto? [sic].

695. *po*[ ]*etas*: [?], erasure, blank.

696. *(justiçia) notiçia*: *(justiçia)* struck out in red.

697. *(su↑)*: second scribe.

698. *languidas*: *languidadas* [sic], *s* corrected by scribe from *das*.

699. *(Sañas) las bestias*: *(Sañas)* struck out.

700. *(pazes) y vimos*: *(pazes)* struck out.

701. *rreg*[*ida*]: best guess; eds. JC, PP, VF: *religada*.

702. *dandoles*: changed to *quitandoles* by second scribe; in margin, second scribe has added *qui* and changed *d* to *t*.

703. At bottom of folio. The scribe has skipped stanza 90.

704. 1x7 stanza in MS; eds. JC, PP, VF: *sirve metales metales adora* (line *e*).

705. *formas*: *s* inserted.

706. *ami*? [sic]: *ss* inserted, scribal, altered to *assi*.

707. *Çinaras*: for Ciniras.

708. *Ysyon*: corrected from *Yspun*?, scribal.

709. *(boca) nonbre*: *(boca)* struck out.

710. *puclada* [sic]: for *bullada*?; VF: *bullada*; impresa; arcaísmo.

711. *la proui(de)nçia*: corrected to *prouinçia* in black ink, by second scribe or later correcting hand?

712. *Prouocan* ... : this part of rubric in black.

713. *Prouidençia*: corrected from *prouin-*

çia, black ink. by second scribe or later correcting hand?

714. *van nin lo que es prigo* [sic]: scribe attempts to make sense of *vaniloco pigro*.

715. *estonçes peligros mayores atiende*: inserted by second scribe?

716. *el (rregio) çetro de vuestra potençia (fiera* [sic]: *(rregio)* struck out but should not be; *(fiera)* struck out.

717. *(fiera) mezclado (dolor) rrigor con clemençia* [sic]: *(fiera)* struck out but should not be; *(dolor)* struck out.

718. *de libi (y) dinoso*: corrected first from *del lidinoso* to *libidinoso*; scribe or second scribe inserts an extra *y* superscript.

719. *Saber (valer)*: *(valer)* erased.

720. *enped (o) oles*: first *(o)* erased.

721. *Mostens*: should be *Demostens*.

722. *elequençia (publica del) <porque*: *(publica del)* struck out; scribe started recopying earlier line about *escuela en Rroma*.

723. *iijj*: in lower left-hand margin.

724. 1x7 stanza in MS; eds. JC, PP, VF: *pudo a un Archiles tan grand domador* (line *h*).

725. Stanzas 41–56 are inserted here.

726. *taurija* [sic]: should be *taurina*.

727. *Exfeos* [sic]: eds. JC, PP, VF: *Rifeos*.

728. *Gochia*: possibly reads *Gothia*; eds. JC, PP, VF: *Gothia*.

729. *Pajonia*: eds. JC, PP, VF: *Panonia*.

730. *y*: after calderon, but in margin, scribal.

731. *serenica*: eds. JC, PP, VF: *cirenaica*.

732. *Yuguita*: should be *Jugurta*.

733. *&chimolegia*: for *etymologia*.

734. *basira*: should probably read *balira*.

735. The traditional order of stanzas is restored here until stanza 236.

736. *Lybisan*: changed from Labisan, scribal.

737. Rubric in small, black capitals.

738. *(El electo Virgilio) En vno*: *(El electo Virgilio*1) struck out.

739. 1x7 stanza in MS; eds. JC, PP, VF: *del cual preguntada la mi providençia* (line *g*).

740. *yo lloro*: corrected from *o llorad*, scribal or second scribe.

741. *auvido*: later correcting hand tries to change *v* to *g*

742. *los que*: second scribe correction, or later correcting hand?

743. *rrenueden*? [sic]: eds. JC, PP, VF: *asayan*; this line inserted in margin by scribe.

744. *que muy*: *que* in margin, scribal, then struck out.

745. *liçitas artes* (*artes*): (*artes*) struck out.

746. *acata*: inserted by scribe.

747. (*acata*) *destroça*: (*acata*) struck out.

748. *ally*: *y* changed to *ally*, inserted by later correcting hand or second scribe?

749. *potente*: later correcting hand has written tilde over *p* of *potente prepotente*?

750. 1x7 stanza in MS; eds. JC, PP, VF: *nin menos escultas entretaladuras* (line 2*f*).

751. *vsfi*? *osfi*?

752. *entre* (*todas*) *otras*: (*todas*) struck out.

753. *lica*: for *liga*?

754. [*solo el buen*]: or possibly a shorter variant reading.

755. *denota*: later correcting hand has interfered but appears to ba a wrong emendation to *devota*?

756. *Por* [ ] *que* : [ ] erasure.

757. This rubric in black capitals.

758. Last line inserted by scribe in smaller letters.

759. *dexo el*: erasure; *que*, very light, also erased?

760. *prenosticas* (*son de verdad*): (*son de verdad*) struck out.

761. *dize*(*n*) *lo*: (*n*) struck out.

762. (*lyndia*) *diana*: (*lyndia*) struck out.

763. *el* (*segui*) *estilo*: (*segui*) struck out.

764. (*conde*↑): inserted by second scribe?

765. *bien se* (2*p*): (2*p*) struck out.

766. This line inserted by scribe.

767. *mallorqueses*: *y* changed to *ll*, scribal.

768. *mallorqueses*: *y* changed to *ll* again, scribal.

769. *cruel*: *o* corrected from *r*, from *conel* to *cruel*, scribal.

770. *cengorino*: should be *censorino*.

771. Central fold torn, repaired but blanks remain.

772. *Vtica*: looks like *Vrica* [sic].

773. *avnque* (*non*): (*non*) struck out.

774. *tal lo fallaron*: at bottom of folio.

775. *tan* (*a*) *dentro*: (*a*) inserted by scribal correcting hand or second scribe.

776. *Jonus*: interfered with by later correcting hand, tried to change it to *Janus*? or *Aunus*?

777. *justiçia sea deseredada*: original text, has undergone corrections; *se*(*a*): (*a*) struck out; (*nos*↑): superscript insertion; *desereda* (*da*): (*da*) struck out by later correcting hand.

778. *asy*: *ase* changed to *asy* by scribe.

779. *agusto*(*n*): (*n*) struck out, scribal.

780. *maluado*: *u* corrrected from *e* by later correcting hand.

781. *pilig*(*r*)*os* [isc]: changed from *pelig*(*r*)*os* by later correcting hand; eds. JC, PP, VF: *pigros*, from L. *PIGER* = lazy.

782. *fablan*: *fallan* corrected to *fablan* by later correctin hand.

783. This rubric in small, black capitals. Stanzas 243, 244 and 246 are inserted here in error and then recopied later but due to an error in binding they are never placed in the correct sequence.

784. *que[brastra] basta*: [ ] is a box around the word, indicating to be deleted, scribal; *brastra* is a correction of *quebranta*.

785. eds. JC, PP, VF: … *non saben aun los que las zelan*.

786. Small, black capitals. MS indicates the end of the three stanzas copied erroneously (see opening rubric to fol. 153v).

787. Line inserted by scribe.

788. (*discreto*) *encubre*: (*discreto*) struck out in red by scribe.

789. *rreynan venir* [sic]: eds. JC, PP, VF: *rejuvenir*.

790. Cut folio at this point, corresponds to fol. 157. Stanzas 243, 244, 246, 245 should be inserted here but are at fol. 157r instead. Proper sequence missing: 243–48.

791. *oyr clia con segundo*: eds. JC, PP, VF: *oir el canto segundo*.

792. *fy*(*zi*↑)*yeron*: *pusyeron* changed to *fy*(*zi*↑)*yeron*, *pu* marked out in red, *zi* inserted, very light, scribal.

793. *Lahano*: eds. JC, PP, VF: *Labieno*.

794. *de* (*Ota*)*viano*: eds. JC, PP, VF: *de bueno*.

795. Repeat of fol. 153v; scribe rewrote page on a cut folio to go between fols. 154 and 155; binders put it the wrong way round, between fols. 156v and 158r.

796. *velan*: scribe corrects *bolan* to *velan*.

797. *syluando (com)* < *bien*: *soluando* corrected to *syluando*, *(com)* struck out, by scribal hand.

798. *quando espero*: scribal correction over something with pause mark.

799. *parte ya*: *parten* changed to *parte ya*, scribal.

800. *la la* [sic]: *la* repeated; scribe actually writes: *o fuese vera çela la tal c.*

801. *(seas) veas*: *(seas)* struck out in red, scribal.

802. *sab[*e]r*: could be *sabor*, definitely not *f*; eds. JC, PP, VF: *favor*.

803. *Sera bautizan* [sic]: eds. FDB, VF: *Vitisauris*; ed. JC: *Vatiz[a] antes*, variant P: *seran batizantes*; Cancionero de Ixar (MN6): *Bautisanus*; ed. PP: *Vatizanus*.

804. *Rrepulueda*: for *Sepulveda*.

805. *Belez*: eds. JC, PP: *Bejar*, VF: *Bejer*.

806. *Tarifita*: diminutive?; eds. JC, PP, VF: *Tarifa*.

807. *Tu don*: at bottom of folio, catchword indicates that a further gathering was intended or copied for the MS (next stanza begins: *Tu don Enrrique* ... . The MS breaks off at this point; ten stanzas are missing (nos. 291–300), i.e. two folios; were two more cut folios tipped in between fols. 150–51, or was a double fold at the end sewed in and lost?

2. LB3

[ID2747] LB3–1 (1r–3v) (Prose)

Tio señor, si yo buenamente pudiera, mas quisiera yr a veros y fablar con vos por palabra que por escritura, pero porque el tienpo non lo sufre, quise suplir con esta letra. Podes creer, señor, que sy por sentimiento, dolor, & trabajo se pudiese rremediar vuestra perdida, ya serie rremediada, porque de esto ha auido aca tanto quanto se puede dezir. Mas pues que non puede ser, conuiene dar gracias a Dios & conformar nuestra voluntad con la suya. Si su voluntad fuese tenporal, si su decreto & ordenaçiones conmençasen en tienpo, por ventura avria logar a alguna querella sobre los trabajos & dolores que sostenemos en este mundo. Mas pues que todo lo tiene El dispuesto en su eternidad desde sienpre, y con esta condiçion venimos al mundo, so esta ley beuimos, que auemos de yr, estar, tornar, biuir & morir do El tiene ordenado, & doquiera que esto (nos↑) conteçe, & lo que conteçe, & como conteçe, El lo tiene ordenado, non queda rrazon de quexa ninguna sinon de loarle & darle gracias en todo lo que a El plaze fazer. Allegase a esto que todo lo qu'El faze, avnque a este o aquel particular omne sea molesto & dañoso aquella, pero es lo mejor, porque seyendo El suma bondad, non puede non fazer lo mas bueno, & por tanto el seso es, la discriçion es, en todas cosas loarle & someter la vida & estado & todos los bienes a su absoluto querer, espeçialmente vos, señor, segund vuestra hedat, segund vuestro seso & juyzio, & segund el que aves seydo en vuestro tienpo. Aueys de entender en dar de vos tal enxenplo lo que los mançebos vos tomen & tengan por ley, & vuestra memoria [fol. 1v]¹ les quede por libro perpetuo en que aprendan lo que ellos deuen en semejantes casos fazer. Si vos non mostraes en tal caso costançia, ¿quien la mostrara? Si vos non sufries el açote de Dios con paçiençia ¿quien lo sufrira? Non soys vos persona que deua ser consolada mas que de a otros consolaçion, nin deuemos a vos rremenbrar enxenplos de lo que otros fizieron, mas a los otros de lo que vos aueys fecho en vuestros dias & agora fazes. Tentaçion ha seydo esta de Dios prouarnos, non porque El non sepa todo lo que en vos ay de dentro & de fuera, mas porque nosotros lo viesemos & lo entendiesemos & conosçiesemos, que para dar a los mançebos enxenplo de tollerançia & virtud guardo El fasta oy vuestra vida, conseruo vuestros dias, honrro sienpre vuestra persona. Acordaduos de los bienes que d'El aues rresçibido y conosçeres quanto vos ama, y fallares que tal Dios y tan bueno & que tanto vos ha sienpre amado & guardado. Non vos auria agora açotado sy no porque este açote conosçio para vos ser lo mejor. Medeçina es, non pena, castigo, non saña. Si queres todas vuestras cosas traer a memoria desde quanto rremenbrar se vos pueda, fallares por muchas & biuas rrazones que esto es asi como digo. Nin la biudez de la nuera, ni la orfandat de los nietos, nin la soledat (o↑) vuestra o de vuestros fijos vos deue demasiadamente turbar. Ca pues la mano de Dios non es en vos para vos perder, mas para vos curar & castigar, creed & non dubdes que si castigo con [fol. 2r] mucha paçiençia tomades, El suçedera por vuestro fijo en todas las cosas. El querra ser marido de su muger, padre de sus fijos, hermano de sus hermanos, & çebtro & sostenimiento de vuestra vejez. Non creaes que esto se escriue sin lagrimas & sin sentimiento tan grande quanto podriades pensar. Pero asi como la sensualidat faze lo suyo, asi faze tanbien la rrazon, la qual vençe porque se funda en Dios & en su santa ley, & en lo que es, & en lo que fue, & en lo que puede ser, e la sensualidat solamente por lo presente. A la qual si mirara Abrahan, nunca consintiera en sacrifiçio a su fijo; si mirara Ester, nunca se cometiera al peligro que se cometio por su pueblo, si mirara Judit, non se pusiera a aquel otro mayor por su çibdat. Los nobles macabeos non se dieran en muerte como murieron por su gente & hermanos, nin se ofreçiera a morir como murio Eleazar por matar aquel elefante en el qual creyo que venia el rrey enemigo del pueblo de Dios; e universalmente todos los santos, si ouieran rrespecto a la sensualidat & non a la rrazon, nunca por Dios se cometieran a peligro ninguno, nunca quisieran por su ley sufrir muerte. Mas sabiendo que lo que la rrazon les dittaua, avnque fuese por venir, era mas çierto & digno de ser mas amado que aquello a que les ynclinaua la carne, avnque fuese presente, quisieron someter la carne & la vida a lo que viniese o contesçiese, o pudiese venir o contesçer, por fazer aquello que les paresçia ser segund Dios. Non me mara-[fol. 2v]uillare, tio señor, si en vos algo pueda la sensualidat, ni si le dierdes algunt lugar, porque vna vegada faziendo lo suyo, çese despues & dexe fazer a la rrazon lo mejor. Mas lo que yo vos pido de singular gracia es que non la permitaes preuenir la rrazon. Tanto logar le aueys de dar quanto quiere la discriçion, quanto pertenesçe como ya dixe a vuestra hedat, a vuestra rreputaçion, y a la rreuerençia que vos han vuestros menores. Aues tanbien mucho de mirar a la consolaçion de vuestros fijos & a darles enxenplo de perfecta virtud. Dad gracias a Nuestro Señor por que disponiendo El que vuestro fijo fenesçiese el biuir en tal hedat, en tal tienpo, en tal logar, quiso tanbien que fenesçiese en exerçiçio santo e loable, e por ventura el mejor & mas loable que el jamas atento. Ca procurar la vnidat de la yglesia, la yntegridat de la fe, la paçificaçion de su patria, y la honrra de sus parientes, cosa divinal es & digna de perpetua memoria, por la qual todos aquellos a quien toca este fecho son en perpetua obligaçion a sus fijos. Callo del pueblo de Dios, el qual bien sabes quanto loo sienpre, & glorifico a aquellos que por su gente & por su patria pugnando murieron, como fueron loados aquellos de quien arriba fize mençion. Mas avn los gentiles que a Dios non conosçien fizieron sienpre desto grande caso e tanto que por peor se tenia el que por su gente a menos peligros se ofresçia. E si alguno en aquella demanda murie, bienauenturado se rreputaua. Non murio vuestro fijo a manos de enemigos & pecadores. Non fizo muerte con agonia & desonrra, non en caso que se pudiese dubdar & disputar si auia pecado o non pecado como sabes que han muerto otros debdos & parientes suyos, mas [fol. 3r] murio ferido de sola mano de Dios, & muerte acostunbrada, & andando en pasos tales que si alguno los dize non santos por ese mesmo fecho se prueua o nesçio, o maluado, o peruerso. Mas quiso Dauid ser açotado de la mano de Dios que sofrir de la tierra hanbre nin de sus enemigos persecuçion. Açotole Dios en el pueblo. Enbio sobrel pestilençia, la qual consumida non quito del nin de su casa su misericordia & piedat. E asi fio en el que non la quitara de la vuestra, ni oluidara el merito de los pasos de vuestro fijo, ca la yntençion con que andaua prouada fue. Bien supimos todos su zelo. Bien conosçimos su deseo. Yo creo que nunca el fue en tienpo en que tan segund Dios ouiese podido de esta vida pasar. Paso, rresçebidos todos sus sacramentos, dexo desi nonbre de verdadero & perfecto christiano entre aquellos que le vieron, pasaron las otras çircunstançias que paresçen ser asperas, asi como el estar fuera de su casa, de su muger, de los suyos. Estas quiso Dios que asi fuesen por que el todo su coraçon, todo su animo, todo su yntento en El solo pusiese. Y tanto mas se abraçase con Dios, quanto menos podie ocupar su voluntad con los omnes. Non ayuda a bien morir segund Dios la presençia de los que el omne bien quiere, nin la prosperidat tenporal, porque tanto quanto mas la carne rretrae a las cosas del mundo, tanto menos se leuanta el spiritu en Dios. Morir auemos todos & el dia & ora Dios la tiene ya determinada, asi mesmo la causa y el logar y la manera, avnque rrepugne la carne. Pero si al spiritu quisierdes mirar, gracias le deuemos fazer, porque asi quiso que este muriese en tienpo de afliçion & destierro, porque la prosperidat & honrra primera non le touiese enlazado en el mundo. Absente de su padre & muger, hermanos & fijos, porque la pre- [fol. 3v] sençia dellos non le rretraxiese de juntarse con Dios, al qual tomo por padre, por madre, por muger, hermanos & fijos, y con Aquel solo, el qual es mas, & vale mas, & monta mas que todas las cosas, abraçado & por sus santos sacramentos santificado, y con noble enxenplo que dio de si a las gentes, acabo su destierro & partio desta muerte para yr a la patria en que para sienpre ha de biuir. Creo sin dubda que o esta en ella o en el camino a ella. Estas cosas & otras muchas que vos sabriades dezir & aues dicho a otros, vos pido yo de gracia rredugaes en vuestra memoria & vos mostres ser contento de lo que a Dios plogo fazer. Deposito son los fijos y las cosas del mundo; quando las quiere Dios leuar, lo suyo se lieua. Aprouechamonos dello quanto podimos agora. Si Dios lo lieua, seamos contentos. Consuele El vuestra vejez & toda vuestra casa como El sabe que vos es menester & como yo deseo. Creo que lo deseo non menos que omne que biua. Pues muy noble & muy.[2]

[ID2748] LB3–2 (3v–8v) (Prose)

Muy noble & muy magnifico señor, Sabido el fin de la señora condesa que santa gloria aya, y pagados a ella los ofiçios de la vmanal conpasion que naturalmente nos ynclina a aver conpasion & sentimiento de aquellos que Nuestro Señor en este mundo llama para sy, & avn por su anima ofreçidos sacrifiçios como [fol. 4r] por la vida lo auian seydo, luego fueron el coraçon y deseo a pensar en el dolor, trabajo, & sentimiento que vuestra señoria de su apartamiento avria, mayormente como non fuese avn del todo çerrada y curada la llaga del sentimiento que del fin del señor don Gaston la paternal afecçion rresçibio. Y comoquier que para consolar a vuestra merçed del todo me sintiese desigual y non bastante, asi porque toda la consolaçion que verdadera ha de ser ha de proçeder de Nuestro Señor que por espeçial ditado se ha querido yntitular Dios de toda consolaçion, como por estar avn el dolor muy rreziente y en subimiento y cresçimiento y en tal estado, que si mano no ouiere de muy discreto fisico y consolador, quien lo pensare amansar por ventura lo despertara mas. Porque es çierto que quando el se vee apoderado en el coraçon, tanto mas se esfuerça a lo poseer, quanto mas conosçe que quiere del ser echado & apartado por fuerça, antes que perfetamente sea dirigido para se purgar, como es çierto que lo fazen los vmores que en nos sin deuida preparaçion el non esperto fisico quiere purgar. E asi por esto que dicho he, señor muy magnifico, como por dar lugar al tiempo y a vuestra grande discriçion, yo pensaua sobreseer en mi rrudo escreuir y ententar lo que conosco del todo sobrar mi poder, pero acaesçiome en esto lo que muchas vezes en lo que mucho se quiere suele acaesçer. Ca fazemos posible avnque non lo sea lo que mucho queremos, y esto porque el amor es de tan grand fuerça y poder que ninguna cosa ha por ynposible, antes cree que sea en el ygual (el↑) poder al querer. Y non solo ninguna cosa piensa serle ynposible, mas nin avn difiçile o trabajosa, porque como [fol. 4v] la voluntad sea en nos muy soberano poder, quanto paresçe en querer, tanto puede en se esforçar [   ]³ de aqui es que podemos mucho en lo que mucho queremos, y en lo que poco, poco, y como dezir se suele, que se nos caen en ello las manos. Y como yo, señor muy noble, sin alguna dubda querria y deseo mucho por muchos rrespectos vuestro seruiçio, consolaçion y plazer, paresçiome que asi a lo menos deuia tentar de fazer lo posible, y mostrar que esta voluntad de vos seruir non seria manera si en mas mostrar se pudiese. Y comoquier que del todo yo creo que mi poder ni saber basten a quitar el dolor de llaga tan fresca nin adulçar el amargura que de tragar tal bocado en la boca deuio quedar, propuse en esto seruir a vuestra señoria, y ayudar a vuestra discriçion, y esforçar vuestro veril coraçon y muy noble en la manera que lo fazen los que algunas purgaçiones amargas a los enfermos del cuerpo suelen dar. Ca comunmente acostunbran en la vna mano leuando la purga en la otra alguna cosa dulçe o tal que a amansar el amargor de la purga sea conuenible lleuar, non porque aquello pueda fazer de lo amargo dulçe, mas porquel paladar que ha de rresçebir lo amargo forçado y costreñido por la salut, dando parte desi a lo dulçe que le es ofresçido, non sea todo de la amargura poseydo. Mas asi se rreparta entre lo amargo y lo dulçe, que por la salud rresçebido lo amargo, por tenplar la amargura rresçiba lo dulce. Muy señor & muy magnifico, si algund poquillo aguar querreys el dolor y tenplar la amargura que la muerte tan arrebatada y en hedat tan biuible aconpañada de muchas virtudes de aquella señora y conpañera [fol. 5r] vuestra, o mas con verdad parte de vos, como ya segund es escripto non fuesedes dos mas vna carne, es çierto vos ha, señor, cansado y dado materia de non pequeña tristeza y sentimiento. Deueys, señor muy noble, considerar quien es el que esto ha fecho, lo qual si considerays, fallareys que es aquel soberano y grand Dios que de la vida y de la muerte solo tiene el poder, el qual bien asi como

solo por ynfinito poder de nada puede algo fazer & criar, asi de algo tornar a
nada El solo puede fazer. Y en las criaturas y cosas que a biuir o morir muchas
vezes dan ocasion son segundas causas & instrumentos de su soberano querer y
poder, que es la primera causa en virtud de la qual y non en la propia todas las
otras causas obran. Lo qual el mesmo muestra por un profeta, diziendo—Yo
matare & yo dare vida, ferire, dare salud. Y de la fuente de aquesta consideraçion, si vuestra señoria considerarla quisiere con rreposo y non de pasada, luego
vera della salir tres arroyos y consideraçiones, cada vna de la quales le podra ser
causa y grande ayuda para enfrenar el dolor y adulçar la amargura, que sin
ningun piedad, despues de cogidas en la morada del coraçon se esfuerçan a
atormentar a quien de grado las rresçibio y apodero en lo mas alto, desi
confiando de su mesura y tenprança. Pues es y deue ser la primera consideraçion
que de la suso ya dicha nasçe, que aquel que esto en vuestra casa y con verdat en
vuestra persona se puede dezir ha fecho es muy justo juez y muy ygual partidor de
los males de pena, de los quales la muerte es el mayor. El qual por muy justas
causas, avnque a nos ocultas, a vnos acorta y a otros alarga la vida, porque sabe
que asi conuiene a su muy orde- [fol. 5v] nada justiçia & ygualdat non fablable.
Como sea çierto que sus obras sean todas juyzios y como rrayos del sol, de su
soberana justiçia, pues, quien con rrazon se podra doler o a lo menos muy grand
parte non tenprara su dolor quando conosçiere que con soberana justiçia y por
juez muy justo es fecho aquello de que se duele. Por çierto este tal por muy poco
amador de lo justo sera tenido y por omne que mas por pasion que por rrazon
endereçara sus sentimientos. E [   ] señor, el que esto ha fecho non solo muy
justo, mas avn muy amador de sus criaturas, como quien las hizo por infinito
poder y las rrehizo y rreparo con la propia vida por bondat sin medida, y asi todo
lo que çerca dellas El faze biuiendo y muriendo, es de auer por firme, lo faze con
amor soberano & bondat que dezir non se puede. Pues quien se quexara de lo que
por amor y con amor le es fecho, avnque non le sea tan sabroso como la
sensualidat y el paladar non bien dispuesto querria. Por çierto, a mi ver, ninguno.
Es asi mesmo non solo justo y amador sin medida, mas avn es soberanamente
sabio, porque su saber, como es escripto, non ha tuerto, y asi sabe lo que a cada
vno mas conuiene segund la diferençia de las hedades, estados y tienpos, y como
muy sabio ortelano sabe como cada vna fruta esta de sazon para se coger y comer
o guardar, y como fisico muy sçiente, judgando de lo ynterior y a los omnes non
conosçido, sabe quando a cada vno conuiene dexar esta vida por que aya la salud
perdurable. Por çierto el que deste tal se quexare desagradeçido sera, como el
enfermo que non mirando a la salud que le es procurada se ensaña de verdat con
el fisico quando para aquella le da algund amargo beuer. Mas en la verdat, a mi
ver, nuestros quexos de lo que el Señor tan justa, amorosa & sabiamente haze,
tales deuen ser quales las de los enfermos discretos quando alguna cosa penosa y
de dolor rresçiben [fol. 6r] para su salud. Ca los tales, avnque dan bozes por
satisfazer al sentimiento desta flaca vmanidat, pero conosçiendo la causa por que
y el amor con que se faze en medio de las mayores bozes y gritos, tienen entero
amor con el fisico o çurugiano & aprueuan sufriendo lo mesmo de que se quexan

clamando. La segunda consideraçion que de la primera & prinçipal para consolaçion de vuestra señoria naçe y puede ocurrir a vuestra prudençia, es que este Soberano tan justo amador y sabio Señor vos presto & dio esta señora que vos agora os lleuo en manera que su fin mas es çierto aver lleuado lo suyo que non a vos, señor, tomado lo vuestro. Ca pues al tienpo que vos la presto non señalo tienpo alguno en que el prestido deuiese durar, ninguna ynjuria se puede dezir aya fecho en rreuocar y demandar lo prestado, antes, señor, en soberano agradesçimiento le deues tener si antes non le rreuoco y por el tienpo a El aplazible lo dexo. Y esta sola consideraçion dio conplida paçiençia y conformidat aquel santo y grande Job entre la muerte de tantos fijos y fijas en un dia y ora ya justamente muertos sin que dellos quedase alguno que consolarle pudiese. Entre la perdida muy grande de los tenporales bienes de quel abundaua, entre las llagas muy crudas de la propia persona que desde la cabeça a los pies tenia, entre la estrema pobreza, por la qual vn muladar tenia por casa y por toda consolaçion, y entre las rreprehensiones y duras palabras de la propia muger que mas para lo afligir que consolar le auia quedado, ca como destos y otros males sin cuenta fuese çercado, despues de la crudeza y abundançia pasadas, como a vn puerto muy seguro y como a torre [fol. 6v] de omenaje que non sufre escala nin mina ni algun fuerça de otro petrecho, acogendose a la ya dicha consolaçion con coraçon muy dulçe & muy sometida boz y conoscimiento muy fiel, dixo—El Señor lo dio y el Señor lo quito, y como a El plugo es fecho, sea el su nonbre bendito. Como si dixiese—Yo de mio ninguna cosa tenia, mas el Señor me lo dio, y pues me lo dio, en me lo quitar ninguna ynjuria me hizo. Y pues esto non se fizo por desastre & acaesçimiento por fortuna, nin hado ni costelaçion, nin por negligençia o culpa mia, mas porque a El plugo y judgo deuerse hazer asi, por ende non me queda al que diga saluo que sea el su nonbre bendicho. Palabra es por çierto digna de rrecordaçion y memoria sin fin, e mucho mas de muy deuota ymitaçion, espeçial a nos cuyas penas y enojos jamas a las culpas se ygualan. Podra pues ser, magnifico Señor, la terçera consideraçion que de la ya dicha puede y deue naçer, que aqueste mesmo que aquesto ha fecho si con deuota y sugebta conformidat vuestra merçed estudiare de se con el conformar, y querer lo que queriendo onde es nesçesario querays, vos puede emendar y dar dobladas consolaçiones y bienes y avn muy mayores que los perdidos, como al dicho varon santo Job lo fizo, al qual como la escritura dize por su conformidat y paçiençia doblo toda la hazienda que primero auia criado, y torno otro tantos en tal manera que sus postremerias y fines fueron muy mayores y mejores que sus comienços. Lo qual non menos çierto de su manifiçençia se deue esperar que de vos, señor, y de vuestra discriçion la conformidat podra [fol. 7r] por ventura vuestra señoria dezir que las grandes cosas y gracias de la señora condesa concurrian. Y vos, señor con [   ] & ella pidistes, non dan lugar a tanta conformidat y paçiençia como es çierto en linaje fuese muy noble, porque asi como vos, señor, de muy çerca lo soys, era ella muy çercana a los ylustrisimos señores y rreyes de Aragon, Castilla, Napoles & avn Françia. Era asi mesmo muy deuota, discreta, virtuosa y mucho amadora de vos, señor, y conforme a vuestro querer, verdat es por çierto. Pero todo aquesto, señor muy magnifico, non era al, sinon vnos rrayos de la bondat diuinal que sobre ella mucho auia querido mostrar su rresplandor para que El en ella y en su bondat y en su virtud fuese conosçido, engrandeçido y amado, y non que para de aquello mesmo que El por su sola bondad auia fecho otro alguno. Nin vos, señor muy noble, tomasedes materia de enojo y rresistençia a su muy justo querer, ca esto non seria al saluo dar mal por bien y aborresçimiento por amor. Y avn piadosamente se puede creer que por ella ser tal y avn muy mejor que dicho es, Nuestro Señor non la quiso luengamente dexar en este destierro y lugar a los buenos y malos, a los rrazonables y de rrazon comun careçientes, mas por esto se aquexo de la trasponer, como arbol de que fruto muy bueno por sienpre se espera, el cuerpo a esa huerta en que esta sepultado fasta el dia de la general rresureçion, y el alma a aquella soberana huerta y vergel de parayso no terrenal mas çelestial que la mano diuinal planto y cada dia planta, enxeriendo en estos guadaperos y montesinos arboles que deste [fol. 7v] ynfrutuoso mundo por su sola bondat alla lieua y tresplanta la dulçura y vida de su amor, con la qual frutos de vida perdurable & bienauenturança conplida y muy çierta & firme salud y abastança de todos los bienes sin alguna mezcla de mal de por sienpre jamas. Pues ya si vuestra señoria considerare quanto es de esquiuar el enojo y dolor que fruto non trae, nin remedio alguno en aquello donde proçede el dolor, syn dubda mucho trabajaria por non dar lugar a su fuerça, como fizo aquel muy sabio y santo rrey Dauid, del qual se lee que como estouiese a muerte vn fijo que mucho queria, por su vida el se afligio hasta la muerte, tanto quanto penso & creyo su afliçion y pesar podria con Nuestro Señor aprouechar algo en la vida de aquel que el tanto queria. Pero desque supo aquel y non ser biuo, non rrogado nin rrequerido ni consolado de otro alguno, el mesmo luego, desechada de si la tiniebla de la escura tristeza y dolor, se vistio de vistiduras rreales, y leuantado del suelo donde yazia y demando de comer y trabajo non solo para si mas a todos los de su casa alegrar, rresçibiendo solaz y consolaçion de lo (que↑) ya por ynposible auia. Aquesto es de la vida de aquel que El tanto quisiera, lo qual entre sus famosos fechos y grandes en la santa escriptura se faze minçion. Nin deue vuestra señoria desechar de su deuota consideraçion la çierta esperança de la rresureçion que todos esperamos, por cuya consideraçion el apostol a los de la çibdad de Thesalonica & a nos todos en persona de aquellos escriuiendo, dezia non querer que se entristeçiesen por los que en el [fol. 8r] Señor durmian como aquellos que esperança non han de rresuçitar, como la continua esperiença nos muestra; & muy ligeramente sofrimos la absençia de aquellos que presto entendemos ver, la qual si Nuestro Señor fuere plazible, vereys & cobrareys esta mesma señora muy mas perfecta y exçelente en todo bueno vso & amor espiritual que jamas avra fin. Y con esta tenperança, aved, señor muy magnifico, aquella paçiençia que ha el que saca de su trox la simiente que con mucho trabajo cogido ha, y la derrama y encomienda a la tierra alegre. [   ] ... vuestra prudençia y muy claro entender dar al tienpo esta honrra que el aya de adelgazar vuestro enojo. Mas la grande discriçion aconpañada de muy biua rrazon deue de vsar de su ofiçio y fazer por virtud lo que por tienpo y de nesçesidat se ha de fazer, por que el gozo de la consolaçion tanto sea mayor & mas deleytable quanto fuere alcançado por la propia virtud, y de aquella como de mano armada fuere vençido el enojo. Y dexando otras muchas consideraçiones que en esto ayudar pueden a vuestro muy claro conoscimiento, fago fin a vuestra señoria, suplicando si en esta algo bien paresçiere, lo rresçiba segund ya es dicho, como vn cordial para amansar y vençer las ondas de la sobrada amargura y dolor, y como de persona y casa que en esto y en todo por çierto seruir vos desea, teniendo por bien de mostrar con benefiçios espirituales al alma desta señora el amor que le touistes biuiendo, por que ella librada de algunas penas si en ellas esta, muy presto y alegre vaya donde a vos, señor, y a lo vuestro por sienpre pueda ayudar al Señor que tan justos enojos & golpes vos ha querido, señor, dar. Plega con sobradas consolaçiones en la presente y venidera vida vos [fol. 8v] alegrar y consolar conseruando vuestra muy noble persona y acresçentando vuestro estado a gloria y seruiçio suyo, como en esta casa continuamente se rruega.

[ID1872] LB3–3 (8v–14v) (78x9)

Siguese la obra llamada Rregimiento de prínçipes, fecho por Gomez Manrrique

1. Prínçipe de cuyo nonbre[4]
quatro rreyes son pasados,
justiçieros, esforçados,
dignos de muy gran rrenonbre;
mis rrodillas por el suelo
ante vuestra magestad,
mal trobando como suelo
quiero fablar sin rreçelo
y deziros la verdad.

2. La qual dizen muy poquitos
a sus rreyes y señores,
ca procurando fauores
corren tras sus apetitos
con consejos lisongeros
non buenos mas voluntarios,
a los quales consejeros
mas que sieruos verdaderos
pueden llamar aduersarios.

3. Grand señor, los que creyeron
estos consejos tales
de sus colunas rreales
en lo mas hondo cayeron;

si esto contradiran
algunos con anbiçion
testigos se les daran,
vno sera Rroboan,
fijo del rrey Salamon.

4. Si otro queredes, yd
al libro de nuestra ley,
ado fallares al rrey
anteçesor de Dauid;
al qual todos los plebeos
a Dios por rrey demandaron,
y cunpliendo sus deseos
cometio fechos tan feos
que ellos mismos le mataron.

5. Este Rrey de los judios
[a Nero] de los gentiles,
que por consejeros viles
fizo tantos desuarios,
por do meresçio perder
la silla que le fue dada,
y morir y padesçer,
si bien la supe leer,
muerte muy desesperada.

[fol. 9r]

6. Pues venga Sardanapolo,
prinçipe afeminado,
y diga el desuenturado
que su dicho basta solo,
pues que su desauentura
por consejos femeniles
le dio vida muy escura
y la fin y sepoltura
la mucho mas de las viles.

7. Con grand lamentaçion
presentare por testigo
al godo rrey don Rrodrigo,
señor de nuestra naçion,
este mal aconsejado
perdio todas las Españas,
y a este rrey malfadado
mostro Dios por su pecado
sus marauillas estrañas.

8. Pues si vierdes que me arriedro
de vuestra generosia,
lea vuestra señoria
la vida del rrey don Pedro,
y muerte que Dios le dio
por ser prinçipe cruel
que si con fierro mato
con el mesmo padesçio
en la villa de Montiel.

9. Por que por la tal est[oria*]⁵
podeys, señor, yr dubd[ando*],
quiero me venir llegando
a vuestra misma memoria
y darvos muy mas çerca[no*]
otro testigo moderno,
este sera vuestro hermano
cuyo poder soberano
paresçia ser eterno.

Conparaçion

10. De otro Xerçes persiano
era el exerçiçio suyo,
en lo qual, señor, concluyo
non le ser ningunt mundano
ygual en el poderio
sin ningunos enbaraços,
mas su grand señorio
qual si fuera de vedrio
es todo fecho pedaços.

11. Si sus ministros mira[ran*]
su seruiçio solamente,
a la prinçesa eçelente
non por tal forma trata[ran*]
nin en este prinçipado
tal enpacho se pusiera,
por donde nesçesitado
se fizo, señora, asado
lo que cocho se fiziera.

[fol. 9v]

12. Que, señor muy ensalçado,
ya deueys aver leydo
non quedar mal ynpunido
ni bien ynrremunerado,
pues la tal pena temiendo,
al gualardon procurando,
fuyd los viçios fuyendo
de quien aquellos siguiendo
los seguira consejando.

13. Fartos son ya presentados
para que vos non deuays
creer señor, nin creays
a moços apasionados;
mas onbres de discriçion
de saber & lealtad
que con sano coraçon
vos consejen la rrazon
y tienplen la voluntad.

14. Que señor, donde esta guia
y le dan el a uanguarda,
non dubdes que la rreguarda

se perdera todavia;
porque corre tras los viçios
y deleytes mundanales,
non procuran sus ofiçios
los honrrosos exerçiçios
nin los bienes eternales.

15. Bastalo que fasta aqui
he querido detener,
ya quiero, señor, boluer
a lo que vos profeti;
oygalo con diligençia,
prinçipe muy poderoso,
vuestra rreal exçelençia
y conserue con prudençia
algo si va prouechoso.

16. Si en grado non viniere
a la juuenil hedat
de vuestra serenidat
algo de lo que dixiere,
rresçebid, señor rreal,
vos mi rrey esclareçido,
el coraçon muy leal
de donde sale lo tal
bien forjado & mal bruñido.

Ynuocacion

17. Pero ¿quien socorrera
a la pluma temerosa,
quien discreta, quien graçiosa,
quien prudente la hara?
Que los Dioses ynfernales
non tienen poder ninguno
en estos casos a tales
socorran los diuinales
que son tres & solo vno.

[fol. 10r]

18. Mi consejo prinçipal
es, grand señor, que leays
por que sabiendo sepays

disçerner el bien del mal;
que si la sabiduria
es a todos conuiniente,
mas a la grand señoria
de los que han de ser guia
y gouernalles de gente.

19. El comienço de saber
es, poderoso señor,
vn temeroso temor
del Dios que os hizo ser;
ser en España nasçido
sin otro mayor (nin↑) par,[6]
entre todos escogido
y non para ser rregido
mas solo para rreynar.

20. A este cuyo theniente
fuystes, señor, en las tierras
de que lleuays las desferras,
sieruo le sed obidiente,
non fies en el poder,
en rriquezas nin en valer [sic],
pues lo puede desfazer
prueuolo con Luçifer
y Nabucodonosor.

Fee

21. Temed su cruda sentencia,
amad mucho su bondat,
creed, señor, en trinidat,
un solo Dios en esençia;
por esta su Santa Fee,
por la qual fustes abstelo,
consejar vos osare
viniendo caso por que
que murades sin rreçelo.

22. Quel morir o defensarla
conuiene, señor, al rrey
que es defensor de la ley
a los sabios disputarla;
mas guardaos de presumir
lo que tienen los maluados,

que non ay en el biuir
sinon nasçer y morir
como saluajes venados.

23. Con esta ley saluagina
que tienen, señor, los tales,
fazen exçesos bestiales
dignos de grant diçiplina;
pues si deseays subir
con los bienauenturados,
non solamente fuyr
mas crudamente punir
deueys los tales pecados.

[fol. 10v]

24. Por ellos las mortandades
vienen, señor, en las tierras;
por ellos fanbre y guerras,
fundiçiones de çibdades,
que muchas son destruydas
y fechas ynabitables,
algunas otras fundidas
y en pronto conuertidas
en lagunas espantables.

25. Los que creen auer gloria
y auer fuegos ynfernales
avnque fagan grandes males
non dignos de tal memoria,
que los vnos por sobir
al colegio çelestial
trabajan por bien beuir,
otros por non desçendir
al pozo luçiferal.

Esperança[7]

26. Pues crea vuestra merçed
aver gloria con ynfierno
y que teneys Dios eterno
cuya sentencia temed;
a Este deueys amar[8]
con muy firme confiança,

pues murio por vos saluar,
mas obras deueys juntar
con esta tal esperança.

27. Que muy grand sinrrazon
paresçe sin seruiçios
los çelestes benefiçios,
el eterno gualardon;
los yndignos esperemos
del Señor de los Señores,
pues que non lo meresçemos,
pero non desesperemos
por ser mucho pecadores.

Caridat

28. Con esperança desnuda
de la fe y caridat
alcançar feliçidat
yo, señor, fago gran dubda;
pues a qualquier miserable
deueys ser caritatiuo,
a los buenos amigable,
a los malos espantable,
a los peruersos esquiuo.

29. Que segund dize Sant Pablo
la caridat ordenada
desbarata la mesnada
de los lazos del diablo,
todas las cosas sostiene,
todas las cosas conporta,
y si flaqueza nos viene,
esta sola nos detiene,
esta sola nos conforta.

[fol. 11r]

Prudençia

30. Los negoçios tenporales
vuestra rreal exçelençia
los gouierne con prudençia
que tienen tres partes tales;
lo pasado memorar,

ordenar bien lo presente,
en lo que esta por llegar
con reposo sin vagar
proueer discretamente.

31. Tened en vuestros consejos
onbres justos, sabidores,
de la virtud zeladores,
en las discriçiones viejos,
que maguer la lueñe hedat
faga los onbres sesudos
los que son en moçedat
vn monton de nesçedat
quando viejos son mas rrudos.

32. Los que son en jouentud
discretos, cuerdos, sesudos,
mas nectos y mas febridos
los faze la senetud;
que las cosas que alcançaron
por discriçion o las vieron,
biuiendo las platicaron,
y con sus manos trataron,
y por sus ojos la vieron.

33. Mas fuyd de los vejazos
que moços fueron viçiosos,
couardes, neçios, golosos,
amadores de terrazos,
que bien como las bondades
van creçiendo con los años,
asi fazen las viltades,
los viçios y las rruyndades,
las mentiras, los engaños.

34. Por ende, rrey poderoso,
vos fazes todas las cosas,
espeçial las poderosas
con buen consejos & rreposo;
la cosa determinada
con madura discriçion
sea luego esecutada
ca, señor, non presta nada
consejo sin secuçion.

Conparaçion

35. Que sin el fuego la fragua
el fierro non enbladesçe,
nin la simiente prodeçe [sic]
con los nublados sin agua,
los fechos bien acordados
por maduras discriçiones
son sin dubdas mas errados
si non son aconpañados
de prestas esecuçiones.

[fol. 11v]

Justiçia

36. El çetro de la justiçia
que vos es encomendado
non lo torneys en cuydado
por amor ni por cobdiçia;
dexando sin puniçion
los yerros & malefiçios,
asi bien sin gualardon
y justa satisfaçion
los trabajos y seruiçios.

37. Non fallen los querellantes
en vuestra casa porteros,
ni dexedes caualleros
que corran a los librantes;
oyd a los afligidos
y dadles algund consuelo,
si queres que sean oydos
vuestros çagueros gemidos
por el alto Rrey del çielo.

38. Si los que rregis por el
los pueblos mal gouernardes;
por el peso que pesardes
vos pesara Sant Miguel;
si la balança torçistes,
alla vos la torçeran,
y non del mal que fezistes
mas de lo que consestistes [sic]
cuenta vos demandaran.

39. Alcalldias y judgados
y los senblantes ofiçios,
non los dedes por serviçios
a onbres apasionados;
que si los corregidores
o juezes que poneys
fueren onbres rrobadores
o rremisos secutores
ante Dios lo pagareys.

40. Las penas & los tormentos
deueys dar sienpre menores,
los gualardones mayores
que son los meresçimientos;
vsares en lo primero
de la virtud de clemençia,
y, señor, en lo postrero
seguires el verdadero
acto de magnifiçençia.

41. Que rramo de crueldat
es justiçia rrigurosa;
el perdonar toda cosa
non se llama piedat;
dar grandes dones sin tiento
es cosa muy rreprouada;
mas mucho menos consiento
que seades auariento,
que peor es non dar nada.⁹

[fol. 12r]

Tenprança

42. Entre clemençia y rrigor,
entre prodigo y auaro,
entre muy rraez & caro,
entre denuedo y temor,
nauegad con buenos rremos
en la fusta de tenprança,
que del que va por estremos
por escriptura tenemos
que fuye la buenandança.

43. Los ofiçios voluntarios,
juegos, caça, monteria,

use vuestra señoria
cunpliendo los nesçesarios;
como por rrecreaçion
o por fazer exerçiçio,
que la grand continuaçion
los actos que buenos son
convierte, señor, en viçio.

44. Que los varones tenprados
en los viçios vmanales
como dioses diuinales
meresçen ser honorados;
que tenprar con discriçion
los vmanos açidentes
es vna grand perfecçion
digna de veneraçion
entre todos los biuientes.

45. Bien como lo fue Caton,
aquel prudente rrromano,
asi bien el africano
muy valiente Çipion,
los quales asi vençiendo
y sus pasiones sobrando,
ganaron segund entiendo
mas glorias que conbatiendo
sin dubda nin batallando.

Fortaleza¹⁰

46. Para la fe defensar
de la qual soys defensor,
y para con grand vigor
contra estos batallar,
viçios de naturaleza
y de pasion voluntaria
en vuestra rreal alteza
la virtud de fortaleza
es, grand señor, nesçesaria.

47. Que con esta rresistieron
los justos a los pecados,
con esta martirizados
muchos santos onbres fueron;
entre los quales asado

fue Lorenço en la foguera,
Esteuan apedreado,
Andres, señor, enaspado,
en el aspa de madero.

[fol. 12v]

48. Con estos descabeçadas
del linaje femenil
fueron, señor, honze mill
donzellas muy delicadas;
non temiendo los sayones
nin sus grandes crueldades,
mas con vnos coraçones
de muy constantes varones
vençiendo sus voluntades.

49. Ca non puede ser, notad,
rrey señor, esto que digo,
otro mayor enemigo
que la mesma voluntad;
esta sienpre nos guerrea,
esta sienpre nos conbate,
con deseos que desea
nunca çesa su pelea
ni afloxa su debate.

50. Pues vos, rrey & cauallero,
muy exçelente señor,
si quereys ser vençedor
vençeres a vos primero,
que non se mayor victoria.
de todas quantas ley,
y digna de mayor gloria
para perpetua memoria
que vençer el omne a si.

51. Pues en los fechos mundanos
al que grandes tierras tiene,
ya sabeys quanto conuiene
tener coraçon y manos;
para ser los malos fechos
por su justiçia punidos
los quexantes satisfechos

y fazer andar derechos
a los que fueren torçidos.

Conparaçion

52. Que los rreyes temerosos
non son buenos justiçieros
por que siguen los corderos
y fuyen de los rraposos;
la contra deueys fazer,
prinçipe de las Españas;
si quereys rresplandesçer
y, señor, non paresçer
a la rred de las arañas.

53. Que toman los animales
que son flacos y chiquitos,
asi como los mosquitos,
y destes vestiglos tales;
mas si pasa vn abejon
luego, señor, es rronpida,
asi el flaco varon
mata los que flacos son
y a los fuertes da la vida.

[fol. 13r]

54. A las conquistas injustas
non vos quiero provocar,
mas, señor, para cobrar
las cosas que vos son justas
vn coraçon tan constante
es sin dubda menester,
que de nada non se espante,
nin con el bien se leuante,
nin con mal dexe caer.

55. Que el esfuerço verdadero
non consiente cometer
las cosas y non temer
el peligro temedero;
mas en temer & sufrir
el medio con discriçion,
y posponer el biuir

menguado por adquerir
memorable defension.

56. Bien como Codro murio
por que biuiese su gente,
y aquel varon valiente
que en la torca se lanço,
y como Nuçio rromano,
que con tanta crueldat
teniendo su braço sano
lo quemo fasta la mano
por rremediar su çibdat.

57. En tales cosas por çierto
es glorioso morir,
pues con menguado biuir
el biuo se torna muerto;
que esta vida trabajada
non tiene bienes tamaños;
que si fuese bien mirada
bien medida y contenplada
non tenga mayores daños.

58. Señor, para defensar
grand coraçon rrequiere,
y mayor esfuerço quiere
que non para conquistar;
porque la defensa es
vna afrenta nesçesaria,
que rrefuyr non podays
el conquistar el rreues
por ser cosa voluntaria.

59. Para fazer los amigos
mas firmes & mas mayores,
para doblar seruidores
y vençer los enemigos,
vna liberalidat
con buena gracia mezclada
tenga vuestra magestad
fundada sobre verdad
nunca por nunca quebrada.

60. Que los rreyes justiçieros
y verdaderos y francos
fazen llanos los barrancos

y los castillos rroqueros;
ca justiçia con franqueza
y con verdad esmaltada
nunca fue tal fortaleza,
tal constancia, tal firmeza,
que non [fuese sojudgada*].[11]

[fol. 13v]

Ynvocaçion

61. De nueuo quiero ynuocar
aquel socorro diuino
para poder el camino
trabajoso prorrogar;
acorra con el poder
el Padre que puede tanto,
el Fijo con el saber,
gracia para conponer
venga del Spiritu Santo.

**Endereça la fabla a la muy
esclaresçida señora prinçesa**

62. Y con esta tal ayuda[12]
boluera la mano mia
de toda la groseria,
de todo punto desnuda,
a fablar con vos, señoras [sic],
alta rreyna de Çeçilia,
en Aragon suçesora,
prinçesa gouernadora,
de los rreynos de Castilla.

63. A quien fizo Dios fermosa,
cuerda, discreta, sentida,
en virtud esclaresçida,
buena, gentil & graçiosa;
diovos estrema belleza,
diovos linda proporçion,
diovos tan grande grandeza
que en toda la rredondeza
non vos se conparaçion.

64. Al Dios que vos adorno
de beldat mas que a ninguna,
de los bienes de fortuna
tan llena parte vos dio,
por tamaños benefiçios,
por tal graçia gratis data,
fazedle grandes seruiçios
con plazibles sacrifiçios,
vos le mostrad sienpre grata.

65. Non digo sacrificando
las saluajes alimañas,
ni con tornar sus entrañas
[   ]¹³ ydolatrando,
ni con muchas oraçiones,
ayunos ni deçiplinas,
ni estremas deuoçiones,¹⁴
saltando de los colchones
a dormir en las espinas.

66. Non que vistades çiliçio,
nin fagades abstinençia,
mas porque vuestra exçelençia
vse bien de aquel ofiçio,
de rregir y gouernar
vuestro rregno justamente,
ca, señora, este rreynar
non se da para folgar
al verdadero rrigente.¹⁵

[fol. 14r]

67. El mayor de los mayores
son sacrifiçios plazibles,
la sangre de los nozibles,
crueles & rrobadores;
en esto sacrificad
con grand deliberaçion,
pero, señora, guardat
non se mezcle crueldat
con la tal esecuçion.

68. El rrezar de los salterios,
el dezir bien de las oras,
dexad a las oradoras

que estan en los monesterios;
vos, señora, por rregir
vuestros pueblos & rregiones,
por fazerlos bien biuir,
por los malos corregir,
posponed las oraçiones.

69. Non digo que las dexes,
señora, por rreposar,
por vestir ni por tocar,
que mal enxenplo dareys;
las oras & sacrifiçios
nunca las deueys dexar
por deleytes nin por viçios,
nin por los otros ofiçios
agenos del gouernar.

70. Ca non vos demandaran
cuenta de lo que fazeys,
ni si vos deçiplinays [sic],
non vos lo preguntaran;
de justiçia si fezistes
despojada de pasion
si los culpados punistes
o malos enxenplos distes,
destos sera la quistion.

Conparaçion

71. Por tanto deueys honrrar
los saçerdotes & tenplos,
y darvos buenos enxenplos
y los malos euitar,
que los rreyes soys padrones
de los quales tresladamos
los trajes, las condiçiones,
las virtudes, las pasiones,
sin [sic] son errados, erramos.

Conparaçion

72. E bien como los dechados
errados en las lauores
son sin dubda causadores

de los corrubtos treslados,
asi bien sereys, señora,
siguiendo viçios senzillos
de doblados causadora,
que en casa de la pastora
todos tocan caramillos.

73. O prinçesa soberana,
mire vuestra señoria,
pues que Dios vos fizo guia
de la naçion castellana,
y del rreyno de Aragon
con otra grand cantidat,
guiadlos con discriçion
por la senda de rrazon
y non de la voluntad.

[fol. 14v]

Conparaçion[16]

74. Que maguer este camino
es a muchos deleytoso,
non al ostal virtuoso,
ni aquel pueblo diuino
salieron si bien mirastes
los caminantes por el,
que asi son las bondades
contra de las voluntades
qual lo dulçe de la fiel.

75. Voluntad quiere folgança,
quiere viçios, alegrias,
y fazer las noches dias
posponiendo la tenplança;
non procura grande fama,
menospreçia la salud,
la rrazon es vna dama
que grandes honores ama
y corre tras la virtud.

76. Quiero juntar los dos
prinçipes muy exçelentes,
pues tantos pueblos & gentes
son sometidos a vos;
pensad que teneys, señores,

vn muy poderoso cargo,
y mirad que estos fauores
rriquezas, viçios, honores,
el dexo tienen amargo.

77. Por eso mientra teneys
este feble poderio,
aqueste consejo mio
vos suplico que tomeys;
es a saber que temays,
prinçipes esclaresçidos,
aquel Dios por que rreynaes,
amando si deseays
ser amados & temidos.

78. Pues que mi saber desmaya
y la obra se defiere,
si al puerto non pudiere
quiero salir a la playa,
con esta fusta menguada
de los buenos aparejos
para tan luenga jornada
pero sin dubda cargada
de verdaderos consejos.

Fin

79. Los quales si non plazibles
al menos son prouechosos,
que los consejos sabrosos
muchas vezes son nozibles;
que muchos por ser priuados
daran, señores, de mi,
vnos consejos errados
non açucar confitados
y llenos de çecotri.

[fol. 15r]

[ID0277] LB3–4 (15r–18v..) (39x12, 4...)

Coplas que fizo don Jorje Manrrique sobre la muerte del maestre de

Santiago don Rrodrigo Manrrique su padre[17]

1. Rrecuerde el alma dormida,
abiue el seso y despierte
contenplando
como se pasa la vida,
como se viene la muerte
tan callando,
quand presto se va el plazer,
como despues de acordado
da dolor,
como a nuestro paresçer
qualquier tienpo pasado[18]
fue mejor.

2. Y pues veemos lo presente,
como en vn punto se es ydo
y acabado,
si judgamos sabiamente,
daremos lo non venido
por pasado;
non se engañe nadie, no,
pensando que ha de durar
lo que espera,
mas que duro lo que vio,
pues que todo ha de pasar
por tal manera.

Conpara

3. Nuestras vidas son los rrios
que van a dar en la mar
que es morir;[19]
alli van los señorios
derechos a se acabar
y consumir;
alli los rrios cabdales
alli los otros medianos
y mas chicos,
y llegados son yguales
los que biuen por sus mano[s][20]
y los rricos.[21]

Ynuoca

4. Dexo las ynuocaçiones
de los famosos poetas
y oradores;
non cureys de sus ficçiones
que traen yeruas secretas
sus sabores;
Aquel solo me encomiendo
Aquel solo ynuoco yo[22]
de verdad[23]
que en este mundo biuiendo
el mundo non conosçio
su deydat.

[fol. 15v]

Aplica y conpara

5. Este mundo es el camino
para el otro que es morada
sin pesar;
mas cunple tener buen tino
para andar esta jornada
sin errar;
partimos quando nasçemos,
andamos quando biuimos,
y llegamos
al tiempo que feneçemos,
asi que quando morimos
descansamos.

Prosigue[24]

6. Este mundo bueno fue
syn [sic] bien vsasemos del
como deuemos;
porque segund nuestra fe
es para ganar aquel
que atendemos;
y avn aquel Fijo de Dios
para sobirnos al çielo
desçendio
a nasçer aca entre nos

& beuir en este suelo
do murio.

7. Si fuese en nuestro poder
tornar la cara fermosa
corporal
como podemos fazer
el anima gloriosa
angelical,
que diligençia tan biua
touieramos toda ora
y tan presta
en conponer la catiua,
dexandonos la señora
desconpuesta.

8. Ved de quand poco valor
son las cosas tras que andamos
y corremos,
que en este mundo traydor
avn primero que muramos
las perdemos;
dellas desfaze la hedat
dellas casos desastrados
que acaesçen,
y dellas por calidad
en los mas altos estados
desfallesçen.

9. Dezidme la fermosura,
la gentil frescura y tez
de la cara,
la color y la blancura,
quando viene la vejez,
qual se para;
las mañas y ligereza
y la fuerça corporal
de jouentud,
todo se torna graueza
quando llega a la hedat
de senetud.

[fol. 16r]^{25}

10. Pues la sangre de los godos
y el linaje y la nobleza
tan creçida,
por quantas vias y modos
se sume su grande alteza
en esta vida;
vnos por poco valer
por quand baxos y abatidos
que los tienen,
y otros por poco tener
con ofiçios no deuidos
se mantienen.

11. Los estados y rriqueza
que nos dexen adesora,
quien dubda,
non les pidamos firmeza
pues que son de vna señora
que se muda;
que bienes son de Fortuna
que rrebuelue con su rrueda
presurosa;
la qual non puede ser vna
ni estar estable ni queda
en una cosa

12. Y pues digo que aconpañe
y llegue fasta la huesa
con su dueño,
por eso non nos engañe,
pues se va la vida apriesa
commo sueño;
y los plazeres de aca
son en que nos deleytamos
tenporales,
y los tormentos de alla,
que por ellos esperamos,
eternales.

13. Los plazeres & dulçores
desta vida trabajosa
que tenemos,
que son sino corredores
y la muerte la çelada

en que caemos;
non mirando nuestro daño
corremos a rrienda suelta
sin parar;
desque veemos el engaño
si queremos dar la buelta
non ay lugar.

14. Estos rreyes poderosos
que veemos por escrituras
ya pasadas,
con casos tristes llorosos
fueron sus buenas venturas
trastornadas;
asi que non ay cosa fuerte
que papas y enperadores
y perlados;
asi los trata la muerte
como a los pobres pastores
de ganados.

15. Dexemos a los troyanos
que sus males non los vimos
nin sus glorias;
dexemos a los rromanos
avnque leemos y oymos
sus estorias;
[fol. 16v]
non curemos de saber
lo de aquel siglo pasado
que fue dello;
vengamos a lo de ayer
que tanbien es oluidado
como aquello.

16. ¿Que se fizo el rrey don Juan,
los ynfantes de Aragon
que se fizieron?
¿Que fue de tanto galan,
que fue de tanta ynuençion
como traxieron?
Las justas y los torneos,
paramentos, bordaduras,
y çimeras,
fueron sino deuaneos,

que fueron sinon verduras
de las eras.

17. ¿Que se fizieron las damas,
sus tocados, sus vestidos
sus olores;
que se fizieron las llamas
de los fuegos ençendidos
de amores;
que se fizo aquel trobar,
las musicas acordadas
que tañian,
que se fizo aquel dançar,
aquellas rropas trepadas
que trayan?

18. Pues el otro su heredero,
don Enrrique, que poderes
alcançaua;
quan blando y quand falaguero
el mundo con sus plazeres
se le daua;
mas veras quand enemigo,
quand contrario, quand cruel
se le mostro;
auiendole seydo amigo,
quand poco duro con el
lo que le dio.

19. Las dadiuas desmedidas,
los hedefiçios rreales
llenos de oro,
las baxillas tan febridas,
los enrriques y rreales
del thesoro;
los jaezes, los cauallos,
de su gente y atauios
tan sobrados,
¿donde yremos a buscallos,
que fueron sinon rroçios
de los prados?

20. Pues su hermano el ynoçente
que en su vida suçesor
se llamo,
que corte tan exçelente

touo y quanto gran señor
le siguio;
[fol. 17r]
mas como fuese mortal
metiolo la muerte luego
en su fragua;
¡o juyzio diuinal,
quando mas ardia el fuego,
echaste el agua!

21. Pues aquel gran condestable,
maestre que conosçimos
tan priuado,
non cunple que del se fable,
sinon solo que lo vimos
degollado,
sus ynfinitos tesoros,
sus villas y sus lugares,
su mandar,
¿que le fueron sinon lloros,
que fueron sinon pesares
al dexar?

22. Pues los otros dos hermanos,
maestres tan prosperados
como reyes,
que a los grandes y medianos
troxieron tan sojudgados
a sus leyes;
aquella prosperidat
que en tan alto fue sobida
y ensalçada,
¿que fue sinon claridat,
que estando mas ençendida
fue amatada?

23. Tantos duques eçelentes,
tantos marqueses y condes
y varones
como vimos tan potentes,
di, Muerte ¿do los ascondes
y traspones?
Y las sus claras hazañas
que fizieron en las guerras
y en las pazes,

quando tu cruda te ensaña[s*]
con tu fuerça las atierras
y desfazes.

24. Las huestes yñumerab[les*]
los pendones y estandar[tes*]
y vanderas,
los castillos ynpunable[s*]
los muros y baluartes
y barreras,
la caua honda chapada
y qualquier otro rreparo
que aprouecha,
quando tu vienes yrada
todo lo pasas de claro
con tu flecha.

**Dirige la fabla al maestre
don Rodrigo su padre**

25. Aquel de buenos abrigo,
amado por virtuoso
de la gente,
[fol. 17v]
el maestre don Rrodrigo
Manrrique tanto famoso
y tan valiente,
sus grandes fechos y claros
non cunple que los alabe
pues los vieron,
ni les quiero fazer caros
pues que todo el mundo sabe[26]
quales fueron.

26. Que amigo de amigos,
que señor para criados
y parientes;
que enemigo de enemigos,
que maestre de esforçados
y valientes;
que seso para discretos,
que gracia para donosos,
que rrazon;
que benigno a los sugebtos,

y a los brauos y dañosos,
vn leon.

Conpara

27. En ventura Otauiano[27]
Jullo Çesar en vençer
y batallar;
en la virtud Africano,
Anibal en el saber
y trabajar;
en la bondad vn Trajano,
Tito en liberalidad
con alegria,
en su braço Aureliano,
Marco Tulio en la verdat
que prometia.

Prosigue

28. Antonio Pio en clemençia,
Marco Aurelio en ygualdat
y senblante;
Ariano en eloquençia,
Theosio [sic] en vmanidat
y buen talante;
Marco Alixandre fue
en diçiplina y rrigor
de la guerra;
Constantino en la fe
Canino en el gran amor
de su tierra.

29. No dexo grandes thesoros,
nin alcanço grandes rriquezas
ni baxillas,
mas fizo guerras a moros
ganando sus fortalezas[28]
y sus villas;
y en las lides que vençio
muchos moros y caualleros
se perdieron,
y en este ofiçio gano

las villas y los vasallos
que le dieron.

30. Pues por su honrra y estado
en estos tienpos pasados
como se vuo,
[fol. 18r]
quedando desanparado
con sus fijos y criados
se sostuuo;
despues que fechos famosos
fizo en estas dichas guerras
que fazia,
fizo tratos tan honrrosos
que le dieron avn mas tierras
que tenia.

31. Y estas sus viejas ystorias
que con su braço pinto
en la jouentud,
con otras nueuas vitorias
agora las rrenouo
en la senetud;
que por grand abilidat
y meritos y anciania
bien gastada,
alcanço la dignidat
de la grand caualleria
del espada.

32. Y sus villas y sus tierras
ocupadas de tiranos
las fallo,
mas por çercos y por guerras
y por fuerça de sus manos
las cobro;
si de las obras que obro
el nuestro rrey natural
fue seruido,
digalo el de Portugal
en Castilla quien siguio
su partido.

33. Despues de puesta la vida
tantas vezes por su ley
al tablero;

despues de tan bien seruid[a*]
la corona de su rrey
verdadero;
despues de tanta hazaña
a que non puede bastar
cuenta çierta,
en la su villa de Ocaña
vino la Muerte a llamar
a su puerta.

Fabla la muerte con el maestre

34. Diziendo—Buen cauallero,
dexad el mundo engaño[so*]
sin falago,
vuestro coraçon de azero
muestre tu esfuerço famo[so*]
en este trago;
y pues de vida y de salu[d*]
fezistes tan poca cuenta
por la fama,
fazed la de la virtud
para sofrir esta afrenta
que vos llama.

35. Non se os faga tan amargo
la batalla temerosa
que esperays,
pues otra vida tan larga
de fama tan gloriosa
aca dexays;
que avnque esta vida de hon[or*]
[fol. 18v]
tanpoco non es eternal
ni duradera
mas con todo es muy mejor
que la otra ynfernal
peresçedera.

36. Que el biuir que es perdurable
non se gana con estados
mundanales,
ni con vida deleytable
en que moran los pecados

ynfernales,
que los buenos rreligiosos
gananla con oraçiones
y con lloros;
los caualleros famosos
con trabajos y afliçiones
contra moros.

37. Pues vos, claro varon,
tanta sangre derramastes
de paganos,
esperad el gualardon
que en este mundo ganastes
por las manos;
y con esta confiança
y con la fe tan entera
que teneys,
partid con vna esperança
que la vida verdadera
cobrareys.

**Rresponde don Rrodrigo
Manrrique a la Muerte**

38. –No gastemos tienpo ya
en esta vida mezquina
por tal modo,
que mi voluntad esta
conforme con la diuina
para todo;
y consiento en mi morir
con voluntad plazentera
clara y pura,
que querer onbre biuir
quando Dios quiere que muera
es locura.

Oraçion que fizo el Maestre

39. —Tu que por nuestra maldat
tomaste forma çeuil
y baxo nonbre;
Tu que a Tu diuinidat
juntaste cosa tan vil

como es el onbre;
Tu que los grandes tormentos
sofriste sin rresistençia
en Tu persona,
non por mis merescimientos
mas por Tu sola clemençia
me perdona.

Fin

40. Asi con tal entender
todos sentidos vmanos
conseruados,
çercado de su muger . . . .
[   ].[29]

[fol. 21r]

[ID2749] LB3–5 (. . .21r–27v) (Prose)[30]

[   ] . . . muerte & pasion en la Santa Vera Cruz por saluar el vmanal linaje & lo saco del ynfierno a El & a los santos padres & profetas que con El estauan & los leuo a la gloria del parayso.

¿Quantos[31] fijos ouo Adan?

Rrespondio—Diez fijos & treynta fijas, afuera de Cayn & de Abel, ca fueron los primeros.

¿Quantos pecados fizo Cayn en la muerte de su hermano Abel?

—Çinco; el primero omeçida, que mato a su hermano. El segundo enbidia, que lo mato por enbidia. El terçero, mintio a Dios quando le pregunto por el. El quarto que nunca se arrepintio. El quinto que desespero.

¿Quien fue el que primero sacrifiçio sacrifico a Nuestro Señor Dios?

—Abel el segundo fijo de Adan.

¿Quien fizo primero letras?

—Sed, fijo de Adan.

¿Quien fue el primero que canto misa?

—Melchisedet.

¿Que cosa es la mar?

—Gouierno de los pescados, carrera non çierta, cosa muy marauillosa.

¿Que cosa es el onbre?

—Ymagen de Nuestro Señor Dios.

¿Que cosa es muger?

—Arca de mucho bien y de mucho mal, ymagen de omne, bestia que nunca se farta.

¿Que cosa es el sueño?

—Ymagen de muerto.

¿Que cosa es la muerte?

—Apartamiento del cuerpo y del anima; cosa a la qual ninguna cosa naçida non puede fuyr en ninguna manera; cosa aborresçida de las criaturas.

[fol. 21v]

¿Quien fue el que murio y non naçio?

—Adan

¿Qual es la cosa de que omne non se puede ver farto?

—De ganar el algo.

¿Qual la cosa con que pesa mas al omne?

—Con la muerte de sus fijos.

¿Con que plaze mas al omne?

—Con la muerte de su enemigo.

¿Que cosa es el omne mançebo?

—Candela ençendida que ayna se amata.

¿Que cosa es el onbre viejo?

—Mal deseado vestidura de dolores.

¿Qual es la cosa non çierta?—La vida del omne.

—Qual es la cosa mas çierta?—La muerte de las personas.

¿Por quantas maneras mienten los omnes?

—Por tres: por deleyte de fablar, por dezir bien de quien bien quiere, o por dezir mal de quien mal quiere.

¿Quien fue el que puso nonbre a todas las cosas del mundo?

—Nuestro Padre.

¿Qual fue el primero onbre que entro en parayso despues que Adan fue echado del?

—El ladron que cruçificaron en Iherusalem quando cruçificaron a Nuestro Señor Ihesu Christo, que le demando merçed a Nuestro Señor Ihesu Christo & le dixo: Oy seras comigo en el parayso.

¿Quales fueron las mas honrradas bodas que en el mundo fueron ni seran?

—Las que fizo Artechiclinus donde fue conbidado Nuestro Señor Ihesu Christo & la Virgen Santa Maria su madre, donde Nuestro Señor torno del agua vino.

¿Quales fueron las mejores nueuas que en el mundo fueron traydas?

—Las que traxo el angel [fol. 22r] Sant Grauiel a la Virgen Santa Maria que auia de ser Madre de Dios. La cosa mas graue & peor de saber es el coraçon del omne & los sus pensamientos, que non ay persona del mundo que los pueda saber sinon. Dios & aquellos a quien Dios o el omne lo quiere rreuelar. La cosa que es mas ygual entre los rricos & los pobres es nasçer & biuir & morir. La cosa mas ligera en el mundo es el pensamiento del omne que en punto lo pone donde quiere avnque sea en cabo del mundo. La cosa que el omne vee & non puede llegar a ella nin la puede tocar es el çielo & el sol & la luna & las estrellas. La cosa que el omne tiene en si & non la puede tocar es el anima.

¿Que cosa es el sol?

—Es vna de las siete planetas, luz & claridad del dia, que alunbra a todo el mundo. Lo que haze el sol de noche es que ay oras que da lunbre a los ynfiernos & oras ay que da lunbre al purgatorio & oras ay que da lunbre deyuso del mar & despues sale a oriente & da lunbre a todo el mundo & ponese a poniente. La tierra es vno de los quatro elementos engendradera & comedora de todas las cosas que so el çielo son. [   ]³²to elementos sostienen la tierra, el fuego [fol. 22v] ynfernal & los abismos de tierra.

¿Quien sostiene los abismos & los ynfiernos de la tierra?
—El arbol que fue plantado en parayso. En las rrayzes del estauan los patriarcas & profetas que yuan al ynfierno antes de la pasion de Nuestro Señor Ihesu Christo. El agua es vno de los quatro elementos, carrera de los pescados, criadera de todas las plantas. El ayre es vno de los quatro elementos, mouedor de las nuves, carrera de las aues. La noche es descanso de los trabajos, encobridora de todos los malfechores. En el tienpo del diluuio murieron todas las gentes, que non quedo en el mundo criatura biua sinon fue Noe & sus fijos & sus nueras que escaparon en el arca que Dios le mando fazer. Dos mill & dozientos & çinquenta & dos años ouo desde el comienço del mundo fasta el diluuio. Noe auie quinientos años quando començo a fazer el arca que Dios le mando que fiziese & estouo en fazerla çient años. Quarenta dias & quarenta noches llouio quando vino el diluio [sic] que mato todas las cosas. Çiento & quarenta dias estouo el arca que non asento en tierra desde que çeso de llouer. El arca fue grande de trezientos cobdos en luengo & çinquenta cobdos en ancho & treynta cobdos en alto. [fol. 23r] El arca fue tan grande porque Noe auia de meter consigo todas las bestias & animalias & aues vn par macho & fenbra, las quales le traxo Dios alli acabada el arca. Quando las aguas començaron a menguar, asento el arca en el monte de Armenia en vna sierra muy alta. El primero que planto viña fue Noe, & avn el fue el que primero se enbeudo. Los que nasçieron & non murieron nin moriran fasta la fin del mundo fueron Elias & Enoc que fueron leuados biuos en cuerpos & en animas al parayso terrenal & estan ay & estaran fasta que venga el Antichristo que peleen con ellos. Sant Pablo fue el primero ermitaño que fizo monesterio & se aparto del mundo. El primero rrey que ouo fue Nenbrot. La primera çibdat que ouo en el mundo fue Niniue. El que nasçio en este mundo sin padre fue Adan y el que nasçio de padre sin madre fue Eua que nasçio de Adan sin ninguna madre. El que nasçio de madre sin padre fue Nuestro Señor Ihesu Christo que nasçio de la Virgen Santa Maria sin simiente de varon & sin ningund corronpimiento. En el monte de Filoc nunca llouio ni llouera, nin cae ningund rroçio del çielo. El sepulcro que nunca se fallo es el de Moysen. [fol. 23v] Moysen fue el que mas estuuo en este mundo sin comer y sin beuer, que estouo en el monte Sinay quarenta dias y quarenta noches fablando con Nuestro Señor Dios, que nunca comio ni beuio todos quarenta dias. El profeta Jonas andouo en este mundo en dos vientres, en el vientre de su madre & despues andouo en el vientre de la vallena tres dias & tres noches. Sant Lazaro nasçio vna vez & murio dos vezes. El mejor don que en este mundo fue demandado & fue dado fue el cuerpo de Nuestro Señor Ihesu Christo que lo demando Josep Abarimatia a Ponçio Pilato & el diogelo. El primero enperador que ouo en el mundo fue Jullo Çesar. La mejor perdida que se perdio fue Luçifer y los otros malos angeles que con el touieron, que perdieron las sillas de la gloria de parayso & donde eran angeles gloriosos fueron tornados diablos ynfernales. El mayor pecado que onbre en este mundo fizo fue el de Judas Escariote que vendio a Nuestro Señor Ihesu Christo & le traxo a la muerte por treynta dineros, & despues desespero de la su misericordia. Nuestro Señor nasçio en el tienpo del enperador Otauiano Çesar.

[fol. 24r] Nuestro Señor Ihesu Christo rresçibio muerte & pasion en tienpo de Tiberio Çesar. El mas honrrado nasçimiento que en este mundo fue el de Sant Juan Bautista que nasçio en las manos de la Virgen Santa Maria. El santo patriarca Abrahan fue el primero que fizo altar a Dios & lo adoro. Alixandre fue el mayor conquistador del mundo & que en poco tienpo mas tierra ganase, que en doze años conquisto y gano todo el mundo, & quando murio non auia mas de treynta & seys años. Aristotiles fue el mayor filosofo del mundo. El rrey Salomon fue el mayor sabidor del mundo. El rrey David fue el mayor profeta del mundo. El que mas gente fizo condepnar en el mundo fue Mahomad. El onbre mas vanaglorioso del mundo fue el rrey Nabucodonosor que fizo asimesmo que lo adorasen como a Dios. El que mas cruel sentencia en este mundo dio fue Ponçio Pilato que mando matar a Nuestro Señor Ihesu Christo que era verdadero Dios & verdadero omne & que sabia el bien que era sin culpa. La muerte de Sant Lazaro fue mas llorada que de onbre en este mundo, que lloro Nuestro Señor Ihesu Christo quando le dixieron que era muerto. [fol. 24v] Quien mayor plazer y pesar ouo en este mundo fue Nuestra Señora la Virgen Santa Maria que en la pasion de Nuestro Señor Ihesu Christo ouo el mayor pesar que nunca fue tomado y en la su rresureçion ouo eso mesmo el mayor plazer que nunca persona del mundo pudo auer. El que mayor furto fizo en este mundo fue Jacob que furto la bendiçion a su hermano Esau. Lo que las gentes mas cobdiçian & menos fagan por la auer es el parayso. La cosa que los omnes mas querrian escusar es el ynfierno. El omne mas fermoso del mundo fue Absalon. El omne mas rrezio del mundo fue Sanson, & en esfuerço, Ector. La persona que mas gentes se perdieron fue por la rreyna Elena sobre Troya. Sobre la çerca de Troya fue el mayor ayuntamiento de gentes que en el mundo ouo, que vinieron gentes de todo el mundo, vnos por la destruyr y otros por la anparar & defender. La muger que ouo mas esforçada en el mundo fue Judit, que teniendo Olifernes çercada la çibdat de Iherusalem con muy mucha gente, fue ella al rreal & estando en la cama con Olofernes matolo & cortole la cabeça & traxola a los judios a Iherusalem por do fueron librados & mataron muchos de aquellos que los tenian çercados. El mayor luchador que ouo en el mundo fue el patriarca Jacob que lucho toda vna noche con el angel. [fol. 25r] La primera fusta que ouo en el mundo fue el arca de Noe. El mas cobdiçioso onbre del mundo fue Judas Escariote que por cobdiçia de treynta dineros vendio & traxo a la muerte a Nuestro Señor Ihesu Christo que era su Señor & su Maestro. Las cosas mas obidientes a Dios son el sol & la luna & las estrellas & las otras planetas del çielo, que desque Dios les mando andar por sus cursos desde oriente a poniente, nunca jamas çesaron de lo fazer ni çesaran fasta la fin del mundo. El peor manjar que en el mundo fue comido fue el que comio Adan & Eua que perdieron por el la gloria del parayso. Donde eran ynmortales, fizieronse mortales a ellos & a todos los que dellos deçendieron del linaje vmanal. El mejor manjar del mundo es el cuerpo de Nuestro Señor Ihesu Christo, que quando el omne lo toma & come como deue, fazelo çierto de non yr al ynfierno & de yr a la gloria de parayso. El mas sabroso manjar que fue en el mundo fue la magna que dio Nuestro Señor en el desierto a los fijos de Ysrrael, que sabia a cada vno a lo que avia gana & voluntad de comer. El rrey Salamon fue el mas rrico omne del mundo, que quantas vasijas auia en su cozina & en toda su casa eran de plata tanta era la plata que tenia. [fol. 25v] El mas enbidioso onbre del mundo fue Cayn, que por enbidia mato a su hermano, seyendo el mundo de amos a dos. La rriqueza que non se acaba & el rreyno que nunca se pierde & la vida que nunca ha fin & el gozo que nunca se muda es la gloria del parayso. El omne de mas conplida bondad es el que apremia su yra & vençe a su voluntad. La cosa que el omne deue callar avnque sea verdad es alabarse a si mesmo. La poca verdat & la grand cobdiçia faze muy ayna errar a los omnes. Las mejores cosas que deue aver en el omne es la vergüença & la verdat. El mayor mal que los omnes cobdiçian es la vejez. En tienpo del rrey Faraon & de Josepe su priuado, fijo de Jacob, fue en tierra de Egibto la mayor fanbre que en el mundo ouo, que fueron siete años malos uno en pos de otro. El primero omne que dio ley a los omnes por donde biuiesen fue el Santo Muysen por mandado de Dios. El mas cruel omne del mundo fue el rrey Erodes, que mando matar a los santos ynoçentes, pensando fallar entrellos a Nuestro Señor Ihesu Christo, los quales fueron quinientas criaturas que ouo en Bellen & en toda su tierra de hedat de tres años. [fol. 26r] La cosa mas pesada del mundo es la debda. El ojo es mas apresurado que la saeta, que en abriendole, le pone en vn punto donde quiere. La lengua del omne es mas aguda que la nauaja. El coraçon del omne es mas ardiente que el fuego quando esta ayrado & enbulto en saña. La ganançia es mas dulçe que la miel. La locura es dolençia syn sanidat. El mayor llamamiento del mundo es quando el omne es llamado de Dios que parte deste mundo. La verdat es mas fuerte que el azero. El mayor plazer de los plazeres es vençimiento de enemigos. El enemigo tienta al omne por vno de los siete pecados mortales, que son soberuia, auariçia, luxuria, gula yra, enbidia, acçidia. Por quatro maneras engaña el enemigo al omne. La primera que non faga penitençia de sus pecados mientra es mançebo, que bien se confesara & fara penitençia quando fuere viejo. La segunda, que otros pecaron mas que el & despues fizieron penitençia. Lo terçero, que avnque faga muchos pecados, que grande es la misericordia de Dios. La quarta es que le pone dubda en la fe. Por quatro maneras tarda el omne de [fol. 26v] confesar sus pecados. La primera por negligençia. La segunda por vergüença de dezir sus pecados. La terçera por miedo de la penitençia que le han de mandar fazer. La quarta por enduresçimiento de estar en pecado mortal. Los peores pecados del mundo son non creer la santa fe catolica & desesperar de la misericordia de Dios. Las obras mas çiertas que lieuan a omne a parayso es la fe con obra & esperança & caridad. Las prinçipales cosas por que[33] el diablo lieua al omne al ynfierno es por non creer la fe catolica & morir en pecado mortal. A quatro señores sirue omne en este mundo. A Dios & al diablo, a la carne & al mundo. El vno es bueno & el otro es malo & el otro es vil & el otro es vano. El bueno es Dios que nos da buen gualardon quando lo seruimos faziendo ayunos, limosnas, oraçiones, rrogarias & todas las obras de misericordia por las quales nos lieua a la su Santa gloria del parayso. El malo es el diablo que nos da mal gualardon de las cosas que por el fazemos quando lo seruimos, faziendo furtos & rrobos & muertes por las quales nos lieua al ynfierno a sofrir muy crueles penas para sienpre jamas. El otro es vil, que es la carne, que quando la seruimos auiendo muchos deleytes de luxurias & de comeres & de beueres, & despues danos vil gualardon, que nos faze comer a gusanos & a otras cosas viles. El otro es vano, que es el [fol. 27r] mundo, teniendo en el tierras, rriquezas, ponpas, señorios, vanaglorias. E este nos da vano gualaron, ca nos da vano gualardon [sic]. Ca este nos da grand trabajo en lo dexar. Quando el omne muere todo lo dexa aca al mundo & el fallase engañado con tanta vanagloria como tomo & con tanto pecado como fizo por la ayuntar & ganar. Por quatro cosas o maneras el omne biue bien en este mundo. La primera, quando biue biuendo en este mundo. La segunda, quando es finado en buena fama, que todos dizen bien del & sienpre biue so buen enxenplo & fama. La terçera, quando esta en estado de graçia, que biue su alma con Dios & es conpañero & aparçero [sic] en los bienes & sacrifiçios de la Santa Madre Yglesia, La quarta, quando va a la gloria del parayso con los sus angeles. En tres o quatro maneras muere el omne. La primera, quando muere muriendo el cuerpo. La segunda, quando muere en mala fama, que todos dizen mal del, e el que muere sin su nonbre. La terçera, quando esta en pecado mortal, que esta muerta su anima. E el non ha parte nin es partiçionero en los bienes & sacrifiçios que la Santa Madre Yglesia faze. La quarta, quando va al ynfierno que muere para sienpre jamas. La cosa con que mas plaze a Dios & a sus angeles es quando el pecador se conuierte & faze penitençia de sus pecados & perseuera & acaba en ella en fin de las sus dias. Las mejores oraçiones que el omne puede dezir [fol. 27v] son tres: el Pater Noster que dixo Nuestro Señor Ihesu Christo por la su boca mostrando a sus diçipulos como auian de orar; el Aue Maria que fue dicha por la boca del angel quando saludo a la Virgen Maria; e el Credo que fue dicho & ordenado por las bocas de los apostoles, en el qual seençerro todos los articulos de la fee. E despues desto, la Salue Rregina, que es oraçion de la Virgen Maria & es ordenada por los santos padres de la yglesia. E aqui se acaban las preguntas quel enperador fizo al ynfante Epitus & las rrepuestas que el le dio.

[ID2750 T 2751] LB3–6 (27v–28r) (4,2,14x4)

Para los deuotos christianos que estan en la batalla espiritual, aplicanse estos metros sobre el cantar que dizen los juglares: 'Agora es tienpo de ganar buena soldada'[34]

1. Pues tienes libre poder[35]
de pelear y vençer,
date priesa a meresçer
la perdurable morada,

agora es tienpo de ganar buena soldada

2. Que despues del onbre muerto
es çierto y mucho çierto
que de quanto fizo tuerto
le sera cuenta tomada.

3. Has de yr solo, pelegrino,
tras los pasos del Dios trino,
mirandote tan yndino
que te hizo de no nada,

agora es tienpo ...

4. Siruiendo prudentemente
sinple, manso, y diligente,
creyendo que esta presente
el que es fin de la jornada.

5. Por sus obras has de andar,
en çierto sin vagar,
y ni dezir nin pensar
palabra demasiada.

6. Y los sieruos bien midridos
traygan sienpre los sentidos,
rreçelen los rrecogidos
del temor de la çelada,

agora es tienpo de ganar buena soldada

[fol. 28r]

7. Por este mu[n]do mezquino
pasa apriesa y de camino,
quanto tomes pan y vino
non estes mas en la posada.

8. Sey continuo en la oraçion
con feruor de contriçion
sienpre puesta el atençion
en la verdat encarnada.

9. Busca secretos lugares
do pienses en lo que errares,
y gozes de los lugares
de la culpa bien llorada.

10. Lo que te sobra del dia
gastalo con quien te guia,
tratando del alegria
de la gloria deseada.

11. Y vendras a la vmildat
que es creer de ti verdat,
de la santa caridat
suele estar aposentada.

12. Y gustando los dulçores
de sus muy altos amores
a los tres conpetitores
ya non los ternas en nada.

13. Do vernas a contenplar
nuestra grand gloria sin par
y del todo a despreçiar
esta tu carne cuytada.

14. Si touieres el querer
todo lo puedes aver
que esto venimos fazer
en esta tierra prestada.

15. Lo que Adan nos perdio
Ihesu Christo lo cobro
con su muerte y nos gano
vida bienauenturada.

Cabo

16. Pues yo rruego al que esto l[ea*]
que lo obre y que me crea,
por que goze desta prea
que por Dios nos fue ganada.[36]

[fol. 28v]

[ID2752 T 2753] LB3–7 (28v) (4x4–1)

Sobre el cantar que dize: 'Dime, señora, si me fuere desta tierra, si te acordaras de mi'[37]

1. En el siglo duradero
del juyzio postrimero
do por mi rremedio espero
los dulçes rruegos de Ti,

si Te acordaras de mi

2. Quando este en aquella afrenta
de la muy estrecha cuenta
de quantos bienes y rrenta
por Tu Fijo rresçebi,

si Te acordaras de mi

3. Quando seran publicados
mis tienpos malgastados[38]
y todos quantos pecados
yo mesquino cometi,

si Te acordaras de mi

4. Quando mi alma cuytada,
temiendo ser condenada
de fallarse muy culpada
tendra mill quexos de si,

si Te acordaras de mi

[fol. 29r]

[ID2754] LB3–8 (29r) (3x10,5)

Hino al noturno en metro a maytines[39]

1. A esta ora maytinal
oraua el beruo diuino
al Padre çelestial
non sin grand rregajal
de angustia & dolor sanguino;
vida pide y non la alcança,
mas la muerte que rrehusa,
o Ihesu nuestra esperança,
que fuerte trago & mudança
Te dio la muerte confusa.

2. Este caliz sin dulçor
desleydo en amargura
le dio a Nuestro Rrendeptor
vn angel confortador
como a flaca criatura;
o lamentaçion tan fuerte,
o maytines de dolor,
o alma que por quererte
tristes ansias de la muerte
sufre en ellos tu Señor.

3. Tinieblas que son los malos
al muy claro sol prendieron;
con rrigor sin ynterualos,

con armas sogas y palos
a Cayfas lo ofresçieron;
sus diçiplos salieron
al torrente de Çedron;
de temor se le boluieron
que sofrir nunca pudieron
vn punto de su pasion.

4. Gloria sea al muy alto conpl[ido*]
Dios & onbre verdadero,
por quien el mundo perdido
por su sangre es rredemido,
El muriendo en el madero.

[ID2755 S 2754] LB3–9 (29rv) (3x10,5)

Hino a las laudas

1. En denuestos y baldones
la noche le da congoxa
y puesto en crudas prisiones
sus angustias y pasiones
el alua non las afloxa;
a tal ora con saliuas
su claro rrostro cubrieron
aquellas gentes esquiuas,
las mas crueles & altiuas
que son nin seran nin fueron.

2. La muy cruel bofetada
que en sangre boluieron sus dientes
a esta ora le fue dada
& de su Madre sagrada
a Sant Juan le vino mientes;
[fol. 29v]
a tal ora rradiava
en Sant Pedro ya su lunbre
quando Judas se colgaua
y al ynfierno se obligaua
a perpetua seruidunbre.

3. Quand vfano con tal preso
se sintiera Cayfas
si ouiera claro el seso
tesoro de tanto peso
nunca rrey touo jamas;

por tan libre prisionero
que te dieran los defuntos
este mundo todo entero
mas non bastara dinero
nin los çielos todos juntos.

4. Gloria sea al muy alto conplido[40]
Dios & onbre verdadero,
por quien el mundo perdido
con su sangre es rredemido,
El muriendo en el madero.

[ID2756 S 2754] LB3–10 (29v–30r)
(3x10,5,5)

A prima

1. En la prima se falsaua
el crimen de sus querellas;
Cayfas las ordenaua
y al fin se[41] le determinaua
la muerte por todas ellas;
con triste son de añafiles,
con señas & rregozijo,
lastimado con astiles,
el juez de los gentiles
fue el arte de Padre & Fijo.

2. El juez del mundo entero
al eterno Dios egual,
de los çielos heredero
sin proçeso verdadero
fue a juyzio tribunal;
y llegado a la presençia
de Pilato el asistente,
vieras demandar sentençia
contra toda la ynoçençia
del mas justo y mas paçiente.

3. Rronpense las juridiçiones
de las gentes criminosas;
publican acusaçiones
de mortales conclusiones
a grandes bozes furiosas;
con paçiençia se defiende,
con silençio les rresponde,

y Pilato bien entiende
que la enbidia los ençiende
y verdad se les asconde.

[fol. 30r]

4. Al gritar de la porfia
del clamor de ¡Cruçifixe!
su dulçe Madre venia
y del son que se dezia
su alma toda se aflixe.

5. Gloria sea al muy alto conplido
Dios & onbre verdadero,
por quien el mundo perdido
con su muerte es rredemido,
El muriendo en el madero.

[ID2757   S   2754]   LB3–11   (30r)
(3x10,5,5,)

Hino a terçia

1. Vn linaje ysrraelita
a terçia muy mal lo acusa;
dize que su ley escripta
de la muerte non lo euita
maguer Pilato lo escusa;
de açotes lo martiriza
Pilato por darles medio
fierenlo con profetiza
y con purpa postiza
burlan de nuestro rremedio.

2. E las carçeles tan duras,
afligido y desangrado,
anda nuestro sol a escuras
a buscar sus vestiduras
con amor de ynmenso grado;
y falladas al rrincon
de mortal non se las viste,
o lunbre del coraçon,
en esta coronaçion
que amargo trago sentiste.

3. Barrabas fue perdonado
y al Fijo de Dios condepnan,
el qual Ynfante sagrado
la cruz lleua de su grado
con pregones que lo penan;
y su Madre le ayuda
a yr de la propia cruz asida;
que dolor para morir,
verse entramos y sofrir
de la vista mortal vida.

4. La Veronica se ofresçe,
virgines le van llorando,
la cruz tanto le enflaqueçe
que caydo se amorteçe
poco menos despirando.

5. Gloria sea al muy alto conplido
Dios y onbre verdadero,
por quien el mundo perdido
por su muerte es rredemido,
El muriendo en el madero

[ID2758   S   2754]   LB3–12   (30r–v)
(5x10,5)

Hino a sesta

[fol. 30v]

1. La sesta se çelebro
en las cunbres de Caluario
en la qual Ihesus cobro
la Gloria que nos perdio
Luçifer nuestro aduersario;
alli estuaua Dios desnudo
con tan estendidos neruios,
quien lo vido y beuir pudo,
amarillo rronco y mudo,
blasfemado de soberuios.

2. Alli fue la cruz plantada
que primero fue en la ley;
lamentada y adorada
de la rreyna consagrada

Madre del ylustre Rrey.
O miragloso frutal
sin ser plantado nasçido,
tan suaue grande y tal
que este mundo vniversal
por su fruto non es perdido.

3. El qual çedro en esta sesta
con fuerça & bozes se enpina,
y aquella caluaria cuesta
se torno bosque y floresta
de la magestada diuina;
de fruto tan poderoso
no tiene fojas la rrama;
mirad, almas, vuestro esposo
para su fiesta y rreposo
quand mortal tiene la cama.

4. El lugar tan abatido
non le quite que non mande;
alli le fue prometido
al ladron arrepentido
el parayso muy grande;
y Sant Juan por madre
hereda a Virgen alta,
y el por fijo se le queda
con quien lastimar se pueda
por aquel Dios que le falta.

5. Al sol los rrayos denegra
por Ihesus su dulçe fruto,
[   ]⁴²
& toda pena se quiebra
y la luna pone luto;
danle vino de azedia,
la Madre se le amorteçe,
& la cruz se le guarnesçe
de la sangre que corria.

6. Gloria sea al muy alto conplido
Dios & onbre verdadero,
por quien el mundo perdido,
por El solo es rredemido,
El muriendo en el madero.

[fol. 31r]

[ID2759 S 2754] LB3–13 (31r) (5x10,5)

Hino a nona[43]

1. El çielo a nona enxergado
por Ihesus su luz que muere,
y el mar tanbien fue turbado
por que agua le ha faltado
a su Dios que con sed muere;
y con este disfauor
de llamar Dios non dexa,
con espantable dolor,
con las vistas y pauor,
de la muerte que lo aquexa.

2. Su caridat sin medida
en aquesta ora que digo
le faze que al padre pida
yndulgençia muy conplida
para el pueblo su enemigo;
danle fiel con azedias
o Ihesus la sed que auias
fin fue de las profeçias
y de amor ardiente rrayo.

3. Su biuo color perdido
y la vista ya sumida,
con trago de fiel beuido
y con el dolor que ha sentido
de la muerte encrudeçida,
en la cruz tan abatida
con sangre que corre della,
y con rronca boz creçida
a su Padre se querella.

4. O mar de suauidat
que a tantos tristes librast[e*],
o fuente de piedat
en esta muerte canpal
por que me desanparaste,
o Padre muy verdadero
quand mal me trata Ysrrael;
mis penas quexarlas quiero,
de Ti me quexo y querello
desta muerte tan cruel.

5. Mi alma Tu la rresçibe,
o Padre a Ti la encomiendo;
desde agora se aperçibe
va sufriendo ya conçibe
su terrible arrancamiento;
la cabeça se le ynclina
en señal de obidiençia,
y la sapiençia diuina
en aquesta ora se fina
por nuestra beniuolençia.

6. Gloria sea al muy conplido
Dios & onbre verdadero,
por quien el mundo perdido
por El solo es rredemido,
El muriendo en el madero.

[fol. 31v]

[ID2760 S 2754] LB3–14 (31v–32r)
   (8x10)

Hino a visperas[44]

1. Despues que ya fue defunto
sin la persona diuina
la tierra treme en vn punto,
el mar brama todo junto,
el tienpo se desatina;
rronpese en el tenplo el velo,
muchos muertos lo actorizar
por El puso luto el çielo,
Çenturio tomo rresçelo
y todos se temorizan.

2. Abrense las sepolturas,
los ayres se escandalizan,
las mas duras criaturas
con lamentos & tristuras
entre si se martirizan;
y su Madre mas ferida
y aquien mas toca el tormento
en la cruz esta enxerida
al pie de la eterna vida
pensando su enterramiento.

3. A esta ora vespertina
la Virgen de entrañas tiernas
a los sayones se ynclina
que por que espirase ayna
le quirien quebrar las piernas;
y por diuinal conçierto
d'El se pasan en la ora,
mas como lo vieron muerto
le fue el coraçon abierto
y mas el de Nuestra Señora.

4. Cruda lança abrio su lado,
figura del çielo abierto;
adoro yo tal perlado
que si sangre le ha quedado
nos la dio despues de muerto;
de cuya plaga salio
vn gran mar de sacramentos,
por el qual se nos deuia
la prision & tirania
de los eternos tormentos.

5. Yuan por la cruz ayuso
del manante coraçon
dos rrios que Dios dispuso
sobre todo estilo & vso
ser vanos de saluaçion;
el vno de agua tan santa
que puso vida al bautismo,
el otro de sangre santa
en que la yglesia se planta
& se libra del abismo.

6. La muger sin dubda,
esposa del bien conplido
ser aqui mejor se prueua
quel fundamento de Eua
[fol. 32r]
de lado de Adan domido;
porque Eua fue de barro
costilla en carrne creçiente;
la yglesia ouo ocasion
del diuino coraçon
en la cruz tornado fuente.

7. En esta ora fue puesto
en las virginales manos
aquel grand varon onesto,
Nicodemus touo desto
cuydado entre los vmanos;
la Virgen quando lo vido
sin su beldat la primera,
con dolor mas desmedido
por su tesoro perdido
lamento desta manera.

8. Comigo lloren las gentes,
y los montes sangre suden,
los rrayos del sol se muden,
y sangre manen las fuentes;
por las ansias que me acuden
perded çielos el color,
o peñas, fazeos pedaços,
el mar brame con temor
por mi vida y su Señor
que tengo muerto en mis braços.

[ID2761 S 2754] LB3–15 (32rv) (7x10,5)

Hino a cunpletas

1. Al tienpo de las cunpletas
en el linbo ay jubileo;
alli vieron los profetas
las çiertas glorias secretas
que pensaron su deseo;
y todo fue rresplandor,
el logar todo sin luz,
en gozo mudo el dolor
y el miedo boluio en amor
el Rredenptor con la cruz.

2. Con la qual en gran esfuerço
las puertas forçibles quiebra,
y el ynfierno todo junto
se altero del claro punto
que echo fuera la tiniebra;
los prinçipes ynfernales[45]
vieron libres los catiuos,
y las puertas ynfernales

franquaron los unbrales
primero fuertes & altiuos.

3. Estando el alma apartada
del cuerpo mas non de verbo,
Ihesu parayso daua
a todo aquel que fallaua
en su libro ser su sieruo;
en el logar mas profundo
gozan de gloria mas alta
o Ihesus rrey sin segundo,
quand caro le cuesta el mundo
al que tiene de Ti falta.

[fol. 32v]

4. E el colegio tan contento
de ver la esençia diuina
la Madre esta en pensamiento
de como avra mouimento
el cuerpo mas ayna;
su coraçon todo arde
a Dios ora & se encomienda
que se apresura la tarde
y non tiene quien lo guarde
ni quien su pobreza entienda.

5. O Padre, dulçe sagrario,
de tantos tristes escudo,
mira quanto solitario
esto tu Fijo en Caluario
en mis braços muerto & mudo;

vençate tu caridat,
vençate mi gran tristura,
a dar a mi facultad
para darle sepoltura.

6. En aquel selpulcro me lo paga
la vida que non le diste;
duelate esta cruda llaga
que es corriente sangre & agua
que yo senti como viste;
o piedat sin medida,
¿a do tu poder diuino?
o pobreza tan conplida
que para tanta ferida
non tengo vn paño de lino.

7. Josep Abarimatia
por rrepuesta fue enbiado
y antes que pasase el dia
la Virgen Santa Maria
ouo al fijo sepultado;
y la rrreyna Çelestial
omenaje de la fee
se buelue muerta & tal
sin el rrrey Çelestial
qual nunca martir lo fue.

8. Gloria sea al muy alto conplido
Dios & onbre verdadero,
por quien el mundo perdido
con su muerte es rredemido,
El muriendo en el madero.

Gloria patri & f.s.s. amen
Deo gratias

[fol. 33r]

[ID2762] LB3–16 (33r–36r) (Prose)

Deuota hermana, porque algunas vezes con grande instançia me aues rrogado que vos escriuiese vna carta, acorde de vos escreuir aquesta avnque con alguna pena, porque non tengo en costunbre de escreuir a mugeres, e porque caresco de deuoçion para escreuir a personas deuotas. E si la carta no fuere tal, suplalo vuestra caridat y perdone mi pobre dezir. Como Nuestro Señor Dios aya hecho al onbre para la gloria, quiere que aqui sea esaminado por diuersas tentaçiones, o segund que el onbre ha rrresçebido de Dios Nuestro Señor mayores dones espirituales, o lo entiende fazer mayor en parayso, tanto le examina aqui por mayores tribulaçiones segund que los santos doctores ponen, porque cada vno con muy grand estudio se deue aparejar a estar aperçibido todos tienpos si saluar se quiere. Que al tienpo que veen venir la tentaçion, que luego la contrasten, e luego con esfuerço la echen, asi como hazen aquellos que son electos a gloria por dar honor a Dios en su vitoria, con todo su estudio & esfuerço contrastan al enemigo. El Señor que vee su santa entençion, enbiales & cresçeles las tentaçiones por que ganen, e en esto se conosçen los miserables que desechan esta batalla tan prouechosa & se dexan todos vençer & caer en los pecados acostunbrados, & non se abstienen por temor ni por amor de Dios, nin por vergüença de la gente, ni por su vejez. Es tal la ley diuinal & costunbre de Nuestro Señor que tanto quanto mas vee la persona virtuosa & victoriosa en las tentaçiones, tanto consiente que mas sea conbatida & por mas fuertes tentaçiones & [fol. 33v] por mas demonios. Hermana, deues pensar como Nuestro Señor Ihesu Christo fue tentado, pero las sus tentaçiones non fueron de pecados carnales, ca bien conosçie el diablo la su alta santidat & a las personas altas que vee llenneramente enseñorear la carne, non las tienta de pecados carnales, ca vee que de balde se trabajaria; mas tientales de pecados spirituales ascondidos, sotiles & cubiertos so espeçie de bien, asi como es presunçion o estimaçion de si mesmo & blasfemia ascondida, estimando Dios ser, a ellos obliga y non les hazer lo que deue & que non se deue aver, asi con ellos como con los otros, destas & otras muchas tentaçiones son tentadas las personas que aqui se esfuerçan seruir al muy alto Dios Señor Nuestro Ihesu Christo y de llegarse a El. Pero para huyr destas sotiles tentaçiones, conuiene que vos abraçes con la terçera virtud teologal que es caridad & amor de Dios grande. Aquesta vos fara asi ardiente que otra cosa non podays pensar nin hablar nin obrar sinon aquello en que cabe la honrra & loor de nuestro señor Dios. Deues sienpre pensar todos los tienpos que deues hazer dezir & obrar aquello que es a Nuestro Señor Dios plaziente, & esquiuar, todo lo que a El es desplaziente, y como lo podriades altamente contenplar, & sienpre en todas las cosas buscad a Dios y a todas las criaturas que a vos se llegaren preguntad como vos podres llegar a Dios, y como le podres mucho amar, y como vos podres del enbriagar, y digala la vuestra anima—O dulçura de amor, o amor de dulçura, comate el mi coraçon y las entrañas de la mi anima sean [fol. 34r] llenas del tu vino. Deuota hermana, si açertays a gustar deste vino y vos enborrachays bien del, sin dubda salireys con grande amor de Nuestro Señor por las calles y plaças asi como loca, diziendo —Yo peno, yo desfallesco por amor de mi Criador y Saluador Ihesu Christo. O marauillosa y ynstimable virtud de amor, a Dios abaxa a la tierra, alça el anima a la gloria, y a Dios y al anima en vno ata con engrudo de amor, a Dios haze onbre y al onbre haze Dios, a lo tenporal haze perdurable, mata lo mortal, y lo mortal haze ynmortal, y a lo baxo haze alto, al enemigo haze amigo, al sieruo haze hijo, y lo abobinable haze glorioso, y la cosa fria haze ençender de fuego, la cosa obscura hazela clara, la cosa dura hazela rregalada. Deuota hermana,

pensando con grande amor en el Señor que estas cosas haze y quand dulçemente
vos habla por la sagrada escritura, puede dezir la vuestra anima—La mi anima es
rregalada quando el mi amado me habla. O palabra marauillosa, o palabra muy
deleytable, yo muy vil sierua Tuya, Señor Dios mio, que avn non soy digna de ser
llamada alguna criatura ni de serlo como soy atada a Ti con tanto atamiento de
caridat, por tal que a la Tu palabra sea hecha rregalada por amor. O ardor de
amor que las cosas de dentro del alma derramadas en Dios, porque la mi anima
era a las cosas amadas y lo de dentro della era muy aconpañado, agora por ardor
de amor se rregala, agora sale fuera de si y en Dios de todo en todo se derrama, el
lugar propio desanpara y en Dios corre, es absor-[fol. 34v]bida de Dios y es
oluidada de si mesma. O amor, que Te dare, que me heziste, Señor, biuo. Yo ya
non biuo, mas biue en mi Ihesu Christo mi Señor, virtud tuya que no se puede
contar. O amor, quel lodo transfiguras en Dios, pues asi es, que cosa es mas
poderosa que Tu, que cosa es mas dulçe que Tu. Con deseo Te rruego, que cosa
ay mas alegre que Tu, que cosa ay mas noble que Tu. Yo Te rruego, buen amor,
que pones en el çielo la cosa terrenal, que me rrespondas a esto. Menbrandome de
Ti, desfallesco, y fazesme ser ayuntado al Tu muy amado. Pues asi es, dezid—O
anima mia, ama a Dios Padre por amor singular, que tan noblemente de ninguna
cosa te formo, a Dios Fijo, que tan ynstimable te formo muriendo por ti, a Dios
Spiritu Santo, que tan misericordiosamente y dulçemente muchas vezes confortandote te guardo de pecado. Pues asi es, ama a Dios Padre fuertemente,[46] por tal
que por ningund amor peligroso seays vençida, amad a Dios Hijo sabiamente,
por tal que por ningund otro amor engañosamente seays atrayda, amad a Dios
Spiritu Santo dulçemente, por tal que por ningund otro amor seays veninosa-
mente enfeçionada. O en otra manera, segund dize Sant Bernaldo—O anima
christiana, aprende de Nuestro Señor Ihesu Christo en que manera deuas amar a
ese mesmo Christo. Amalde dulçemente, fuertemente prudentemente. Dulçemente por tal que por el amor del todo amor vos sea hecho vil, El solo vos deue ser
hecho miel en la boca, dulçura en la oreja, alegria en el coraçon. Prudentemente
por tal que el vuestro amor en el sol y non en otro ninguno [fol. 35r]
continuamente se ardesca fuertemente, por tal que la vuestra flaqueza todas las
cosas duras y asperas por Dios gozosamente las sufrays y digays—El mi trabajo
apenas es de vna ora, y si mas es, non lo siento por el amor. Geronimo asi—El
christiano cada dia vaya por amor en Ihesu Christo, porque todas cosas sufra por
El fasta que venga a El. Amemos sienpre a Ihesu Christo y queramos sienpre
llegarnos a los sus abraços y ligeramente seran vistas todas las cosas ligeras.
Anbrosio—O anima, trata sienpre en la tu voluntad quand dulçemente te amo
Ihesu Christo en la encarnaçion, quand prudentemente en la conversaçion, quand
fuertemente en la pasion. Ningunt amor ay mayor, ninguna caridat ay mas linpia,
ningunt amor ay mas fuerte. El ynoçente es muerto por ti, ninguna cosa hallando
en ti que amase. Dize Sant Agostin—Quando amo a mi Dios, non amo la
semejança o la hermosura del tienpo o el rresplandor de la luz, porque estas cosas
son amigables a los ojos, non las dulçes molodias [sic], non los enguentos que
suaue & mucho huelen, non la mana y las mieles, non los mienbros de la carne

conuenibles a los abraços, non amo aquestas cosas quando amo a Dios, mas amo vna luz, una boz, vn olor, vn manjar, vn abraço del omne de dentro, adonde el lugar del anima rresplandeçe aquella cosa que non toma lugar, adonde suena aquella cosa que non toma tienpo, adonde bien huele aquello que non derrama el soplo, adonde sabe aquello que la hartura non mengua, adonde se allega [fol. 35v] aquello que la conpañia non aparta. O hermana, verdaderamente el fruto de la caridat es grande, mas es oculto. En verdat, en las aduersidades sufre, en las prosperidades es tenplada, en las pasiones dubdosas es fuerte, en las buenas obras es alegre, en las tentaçiones muy segura, en ospedar es muy liberal, entre los verdaderos hermanos es muy bienauenturada, entre los falsos es muy paçiente, es segura entre las cosas malas, entre las aborresçibles es benifica, entre las yras es plazentera, entre las açechanças es ynoçente, entre las maldades geme, en la verdad rrespira. Sant Bernaldo dize—Amor, de ti nasçe la estremidad de las costunbres, la pureza de los talantes, la sotileza de los entendimientos, la santidad de los deseos, la claridad de las obras, la preñes de las virtudes, la dignidat de los merescimientos, el alteza de los gualardones. Bernaldo—O anima, quant dulçe es el manjar de la caridad, el qual aliuia a los cansados, haze fuerte a los flacos, alegre a los tristes, y el yugo de la verdat haze suaue y carga del ligera. Dize mas Sant Bernaldo—Yo confieso non senti la carga del dia y del calor, mas traygo la carga suaue y ligera. Digo en verdat, la mi (obra a↑)penas es de vna ora, y si mas es, non la siento por el amor. Que mas. O hermana, tanta es la fuerça del amor que es nesçesario que seays quales aquello que amays y al qual por talante vos ayuntaes en la semejança d'El y en alguna manera en El seays trasformada por compañia de amor, asi como el fierro es trasformado en el fuego. Dize Sant Agostin—Bienauenturado es aquel [fol. 36r] que te ama y al enemigo por ti y al amigo en ti. Pues asi es, toda criatura vos sea fecha vil por tal que solo el Vuestro Criador vos sea hecho dulçe en el coraçon. Sant Enselmo dize—O caridat, que sienpre ardes y nunca te apagas. Dios mio, ençiendeme, dame aquello que mandas, manda aquello que quieres. Y Sant Agostin dize —O omne, amemos sienpre a Ihesu Christo, y queramos sienpre allegarnos a los sus abraços. Y cada cosa difiçile sera vista ser ligera. Deuota hermana, para alçar mas el afecto al amor diuinal, dezid asi —O muy amado Señor Ihesu Christo, o muy manso, o muy piadoso, o muy conpaçiente, o muy dulçe, o muy deseable, o muy exçelente, o muy esperable, o muy fiel, o muy glorioso, o muy graçioso, o muy alegre, o muy caritatiuo, o muy largo, o muy liberal, o muy noble, o muy poderoso, o muy tenperable, o muy claro, o muy placable, o muy manso, o muy derecho, o muy rrecreador, o muy sufiçiente, o muy linpio, o muy seguro, o muy tolerable, o muy prouechoso, o muy verdadero, o Ihesu Christo, Padre y Señor Nuestro, quando me abraçare contigo, quando Te vere, quando me holgare contigo en la Tu gloria para sienpre sin fin. Deuota hermana, plega al eterno Dios que en tal manera auremos al nuestro amado buen Ihesu que quando vos hablare sea verificado en vos lo que arriba es dicho—La mi anima es rregalada quando el mi amado me habla.[47]

[fol. 36v]

[ID2763] LB3–17 (36v–41v) (Prose)

Carta que enbio vn bueñ rreligioso a vna deuota hermana[48]

Señora esposa de mi Señor, cuya gracia sienpre en vuestro coraçon perseuere, vuestra deuota letra escripta en la santa semana de pasion rresçebi en el santo ochauario de la rresureçion. Estas son dos gloriosas memorias de vuestro esposo que deuen ser muy prestas en vuestra contenplaçion. Paresçen muy distantes & son muy vezinas, porque la vna es puerta para la otra. Ca non puede alguno gozar el gozo de la Santa rresureçion si primero non siente el grand trabajo de la pasion. Si fue forçado padesçer Nuestro Señor para entrar en su propia Gloria, como dize Sant Lucas, quanto mas a nos para entrar en la gloria agena, que ni es nuestra por herençia, ni por conpra. Grande presunçion sin dubda & locura es la nuestra tenernos en tanto que aquello que Nuestro Señor & todos los apostoles, martires, confesores & virgines alcançaron con tan diuersos trabajos, pensemos nos aver, haziendo nuestras voluntades. Non lo digo porque nuestros meritos sean bastantes para alcançar tan soberano bien sin el merito de la pasion suya, mas por esperança de aquella sin meritos propios en los que han hedad llamase presunçion o locura, mas non esperança. Y a esta contenpla-[fol. 37r]çion, deuota señora, mucho dispone & aderesça la virginidat que escogistes, porque los virgines sobre todos tienen cruçificada su carne, & por tanto sienten mas ayna la pasion y el amor del cruçifixo. Ca quien beue ante que aya sed, o quandoquier que le aquexa luego beue, non sabe por çierto lo que sufre quien la detiene por fuerte que la tenga en tienpo del estio. Por tanto creed que cruçificar la carne non aprouecha sinon para creçer en el amor del cruçifixo. Aquel es el cubil en que auedes de rreposar con vuestro esposo, sola con solo, cruçificada con cruçificado. Aquel es el libro de la vida en que en pocas fojas deprenderedes la mayor çiençia del mundo. Como Nuestro Señor mostro, todo el estudio de los omnes ser loco en buscar el estado, nonbradia, honor & fama, deleytes, hazienda, pues el rrey de los rreyes desnudo & escarnesçido con fiel & vinagre fizo las carnestoliendas desta miserable vida. De la tal liçion auedes de mirar dos cosas para conosçer quales somos en la maliçia & quien es Nuestro Señor en bondat. Nuestra grande maliçia & dolençia paresçe en la grandeza de la medeçina, ca por çierto grande es la llaga que tal fisica rrequiere, grande [fol. 37v] es la culpa que por muerte de corderos ni sacrifiçio de bezerros ni por muerte de todos los omnes que a ella fueron condepnados non pudo ser curada sinon por muerte del mesmo fisico que muriendo por los enfermos los sano, açotado por ellos los libro, pagando por ellos los absoluio. Non pudo ser mayor bondat & caridat en el fisico ni mayor dolençia en los enfermos. Por esta consideraçion sobiredes muy ligera al amor de Nuestro Señor. Tanta caridat mirando & marauillando, desçenderedes mas ayna a considerar nuestra enfermedat & propia miseria que es todo el solar de la vmilldat. O que escalera tan alta, tan presta, tan segura para sobir sin miedo a mirar & marauillar, a deleytar, espaçiar el spiritu & ensanchar el coraçon, esperar, confiar, deleytarle, contentarle para non desear otra cosa. O que letuario cordial, o que panar de miel gostar aquella hiel que beuio, aquel vinagre que tomo. Estos son los abraços de vuestro esposo, estos son los besos, los deleytes del matrimonio. Non es todo cruz lo que se [fol. 38r] gosta de la cruz, que quiere dezir que non es todo tormento lo que de aquel tormento con deuoçion se piensa. Por esto cantamos dulçe arbol, dulçes clauos, dulçe peso sin pesar, lleno de todo plazer. Piensa, deuota virgen, que non se alcança el fruto deste arbol disputando en las escuelas, rreboluiendo los libros, afeytando las palabras, edificando grandes edifiçios para orar, faziendo grandes aparejos de ornamentos & rretretes pintados para contenplar, avnque todo esto sea bueno en sus tienpos. Pero mas ayna se goza mirando, marauillando, callando, apartandose de lo publico, del bolliçio & del negosçio seglar, sinon quanto la obidiençia manda & la caridat rrequiere. O señora, que grande bien vos fizo Dios a las mugeres en la santa contenplaçion tan apartada, tan secreta, tan quieta, tan deleytosa, & sabes por que, que non tenedes tantos colores para vos apartar destos abraços como los omnes que nos sacan a enseñar, a pedricar, a castigar, a gouernar & avn a guerrear en las ordenes de la caualleria corporal. Buenos abtos son, mas rrequieren varones perfectos que non se derramen, que non se estraguen, [fol. 38v] adobando a los otros que tales se esten en la plaça como en la camara, asi fuertes contra los soberuios que queden blandos a los vmildes, ansi discurran andando por el mundo & con el mundo que esten quietos en su spiritu como si estouiesen ençerrados, que vean & non cobdiçien, que oyan contra si mesmos & non lo sientan como non deuen. Quien sera este, & alabarlo emos, varon digno de tanta alabança. Non se quien por tal se tiene muy presentuoso, o muy santo apostol o su semejante. Ninguna destas ocasiones de apartamiento de la contenplaçion tenedes vosotras, ca el broslar & el filar non es abto que quiere mucha conpaña para salir de la sonbra deste arbol de la vera cruz del jardin de tal arboleda, de tal verdura donde oyredes cantar aquel dulçe rruyseñor, como demanda por nos en quanto omne perdon al Padre segunt la diuinidat, como encomienda aquella bendita Madre & Virgen al virgen Sant Juan, como rresponde al santo ladron tan copiosamente, tan piadosamente, tan prestamente. Non le puso el libramiento del parayso muy alexos como a los patriarcas, non ascondido en figuras como a los profetas, non le respondio a la demanda [fol. 39r] como a los apostolos fijos del Zebedeo que non sabian lo que se demandauan, mas a ocho palabras de demanda otras ocho por cuenta fallaras de rrepuesta & non mas. O que demanda, o que rrepuesta.—Acuerdate, Señor, de mi quando vinieres en el tu reyno.—Çiertamente te digo ,oy seras comigo en el parayso. Piense aqui la deuota anima que nuestras oraçiones non alcançan lo que quieren por muchas palabras sinon por grande fe & grande deuoçion, grande amor. Quantos salmos fizo Dauid, quantas petiçiones los profetas, & nunca tal rrepuesta ouieron fasta—Oy en el parayso. Non ay cras ni ayer, todo es oy. Porque aquella breue oraçion salio de la mayor fee que jamas omne pecador en esta vida touo en su coraçon & mostro en su confision por la boca. O fee sin conparaçion, llamar rrey aquel que veya consigo aconpañado en el tormento, demandandole misericordia quando viniese en el su rreyno, castigar al otro peruerso ladron que estaua blasfemando & confesar tan abiertamente su vida mala y la pena que padesçia ser justa. O santo ladron ¿donde aprendiste tan grand çiençia, conosçiste tan grand sabiduria? Los sabios [fol. 39v] de la ley estauan escarnesçiendo, procurando su muerte, & tu le confiesas rrey. O omne sin ley que nunca letra leyste nin sopiste al sinon furtar, ¿donde hurtaste tan grande fee, arrebataste tan ayna tanta deuoçion, tomaste ante que todos la posesion del parayso? Por aquella mesma fee que touiste te rrogamos, por aquella confision que feziste te llamamos, pues ya veniste de la cruz al rreyno que demandaste por tu oraçion, ayamos parte en la gloria donde entraste, amen. Direys agora vos, mi fija señora, que me he derramado mucho por esta arboleda. Perdonadme, que encontrando con el santo ladron non me pude pasar sin hablarle, sin encomendarme a el, sin gozarme con el. Grande gozo es a los dolientes de yncurables dolençias quando se hablan con aquellos que se curaron de aquellas o peores. Con quanto plazer les suelen preguntar por el fisico donde mora, o quien es, o como fueron curados, que les costo, si fueron las melezinas muy amargas, si ouo menester fierros, fuego, o si es cosa que se puede sofrir & soportar de tales rremedios. Deseo fablar con este ladron tan bendito por saber bien como fue tan ayna curado, tan graçiosa & ligeramente librado. Ca a la verdat, aquel [fol. 40r] santo dia non veo santo alguno a quien me ose llegar a hablar de mis culpas, a descobrir mis llagas sinon a el. Que busque a Sant Pedro, el saçerdote mayor esta ocupado en llorar su pecado porque tres vezes nego a su Maestro & Señor. Con rrazon me rrespondera—Dexame llorar mi culpa, & consiguiendo el perdon que demando rrogare por ti. Que quiera estar con Sant Juan, va huyendo & non ay quien lo alcançen desnudo, que le podre dezir de mis culpas a quien non quiere esperar. Quise con el fablar açerca del arbol de la santa cruz. Vilo estar ocupado en tomar su posesion de aquella santa encomienda que le dieron de Nuestra Señora, ca el mesmo dize que luego la tomo en suya, quiere dezir en su Señora, para la seruir & guardar. Pero pare yo mientes lo que tomaua Sant Juan, porque desque ouiese espaçio para hablar & dsemandar merçed a tan exçelente Señora, halle buen entrada por su rruego deste tan amigo & secretario, mas aquella ora non era conueniente para demandar misericordia a la Madre de misericordia penetrada del cuchillo de la muerte de tan exçelente Fijo tan sin misericordia & con tanta crueldat muerto delante sus ojos. Asi que mirando a toda (la) familia de Nuestro Señor en este santo dia, non fallo persona que tan bien ni tan espaçiosamente fable en plaça con El nin por El sinon solo con el ladron, despues que començo Nuestro Señor [fol. 40v] Rrey la batalla de la pasion. Dad vno que vna buena sola palabra dixiese a El o rrepondiese por El, entrad con El en casa de Anas, en casa de Cayfas, & en casa de Pilatos. Aconpañaldo fasta la cruz & escuchad bien lo que dizen, & veredes si ay oreja catolica que tal cosa pueda oyr sin espanto, sin rreteñirle los oydos. Con todo esto ouo alguno que dixiese—Mal dicho es esto que dezides contra este ynoçente, contra tan santo varon, sinon solo el ladron santo. Pilatus dixo algunas palabras en su escusa, pero luego las rreuoco el mezquino con sus manos. Non touo coraçon para rresistir a la maliçia. Ca con grande miedo luego consintio en ella & fizo todo lo que ellos demandaron. Miro yo al bendito ladron de espaçio fablar con el Rrey, rrresponder por el vn solo escudero suyo, vn solo diçipulo, vn solo priuado, vn solo canonizado por la boca de Nuestro Señor en esta vida. A quien me puedo llegar mejor aquel dia que rruegue por mi salud sinon al que es çierto de la suya despues de tan grande dolençia. Por tanto pensad que antes que partiese desta vida el santo ladron quise estar con El & encomendarme a El, & avn agora non acabaria de hablar d'El sinon porque el Rrey quiere partir. Açercase ya la ora de la nona. Beuido ha para caminar vinagre sobre çinco mill açotes. Veredes si bastan para vn beuer & para emendar [fol. 41r] nuestro mal biuir contra la maliçia humanal. Ya peresçe el testimonio çelestial. El sol se escuresçe, la cortina del tenplo se rronpe & peresçe, rronpense las piedras, abrense las sepolturas, rresuçitan algunos muertos. El sol escuresçe a los ynfieles para amanesçera los catolicos. Rronpese la cortina del tenplo por que perescan los secretos de las escrituras & figuras antiguas. Rronpense las piedras para rronper nuestros duros coraçones a contriçion & a conpasion de la cruel pasion de Nuestro Rredenptor. Abrense los munimentos para abrir todas nuestras culpas por pura confision. Rresuçitan al terçero dia los finados con Nuestro Señor para que dexada la vida vieja rresuçitemos en vida nueua todos conformes a El. E asi el bueno & dulçe Señor entre tantostestimonios de su santidat & de la otra parte escarnios dela maliçia humanal, clamando, orando, llorando, rrecomendada aquella preçiosisima anima & ofreçida en preçio & en pago, conplido de nuestra rredençion, ynclinando la cabeça, espiro sospirando mas por nuestros pecados que por sus dolores. Señora hija hermana bendita, en esta spiraçion rrespiremos de todas nuestras angustias, sospiremos por nuestras culpas, aspiremos a seguir sus vias, esperemossus yndulgençias de todas nuestras dolençias. Mandastesme & demandastesme que todavia vos escriuiese & avnque me escuse que non [fol. 41v] sabia cosa que para vos fuese que pudiese ditar de nueuo, non açebtastes mi escusa,e por tanto tome la peñola en la mano, & non me ocurrio mejor tema para fablar con esa vuestra deuota anima que de la hecha de vuestra carta, & la rreçebtaquando yo la rresçebi, ca la fezistes en el dia que leyan en la Semana Santa la pasion de Vuestro Esposo, & yo larresçebi en su santa rresureçion. De lo que pensaua comigo hablando en mi spiritu quise comunicar con el vuestro, asi como si ya fuesemos destos sacos mortales despojados pormuerte, e porque el pensar de Nuestro Señor con algund amor para despertar la deuoçion non rrequiere forma escolastica para que vaya polido de palabras, distinto en orden de capitulos, actorizado por glosas & dichos de doctores. Ca el pensamiento del amor non cura que vaya en orden, lo que quiere dezir sinon solamente abrirse comopuede, como el que tiene grande dolor non esta esperando de abrir al fisico sus angustias en rrimos o en oraçion rretorica sinon a bozes o comoquier que puede. Asi non cure de tener la peñola sinon dexarla correr como hiziese mas ayna correr las lagrimas & desleyr & domar la dureza deste coraçion de fierro, & asi me fue fablando con vos fasta ver la partida de Nuestro Señor, que fue la hecha desta vuestra carta & la desecha de la carta obligatoria que nuestro enemigo tenia sobre nos, la qual non se pudo quitar.

[fol. 42r]

[ID2764] LB3–18 (42r–43v) (19x10)

Obra & amonestaçion que fizo vn abtor de como auemos de seruir a Dios y el gualardon que se espera, e como ponerlo en obra le paresçio ser graue al dicho actor, y como topo con vn pastor & por su consejo fizo vna esclamaçion a Nuestra Señora.[49]

Amonestaçion

1. Despertad vuestros sentidos
pecadores que dormis;
oyd los grandes gemidos
de los tristes afligidos
los que en el mundo benis;
y fuyd la perdiçion
daquel perdurable fuego,
pues tienpo y sazon
que procures saluaçion
de vuestras almas os rruego.

2. Conosçed que nos crio
de no nada Dios eterno,
y ved como padesçio
muerte con que rredimio
nuestra culpa del ynfierno;
contenplad quand poderoso
se mostro en nos criar,
y despues de piadoso
quand umilde y deseoso
se torno en nos saluar.
Haze diferençia en seruir
de temor y de amor.

3. Mirad que si lo buscamos
desuelados con temor,
y desta causa dexamos
los viçios a que nos damos

El rresponde con amor;
donde es cosa muy sabida,
cada vno asi lo entiende,
que voluntad escogida
la deue ser ofresçida
avnque de amor no se ençiende.

Ynuocaçion

4. Aquel libro de la vida,
trays de dulçe memoria,
que con ansia non fingida
mas con amor nos conbida
desear su santa gloria;
nos de luz al pensamiento
con cuyo claror damos
conosçer el fundamento
del alto conosçimiento
del mayor bien que esperamos.

[fol. 42v]

5. Es de todos natural
estados grandes & chicos
el deseo en general
de vn don tan espeçial
que de pobres haze rricos;
para que mejor veaes
lo que yo digo por quien
tales que si lo cobraes
con El solo os contentaes
porqu'El es conplido bien.

6. Este don que es alcançado
non pensemos mas buscar,
es en si tan acabado
que despues de ya ganado
non queda mas que ganar;
porque la sed hanbrienta
de nuestra flaqueza vmana

este la quita dafrenta,
pues con el queda contenta
la mengua que della mana.

7. Mas vn error muy turbado
que sale luego al traues
por camino non pensadonos
fuerça de nuestro grado
a boluernos del rreues;
con vna falsa opinion
que por escudo tomamos
hazenos que la rrazon
se sojudgue a la afecçion
del querer a que nos damos.

8. Si de tal fuerça forçados
fueramos que nos forçara,
de la culpa de pecados
por de defensa menguados
la justiçia nos saluara;
mas aquel libre aluedrio
que pudo contradezir,
si non quiso dar desuio
del daño vuestro y del mio
tiene cargo en consentir.

9. Esta libre libertad
como a todos la dio a mi
la eterna magestad
cuyo saber y bondad
ordenaron fuese ansi;
agenela do deuiera
huyr de solo su miedo,
enlazome de manera
que tornar a ser quien era
sin grand rremedio non puedo.
Cuenta el abtor sus cargos.

[fol. 43r]

10. Tenplo do se secresto
tesoro de grand rriqueza,
en Tu vientre se ençerro
el que tener non basto
de los çielos su grandeza;

ante que fueses nasçida,
segunt el sabio escriuio,
en el secreto escogida
fustes de Dios rrequerida
de graçia que Te cunplio.

11. Eres Tu Rreyna del çielo,
Madre de Dios y su Fija,
rreparo de grand consuelo,
aguila de alto buelo
cuya sonbra nos cobija;
puerta y nao muy segura,
estrella y guia muy çierta,
panar de mucha dulçura,
descanso de grand holgura,
dotrina que nos despierta.

12. Eres vn consentimiento
de quien rrazon fue la llaue,
sobre quien hizo çimiento
la gracia de aquel aliento
que a Ti se mostro suaue;
esmeralda muy leal
sin ninguna rraça entera,
eres perla oriental,
y minero de vn metal
que sobre todos se esmera.

13. Fuente de consolaçion,
comienço de nuestro bien,
desuio de perdiçion,
carrera de saluaçion,
eres Aquella por quien
sopimos alegre nueua
de cobrar el parayso
el que nuestra madre Eua
con vna tan chiquita prueua
por culpa perder quiso.

14. Eres Tu segun leemos
nonbrada sierua y señora,
la virtud destos estremos
si bien mirallo queremos
Te haze ser vençedora;
y su [sic] tu dubda posiste

ser en Ti la encarnaçion,
non fue porque non creyste
mas Tu vmilde temiste
non ser digna de tal don.

15. Eres lugar do se vio,
segund que de Ti se cuenta,
la lunbre que non murio
de la candela que ardio
al tienpo de mas afrenta;
eres Tu de quien muy digno
y claro nonbre mano
del torno adulterino
al linaje femenino
pues que por Ti se gano.⁵⁰

[fol. 43v]

16. Eres Tu la que vençiste
las fuerças de Luçifer;
Tu sola nos defendiste
y preçioso don ouiste
por Tu linpio meresçer;
de tantas gracias ygual
contigo non siento vna,
en el palaçio rreal
morada tan espeçial
non la tiene otra ninguna.

17. Eres torre de omenaje,
casa fuerte sin conbate,
por Ti el vmano linaje
de las manos del saluaje
se libro con Tu rrescate,
eres pielago sin suelo
do tomo puerto la fee;
quanto yo mas me desuelo
con mayor temor rresçelo
de entrar mas hondo que se.

18. Si de Ti pienso contar
quanto se puede dezir,
non me bastarie
la mar si la pudiese tornar
en tinta para escreuir;

mas si tuue atreuimiento
de contar poco de Ti,
la breuedat de mi cuento
non quita meresçimiento
mas pone la falta en mi.

19. Porque Dios me aya por suyo,
dame senal de Tu sino,
si me preguntaren cuyo,
dire Señora que Tuyo
sienpre fuy maguer yndigno;
y dame graçia con esto
de beuir tan justamente,
que en este camino puesto
haga mi fin tan honesto
con que Te pague y contente.

[ID2024] LB3–19 (43v–46v) (35x9)

Bucolica que fizo vn frayle⁵¹

1. Mingo Rreuulgo, Mingo, amigo
    Rreuulgo,
ahao, ques de tu sayo de blao,
non lo vistes en domingo;
ques de tu jubon bermejo
por que traes tal sobreçejo;
andas esta madrugada
la cabeça desgreñada;
non te llotras de buen rrejo.

2. La color tienes marrida,
el cospanço rrechinado,
andas de valle en collado
como rres que va perdida;
y no oteas si te vas
adelante o cara tras,
çanquando con los pies,
dando trancos al traues
que no sabes do te estas.

[fol. 44r]

3. Otros buenos entremeses
faze este rrabadan,

non queriendole dar pan
El se come las rreses;
tal que ha fecho en el rrebaño
con la fanbre mayor daño,
mas estrago fuerça y rrobo
que non el mas fanbriento lobo
de quantos has visto ogaño.

4. Azerilla que sufrio
siete lobos denodados,
y ninguno la mordio
todos fueron mordiscados;
rrape el diablo el poder
que ella ha de defender
las rrodillas tiene floxas,
contra las ouejas coxas
muestra todo su poder.

5. La otra perra ventosa
que de lexos barruntaua
y por el rrastro sacaua
qualquier bestia rrobadora,
y las veredas sabia
donde el lobo acudiria
y las cueuas rraposeras
esta echada alli en las eras
doliente de modorria.

6. Tenpera quitapesares
que corrie muy conçertado,
rrebento por los yjares
del comer demasiado;
ya non muerde ni escarmien[ta*]
la grand loba hanbrienta,
y los zorros y los osos
çerca della dan mill cosos
pero non porque lo sienta.

7. Vienen los lobos hinchados
y las bocas rrelamiendo,
los lomos traen ardiendo,
los ojos encarniçados,
los pechos tienen sumidos,
los yjares rregordidos,
que non se pueden mouer

mas despues a los balidos
ligero saben correr.

8. Abren las bocas rrauiando
de la sangre que han beuido
los colmillos rregañando,
paresçe que non han comido
por lo que queda en el hato,
cada ora en grand rrebato
nos ponen con sus bramidos,
desque hartos mas transidos
paresçen quando non cato.[52]

[fol. 44v]

9. Alahe, Rrebulgo hermano,
por los tus pecados
penas si no hazes obras buenas
otro mal tienes de mano;
que si tu enhuziado fueses,
caliente tierra paçieses
y verdura todo el año,
non podrias aver daño
en ganados ni en mieses.

10. Mas non eres envisado
de hazer de tus prouechos,
echaste dormir de pechos
siete oras amortiguado;
torna, tornate a buen hanço,
enhiesta ese cospanço,
porque puedas rrebiuir
si non meto quel morirte
verna de mal rrelanço.

11. Si tu fueses sabidor
y entendieses la verdad,
vereys que por tu rruyndad
has auido mal pastor;
saca, saca de tu seno
la rruyndat de que estas lleno
y veras como sera
que este se castigara
o dara Dios otro bueno.

12. Los tus hatos a vna mano
son de mucho mal chotuno,
lo merino y lo cabruno
y peor lo castellano;
mueuese muy de ligero,
non guarda tino çertero
do se suele apaçentar,
rrebellado al apriscar
manso al tresquiladero.

13. Cata que se rronpe el çielo,
deçerrumase la tierra,
cata quel ñublo se çierra
rreuellado non has rreçelo;
cata que berna pedrisco
que lleue todo abarrisco,
quanto miras de los ojos
hinca, hinca los ynojos
quantos yo todo me çisco.

14. Del collado aguileño
viene mal zarzagunillo,
muerto flaco amarillo
para todo lo estremeño;
mira agora que fortuna
que ondea la laguna,
sin que corran ventisqueros
rrebosa pollos oteros
non va de buena chotuna.[53]

[fol. 45r]

15. Alahe, Gil Arribato,
segun fuerte ora alla echamos
quando a Candaulo cobramos
por pastor de nuestro hato;
andase tras los zagales
por estos andurriales[54]
todo el dia enbeueçido,
holgazando sin sentido
que non mira en nuestros males.

16. Oja, oja los ganados
y la burra con los perros
quales andan por llos çerros

perdidos descarriados;
pollos santos te prometo
queste dañado baltrueto
que nol medre Dios las çejas
ha dexado las ouejas
por folgar tras cada seto.

17. Alla por esas quebradas
veras balando corderos,
por aca muertos carneros
ouejas abarrancadas;
los panes todos comidos
y los vedados paçidos,
y avn las huertas de la villa
tal estrago en asperilla
nunca vieron los naçidos.

18. O mate mala poçoña
a pastor de tal manera
que tiene cuerno con miera
y non le vnta la rroña,
vee los lobos entrar
y los ganados balar
el rrisadas en oyllo,
ni por eso el caramillo
nunca dexa de tocar.

19. Sabes el modorro
alla donde anda grillos;
burlanle los moçaluillos
que andan con el en el corro;
armanle mill guadramaña[s],
vnol saca las pestañas,
otrol pela los cabellos,
asi se pierde tras ellos
metido por las cabañas.

20. Vno le quiebra el cayado,
otro le toma el çurron,
otro le quita el çamarron,
el tras ellos desbauado;
y avn el torpe majadero
que se preçia de çertero
fasta aquella zagalejala
de Naualusitejale
ha traydo al rretortero.

[fol. 45v]

21. Trae vn lobo carniçero
por medio de las manadas,
porque sigue sus pisadas
dize a todos que es carnero,
sueltalo de la majada
desque da vna hondeada,
en tal ora lo comiença
que si ase vna cabeça
dexala bien estrujada.

22. La soldada que le damos
y avn el pan de los mastines
ha comido con rruynes,
guay de nos que lo pagamos;
y nol veo que ha medrado
de todo quanto ha leuado
otros hatos ni jubonessi
non vn çinto con chatones
de que anda rrodeado.

23. Apaçienta el holgazan
las ouejas por do quieren;
comen yeruas con que mueren
mas cuydado non le dan;
non vi tal desque onbre so,
y avn mas te digo yo,
avnque eres envisado
que non atienes del ganado
cuyo es ni cuyo no.

24. Modorrado con el sueño
non lo cura de almagrar,
porque non entiende dar
cuenta dello a ningun dueño;
quanto yo non almoldaria
lo de Christoual Mexia,
ni del otro tartamudo,
nin del meco moro agudo,
todo va por vna via.

25. Non ves, nesçio, las cabañas,⁵⁵
y los çerros y los valles,
los collados y las calles
arderse con las montañas;

non ves quand desbaratado
esta todo lo senbrado,
las ouejas desparzidas,
las mestas todas perdidas,
que non saben dar rrecabdo.

26. Esta la perra Justilla
que viste tan denodada,
muerta, flaca, trasijada,
juradiez que avreis manzilla;
con su fuerça y coraçon
cometia el brauo leon
y mataua el lobo viejo;
agora vn triste de conejo
te la mete en vn rrincon.⁵⁶

[fol. 46r]

27. Otra cosa mas dañosa
veo yo que non has mirado
nuestro carnero bezadova
dar en la rreboltosa;
y avn otra mas negrilla
quel de falsa rrabadilla
muy ligero corredor
se mete en el senbrador,
alahe faze Rruy Orilla.

28. Yo soñe esta madrugada
de que esto estremuloso
que tu rroso nin velloso
quedara desta vegada;
echa, echate a dormir,
que en lo que puedo sentir
segund andan estas cosas,
asmo que las tres rrauiosas
lobas tienen de venir.

29. Tu conosçes la amarilla
que sienpre anda carleando,
muerta, flaca, sospirando,
que a todos pone manzilla;
y avnque traga non se harta
nin los colmillos aparta
de morder ni mordiscar,

non puede mucho tardar
quel ganado non desparta.

30. La otra mala traydora,
cruel y muy enemiga
de todos males amiga,
de si mesma rrobadora,
que sabe bien los cortijos,
nin dexa madres ni hijos
yazer en sus aluergadas,
en los valles y majadas
sabe los escondredijos.

31. Y avn tanbien la tredentuda
que come los rrezentales
y non dexa los añales
quando vn poco esta sañuda;
meto que non oluidara de venir
y avn tragaraa tanbien su partezilla,
dime aquesta tal quadrilla
a quien non espantara.

32. Si no tomas mi consejo,
Mingo, daquesta vegada,
avras tal pestorejada
que te escuega el pestorejo;
vete si quieres, hermano,
al pastor del çerro fano,
dile toda tu conseja,
espulgarte a la pelleja,
podra ser que bueluas sano.

[fol. 46v]

33. Mas, Rrebulgo, para mientes[57]
que non vayas por atajos,
faras vna salsa dajos
por temor de las serpientes;
sea morterada cruda
machacada muy aguda,
que te faga estorçijar
que non puede peligrar
quien con esta salsa suda.

34. En el logar de Pascual
asienta el apaçentadero,
por que en el sesteadero
pueda bien lamer la sal,
con la qual sinon ha rrendido
la grama y lo mal paçido,
luego lo querran gormar,
y podran bien sosegar
del rrebello que han tenido.

35. Cudo que es menos dañoso
el paçer por lo costero,
que lo alto y hondonero
jura mi ques peligroso;
para mientes que te cale
poner firme non rresuale
la pata donde pusieres,
pues ay tantos de pesares
in hac lacrimarum vale.[58]

[fol. 47r]

[ID2765] LB3-20 (47r–53r) (Prose)

Adan fizo Nuestro Señor Dios y la muger fue despues fechade la costilla de Adan. El omne fue fecho a la ymagen de Dios & la muger a ymagen del omne. Los angeles fueron ante que todas las criaturas del mundo, e ante quetodos los otros fue fecho Luçifer. E esto non fue por espaçio de tienpo, mas por ordenamiento de señorio que ouo sobre todos los otros angeles. Cogio en si orgullo & soberuia & cayo en el infierno sin rretorno & sin fin, & ante cayo que el omne fuese fecho.

Dios fizo todas las cosas muy buenas, por que non ay ninguna mala por natura. Mas nos vsamos de las cosas mal, & por eso son ellas malas, e canbian la bondat de la natura.

El omne es mas digno & mas noble que todas las otras criaturas, e paresce claramente por la gracia que Dios le fizo, ca de todas las otras cosas & criaturas mando Dios & dixo—Sea asi. Asi fue fecho. Mas del omne mostro que auia grand cuydado & muy grand talante & voluntad quando dixo—Fagamos omne a la nuestra ymagen & a la nuestra semejança

Despues que Adan fue fecho & echado de parayso a treynta años engendro en su muger a Cayn, & con el vna fija que ouo nonbre Calmana. E quando Adan fue de treynta & dos años, engendro a Abel & con el vna fija que ouo nonbre del coraçon.[59]

[fol. 47v] Quando Adan cunplio çiento & treynta años, mato Cayn a Abel su hermano por enbidia, & despues engendro Adan otro fijo que ouo nonbre Sed.

Despues que Cayn mato a Abel su hermano, engendro a Enoch, & por el nonbre de Enoch su fijo fizo vna çibdat que puso nonbre Efray. Otros la llaman Enocay por el nonbre de Enoch. Esta fue la primera çibdat en el mundo.

Quando Adan fue de dozientos & treynta años, ouo otros fijos.

Adan biuio nueueçientos & treynta años & murio asi como plogo a Aquel que lo auia fecho de muy vil tierra.

La primera hedat fasta el diluuio duro mill & seysçientos años.

Noe biuio nueueçientos años, & quando ouo quinientos años engendro tres fijos, e despues que ouo seysçientos años, fizo el arca por mandado de Nuestro Señor Dios, e ouo en aquel arca de luengo trezientos cobdos, & de ancho quarenta cobdos, & de alto treynta cobdos.

La segunda hedat duro desde el diluuio mill & çiento & treynta & dos años, avnque algunos dizen mill & treynta & nueue años.

Saul fue el primero rrey de los judios.

Dauid rregno quarenta años & auia quando murio çiento & nouenta años.

[fol. 48r] El rrey Salamon su fijo fue Rrey de Iherusalem quarenta años, & fue mucho amado de Nuestro Señor en el comienço e despues le quiso mal porque adoro los ydolos por amor de vna muger, la qual & las otras mugeres fueron & son daño & dapnaçion de los onbres.

Quando los caldeos prendieron a los judios & los metieron en catiuerio, que quiere dezir en desterramiento & en prision, entonçe fueron quemados todos los libros del viejo testamento & de la vieja ley. Mas Esdras con el enseñamiento del Spiritu Santo quando el pueblo torno de catiuedat, renouo toda la ley & metiola en escripto & fizo veynte & dos libros, e el escriuio el Libro de la Sabiduria de

Salamon. Mas los Libros Eclesiasticos escriuio Ihesufijo de Estrac que ouo el latin en grand rreuerençia, que fue muy semejante a Salamon.

El comienço del linaje de Nuestro Señor Ihesu Christo, segunt que Sant Mateo dize en el su euangelio, es en Abrahan, que es el comienço de los santos padres de la terçera hedat. Quando Constantino enperador enbio por Sant Siluestre papa & en nonbre de Nuestro Señor lo sano de la gafedat, & fue bautizado con toda su gente, & dio a santa yglesia a Rroma, & todas las dignidades ynperiales, andaua el año de la encarnaçion de Nuestro Señor Ihesu Christo en trezientos & veynte & tres años. El primero ferrero que fue en el mundo fue Etabal Cayn, fijo de Lamer.

[fol. 48v] Amon fue el primero omne que fallo primeramente çitolas & organos & otros estrumentos.

Jonico fijo de Noe fue el primero que fallo estronomia& ordeno la çiença del mouimiento de las estrellas.

Carestes fue el primero que fallo el arte magica de los encantamentos & de otras cosas semejantes.

Salamon: Asi son las carreras de todo cobdiçioso que el anima de su dueño prende.

Sant Agostin: Muy mejor es & mas aprouechable rresplandesçeren buenas costunbres que en rriquezas.

Caton: A tus parientes paçientemente vençe. Non escarnescasde ningunt mezquino. Sey rremenbrador del bien rresçebido. Conplidamente judga lo ageno.

Dauid: Toda el anima es llena de pecados & de maldades de aquellos que toda su entençion es tomar & rresçebir dones & cohechos quando tienen en mano la justiçia.

Tobias: Todos los tus consejos sean fundados en Nuestro Señor Dios, ca entonçes El los enderesçara.

El santo rrey Aymon de Ynglaterra dixo que non le menbraua que de cosa le conuenia aver tanta conçiençia en su muerte como de quanto auia auido consejeros malos, & nontales como a su conçiençia rrequerian.

Job dize a Nuestro Señor Dios: Señor, plegate que todo

consejo de omne malo sea todo tienpo lexos de mi, que la mi anima non benga en consejo de omnes malos. [fol. 49r]

El rrey Cotila: El que mucho con ardor desea aver fijos es darse la muerte & mala vida & desea su mal. Ca los fijos traen grandes enojos & grandes despensas & grandes peligros & grandes pauores & grandes dolores a su padre & a su madre.

Valerio: Mas vale beuir sin fijos que non leuar al cuello fijos mezquinos & astrosos & ver su propio dolor & verguença.

Sed: Mejor es omne ser mañero que aver fijo torpe.

Aristotiles: A Dios y a padre & madre & maestro ninguno puede jamas conplidamente satisfazer pensando el bien fecho que dende ha rresçebido.

Dauid: Ninguno non se quiera confiar en los prinçipes. Rrazon es, que non aman cosa sinon a si mesmos.

Tulio: Non ha ofiçio alguno mas nesçesario que rretornargracia, es a saber, fazer omne por quien fizo por el.

Salamon: Honrra a Dios con el tu algo & con la primiçiade todos tus frutos & seran llenos tus alholies de fartura & los tus mostos de tus lagares rreuerteran.

Sed profeta: Amigo puro que te ama es mejor que tu hermano de padre & de madre que cobdiçia lo tuyo.

Yprocas: Seguridad con pobreza es mejor que temor con rriqueza.

Diogenis: En todas las virtudes del omne es bueno lo demas sinon la palabra.

Socrates: Seys son los que nunca perdieron tris-[fol. 49v]teza: el que nunca perdona el despecho que le fazen, e el enbidioso, e el que ha nueua rriqueza, e el rrico queteme ser pobre, e el que puna aver estado que non es para el, e el que esta todavia con sabios & non es tal como ellos.

Socrates: Non jures a Dios por ningunt aver avnque seas verdadero. Ca algunos te sospecharan en mentira & otros por cobdiçia de aver.

Maximiano: El viejo loa las cosas pasadas & denuesta las presentes, porque enpeora la nuestra vida continuadamente.

Las hedades de los padres son peores que las de los ahuelos, & nos somos peores que nuestros padres, & avn nuestrosfijos seran mas llenos de maldades.

Caton: Gasta sus cosas quien quiere tomar las agenas.

Valerio: La çibdat de los caliuinaçes estando çercada, morian de fanbre, & vno fallo vn rraton que vendio pordozientos dineros, & murio el de fanbre.

Oraçio: Quien osa engañar su padre, que fara a los otros,& quien non perdona, asi como perdonara a otro.

Salustrio: Por concordia creçen las pequeñas cosas & por discordia las muy grandes son destruydas.

Alixandre: Nobleza non es otra cosa sinon aquello que guarnesçe el coraçon de buenas costunbres.

[fol. 50r] El maestro: Paz faze venir el bien, & guerra lo desgasta.

Salustrio: La gloria de las rriquezas & fermosura es muy flaca & en breue pasadera. La virtud es auida por clara & perpetua.

Sant Bernaldo: Palabra oçiosa non sera sin juyzio.

Valerio Maximo: Tanto era el amor que los antiguos ouierona la justiçia por sostener la cosa publica que a suspropios aduersarios amauan quando los veyan que por justiçiasostenian la comunidat.

Eurebius: Tres cosas son en que los onbres guardan fieldat muy tarde quando les es encomendado; la vna es honor, la segunda dineros, la terçera fenbra. Quien esto guarda en todo sera leal a su proximo. Guardaras fielmente a tu christiano, quier sea sinple & pobre.

Seneca: El buen acatamiento & el conosçimiento del señorfaze buenos los servidores, e el desconosçimiento faze mal seruidor & de mal coraçon, & alexarse de todo punto. Las rriquezas son dadas al omne espeçial para que rredima sus pecados.

Seneba el grant legista: El omne cortes & de bondat naturalmente le pertenesçe honrra & amor de toda gente. El omne noble de todas las cosas es amado. Eurelio daua consejo a sus fijos que por cosa [fol. 50v] non fiziesen injuria a ninguno, ca dixo que la injuria clama a Dioscontra aquel que la faze, fasta que es vengada por aquel o por otro.

Salamon: El sendero de los justos es asi como luz que rrelunbra; anda fasta la conpusiçion del dia.

Salustrio: Velando & faziendo algo & tomando buen consejoviene la buena andança. E si te dieres a vagar & a pereza & a descaesçmiento, non demandes nada a los dioses.

Hermes filosofo: Quando cuydares fazer bien, fazlo luego antesque te estorue la mala voluntad.

Sey a tu padre & madre como querrias que fuesen a ti tus fijos. Non rrias mucho nin te ayres, ca son dos obras de neçedat.

Aristotiles: Si ouieres de dar algo al que lo ha menester, nonlo tardes.

Alixandre: Conuiene al omne que aya verguença de fazercosa fea en su casa por su muger & sus fijos & sus conpañas, e fuera de su casa por los que lo veran, & si entiende que ninguno non lo vee, sobre todo aya verguença de Dios.

Alixandre: El perdidoso es el que perdio buen amigo, non el que perdio fijo o aver.

Quintilianus: Difiçile cosa es & casi ynposibile que onbre piadoso muera mala muerte, e leemos cada dia que omnes crueles mueren malas muertes.

Seneca: Las cosas dadas en plaça o encubier-[fol. 51r]to, por si mesmas se manifiestan.

Seneca: Con la yra non piensa omne el mal que le puede venir.

El que non es enbidioso sera mayor, & el que lo fuere, el sefaze menor.

Asaz desauentura es del enbidioso, quel sospira & entristeçe con el bien & alegria del que enbidia. Muchos fueron dañados por el bien que sus amigos dixieron dellos, & a muchos fizo prouecho el mal dezir que dellos dixieron con enbidia. Quieres dexar el pecado de la enbidia, entiende que ninguno non puede quitar a otro lo que Dios le quisiere dar, nin puededar ninguno lo que Dios non quisiere consentir.

Con consejo vençeras mejor que con saña, & con paçiençia sanaras la enfermedad mejor que con mal fisico. Mejor es enseñar a muchos por cosas verdaderas que conplazer a ninguno por mentira.

La fealdat de la yra non la conosce omne saluo quando la vee en otro, asi como la olor de la enbriaguez que non la conosçe el enbriago saluo quando en otro la vee. Las mugeres se ayran mas que los omnes, & el enfermo masquel sano, & el viejo mas quel moço, porque viene de flaqueza del anima. Buena seria la saña si la podiesemos bien medir, sabiendocomo conuiene ensañar, & contra quien, & por qual cosa, & quanto, & quando.

El que tarde rresfria su saña es malo para ser conpañero,& el que tarde se ensaña es bueno para ser señor.

[fol. 51v] Non ayamos por sañoso al que se ensaña quando dize verdat & non gela otorgan.Non solo por buena rrazon es de esquiuar saña, mas por sanidat & rreposo de coraçon.

Aquel con quien te ensañares, mejor le faras sufriendole, & peor denostandole. El qual si alguna verguença le rremanesçeo, non la perdera. Muchas vezes son yguales los dones del amigo con el deseo del enemigo, mayormente ayudandole con que use de su yra. Negar deuemos el benefiçio quando es tal que se siga dende mal al que lo rruega, asi como negamos el agua al ydropigo

& el fierro al sañoso contra si mesmo. De la paçiençia mal tratada o mal trayda se engendra grande saña, & de chica enfermedad mal curada se engendra muerte. El comienço de la yra es locura & su fin rrepentimiento, & muchas vezes la rrebeldia & locura de los otros tuelle la paçiençia a los cuerdos & mansos.

El que quiere usar verdat mas de lo que vsa el rrey o su señor, guarde de seruirle nin seguirle.

Por conosçer el rrey a nos lo que meresçemos, non dexemosnos de conosçer a el lo que nos meresçe. Todo lo quel rrey es, eso creçe en su tienpo, e el rrey que non perdona, de quien sera señor.

En lugar non vençedero mora el grand coraçon; aquende del cae toda arma & toda auentura.[60] [fol. 52r] La verdadera fortaleza es tomar el medio entrecouarde & atreuido. Non sea mayor tu fanbre que tu vientre, nin tu cobdiçiamayor que tu vida. Non despreçies los menores por soberuia, nin temas los mayores tu biuiendo bien. Guarda los mouimientos de tu coraçon & de tu cuerpo, quelos comienços en nuestro poder son. Sey firme en las cosas contrariosas & sabio en las dubdosas & tenplado en las deleytosas. Armas son contra la maldat de la fortuna fazer el coraçon a los daños della, & menospreçiando sus dones sera onbre libre de sus males, e consolaçion es averla por loca quando con vn golpe suyo derriba a vno, & con este mesmo leuanta a otro.

Liuiandad es querellar de la ventura & de la cobdiçia, asi como de amigos seyendo tan enemigos.Todos los malos viçios son en todos & non todos en cada vno.Non es menos destenprado el que cobdiçia la muerte que el que la teme.Tenplado es el que non cobdiçia las grandes cosas, queriendo mas las medianas. Porque las muy grandes por lo que sobrepujan corronpen la tenplança.

Cata a ti mesmo, non fies el alma de qualquier confesor, nin el cuerpo de qualquier fisico; dubda[61] [fol. 52v] tu con ellos lo que la fe & la medeçina dubda.

Los que son llenos de deleytes corporales non son menos sieruos que los catiuos que non biuen por si mesmos, & el que es lleno de fee biue para si & para otros, e non es menos

señor que aquel a quien muchos siruen.

Loamos las cosas santas & buenas mejor que las seguimos. Bien veemos en que lugar esta la bienandança, mas non osamos llegar a ella.

Enbarganos esto el yerro que tenemos, que pensamos ser grandes cosas estas que auemos de dexar, e ser chica aquella segurança a que deuemos pasar.

Digno es a Dios el que despreçia rriquezas & el que las mantiene sin miedo & con rrazon, o el que puede biuir sin ellas bienauenturadamente en este mundo.

Venganos miente de las muchas cosas que en esta vida alcançamos, quantas & quales nos aconpañaran, e mayormente quales nos seguiran.

Puesto que non catemos lo que deuemos a los omnes, catemos lo que deuemos a Dios Nuestro Señor, al qual non podemos satisfazer sin obra.

Non vsamos las cosas santas porque non creemos que las podamos poder, e por la grand amistança de nuestros malos viçios, & lo que es non querer llamamos non poder.

Non desees las cosas del mundo si quieres rrogar a Dios, el qual non desea ninguna dellas, & despreçia a las que son despreçiadas de Dios.

Quien perdurable vida conçibio en el coraçon non es espantado por ningunt temor nin por ninguna amenaza, [fol. 53r] nin le peresçe la grand hueste.

Torpe & vil es el que piensa emendar el ordenamiento del mundo, en lo qual quiere emendar a Dios & dexa de corregir a si mesmo.

Las terribles cosas naturables nos dan fe de Nuestro Señor & el poder diuinal que desçendio en la noble anima que traspasa todas las cosas asi como menores, & despreçia todo lo que tenemos & deseamos. Nos fizo fee que tan grande cosa non seria sin ayuda de Dios Nuestro Señor.

Dios Padre & Fijo & Spiritu Santo muy manifiesto & poco conosçido muy poderoso & poco temido; muchos piensan en El malamente & sin pena.

Algunos piensan que honrran & acresçientan nuestra fee con cosas que la desonrran & amenguan. Fazen como los vanos omnes que loan a otros en cosas que le son denuesto.

Esperança es virtud por la qual el esperante espera de Dios ayuda, perdon, gualardon & gloria, & de los omnes espera estas cosas, mas non eso mesmo.

Por esperança de lo aduenidero desgradeçemos lo rresçebido, non veyendo que lo que ha de venir tanbien sera en cuenta de las cosas pasadas.

Si bien mezclares las cosas, non esperaras sin desesperança, nin desesperas sin esperança.[62] [fol. 53v]

[ID0093 P 0094] LB3–21 (53v–54v) (Prose)

Gomez Manrique a Diego Arias de Auila, contador mayor del rrey nuestro señor[63]

Como a la notiçia mia las continuas rrepuestas por vos, señor, dadas al que mi librança procura ayan llegado, hanme muchos & diuersos pensamientos atraydo. Ca en dezir que me digan yo faga otras trobas, paresçe auer fecho algunas o tanto molestas o torpes que vos plazera las contradixiese, o si buenas & agradables que vos agradaria les diese conpañeras. E fablando la verdat, nin para fazer las primeras me rreputo tan ynoto del todo de gracia & discreçion menguado, nin çiertamente tan abondado en estas para que euitase ordenar las postrimeras. Que sin dubda, yo me fallo asi tan ynstruto en este ofiçio que si de aquel solo y de la merçed & rraçion que tengo en los libros del muy poderoso rrey nuestro soberano señor me ouiese a mantener, entiendo que seria por çierto muy mal mantenido segund yo trobo y vos, señor, me librays. Pues non curando de ynquerir el fin a que por vos a ello se da, e avn costrenido de aquella mesma nesçesidat que a las brauas aues faze yr al desacostunbrado señuelo, a satisfazer el efecto de vuestras palabras me dispuse. E cunpliendo aquellas, esta rruda obra que vos sera por el rreportador presentada ordene, cuyo grueso estilo vos fara manifiesta la ynorançia del su fazedor en el fundamento & orden de la qual mas de lo que dezia Gayo Mario por los nobles de Rroma, es a saber que [fol. 54r] eran omnes rreuestidos, pues ante querian ser maestros que deçiplos, que non del enxemplo que Nuestro Saluador nos dio, diziendo que venia a fazer & a enseñar. Pues yo, primero que obre, enseño. Mas esto causa quel dezir a los que saben, por poco que sepan, es façil, e el fazer bien a los que non han acostunbrado es difiçil.

E por tanto, tomad vos, señor, lo que digo si bueno es, & non lo que fago. E si mis escrituras & fablas en algo mas agras o menos dulçes vos paresçeran que la calidat del tienpo rrequiere, lo haze estar yo, como dize Salustrio en su prologo de Catalinario, libre de esperança & de miedo. Que segund a mi ha seydo & es fauorable la fortuna, nin ya espero ganar, nin temo perder. Que acabado de me non librar eso poco que tengo en los libros del muy exçelente rrey nuestro señor, en cuyo seruiçio gaste la mayor parte de mi niñez, e si Dios lo permitiera, e mi ventura non lo estoruara, quisiera gastar todas las otras hedades. Non me rresta que perder sinon la vida, la qual por aplazible que sea, todo bueno deue tener en poco. Que como dize Tulio en el su libro De Senetute: Yo non se lo que esta misera vida tiene de prouecho, que mas & mucho mas non tenga de trabajo. Ca en verdat los otros bienes que [fol. 54v] de fortuna poseo, avnque mayores quanto a Dios que mis meritos meresçen, mejores serian de perder que de fallar. E de oy mas si non vos pluyere librarme mejor que fasta aqui, buscad otra rrepuesta que dedes a mi factor. Pues que a esta bien o mal como mejor he sabido vos he satisfecho, e porque toda fabla o escriptura prolixa puesto sea buena es enojosa, avn a los oçiosos, ved que fara la non tal a los que de todo oçio como vos caresçes, porne fin a la presente, pidiendovos por merçed que non el eleuado estilo, non la gentil eloquençia, non el dulçe polido de consonar, non las adulaçiones desta obra de todas estas caresçiente rresçibaes, mas voluntad y claridat de animo con que avran rrequesta se fizo. Plega vos, señor, contentar con ella, pues la demandastes a quien mas non sabia. Tenga Nuestro Señor vuestra onrrada persona & casa en su protecçion.

[ID0094] LB3–22 (54v–58v) (47x9)

Ynuocaçion

1. De los (mas↑) el mas perfecto,
en los grandes el mayor,
ynfinito sabidor
de mi rrudo trobador,
torna sotil & discreto,
que senti prosa nin rrimo
finidada
nin se puede fazer nada
Johanes primo.

2. Tu que das lenguas a mudos,
fazes los baxos sobir,
y a los altos disçendir,
tu que fazes convertir
los muy torpes en agudos,
conuierte a mi grand rrudeza

& ynorançia
en vna grand abudançia
de sabieza.

[fol. 55r]

3. Por que fabla la verdad
con este que fablar quiero,
en estilo non grosero,
no agro ni lisongero,[64]
ni de grand prolixidad;
y non sea mi fablar
desonesto,
enojoso ni molesto
descuchar.

4. Por non te ser enojoso
fuyre las dilaçiones,
pues que tus negoçiaçion[es*]

y grandes ocupaçiones
te dexan poco rreposo,
avn para lo nesçesario
al beuir,
quanto mas para seguir
lo voluntario.

al tienpo de tu beuir
non lo despidas en vano;
que vicios, bienes, onores
que procuras,
pasanse como frescuras
de las flores.

Yntroduçion

5. E tu, buen señor, a quien
el presente va tratado,
non polido nin limado
a tu rrequesta enbiado,
notalo, notalo bien,
non considerando, no,
en mis defectos,
mas en los consejos rrectos
si te do.

6. Non mires a mis pasiones
y grandes viçios que sigo,
tu, señor y grand amigo,
nota bien lo que digo,
pospuestas adulaçiones,
por lo qual mis atauios
valen menos,
que non tengo cofres llenos
nin vazios.

7. Poniendo fin al proemio
seguire lo proferido,
mas si fuere desabrido
el quemante fuego pido;
sea su deuido premio
o rroto con los rronpidos
libramientos,
desde agora ten atentos
los oydos.

Prinçipia la fabla

8. O tu en amor hermano,
naçido para morir,
pues lo non puedes fuyr,

[fol. 55v]

9. En esta mar alterada
por do todos nauegamos
los deportes que pasamos,
si bien los consideramos,
duran como rroçiada;
pues omne mortal,
mira, mira,
la rrueda quand presto gira
mundanal.

10. Si desto quieres enxenplos,
mira la grand Babilonia,
Tebas y Laçedemonia,
[el gran pueblo de Sydonia]
cuyas moradas y tenplos
son en grandes valladares
transformados,
y sus triunfos y solares
despoblados.

11. Pues si pasas las ystorias
de los varones rromanos,
de los griegos y troyanos,
de los godos y christianos
dignas de grandes memorias,
non fallaras al presente
sinon fama
transitoria como llama
de agua ardiente.

12. Si quieres que mas açerca
fable de nuestras rrigiones,
mira las persecuçiones
que fizieron a montones
en la su fermosa çerca;
en la qual avn fallaras

grandes mellas,
quiera Dios çerrando aquellas
non dar mas.

13. Que tu mesmo visto muchos
en estos tienpos pasados
de grandisimos estados
façilmente derrocados
con pequeños aguaduchos,
quel ventoso poderio
tenporal,
en vn feble metal
de vedrio.

14. Pues tu no te fies ya
en mundana priuança,
en rriquezas nin bonança,
que con pequeña mudança
todo te fallesçera;
y los tus grandes amigos
con fauor,
te seran con disfauor
enemigos.

[fol. 56r]

15. Que los bienes de fortuna
non son turables de fecho,
los amigos de prouecho
fallescen en el estrecho
como agua de laguna;
que si la causa o rrespecto
desfallesçe,
en ese punto peresçe
el efecto.

16. De los que ves por las calles
en torno todo çercado
con çirimonias tratado
non seras mas aguardado
de quanto tengas que dalles;
que los que por yntereses
te siguian,
en punto te dexarian
si cayeses.

17. Bien asi como dexaron
al pujante condestable
en la senda variable
esta fortuna mudable,
muchos le desanpararon;
pues fazer deues con mando
tales obras,
que non temas las çoçobras
non mandando.

18. El alto cadañero
atendiendo ser judgado
despues del año pasado
en el judgar es tenplado,
ca teme lo venidero;
pues si este tu poder
non es de juro,
non duermas non seguro
de caer.

19. En el tienpo que prestado
aqueste poder touieres,
afina quanto pudieres
en aquello que deuieres
por ser de todos amado;
que fallaras ser partido
peligroso
avn al mucho poderoso
ser temido.

20. El varco que muchos rreman
a muchos ha de traer
asi bien ha de tener
el que con su grand poder
faze que muchos le teman;
pues procura de ser querid[o*]
de los buenos
& por non ser a lo menos
aborrido.

[fol. 56v]

21. Para lo qual los mayores
han de ser muy acatados,
los medianos bien tratados,

de los pobres escuchados
con paçiençia sus clamores;
que si fatigas te siguen
del ofiçio,
los librantes non con viçio
te persiguen.

22. A los que has de librar,
libralos de continente,
los que non graçiosamente
sin yra, sin açidente
los deues desenpachar;
& non fagan los portales
tus porteros
a bestias & caualleros
ser yguales.

23. Que tu seyendo ynorante
de lo tal como lo creo,
segund lo que de ti veo
algunos te fazan rreo,
& rreputan por culpante,
mas yo dubdo de tu seso
[que mandase]
que bien & mal se pesase
con vn peso.

24. E castiga los cohechos
que fazen arrendadores
a los tristes labradores
que sabras que son mayores
que sus tributos y pechos;
& a ti todas las gentes
bendiran,
a los menos non diran
que lo consientes.

25. Desta forma cobraras
mundana beniuolençia,
mas con mayor diligençia
de la diuinal esençia
aquella procuraras;
que en rrespecto del çeleste
consistorio,
es vn sueño transitorio
lo terreste.

26. Que los mas mas sublimados
& temidos son temientes,
y los en fuerça valientes
& rriquezas poseyentes
ya fueron dellas menguados;
que todas son enprestadas
estas cosas,
que non duran mas que rrosas
con eladas.

[fol. 57r]

27. Alixandre fue señor
de toda la rredondeza,
Ercoles de fortaleza,
Mida de tanta rriqueza
que non pudo ser mayor;
pero todos se murieron
y dexaron
esto que trabajaron
y corrieron.

28. Pues non gastes tu beuir
en los mundanos serviçios,
en deleytes nin viçios,
que de tales exerçiçios
te podras arrepentir;
mas echalos todos atras
estos pensamientos
tales
con temor de los tormentos
ynfernales.

29. En seruir a Dios trabaja,
echa cobdiçias atras,
que quando te partiras
del mundo non leuaras
si non sola la mortaja;
pues nunca pierdas el sueño
por cobrar
lo que tiene de fincar
con su dueño.

30. Este dueño que te digo
de los tenporales bienes

tras los quales vas y vienes
es el mundo con quien tienes
que tiene guerra contigo,
al qual si sigues aueres
te dara
pero tirartelos ha
quando partieres.

31. Desta trabajosa vida
de miserias toda llena
en que rreposo sin pena
nin jamas vna ora buena
tu puedes aver conplida,
non es al sinon deseo
su çimiento,
su fin arrepentimiento
y deuaneo.

32. Pues si son peresçedero[s*]
y tan caducos y vanos
los tales bienes mundan[os*]
procura los soberanos
para sienpre duraderos;
que so los grandes estados
& rriquezas,
fartas fallaras tristeza[s*]
y cuydados.

[fol. 57v]

33. Que las vestiduras netas
& rricamente bordadas
sabe que son enforradas
de congoxas estremadas
y de pasiones secretas;
y con las taças febridas
de bestiones
amargas tribulaçiones
son beuidas.

34. Mira los enperadores,
reyes & padres santos,
so los rrequisimos mantos
trabajos tienen a tantos

como los cultiuadores;
pues non fies en los onbres
que paresçen,
y con su vidas peresçen
sus rrenonbres.⁶⁵

35. Que quantas mayores tierras
tienen y mas señorias,
mas ynmensas agonias
sostienen noches y dias
con libranças y con guerras;
por lo qual con la corona
cabtamente
el que dixo lo siguiente
se rrazona.

36. O joya de grand valia,
quien te bien considerase,
y tus trabajos pensase
avnque en tierra te fallase
nunca te leuantaria;
siguese que los ynperios
y rreynados
non son non desaforrados
de lazerios.

37. Pues mira los cardenales,
arçobispos y perlados,
non mas bienauenturados
son, nin menos angustiados
que los sinples menistrales;
que sobre sus mantonadas
mucho largas
portan grandisimas cargas
y pesadas.

38. Los varones militantes,⁶⁶
duques, condes y marqueses,
so los febridos arneses
mas agros visten enveses
que los pobres mendigantes;
ca por procurar honores
y faziendas
ynmensas tienen contiendas
y temores.

[fol. 58r]

39. Los fauoridos priuados
destos prinçipes potentes,
a los quales van las gentes
con serviçios y presentes
como piedras a tablados,
en las sauanas de olanda
mas sospiran
que los rremantes que tiran
en la vanda.

40. Que los bienes y fauores
que los tales sienpre han,
non los lieuan sin afan
pues el blanco comen pan
con angustias y dolores;
que priuança y señoria
non quisieron
egualdad nin consintieron
conpañia.

41. Pues los rricos ofiçiales
de las casas de los rreyes,
avnque grandes (teneys↑)⁶⁷ greyes
non sin dubda destas leyes
soys agenos mas parçiales;
prouarlo quiero contigo
que seras
si la verdad me diras
buen testigo.

42. Que fartos te vienen dias
de congoxas tan sobradas
que las tus rricas moradas
por las choças o rramadas
de los pobres trocarias;
que so los techos polidos
y dorados
se dan los vuelcos mezcl[ados*]
con gemidos.

43. Si miras los mercadores
que rricos tienen brocados
non son menos descuydados
que de joyas abastados

ellos & sus fazedores;
pues non pueden rreposar
noche ninguna,
rreçelando la fortuna
de la mar.

44. Basta que ningund estado
fallaras tanto seguro
que non sea como muro
el qual por conbate duro
finca medio derribado;
de los mundanos entienden,
tras los quales
la vida de los mortales
se desprenden.

[fol. 58v]

45. [Mientra*]s⁶⁸ son navegadores
por el mar tenpestuoso
deste siglo trabajoso,
jamas biuen en rreposo
chicos y grandes señores,
que con esta son naçidos
condiçion
y ningunos dellos son
exemidos.

46. Pues tu non pongas amor
con personas tan mortales,
ni con bienes tenporales
que mas presto que rrosales
pierden la fresca verdor;
y non son sus çimientos
si non juego
menos turable que fuego
de sarmientos.

Fin

47. Y non fundes tu morada
sobre tan feble çimiento
mas elige con grant tiento
otro firme fundamento

de mas eterna durada;
que este mundo falaguero
es sin dubda,
porque mas presto se muda
que febrero.

[fol. 59r]

[ID0269]   LB3–23   (59r–82v)   (294
stanzas). Year 1467–68

Vita Christi[69] trobado a pedi[miento*] de doña Juana de Cartagena, conpuesto por un frayle menor de obseruançia

1. Aclara sol diuinal
la çerrada niebla escura,
que en el linaje vmanal
por la culpa paternal[70]
desde comienço nos tura;
despierta la voluntad,
enderesçe la memoria,
por que sin contrariedad,
a tan Alta Magestad,
se cante deuida gloria

Prosigue

2. Aquella grand conpasion,
aquel amor entrañal,
que por nuestra saluaçion
fizo sofrir tal pasion
al tu Fijo natural,
aquella bondad diuina
que le forço a ser onbre,
emiende lo que se ynclina
en esta carne mezquina
a ofensar el tu nonbre.

Ynuocaçion del actor

3. Los altos meresçimientos
de aquella Virgen y Madre,

y los asperos tormentos
que sufrio por Ti contentos,
los que Te tienen por Padre;
y la vitoria famosa
de Tus martirios pasados,
me alcançen por que la prosa
de Tu vida gloriosa
escriuan en metros rrimados.

Despide las nueuas poesias & ynuoca las cristianas

4. Dexemos las poesias
de sus musas ynuocadas,
porque tales niñerias
por vmanas fantasias
con çierto chemerizadas,
y viniendo a la verdad
de quien puede dar ayuda,
a la sola eternidad
que mana sienpre bondad
ge la pidamos sin dubda.

[fol. 59v]

5. Non digo que los poetas,[71]
los presentes y pasados
non fagan obras perfectas
graçiosas y bien discretas
en sus rrenglones trobados,
mas afirmo ser error,
perdonen si bien non fablo,
en su obra el trobador
ynuocar al dios d'amor
para seruiçio al diablo.

Prosigue prouando con Sant Geronimo[72]

6. Sant Geronimo acusado
porque yn Çeçeron leya
en spiritu arrebatado

fue duramente açotado
delante Dios quel dezia:
Si piensas que eres christiano
segund la forma deuida,
o que pensamiento vano,
eres çiçeroniano,
pues es Çiçeron tu vida.

Limonita lo sobredicho

7. Con todo non rrefuyamos
lo que la rrazon ordena,
mas contenplança tengamos
que la carrera sigamos
que nos mostro Juan de Mena;
alinpiando la porfia,
quitada fuera el ystoria,
de la dulçe poesia
tomemos lo que nos guia
para llegar a la gloria.

Concluye la ynuocaçion

8. Asi que la ynuocaçion
al solo eterno se faga
que espira en el coraçon
y le da la discriçion
quanta y quando se paga;
pues do comienço a la obra
en nonbre de Aqueste solo
de quien todo bien se cobra,
dexada toda çoçobra
de Venus, Mares & Apolo.

Pone la causa & efecto de la pasion de Nuestro Señor

9. Por la culpa acometida
por el que quiso ofenderte,
o bondat tan sin medida,
Tu diste muerte a tu vida
por darnos vida sin muerte;

o justiçiera piedad,
o piadosa justiçia,
fartaste la Trinidat,
saluaste la vmanidat
sobraste nuestra maliçia.

[fol. 60r]

[...diui*]nidat & umanidat de Nuestro Rredepntor[sic]

10. Eternalmente engendrado,
tenporalmente nasçido,
eternalmente ordenado
para sernos enbiado,
tenporalmente venido,
eternal gouernador
de las cosas tenporales,
por saluar al pecador
vestiste, ynmortal Señor,
la carne de los mortales.

11. O çiega natura vmana,
quand baxos son tus seruiçios
segunt que sienpre te mana
desta bondad soberana
la fuente de benefiçios;
ca te crio de no nada,
dotada de fermosura,
mas despues de criada
por rreparo de tu errada
se te fizo criatura.

Continua la ystoria

12. En la Virgen sin manzilla
sin ayuntamiento alguno,
o graçiosa marauilla,
que lengua podra dezilla,
[nin de mill cuentos el vno;]
forçado de caridad
encarno al Fijo de Dios,
o quand nueua nouedad

parir con virginidat
y conçebir sin ser dos.

Loa a Nuestra Señora y pone el modo de la encarnaçion

13. De nuestra noche candela,
de nuestras cuytas abrigo,
de nuestra virtud escuela,
de nuestras gracias espuela,
freno de nuestro enemigo,
muerte de nuestra tristeza,
vida de nuestros plazeres,
arca de nuestra rriqueza,
fuerça de nuestra flaqueza,
corona de las mugeres.

Continua los loores

14. De los culpados perdon,
guia de los perdonados,
de los tristes conpasion.
julepe de perfecçion,
triaca de los pecados,
nuestra torre domenaje,
clara sol de nuestro dia,
a Ti el alto mensaje
fue traydo por el paje
que Te dixo Aue Maria.

[fol. 60v]

15. Con cuya santa vision
se altero toda Tu cara
porque forma de varon
jamas en Tu abitaçion
de mirar se acostunbrara;
o paso quand de notar
do tal dotrina se enseña,
que en todo tiempo y lugar
deue la Virgen estar
sospechosa y çahareña.

Amonta las virgines a estremidad & ençerramiento a enxenplo de Nuestra Señora

16. Con temor de la maldad
del viçio que aqui non nonbro,
en tan flaca vmanidad
sienpre la virginidad
este la barua en el onbro;
ca las que quieren guardarse
de ensuziar tan linpio nonbre,
asi deuen ençerrarse
que puedan marauillarse
quando vieren algund onbre.

Prosigue

17. La estopa non esta segura
en fablas con los tizones;
la virginidat nunca tura
en la muger que procura
la fabla con los onbres;
[huylla, que no esperalla,*]
tal guerra de mi consejo,
do valen menos sin falla
los arneses de Misalla
que las armas del conejo.

Prosigue

18. La liebre por non encobarse
a vezes pierde la vida;
la virgen por demostrarse
auemos visto tornarse
de virgen en corronpida;
por salir de la barrera
muchos mueren neçiamente;
la virgen mucho plaçera
es ynposible de fuera
non quiebre el asa o la frente.

Enxenplo en Dina, fija de Jacob, & Bersabe, muger de Vrias

19. Ca Dina sinon saliera
de ser de gente mirada,
nin de ser virgen perdiera,
nin menos por ella fuera
tanta sangre derramada;
Bersabe si se lauara
do non la viera David,
nin ella [sic] con ella pecara,
ni a su marido matara
con mano agena en la lid.

[fol. 61r]

20. De la fermosa Tamar,
su hermana de Absalon,
leemos por se apartar
a solo dar de yantar
a otro su hermano Amon,
ser del dicho Amon forçada
y con grand abiltamiento,
luego presto desechada
causa de la qual errada
fue su nesçio apartamiento.

21. Es vn graçioso partido,
el qual siguen todas ya,
de traer por apellido,
y lo mas dello fingido
primo aca, primo aculla;
pues si debdo tan çercano
a Tamar fizo burlarse,
es vn consejo muy sano
con el mas lexos que hermano
ni con el nunca apartarse.

22. En achaque de nuestra ama,
segund es nuestra Castilla,
la mucho plasçera dama
que en la cama que en la fama
sienpre rresçibe manzilla;
que o çiega o pierde el tiento

fasta dar consigo en menguas;
o rresçibe detrimento
en su fama o casamiento
con lo que dizen las lenguas.

23. [Deue mucho desechar*]
con estudio diligente
la donzella por casar
el parlar y cartear
con pariente y non pariente,
pero la virgen donzella
que los tales ademanes
fallan buena cara en ella,
entonçes fia della
vn saco dalacranes.[73]

Torna a la ystoria de la encarrnaçion

24. Pues cunbre de las mejores,
del Fijo de Dios morada,
Madre de los pecadores,
tornemos a los amores
de que fuste rrequestada;
quando de rrodillas puesto
el paje que a Ti venia
con grand sosiego de gesto
en son de varon modesto
Te saludaua & dezia:

Prosigue la ystoria

25. Dios Te salue, Virgen llena
de la gracia de Dios Padre;
o Virgen de culpa agena
sabete que Dios ordena
de rresçebirte por Madre;
de cuya parte Te digo
estas nueuas plazenteras,
Nuestro Señor es contigo,
que Te rrequiere comigo,
pues Te quiere, que le quieras.

[fol. 61v]

26. [Eres bendita muger*]
entre las mugeres todas,
mas mas bendito ha de ser
el Fijo que ha de nasçer
destas exçelentes bodas,
ca Este sera llamado
Fijo del muy alto Rrey,
segund fue profetizado
deseado y esperado
y prometido en la ley.

Pone la alteraçion de Nuestra Señora

27. Con cara nueua adesora,
o Virgen y non mañera,
Tu color se descolora,
Tu descolor se colora,
Tu alma toda se altera;
y rrebuelue la vmilldat
en el justo coraçon
vn temor de yndignidat
por la baxa vmanidat
y la grandeza del don.

Continua la ystoria

28. El mudar de la color
en el rrostro virginal
ha publicado el temor
al discreto enbaxador
de la esençia diuinal;
el qual con ynspiraçion[74]
alunbrado desde suso,
con vna dulçe rrazon
de propia conparaçion
declara lo que propuso.

Fabla el angel a Nuestra Señora por conparaçion

29. Tu quedaras tan entera
de la preñes del ynfante

qual queda la vedriera
quando en ella rreueruera
el sol y pasa adelante;
que la dexa en aquel son
que la fallo quando vino,
pues asi sin corrubçion
seras de la encarrnaçion
daqueste beruo diuino.

Prosigue el angel

30. La mata que vio en su vida
seyendo pastor Moyses,
abrasada y ençendida
de biuos fuegos ardida
mas toda verde despues;
la puerta que vio çerrada
Ezechiel el profeta,
alançe de Tu morada
qualquier rrastro o pisada
de toda dubda secreta.

[fol. 62r]

Las profeçias

31. La marauilla mostrada
en la verga de Aron,
aquella huerta çerrada,
aquella fuente sellada
de que fabla Salamon,
y la dulçe profeçia,
de Ysayas & Esechias
o Santa Virgen Maria,
Rreyna de todos y mia
atajen nuestras porfias.

32. Con la vitoria canpal
que rresçibio Gedeon
despues de aquella señal
de la lluuia çelestial
en el era en el vellon,
quando en tinajas de tierra

fue la lunbre secrestada
fasta el tienpo de la guerra,
o Virgen toda se ençierra
la verdat de Tu enbaxada.

Prosigue el actor

33. Pero como Tu temor
non andaua titubando,
sobre el poder del Señor
mas con congoxa de amor
por saber el como y quando,
creyendo lo prinçipal[75]
preguntas de lo açesorio,
la rrepuesta de lo qual
dexa el paje angelical
al eterno consistorio.

Prosigue el actor

34. Y lo que mas entre todo
altercauades los dos
era disputar el modo
como se puede del lodo
fazer sayo para Dios;
y tanbien otra quistion
difiçile, ardua, y escura,
como puede sin varon
fazerse generaçion,
pues non lo sufre natura.

Continua

35. Ya las dubdas rremontada[s]
metidas dentro en el çielo
por aues tan esmeradas
boladas y porfiadas
mas non vençidas del buelo,
entramos luego a la par
· fezistes lo que dire;
a mas non poder bolar

baxastes Vos a fartar
el señuelo de la fe.

[fol. 62v]

36. Ado temiendo creyste,
o Virgen, a la enbaxada,
y creyendo rrespondiste
rrepuesta por do saliste
del Fijo de Dios preñada;
o flaco seso vmanal,
aqui non çiegues despanto,
que si fue carrne el metal,
las manos del ofiçial
son de Spiritu Santo.

Continua

37. O marauilloso sy
que quajo tal casamiento,
ca seyendo dicho por Ti:
O angel, cunplase en mi
segund tu prometimiento;
encarrno en ese punto
la persona filial;
el como non lo pregunto,
pues non se puede trasunto
sacar deste original.

**Que la fe ha de ser creyda
& no escudriñada**

38. Tan grand cosa como fue
es locura escudriñarla,
la cosa que çierto se,
basta creerla por fee
si mas non puedo alcançarla,
porqu'es vna conclusion
que Sant Grigorio nos muestra,
que la fe non ha gualardon
ado la vmana rrazon
por sus pasos nos adiestra.

Prosigue

39. Porque la difiniçion
de la fe, lector, que crees
dize que es diuino don
sobre toda discriçion
por do crees lo que non vees;
pues quien busca de entender
cosa que tanto le sobra
sera tan loco, a mi ver,
como quien quiso fazer
la bauilonica obra.

Da rrazon a lo dicho[76]

[fol. 63r]

40. Ca por lo poco que alcança
nuestro seso deleznable,
non era justa ordenança
de poseer la folgança
de la gloria perdurable;
ni la diuinal esençia
ynfinita puede ser,
si con vmana ysperiençia
nuestra finita çiençia
la pudiese conprehender.

Continua

41. Mas abasta ser creyda
en tanto que la miseria
desta miserable vida
nos tiene el alma vestida
daquesta genera materia;
por aquel don gratuyto
cuyo nonbre fe llamamos
que nos guia el apetito
a dar en medio del hito
sin que su blanco veamos.

Conpara

42. No curemos de otra arenga
sinon que la vista çiega,
si por algo que conuenga
a mirar lexos se aluenga
entonçes muy menos llega;
y queda tan mal librada
daquesta loca porfia
que despues en si tornad[a*]
apenas puede ver nad[a*]
nin lo poco que antes via.

Declara

43. Asi la vista desmaya
deste seso natural
quando comete o ensaya
de pasar algo la rraya
de la flaqueza vmanal;
con aquel loco deseo
que erro el Zebeliano,
y con aquel deuaneo
que se perdio Manicheo
y fue dañado Arriano.

Prosigue

44. Pues solamente digamo[s*]
lo palpable que entendemo[s*];
lo otro que non alcançamos
firmemente lo creamos
pero non lo escudriñemo[s*];
bien consiento que a las ora[s*]
las rrazones naturales
en son de disputadora[s*],
aleguen por valedoras
pero non por prinçipale[s*].

[fol. 63v]

45. Pues con vn justo temor
al presente me despido

por non venir en error
de buscar cosa mayor
de quanto tengo el sentido;
mas es sola mi yntençion
en estos groseros rrimos
de contar la saluaçion
que por Tu vida y pasion
los vmanos rresçebimos.

Comiença el nasçimiento de Nuestro Señor

46. Si nesçesario es çimiento
para que la obra asiente
para tanto Sacramento
como es Tu nasçimiento,
rrazon esta que çimiente,
y non siento qual mejor
en ningunt metro nin prosa
pueda poner trobador
que çimiento de loor
de Tu Madre gloriosa.

Pone çimiento & conpara

47. En el mar de Tu exçelençia,
o Virgen nuestra abogada,
la mas creçida prudençia,
la mas prudente eloquençia,
como corcho ençima nada,
en espeçial en aquel
fondo pielago sin suelo,
do fue su vientre el batel
que nos traxo al Emanuel
quando nos vino del çielo.

Continua y conpara

48. O Santo vientre bendito,
quanto de Ti yo magino,
y todo quanto es escripto
es quanto lieua vn mosquito
de muy grand cuba de vino;

y nunca le faze mella
avnque beua quanto pueda,
si mill vezes entra en ella,
el sale borracho della,
mas ella llena se queda.

Aplica la conparaçion

49. Y con tanto su beuer
non acaba las espumas,
asi contigo, a mi ver,
es corto nuestro entender
y nuestras lenguas y plumas;
[fol. 64r]
espeçial en el secreto
de tan alta encarrnaçion,
y quando en el me entremeto,
si por la manga lo meto,
vase por el cabeçon.

50. O fecho tan soberano,
o sola cosa diuina,
con quien nuestro seso vmano
es asi como aldeano
metido en rreal cortina;
que se altera y se demuda,
y se espanta y çahareña,
y su lengua torna muda,
y avn a el le toma dubda
si lo vee o si lo sueña.

51. O muy alto sacramento
de Nuestro Dios encarrnado,
de quien nuestro entendimiento
nin sabe do esta el çimiento
nin puede ver el tejado;
con quanta çiença aprende,
y se desuela y trasnocha,
quanto mas lexos se estiende,
tanto de Ti se le entieñde
quanto al asno de melcocha.

52. O cabo de nuestra pena,
çimiento de nuestra gloria,
o Tu sola sienpre buena,

llaue de nuestra cadena,
causa de nuestra vitoria,
manzilla de los dañados,
del purgatorio consuelo,
carrera de los errados,
faznos bienauenturados
pues eres rreyna del çielo.

Comiença el çimiento

53. Que todo linaje deua
loar tu gracia ynfinita;
podemos creer por prueua
aquella culpa de Eua
que por Tu causa se quita;
porque si Tu non parieras
al justo fecho suaue,
nin tan exçelente fueras,
ni la puerta nos abrieras
de do tu Fijo era llaue.

Continua el çimiento

54. Pozo de las zerarchias,
de nuestras tinieblas luz,
Madre de nuestro Mexias,
[fol. 64v]
Tu que mas parte serias
de las penas de la cruz;
Tu que en virtud exçelente
ouiste para sofrillas,
porque las llore la gente
fazme, Señora, eloquente
para que sepa dezillas.

Torna la ystoria del nasçimiento de Nuestro Señor

55. De Sus entrañas nasçido
por nuestro solo ynterrese,
y de las Tuyas salido
para ser muerto vençido
por quel muerto rrenasçiese;

con sobra de pobredat
Tu Fijo, segund se ley,
luego en su natiuidat
fue puesto por vmildat
entre vn asno & vn buey.

56. La muy alta Señoria
daqueste Fijo de Dios
en tanto rresplandeçia
en el lugar do yazia
con los animales dos,
que si el sol se cotejara
con este santo luzero,
tan diforme se fallara
como la fermosa cara
en el espejo de azero.

57. Que pensauas que dezia
en aquel tienpo y sazon
la Madre Virgen Maria
ningund seso non podria
rrecontarlo al coraçon,
su alma lo adoraua,
su discriçion lo temia,
su sentido se alteraua,
quando ser Dios contenplaua
el Fijo que Ella paria.
58. O tan çelestial Muger
que en el mundo meresçio
sin dexar de Virgen ser
ver de si mesma nasçer
al mismo que la crio;
quand digno de ser loado
es el vientre de tal Madre,
do quiso ser encarrnado
el mesmo Dios engendrado
eternalmente del Padre.

Prosigue

Esclamaçion del actor

[fol. 65r]

59. [O fijo de Dios eterno,*]
quien piensa tal desuario

que seyendo niño tan tierno
y en lo peor del ynuierno
non estarias muerto de frio;
mas aquel fuego damor
en el portal de Belen
Te escalento, Rredepntor,
y despues quando mayor
Te mato en Iherusalem.

Otra esclamaçion

60. Qual estauas quien Te viera
çercado de rresplandor,
o quien presente estouiera
para ser si ser pudiera
pesebre de su Señor;
pues llorad, fieles varones,
en este duro comienço,
la durez de los vigones,
la falta de los colchones,
y la pobreza del lienço.

Prosigue

61. La conpasion de natura
llorad y la de bondad,
conque la Virgen procura
de enpañar su criatura
llagada de piedad;
y mientra lo esta enboluiendo,
llorad a Josep el viejo
[que quebrantado, moriendo,*]⁷⁷
anda el pecador barri[endo*]
aquel pobre portalejo.

Contra los grandes que vsan mal de sus rrentas

62. Ay de vos, enperadores,
de vos, rreyes poderoso[s*],
ay de vos, grandes señor[es*],
que con agenos sudores
teneys estados ponposo[s*];

o grandes, quand de llor[a*]r
es a vos lo del pesebre,
o pobreza singular,
quien te puede contenpl[ar*],
que su soberuia non quie[bre*].

Prosigue

63. Y fablando en gener[al*],
de todos los grandes g[uay*],
pues todos andays con [mal*]
y de temor vmanal
quien rreprehenda non [ay*],
que brocados malgastados
en las faldas de las dueña[s*],
quando los descumulgado[s*]
van al ynfierrno dañado[s]
por vnas debdas pequeña[s*].

[fol. 65v]

64. Traes truhanes vestidos
de brocados y de seda
por vnos locos perdidos,
mas quien les da sus vestidos
por çierto mas loco queda,
y muchos santos rromeros,
porque non dizen donayres,
por mengua de dineros
andan desnudos en cueros
por los canpos, a los ayres.

65. En fiestas y conbidar
que se gasten diez mill cuentos,
pues al tienpo del justar
vayan sastres a cortar
y rrastren los paramentos;
y las doblas a montones
que baylen por los tableros,
mas las santas rreligiones
que pasen tres mill pasiones
por falta de limosneros.

Esclamaçion

66. O Señor, y qual bondat
detiene la Tu justiçia;
o Señor, qual piedat
detiene la crueldat
que meresçe tal maliçia;
[mas mucho*][78] temor, Señor,
que Tu saña mas sañosa,
es dexar al pecador
turar mucho en el dulçor
daquesta ponpa engañosa.

Prosigue

67. Avnque paresca en aquesto
del proposito apartarme,
daquel ynfante propuesto
que en el pesebre fue puesto
tenblando por calentarme,
pero pues su pobredat
agora me da ocasion,
quiero dezir la verdat
del peligro & ceguedat
de aquellos que grandes son.

Pone tres pecados que andan enbueltos con grandes estados

68. Que nunca falta en la tienda
de qualquier estado grande
cobdiçia para que prenda,
luxuria para que ençienda,
soberuia para que mande;
desta sola copla mia
se puede claro conosçer,
que ponposa señoria
por grand miraglo seria
fuyr de non se perder.

[fol. 66r]

[Prueua lo*] del primero viçio

69. Concluyo por acortar
que al que rrenta sobrepuja
es muy peor de saluar
que vn camello de entrar
por cabo de vn aguja;
pues non (son↑) palabras mias,
que las podays rreprochar
mas son de Nuestro Mexias
que dixo en aquellos dias
quando nos vino saluar.

Del segundo viçio

70. Pues lo del viçio carrnal,
digamoslo enoramala,
non basta lo natural
que lo contra natural
traes en la boca por gala;
o rreyno, los que te estrañan
tu fama con su carcoma,
pues que los ayres te dañan
& los angeles te engañan,
quemallos como a Sodoma.

Continua

71. Si fuesse tinta la mar,
y los peçes escriuanos,
era miraglo contar
quantos hizo condepnar
la luxuria en los vmanos;
[mas esto solo sentid*],
que non basta discriçion
nin coraçon a la lid,
do fizieron a Dauid
mataron a Salamon.

Del terçero viçio

72. Y si ha de ser perdido
este rreyno y destroçado,
porque segund es leydo
todo rreyno en si partid[o*]

tiene de ser despoblado,
a que gentes se enderesça
la culpa bien claro es,
pues quando el onbre estrop[ieça*],
los ojos de la cabeça
han la culpa y non los pie[s*].

Prosigue

73. Y por estas ocasiones
tan prestas para caer
a poderosos varones,
mas vale non tener dones,
mas vale grandes non se[r*],
mas vale poco tener,
porque quando el alma bote
es çierto que ha de ser
qual la costa del come[r*]
tal la paga del escote.

[fol. 66v]

74. [Por aquesto*] el Redenptor
causa de nuestra salud
en portal de labrador
de bestias, que es lo peor,
començo en su jouentud;
en lo qual, mira que fablo,
nos mostro dotrina tal,
que para fuyr al diablo
es mas seguro el establo
que non la casa rreal.

Prosigue

75. Pasemos de los señores,
que el angel dellos pasado
es ya ydo a los pastores
pobrezillos pecadores

ado estan con su ganado;
andemos ayna andemos,
con congoxoso deseo,
porque a tal ora lleguemos
que[79] todos juntos cantemos
Gloria yn exçelsis deo.

Continua

76. Corramos por ver siquiera
aquella gente aldeana
como se espanta y altera
en ver de nueua manera
en el ayre forma vmana;
diziendo con grant temor
el vno al otro, tenblando:
Cata, cata, Juan Pastor,
juro a mi, pecador,
vn onbre viene bolando.

77. [   ][80] prometo a mi
di que puede aquellotrar,
que del dia en que nasçi
nunca yo tal cosa vi
en pastor deste lugar;
d'aca yremos, Minguillo,
enantes que aquel nos vea,
y nuestro poco a poquillo
por tras este colladillo
vamos dezillo al aldea.[81]

Rresponde el otro pastor

78. Cata, Juan, vello querria,
mas esto tan pauorido
que mudar non me podria
segunt es la medrosia
que en el cuerpo me ha metido;
y tanbien si mientra vamos
bolando desaparesçe,
Cata, Juan, diran que entramos
que borrachos çierto estamos
o que el seso nos fallesçe.

Fabla el otro pastor

79. Pues asmo que, jura diez,
bien sera que non huyamos,
mas que sepamos quien es
por que podamos despues
jurar como le fablamos;
que non puedo ymaginar,
agora fablando en veras,
que onbre sepa bolar
si non es Juan el escolar,
que sabe de encantaderas.

[fol. 67r]

80. [Mientras estan altercando*]
con vna rrudez ynoçente
llego el angel rrelunbrando
y començoles cantando
a dezir muy dulçemente;
Alegria, alegria,
gozo, plazer sin dolor,
que en este preçioso dia,
quedando virgen Maria,
ha parido al Saluador.

Prosigue el angel

81. Es ya vuestra vmanidad
por este Fijo de Dios
libre de catiuedad,
fundir la enemistad
de entre nosotros y vos;
y vuestra muerte primera
con Su muerte sera muerta,
y luego que Aqueste muera
en el çielo vos espera
a todos a puerta abierta.

Señas del angel que daua
a los pastores

82. Y por que non lo dubdes,
partid con esta señal;

quando a Belen llegues
luego al niño fallares
en vn bien pobre portal;
con pobreza desigual,
o varones sin engaños,
veres en carne mortal
la persona diuinal
enpañada en viles paños.

83. El angel que esto dezia,
angelical muchedumbre
se llego a su conpañia
que cantaun a porfia
con çelestial dulçedunbre
las eternas marauillas
de la bondat soberana,
el rreparo de sus sillas,
el lauar de las manzilla[s*]
de toda la casta vmana.

84. Y despues que ya cantaron
la gloria de Dios eterno
y la paz nos denunçiaron,
subieron por donde entraron
a su rreyno senpiterno;
los pastores conpetian
sobre el mando angelical,
si yrian o non yrian,
en ser burlados temian
como nunca vieron tal.

Continua

85. Minguillo, dite, leuanta,
non me estes en mas enpach[o*],
que segund este nos canta,
alguna cosa muy santa
deue ser este mochacho;
y veremos a Maria,
ca jura hago a mi bida,
[fol. 67v]
quiça lo preguntaria
esto como ser podria,
quedar virgen y parida.

86. A buena fe salua digo,
que puedes creer de tanto,
que si non fueses mi amigo
alla non fuese contigo
segund que tengo el espanto;
que en apocas estaua
de caer muerto en el suelo
quando al onbre que bolaua
viste como nos cantaua
que era Dios este moçuelo.

87. Mas non puedo estorçijar
de lo que tu, Juan, has gana
que tu bien fuyste a baylar
quando te lo fue rrogar
alla a las bodas de Juana;
mas lleua alla el caramillo,
los albogues y el rrabe,
conque hagas al chiquillo
vn huerte[82] son agudillo
y quiça yo baylare.

88. Y luego por la mañanilla
tomemos nuestro andeliño,
vaya nuestra canastilla
con de alguna mantequilla
para la madre del niño;
y si estan alla garçones,
como es dia de domingo,
fazme tu, Juan, de los sones
que sabes a saltejones,
y veras qual bayla Mingo.

89. Por ende daca vayamos,
quede a Perico el ganado,
mas cata si alla llegamos
que entremos juntos entramos,
que esto muy amedrentado,
ca segunt el enbaraço
y medrosia y pauor
que con aquel su collaço
ouimos todo menbaraço
dir delante del Señor.

Llaman a los otros pastores que vayan a la demuestra do estaua la luz

90. Dexa de jugar al tejo
a Mingo, de Juan de Trascalle,
entruja[83] huerte sobejo
aquel claror tan bermejo
que rrelunbra en todo el valle;
a Sant Millan dell Otero
[fol. 68r]
te juro, & a Sant Pelayo,[84]
que por ser cabe ell enero
nunca vi tal rrelunbrero
nin lo vimos por el mayo.

91. Mançebos de braca via
trebejan con vn moçuelo,
jura mi que juraria,
y avn asmo que lo diria,
que son angeles del çielo;
de rriso me estoy asmado,
cata que para Sahedro
vamos alla rreuellado,
y apuestote mi cayado
que corra mas que tu y Pedro.

Rresponde el otro pastor

92. Non lo puedo contener
que non lo vaya a mirar,
que ynoro a mi entender
o cuerpo de su poder
que do suena aquel cantar
y esta aquel grant luziello
es Belen el aldehuela;
llamemos a Toribiello,
tañera su caramiello
y tu la cherunbela.

Quando llegaron prosigue el actor

93. [Andouieron y llegaron*]
segund les era mandado,
y entraron y miraron

y en toda verdat fallar[on*]
quanto les era contado;
y en tanto se alteraron
con la vista del ynfante,
que despues quando tornar[on*]
palabra non se fablaro[n*]
fasta donde estauan ante.

Lo que fablauan despues que boluieron & se juntaron con los otros pastores

94. El vno dixo en conçejo:
O si vieras, hi de Ming[o*],
nieto de Pascual el vie[jo*],
el cantar del portalejo
que oymos el domingo;
del gasajo que senti
tan huerte me aquellotra[ua*],
que para el poder de m[i*]
con los cantares que oy
el ojo me rrehilaua.

95. El otro dize de veras:
Yo que estaua rrodeando
las ouejas parideras
[fol. 68v]
[de somo las conejeras*]
vi los angeles cantando;
y te juro y te rrejuro
que vn niñico rrelunbraua,
quel rrebollar de trasmuro
y el cotarro mas escuro
huertemente lo ynoraua.

Otro pastor

96. Vi salir por el collado
claridad rrelanpaguera,
yo que estaua solapado
durmiendo con mi ganado
en esa verde pradera;
y asolapa la peña
atanto la vi luziente;
derrame yuso la breña,

la nata de mi terreña,
por mejor parallo miente.

97. Y el tenpero ventiscaua
del cabo del rreganon;
el çierço asmo que elaua,
el gallego llouiznaua
por todo mi çamarron;
con las canticas de vero
que yo vi y los rrelunbrones,
desnude la piel del cuero
por correr mas de ligero
a notar las sus cançiones.

98. Vilos claros como rrayo,
y al muedo de sus cantares,
alahe, dexe el mi sayo
y bayle sin capisayo
por somo los escobares;
y tome tanta alegria
con su linda cantadera,
que paresçie que comia
la miel y se derramara [sic]
por la mi gorgomillera.

99. Y tengo en la mi mamoria [sic]
sus canticos, asmo creo,
vnos anuçian vitoria,
los otros cantauan Gloria.
otros Yn exçelsis deo,
Ominibus veritatis
otros Et yn terra paz,
otros Bone voluntatis
otros Dios es pietatis
otros abondo que mas.

Oraçion a Nuestra Señora en nonbre de su madre del actor

100. Por la pobre conpañia
del Señor Niño nasçido,
o gloriosa Maria
por el gozo deste dia,
[fol. 69r]
con reuerençia Te pido,

que me fagas su siruienta
daqueste Fijo durable,
que en la ora del afrenta
yo, pecadora, lo sienta
piadoso y fauorable.

Sale del nasçimiento y comiença la çircunçision del Señor

101. Avnque en estilo grosero
contado como nasçiste,
contemos, Señor Cordero,
aquel maltraje primero
que en Tu tierna hedat feziste;
por conplir la ordenaçion
de la ley que estableçieras,
por dar la consolaçion
al buen viejo Simeon
que dante le prometieras.

Prosigue

102. Porque de Tu vmilldat
nos quedase enxenplo & modo,
que non por nesçesidat,
pues Tu santa vmanidat
estaua linpia del todo,
nin por la Virgen bendita
de la carne ynfecçionada,
agena, librada & quita
por la Tu gracia ynfinita
que la tuuo preseruada.

Continua

103. Sobre cuya conçepçion
por exçelentes doctores
· muy disputada quistion
es por nuestra rreligion
contra los pedricadores;
sobre lo qual Salamon
en sus cantares por prosa
contrahaze su opinion

llamala con grant rrazon
amiga toda fermosa.

Conpara

104. Pues por pequeña çentella
quel dicho sabio fallara
de alguna manzilla en ella,
non todo mas solo della
lo que era linpio loara;
mal el todo lo soluio
sin fazer cosa partida,
claramente nos mostro
que toda linpia nasçio
y linpia fue conçebida.

105. Para vençer su porfia
saluo juyzio mejor,
harto bastarles deuia
conosçer, Señora mia,
que eres Madre del Señor;
[fol. 69v]
[tal çeguedad desigual*]
que lengua osa dezilla,
que persona diuinal
tomase carne vmanal
de la carne que ha manzilla.

106. Non se si saben los tales
que los sabios han escripto,
que nunca fueron yguales
los coros angelicales
con ella en lo gratuyto;
y si los dones mayores,
siguen sienpre a lo mejor,
yo non se como, señores,
llaman linpios los menores
y non linpia la mayor.

107. Y puesto que la verdad
en esto estouiese escura,
mas çercano a la bondat
es pintar la fealdad
y afear la fermosura;
qual jamas non fue pintada

el Fijo de Dios sacado,
o gente desuariada,
faze yo la enamorada
de que Dios era enamorado.

108. Ca por Ella desçendio
a lo mas baxo de nos,
pues d'Ella que dire yo,
que por Ella se subio
a lo mas çerca de Dios;
[pues conoces, pecador,*]
que por mucho que se alaba
aquesta preçiosa flor,
la obra de su loor
es la que nunca se acaba.

Conpara

109. Çierto, grand nesçedat
el que tiene al rrey yrado
non ganar la voluntad
mas tomar la enemistad
entonçe con el priuado;
o frayle pedricador,
desque comiença a tenblar,
que aquel dia (del temor↑)⁸⁵
aquel justo judgador
ella lo ha de amansar.

110. Para su tienpo y sazon
desechada esta disputa,
veamos en conclusion
aquella çircunçision
en que modo se escuta;
y como quando el cuchillo
rronpe la carne diuina,
el Niño llora en sufrillo,
el viejo tienbla en oyllo,
la Madre toda se fina.

111. Quando la muger paria
en aquel tienpo pasado,
si niño varon nasçia
[fol. 70r]
en el tenplo lo ofresçia

para ser çircunçidado;
segund el ordenamiento
de la ley & judaysmo,
el qual çircundamento
entonçes por sacramento
les valia de bautismo.

Conparaçion

112. La bestia desenfrenada
que non tiene boca buena
ha para ser sojudgada
de menester la baruada
deslabones de cadena;
mas la bestia que se umilla
a lo que su dueño manda,
abasta para rregilla
vna pequeña heuilla
pues tiene la boca blanda.

Aplica

113. Asi la conpaña cruda
judayca de mala boca,
que fue sienpre cabeçuda
en son de la mas sesuda
las mas vegadas mas loca,
con baruada deslabones
con la qual tartaleaua,
a vezes de ocupaçiones,
otras vezes de quistiones,
nunca es bien enfrenada.

114. Antes si los Dios tratara
con la mano blanda sola,
en tanto los estragara
que despues tanto montara
el freno como la cola;
mas segund la çeruiz dura
destas gentes porfiosas
dauales sienpre en figura
en la su ley descritura
çirimonias trabajosas.

115. Por la culpa original
de aquel pecado de Adan,
a este pueblo carnal
mando Dios en espeçial
primero por Abrahan,
por espeçial puniçion
de la culpa del pecado,
el que nasçiese varon
fuese por çircunçision
de la tal culpa alinpiado.

**Pone dos causas por do Nuestro Señor
era obligado a la çircunçision**

116. Mas Tu, Señor, obligado
non eras a esta ley,
por non ser enfecçionado
en el tienpo que engendrado,
y por ser diuino rrey;
que por rrazon natural
saliendo de linpia Madre
[fol. 70v]
es Tu materia vmanal
sin la culpa paternal
pues non touo onbre por padre.

117. Pero Tu que deçendiste
a nos ser entero enxenplo,
avnque non lo meresçiste,
entre nosotros quesiste
çircunçidarte en el tenplo;
por cohonder la maldat
de aquellos a quien aplazes,
o alta Diuinidat,
con quand perfecta bondat
obras las obras que fases.

118. El varon ançiano en dias
pero muy mas en virtud,
conosçiendo que venias,
o verdadero Mexias,
dador de nuestra salud,
esforçado en Tu ayuda
avnque su vejez lo priue,

corriendo sale sin dubda
y con el Ana la biuda
que profetiza y escriue.

119. Salieron fasta el portal
del dicho tenplo los dos
por ver Señor general
en nuestra carne vmanal
en el Dios Fijo de Dios;
[quien no saliera por ver*]
onbre Dios sin padre onbre,
quien non saliera a saber
como parto puede ser
que tenga virginal nonbre.

120. Y entre tantas marauillas
quales yo non siento quien
pudiese saber dezillas,
finco el viejo las rrodillas
y la biuda Ana tanbien;
y el viejo fuera de si
con la sobra del consuelo,
puestos los ojos en Ti,
començo dezir asi
y el coraçon en el çielo.

**Pone el canto de Simeon:
Nunc dimitis spiritum tuum**

121. Agora dexas, Señor,
en la tu paz & sosiego
al tu sieruo pecador,
agora ya, Criador
siquiera muerame luego,
pues que ya mis ojos vieron,
mis sentidos adoraron
al que nunca meresçieron,
al que sienpre te pidieron,
al que fasta aqui esperaron.

[fol. 71r]

122. El qual delante la cara
de todo el pueblo paraste,

el qual si non encarnara
la carne non se saluara
que en Adan Tu condenaste;[86]
mas la boz rresplandeçiente
deste Nuestro Hemanuel,
alunbrador de la gente
la gloria en exçelente
dara a su pueblo[87] Ysrrael.

Fabla Simeon a la Virgen profetizando el primero cuchillo del dolor

123. Y Tu, Madre escogida
para tan grandes coronas,
quales son ser conosçida
por parienta non fingida
de las diuinas personas;
ca eres su tesorera
de todo nuestro rremedio,
Tu fija deste primera
y &E1.l tu Fijo despues era,
y Madre del grand rremedio.

124. Para el tienpo que venia,
apareja esfuerço fuerte
por quel niño que nasçia
Tu alma traspasaria
el cuchillo de su muerte;
en el qual tienpo yo se
que muerto el omne segundo,
tendras tan sola la fe
como el arca de Noe
los pobladores del mundo.

Prosigue el actor

125. Acabada su rrazon,
ya leuantado el buen viej[o*],
aquel ançiano varon,
aquel de justa yntençion
de aquel eternal consejo,
tomo su culter en la mano
para Te çircunçidar;

o Rremedio Soberano,
qual fue coraçon vmano
que tal pudo conportar.

Esclamaçion

126. Ese culter, Simeon,
vn poco solo deten,
ca non consiente rrazon
pasar sin esclamaçion
vn tan esmerado bien;
o preçioso Rredenptor,
o diuinal encarnada,
que dire yo, pecador,
de tan aspero dolor
en carne tan delicada.

[fol. 71v]

127. [Mejor sera que no fable*]
& llore amargosamente
pues mi culpa abominable
çircunçidada ynculpable;
y tu tormenta ynoçente;
o loable curador,
o nueuo modo de cura,
que traspasa el Criador
sobre si todo el dolor
por saluar la criatura.

128. O viejo de vieja hedat,
viejo de viejo rreposo,
viejo de vieja vmildat,
o viejo de abtoridat,
o viejo tan virtuoso,
o viejo, quand viejo eres
esperando aquestos bienes,
o viejo, pues como quieres
dar ya fin a tus plazeres
con este culter que tienes.

129. Mas la vieja discriçion
mas viejamente lo mira,

tamaña es la conpasion
por la qual la saluaçion
de todo el mundo se tira;
que la culpa cometida
de nuestro padre primero
non puede ser rremitida
sin ser la carne ofreçida
de aqueste Santo Cordero.

130. Vn tan triste dolor
qual tan grande lloro demuestr[a*],
el viejo con grand temor
Te çircunçido, Señor,
por la culpa sola nuestra;
y la Tu Madre sagrada,
con la sangre que corria,
ençendida y ensañada,
enbeuida y alterada,
al santo viejo dezia.

Lloro de Nuestra Señora

131. O dolor muy rrazonable
de rrazon muy dolorosa,
o viejo muy venerable,
buscame lengua que fable,
que escriua en metro o prosa
mi tormento apasionado,
mi pasion tan desmedida,
tal dolor desordenado
el Fijo çircunçidado
el alma me çircunçida.

132. Y llorad amigas mias,
la breuedad de mi gozo,
pues a cabo de ocho dias
heme aqui sin alegrias,
ya mi gozo en el pozo;
heme aqui profetizada
segunt este viejo canta,
para tanto fatigada,
perseguida, apasionada,
quanto me tenes por santa.

[fol. 72r]⁸⁸

133. Todos cantan mi plazer,
todos mis gozos escriuen,
y por mas me enoblesçer,
la mas bendita muger
me llaman de quantas biuen;
mas la que ha de pasar
lo que tu viejo dixiste,
puedese mejor llamar
la mas llena de pesar,
la mas de las tristes, triste.

134. Mas pues por la Trinidat
esta ya ordenado asi,
con su Santa Magestad
conformo mi voluntad
por ende vamos daqui;
y asi juntos se vinieron
al portal do en la mañana
a rresçibir Te salieron
y de alli se despidieron
de Ti, Simeon, y Ana.

Ofrenda

135. Aquesto todo acabado,
ofresçio de su fazienda
el Josepe desposado,
mucho viejo, mucho onrrado,
dos palominos de ofrenda;
que de pobre non podia
ofresçer aquel cordero
que en la ley se contenia,
lo qual todo se entendia
a los que tenien dinero.

136. Quales van los conbatien[tes*]
siendo presto destroçados,
quales van las tristes gentes
quando dexan los parientes
en la yglesia soterrados;
con aquel mismo llorar,
con aquel dolor y saña,
vieras partir a yantar,

con aquel rronco fablar,
aquella santa conpaña.

Muestra el actor en que se deuen çircunçidar los christianos

137. Conosçed, desconosçidos,
abasta ya lo pasado,
o pecadores nasçidos,
o onbres adormeçidos,
con el sueño del pecado;
conosçed la rreuerençia
que su mesma ley nos muestra,
contenplad la obidiençia
de su biuir en presençia
y llorad la poca vuestra.

Prosigue el actor

138. O castellana naçion,
llena d'abo(mi)naçiones,[89]
o christiana rreligion,
ya de casa de oraçion
fecha cueua de ladrones;
o rreyno todo estragado,
o gentes enduresçidas,
o parayso oluidado,
o tenplo menospreçiado,
o rreligiones perdidas.

[fol. 72v]

139. Venid y çircunçidat
non la carne ques vedado,
mas las obras de maldat,
la peruersa voluntad,
el tienpo non bien gastado;
los clerigos, las ximonias,
las fuerças, los caualleros,
los frayles, yproquesias,
las viejas fechizerias,
los rrobos, los escuderos.

140. Çircunçiden los logreros,
las sus vsuras dañosas,
y los frutos, los desmeros,
çircunçiden los plateros,
las alquimias engañosas;
los que gastan, los que piden
do nesçesidat non sienten,
los traperos çircunçiden,
non las varas con que miden,
mas las lenguas con que mienten.

141. Çircunçiden los saluajes,
el su vellaco deporte,
los galanes y los pajes
non çircunçiden los trajes
que bien cortos son en corte;
tanto que si se rronpiesen
las calças que andan de fuera,
non se como se cubriesen
si como Adan non pusiesen
vna foja de figuera.

142. [Çircunçiden las justiçias*]
aquel su garçisobaco,
los letrados las maliçias,
y los viejos las cobdiçias
conformes con el rrey Caco;
los cortesanos los rrallos,
juramentos y promesas,
deuen de çircunçidallos
quando estan muy fechos gallos
delante las portuguesas.

143. Çircunçiden las mugeres
aquella llama ençendida,
aquellos locos traeres,
aquellos breues plazeres
que a vezes cuestan la vida;
çircunçiden las orejas,
las orejas por tal arte
que non oyan las consejas
de las falsas malas viejas
que vienen de mala parte.

144. O monjas, tanbien deuedes
vosotras çircunçidar,

aquel parlar a las rredes,
aquel rronper de paredes,
aquel negro cartear;
aquellos çumos, azeytes
que paran el cuero tierno,
aquellos vanos afeytes,
aquellos torpes deleytes
cuyo fin es el ynfierrno.

[fol. 73r]

145. Y los viçios de sus greys
çircunçiden los perlados,
y çircunçiden los rreyes
el quebrantar de las leyes
por amor de los priuados;
y el priuado verdadero,
çircunçide este rresabio;
non sea mas lisongero
con su rrey que fue con Nero
Seneca nuestro grand sabio.

146. Y çircunçide Castilla
el atreuerse del vulgo
contra la perra Justilla
que vistes en la traylla
del pastor Mingo Rreuulgo;
si non, pues ha baruntado
que non esta la perra suelta,
veres como priado
nunca medrara el ganado
nin el pastor con llo abuelta.

147. Justilla non sale fuera
ya, guay de nuestro hato,
porque mala muerte muera
tanbien la otra Tenpera,
perra de Gil Arribato;
o negligente pastor,
çircunçidate del sueño
que en el dia del dolor
fasta el cordero menor
te fara pagar su dueño.

148. Pues la prudente ventora,
guay desta nuestra morada,
çiega esta la pecadora
enloqueçida adesora
que ya non tasca nada;
o cuytado rrabadan,
entraste en mala semana,
que todas las tomaran
las ouejas que aqui estan
si esta perra non se ensaña.

149. Azerilla desmayo,
guay, pastor, otra non queda,
y dizen que adolesçio
porque del agua beuio
de Burgos de la Moneda;
ques vn agua que enpachan
a qualquier que la cata,
y tiene otra peor tacha
que como vino enborracha
y jamas la sed amata.

**Oraçion en nonbre de la señora
doña Juana de Cartagena**[90]

150. Rredenptor, pues que quesiste
que por mi Te atormentasen,
en el tienpo que sofriste
por mi, pecadora triste,
que asi te çircunçidasen;
por el dolor que adesora
sentiste y sintio contigo
la Virgen Nuestra Señora,
te pido yo, pecadora,
que sienpre mores comigo.

[fol. 73v]

[Concluye la çircunçidacion*]

151. Y todos çircunçidemos
todo quanto nos alexa
de la gloria que sabemos

al punto que la alcançemos
ser libres de toda quexa;
porque los glorificados
nunca sienten perjuyzio;
o quand bienauenturados
los asi çircunçidados
son el dia del juyzio.

Comiença el ofresçimiento de los rreyes

152. Dicho tu primero tormento
o nuestro claro miralle,
aquel alto adoramiento,
aquel sabio ofresçimiento
non esta rrazon que se calle;
que los tres rreyes vinieron
de la parte oriental
con la mas fe que pudieron
te adoraron & ofresçieron
como a su rrey diuinal.

Rreprehende a los presentes

153. O quand grand rreprehension
para los tienpos de agora,
o quand poca deuoçion
de aquesta nuestra naçion
si el señor non la mejora;
de tanta tierra paganos
vinieron por lo adorar,
y los nuestros castellanos
non quieren salir de vfanos
desde su casa al altar.

Prosigue

154. Pues a su grand confusion
escuchen, tales fieles

con que amor de coraçon
de tan estraña rrigion
vinieron los ynfieles
por camino non sabido
sin poner dubda ninguna,
o amor tan ençendido,
dar tres rreyes en oluido
por ver vn niño de cuna.

155. Vinieron con sus presentes
con vna santa porfia
a ser entre los biuientes
los tres primeros creyentes
saluo Josep y Maria;
trayendo por guiadora
fasta llegar a Bellen
aquella estrella que agora
se les escondio adesora
çerca de Jerusalem.

156. O caridat tan sedienta
con tres rreyes exçelentes
nin estas harta nin contenta,
mas andas toda hanbrienta
por tragar los ynoçentes,
[fol. 74r]
escuresçes a la estrella
con vna auarienta gana,
por que fallados sin ella
entienda nueua querella
la enbidia erodiana.

Conparaçion

157. Quales con el mar yrado
se congoxan los pilotos
si esta el çielo estrellado
publicando su cuydado,
lloros, promesas y votos;
quales andan los guerreros
quando el adalid es muerto
sin tino por los oteros,
estos christianos primeros
tales andan por çierto.

Como les fue forçado entrar en Iheru-salem

158. Mas ya negada del çielo
la primera claridat,
siendo forçado consuelo
de rremediarse del suelo
entraron en la çibdad;
porque en grandes poblaçiones
ay quien sepa los caminos
& asi los sabios varones
que declaran las quistiones
de los saberes diuinos.

Conpara

159. Estauan los moradores
boca abierta y alterados
como estan los labradores
quando en casa de los señores
miran los paños brocados;
los menudos se espantauan,
los letrados se corrian,
los señores se ensanauan
quando ellos les contauan
el nueuo rrey que tenian.

Prosigue

160. Esta nueua nouedat
de la nueua marauilla
dos onbres de actoridat
mando la comunidat
que fuesen luego dezilla
a la persona rreal
en el palaçio do estaua,
porque la nueua era tal
que primero & prinçipal
a su alteza tocaua.

161. Quando a Herodes rrecontaron
estos dos enbaxadores
como tres rreyes entraron
y a grand priesa demandaron

aquellos mas sabidores
si por ventura sabian
el lugar do era nasçido
vn ynfante a quien venian
que era segund que dezian
el Mexias prometido.

Conpara

162. El rrey que esta poderoso,
leuantase rrey nueuo,
quanto le es muy doloroso,
[fol. 74v]
& quanto le es peligroso,
con nuestro Enrrique lo prueuo;
que puede ser buen testigo
qual es causa de bolliçio,
queres saber lo que digo,
que dizen ¿quien es tu enemigo?
el omne que es de tu ofiçio.

Prosigue

163. Deste tal temor se altera
Erodes y se demuda,
y quiere buscar manera
como el dicho niño muera
por quitar sospecha y dubda;
y pensando de engañar
a los que yuan buscallo
enbiolos a llamar
so color de se ynformar
del niño para adoralle.

164. Los quales luego en entrando
todos tres en general,
como discretos mirando
que deue dexarse el mando
al gallo en su muladar
fincaronse de rrodillas
& las cosas preguntadas
començaron a dezillas
con las nueuas marauillas
que les eran rreueladas.

165. El vno dellos dezia
a los fijos de Abrahan
segund que se contenia
en aquel profeçia[91]
del buen profeta Balan;
segund les profetizo
Jacob antes que finase
la estrella y avn les mostro
aquel abrayco Silo
que su pueblo gouernase.

166. Esta sentençia primera
el segundo confirmara,
diziendo que çierto era
que vna virgen pariera
el niño que se esperara;
en el modo que Ysayas
mucho antes escriuiera
de la virgen que Ezechias
que pariera al Mexias
la virgen quedando entera.

167. El terçero y postrimero
prueualo con David
ser ya nasçido el cordero
el Mexias verdadero
en el pueblo de Ysrrael;
el qual sobre esta rrazon
profetizo Çesaria
la çerdotal [sic] vnçion
quando el mas santo varon
al dicho pueblo vernia.

[fol. 75r]

168. Jacob dixo adelante,
por mas quitarnos la dubda,
que en viniendo el ynfante
non avria verga rreynante
en todo el tribu de Juda;
y pues todo enteramente
asi se falla conplido
asaz se muestra patente

a qualquier onbre prudente
quel Mexias es venido.

Como se despidieron los rreyes

169. Fecha su proposiçion
con tan fundada eloquençia,
todos tres en conclusion
le fazen suplicaçion
que les quiera dar liçençia;
el las rrespondio que vayan,
pero con tal condiçion,
que quando adorado ayan,
ellos de vista le trayan
verdadera ynformaçion.

Quando tornaron a ver el estrella

170. La madre quel fijo llora
quando le dizen ques muerto,
sil vee biuo adesora,
esta grand pedaço d'ora
que non cree el çierto;
y despues de conosçido,
luego el mater carnal amo[r*]
el lloro quedando a oluido,
faze el gozo tan creçido
quanto primero el dolor.

171. De aquesta misma manera
a los rreyes acaesçio
quando la estrella primera
auia luz y escuresçiera
muy clara se les mostro;
con cuya seguridat
de non perder el camino,
gozandose de verdat
siguieron la claridat
de aquel adalid diuino.

172. Con ardientes coraçones
llegados do deseauan,
o en quand pequeños dones

aquestos santos varones
grandes cosas confesauan;
alli Tu diuinidat
fue temida y adorada,
alli con la vmanidat
fue Tu rreal magestad
obedeçida y honrrada.

Conparaçion

[fol. 75v]

173. Como los enbaxadores
con grand rreposo se miden,
quando vnos enperadores
a otros altos señores
sus enbaxadas espiden;
tal los rreyes se mostraron
delante la Tu presençia,
los quales despues que entraron
vn grueso rrato callaron
con temor y rreuerençia.

174. Salidos ya del callar
quel Tu temor les ponia,
començaronse a rrogar
con vn cortes porfiar
qual primero fablaria;
descutida la quistion
en el pobre portalejo,
fallaron en conclusion
que deuie segund rrazon
de començar el mas viejo.

175. El qual despues de rrogado,
loando Tu santo nonbre,
profundamente ynclinado
començo muy rreposado:
Adorote, Dios y onbre;
confieso Tu eternidat;
llamote fin & comienço,
y por mas çertenidat
siruo a Tu diuinidat
con esta caxa de ençienso.

Esclamaçion del actor al dicho rrey

176. O tu, cuyo entendimiento
todos los nuestros traspasa,
tu alto conosçimiento
non paresçe ser del cuento
daquesta nuestra vil masa;
que en la caxa que ofreçiste
toda nuestra fe se ençierra,
o quanto que meresçiste,
o quanto que tu dixiste
para ser fecho de tierra.

177. La natura angelical
ques confirmada en luz clara
por vna gracia espeçial
con la çiençia diuinal
se miran cara por cara;
yo non se que mas pudiera
confesar con lengua vmana;
o lengua tan verdadera,
puedete llamar quienquiera
sin velo de fe christiana.

178. Muy pocos pienso fallarse
si buscasen entre nos
[fol. 76r]
si al [s*] nos llegasen[92]
quando bien los espulgasen
non consçender si ay Dios;
porque si lo conosçiesen,
aosadas fuesen en pos,
donde çierto lo touiesen
que biuamente lo siruiesen
pues qu'El padesçio por nos.

179. Mas porque esta verdat rrasa
nos enemista en el mundo,
callemos el mal que pasa
y como gato por brasa
pasemos al rrey segundo;
pasemos, tristes, pasemos,
que en esta nuestra comarca
los pilotos que tenemos
enbaraçaños los rremos
estando rota la varca.

Ofresçimiento del segundo rrey

180. Ofresçido & rresçebido
el primero don eçelente,
quando el rrey segundo vido
leuantado y despedido
al rrey ançiano prudente,
començose de ynclinar
con aquel tiento y reposo
que lo suele acostunbrar
quando quiere consagrar
qualquier santo rreligioso.

181. Ynclinado por tal via
entretanto que callaua,
espantauase y veya,
contenplaua y comedia
quien delante del estaua;
y con tal admiraçion
descubrio su caxa el rrey;
descubrio su discriçion,
descubrio la encarnaçion
encubierta so la ley.

182. Descubrio mas adelante
profetizando su pena,
mostrando todo senblante
a manera de elefante
que se sana en sangre agena,
la Tu sangrienta pasion
que avn estaua por venir,
y mouido a conpasion,
con saña de coraçon
começo luego a dezir.

**Profetiza y llora este rrey
la aduenidera muerte del ynfante**

183. Llorad, llorad, los biuientes,
y rronped vuestras entrañas,
o vos pecadoras gentes,
los ojos tornad en fuentes
por marauillas tamañas;
llorad la muerte primera
[fol. 76v]

que heredastes del primero,
llorad la muerte que espera
en su carne verdadera
aqueste Dios verdadero.

184. Llorad la diuinidat
que por nosotros se abaxa
a sofrir tal crueldat,
llorad la mortalidat
de la mirra de mi caxa;
que sola gela presento
con piadosa yntençion
para despues del tormento,
avnque este en el monimento
guardado de corrubçion.

185. El gemir y sospirar
que non sufren fabla luenga
con vn secreto atajar
fizo alli al rrey abreuiar
al yntento de su arenga;
y viendo que non podia
proseguir a su talante
ofresçio el don que traya
y entre tanto que ofreçia
boluio la fabla al ynfante.

Fabla el rrey con el Señor

186. Muy vmilde y soberano
niño justo y piadoso,
niño diuino y vmano,
Padre del pueblo christiano,
Fijo de Dios poderoso;[93]
rresçebid aquesta oferta
entre nos mirra llamada,
en señal ques cosa çierta
que la Vuestra carne muerta
ha de ser y sepultada.

Planto de Nuestra Señora

187. Non se quien sepa deziros,
por eloquente que venga,

non se quien pueda escreuiros
los entrañables sospiros
por suelta mano que tenga;
con que la Virgen Maria
publicaua su dolor,
oyendo la profeçia
quel segundo rrey dezia
de la muerte del Señor.

188. Mas la alta perfecçion
que en ella sienpre moraua
con pesada discriçion
judgaua el coraçon
demientra quel rrey fablaua;
mas acabada adesora
este rrey su fabla triste,
[fol. 77r]
començo Nuestra Señora,
Tu sola triste le llora,
Tu sola que le pariste.

189. Yo so la que sola espero
vn dolor tan sin rremedio,
yo sola llorallo quiero
pues non tengo conpañero
que tenga en el fijo el medio;
ca sola lo conçebi
sin lo que la natura ordena,
pues sola, triste de mi,
que sin dolor lo pari
con dolor lloro su pena.

190. Yo so la que fue formada
deste que fue en mi formado,
yo so virgen engendrada
de la carne condepnada
por el Fijo en mi engendrado;
y yo tan sola espeçial
por este Fijo me fallo
ser con parto virginal
sin ser culpa original,
yo sola deuo llorallo.

191. O Fijo muy exçelente
Dios del çielo & de la tierra,

a quien deue çiertamente
adorar toda la gente
y quien non Te adora yerra;
que tal es la caridat
que en Tu muerte obraras,
quando con su crueldat
es çierto que a la verdat
la Tu madre mataras.

Prosigue

192. Yo sola fue conçebida
sin pecado original,
la qual gracia en esta vida
jamas non fue rresçebida
por otra muger mortal;
pues quien fue tan singular
en la merçed rresçebir,
deue serlo en el pesar,
deue llorando cantar:
Tan asperas de sofrir.

Canta y glosa la cançion:
Tan asperas de sofrir

193. Yo siento dentro vn ferir
de penas muy desiguales,
mas non las puedo dezir,
tan asperas de sofrir
son mis angustias, y tales,
y los dolores mortales
que me fuerçan a plañir,
ay, que son tan ynfernales
que de mis esquiuos males
es el rremedio morir.

[fol. 77v]

194. La mirra que fue ofresçida
al ynfante enbuelto en paños
y su nueua dolorida
fatiga mi triste vida

y faze creçer mis daños;
que por su muerte sabida
beuire yo pocos años,
sufriendo triste, afligida,
cuytas, afan sin medida,
sospiros, lloros estraños.

195. Sera muerte mi beuir,
y seran sus arrauales,
pensando en lo porvenir,
soledat, graue gemir,
dolores, ansias mortales;
o rrauias descomunales
quand bueno [e*]sta⁹⁴ de sentir
segund mostraes los señales
que de mis esquiuos males
es el rremedio morir.

Torna la fabla a Josepe su esposo

196. Y tu, viejo tan honrrado,
que meresçiste en el suelo
ser comigo desposado,
ser tanbien padre llamado
del alto Señor del çielo;
llora tras mi tu segundo,
y demos gritos los dos,
[con vn dolor muy profundo*],
ay por el Señor del mundo,
ay por el Fijo de Dios.

Continua su lloro

197. Ay de la Madre cuytada,
de quien esta profetizado
que vera la desastrada
muerte cruel desonrrada
del Fijo cruçificado;
porque enclauado el Señor
por el pueblo cruel, malo,
sufrira muy mas dolor
la Madre en la cruz damor
que non el Fijo en la del palo.

Continua el llanto

198. Ay de los tristes oydos
por do tal nueua rresçibo,
ay de los tristes sentidos
abrasados y ençendidos
en fuego damor tan biuo;
ay dolor de coraçon,
o Fijo justo y suaue,
que en esta triste prision
de la Tu dura pasion
estare sienpre so llaue.

Conparaçiones

199. Como es dulçe alanpilançar
tras la purga la mançana,
como dulçe al nauegar
quando esta braua la mar
tras la noche la mañana,
[fol. 78r]
como es dulçe grand tesoro
al que en grand mengua se vey,
asi dulçe tras el lloro
que la nueua enbuelta en oro
que ofresçio el terçero rrey.

Prosigue la estoria

200. Para ablandar el dolor
en el pecho de la madre,
este sabio enbaxador
ha traydo vn lamedor
de la tienda de Dios Padre;
es, a saber, vna nueua
desde el çielo rreuelada
con la qual porfia prueua
que la Virgen mas no deua
llamarse desconsolada.

Prosigue y conpara

201. Y porque pueda mejor
abtorizar su enbaxada,

con muestra de sabidor,
faze como esgremidor
encomienço vna levada,
con la lengua por espada,
con la discriçion por mano,
por pintar la muy pintada,
por loar la muy loada
Madre del muy Soberano.

Prosigue y conpara

202. Y començo con vn canto
mas de angel que de onbre:
O Virgen, da fin al llanto
por que puedas oyr quanto
es de rrenonbre el Tu nonbre;
porque como la serena
adormesçe a quien la escuch[a*],
asi con mi nueua buena
fare yo dormir la pena
del mal que contigo lucha.

Continua la estoria

203. O Rreyna delante quien
las rreynas son labradora[s*],
Tu las fazes almazen,
Tu arca de nuestro bien,
Tu las desdoras y doras,
porque quantas son nasçidas
delante Ti cotejadas
son fusleras conosçidas,
mas por Tu causa tenida[s*]
deuen ser por muy doradas.

Prosigue

204. Que si por muger dizimos
aver venido las penas
que en amos mundos sofrimo[s*],
de Ti muger, rresçebimos
la paga con las setenas;

[fol. 78v]
culpa bienauenturada
por San Grigorio doctor
es esta nuestra llamada
por meresçer ser linpiada
por tan alto ser Rredepntor.

Continua

205. Pues si mal nonbre padesçen
por el daño que nos dieron,
o Virgen, non lo meresçen,
pues contigo nos ofresçen
mayor bien que mal fizieron;
asi que por Tu rrespecto,
por malas que puedan ser
a qualquier onbre discreto
paresca blanco lo prieto
por Ti que fuste muger.

Prosigue y ofresçe

206. O Rreyna, pon la memoria
en el bien que rresçebiste,
y mira, veras que gloria
los angeles son estoria
del Fijo que Tu pariste;
el qual niño diuinal
que yo de presente adoro
ha de ser Rrey eternal
para enseñal de lo qual
Te ofresco mi caxa doro.

207. Esto mismo Te dira
aquel profeta Ysayas
que la virgen parira
vn niño que rreynara
sin ningund cuento de dias;
pues por su cruçificar
que nos libra del ynfierno
non deues Tu de llorar
pues ha de rresuçitar
para sienpre Rrey eterno.

Continua

208. Pues Rreyna en la dinidat
del ynfierno tierra & çielo,
Madre segund la verdat,
sierua segund vmilldat
non quieras fazer mas duelo;
porque non tienes rrazon
de llantear sus dolores,
mas llora Tu coraçon
la causa de su pasion
que somos los pecadores.

Fabla el abtor

209. Esta nueua rrecontada
en la su graçiosa oferta,
Nuestra Rreyna fue tornada
alegre de apasionada
y biua de medio muerta;
[fol. 79r]
y de la nueua que oya
demostrando quien la crey,
con gran muestra dalegria
nuestra preçiosa Maria
fizo asi gracias al rrey.

Faze la Señora gracias al rrey terçero

210. Ayas, rrey, por gualardon
del dolor que me quitaste,
para sienpre saluaçion
por la preçiosa pasion
del ynfante que adoraste;
que si mas se detardara
la nueua que me has traydo,
segun me disfiguraua,
nin fuera cara mi cara
nin sentido mi sentido.

Otra oraçion en nonbre de doña Juana

211. Abueltas de aquesta nueua
tan alegre tan graçiosa,

o Tu, rreparo de Eua,
yo fallo que agora deua
demandar alguna cosa;
pues yo, Señora, demando
por esta fiesta eçelente
que por doquiera que ando
nunca yo traspase el mando
del tu Fijo omnipotente.

**Comiença la estoria de los ynoçentes
Conparacion**

212. Non pienso deua callarse
aquella saña tan biua
que fue causa de alterarse,
que fue causa de poblarse
Iherusalem (la↑) de arriba;
ado fue el pueblo ynoçente
con tal grita y corredera
qual suele llamar la gente
quando algund toro valiente
se bota por la barrera.

Prosigue

213. Pues los ynfantes llegados
a la puerta con sus cantos,
non son dentro aposentados
mas fueron depositados
en el linbo con los santos;
fasta que suba del suelo
el que es ya nasçido y visto,
el que desçendio del çielo
el su rreparo y consuelo
el portero Ihesu Christo.

[fol. 79v]

**Pone la rrazon por que les fue
negada la entrada del parayso**

214. La causa por que se quita
y se contrasta la entrada

de aquesta gente bendita
es que la culpa ynfinita
avn non la tiene pagada,
fasta que diuinidat
del dicho Fijo de Dios
con finita vmanidat
ynfinita en la verdat
faga la paga por nos.

Torna a la estoria

215. Dexemos agora esto
y rreboluamos la mano,
escreuir por orden puesto
el fecho muy desonesto
de aquel Erodes tirano,
por quien la cruel fazaña,
la pena del obrador
a los señores d'España
faze enfrenar su saña
con baruada temor

Comiença la estoria

216. Asi fue que ofresçidos
en el santo portalejo
los dones y rresçebidos,
los tres rreyes despedidos
de la Madre, Fijo, y viejo;
ya todos acordados
de tornar por do boluieron,
desque fueron acostados
por el angel auisados
por estas palabras fueron.

Fabla el angel a los rreyes

217. O muy vna trinidat
de tres rreyes con coronas,
vna en la voluntad
vna en la santidad,
avnque tres en las personas;
despertad por que sepays

lo que manda el vno y trino,
al qual plaze que partays
mas manda que non boluays
por el primero camino.

Prosigue el angel

218. La causa por quel señor
os lo enbia asi mandar
es porquel rrey matador
con vn sangriento rrigor
lo busca por lo matar;
[fol. 80r]
que aquel rrostro amoroso
con que os despidio aquel dia
era traydor engañoso,
era del falso rraposo
que mata y non desafia.

Prosigue el angel
Conparaçion

219. O quand propio se conpara
el araña en aquesto
que muestra blanda la cara
y tiene que non declara
poçoña que mate presto;
so la lonbriz se via,
mas ay estaua el anzuelo,
tendida la rred tenia
avnque non se paresçia
sinon tan solo el mochuelo.

Dize el angel que los secretos de Dios son escuros mas justos

220. Los misterios ascondidos
de la diuinal esençia
avnque non sean entendidos
han de ser sienpre tenidos
en mucho grand rreuerençia;
que las obras diunales[95]
del justo nunca eçeden,

ca dizen los naturales
que los efectos son tales
qual la causa do proçeden.

Declara y aplica

221. Pues si toda causa bu[ena*]
produze bueno el efecto,
todo quanto Dios ordena,
si perdona, si condena,
todo va medido y rrecto;
esto vos digo por tanto
porque reuelar vos quiero
vn grand juyzio despanto
vna crueza de encanto
vn fecho muy carniçero.

Prosigue el angel

222. Vn fecho muy desabrido
mas non va sin justo peso
porque todo va rregido,
muy pesado, muy medido
por aquel diuino seso;
que los malos preualescan
de muy sañoso lo faze,
y que los buenos padescan
porque en la gloria florescan
de sobra de amor le plaze.

[fol. 80v]

Que los pecados faze el omne mas enduresçido & malo

223. Acordaos si aueys leydo
en el libro de la Ley
como ouo enduresçido
de pura saña mouido
a Faraon el grand rrey;
fasta que dentro en la mar
fue sumido por miraglo,
fue dexado porfiar

porque se fuese a penar
mas presto con el diablo.

Aplica

224. Asi de saña consiente
en Erodes el tirano
que pues que non se arrepiente
su culpa lo descontente
a que sea mas ynvmano;
que pensando mal en vno
y los sus crueles modos
le faran tan ynportuno
que matara de consuno
en Belen los niños todos.

Fabla el actor por conparaçion

225. Como faze demudado
la natural conpasion
el rrostro del que ha mirado
algun onbre muy llagado
del fuego de Sant Anton,
y de asco y de piedat
siente dentro vn sentimiento
que causa en la voluntad
contra aquella enfermedat
vn triste aboresçimiento.

Aplica

226. Asi las tristes rrazones
por el angel razonadas
en los blandos coraçones
de los rreales varones
han las entrañas llagadas
de llagas de caridad,
por los que pierden la vida
de llagas de enemistad
contra la grand crueldad
del cruel rrey omeçida.

Prosigue la estoria

227. Y viendo quel angel se yua
al çielo do desçendiera,
todos tres mirando arriba
con vna boz mucho biua
comiença desta manera:
O muerte, como non vienes
a dar cabo a tantos males,
o tierra, como sostienes
a vn Erodes que tienes,
el peor de los mortales.

**Esclaman los rreyes contra
el tirano rrey Erodes**

[fol. 81r]

228. Encubierta tirania
dina de todo rreproche,
o tirana yproquesia,
en el rrostro muestras dia
y en el pecho tienes noche;
ca tienes muestras de fuera
con deseo de adoralle,
y en el pecho bestia fiera
texes secreta manera
por do pudieses matalle.

Sigue los rreyes

229. O mienbro de Satanas,
o fiera bestia rauiosa,
pues rrauia quanto querras,
que jamas nunca podras
enpeçelle alguna cosa;
que nuestro Niño Bendito
segund d'El es profetado;
El se pasara en Egibio
y tu, tirano maldito,
quedaras enpoçoñado.

230. O quanto mejor fizieras
si quando de ti partimos,
tras nosotros te vinieras

y adoraras y ofresçieras
como todos tres fezimos;
porque sin dubda escaparas
de la muerte del ynfierno,
y avn aca quando finaras
non perdieras mas trocaras
tu rreyno por el eterno.

231. Y fueras luego mudado
de tu cruel condiçion
de bestia onbre tornado,
con virtud de endiablado
y cordero de leon;
mas pues asi non quesiste,
si obras lo que pensaste,
ay de ti, tirano triste,
que parayso perdiste
y que ynfierno que heredaste.

Fabla el actor

232. Dando gracias y loores
al Sacro Niño Divino,
dado fin a sus clamores,
estos tres enbaxadores
tiraron por su camino;
ya ydos enorabuena
los tres rreyes y partidos,
boluamos mano sin pena
la cara mas non serena
al peor de los nacidos.

[fol. 81v]

233. Y contemos por menudo
a loor de Ihesu Christo,
aquel rrostro tan sañudo,
aquel fecho tanto crudo
qual jamas nunca fue visto;
porque aya vil rrenonbre
el que en crueza sobra,
el que ha de rrey el nonbre,

el que tiene cara de onbre
y de demonio la obra.

234. O Herodes, quanto mas
te fallas de grand estado;
si bien lo miras, veras,
si bien estudias, sabras
que has de ser mas tenplado;
si non, el estado rreal,
si tu tienes seso poco,
en tu mano sera tal
como el espada o puñal
en mano del onbre loco.

235. Que la ponposa corona
de la rreal çesitud [sic]
es en qualquier persona
vna señal que pregona
como pendon la virtud;
pues en el onbre maluado
el estado muy creçido,
paresçe pintiparado,
pendon que quedo colgado
do es el vino vendido.

236. Y entre las cosas que fazen
fuerte la rreal colupna
con que el mundo satisfazen
los rreyes y a Dios aplazen,
misericordia es la vna;
ca guarda su dignidat
segund que della se lee,
do dize la abtoridat:
misericordia y verdat
son las que guardan al rrey.

237. Mas tu, maluado tirano,
el mas creçido cruel
de todo el linaje vmano,
por nonbre dicho ynvmano
en lengua de Aristotel,
mandas a tus seruidores
matar mas niños chiquitos
que por la pascua de flores
en nuestros aderredores
suelen degollar cabritos.

[fol. 82r]

238. [Que oso tan carnicero*]
que lobo tan hanbriento,
que leon fuera tan fiero,
que tragando vn niño entero
non se fallara contento;
mas en ti, bestia, quanta
es la enbidia tan sobrada,
que non puede ser contenta
con vno veynte nin treynta
fasta que non quede nada.

239. En los niños la ynoçençia
y los lloros de sus padres;
el gritar por la clemençia
con maternal ynpaçiençia
que fazian las tristes madres;
con que saña pelearan
que luego non la vençieran;
a que entrañas se llegaran
que si rrejalgar fallaran
triaca non lo boluieran.

Conparacion

240. Como suele acostunbrar
el can fallando la presa,
que queriendola tirar
quanto mas por el collar
le tiran, mas se da priesa
[asi tu, cruel varon*]
quanto mas la rrazon tira
por desimular tu pasion,
tanto mas tu coraçon
demuestra mayor la yra.

Conpara

241. Porfian por te tener
con piedad y manzilla,
y tu, tirano a mi ver,
quieres mucho paresçer
en este caso al anguilla,

que quanto con mayor gana
la aprietan y la detienen,
tanto mas es cosa llana
que se desliza y desmana
de las manos que la tienen.

Concluye y conpara

242. Pues todo se sobresea
y venga la conclusion,
porque materia tan fea
como a las caras lutea [sic]
nos en ti sea el coraçon;
lo dexa en la verdad
tan sañoso, tan cruel,
qual dexa la enfermedat,
la boca y la voluntad
aquel que gomita la fiel.

[fol. 82v][96]

243. Y desta cruel conquista,
para ver lo verdadero,
vayamos al coronista
apostol y euangelista;[97]
de todos quatro el primero
este llaman Sant Mateo,
el qual si lee quienquiera,
fallaran segund yo creo
el tirano fecho feo
pasar por esta manera.

244. Quando ya pasado vn año
Erodes se vio burlado,
porque su cruel engaño
non fizo la muerte y daño
que tenia deliberado,
con sañosa tirania
en ese punto propuso
de matar dentro en vn dia
todos los niños que auia
desde dos años ayuso.

245. La cruel sentencia dada
por el tirano maluado,
o feroz desmesurada,
fueron metidos a espada
los niños tan sin pecado
[las madres rompen el çielo*]
con doloridas querellas
los padres rriegan el suelo
con lagrimas sin consuelo
como maridos de aquellas.

246. Non saben a quien se quexan
que pueda dalles rremedio,
non saben ado se alexen,
que non los maten y aquexen
dolores, rrauias sin medio;
enderesçen llanteando
al çielo todos la vista,
dan alaridos llorando
porque tan tirano mando
non tienen quien lo rresista.[98]

[fol. 83r]

[ID0072] LB3–24 (83r–101v) (232x8)

Ferrand Perez de Guzman[99]

**Diuersas virtudes & viçios
ypnos rrimados a loores diuinos,
enbiados al muy bueno & discreto
Alvar Garcia de Santa Maria
del consejo del rrey nuestro señor**[100]

Prologo[101]

1. Amigo sabio, discreto,
pues la buena condiçion
preçede a la discriçion
en publico y en secreto,
mas claro y mas neto
es bueno que sabidor
del qual muy meresçedor
vos judgo por mi decreto.

2. Avnque bueno solo Dios
es dicho por exçelençia,

y segund esta sentencia
ninguno es bueno entre nos,
yo faziendo Vrves y Clos
llamo a Dios suma bondat,
y quanto a la vmanidat
oso dezir bueno a vos.

3. Es asi naturalmente
el coraçon ordenado
que baldio y sosegado
estar nunca se consiente;
nesçesario es que lo tiente
de virtud o de viçio
tal acto que, o benefiçio,
o grand pena le acreçiente.

4. Avido tal prosupuesto,
asi mi buen amigo
como el Señor me es testigo
que yo en afliçion puesto,
porque turbado y molesto
non yncurra en algunt viçio,
ocupo el tienpo en ofiçio
non famoso mas onesto.

5. En esta arte mas graçiosa
que vtile nin onorable,
mas gentil & amorosa
que virtuosa y notable,
busco que diga y fable
sono materia profunda,
porque la entençion munda
non es a Dios poco agradable.

[fol. 83v]

6. A vezes como tentando
de las virtudes disputo,
arguyo, trato & discuto,
non pero determinando;
paso me despues rrimando
a los diuinos loores
a la rrosa entre las flores
con toda afeçcion loando.

7. E porque sin conpañia
non ay alegre posesion,
pense comunicaçion
aver en esta obra mia
convusco de quien confia
mi coraçon non engañado,
que sere çerteficado
si es tibia caliente o fria.

8. Ca si yo non ando errado,
grand fruto de la amistad
y non poca vtilidad
es ser omne auisado
si es digno lo que ha obrado
de loor o rreprehension
porque la propia afecçion
tiene el juyzio turbado.

9. Rresçebid, pues muy buen onbre,
las coplas que vos presento,
& açebtad el rrenonbre
del qual bien digno vos siento;
si vedes que açoto el viento
con bozes desacordadas,
luego sean condepnadas
al fuego por escarmiento.

Virtudes defectuosas[102]

10. Discriçion sin osadia
es virtud defectuosa
el que sin discriçion osa
es muy loca valentia;
gentil mezcla y conpañia
donde el seso es rregidor,
y el esfuerço esecutor
de tal casa Dios es guia.

De saber ynvtil

11. El saber que esta encerrado
sin jamas frutificar
podemoslo conparar

al thesoro soterrado;
seso non platicado,
theorica sin obrar,
si non yerra mi pensar,
cuerpo sin alma es llamado.

[fol. 84r]

De costançia yndiscreta

12. La costançia quand preçiosa
joya es asaz paresçe,
pues de aquel a quien fallesçe
toda amistad es dubdosa;
non sea asi porfiosa
que rrazon non la someta,
que la virud yndiscreta
rreputada es por viçiosa.

De la eloquençia

13. La florida eloquençia,
quanto vale, verlo as;
quanto entrel omne faras
y a las bestias diferençia;
mas guarda con diligençia
que deuen bien consonar
las obras con el fablar
y el seso con la çiençia.

De la verdad

14. La verdad ser fundamento
de las virtudes y dama,
pues Ihesus verdat se llama,
que cale otro argumento;
con esto non consiento
en Erodes que mato
a Sant Iohan y asi guardo
con el [cruel prometimiento*].[103]

De verguença

15. La verguença nos rretiene
de los viçios y es virtud
que a la suelta jouentud
muy propiamente conuiene;
mas guardese quien la tiene
non pase justa medida,
que la virtud encogida
de poco coraçon viene.

De fidalguia o gentileza

16. De la sangre su nobleza,
segund que al dante plaze,
en buenas costunbres yaze
con antiguada rriqueza;
otra opinion se rreza
mas estrecha y mas aguda
quando la virtud se muda
non rremana gentileza.

De franqueza

17. Es la liberalidad
magnifica & muy graçiosa,
entre las flores rrosa
del vergel de vmanidat;
fija es de caridad,
pero sea asi tratada
que non pueda ser llamada
loca prodigalidad.

[fol. 84v]

18. Sufro la desordenança
del gastar demasiado,
porque avn de lo asi gastado
a pobres su parte alcança;
tacho la destenprança
si non sabe mesurar
personas, tienpo y lugar,
torçida va la balança.

De guarda de la enbidia

19. Preguntas como podras
de la enbidia guardarte;
digote que non se otro arte
sinon este que aqui oyras;
de virtud non usaras,
seras pobre y de mal gesto,
Dios mediante con aquesto
de la enbidía escaparas.

De luxuria

20. La luxuria faze escura
la clara y fresca niñez
de la honorable vejez,
non es viçio, mas locura;
manzilla la fermosura
de la jouentud graçiosa,
deturba la gloriosa
hedat perfecta & madura.

De gracioso & liberal don

21. El mas dulçe & mas graçioso
benefiçio es el que es dado
antes que sea demandado
por el pobre & vergoñoso;
o triste don enojoso
& por lagrimas conprado,
el que antes que sea demandado
faze el gesto doloroso.

22. Nunca de franqueza vera
proçede aquel duro don
cuya luenga dilaçion
atormenta al que lo espera;
yo digo que mas valiera
en demandando negar
que otorgando penar
al pobre por tal carrera.

Virtudes en perfeçion, perfecta dilaçion

23. Si yo amo a quien me ama,
es vna debda que pago;
vedes como satisfago
amando a quien me desama;
o flor que en la santa rrama
de Jese feziste el nido,
plegate que en mi sentido
a rrencor non faga cama.

[fol. 85r]

Rresystir a los viçios[104]

24. Si el bien a que me ynclina
mi natural condiçion
yo fago non es perfecçion
mas la virtud vera & fina,
es, si la carne mezquina
me punje naturalmente
que rresiste al açidente
con la cruz santa & diuina.

Perfecta penitençia

25. Plañir & rreyterar
las culpas muchas vegadas
es como manos lauadas
que se tornan a ensuziar;
caer despues leuantar
bispera es de la virtud,
mas de fiesta de salud
signo es non rrecadiar.

Perfecta virtud

26. Yerra quien seguro anda
por solo non fazer mal;
non basta la obra tal
a quien perfecçion demanda;
canta el salmista & manda

con suaue & dulçe tono,
declina a malo & fac bono,
esta es preçiosa guirlanda.

27. Los diuinos mandamientos,
miralos y fallaras
que en faras o non faras
concluyen sus documentos;
avnque en siete & tres cuentos
se distingan & departan,
a dos puntos se coartan
mandos & defendimientos.

28. Non se lee que rrobo[105]
el rrico deliçioso
que se vestia preçioso
& dulçemente comio,
mas porque su pan non dio
a Lazaro el plagado
por juyzio condepnado
al ynfierno deçendio.

29. Pues si por non dar lo tuyo
has a Dios tanto yndinado
por tomar a otro lo suyo
guarda si lo avras pagado;
sey liberal ordenado
de la tu propia sustançia
& de peruersa ganançia
sey abstinente y guardado.

Ygualdad de viçios

[fol. 85v]

30. Yo rreputo por vn par
error & parejo viçio,
negar omne el benefiçio
al que bien puede ayudar,
o lo ageno tomar
con arte o fuerça violenta,
todo se torna a vna cuenta
dexar morir o matar.

Paçiençia en las aduersidades

31. Grand virtud es dar loores
onbre en su prosperidad
a Dios cuya caridad
mantiene los pecadores;
mas las rrosas y las flores
que son mas suaue olor
son las gracias al Señor
con paçiençia en los dolores.

Vera paz & justa gracia

32. Auer paz con toda gente,
guerra con todos los viçios
son aquestos sacrifiçios
a Dios loor muy plaziente;
dar con el viso rriente
limosna es dulçe vocablo;
Dios amo segund Sant Pablo
al que da alegremente.

De tres libertades espeçiales

33. Quien es libre de tres cargas
alegre pasa su vida,
sufre pasiones amargas
quien las porta sin medida;
la conçiençia con pecados
con debda la fazienda,
manjares demasiados
dan al cuerpo gran contienda.

Ganar o conseruar

34. Por casos muchas begadas
se alcançan los estados,
nin por sabios nin auisados,
nin por virtudes loadas;
pero desque ya alcançadas,
segund es mi opinion,
sin yndustria & discriçion
non pueden ser obseruadas.

De ver y leer

35. Quien non sabe lo pasado,
çiego va en lo presente,
de sinple faze auisado
ver leer çiertamente;
pocas cosas pueden ser
que non se vieron pasar,
pero mucho es menester
saberlas bien concordar.

[fol. 86r]

Vera fortaleza

36. De los omnes el mas fuerte
creo el[106] que vençe su saña,
entre la vmana conpaña
es el de mas flaca suerte;
el que su propio secreto
en si non puede tener
deue el tal tenido ser
por flaco & yndiscreto.

Del que bien manda & del que bien obedesçe. Del bueno & del que ama a los buenos

37. El mayor grado meresçe
el que bien sabe mandar;
tiene el segundo lugar
luego el que bien obedesçe;
si el bueno rresplandesçe
por virtudes como flama,
asi el que los buenos ama
luego despues del fallesçe.

Del que da & del que lo dado gradesçe

38. El que da vn don ganado
y faze gran benefiçio,
o el que con buen seruiçio
gradesçe lo que es dado,
qual deue ser mas loado

mas lo quiero preguntar,
que difiniendo judgar
en pleito non disputado.

De eloquençia y discriçion

39. Çiençia sin eloquençia
padesçe defecto & mengua
syn saber diserta lengua
non es falta mas demençia;
Sant Ysidro por sentencia
faze tal difiniçion
la verbosa diserçion
ser dañosa sin prudençia.

De neçios callados

40. Muchos se fazen callando
sabios y vsan de arte,
tal non fabla nin departe
que seria torpe fablando;
callando & bozeando
son por discretos auidos,
alla sacan sus partidos
los nesçios juga jugando.

41. Yo no tacho nin afeo,
antes digo que es virtud
aquella soliçitud
que en las sus mesas veo;
permiso es el tal deseo
conseruar omne su vida
ser tal obra defendida,
nin lo oygo nin lo veo.

[fol. 86v]

Dobles yeruas

48. Vmillmente suplicando[107]
a los reyes por perdon
de mi loca presunçion
que los cuydo yr auisando;
pero pues espira y quando

el spiritu & doquiere,
por ventura quien me oyere
non se yra de mi alabando.

42. La salua de los manjares,
la lengua del escurpion,
yo non niego que amos son
dos rremedios singulares;
si a otros particulares
proueen estas conse[r]uas
veamos si entran las yeruas
si non por los paladares.

43. De algunos bien he leydo
que murieron por la boca,
mas es la cantidad poca
de los que asi han fallesçido;
mas morir & aver caydo
por consejos veninosos
de omnes escandalosos
ynfinitos es leydo.

44. Vna lengua vale y presta
quando suda en la tabla,
otra mata quando fabla
si en el oreja es puesta;
nobles prinçipes si esta
rregla vos plaze mirar,
mas que la boca guardar
las orejas amonesta.
Discriçion enpachada
por viçios.

45. Los mayores enemigos
que tiene la discriçion
viçios naturales son
que non rresçiben castigos;
& sus mas dulçes amigos
son los bienes que natura
ynxirio en la criatura,
asaz ay desto testigos.

46. Muy difiçil, digo yo,
diga ynposible quien osa,
vençer la muy poderosa
natura que Dios le dio;

y qualquier que alcanço
vigor a tal rresistençia
rregraçie la grant clemençia
del Señor que lo esforço.

[fol. 87r]

47. De aqui es que los discretos
non son todos virtuosos;
de aqui es que son viçiosos
muchos en saber perfectos;
de aqui es que los discretos
que la discriçion ordena
apenas conclusion buena
han por los viçios secretos.

De buena o contraria muger

49. La muger si buena fuere
es gozo continuado,
si al contrario saliere,
dolor es perpetuado;
el patrimonio heredado
de nuestros padres lo auemos,
si buena muger tenemos
de Dios nos es otorgado.

50. A tomar rrica o fermosa
basta nuestra discriçion,
de buena & virtuosa
non es nuestra la elecçion;
la buena es prouision
de la diuina clemençia,
la mala es maldiçion
de culpas y penitençia.

51. Si bien es esaminada
bien pesada y bien medida,
toda joya es conosçida
antes que sea comprada;
la muger quando es prouada
ya la ley ha dicho a nos,
la junta que fizo Dios
por omne sea apartada.

De honor & conçiençia

52. La honor y la conçiençia
asi son entre si varias,
tan diformes y contraria[s*]
por valor y por clemenç[ia*];
que conuiene a la prudençia
para que bien las diçerna,
quanto muy clara luçerna
mire la su diferençia.

53. Non digo de rreligiosos,
nin de rrustica naçion
ante quien jamas quistion
se faze de actos famosos;
fablo de los deseosos
de fama y rrenonbre aver,
pero de a Dios ofender
sienpre biuen temerosos.

[fol. 87v]

54. La honor nunca consiente
vn punto contra su fama,
nin cura de aquella flama
del ynfierno muy ardiente;
con alegre gesto y plaziente
la conçiençia y rrostro ofresçe
al golpe que asi paresçe
que del primero non siente.

55. La honor muy alto clama
ninguno a mi non se atreua,
quien la fizo que la beua
como fuerte leon brama;
la conçiençia asi derrama
sus lagrimas y clamores
por los sus perseguidores
como por los que mas ama.

56. La primera es criada
del Çesar, y la segunda
de la casa pobre & munda
de Sant Françisco dotada;
biue vida trabajada
el cuerpo que cada dia

es la tal contrauersia
discutida & disputada.

De lenguas & creençias

57. Las mayores diferençias
& prinçipal confusion
las diuersidades son
de lenguajes & creençias;
dignos son de penitençias
Mahomad que heretizo,
Menbrot que tiranizo,
deseando preminençias.

De muy fermosa o fea muger

58. Lo que es de muchos amado
difiçile es de guardar;
lo de muchos desechado
poseerlo es penar;
puedese esto apropiar
a muy fermosa o muy fea
muger de que se prouea
el que se quiere casar.

De graçia ynfusa & libre aluedrio

59. La graçia de Dios preuiene,
ved aqui el creer mio,
pero del libre aluedrio
rresçebida ser conuiene;
el Señor que nos mantiene
plazele que merescamos
porque meresçiendo ayamos
parte en los gozos que tiene.

[fol. 88r]

60. Que la graçia anteçeda
al albitrio es cosa çierta,
non solo que le preçeda,
mas que lo mueue & despierta;
mas dexe asi la puerta abierta

al albitrio que podra
elegir qual mas querra,
via dubdosa o çierta.

61. Preuino el angel graçioso
diziendo: Aue, graçia plena;
la Virgen dulçe & serena
con franco arbitrio amoroso:
rrespondio muy vmildoso:
Ecçe Domini ançila,
tunc conçeptus fuyt yn illa
el Fijo de Dios preçioso.

62. Si gracia non es nesçesaria
porque rrogamos a Dios,
si arbitrio non es en nos
como virtud voluntaria,
es de merito plenaria
por gracia nos leuantamos,
con arbitrio lo abraçamos,
esta es conclusion sumaria.

63. La gracia preuiniente,
yo non dubdo que rrepara
al albitrio & lo prepara
por que mas presto consiente;
esto sea vmillmente
dicho sola obidiençia
de aquella sacra çiençia
que de Dios muy rrato siente.

De senblantes diformes

64. Los omnes malfaçionados,
diformes & mal conpuestos,
si mirays los mas de aquestos
veres mal condiçionados,
asi como son priuados
de la comun propursiçion,
asi son en condiçion
de la virtud apretados.

65. Non digo de omnes feos,
ca destos tan virtuosos
he visto & menos rreos
como de los muy fermosos;

vnos casi monstruosos
son los que yo fablo aqui,
de los quales sienpre vi
la mayor parte viçiosos.

Tres domiçilios de virtudes

[fol. 88v]

66. La cabeça es morada
del seso & discriçion,
el estomago posada
de salud & abitaçion;
proçede del coraçon
el vigor & la virtud,
seso, esfuerço & salud
en estas tres cosas son.

Quatro muestras prinçipales del omne

67. La primera muestra es
del omne gentil presençia,
la graçiosa eloquençia
luego por segunda avres,
[   ][108]
la muy noble discriçion
mas la buena condiçion
por quarte[sic] & mejor ternes.

Misterios de Nuestro Señor

68. O secretos escondidos
de Dios mas justificados,
quantos estan encongidos,
virtuosos mal tratados,
por ser pobres & menguados,
& quantos defectuosos
por ser rricos son famosos,
non loables mas loados.

69. Quantos mal condiçionados
y de poca discriçion
sin fe & sin deuoçion
biuen bienafortunados;

quantos sabios y tenplados
deuotos, nobles, onestos,
de lo que desechan estos
desean ser abondados.

70. Es question muy antiguada
fecha por claros varones
con grandes esclamaçiones
del Santo Job querellada,
y despues continuada
por Boeçio & Geremias,
Dauid en su salmodias
non se la dexo oluidada.

71. Quando sin ser rrespondida
esta quistion fasta nos
a los secretos de Dios
& misterios rremitida,
pues por El es consentida
por justa & ynterpetrada,
pero muy marauillada
de muchos & muy plañida.

[fol. 89r]

72. O opinion comuna
bien digna de escarneçer
que atribuyes el poder
desta a fado & fortuna;
nin fortuna ay alguna,
burlas son ventura y fados,
juyzios son ençelados
del Dios de la alta tribuna.

De como con verguença se sufre el miedo

73. Al miedo en la pelea
verguença lo cubre & cierra,
busco voluntaria guerra
quien fama & honor desea;
verguença vençe al temor
& la guerra voluntaria

nin justa nin neçesaria
buscan la fama & honor.

Virtudes sin potençia

74. El que quiere y non puede,
¿que le aprouechan el querer?
Si mill vezes se denuede
¿que vale su cometer?
Saber querer sin poder
poco vale mal pecado,
pues que dezir & fazer
a pocos omnes es dado.[109]

De tachar & loar demasiad[o*]

77. De traer & dezir mal
del proximo es gran pecad[o*],
es rregla euangelical
quien judga sera judgado;
deue omne ser templado
en loar mucho en absençia,
contradize la presencia
al loor demasiado.

78. Mas porque de dos estremos
sienpre el vno es mayor,
al exerçiuo loor
antes nos atreueremos;
con tanto que nos guardemos
de loar al que es presente,
porque vil & torpemente
de lisonja non vsemos.

De valentia corporal & alteza de engenio

79. Cuerpo muy auentajado
yngenio claro & sotil
apenas vno entre mill
fue de amos dones dotado;
nunca fue muy alabado
de mucho saber Santson,

de grand fuerça Salamon
nunca le vi muy loado.

[fol. 89v]

80. Dezir que non fue alguno
estremo sera lo tal,
pero entre muchos vno
non es rregla general;
a la fuerça corporal
graçia la llama todo omne,
de la prudençia su nonbre
propio es virtud cardinal.

De trabajo con vso & amor

81. El trabajo con amor
& contino exerçiçio
fazen a omne en su ofiçio
maestro & sabidor;
faze al flaco sofridor
de trabajos el prouecho,
grand esfuerço da el derecho
& la culpa grand temor.

De vida breue & virtuosa

82. Asaz[110] biue el que biue
poca vida bien obrando,
avnque de biuir lo prive
la muerte lo arrebatando;
ca la vida non se escriue
dias nin años contando,
mas porque viçios esquiue
de las virtudes vsando.

83. Otros llaman mal logrado
al que muere en jouentud,
& yo al que sin virtud
es a gran vejez llegado;
en espaçio abreuiado
muchos tienpos conprehendiendo

aquel que poco biuiendo
dexando nonbre loado.

84. Mucho biuio el notable
Tito que murio tenprano,
e poco el abominable
Dionisio el ançiano;
el nuestro rrey castellano
Don Sancho el deseado,
por dias moço llamado
pero por virtudes cano.

De buen rey & buena ley

85. Buen rrey mas que buena ley
es nesçesario al rreynado,
ca al enxenplo de rrey
es todo el rreyno rreglado;
prouerbio es asaz grosero
pero su sentençia es vera,
que en la casa del alboguero
la gente es alboguera.

[fol. 90r]

86. La ley si non es despertada,
ella sienpre dormira
& si non es esecutada
poco frutificara;
buen rrey la despertara
y do ella fuere mas escura
a la parte mas segura
buen rrey la ynterpetrara.

87. Los casos mas que las leyes
ser desto quien dubdara,
proueen discretos rreyes
do nueuo caso verna;
sabio rrey dispensara
las çicunstançias catando,
a vezes rrigor tenplando
a vezes lo ençendera.

88. La ley loada sera,
temido sera, el buen rrey,

avra efecto la ley
do buen rrey mano porna;
puedense mudar las leyes
si el tienpo lo adebdara,
discriçion de sabios rreyes
en toda sazon valdra.

89. Por buena açuela que sea,
sano quedara el madero,
si non la manda y menea
el braço del carpintero;
buena digo ser la ley
y grand bien se sigue del[la*],
mas ella es obra del rrey
y non el rrey obra de aquell[a*].

90. De justa ley vsaran
sus ministros falsamen[te*],
del rrey sabio y diligente
sus rreglas se conseruaran;
muchas glosas sofriran
las leyes y los decretos,
que los prinçipes discretos
bien las examinaran.

91. Yo do esta exçelençia
al rrey sobre los derechos,
si el rrey por notables fech[os*]
meresçe tal preminençia;
non por singular potençia
nin por sangre generosa,
menos por aver fermosa
graçiosa gentil presençia.

[fol. 90v]

92. La mi rrazon se dirige
a la rreal presidençia,
que manda gouierna & rrige
con discriçion & prudençia;
& con justiçia & clemençia
queriendo consejo auer,
& que se pueda asi escoger
que en el quede la sentençia.

De çiençia sin buena vida

93. Çiençia sin buena vida santa
dubdo que su pedricar
pueda bien frutificar
nin flores lleuar su planta;
Lucas en los actos canta
que Ihesus primero obro,
& despues nos enseño
vsar su dotrina tanta.

De fe & esperança

94. Do non ay mengua de fe
alli ay çierta esperança,
sin dubda esperare
si de[111] fe tengo abundançia;
el que nos mando creer,
aquel nos mando esperar,
fizoles nuestra fe creer
ynjuria nuestra dubdar.

De personas vagamundas y baldias

95. La mi pobre discriçion
dos errores aborresçen,
porque de amos rrecreçen
al mundo grant confusion;
omne seglar sin ofiçio
& sin clausula rreligioso,
mas paresçe mostruoso
este que natural viçio.

Por tres rrazones difiere & aluenga Nuestro Señor su misericordia a los atribulados

96. Si lagrimas & gemidos
sospiros & oraçiones
tan presto non son oydos
en nuestras tribulaçiones,
del Señor nin rrespondidos
somos a las petiçiones

esto es por tres rrazones.
[   ]¹¹²

[fol. 91r]

97. Porque la gracia alcançada
con grand trabajo y pena
sea auida por mas buena
mas clara y mas preçiada;
otra porque sea prouada
la firme fe & esperança,
ca la grand perseuerança
nunca de gracia es priuada.

98. Terçia, porque la paçiençia
en las grandes afliçiones
de culpa faze ynoçençia
& penas torna en perdones,
quanto es mas la sufrençia
mas creçen las rremisiones,
grand parte de penitençia
es sofrir persecuçiones.

Dos rremedios o medios a las muertes o perdidas

99. Dos perdidas prinçipales
ay en dones de fortuna,
perder parientes la vna,
otra bienes tenporales;
contra los rremedios tales
yo cuydo dar dos rremedios,
si non llenos, seran medios,
mitigan grandes males.

100. Vno es si se prouee
onbre por que descuydad[o*]
non le venga ynopinado
el daño nin le saltee;
lo qual sera si el cree
que todo biuo es mortal,
& a todo bien tenporal
la fortuna lo posee.

101. Vale mucho esta cuenta,
porquel omne aperçebido
es medio acometido,
& el mal que asobrevienta
viene mucho desatienta;
si omne lo que perdio
nunca perder lo creyo
conuiene que grand pena sienta.

102. Si omne su diligençia
faze por lo conseruar
por que non le puedan dar
grand cargo de negligençia,
escusalo su potençia;
pues en perder & en morir,
ynposible es rresistir
a la diuina sentençia.

[fol. 91v]

103. Este rremedio segundo,
o medio es aliuiamiento
a los males deste mundo,
pues non fue por su fallimiento,
mas por el ordenamiento
del Señor justo & fuerte,
viene perdida o muerte,
ved aqui mi sentimiento.

104. Es verdad quel tienpo faze
los pesares oluidar,
mas eso non satisfaze
para el omne escusar,
nin de virtud le loar,
ca non ay dolor que non canse
& quel tienpo non lo amanse,
& non lo faga çesar.

Dos singulares maneras de penitençia

105. Muchas son & muy diuersas
las vias de penitençia,
que de las culpas peruersas

nos procuran yndulgençia;
sera graue dar sentençia
& non chica presunçion,
quales son en perfecçion
las de mayor preminençia.

106. Digo mi ymaginaçion,
non como quien determina,
como quien se ynclina
su juyzio a correbçion;
plenaria rrestituçion
de los daños rresçebidos,
perdonados, rremitidos,
sin falsa simulaçion.

107. Esto me mueuo a dezir
porque es grand dificultad
a la flaca vmanidad
en perfecçion las conplir;
graues son de rresystir
todos viçios sin dubdar,
mas pagar & perdonar
son juegos de rreyr.

**De no judgar los moços en la nueua
hedad**

108. Yerra quien cuyda apreçiar
por la fruta los frutales
creyendo que seran tales
al coger & desfrutar;
que el que bien quiere estimar
de frutas trigo & mosto,
fasta setienbre & agosto
non se deue arrebatar.

[fol. 92r]

109. Vnas flores quema el yelo,
otras el viento derrama,
si mucho se ençiende el çielo
el sol las arde & ynflama;
espiga sarmiento & rrama,
quien las loa en primauera

si a la atoñada espera
por otro nonbre las llama.

Conparaçion[113]

110. A mi ver asi va errado
y lexos de la verdad
el que en la tierna hedad
quiere el moço aver judgado;
el qual propio es conparado
a la naue por la mar,
& al aue, que en el bolar
ningund rrastro ha dexado.

111. Tantas son las mutaçiones
de la hedat & ynconstantes,
nin solo en los senblantes,
nin tanbien en las conplisiones,
mas avn en las condiçiones
faze actos tan diuersos
la hedat que de peruersos
rresultan nobles varones.

112. E vimos de virtuosos
prinçipes en nueua hedad,
con la grand prosperidad
conseguir fines viçiosos;
non quisieron ser mintrosos
nuestros versificadores,
que honores nunca mores
dizen en versos graçiosos.

113. Qual fue en alguna naçion
mas vertuoso vmano
quel muy claro Çipion
por sobrenonbre africano;
pero Valerio rromano
cuenta en su libro sesto
que fue moço malconpuesto
& disoluto liuiano.

113. Seneca, en su clemençia,
alaba la jouentud
ordenada de grand virtud
de Nero por ecçelençia;
mas de concorde sentençia

de todos los ditadores,
de malos & de peores
a el dan la preminençia.

[fol. 92v]

115. En el viçio ynfantil
me plaze auer esperança
& consiento aver mudança
en error de hedad pueril;
& sufro vno entre mill
que sea en la adolençia,
mas non quiero aver paçiençia
del que ha treynta años & es vil.

116. Vengamos a estrecho freno
& silençio en el judgar,
por mal prinçipio nin bueno
non luego determinar;
tanto quisieron dubdar
los philosophos sobre esto
que de torpe & de onesto
la muerte ha de sentençiar.

De los sueños

117. Entre muchas abusiones,
diuersos yerros & varios,
a la fe asaz contrarios
por falsas opiniones,
que turban los coraçones,
es vna la que dire,
quien da a los sueños fe
como a las rreuelaçiones.

118. Como sea conosçido
que por la grand demasia
del beuer del mesmo dia
sueña de que es adormido,
desuarios & avn sabido
es que lo quel omne trato,
aquel dia lo soño,
asi le quedo ynprimido.

119. Viene avn este error vano[114]
por astuçia del antiguo
aduersario enemigo
de todo el pueblo christiano;
si falla seso liuiano
en fe non bien formado,
non dubdo que lo soñado
fue mas devino que vmano.

120. E porque su falsedad
non vaya sola & desnuda,
fauoresçela & ayuda
con exenplo de verdad;
omnes de grand santidad
dize el auer soñado,
el qual soñar rreuelado
fue por la diuindad.

[fol. 93r]

121. Josep non fue engañado
quando soño que seria
de honze hermanos que auia
con reuerençia adorado;
pues menos se fallo errado
quando el sueño yntepetro
de los presos que judgo
vno suelto, otro enforcado.

122. Los Tres Rreyes de Oriente
en sueños amonestados
fueron para ser librados
del rrey cruo & diligente;
& lo que es mas exçelente,
Job, otro santo padre,
por sueño al niño & madre
guardo del tirano ardiente.

123. Serie superflua cura
mas estorias alegar,
porque para lo prouar
llena es la escriptura;
basta que do ay locura
& poca fe la maldad

junta con la actoridad
faze vna falsa mistura.

124. Pero al que Dios acorre
con fe & con deuoçion,
& non se mueue ni corre,
sin pesada discriçion;
faze muy grand distinçion
de los santos que soñaron
a los beudos que bosaron
el vino con la vision.

125. Considera el bien biuir
y las obras que trataron
quales actos platicaron
tal fue el sueño & dormir;
nin el diablo su enxerir
durmiendo en los que despierto[s*]
jamas pueden sus enxertos
la verdad suelen seguir.

126. Mira los marauillosos
misterios que se siguieron
de aquellos que en sueños vieron
secretos marauillosos;
mira de los maliçiosos
omnes & mal ordenados
los frutos que rresultados
son de sus sueños viçiosos.

[fol. 93v]

127. Para fazer diferençia
entre tales dos estremos
nesçesario es que vsemos
de discriçion & prudençia;
ca ynfusion & ynfluençia
de la çiençia diuina
a la santidad se ynclina,
non a dañada conçiençia.[115]

128. No aqui mora ni es aposentado
como por los onbres se suele dezir,
mas so esta tunba esta sepultado
aquel cuyo nonbre non es de escreuir;
porque non fue onbre mas mostruoso
enconado,
& contra natura en su mal rregir,
non biuo, nin muerto, mas mortificado
sin fama & rrenonbre, nin del bien
sentir.

129. Como sera escripto, tal dia murio
tal mes & tal era, año & nasçimiento,
aquel que sabemos que nunca biuio,
ca muerte sin vida non ha fundamento;
aquel que jamas de virtud vso;
la qual es de omne prueua &
argumento,
como diremos que el tal nasçio,
nin que de la muerte ouo sentimiento.

[fol. 94r]

130. Non puede alguno aver allegado
non poder en oçio algund bien obrar,
puede auer concordias & pasos tratado
auisando al sinple al triste alegrar;
dize que non puede este auer obrado
podra buenas cosas & onestas ditar,
& avn se mintiendo aquesto ha negado
aya buen deseo & onesto pensar.

131. Nunca fallesçio jamas buenas
artes
al varon discreto & estudioso,
si mira en torno de si a todas partes
fallara exerçiçio fuerte & viguroso;
o sea ocupado o sea en rreposo,
en fechos o actos de guerra,
porque la virtud jamas puerta çierra
saluo al que della non es deseoso.

Que algunas vezes natura
sigue a la ymaginaçion

132. Vna actoridat se canta
en la fisica y rreza,
de que mi gruesa rrudeza
poco menos que se espanta;

si la confiança es tanta
del enfermo en el doctor,
mas en breue & mejor
convaleçe & se leuanta.

133. Aquel fisico mas curas
faze & en mas perfecçion
en quien han las criaturas
mas fe & mas deuoçion;
non pequeña admiraçion
nin palabra poco escura
obedesçe la criatura
a la ymaginaçion.

[fol. 94v]

**Que por las obras visibles ha omne
conosçimiento de las ynuesibles obras
de Dios**

134. Yo tomo por fundamento
de aquesta proposiçion
lo que vaso de elecçion
da por rregla & documento;
puede auer conosçimiento
el omne de la ynuesible
por la obra aca visible
armo sobre aqueste çimiento.

135. Si el çielo esmaltado,
las estrellas argentadas
de la luna yluminadas,
si el sol claro & dorado,
tanto nos ha agradado
con su paresçer fermoso
quanto sera mas graçioso
el que todo lo ha criado.

136. Si la virtud & potençia
de los quatro elementos,
agua, tierra, fuego & vientos,
se rreguarda con hemençia,
paresçera la exçelençia
que de todos quatro tiene,
quien los fizo & los sostiene
en concordia & abenençia.

137. Si los prados porpurados
con muy diuersos colores
de variaçion de flores
en la primavera ornados,
si cantos armonizados
melifluos & suaues
que en las florestas las aues
cantan son de nos amados.

138. Si tanto es dulçe & amable
la vmana fermosura,
& nos es tan delectable
su linda & gentil figura,
considera & mesura,
discreto & sabio lector,
que tal sera el Criador
que crio tal criatura.

139. Si los mançebos & sanos
han en si grand fortaleza,
si tanta es la sotileza
de los yngenios vmanos,
pensemos por Dios, hermanos,
quanto mas sabieza avra
& mas valiente sera
quien las obro por sus manos.

[fol. 95r]

140. Tu, Señor, me delectaste
en las tus obras muy bellas,
por que Tu potençia en ellas
& bondad me declaraste;
a Ti mesmo me mostraste,
dixo el salmista & cantor
quando en las obras, Señor,
de Tus manos me alegraste.

**Como non esta el seso en mucho fablar
nin en mucho callar**

141. Si el seso estouiese en mucho
     fablar
los tordos serian discretos llamados,

nin avn esta, digo, en bien rrazonar,
que muchos liuianos vi bien rrazona-
   dos;
pues a lo que plaze al seso fablar
non curen de flores, ni versos ornados,
miren a las obras, dexen el chillar
a los papagayos del Nilo criados.

142. Non dixo el apostol: Sed bien
   fabladores,
seguid la Rretorica de Quintiliano;
mas dixo: Carisimi estos factores
non ymitatores, que es acto liuiano,
mejor es ser Cato que Virgiliano;
la vida del vno nos edefico,
mas el delectable que frutifico
el fermoso estilo del grand Martiliano.

De quatro maneras de amor
liçitas & onestas

143. Quatro maneras de amor
son de seguir & obseruar:
diligir al fazedor,
a los proximos amar,
la propia fama & honor
con virtudes ensalçar,
la fazienda sin error
multiplicar & abançar.

144. Preçebtos son diuinales
el segundo y el primero,
el quarto con el terçero
son deseos natural[es*];
los que son de otros metal[es*]
nin el cologo[116] los fabl[a*],
nin son puestos en la tab[la*]
de los doctores moral[es*].

Que las virtudes son suaues de nonbrar
& graues de platicar

145. Las virtudes son graçiosas
& muy dulçes de nonbra[r*],

pero son de platicar
asperas & trabajosas;
non quiere camas de rrosas
con muy suaues olores,
nin mesas llenas de flores
con viandas muy preçiosas.

[fol. 95v]

146. Verdes prados, nin vergeles,
nin cantos de rruyseñores,
nin sonbra de los laureles,
nin cançiones de amores,
nin acordes, nin tenores,
nin contras, nin fabordon,
menos la disoluçion
de motes de trufadores.

147. Non vsan rricos brocados,
nin rropas de fina seda,
nin gran suma de moneda,
ni joyeles muy preçiados;
non palaçios arreados,
ni baxillas esmaltadas,
ni loar enamoradas
en versos metreficados.

148. La virtuosa onestad
forma trae de rreligion
en la rrenunçiaçion
de la propia voluntad;
ama la adversidat
sabiendo que la salud
& perfecçion de virtud
non esta en la feleçidad.

149. Non se muestra la paçiençia
sinon grand tribulaçion,
nin la osada rresistençia
sinon en fuerte tentaçion;
lealtad en perfecçion
quien la vio sinon en pobreza;
nin se falla fortaleza
sinon en grand persecuçion.

150. El varon muy esforçado
que la fortuna conbate,
oy[117] vn xaque, cras vn mate
como piedras a tablado;
firme esta, avnque demudado,
turbado, mas non vençido,
meneado & sacudido,
pero nunca derribado.

151. En el forno rresplandesçe
el oro puro & çendrado,
el grano linpio paresçe
del trigo quando es trillado;
el sueño que es quebrantado
por fuerça de la tronpeta,
ni por flauta, nin nuzeta
aquel deue ser loado.

[fol. 96r]

152. Virtud & delectaçion
nunca entraron su vn techo,
poca partiçipaçion
han onestad & prouecho;
tenptança[118] & anbiçion
nunca entraron so vn lecho,
la voluntad & rrazon
non caben en poco trecho.

153. El braço que el golpe erro
y despues ardio en la flama,
dexando loable fama
la su çibdat desçerco;
la sangre que derramo
la mano muy delicada,
serie a Rroma desçercada
& la castidad honrro.

154. Por muchas tribulaçiones,
dize el apostol, que entramos
en el rregno que esperamos,
non dixo delectaçiones;
suma en fin de rrazones
estrecha via es aquella,

& pocos entran en ella
do se dan los rricos dones.

De oçio viçioso & virtuoso

155. Yo loo el oçio & abraço el
    rreposo,
y la discriçion de actos mundanos,
prinçipalmente de los cortesanos
cuyo exerçio es muy peligroso;
cuydando que fablo verdad, dezir oso
que alma, persona, fazienda & fama,
todo peligra en tal fuego & llama,
por ende, absentarse es muy
    prouechoso.

156. Pero algunas vezes haya
    contesçido
queriendo omne fuyr vn grand daño,
va caer en otro mayor o tamaño
vn sotil poeta asi lo ha escriuido;
por ende a quien ha el oçio eligido
por aver rreposo & vida quieta,
pues es auisado de aqueste poeta
de bien se ordenar, sera aperçebido.

157. La buena materia de la forma
    errada
valer mucho menos quien dubdara
    de[sto*]
pues, que vale el oçio si non es onesto
nin vida quieta nin mal ordenada;
fuyr de la corte confusa & turbad[a*]
vsando del oçio laçiuo & viçios[o*],
luxuria & gula & sueño tal rrepos[o*]
por vida politica non es açebtad[a*].

[fol. 96v]

158. Aquellos que todo su solo
    exerçiçio
es delectaçion & plazer carnal,
& seruir al vientre es todo su ofiçio
aquel adorando por Dios tenporal

sin se dar a otro virtuoso ofiçio
de paz o de guerra o de spiritual,
sobre su puerta & mas alto quiçio
deue ser escripto vn titulo tal.

De limosna & rrestituçion,
de abstinençia & continençia

159. Grand bien es limosna dar[119]
alegre & liberalmente,
mejor las debdas pagar
& trabajos del seruiente;
bueno es ser abstinente
de çibos demasiados,
mas de viçios & pecados
mas vale ser continente.

Por tres maneras se dañan las costun-
bres

160. Dexando las demasias
por las quales son dañadas
las costunbres & maluadas,
yo las rrestriño a tres bias;
por tierra muy deliçiosa,
& por vida oçiosa,
& por malas conpañias.

161. La primera aprueuo yo
con Anibal africano,
cuyas fuerças quebranto
al deleyte capuano;
los deleytes & dulçor
vençieron al vençedor
del grand ynperio rromano.

162. Si Lucano non me miente
delante de mis ojos veo
trabajando al grand Ponpeo
conquistar lo mas de Oriente;
vilo despues rreposado,
perezoso & maltratado
de aquel Çesar muy ardiente.

[fol. 97r]

163. Prueuase el terçero canto
por estos siguientes versos:
con los santos seras santo
& peruerso con los peruersos;
non cale enxenpleficar
sus causas en esplicar
tantos son & tan diuersos.

De dos prinçipales maneras de serui-
dunbre

164. Entre diuersas maneras
& modos de seruidunbre
de que ay grand muchedunbre
yo nonbro dos primeras;
non digo que son señeras
el que es sieruo del pecado,
& el torpe del auisado
avramos mas las carreras.

165. De la primera non cale
arguyr nin disputar,
ca Sant Pablo basta & vale
para lo actorizar;
sieruo es, non ay que dubdar,
del pecado el que lo faze,
pues pasemos, si vos plaze,
a la segunda prouar.

166. Nin mas justo señorio
non le ay nin mas perfecto,
que sobre el torpe el discreto
& el sabio sobre el sandio;
nin mas falso poderio
mas ynmenso & mas tirano
que el nesçio que al pueblo vm[ano*]
gouierna por su aluedrio.

167. Avn salua paz, cuydo yo,
de la Escriptura Santa,
que alli do ella canta
que Dios al omne otorgo
poder & lo constituyo
sobre brutos animales,

que a los omnes bestiales
Taçite alli los metio.

168. A los omnes saluara
& a las bestias el Señor,
Dauid el santo cantor
asi lo quiso dictar;
cuydo yo ynterpetrar
salua paz de los doctores,
que por torpes labradores
aqui se puede tomar.

[fol. 97v]

169. Como sea manifiesto
que de las bestias non condena
Dios, nin da gloria nin pena,
yo fablo quanto al testo;
digo mi culpa & protesto
de çesar desta porfia
si es a la theologia
mi dezir graue & molesto.

170. La prinçipal diferençia
del omne al bruto animal
es que el vno es rraçional
con discriçion & eloquençia;
la bestia de yspiriençia
& de çiençia caresçe;
a qual destos pertenesçe
el torpe pido sentençia.

De quatro elecçiones en el matrimonio

171. En el matrimonio son
quatro cosas de escoger;
la primera deue ser
la noble generaçion;
la segunda grand rriqueza
fermosura & gentileza,
el luego el terçero don.

172. La quarta elecçion rresta,
sin la qual las tres contadas
non deuen ser açebtadas

nin dellas ser fecha grand fiesta;
la muger casta & onesta,
esta sin las otras basta,
y todas tres non sin esta.

**De tres cosas nesçesarias
al omne estudioso**

173. Al omne muy deseoso
& amador del saber
ni le basta asaz leer
ni ser mucho estudioso;
mas sea asi engeñoso
que entienda lo que leyere;
grand memoria se rrequiere
para estudio frotuoso.

174. La terçera, que en la lecçion
es de mayor eçelençia
que aya en la çiençia
clara & pura discriçion;
estas tres dan perfecçion
en toda çiençia & arte,
al que le falta la vna parte
de todas ha defecçion.

[fol. 98r]

175. Puedese de aqui prouar
que el saber donde Dios es,
ca la vna o todas tres,
Dios solo las puede dar;
de entender & memorar
& de discreta çiençia;
quien auer quiere ynfluençia
a Dios la ha de demandar.

De cobdiçia & de auariçia

176. Asi tiene la cobdiçia
sus diferençias & grados,
ni mas ni menos maliçia
como los otros pecados;

vnos son della tocados
por sola honor & gloria
por que sea su memoria
en los siglos perpetuados.

177. A este fin solo tienden
si conquistan o si ganan;
quanto fablan tanto espienden,
tanto esparzen quanto apañan;
asi como la mar manan
dando a sus valedores,
solamente ser señores
esto desean & aman.

178. Si Quinto non Curçio non
      mi[ente*]
Alixandre el maçedonio,
destos fue & soy su Entoni[o*]
de Jullio Çesar bien siente;
el primero en Oriente,
en Oçidente el segundo,
rreportaron deste mundo
honor & fama exçelente.

179. La segunda auariçia,
otros son asi plagados,
que su gozo & su letiçia
es auer multiplicados
los thesoros ençerrados,
& sin esperança alguna
de jamas ver sol nin luna
temiendoles ser tirados.

180. Del Euangelio tomamos
tal rregla & actoridad,
que amigos nos fagamos
de Mamona de maldad;
mal es, a dezir verdad,
rrobar para despender,
mas tomar para esconder
es estrema yniquidad.

[fol. 98v]

181. Esta misma orden tiene
el ynfierno obseruada;

rresçibe quanto le viene,
non consiente salir nada;
o persona maculada
de viles & suzios viçios,
cuyos vnbrales & quiçios
sin salir tienen entrada.

182. De aquesta vil hermandad
fue Craso tragador de oro,
& Mida, que en grand tesoro
puso su feliçidad;
non ves la presente hedad
de tales fijos menguada,
nin es pena bien purgada
de aquesta suziedad.

De franqueza graçiosa & forçada

183. El que da con triste cara,
pierde las gracias del don;
aquel lieua el gualardon
que da con serena cara;
el que niega non teniendo,
consiento su triste gesto,
ca de coraçon onesto
sale el don que va gimiendo.

De estrema auariçia

184. Aquel que quanto mas ha,
menos se siente pagado,
& quanto mas Dios le da,
mas auariento es tornado;
que pena avra tal maliçia,
de Sant Pablo lo sabres,
pues de los ydolos es
seruidora el auariçia.

Desimular & fengir

185. Simular por maestria
es auido & por arte,
mas yo espeçie & parte

de falsedad lo diria;
si llamo yproquesia
non do fuera del terrero,
non me llame conpañero,
nin quiero su conpañia.

186. Si la tacho en todo omne
por arte defectuosa,
en grand señor le do nonbre
de obra vil & viçiosa;
la virtud de la potençia
clara va & sin çelada,
arte seruil es llamada
la fecçion que non prudençia.

[fol. 99r]

Rremedio a la fresca yra & saña

187. La fresca yra & saña
non es luego de amonestar,
dexala vn poco amansar,
despues con buen tiento & maña,
a vezezes [sic] con el sañoso
otorgando & consintiendo,
a vezes contradiziendo
le fara auer rreposo.

188. El que en si non tiene tiento
con la nueua turbaçion
de la tu ynsultaçion
avra doble sentimiento;
dexa pasar el furor
si el peligro non es çercano,
despues con manso dulçor
del enfermo faras sano.

De çinco abusiones

189. El moço que es auariento,
el rrico mal pagador,
el couarde sin sabor,
el viejo de poco tiento,
vieja que faz casamiento
non esperando engendrar,

qual ley consiente pasar
tal burla sin escarmiento.

De quatro vtiles petiçiones

190. Pide buenos tenporales,
al pueblo salud & paz,
sin dubda son asaz
vtiles a los mortales;
yo pongo entre estos tales
el quarto por delantero,
rrey discreto & justiçiero
como oro entre metales.

De la fisica & de los fisicos

191. Yo no niego la virtud
del arte de medeçina,
antes digo que salud
nos conserua su dotrina;
quien la cuyda auer tachad[a*]
contradize a Salamon
& va contra la rrazon
por yspiriençia prouada.

192. Yo loo & aprueuo a ella,
mas tacho sus ofiçiales,
que los mas dellos son tales
de quien muchos han querella;
digo que algunos son buenos,
mas por la profundidad
della o por la torpedad,
dellos los sabios son menos.

[fol. 99v]

193. En esta çiençia & arte
dos cosas son menester
con las quales su saber
creçe en grandisima parte;
platica & discriçion,
las quales alcançan pocos

fisicos nueuos & locos
es terrible confusion.

De grandes rriquezas

194. Las rriquezas son auidas
con trabajo & con pecado,
con temor son poseydas
& ynportable cuydado;
son con grand dolor perdidas
& muchas con desonores
& con ellas sus señores
abueltas pierden las vidas.

Quien deue rregir o quien deue seruir

195. Aquel rregno es bien rreglado
en que los discretos mandan,
& los yndiscretos andan
siruiendo en lo que es mandado;
mas do los viles ordenan
y siruen los sabidores,
alli los muy nobles penan
y los sieruos son señores.

De padesçer & aver conpasion

196. Padesçiendo con paçiençia
& auiendo conpasion
de agena tribulaçion
con caridad & clemençia,
atienplase la sentençia
de la justiçia diuina,
a tales actos se ynclina
la edifica potençia.

197. Suben por tales escalas
las almas al parayso;
buelan con senblantes alas
ante el trino yndiuiso;
la preçiosa flor de liso
por tales sabe rrogar,

y para estos ynpetrar
la gloria con gozo & rriso.

De peligrosas & vanas porfias

198. Muchas son las ocasiones
que causan enemistades
& turban las ygualdades
entre los nobles varones;
vna es las porfias,
non digo sobre grand peso,
mas lo que es menguado de seso
sobre questiones baldias.

[fol. 100r]

199. Qual fue mejor cauallero,
Archiles o Ector troyano,
ved que primo o que hermano
sobre que porfio & muero;
que pro o que honor espero[120]
si fue mejor Çipion
que Anibal & mas guerrero.

200. Si fue mas fermosa Elena
que Lucreçia & mas onesta,
si mas linda Poliçena
o Cornelia mas modesta,
paresçerme ya ser esta
obra liuiana & baldia,
yo vi sobre tal porfia
a las vezes grand rrequesta.

201. En la mala cabeça cabe
buen seso alguna sazon
& açierta en buena rrazon
a vezes quien poco sabe;
sobre grand pro o grand onor
digo que es buen porfiar,
mas sobre poco valor
digo que es desuariar.

202. Virtud tan dulçe & preçiada
& de tanta vtilidad
como la buena amistad

mucho deue ser guardada;
con diligençia euitada
toda causa & ocasion
que pueda dar diuision
en la vnion vinclada.

De buen tiento en buena fortuna

203. Buen seso & buena fortuna
a pocos es otorgado;
poca tenprança o ninguna
tiene el bienafortunado;
poderio muy tenplado
quien lo vio ese lo alabe,
en pocos lugares cabe
auerio muy tentado.

De grand prosperidat sin adue[r*]sid[ad*]

204. De la grand prosperidad
asi es continuada
que jamas de aduersidad
la persona non es tocada;
signo es de ser dañada
por quanto dos paraysos
non son oydos nin visos,
cuydo que es rrazon prouada.

[fol. 100v]

De fiar secretos peligrosos

205. Asi fia de tu amigo
secreto que pensaras
que podria bien ser cras
se te tornar enemigo;
quiebranse las amistades
por diuersas ocasiones,
mudanse los coraçones,
canbianse las voluntades.

Virtud de la oraçion

206. Contra toda aduersidad
angustia & tribulaçion
grand vigor ha la oraçion
atenta con vmilldad;
la clemençia & piedad
de Nuestra Santa Señora
fauoresçe al que ora
con deuota voluntad.

207. Aquella oraçion alcança
efecto del que la ofresçe,
cuya entençion caresçe
de rrencor & de vengança;
quiere fe, quiere esperança,
quiere pura contriçion,
quiere continuaçion,
quiere mas perseuerança.

208. Non quiere tentaçion loca,
quiere tal contriçion
que lo que dize la boca
asi tenga el coraçon;
guardese de presunçion
por la qual non fue rreçebta
la farisea & conçepta,
la publicana oraçion.

Deseo de fama

209. La ynclinaçion natural
es desear qualquier omne
buen fijo en quien su nonbre
quede en la vida mortal;
quien ha el deseo tal
non diforme de natura
que la ley y la escriptura[121]
lo rreprueua & ha por mal.

210. Pero si queda mejor
el nonbre & actos famosos,
digo actos virtuosos
sin tirano & mal rrigor;
tales que a Nuestro Señor

pluyeron & el mundo amo,
quales Godrofe obro
& Carlos enperador.

[fol. 101r]

211. Actos del grand Constantino
& de Theodosio yspano,
por Sant Gregorio me ynclino
a loar el grand Trajano;
el rrey que con fuerte mano
& con deuota porfia
conquisto el Andaluzia
vençiendo el pueblo pagano.

212. Yo fablo de fuertes actos
mezclados con gentileza
vmanidad & nobleza
& linpios de malos tratos,
de vil auariçia yntractos
sin ficçion & sin vengança,
con la fe que nunca trança
conuenençias & pactos.

213. Sea Çesar perdonado,
sea Felipo Maria,
amando liberal via
& cobdiçia desechando;
non Craso oro tragando,
ni Çiro sangre beuiendo,
tal nonbre dura biuiendo,
non muchos fijos dexando.

De consejo ynutil & ynfructoso

214. El que de la agricultura
buen maestro quiere ser
de las plantas escoger
& simientes ha grand cura;
mas, si esterile natura
la tierra, es mucho lo esp[anta*]
porque lo que sienbra & plan[ta*]
nin prende, nin da verdura.

215. Oye la conparaçion
tu que quieres consejar,
ca non te basta fablar
bien nin con buena entençion;
si al malo consejaste
pierdes tu proposiçion;
si al viejo castigaste
espulgas tu çamarron.

De vana & errada opinion de[l*] puebl[o*]

216. La opinion vulgar,
o del pueblo por mas claro,
pocas vezes & muy rraro
sabe derecho judgar;
non me alegra su loor,
ni me enoja su denuesto,
lo quel pueblo ha por mejor,
he yo por mas desonesto.

[fol. 101v]

217. Ama yndiscretamente
& sin rrazon aborresçe;
lo que le daña consiente,
buscalo que le enpeçe;
sienpre mira el presente,
nunca el fin considerando;
mata non deliberando,
& sin tienpo se arrepiente.

218. Desterro con grand furor
a Çipion africano,
obesdesçio con temor
a Luçio Çiba el tirano;
quien al vulgo fue vmano
sealo por caridad;
non aya por que lealtad
espere de pueblo vano.

Como deue omne vsar de la buena fortuna esperando la cayda

219. Discreta preparaçion
es tenplar la grand potençia
sin crueza & con clemençia,
sin orgullo & anbiçion;
muy prudente auisaçion
es pensar en la salida,
pues non ay en esta vida
perpetua administraçion.

220. El desçender non se escusa
al que muy alto subio;
la fortuna sienpre vsa
tomar lo que nos presto;
quien de lo prestado vso
dulçemente conuersando,
& las gentes bien tratando,
desçiende, mas non cayo.

[fol. 102r]

[ID2720] LB3–25 (102r–106v) (26x8,4)

**Anton de Montoro al duque de Seuilla, memorando
la perdiçion de Vrdiales quando era dubdosa**[122]

1. Muy digna potençia de mas prosperar,
duque elegido por obra fulgente,
sereys vos seruido de algund memorar
de aquel que fezistes de nada valiente;
quiera Dios Padre & asi se contente
que de la sospecha que presto ynqueri,
que vayan las gentes a bozes tras mi,
diziendo: Quedaldo, quedaldo, que miente.

2. E duque muy alto, busquemos agora,
asi en los defuntos como en los que biuen,
alguna rrauiosa que perdida llora

de fijos que en muerte sus vidas perescriuen;
y desta que noto y mis manos escriuen
su llaga mostrada que muestra yspiriençia,
rresçiban las tristes alguna paçiençia
por donde pesares de si los esquiuen.

[fol. 102v]

3. O tu, rreyna & cuba [sic], doquiera que yazes,
leuanta y despierta del sueño ynbiuiente,
alegra y esconbra y adoua tus fazes,
y bueluete al mundo contenta y plaziente,
esparze tus ojos & mira la gente,
veras vna madre quel mal todo es suyo,
veras vn quebranto que sobra del tuyo,
veras con que seas del todo paçiente.

4. Y non te desplega si fago rrespecto
contigo de dueña de non tus altores,
que quando me veas venir al efecto
veras que los daños son bien açesores;
non te consientas alçar a mayores
quexando con dueña que non te conparen,
que rreynas y dueñas amargas que paren
yguales se pueden llamar en dolores.

5. Pesares y llagas angustias abondo,
te fueron çercanas por muchas maneras,
mas quando guiauas el bayle rredondo
tus dueñas gimiendo, llorando tus nueras,
ençima de todo final quando vieras
al fijo del grand enemigo mortal
tener el espada en el cuello rreal
por do fuste sierua de grand rreyna que eras.

[fol. 103r]

6. Mas quando tocauas por lindas
    guirlandas
aquella corona de velo muy prieto,
y quando la madre cubrio con sus
    faldas
el fijo del tuyo tu muy caro nieto,
rrobado por manos de aquel mas
    discreto
Vlixes mezclado con grand violençia,
al qual ynclinado pedia liçençia
con que llore al fijo del padre muy
    neto.

7. Mas puesto que rreyna tus grandes
    quebrantos
han sido corona de todos los males,
nunca se lee que tales nin tantos
ouiese vna rreyna de cuerpos mortales,
de noble marido, de fijos muy tales,
por donde sostienes dolor y tamaño,
los tuyos son muchos, mas daño por
    daño,
figura la muerte del triste Vrdiales.

8. Aquel que la vida le fue cabtelosa,
con cuyos pesares la fabla rrenueuo,
el que yua ganando guirlanda
    espinosa[123]
con plumas que sienpre lancauan
    rrenueuo;
con su postrimero viçio lo prueuo,
fuyendo sus fechos del caso de aleue,
veras por quand poca vida tan breue
fizieron sus obras linaje de nueuo.

[fol. 103v]

9. La causa de toda su perdida braua
rreduxo la muerte de aquel defensor,
tu fijo don Ector el que sustentaua
la tierra troyana con fuerça & vigor,
& si muerte ouo de aquel agresor
Archiles que sienpre busco su venguijo,

ya sabes la casa do mora tu fijo
y esta non sabe demas del dolor.[124]

10. Asi mesmo rreyna los fuegos que
    viste
sin freno que ardian en el muro
    fermoso,
las flamas ardientes ya tu las pariste
fincho de tu sueño tan ynpectuoso,
y la madre amarga de aquel doloroso
a quien atribuyo contigo en tu suerte,
si non le salteara tan presto la muerte,
auia parido descanso y rreposo.

11. Auia pospuesto de si vanagloria
dandose a todos con alma y talante,
jamas non çesaua buscando vitoria
al rrey con sus obras de claro
    senblante;
asi se mostraua fundado y constante
que nunca sus mentes jamas se
    boluieron,
que aquellos que nunca por nunca lo
    vieron
tenian su llaga doblada delante.

[fol. 104r]

12. Quiça diran muchos aquien non se
    ofresçen
a tantos pesares de su fenesçer,
los rreyes y duques y condes fenesçen
vsando la muerte de su grand poder;
aquellos que dexan el mundo en tal ser
que vieron açensos en sus
    preheminençias,
vinieron de vnos en otros herençias
y este cobrola con seso y saber.

13. Avnque si el miralle de las
    jouentudes,
las gracias estremas atantas tenia
de quien le manauan tan rretas
    virtudes
herede sus dias con grand mejoria,

de aquel duque osado que le daua
   osadia
por donde la fama perpetua le quede,
en otra manera la linpia que puede
mostrar sus virtudes en casa vazia.

14. Del qual mientra quiso seguir sus
   pisadas
asi le pujaua granada potençia,
como si el mesmo fadara sus fadas
al tienpo quel alma le puso ynfluençia;
despues que le plogo negar obidiçiençia
de quien lo conpuso de sieruo a señor,
bien que demostraua sobrado vigor
mas non tan vestido de tanta
   clemençia.

[fol. 104v]

15. Que asi lo acataua por vida y
   rreparo¹²⁵
que de amas sus vidas fazia consuno,
segund mira madre a fijo muy caro
ya quando la muerte non le dexa mas
   de vno;
despues fue vençido de (piense↑)¹²⁶
   ynfortuno
de ser acatado por si y conosçido,
si dizen que esto lo fizo perdido,
lo que Dios permite non sabe ninguno.

16. Nin menos yo firmo que muerte le
   dio
la desobidiençia que aqui yo
   rrepresento,
non dubdo tanpoco que si se perdio
que non fue causa de su perdimiento,
porque su custodia de vida contento
asi se le mostraua rreliquia de plata,
que como la leche que esta so la nata,
asi lo guardaua del toque del viento.

17. Pues como se vido, señor ya
   perfecto,
asi prosperado a jornadas contadas,

quisiera el amargo fazer descreto
algunas proezas que fueran sonadas;
mas como las vidas tengamos
   prestadas
a tienpo en la nota del mas alto çielo,
asi como quiso prender algund buelo
mas presto se vido las alas trançadas.

[fol. 105r]

18. Por donde su madre la triste
   Rremira,
torçiendo sus manos con rrauia quand
   grande,
rrenouando sienpre gemidos sospira,
non sabe do busque, nin siente do
   mande,
nin sabe mandar, nin ay quien la
   mande,
tan rretrasportada quel mundo nol
   cabe,
soluiendo los vientos la triste non sabe
de quatro elementos a qual lo
   demande.

19. O tierra, diziendo, si tu me lo tienes
non mas lo descubra de quanto lo vea,
y toma este cuerpo mortal en rrehenes
a este que presto daras tu librea;
y tu el elemento que al fuego saltea,
y tu salteado del grand Promoteo,
y tu sey con ellas conplir mi deseo,
aquel que las fojas canpales menea.

20. Agora, troyana, rresçibe conorte,
y males dolores de ti los descarga,
y doquier que seas non oluides deporte,
y haz a pesares el anima larga,
asi te lo encargo que tomes tal carga,
seras en la gloria si gloria quisieres,
y en tanto señora, que paren mugeres,
nunca ninguna se alabe de amarga.

[fol. 105v]

21. Y aquellos que somos del mas
   comarcanos,
magnanimo duque, deuemos loar
a Dios que non quiso ferir con dos
   manos
aquel que esperamos su multiplicar;
porque si en el tienpo de aquel biuo
   (a↑)mar
asi lo partieran delante sus ojos,
bien era posible de solos enojos
dexar esta vida por yr lo buscar.

22. Que yo por mi juro que quanto le
   llega
su llaga y le pesa de aquel ynoçente,
que tanto se goze y se grade y le plega
a Dios con mi vida que es Padre
   potente;
mas como el absençia jamas non
   consiente
judgar coraçones nin bienes tan menos,
algunos seruiçios quiça non tan buenos
lo quiera presençia fizieron absente.

23. Y vos, noble alcayde, que estays en
   el valle
escuro do mora la gente omeçida,
porque non se fabla en mal ora se calle
por lenguas y plumas la vuestra cayda,
en breue nos muestre Dios vuestra
   venida
en son que nos pueda prestar vuestra
   lança,
y non vos trasmude la poca esperança
que muchos remedios produze la vida.

[fol. 106r]

24. Que vida catiua vos es libertad,
anguastias [sic] cobrando perdiendo
   temores,
que buen cauallero do biue bondad

non puede la muerte buscar sus
   vigores;
pues muere la fama daquellos actores
ya dichos con vuestra brauor de
   misterio,
que los que vos tienen en mal catiuerio,
non siendo vos libre, son ellos señores.

25. E tu su querida por orden onesta,
en quien se concurre la llaga
   doblada,
de donde te estouo tal perdida presta
enantes que ovieses su gloria
   cobrada,
fiere tus pechos, tu cara rrasgada,
manando tus ojos, llamandote triste,
a Dios rreclamando de como te viste
biuda primero que non maridada.

26. E Vos, el Rrey Santo, pues tal
   sacrifiçio,[127]
de si mesmo fizo las faltas rremotas,
non se vos parta delante el seruiçio
daquel que non fueron sus obras
   ynotas;
pues fueron sus carrnes curpidas y
   rrotas
o puesto en los labrios del brauo
   elemento,
pues non biue el cuerpo, grand rrey,
   sed contento
que biuan sus bienes alla en vuestras
   notas.

[fol. 106v]

27. O duque la gracia vidal vos adiestre
del son que vuestra alma tan digna lo
   pide,
y quiera Dios Padre que non vos
   demuestre
mayores angustias con que esta se
   oluide.[128]

[ID1907] LB3–26 (106v) (1x8)

**Anton de Montoro al alcalde de Andujar
porque non hizo lo que le dezian
de parte de Diegarias contador**[129]

Bachiller, andays muy floxo
a mis rruegos y plegarias,
y por contentar al coxo
enojays a Diegarias;
pues sabed que vale tanto
quanto mas con omezillo
quien vn soplo al Padre Santo
puede tornar monazillo.

[ID2721] LB3–27 (106v) (10,4)

**Al conde de Cabra porque le
demando y non le dio nada**

Se que vuestra señoria
sabe con animos claros
franquear sin couardia,
mas la grand desdicha mia
faze de francos auaros;
ca segund soy desdichado
si lo que agora suplico,
vos ouiera suplicado
tanto ouierades guardado
que mucho fuerades rrico.

Cabo[130]

Pues non creçe mas cabdal
el trobar nin da mas puja,
adoramuste dedal,
gracias agamus, aguja.

[ID1899] LB3–28 (106v) (1x8)

**Anton de Montoro a Juan Poeta
por una cançion que le furto
& la dio a la rreyna**

Alta rreyna de Castilla,
pinpollo de noble vid

esconded vuestra baxilla
de Juan de Valladolid;
porques vn fuerte motiuo,
tal que a todos enpesçe,
que quien furta lo ynvesible[131]
rrobara lo que paresçe.

[fol. 107r]

[ID2722 R 1899] LB3–29 (107r) (1x8)

Rrepuesta de Juan Poeta

Onbre de poca familia,
de linaje de Dauid,
rrrorpero [sic] de obra senzilla,
mas non Rroldan en la lid,
porque soys mi catiuo
en la çiençia que se ofresçe,
que de viejo, rroto, esquiuo,
fazes obra que floresçe.

[ID2723 R 2722] LB3–30 (107r) (8,9,8)

Rreplicato de Montoro

1. Aca non se de que villa
viene tras vos vn ardid,
que furtastes vna silla,
por Dios amigo fuyd;
que tenemos vn rrey biuo
que de punir non caresçe,
y a quien faze lo escriuo
pena de muerte meresçe.

2. Mal trobador ynportuno,
desauido y desgraçiado,
aueys de mi publicado
lo que non sabe ninguno;
pues la muerte vos desmalle
en fuego de biua brasa,
al que açotan en la calle
que gelo diga en casa
non paresçe desonrralle.

3. A mi non me pesa porque
vos pongays en altos preçios,
he pesar de algunos neçios
que vos oyen y dan fe,
se que la noble discreta
rreyna señora de nos
si vos da por lo de Dios
que non por mucho poeta.

[ID2724] LB3–31 (107r) (1x9)

**Montoro a vno que le pregunto
por que non fuya de la pestilençia**

Eterna gloria que dura,
en quales montes y valles,
en qual soberana altura,
en qual secreta fondura[132]
me porne do no me falles;
por tu santa santidad,
non mirando mis çoçobras,
si non te vençen mis obras,
vençate tu piedad.

[ID2725] LB3–32 (107r–108r) (7x8,5)

**Montoro al dicho Juan Poeta
porque pidio dineros al cabildo**

1. Tenplo de rrica familia,
bordado con onestad,
a quien perfecçion se vmilla
mayor que prosperidad;
quien tiene bien corregida
la patria con su beuir,
quien por gozar desta vida
non dexa la porvenir.

[fol. 107v]

2. Aquella muerte que lidia
muy presto lidie comigo;
si lo digo por enbidia
nin por quel soy enemigo,

mas he sentido mortal
porque soys de noble ardid,
que quereys fazer cabdal
de Juan de Valladolid.[133]

3. Diziendo ques rrelicario
de las ynuençiones buenas,
pues sabed ques sermonario
de las fabricas agenas;
de arte de çiego juglar
que canta viejas fazañas,
que con vn solo cantar
cala todas las Españas.

4. Es la causa donde peno,
muriendo sin entreualo,
quien tanto sabe de bueno,
aver por bueno lo malo;
para niños que non han
mas saber que dezir tayta,
es oyr los que se van
tras los corros de la gayta.

5. Pues sabeys quien es su padre,
vn verdugo y pregonero,
y quereys rreyr su madre,
criada de vn mesonero;
si miento desto que fablo
do mi anima al demoño,
que a las puertas del establo
nunca dio paja sin coño.

6. Su padre de pie y de pierna,
sin camisa y desbrochado,
es su cama la tauerna,
su lonja el mal cozinado;
su mayor proeza y fe
es a daca mi terrazo
si pagastes non pague,
traque danle buen jarrazo.

7. Colegio muy singular,
mostrando donde venis,
diz que le mandastes dar
trezientos marauedis;
esto digo ques vn cargo

contra Dios y la conçiençia,
en los quales pongo enbargo
que me vienen por herençia.

[fol. 108r]

Cabo[134]

8. O mandadlo aqui traer
ante la merçed de vos,
do le fagan entender
que ge los distes por Dios,
pero non por su saber.

[ID0169] LB3–33 (108rv) (10x9)

**El dicho Montoro sobre vn cauallo
que se le murio yendo a la guerra de los
    moros**

1. El amo noble, sufriente,
paçifico, dadiuoso,
cria moço ynobidiente,
soberuio, rrudo, ponposo;
y a tienpo luengo pasado
quando le siente el error,
querrielo auer castigado,
piensa fallarlo mandado,
fallalo ser mandador.

2. Asi fizo el virtuoso
señor nuestro rrey muy alto,
por dar a muchos rreposo
dio a si grand sobresalto;
fizo de sieruos señores
con leda cara de amor,
fizo de grandes mayores,
fieles, rricos, dadores,
& a si mismo pedidor.

3. Ya non mas vos çertifica
mi rrudeza el costruyr,
quel prinçipio comunica
quanto se deue seguir;
dad el sentir auditor

defensores de la tierra,
a mi quebrado clamor
fuy a ser guerreador,
y a mi mismo fize guerra.

4. Ved si fue triste mi nonbre
fadado desde la cuna
yo muy muerto por ser onbre,
y non plaze a la fortuna;
con zelo de guerrero,
por creçer la defension,
que non se como non muero,
yo me parti cauallero
do bolui flaco peon.

5. Pues quiça querres creer,
colegio de fe conplida,
que flaco su comer,
dexo tan presto la vida;
asi Dios me tire cuydados
a mis grandisimos males,
a los primeros bocados
todos los creçidos prados
conuertia en arenales

[fol. 108v]

6. Y a mi Dios me lo demande
si de fecho de çeuada
tres almudes de lo grande
desde lexos arrojada;
esto con puro temor
de su tragar tan ynmenso,
que con la rrauia mejor
trauaua del pensador
que con la hanbre del pienso.

7. Pues de los mas abreuados
brutos en toda la hueste,[135]
en arroyos y por vados
non fue vno segund este;
que asi Dios me de plazer,
o me mate quier que peco,
rrios en todo creçer,

a su no medio beuer
me vi pasallos en seco.

8. Pues a su mayor andar
espuelas quiere de mano,
que eso le faze llegar
nochezillo que tenprano;
y quando fazen rrebato
ved si pone sobrevientas,
que en guar de abiuar vn rrato,
señores quando non me cato,
de los yermos faze ventas.

9. Nunca Dios mi mal rrelaxe,
menos mejore mis fados,[136]
si mas leguas non le traxe
quel a mi pasos contados;
con las plagas que me dio,
non se quien non se desgarre,
que bestia nunca nasçio
tan plazentera del xo
nin tan pesante del harre.

Cabo

10. Do sepa vuestra merçed,
quiso tomar por ofiçio,
poniendo pies en pared,
fizo de si sacrifiçio;
sin los ver nin conbidar
en su rrezia conplision,
sin los traer nin llamar
a los lobos de Allacar
fizo rrica collaçion.

[ID0182] LB3–34 (108r–110v) (21x8,4)

Montoro[137]

**Quexos de vna mula que enpeño
Juan Muñiz de Cordoua a don Pedro
y despues gela desenpeño**

[fol. 109r]

1. Vos al muy grand rrey anexo,
la mula de Juan Muñiz,
encoruada mi ceruiz,
ante vos de vos me quexo,
como Dios es trinidad
vos causastes mi lazerio,
pues por darme libertad
doblastes mi catiuerio.[138]

2. Dios me vista de paçiençia
a tan yncurables daños,
hasy bien veyntidos años
que soy suya por erençia;
follando poluos y lodos
tanto la fiel se me quiebre
si en estos tienpos todos
dare señas del pesebre.

3. Toue mi llaga secreta
como muy desuenturada,
deseosa y bien mandada
muy regida y con dieta;
sin dubda bien oluidada
la braueza y presunçion
non con sobra de çeuada
tentada de toroçon.

4. La hanbre continuada,
ved como busco rrebuelta,
tan queda estaua yo suelta
como otra muy amarrada;
como la gente rreposa
de noche todos vaganços,
bien como sierpe rrauiosa
yua buscar mis percanços.

5. Ved, señor, aquellos muros
de sus muy viejas paredes,
yo gelas pare qual vedes
con estos dientes muy duros;
quanto mas, señor, trauaua,
tanto muy mas hanbre auia,
si nadie non me miraua
por grand pienso lo tenia.

6. Sobre penas tan graues
ved si le catare omezillo,
rrebuscando los granillos
que lançauan a sus aues;
Quando quiere fazer lardos
mis pechos y ancas llena[s*]
la pesquisa de los cardos,
quel sobrauan de las çenas.

[fol. 109v]

7. Otros males ques espanto
de que me daua grand parte,
nunca Dios mi hanbre harte,
si señor gelo leuanto
en verano noche y dia,
vnas fojuelas de parras
en que su moço traya
enbueltas las alcaparras.

8. Sobre hanbre tan amarga
el coraçon se me aprieta,
grand señor, ved qual carrera
puede conportar su carga;
las brutales han por vso
leuar su cargo agradable,
mas de sus rrodillas ayuso
ay vn omne rrazonable.

9. Quando sus talones dan
en mis muy rrotas yjadas
sueña sus carcañaradas
como maços de batan;
como yo se cautelas
de agudezas nin las vi,
menos siento las espuelas
quellas me sienten a mi.

10. Agora yo non lo riebto,
nin retrato de mi lengua,
que la grand sobra de mengua
faze del libre sugebto;
como non tiene majuelos
muy brutados demugrones,

enpeñome en vnos suelos
de muy turbios agriones.

11. Segund los sabios non callan
quando sus menguas disponen,
onde sacan y non ponen
el cabo presto le fallan;
duelan vos mis tristes canas
de mi vejez ofendida,
que en menos de tres semanas
sali la triste beuida.

12. Por mi lazeria non poca,
y mis dolores bien llenos,
non tenia mas, nin menos,
si non pienso a que quieres boca;
non mas premia nin dotrina,
nin menos espuela, nin palo,
do sacaua la mezquina
las mis tripas de año malo.

[fol. 110r]

13. Dando gracias y loança
a quien me dio bien tan largo,
mi mayor afan y cargo
era sostener mi pança;
de como primero era
de hanbre lerda y harona,
yo me vi que si quisiera
me vendieran por tusona.

14. Yo muy leda & bien pagada,
pelechada y plazentera,
grand señor, como si fuera
con el nasçida y criada;
enbiastesme llamar
tal mi coraçon deslate,
quel grand señor Daguilar
piensa de vuestro rrescate.

15. Con todo mi desplazer
en oy nonbrar a vos,
alçe mis ojos a Dios;
dixe Dios me viene a ver,
pues vn tal me fauoriza,

anparare sin cargazon,
entre su caualleriza
do saldre puerco çeuon.

16. Salio mi pienso contrario
quando pense vuestra ser,
mezquina vime traer
contra las puertas del fonsar[io*],
segund el perro pagano
quando de grand caualgada
mete el muy fiel christiano
por las puertas de Granad[a*].

17. Quando por su puerta entraua,
sabe Dios que mas quisiera
que en sus onbros me traxiera
Martin Perez a la caua;
feme dentro en la grand foya,
vime del todo perdida,
desonbrada como Troya,
rrezien rrobada y ardida.

18. Que rreparo y que consejo
por la paja y los grançone[s*],
ay vnos argamasones
del muro del tienpo viejo;
pues para el agua del pozo,
quando hanbre y sed me ahoga,
perros vean de mi gozo
si non me comen la soga.

[fol. 110v]

19. Sobre tan gentiles pastos
non aueys de mi manzilla,
non mirays quand linda silla
traygo los fustes por bastos;
pues por çinchas muy fermosas
& gentiles latigueras,
dos soguillas muy nudosas
que me causan pechugueras.

20. Mas con quanto mal sostengo
de mi hanbre y mala vida,
non le sere desconosçida
que avn este cargo le tengo;

desquel mi señor,
yo su sierua cuytada,
nunca por buen ferrador
nin malo fuy enclauada.

21. Vos en quien virtudes moran,
vos de quien gracias dependen,
honores ay que ofenden
y vituperios que onoran;
es mi mal tan prolixo
que nonbrarlo es crueldad;
ya sabeys porque se dixo
la libre catiuedad.

Cabo[139]

22. Duelavos la pena cruda
que vos pronunçia mi letra,
quel clamor de la rrex muda
los nueue çielos penetra.

[ID2726] LB3–35 (110v–111r) (5x10)

**Otras suyas a Alfonso de Velasco
que le queria conprar vna mula**

1. Asaye de memorar[140]
vuestras virtudes, señor,
y falle que mi loar
es gota de agua en la mar
en vuestro grand loor;
porque gracias tan consunas
vos çiñen tan prosperadas,
vençedoras de fortuna
que por memorar las vnas
son las muy mas oluidadas.

[fol. 111r]

2. A señor, (tengo)[141] vna mula
qual nunca pascua vos entre;
que toda hanbre con gula
rremanesçe de su vientre;
otra tiene gentileza
que la faze mas loada,

si se escondiere, pereza
por non ver al agudeza
en sus quatros de lerdeza
la fallares mejorada.

3. Si le tocan del espuela
con grand priesa y turbaçion,
guarde salir sin cautela
da los dientes al açion;
nunca sale de vn conpas
rredondo todo contrario,
si oy parte, anda cras,
afincalda vno poco mas,
muy ligera hazia tras,
mas anda que vn dromedario.

4. Otro estilo mucho bueno
tiene que siepre le dura,
que menos sabe del freno
que conosçe ques fartura;
vna de las muy mas mancas
donde mancas estouieren,
pies y manos como trancas
para andar çient leguas francas
mandadle boluer las ancas
de cara donde partiere.

5. Agora noble varon
yo la tengo non muy gruesa
en vna casa meson
do me ponen farta priesa;
pero tengo tal ventaja,
tal que dobla mi querella,
ella come sobretaja,
ved si tengo linda alfaja
solamente por la paja
non se contenta con ella.

[ID1902] LB3–36 (111r) (1x9)[142]

**Otras suya a Martin Ferrnandez
alcayde de los Donzeles,
quando vino de la frontera**

Como quando cortan arbol
que defiende so el sobejo,

iten quando quitan marmol
que sostiene tenplo viejo;
como nao sin aparejo
quando va de mar en fuera,
asi queda la frontera
sin vuestro sano consejo
sin vuestra mano guerrera.

[fol. 111v]

[ID0174] LB3–37 (111v) (2x10...)

**Montoro al señor Yñigo Lopez
que le mando le fiziese algo**

1. Como ladron que desea
sin quel maten nin que mate
furtar villa a gente rrea
y la mira y la rrodea
y non le falla conbate;
y despues de bien mirada
fallala tan torreada,
que por non ser omeçida
alça mano de la entrada
rreçelando la salida.

2. Asi varon que floresçe
en saber y valentia,
ante quien preualesçe
mill vegadas me conteçe
con vuestra grand señoria;
de querer mostrar ynorançia
por ante vuestra sustançia
y fallo ques mas saber
auenturar la ganançia
por lo que puedo perder.[143]

[ID0175] LB3–38 (111v) (8,4)

Otra suya al señor marques[144]

1. Que obra tan descusar
vender miel al colmenero;
y con gotillas de Duero
pensar creçer el mar;
y con blanca flor de lis

cotejar simientes prietas,
y antel son de las tronpetas
tañer tronpa de Paris.

2. Y a blanca lisa pared,
cobrilla con negro lecho,
y ante la vuestra merçed,
asayar ningund buen fecho.

[ID0180] LB3–39 (111v–112r) (2x8,4)

**A Gómez Dáuila, corregidor,
por vn puñal que le mandó tomar**

1. Juan de Luna me lo dio,
vos, señor, me lo tomastes;
si en esto algo ganastes
en mis sayos pierda yo;
que si non fuera por rruegos
daquellos nobles y gordos,
antes nos[145] bieran los çiegos
y nos oyeran los sordos.

[fol. 112r]

2. Porquel linaje ques visto
de fuerça y de valor,
que pudo con Ihesu Christo
podrie con corregidor;
yo fablo como do vengo
porque non me digan loco,
yo por guardar lo que tengo
non paro mientes al moco.

3. Nunca yo en yerros cayga
avnque soy todo de vos,
porque Nuestro Señor Dios
a vuestras manos me trayga.

[ID1791] LB3–40 (112r) (1x8)

**Otra suya al dicho corregidor
porque le mando que jugase a las cañas**

Que fazes buen cauallero,
dias ha que non jugue,

y quereys saber por que,
porque soy muy lastimero
todo lo tengo y non feo,
que non me falta pedaço,
saluo cauallo y arreo,
piernas, coraçon y braço.

[ID1908] LB3–41 (112r) (1x8)

**Otra suya a Jouera
que le mando algo & non gelo dio**

Yo pense, señor Jouera,
que erades oro de fe,
y non medio os toque;
quando vos falle fuslera;
basta que non mas alterco
por non salir de conpas,
nunca de rrabo de puerco,
y non quiero dezir mas.

[ID1900] LB3–42 (112r) (1x8)

**Otra suya al corregidor que le
demando ayuda para casar su fija**

Discreto y muy polido
para el mundo y para Dios,
a mi fija do marido
con sola fiuzia de vos;
si vuestro rremediar
non viene con manos llenas,
avra de yr aconpañar
a las que Dios faga buenas.

[ID2729] LB3–43 (112rv) (1x9). Year
1447.

**Mandole el corregidor
que fiziese vn aluala para Juan Abiz,
canbiador, de trezientos maravedis**

[fol. 112v]

Buen amigo Juan Abiz,
fe de mi poco tesoro,
dares Anton de Montoro
trezientos marauedis;
y con esta soy contento
de lo que aqui se promete,
fecha en amor verdadero
a veynte & çinco de enero,
año de quarenta & siete.

[ID2730] LB3–44 (112v) (1x12)

**El señor Alonso de Velasco
a Anton de Montoro**

Como los rricos tesoros
puestos so la rruda tierra
non labrada son perdidos,
y los cantos muy sonoros
con que la serena atierra
poco oydos;
asi vuestro muy polido
estilo de consonar
todo entero,
es en vos como perdido
por vos non querer dexar
de ser rropero.

[ID2731   R   2730]   LB3–45   (112v)
(1x12,4)

Repuesta del dicho Montoro

Segund plañeron sus lloros
los que por la cruda guerra
de Greçia fueron vençidos,
se fallan cadiras coros
por vos quien jamas non yerra
ynibidos,
non quisistes dar a oluido
mi solo y propasar
medianero,
y preterito sentido

con el vuestro mençionar
pollenero.

Dizen que amanesçe Dios
para todos desde el çielo,
mas en discriçion y suelo
amanesçe para vos.

[ID0174 F 0174] LB3–46 (112v) (1x4)

Cabo[146]

Lexos de mal entreualo,
çerca del bien que teneys,
hanme dicho que[s*] sabeys
desencantar hado malo.

[ID2732 Y 0176] LB3–47 (112v–113r)
(9,8)

Otra suya a vna muger beuda

[fol. 113r]

1. Vn vinagron como fierro
beueys por olio de vique,
y las fojuelas del puerro
juraes que son alfenique;
al echar y leuantaros,
puta vieja beuda y loca,
que fazeys los vinos caros,
eso me da besaros
en el culo que en la boca.

2. La viña muda su foja,
y la col nabo y lechuga,
y la tierra que se moja,
otro dia se enxuga;
y vos todo el año entero,
por tirame alla esa paja,
a la noche soys vn cuero,
y en la mañana tinaja.

[ID2733] LB3–48 (113r) (1x10)

**Otra suya a vn despensero (Porçel),
que su amo le mando que le diese
çeçina, & gela comieron los perros**

Pese a vos Porçel y ayna,
con vuestros ynormes yerros,
por foder a Catalina,
distes lugar a los perros
que comiesen la çeçina.
Bien gela vistes leuar,
nos pese porque me quexe,
que al tienpo del acabar
con gozo del desgranar
non podistes dezir: Exe.

[ID1906] LB3–49 (113r) (1x9)

**A Toledo, rrey darmas,
porque quiso motejar a Mont[oro*]**

Vos, en quien todo bien cabe,
y la discriçion trasunta,
non vos pese mi pregunta
que quien mas anda mas sabe;
declarame por conpas
vna dubda que non se,
qual querriades vos mas
que se perdiese la fe
o la planta de Noe.

[ID0177] LB3–50 (113r) (1x9)

Otra suya a Juan Muniz

Suena de vos vna fama
en poblado y por camino,
que vos tirastes el vino
con hebrillas de toçino
y rrajuelas de muxama;
otra se dize mas fresca,
y desta se faze mençion,
que traes en el vn beço la yes[ca*]
en el otro el eslabon.

[fol. 113v]

[ID0283] LB3–51 (113v) (1x9)

**Montoro a vn escudero que traya
vna rropa de muchas colores**

Dezid, amigo, soys flor
o obra morisca desparto,
carlanque o rruyseñor,
gayo o martin pescador,
o mariposa o lagarto;
tanboril o tronpeta
menestril o faraute,
tanedor de burleta,
o cantador de cosaute.

[ID2734] LB3–52 (113v) (8,4)

**A Rruy Diaz de Mendoça por le
mando dar huespedes yendo a la
guerra**

En todas distrezas mas biuo que brasa,
quien viçios y menguas y males
    rrepuna,
primero se fizo la guerra en mi casa
que se prinçipiase la guerra moruna;
pues si le tocan de las maldiçiones
echadas por boca de padre y de aguelo,
al triste que tiene dolor de rriñones,
mandalle que duerma carona del suelo.

Y mas que las guerras que fueron
    pasadas,
las quales nos ponen los miedos pre-
    sentes,
quedaron mis fijas arrochas, calientes,
agora rresçelo non queden paradas.

[ID0170] LB3–53 (113v) (1x8)

**Otra a don Pedro de Aguilar
que le mando que fuese con el a monte**

A vuestros mandos y rruegos
presumi de ser montero,

agora, buen cauallero,
yo ardo entre dos fuegos;
que si non le do pensares
que soy couarde y mendigo,
si le mato dires
que mate a mi enemigo.

[fol. 114r]

[ID2735] LB3–54 (114r) (1x8)

Otra suya a Luys de Cordoua

Persona muy singular
para dezir y fazer,
quien non sopiera coser
confiando en vuestro dar;
ay vnos ñublos vazios
que paresçen muy cargados,
que fuyen de los senbrados
y llueuen en los baldios.

[ID2736] LB3–55 (114r) (1x9)

**Quando vino don Pedro a Cordoua de
ganar a Ortexicar, & entro muy
secreto**

Nunca vi tal en mi vida,
otros y quiça fingido
fazen vn grand sonido
bispera de su venida,
y vos digno de onorosa
fama, fuys tal deleyte,
mas despues pienso otra cosa,
que para dama fermosa,
que nesçesario es afeyte.

[ID2737] LB3–56 (114r) (1x9)

**Al dicho don Pedro quando
el rrey enbio por todos
los caualleros a Cordoua,
& se les fazia de mal**

Si como el vltimo dia
de la temida tormenta

llama la grand señoria
rreal con mas osadia
a pedir y tomar cuenta,
tanto quanto los yndinos
de loor yo creo y tengo,
sintieren cortos caminos,
sentires vos de muy luengo.

[ID2738] LB3–57 (114r) (8,9)

**Al dicho señor don Pedro quando fizo
rreuerençia al señor prinçirpe [sic]**

1. Vos en quien todas se agozen
las virtudes con arreo,
non creades que non creo
que mis coplas vos enojen,
mas como soys miralle
en quien discordes concuerden,
vuestras obras me dan orden
como nunca jamas calle.

2. Las discordias que paresçen
de las ondas tenporales
han causado tantos males
que los quistos se aborresçen;
y si mira por antojos
el grand rrey dando temor,
nuestro prinçipe y señor
quisiera ser todo ojos
por vos ver mucho mejor.

[fol. 114v]

[ID0179] LB3–58 (114v) (1x8)

**Otra suya a don Pedro porque non le
io vn su amigo encarçelado, & lo
leuaron a la carçel**

Non vos vengo con querellas
nin las rresçibays de mi,
mas las gracias que vos di,
grand señor vengo por ellas;
agora buen cauallero

quando tal fuerça pasase,
fuese yo del carçelero
y vuestro quien se pagase.

[ID2739] LB3–59 (114v) (1x7)

**A don Pedro porque le mostro
enojo sobre esto**

A vos bien querer y amar
y vida vos desear,
non me lleuara ninguno
pues quando veys mi color
como agua de lantisco,
porque muy noble señor
vos paresco vajarisco.

[ID2740] LB3–60 (114v) (1x8)

**A don Pedro porque le tomaron
çierto pescado descaminado**

Escape de Moratilla,
ojo de mar oçeana,
y sali de la Cabrilla
veys qual otra su hermana;
y pase la tabla llana
del brauo Guadalquiuir,
y final vine morir
a pie enxuto al aduana.

[ID2741] LB3–61 (114v) (1x10)

**A don Pedro porque
lo tomo vn dedal con que cosia**

Lleno de prosperidad[147]
ya sabeys que dize asi
la diuina trinidad:
lo que quieres para ti
quiere a la proximidad;
pues costante sin mudança
digno de mas prosperar,
sentiriades folgança

si vos tomasen la lança
quando quiere yr pelear.

[ID1905] LB3–62 (114v) (10,4). Year
1456.

A Juan de Mena, Montoro

1. Como fazen los nouiçios
en los estudios muy diestros,
que, en non ver a sus maestros
vsan de jouenes viçios,
bien asi que por los destierros
que la muerte & su brauor
vos puso, Mena señor,
mostraran todos sus yerros
sin verg&u3.ença, nin temor,
de vos su reprehensor.

2. Dixo Dios por nonbre,
segund letura da fe,
arrepientome porque
fize la forma del onbre;
[fol. 115r]
[*   ][148]

[ID1782] LB3–63 (115r) (1x8). Year
1456.

Seneca folgaras ya,[149]
goza de gloria sin pena
fuelga pues tienes alla
tu primogenito Mena;
jura Cordoua tu madre,
que sobre nobles elijo,
que la perdida del padre
fue ganar con la del fijo.

[ID1911] LB3–64 (115r) (3x8)

1. Es verdad que si lo vno[150]
es asi como lo al,
que puede ser oportuno
lo que tienpos non fue tal;

avnque non se del secreto,
suelo de hondo barranco,
siquier que con lo prieto
paresca prieto lo blanco.

2. Quier las dubdas apurada[s*]
vençeme la suspiçion,
como son burlas pesadas
las del gato y del rraton,
entrepongo mas pensar
vuestra discriçion emiende,
si pronunçiar el cantar
de pasar paso por ende.

3. Avnque sobre cuerpos sanos
açidentan los entecos,
y prados frescos loçanos
mas son verdes que secos,
y los arboles de sierra
quando los crian y faxan
con los viçios de la tierra
de muy altos se abaxan.

[ID2742] LB3–65 (115r) (1x8)

**A Gonzalo de Hoçes rrogandole
que le trocase vn machon famoso
a vna haca flaca de Montoro**

Onbre de rrica familla,
en destrezas non muy pachon,
quereys trocar ese macho [sic]
a mi haca la murzilla;
yo la tengo en grand estima
mas por seruiçio de Dios,
si non dierdes nada ençima,
non lo perdere con vos.

[fol. 115v]

[ID2743] LB3–66 (115v) (8,5)

Montoro a Juan Abiz, canbiador

Discreto y muy polido,
en cuyas obras non dubdo,

señor, naçistes desnudo,
y virtud vos ha vestido;
ya sabeys, bueno de buenos,
y de muy noble conpas,
que fizo Dios a los mas
por rreparo de los menos.

Señor de quien yo presumo
ser mis pascuas mejoradas,
de cosillas oluidadas
puestas de tienpo al humo,
mi hanbre les porna çumo.

[ID2744] LB3–67 (115v) (1x8)

A don Pedro

Quando dexan al can sola
su saña por que la pierda,
callando tiende la cola
por que le pisen y muerda;
pues todo fijo de madre
a quien tal vision castiga,
nin le fuya ni le siga,
nin le de tienpo que ladre.

[ID1789] LB3–68 (115v)

Otra a el[151]

[ID1793] LB3–69 (115v) (1x8)

[*][152]
porque le ençerraron vnas panaderas
a quien deuie dineros & non gelos
   pagaua.

Señor, non pecho nin medro,
corred en todas maneras
que me tienen en San Pedro
çercado çient panaderas;
sus caras color de yedras
y de otra fea color,
dellas cargadas de piedras
diziendo: Paga, traydor.

[fol. 116r]

[ID0100] LB3–70 (116r–120v) (55x8)

Argumento breue de toda la obra. Ynuocaçion catolica[153]

1. Canta tu, christiana musa
mas que la çeuil batalla
que entre voluntad se falla
& rrazon que nos escusa;
tu gracia de Dios ynfusa
rrecuenta de la tal vitoria,
quien deue lleuar la gloria,
pues el canpo non se escusa.

Despide las musas gentiles, pues ha ynuocado la christiana

2. Fuyd o callad, serenas,
que en la mi hedad pasada
tal duçura [sic] enpoçoñada
derramastes por mis venas;
mis entrañas que eran llenas
de peruerso fundamento,
quiera el diuinal aliento
de malas fazer ya buenas.

Proymisa por los yndiçios de la muerte dispone la correpçion de la vida

3. Venid lisonjeras canas,
que tardays demasiado,
tirad presunçiones vanas
a tienpo tan malgastado;
faga mi nueuo cuydado
a mi que biuo en entender,
ynçierto de bien fazer,
y del mal çerteficado.

Conpara & aplica

4. Como casa enuegeçida
cuya çimiento se acuesta,
que amenaza y amonesta
con señales su cayda,
si asi la nuestra vida
es contino amenazada,
porque sera salteada
de muerte tan comedida.

Continua

5. Estas canas que me niegas,
estas rrugas sin virtud,
el mal que con la salud
a menudo ha grandes bregas,
las vistas turuias y çiegas
descarnadas las enzias,
joyas son que nos enbias
tu muerte quando te llegas.

6. La pasada vida es parte
de la muerte aduenidera,
es pasada por estarte
lo que porvenir se espera;
[fol. 116v]
quien non muere antes que muera
ca la muerte non es morir,
pues consiste en el biuir,
mas es fin de la carrera.

Castiga el tienpo malgastado

7. Non se gaste mas pauilo
en saber quien fue Pegaso,
las dos cunbres de Pernaso,
los siete braços de Nilo;
pues nos llegamos al filo
y sabemos lo que de nos
judgando rresçibe Dios
mas la obra quel estilo.

E trata las obras vanas fasta aqui fechas

8. De fuerte alabo a Tideo,
a Lucreçia de muy casta,

a los biuos non me basta
que a los muertos lisongeo;
digo males de Tereo,
a Egisto rreprehendiendo,
mis graues viçios defiendo
y los agenos afeo.

Continua

9. A Dido con otras gentes
ynfamo muchas vegadas,
loo mal en las pasadas
porque yerran los presentes;
tiro los ynconuinientes
con enxenplos de maldades,
las honestas voluntades
de sanas fago dolientes.

Arguye de dos semejanças

10. Amarillo faze el oro
al que sigue su minero,
y tenblador el thesoro
del azogue al del venero;
pues si del bien verdadero
tenemos alguna brizna,
fuygamos lo que nos tizna
como la fragua al ferrero.

11. Çese nuestra fabla falsa
de dulçe rrazon cubierta;
ques asi como la salsa
quel apetito despierta;
luxuria non nos conuierta
a bestial ynclinaçion,
lo que guia el afecçion
las menos vezes açierta.

Rredarguye las poesias

12. Avnque muestre yngratitud
a las dulçes poesias,
las sus tales niñerias

vayan con la jouentud,
[fol. 117r]
rremedio de tal salud
encoruada por el viçio
es darnos en sacrifiçio
nos mesmos a la virtud.

Limita lo que dixo de las poesias

13. Mas por eso non se entienda
que non quiero ser vezino
de las que al santo camino
nos guian por justa senda;
cunplenos en tal fazienda
vsar de sabia cautela,
a vnas dar del espuela,
a otras tener la rrienda.

14. Vsemos de los poemas
tomando dellos lo bueno,
mas fuyan de nuestro seno
las sus fabulosas temas,
sus ficçiones y p[r]oblemas
desechemos como espinas,
por auer las cosas dignas
rronpamos todas sus nemas.

Conparaçion de la vieja ley

15. Primero seyendo cortadas
las vñas y los cabellos,
podian casar entrellos
sus catiuas ahorradas;
los judios ylinpiadas
fazer las ysrraelitas,
puras linpias y benditas,
a la su ley consagradas.

Aplicaçion a la poesia

16. Del esclaua poesia
lo superfluo asi tirado,
lo dañoso desechado,

seguire su conpañia
a la catolica via
rreduziendola por modo,
que valga mas que su todo
la parte que fago mia.

17. Pero con sermon onesto
quiere la pura entençion
el que mira el coraçon
judga por el gesto;
si verdad es todo esto
en ello parando mientes,
dexemos los açidentes,
boluamos a lo propuesto.

Despedido del proemio, da forma a la obra

18. A qualquier viçio que se yncline
la voluntad y lo siga,
la rrazon lo contradiga,
la prudençia determine;
[fol. 117v]
pues de aqui se vos asigne
por vuestro juez prudençia,
porque por la su sentençia
nuestra vida sencamine.[154]

Figura la forma de la Voluntad

19. Con muy diforme figura
la Voluntad aparesçe,
adesora mengua y creçe
la forma y estatura;
penetra con catadura
de siete caras y bocas,
todas feas si non en pocas
desonesta catadura.

Figura la primera cara de la Soberuia

20. Muy altiua y desdeñosa
vi la su primera cara,

ynflamada turbia non clara,
sin causa sienpre sañosa;
oras triste y ponposa
con turbio gesto mostrando,
a las vezes declarando
potestad presuntuosa.

Figura segunda cara del Auariçia

21. Sotil y magra, fanbrienta,
mostro la cara segunda
menguada de quanto abunda
de bien ageno sedienta;
espia sotil, esenta
de la ganançia escondida,
lo que a otras da la vida
a esta sola atormenta.

Figura la terçera cara de la Luxuria

22. Mostro la cara siguiente
pintada de fermosura,
de ponçonada pintura
como cuero de serpiente;
de fuera toda la frente
ynflamada como fuego,
los ojos en mal sosiego,
la boca por consiguiente.

Figura la quarta cara de la Yra

23. Con los dientes rregañados
demostro su quarto gesto
a todo daño dispuesto
sus açidentes alterados;
[fol. 118r]
los sus ojos derramados,
procurando la vengança,
desechando la tenprança,
y sus actos oluidados.

Figura la quinta cara de la Gula

24. Con goloso paladar
y los carrillos rrellenos,
nunca se nos quiso menos
la quinta cara mostrar;
desque la vi deleytar
en el apetito puro,
avnque quisiera Epicuro
non la podiera oluidar.

Figura la sesta cara de la Enbidia

25. Muerta con agena vida,
las sesta cara matiza
de color de la çeniza
traspasada y carcomida;
de sus ojos conbatida,
de bien ageno doliente,
& mal de buen açidente
sana, dentro podrida.

Figura la setima cara
& postrimera de la Pereza

26. Soñolienta y desgreñada,
vi su cara postrimera,
negligente, mal grangera,
non bruñida, nin afeytada;
diforme, muy maltratada,
fecha a si mesma enojosa,
buscando la vida oçiosa
sin trabajos trabajada.

Admiraçion del abtor

27. Turbado de la figura
de tan diforme chimera,
en mi non touo mesura
la firmeza que quisiera;
alterome de manera
la su diforme vision
que mi grand alteraçion
qualquiera la conosçiera.

Conparaçion

28. Como el vando quebrantado
en esfuerço mas se esmera
quando asoma la vandera
del socorro deseado,
asi fuy yo consolado
quando vi muy derrendon
las señas de la Rrazon
asomar por el collado.

Conparaçion

29. Como el sol claro rrelunbra
quando las nuues desecha,
a tal la rrazon acunbra
contra nos a manderecha;
voluntad luego se estrecha
vista la su fortaleza,
do mengua la firmeza
temor cresçe la sospecha.

[fol. 118v]

Conparaçion

30. Fizo tal alteraçion
con los sus falsos visajes,
qual fazen los personajes
quando les fallesçe el son,
la su medrosa entençion
por sus caras destribuye,
quanto mas ella rrefuye
mas se açerca la Rrazon.

Declara mas la propiedad de la Rrazon

31. La su rrelunbrante cara
y su gesto cristalino
departe lunbre muy clara

por todo el ayre vezino;
tanto que pierde su tino
la Voluntad y lo quiebra,
como quien de la tiniebla
a nueua lunbre se vino.

32. La Rrazon desque llegada
mirando las fechuras
de aquellas siete figuras
fue mucho marauillada;
y como viese yndinada
la soberuia en presumir,
començole de dezir
con fabla muy sosegada.

Fabla la Rrazon contra la Soberuia

33. O mayor mal de los males,
o enferma vmanidad,
o vana enfermedad,
yerro comun de mortales,
Soberuia que sobresales
con tu presunçion altiua
y vanagloria catiua,
dañas mucho y poco vales.

Continua

34. Soberuia, por qual rrazon
detienes a los vmanos
con tus apetitos vanos
en tu loca alteraçion,
guiaslos a perdiçion
por tus caminos auiesos,
pues para tantos eçesos
quien te da la sugebçion.

Rresponde la Soberuia, señalando çinco causas donde ella viene

35. El saber me da ynflaçion,
la belleza esquiuedad,
la rriqueza altiuedad,

el linaje presunçion,
pobreza con rreligion
tocada de gloria vana
me faze mostrar sin gana
grand desden al afecçion.[155]

[fol. 119r]

85. Con tus modos contrahechos
non me des tanto baldon
pues que te llamas Rrazon
ten por medios los derechos,
fallaras en los mis fechos,
si parar quisieres mientes,
por pocos ynconuinientes
causados muchos prouechos.

Prosigue

86. Que como toda criatura
de muerte tome siniestro,
aquel buen Dios y maestro
proueyo por tal figura
que los daños que natura
do la tal muerte tomase,
luxuria los rreparase
con nueua progenitura.

87. Quando todo lo dispuso
sin auer mengua nin sobra
grand deleyte en la tal obra
a todo linaje puso;
porque por plazer del vso
de la tal generaçion
durase la suçesion
desde arriba fasta ayuso.

88. Por mi causa generante
y permision diuinal
todo linaje mortal
dura en el su semejante;
muere lo biuificante
la su materia non mas,

dexando su fin atras
toma comienço adelante.

89. Por mi sola se rrepara
quanto destruye dolençia,
mar fierro y pestilençia,
y de aqui quanto desuara;
por mi la vida muy cara
rresçibe forma en que dura,
y por mi toda fechura
al su fazedor declara.

90. Non fagas mis fechos llenos
de daños tan criminosos,
si son algunos dañosos
otros muchos fago buenos;
coteja con los agenos
mi pecado y fallaras
quanto es en fama mas
tanto ser en culpa menos.

[fol. 119v]

91. De cara tan dañadora
la Rrazon ya despedida,
fatigada y perseguida
mas al cabo vençedora,
boluiendo como señora
el su gesto y contenençia,
la Yra sin rreuerençia
le sobresale adesora.

Fabla la Yra contra la Rrazon

92. Non fagas, dize, tardança,
tu Rrazon, y grand arenga,
ca non quiere fabla lengua
nin dilaçion la vengança;
nin disimula esperança
la ynjuria o[156] vetuperio,
esecuçion es misterio
que sin obra non se alcança.

Continua la Yra sus propiedades

93. Nin espero yo asonadas
de muy dorados paueses,
nin grandes penados arneses,
nin crestas muy pintadas;
bicoquetes nin çeladas,
con tinbles & mill enpachos,
ni muy luzibles penachos
en cabeças engalladas.

Continua

94. Nin me fago yo memoria
de quanto sopo[157] fablar
el antiguo vanagloria
y la nueua acreçentar;
pues que para me vengar
de los vltrajes vmanos,
solo coraçon y manos
me conuiene demostrar.

Continua

95. Ni atiendo la liçençia
del rronco son de la tronpa,[158]
o la batalla que rronpa
porque yndino mi paçiençia;
ni guardo la diferençia
del sol partido por medio,
nin sufro darme rremedio[159]
de tregua ni conuenençia.

96. Yrada siendo mi mano
tan fuerte darmas se falla,
como las faze Misalla
o las fiziera Vulcano;
al açidente çercano
de la mi yra sañosa,
armas le son toda cosa
que puede fallar a mano.

[fol. 120r]

Concluye

97. Dexanos pues tu, Rrazon,
ca segund tu ordenança
ni mi yra avra vengança,
ni mi mal satisfaçion
nin la honrra del varon
por rrazon se satisfaze,
si emienda non se faze
del rresçebido baldon.

Prosigue el actor

98. Con paçiençia muy prudente,
la Rrazon se rrefreno
fasta que Yra gasto
su palabra y açidente;
apartado del presente
aquel su dañoso fuego,
la Rrazon comiença luego
a dezir muy mansamente.

La Rrazon contra la Yra

99. O quand mucho la tenprança
que te fallesçe te daña,
teniendo dotro la saña
tomas de ti la vengança;
non rriges por ordenança
los actos locos que fazes,
a quien te mira desplazes,
y aplazes a quien te alança.

100. Dexa, Yra, los juezes,
dexa los rreyes estar,
dexa los que tienen vezes
de rregir y de mandar;
non los quieras alterar,
ca el justo coraçon,
afecçiones y pasion,
todo deue desechar.

101. Aquella Yra se prueua
que ynçita al coraçon,
non que lo lançe mas mueua
a madura esecuçion;
estiendase esta rrazon
en castigo & rregimiento,
que en los otros yo non siento
bien de la su alteraçion.

102. Quanto mas deues dexar
los que rreligion acatan,
o que siguen o tratan
el misterio del altar;
quiera Dios su familiar
apurado en toda cosa,
pues en çelda rreligiosa
paçiençia deue morar.

[fol. 120v]

103. Açebtable sacrifiçio
non es con yra rresçebido,
el que pide non es oydo
nin mirado su seruiçio;
si Dios tiene justo ofiçio
como puede la persona,
que su yra non perdona
ser perdonado su viçio.

[ID0101 A 0100] LB3–71 (120v–
122v. . .) (27x8. . .)

**Por fallesçimiento del
famoso poeta Iohan de Mena prosigue
Gomez Manrrique esta
obra por el començada,
& faze vn breue proemio**[160]

1. Pues este negro morir
a ninguno non perdona,
desde rreyes con corona
dispuestos para biuir,
fasta los que de pedir
se costançia con grand pena,

puso fin a Juan de Mena
yo pense de proseguir.

2. Esta obra començada
con aquel mesmo temor
que va tras el corredor
el que teme la çelada,
porque siendo prinçipiada
por onbre tan prudente,
de otro mas eloquente
deuria ser acabada.

3. Segund la grand pobreza
de la mi sabiduria
non podre seguir la via
de su perfecta sabieza;
como niño que se beza
a mudar tras carreton
consiguire su sermon
pero non su polideza.

4. Para lo qual non ynuoco
las çiençias costunbradas
y las musas ynuocadas
por los poetas rreuoco;
tan solamente preuoco
la santa gracia diuina,
que mi obra faga fina
pues que mi saber es poco.

Fabla la Gula contra la Rrazon

5. La Yra se retrayendo
como que su mal simula,
luego paresçio la Gula
los beços se rrelamiendo;
[fol. 121r]
dize: Yo non entiendo
que puedas de mi dezir,
pues como para biuir
& biuo sienpre comiendo.

6. El gozo de los vmanos
es comer buenos manjares,
& gozen los paladares
de lo que ganan las manos;

orantes son los mundanos
que se atormentan por fama,
[   ]
[   ].¹⁶¹

7. Los que loan abstinençia
en el beuer & comer,
alaban non despender
ques vana torpe dolençia;
pocos veo por conçiençia
que dexan de bien minjar,
& fartos por non gastar
vil procuran mantenençia.

8. El que non cura de si
comiendo pan de çenteno,
por mucho que seas bueno,
menos curara de ti;
y por esto para mi,
cuesteme lo que costare,
y dure lo que durare,
nunca buen comer perdi.

9. Non lo que entra por la boca,
segund dize Sant Mateos,
faze de los justos rreos
que lo que sale lo troca;
bien se puede llamar loca
la persona ayunando,
mintiendo y disfamando,
cuyda que gloria preuoca.

10. El Fijo de Dios eterno
dixo non de solo pan
los biuientes biuiran,
al tentador del ynfierno;
por ende buen canpo tierno,
pescado fresco de mar
non lo dexes de conprar
por guardar para tu yerno.

11. Locura faze quien gasta
en vestir demasiado,
mas en comer bien guisado
vaya quanto se desgasta;
[fol. 121v]

aqui concluyendo basta
que tu quedaras agora
destos otros vençedora,
mas por mi, bien se contrasta.

Rresponde la Rrazon contra la Gula

12. O tu, mortal enemiga
de la noble jouentud,
de la torpe senetud
en estremidad amiga;
yo fallo tanto que diga
de tus males que las sumas
muchas manos con sus plumas
non pornian su fatiga.

13. Para comer por biuir
poca faze menester,
mas tu biues por comer
y comes para morir;
nunca vi monge beuir
a quien come pan & agua,
que jamas arde la fragua
sin carbon ynteruenir.

14. Tu me prueuas non dañar
lo que entra por la garganta
con escriptura tan santa
que non puedo rreprouar;
pero si tu quieres dar
el derecho seso suyo,
mucho lueñe va del tuyo
al sabor del paladar.

15. Nunca Dios lo alabo
y la su santa escriptura
aquel que con gula pura
poco nin mucho comio;
antes leo que peno
a su pueblo Ysrrael
por vn poquito de miel
que su capitan comio.

16. Non mas de por vn bocado,
que nuestro primero padre
engañado por la madre

del arbol comio vedado,
fue con ella condepnado
a tenebrosa prision,
de do fue por la pasion
del Fijo de Dios librado.

17. El primero que planto
viña segund es escripto,
por seguir el apetito
que tarde se contento,

[fol. 122r]

su propia fija forço
por lo qual fue muy penado,
avnque asaz aver pecado
pena es al que peco.

18. Dizes lo que rrespondio
Nuestro Dios & Rredentor
a Satanas tentador
que contigo lo tento;
non cuydas dezirle no,
por biuir sin golosinas,
mas por palabras diuinas
que con el pan conparo.

19. O sepoltura tenprana
de la hedad juuenil,
que tu viçio tanto vil
sigues comiendo sin gana;
del qual tanto mal emana
que de los siete nonbrados
los çinco dares contados
proçeder de tu fontana.

20. Pocos onbres vi fanbrientos
altiuos & soberuiosos,
nin mucho vanagloriosos
con grandes fallesçimientos;
mas despues de bien contentos
& rrellenos de potajes,
acreçientan los corajes
& menguan los sentimientos.

21. Non te falta que gastar
en manjares admirables,
mas a pobres miserables
sienpre te falta que dar;
pues si quieres bien mirar
non menos quedas contento
con vn manjar que con çiento
acabado de fartar.

22. Tu, maluada Glotonia,
eres rrayz y çimiento
de luxuria perdimiento
de la gentil mançebia;
y de la postrimeria
de muchos viejos beudos,
que por yliçitos modos
procuran tacañeria.

23. Si quiero verdad fablar,
muy pocas o non ningunas
vi personas en ayunas
procurantes el rrifar;
[fol. 122v]¹⁶²
pero despues de çenar,
quanto venden por las plaças,
menudeando las taças,
la yra suele rreynar.

24. De Pereza causadora
eres tu segund paresçe,
pues de vianda fallesçe
ado lieue nunca mora;
mas do mucha se dyuora,
alli vienen sus bostezos,
con pesados desperezos
queriendo dormir sin ora.

25. Este tu vellaco viçio
es a Dios muy desplazible,
y non punto conuenible
con su santo sacrifiçio;

pues el militar ofiçio
non rrequiere manjorradas
que enpachan muchas vegadas
el varonil exerçiçio.

Rreplica la Gula¹⁶³ contra la Rrazon

26. Pues te plaze, no comam[os*],
veamos si biuiremos,
y si fazer lo podemos
yo quiero que te creamos;
mas pues el Dios que adoram[os*]
podiendose sostener,
non quiso sin el comer,
nosotros non lo queramos.

Rreplica la Rrazon

27. Todos los estremos fueron
por los sabios rreprouados,
y los bienauenturados
los medios sienpre touie[ron*];
non los que quisieron
beuir como bestiales,
rreprueuo los que costales
de los sus vientres fizieron.

Concluye y conpara dando medios

28. Non te digo que sin rremo[s*]
en la fonda mar nauegu[es*],
nin que rremando te llegues
a los terreños estremos;
pero digo pues podemos
non con mucha facultad
sostener la vmanidad,
y lo superfluo dexemo[s*].¹⁶⁴

Paleographic Notes to LB3

1. There is illegible marginalia (later hand) in the upper margin at the top of this folio and the next folio.
2. Catchword, on right-hand side of page before beginning of next text.
3. Blank here and wherever indicated by empty brackets.
4. From this point the text has black calderons in-filled with red.
5. Page trimmed on outer margin, indicated by asterisked brackets here and below.
6. *syn*: crossed out; *nin*: inserted above line.
7. From this point the black captions are in-filled with red.
8. *amard*: *d* crossed out.
9. There is illegible marginalia (later hand) in the lower margin.
10. Black capitals.
11. Corner torn.
12. *Amen*: (later hand) in the central margin.
13. Blank; *en fumos*: FDB.
14. Word or letter overscored in dark ink between *ni* and *estremas*.
15. Scrawl in lower margin.
16. Trimmed at top margin.
17. This caption is black but the rest will be black with red.
18. *sacado*: altered to read *pasado*.
19. *el*: struck out before *morir*.
20. Margin trimmed here and wherever there is text within brackets at the end of a line.
21. *d*: changed to *y*.
22. *de verdat*: struck out after *yo*.
23. Insertion between lines by scribe.
24. Black ink.
25. Smaller lettering on this recto but same scribe.
26. *lo sabe*: *lo* struck out.
27. *en va*: *va* struck out.
28. *fortalezas*: *y villas* struck out after *fortalezas*.
29. A later hand fills in the missing lines. There is a two folio lacuna; I follow the numeration which takes account of the missing pages.
30. The text is set out with red calderons.
31. Something is deleted before *quantos*.
32. Page torn in lower margin, repaired.
33. In light script above *que*: *odoro*.
34. Rubric in red ink, red calderons.
35. In central margin: *muy*; later hand.
36. In lower right-hand margin, later hand: *muy & g z d*.
37. Rubric in red ink.
38. In light ink, scribal insertion: *todos* above *mis* and *tan* above *mal*; *mal* struck out.
39. Rubrics in red ink, red calderons.
40. *conplido*: added by scribe to line.
41. *se*: written over another word, scribal.
42. Blank left for missing line. The second half of the stanza is also missing a line and has a line misplaced; the rhyme should be cdccd rather than cddc.
43. Rubric in red ink, half trimmed.
44. Rubric trimmed.
45. *franquaron los vnbrales*: written after this line, struck out, and rewritten in its proper location.
46. *muchas vezes confortandote te guardo de pecado*: struck out in red.
47. Scrawled marginalia in lower margin (later hand).
48. Red rubric, trimmed upper margin.
49. Rubrics in red ink.
50. Later hand: *gloria yn ecelsis deo e dintera*; also scored lines with circles which have also stained 42v.
51. Red rubrics.
52. Alphabet scrawl in later hand: *abcdefg-hijmnopq:rstuv/yxz*.
53. Later blank sheet added here; nothing missing.
54. Between line *f* and *g*: *holgazando sin sentido*, struck out in red by scribe.
55. *ve*: changed to *ves*, scribal?
56. Scrawl in lower margin.
57. Later addition in right margin: *para el sennor pero metdr?*; with chequer-board cross.

58. Another later blank sheet has been added; both numeration systems coincide from here.
59. Scrawl in lower margin.
60. Crosses in margin at *El comienço* and *todo lo quel*; later additions.
61. Cross in the margin at *Tenplado es el*; later hand.
62. Pointing hand at *Enbarganos*, crosses at *Puesto que*, *Torpe & vil* and *Algunos piensan*; later hand.
63. Rubrics in black ink with red infill.
64. This line was added later between lines by the scribe.
65. In the right-hand margin, in a hand similar to the scribal hand: *spo mano aperys manus p do r.*
66. Between lines in early hand: *morecica.* In later hand at bottom of page: *y temore y ordirnus?*
67. *teneys*: something similar to *teneys* struck out and *teneys* inserted over line.
68. Page trimmed here and wherever bracketed and asterisked at top of pages and end of lines.
69. Black rubrics with red calderons.
70. Added between lines in scribal hand but darker ink.
71. A rubric seems to have been trimmed off here.
72. In a later hand: *Prosigue pre.*
73. Later correction: *entonces (no +) fiaes della / (nin +) vn saco dalacranes.*
74. Trimmed but still half-visible.
75. Trimmed but still half-visible.
76. In bottom margin: *sepan quatros refebublica*; in later hand.
77. The top of the column and edge of the folio are trimmed here and elsewhere, indicated by square brackets with an asterisk.
78. Part of the right top column is trimmed.
79. *que*: *p* crossed out before *que.*
80. Left blank; *Yo lo veo* in other versions.
81. *aldea*: *d* crossed out before *aldea.*
82. *huerte*: *f* crossed out before *huerte.*
83. *de*: written over something before *Juan*; *d*: crossed out before *entruja.*
84. Top of folio trimmed, first line still readable.
85. *del temor*: *tenblor* struck out; *del temor*: written above line by scribe.
86. *condenaste*: something overwritten and a letter struck out before *n.*
87. *pueblo*: *be* is written over another letter.
88. A rubric seems to have been trimmed off at top of column.
89. *Abominaçiones*: altered; *mi*: overwritten.
90. Rubric and stanza 150 are circled in black ink.
91. Top of right-hand column partially trimmed.
92. Top edge of manuscript torn.
93. *poderoso*: *p* crossed out before *poderoso*; *r* written over long *s.*
94. *esta*: *e* missing due to torn surface.
95. Top of folio, right-hand column partially trimmed.
96. There may be a missing rubric, trimmed.
97. Line added between lines by scribe.
98. Another calderon follows, as though the scribe were going to write another stanza.
99. Black capitals with red decoration, red calderons.
100. Red ink.
101. Black rubrics with red decoration.
102. Red rubrics from this point, some with red calderons.
103. Blank, but page torn and repaired.
104. Partially trimmed.
105. *se*: *se* followed by long *s*, struck out.
106. *creo es el*: *es* crossed out.
107. This stanza is transposed. There was a problem with the exemplar as SV2 copies and crosses out the rubric *Dobles yeruas* at stanza 48.
108. Left blank in both LB3 and SV2.
109. Following two stanzas missing in LB3, present in SV2.
110. *asaz*: long *s* written over *s.*
111. *dede*: first *de* struck out.
112. Line missing from LB3, added later to SV2 (*si no faltan mis sentidos*).
113. Black ink with red decoration.
114. Scrawl resembling *LdL* above this stanza.
115. In right-hand margin, later hand: *sennor freyres.*
116. SV2: *Calogo*; Decalogue.

117. *oy*: added in margin.
118. Something altered under *tenptança*: *tenprada*?
119. (*dar*) *limosna dar*: first *dar* struck out.
120. Line missing between *e* and *f*.
121. *E que la ley y e la escriptura*: both first and second *e* struck out.
122. Rubric in red ink.
123. *espinosa*: *de* crossed out before *espinosa*.
124. Later Gothic hand in right margin: *acusacion del moro*.
125. A second hand may intervene briefly on 104v–106r and the first four lines of 106v, rather than just a new pen.
126. *piense*: *tpo* struck out; *piense* written above.
127. In later Gothic hand and very light ink, above the stanza: *el poder que vos teny*. Scrawls in right-hand margin.
128. If there is a second hand, it ends here.
129. Black titles with red decoration.
130. *cabo*: crossed out at bottom of column; *pues*: crossed out at top of column.
131. *que* (*q*) *quien*; extra *q* crossed out.
132. This line has been intercalated between lines by scribe.
133. Scrawls in the left-hand margin.
134. Rubric trimmed at top.
135. Between lines *b* and *c*: *non fue vno segund este*; crossed out.
136. Above line in later Gothic hand: *çorilo pues me*.
137. Black rubric in a red box.
138. Between stanzas: *alexandre fue rico de gran linaje*; later Gothic hand, same as previously noted.
139. Rubric trimmed at top of page.
140. Two false starts crossed out: *asaye de memorar vra virtu, asaye de memorar vuestras virtudes senor*; both on single line.
141. *tengo*: *tengo* or *fago* crossed out; *tengo* inserted over line and trimmed.

142. SV2 has ID 2727 and ID 2728 at this point.
143. The usual coda to this poem has been attached to ID 2731 on fol. 112v.
144. In SV2 this follows ID 0174 on fol. 103r. Over rubric: *aben*?; scribal.
145. (*&*) *nos*: *&* crossed out.
146. This is the coda to ID 0174 above.
147. *prosperidad(es)*: *es* crossed out; cf. SV2: *prosperidad*.
148. Incomplete stanza because the impious sentiment has been cut out of the manuscript.
149. This poem is missing the rubric and lines beween *ab* and *ef* in both LB3 and SV2.
150. Also untitled.
151. Missing ID 1789, 'Como los canes con yra', cut out on reverse of sacriligious stanza of ID 1905, present in SV2.
152. Missing first line of rubric: *Anton de Montoro al corregidor de Cordoba*, also cut out, poem not in SV2.
153. Rubrics in red ink.
154. Stanza 16 is repeated after stanza 18, then crossed out.
155. LB3 is lacking stanzas 36 to 84. There could be a lacuna of up to 4 folios (49 stanzas). The rubric to 85 is missing.
156. *y* is crossed out, *o* added.
157. *sopo*: changed to *supo* by a darker ink.
158. *tronpa*: scribe corrects *tronpeta* to *tronpa*.
159. *rremedio*: *premedio* changed to *rremedio* by scribe.
160. Rubrics in red ink.
161. Blank space left for two missing lines; these are found in SV2 but were added later by the scribe: *mejor cama / conservan los huesos sanos*.
162. Scrawls in the right-hand margin, page trimmed.
163. *gula*: scribe starts to write *rrazon*, strikes it out and writes *gula*.
164. MS is incomplete.

III. Onomastic Indices

A. ONOMASTIC INDEX TO SV2

B. ONOMASTIC INDEX TO LB3

IV. First Line Indices

A. FIRST LINE INDEX TO SV2

1. 'A vos bien querey y amar', [ID2739] SV2–47 (104v) (1x7), Antón de Montoro.
2. 'A vuestros mandos y rruegos', [ID0170] SV2–41 (104r) (1x8), Antón de Montoro.
3. 'Aca non se de que villa', [ID2723 R 2722] SV2–14 (98r) (8,9,8), Antón de Montoro.
4. 'Al muy propotente [sic] don Juan el segundo', [ID0092] SV2–59 (118r–161v...) (264x8...), Juan de Mena, *Laberinto de fortuna* (*Las trescientas*).
5. 'Al presente que me distes', [ID2745] SV2–58c (117v) (1x9), Juan Álvarez Gato.
6. 'Alta rreyna de Castilla', [ID1899] SV2–12 (97v–98r) (1x8), Antón de Montoro.
7. 'Amigo mio sabio discreto', [ID0072] SV2–8 (80r–95v) (256x8), Fernán Pérez de Guzmán, *Vicios y virtudes*.
8. 'Asaye de memorar', [ID2726] SV2–19 (101r) (5x10), Antón de Montoro.
9. 'Aues brutos y saluajes', [ID7824] SV2–1 (1v–2r) (6x9), Anonymous.
10. 'Bachiller andaes muy floxo', [ID1907] SV2–10 (97v) (1x8), Antón de Montoro.
11. 'Buen amigo Juan Habis', [ID2729] SV2–28 (103r) (1x9), Year 1447, Antón de Montoro.
12. 'Canta tu christiana musa', [ID0100] SV2–57 (105v–111r) (106x8), Juan de Mena, *Coplas de los pecados mortales*.
13. 'Como a la nocticia mia...', [ID0093 P 0094] SV2–6 (76r–77r) (Prose), Gómez Manrique, Introduction to *Coplas a Diegarias*.
14. 'Como fazen los novicios', [ID1905] SV2–50 (104v–105r) (2x10,4, erased), Antón de Montoro.
15. 'Como ladron que desea', [ID0174] SV2–23 (102v) (2x10), Antón de Montoro.
16. 'Como los canes con yra', [ID1789] SV2–56 (105v) (1x8), Antón de Montoro.
17. 'Como los rrycos tesoros', [ID2730] SV2–29 (103r) (1x12), Alfonso de Velasco.
18. 'Como quando cortan arbol', [ID1902] SV2–22 (102r) (1x9), Antón de Montoro.
19. 'De los mas el mas perfecto', [ID0094] SV2–7 (77r–80r) (47x9), Gómez Manrique, *Coplas a Diegarias*.
20. 'Dezid amigo soys flor', [ID0283] SV2–39 (103v) (1x9), Antón de Montoro.
21. 'Discreto y muy polido', [ID1900] SV2–27 (102v) (1x8), Antón de Montoro.
22. 'Discreto y muy polido', [ID2743] SV2–54 (105r) (1x8,5), Antón de Montoro.
23. 'Dizen que amanesçe dios', [ID2731 F 2731] SV2–31 (103r) (1x4), Antón de Montoro.
24. 'El amo noble sufriente', [ID0169] SV2–17 (98v–99r) (10x9), Antón de Montoro.
25. 'El fidalgo que syglaua', [ID2728 R 2727] SV2–21 (101v–102r) (6x8), Untitled, *Respuesta*.
26. '[E*]l grasçioso & bienaventurado cauallero Reymundo...', [ID0204] SV2–2 (2r–4r) (Prose), San Bernardo, *Regimiento de la casa*.
27. 'En todas distrezas mas biuo que brasa', [ID2734] SV2–40 (103v–104r) (1x8,4), Antón de Montoro.
28. 'Es grande avnque sea mançebo...', [No ID] SV2–5a (64v–65r) (Prose), Pseudo-Tostado, *De cómo al omne es necesario amar* (fragment).
29. 'Es verdad que sy lo vno', [ID1911] SV2–52 (105r) (3x8), Untitled [Antón de Montoro].
30. 'Escape de Moratilla', [ID2740] SV2–48 (104v) (1x8), Antón de Montoro.
31. 'Eterna gloria que dura', [ID2724] SV2–15 (98v) (1x9), Antón de Montoro.

32. 'Fijo mio muy amado', [ID0050] SV2–5 (10v–64v) (100x8), Marqués de Santillana, *Proverbios*.

33. 'Juan de Luna me lo dio', [ID0180] SV2–24 (102v) (2x8,4), Antón de Montoro.

34. 'La viña muda su foja', [ID0176 Y 2732] SV2–35 (103v) (1x8), Antón de Montoro.

35. 'Lexos de mal entreualo', [ID0174 F 0174] SV2–32 (103r) (1x4), Antón de Montoro.

36. 'Lleno de prosperidades', [ID2741] SV2–49 (104v) (1x10), Antón de Montoro.

37. 'Maguer tengas el rregaço lleno & esclaresçido de todos poetas...', [No ID] SV2–5b (73r–76r) (Prose), Pseudo-Seneca, *Libro de los remedios contra la fortuna*.

38. 'Muy digna potençia de mas prosperar', [ID2720] SV2–9 (96r–97v) (26x8,4), Antón de Montoro.

39. '[M*]uy ylustre & esclaresçido señor...', [ID0091 P 0050] SV2–4 (7v–10v) (Prose), Marqués de Santillana, Introduction, *Proverbios*.

40. 'Non vos vengo con querrellas', [ID0179] SV2–46 (104v) (1x8), Antón de Montoro.

41. 'Nunca vi tal en mi vida', [ID2736] SV2–43 (104r) (1x9), Antón de Montoro.

42. '[O] hermano rreprendiesteme porque amor...', [No ID] SV2–5a (65r–73r) (Prose), Pseudo-Tostado, *De cómo al omne es necesario amar*.

43. 'Onbre de poca familia', [ID2722 R 1899] SV2–13 (98r) (1x8), Juan Poeta.

44. 'Onbre de rrica familla', [ID2742] SV2–53 (105r) (1x8), Antón de Montoro.

45. 'Persona muy syngular', [ID2735] SV2–42 (104r) (1x8), Antón de Montoro.

46. 'Pese a vos porçel y anina', [ID2733] SV2–36 (103v) (1x10), Antón de Montoro.

47. '[P*]laton aquel grande maestro del escuela de los filosofos...', [ID3411 P 0050] SV2–3 (6v–7v) (Prose), Pero Díaz de Toledo, Introduction to Santillana, *Proverbios*.

48. 'Pues este negro morir', [ID0101 A 0100] SV2–58 (111r–117r) (131x8), Gómez Manrique, Continuation of Mena, *Pecados mortales*.

49. 'Quando dexan al can sola', [ID2744] SV2–55 (105v) (1x8), Antón de Montoro.

50. 'Que fazes buen cauallero', [ID1791] SV2–25 (102v) (1x8), Antón de Montoro.

51. 'Que obra tan descusar', [ID0175] SV2–33 (103r) (1x8,4), Antón de Montoro.

52. 'Se que vuestra señoria', [ID2721] SV2–11 (97v) (1x10,4), Antón de Montoro.

53. 'Segund plan[n]eron sus lloros', [ID2731 R 2730] SV2–30 (103r) (1x12), Antón de Montoro, *Respuesta*.

54. 'Seneca folgaras ya...', [ID1782] SV2–51 (105r) (1x8), Untitled [Antón de Montoro].

55. 'Señor no pecho ni medro', [ID1793] SV2–58b (117v) (1x8), Antón de Montoro.

56. 'Si como el vltimo dia', [ID2737] SV2–44 (104r) (1x9), Antón de Montoro.

57. 'Si fuesedes vos serrana', [ID0876 F 0876] SV2–58a (117v) (1x11), Guevara.

58. 'Suena de vos vna fama', [ID0177] SV2–38 (103v) (1x10), Antón de Montoro.

59. 'Tenplo de rrica familia', [ID2725] SV2–16 (98v) (7x8,5), Antón de Montoro.

60. '[T*]odo fiel christianos [sic] conviene que aya en sy dos cosas...', [No ID] SV2–2a (4v–6v) (Prose), Anonymous.

61. 'Vn escudero andaua', [ID2727] SV2–20 (101v) (6x8), Untitled, *Pregunta*.

62. 'Vn vinagron como fierro', [ID2732] SV2–34 (103r–v) (1x9), Antón de Montoro.

63. 'Vos al muy grand rrey anexo', [ID0182] SV2–18 (99r–100v) (21x8,4), Antón de Montoro.

64. 'Vos en quien todas se agozen', [ID2738] SV2–45 (104r–v) (1x8,9), Antón de Montoro.

65. 'Vos en quien todo bien cabe', [ID1906] SV2–37 (103v) (1x9), Antón de Montoro.

66. 'Yo pense señor Jouera', [ID1908] SV2–26 (102v) (1x8), Antón de Montoro.

B. FIRST LINE INDEX TO LB3

1. 'A esta ora maytinal', [ID2754] LB3–8 (29r), *Hino al noturno en metro a maytines.*
2. 'A vos bien querer y amar', [ID2739] LB3–59 (114v), Montoro.
3. 'A vuestros mandos y rruegos', [ID0170] LB3–53 (113v), Montoro.
4. 'Aca non se de que villa', [ID2723 R 2722] LB3–30 (107r), Montoro.
5. 'Aclara sol diuinal', [ID0269] LB3–23 (59r–82v), Fray Íñigo de Mendoza, *Vita Christi trobado.*
6. 'Adan fizo Nuestro Senor...', [ID2765] LB3–20 (47r–53r), *Libro de sabiduría.*
7. 'Al tienpo de las cunpletas', [ID2761 S 2754] LB3–15 (32r–v), *Hino a cunpletas.*
8. 'Amigo sabio, discreto', [ID0072] LB3–24 (83r–101v), Fernán Pérez de Guzmán, *Diuersas virtudes & vicios, ypnos rrimados.*
9. 'Alta rreyna de Castilla', [ID1899] LB3–28 (106v), Montoro.
10. 'Asaye de memorar', [ID2726] LB3–35 (110v–111r), Montoro.
11. 'Bachiller, andays muy flojo', [ID1907] LB3–26 (106v), Montoro.
12. 'Buen amigo Juan Abiz', [ID2729] LB3–43 (112r–v), Montoro.
13. 'Canta tu, christiana musa', [ID0100] LB3–70 (116r–120v), Juan de Mena, *Coplas de los pecados mortales.*
14. 'Como a la notiçia mia...', [ID0093 P 0094] LB3–21 (53v–54v), Gómez Manrique, Prose introduction to LB3–22.
15. 'Como fazen los nouiçios' [ID1905] LB3–62 (114v), Montoro.
16. 'Como ladron que desea', [ID0174] LB3–37 (111v), Montoro.
17. [Como los canes con ira*], [ID1789] LB3–68 (115v), Montoro, to Pedro de Córdoba, *Otra a él.* Poem cut out.
18. 'Como los rricos tesoros', [ID2730] LB3–44 (112v), Alfonso de Velasco.
19. 'Como quando cortan arbol', [ID1902] LB3–36 (111r), Montoro.
20. 'De los mas el mas perfecto' [ID0094] LB3–22 (54v–58v), Gómez Manrique, Introduction to *Coplas a Diego Arias de Ávila.*
21. 'Despertad vuestros sentidos', [ID2764] LB3–18 (42r–43v), *Obra & amonestación.*
22. 'Despues que ya fue defunto', [ID2760 S 2754] LB3–14 (31v–32r), *Hino a vísperas.*
23. 'Deuota hermana, porque algunas...', [ID2762] LB3–16 (33r–36r), *Carta.*
24. 'Dezid amigo, soys flor', [ID0283] LB3–51 (113v), Montoro.
25. 'Discreto y muy polido', [ID1900] LB3–42 (112r), Montoro.
26. 'Discreto y muy polido', [ID2743] LB3–66 (115v), Montoro.
27. 'El amo noble, sufriente', [ID0169] LB3–33 (108r–v), Montoro.
28. 'El çielo a nona enxergado', [ID2759 S 2754] LB3–13 (31r), *Hino a nona.*
29. 'En denuestos y baldones', [ID2755 S 2754] LB3–9 (29r–v), *Hino a las laudas.*
30. 'En el siglo duradero', [ID2752 T 2753] LB3–7 (28v), Juan Álvarez Gato, Contrafactum to 'Dime, senora, si me fuere desta tierra, si te acordaras de me'.
31. 'En la prima se falsaua', [ID2756 S 2754] LB3–10 (29v–30r), *A prima.*
32. 'En todas distrezas mas biuo que brasa', [ID2734] LB3–52 (113v), Montoro.
33. 'Es verdad que si lo vno', [ID1911] LB3–64 (115r), untitled [Montoro].
34. 'Escape de Moratilla', [ID2740] LB3–60 (114v), Montoro.
35. 'Eterna gloria que dura' [ID2724] LB3–31 (107r), Montoro.
36. 'Juan de Luna me lo dio', [ID0180] LB3–39 (111v–112r), Montoro.
37. 'La sesta se çelebro', [ID2758 S 2754] LB3–12 (30r–v), *Hino a sesta.*
38. 'La viña muda su foja', [ID0176 Y 2732] LB3–47bis (113r), Montoro.
39. 'Lexos de mal entreualo', [ID0174 F 0174] LB3–46 (112v), Montoro.
40. 'Lleno de prosperidad', [ID2741] LB3–61 (114v), Montoro.
41. 'Mingo Rreuulgo, Mingo', [ID2024] LB3–19 (43v–46v), Fray Íñigo de Mendoza, *Bucólica que fizo vn fraile.*
42. '... muerte & pasion en la Santa Vera Cruz...', [ID2749] LB3–5 (...21r–27v), *El infante Epitus.*

43. 'Muy digna potençia de mas prosperar', [ID2720] LB3–25 (102r–106v), Antón de Montoro.

44. 'Muy noble & muy magnifico senor...', [ID2748] LB3–2 (3r–10v), *Carta consolatoria*.

45. 'Non vos vengo con querellas', [ID0179] LB3–58 (114v), Montoro.

46. 'Nunca vi tal en mi vida', [ID2736] LB3–55 (114r), Montoro.

47. 'Onbre de poca familia', [ID2722 R 1899] LB3–29 (107r), Juan Poeta.

48. 'Onbre de rrica familia', [ID2742] LB3–65 (115r), Montoro.

49. 'Persona muy singular', [ID2735] LB3–54 (114r), Montoro.

50. 'Pese a vos Porçel y ayna', [ID2733] LB3–48 (113r), Montoro.

51. 'Prinçipe de cuyo nombre', [ID1872] LB3–3 (10v–14v), Gómez Manrique, *Regimiento de príncipes*.

52. 'Pues este negro morir', [ID0101 A 0100] LB3–71 (120v–122v...), Gómez Manrique, Continuation to Mena, *Pecados mortales*.

53. 'Pues tienes libre poder', [ID2750 T 2751] LB3–6 (27v–28r), Juan Álvarez Gato, Contrafactum to *cantar* 'Agora es tiempo de ganar buena soldada'.

54. 'Quando dexan al can sola', [ID2744] LB3–67 (115v), Montoro.

55. 'Que fazes, buen cauallero', [ID1791] LB3–40 (112r), Montoro.

56. 'Que obra tan descusar', [ID0175] LB3–38 (111v), Montoro.

57. 'Rrecuerde el alma dormida', [ID0277] LB3–4 (15r–18v...), Jorge Manrique, *Coplas sobre la muerte de su padre*.

58. 'Sé que vuestra señoria', [ID2721] LB3–27 (106v), Montoro.

59. 'Segund plañeron sus lloros', [ID2731 R 2730] LB3–45 (112v), Montoro.

60. 'Seneca folgaras ya', [ID1782] LB3–63 (115r), untitled [Montoro].

61. 'Señor, non pecho nin medro', [ID1793] LB3–69 (115v), Montoro.

62. 'Señora esposa de mi Señor...' [ID2763] LB3–17 (36v–41v), *Carta que enbió vn buen religioso a vna deuota hermana*.

63. 'Si como el vltimo dia', [ID2737] LB3–56 (114r), Montoro.

64. 'Suena de vos una fama', [ID0177] LB3–50 (113r), Montoro.

65. 'Tenplo de rica familia', [ID2725] LB3–32 (107r–108r), Montoro.

66. 'Tio senor, si yo buenamente...', [ID2747] LB3–1 (1r–3r), *Carta consolatoria*.

67. 'Vn linaje ysrraelita', [ID2757 S 2754] LB3–11 (30r), *Hino a tercia*.

68. 'Vn vinagron como fierro', [ID2732] LB3–47 (112v–113r), Montoro.

69. 'Vos al muy grand rrey anexo', [ID0182] LB3–34 (108r–110v), Montoro.

70. 'Vos en quien todas se agozen', [ID2738] LB3–57 (114r), Montoro.

71. 'Vos en quien todo bien cabe', [ID1906] LB3–49 (113r), Montoro.

72. 'Yo pense, señor Jouera', [ID1908] LB3–41 (112r), Montoro.